海港引航员适任培训系列教材

船舶助航系统

主　编 ◎ 刘　彤　汪　伟　刘德荣
副主编 ◎ 张胜钦　李建民

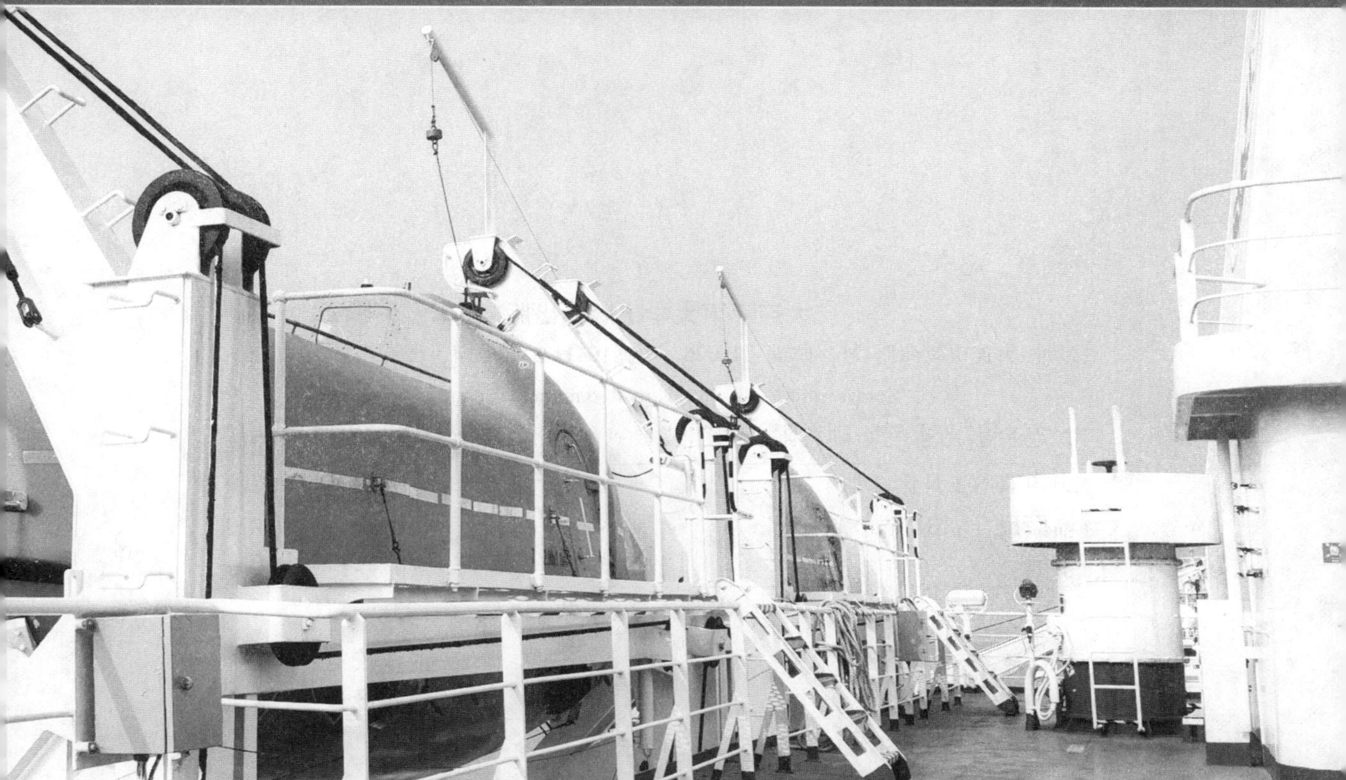

大连海事大学出版社

图书在版编目(CIP)数据

船舶助航系统 / 刘彤，汪伟，刘德荣主编. — 大连：大连海事大学出版社，2019.12
海港引航员适任培训系列教材
ISBN 978-7-5632-3902-3

Ⅰ.①船…　Ⅱ.①刘… ②汪… ③刘…　Ⅲ.①助航设备—技术培训—教材　Ⅳ.①U644

中国版本图书馆 CIP 数据核字(2019)第 298095 号

大连海事大学出版社出版

地址:大连市凌海路1号　邮编:116026　电话:0411-84728394　传真:0411-84727996
http://press.dlmu.edu.cn　E-mail:dmupress@dlmu.edu.cn

大连金华光彩色印刷有限公司印装　　大连海事大学出版社发行

2019 年 12 月第 1 版　　2019 年 12 月第 1 次印刷
幅面尺寸:184 mm×260 mm　　印张:28
字数:583 千　　印数:1~2000 册

出版人:余锡荣

责任编辑:苏炳魁　　责任校对:李继凯
封面设计:解瑶瑶　　版式设计:解瑶瑶

ISBN 978-7-5632-3902-3　　定价:90.00 元

序言

时间静静地流逝，而远方的海，一直波澜壮阔。最先迎接我们远航归来的是引航员，他们双手传递着热情、果决与专业，将我们及巨轮安全地接进港湾。缘于这份弥足珍贵的航海生涯，引航员，这一令人尊敬且人数不多的职业，于我，却异常地熟悉，倍感温暖与亲切。

引航工作关系到船舶航行安全和港口运行安全，关系到港口的综合竞争力和可持续发展，关系到国家主权和对外开放的形象，在提升我国港口运行质量和服务水运经济发展中具有独特的作用。人们称引航员为“水上国门形象第一人”，这是对引航员职业特点的高度概括，是对引航职业的褒扬和赞誉，同时也寄托了交通行业对引航事业的殷切希望。

引航滥觞于宋；明清时期，逐渐起步；晚清及民国时期，引航权曾一度旁落于西方列强之手。中华人民共和国成立后，引航权才回到中国人民手中。那一时期，百废待兴，人才奇缺，选拔引航员非常困难。1955 年，当时的国家海运总局从大连海运学院挑选了 41 名应届毕业生，分别派往沿海各港口从事引航工作，他们是中华人民共和国成立后自己培养的第一批引航员。此后，又有一定数量的工人、干部、部队复转军人加入引航员队伍，使引航员队伍的结构多元化。20 世纪 80 年代，建立了以招收航海院校应届毕业生为主、远洋船员为辅的制度。随着改革开放的不断深化和我国水运经济的飞速发展，国家对引航员的培养力度持续加大，形成了一支年富力强、知识丰富、技术精湛、结构合理、充满活力的世界上最年轻的引航员队伍，成为保障我国水运业发展的重要力量之一。

由于引航机构管理体制的改革和调整，引航员的招聘、培训以及考核制度也几经变化。1980 年，交通部颁布了《海港引航工作条例》，对引航员的技术培训、考核、定级和发证做了规定。同年年底，交通部港务监督局颁发了《海港引航员考试大纲》（试行），对引航员培训考试的具体内容和要求做了详尽的规定。为了稳定引航员队伍，1980 年交通部专门发布了《对现有引航员技术培训、考核、定级和发证办法》，对新老引航员采取区别考核的办法。1997年，第五期全国海港一级引航员考试培训班在上海海运学院举办，结束了引航员考核双轨制的历史，这是统一规范我国引航员培训考核的重要标志。

在近30年的引航员考试培训中，一直采用的是院校自编教材。由于受培训班举办院校和授课教师等因素影响，培训教材遴选比较仓促，不能真正达到选优的要求，存在培训针对性和系统性不足的问题。21世纪以来，伴随船舶大型化、智能化、船岸一体化以及绿色航运的发展，行业对引航员的职业素养和专业技能提出了更新、更高的要求，现有的引航员培训材料已无法涵盖新形势下对引航员学习培训、知识更新和晋级考核的要求，亟待更新完善。交通运输部以培养储备高端引航人才、服务交通强国战略需要为目标，及时发布了《海港引航员适任培训大纲(2019版)》。中国引航协会积极响应，委托大连海事大学、上海海事大学和全国各引航机构，根据新大纲的要求，编写了首套海港引航专业全国统编培训教材，旨在推动引航职业培训教材的系统化、规范化和标准化。系列教材包括《船舶操纵》《船舶避碰》《引航员英语》《水上交通工程》《职务与法规》《港口情况与水文气象》《引航实操》《引航英语听力与会话》《船舶助航系统》《船舶引航驾驶台资源管理》《船舶引航员知识更新》《港口航行风险管理——案例分析》等。这套教材以IMO示范教材为蓝本，紧密糅合了航海理论与引航工作实践，拓展了新技术、新设备的知识更新，概念清晰、观点新颖、理论扼要、重点突出，符合新大纲的要求，具有极强的针对性、系统性、导向性和开放性，是一套崇实尚质、面向未来的培训教材。

希望全国引航机构充分利用好这套教材，在各级各类引航员教育培训中发挥好新教材的效用，着力打造一支“专业性、规范性、协调性、适应性、包容性、全面性”的引航员队伍，不负新时代的历史使命，引领引航高质量发展，让中国与世界因海洋而相近，因航运业的发展而相通。

2019年8月28日

编者的话

经济全球化趋势、物流便捷化需求、信息科技化融合助推交通运输的高质量发展。伴随船舶大型化、集装箱运输网络化的发展，现代信息科技在航海技术的发展及应用上取得了长足的进步，对港口引航从业人员的素质提出了更高的要求。

引航依托于港口，是港口对外开放的重要窗口，是港口生产和服务的起点和终点，在保障船舶航行安全、提高港口作业效率、保护港口水域环境等方面有着不可替代的作用。引航工作是一个不断获取信息、分析信息和运用信息做出判断和决策的过程，其安全性取决于引航员审慎和专业地综合利用船舶和本地引航资源的能力。船舶引航资源包括驾驶台团队和船载电子助航系统，如综合航行系统及其涵盖的任务站和传感器等；本地引航资源包括引航计划、码头航道、环境气象、PPU 等信息资源和由拖船、VTS、航道等组成的港口资源。现代信息科技的高速发展推动了航海技术的快速发展，以信息技术为主要特征的船舶助航系统，如 GNSS、THD、SDME、测深仪、AIS、雷达、ECDIS、PPU 等已经成为保障引航安全和保护海洋环境的重要依托，对现代船舶助航系统的熟练掌握和娴熟应用是保障引航安全的基础。

本教材是受中华人民共和国交通运输部海事局和中国引航协会委托，依据《海港引航员适任培训大纲(2019 版)》编写的，较为全面地介绍了港口引航主要电子助航系统的构成、原理和引航应用。为了使教材更具针对性、先进性和前瞻性，编写中既紧扣大纲的需求，又不拘泥于纲要；既紧密联系引航实践，又面向新技术发展带来的知识更新。教材内容符合国际、国内最新法规和技术标准，涵盖了现代船舶助航技术以及 e 航海战略下新技术发展趋势，力求做到概念清晰、观点正确、理论扼要、深入浅出、图文并茂、注重航海实践，紧扣引航应用。其中有关引航员便携终端(PPU)和 e 航海的内容首次编入培训教材，详细介绍了引航员便携终端的引航应用和阐述了 e 航海未来的发展趋势及其对传统引航的影响。

本书是海港引航员适任培训系列教材之一，由刘彤、汪伟、刘德荣担任主编，张胜钦、李建民担任副主编，大连海事大学刘彤、李建民、陈铎、但高勇、赵学俊，上海海事大学刘德荣、周锋，以及广州港引航站汪伟、张胜钦、佘益辉、陆建华、梁叶根、石云鹏共同编写，全书由刘彤统稿。本书共十二章及附篇，其中，第一章全球卫星导航系统由但高勇编写；

第二章船舶指向设备及艏向装置由陈铎编写；第三章航速与航程测量设备和第五章自动识别系统由刘德荣编写；第四章回声测深仪由周锋编写；第六章雷达和第八章综合航行系统由刘彤编写；第七章电子海图显示与信息系统由赵学俊和周锋编写；第九章海事VHF无线电话由李建民编写，第十章引航员便携终端由张胜钦、陆建华编写；第十一章船舶交通管理系统由张胜钦、梁叶根编写；第十二章e航海由张胜钦、刘彤、余益辉编写；附篇海图与航海资料由汪伟、石云鹏编写。特别鸣谢大连海事大学曹玉墀、李红喜、成川、胡青和杨立新老师在教材编写过程中给予的大力帮助和指导。研究生杨淙喜、王满博在第九章撰写过程中参与了文献搜集和整理工作，在此表示感谢。

新时代要有新作为。从航运大国到海洋强国的转变，需要我们每一位航海人共同努力和奋斗。局限于编写时间和作者的视野、思维和专业水平，虽付出艰辛努力，但错漏和不妥之处在所难免，恳请前辈、同行和读者不吝赐教，编者表示衷心感谢。

编　者

2019年10月

目录

◆**第一章　全球卫星导航系统** …… 1
第一节　全球卫星导航系统组成 …… 1
第二节　卫星导航信息获取与应用 …… 6
◆**第二章　船舶指向设备及艏向装置** …… 17
第一节　船舶指向设备与传送艏向装置 …… 17
第二节　艏向信息误差与引航安全 …… 32
◆**第三章　航速与航程测量设备** …… 35
第一节　SDME 分类与特点 …… 35
第二节　SDME 信息误差与引航安全 …… 44
◆**第四章　回声测深仪** …… 49
第一节　回声测深仪工作原理 …… 49
第二节　回声测深仪误差与引航安全 …… 53
◆**第五章　自动识别系统** …… 57
第一节　自动识别系统工作原理 …… 57
第二节　自动识别系统信息安全 …… 74
◆**第六章　雷达** …… 83
第一节　雷达显示方式与系统配置 …… 84
第二节　引航水域雷达操作 …… 98
第三节　引航水域雷达观测 …… 108
第四节　引航水域雷达导航 …… 144
第五节　引航水域雷达避碰 …… 156
◆**第七章　电子海图显示与信息系统** …… 197
第一节　基础知识 …… 197
第二节　ECDIS 数据与显示 …… 206
第三节　引航航线设计 …… 219
第四节　引航监控与记录 …… 221

第五节 ECDIS 使用风险与应对措施 …… 227
◆**第八章 综合航行系统** …… 233
第一节 综合航行系统与航行信息 …… 233
第二节 综合航行系统应用与局限性 …… 244
◆**第九章 海事 VHF 无线电话** …… 257
第一节 海事 VHF 无线电话通信特点 …… 257
第二节 船用 VHF 无线电话设备 …… 258
第三节 海事 VHF 信道分配及应用 …… 261
第四节 海事 VHF 无线电话业务 …… 266
第五节 VHF 无线电话通信注意事项 …… 275
◆**第十章 引航员便携终端** …… 281
第一节 PPU 概述 …… 282
第二节 PPU 应用与局限性 …… 291
第三节 PPU 发展与展望 …… 312
◆**第十一章 船舶交通管理系统** …… 321
第一节 VTS 概述 …… 322
第二节 VTS 水域引航 …… 335
◆**第十二章 e 航海** …… 339
第一节 e 航海概述 …… 340
第二节 e 航海战略 …… 346
◆**附篇 海图与航海资料** …… 377
第一部分 海图 …… 377
第二部分 航海资料 …… 389
附录一 雷达显示器上导航相关图标标识和信息 …… 417
附录二 VHF 水上移动频段内发射频率表 …… 426
◆**参考文献** …… 433

第一章 全球卫星导航系统

第一节 全球卫星导航系统组成

一、概述

卫星导航系统可为全球提供全天候、高精度、连续、近于实时的三维定位、授时与导航服务。随着全球卫星导航系统的发展及其应用的日益深入,海上用户可以在全天候条件下连续获得高精度(几米到几十米)近于实时的位置信息,该信息通过输出接口可以发送至ECDIS、自动舵、雷达等众多船舶导航设备,借以实现动态船位显示、输出导航信息、完成航路点导航及航线和航迹控制功能。另一方面,卫星导航系统还可提供精度极高的原子时钟信息,该时间信息统一了众多船舶设备的时间标准。

全球卫星导航系统解决了信息化航海时代的何时(When)和何地(Where)两个重大问题,高精度的位置和时间信息为综合航行系统(INS)提供了最重要的信息支持,在此基础上,船舶自动驾驶技术得以实现,航行的经济性和安全性得到了极大的提高。

对于从事船舶引航服务的相关人员而言,了解卫星导航系统的组成、掌握相关导航信息的获取和利用,是正确使用船载卫星导航仪器的基础;而正确理解导航信息安全性的相关问题,将提升引航服务的精确性和安全性。

目前,可供商船使用的卫星导航系统主要有美国的 GPS、俄罗斯的 GLONASS、中国的北斗(BDS)和欧盟的伽利略系统(Galileo)。美国的 GPS 系统于 1995 年 4 月达到完全运行能力,其主要供军方及高端用户使用的 P 码定位精度可达 1 m,主要供民用的 CA 码定位精度为 20~30 m。目前民用 GPS 的实际定位精度已远远超过其公布值,根据美国 GPS 官网数据显示,其水平位置精度优于 3 m,授时精度优于 40 ns(95%置信度,2016 年 10 月 1 日~12 月 31 日观测)。俄罗斯的 GLONASS 系统于 1995 年 12 月建成,它采用了军民合用、不加密的开放政策,定位精度为 10~20 m,由于其发展缓慢,目前 GLONASS 的民用市场十分有限。中国的北斗系统于 2000 年开始建设,现已发展到北斗三代阶段,可提供授权和开放两种服务,计划于 2020 年形成全球卫星导航系统,系统中民用免费用户的定位精度可优于 10 m。伽利略系统由欧盟主导,由欧洲航天局联合欧洲空间企业集团公司参与建设运营,计划于 2020 年全面完成,其免费的公共服务可提供在水平方向距离为 4~15 m 的位置精度,授时精度为 50 ns。

二、GPS 卫星导航系统

GPS 是 Navigation Satellite Timing and Ranging/Global Positioning System 字头缩写词 NAVSTAR/GPS 的简称,其含义是:导航卫星测时与测距/全球定位系统,美国从 1973 年底开始研究 GPS 卫星导航系统,1993 年底卫星初步部署完毕,1995 年达到完全运行能力,前后耗资近 300 亿美元,目前占据了 90%以上的民用卫星导航服务市场。

(一) GPS 卫星导航系统配置

GPS 卫星导航系统由地面站、卫星网和用户三部分组成。

1. 地面站

GPS 地面站由主控站、跟踪站和注入站三部分组成。主控站设在科罗拉多州斯普林斯的福尔肯空军基地的联合工作中心,它主要负责整个卫星的控制、导航性能的评价和卫星星历表的产生,将导航信息编码输入注入站。斯普林斯也被用作跟踪站,与位于夏威夷、阿森松岛(南大西洋)、迭戈加西亚岛(印度洋)和马绍尔群岛夸贾林环礁(北太平洋)的其他 4 个地点一起形成 5 个跟踪站,去跟踪卫星、搜集包括环境数据在内的卫星的各种信息,并将测定的信息传送到主控站。注入站位于阿森松岛、迭戈加西亚岛和马绍尔群岛夸贾林环礁,它在主控站的控制下,每天一到两次将导航信息注入卫星导航系统中。

2. 卫星网

GPS 卫星设计的基准星座由 24 颗中轨道卫星组成,包括 21 颗工作卫星和 3 颗备用卫星，平均分布在6个轨道上，每颗卫星每天绕地球飞行两圈，如图1-1-1所示。前后共发射了BLOCK Ⅰ、Ⅱ、Ⅱ A(2nd generation, Advanced)、Ⅱ R(Replenishment)、Ⅱ R-M(Modernized)，Ⅱ F(Follow-on)，GPS III和GPS Ⅲ F(Follow-on)等系列卫星。目前，GPS星座是新旧卫星的混合体。GPS导航卫星主要参数叙述如下：

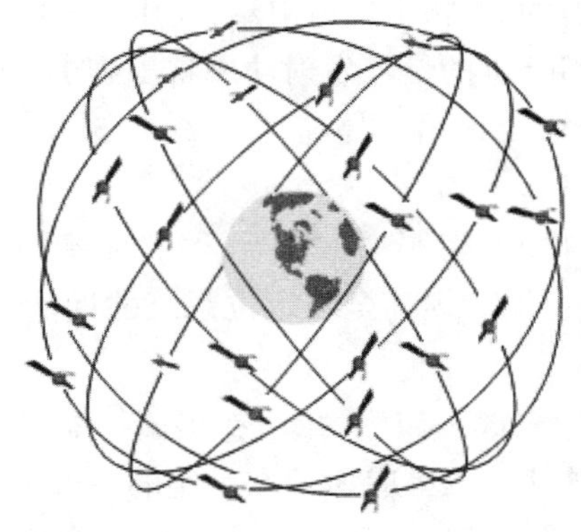

图1-1-1 GPS卫星星座

(1)轨道高度约为20 200 km，轨道数量为6个。

(2)运行周期为11 h 58 min。

(3)轨道倾角约为55°，每颗卫星每天约有5 h在地平线以上。全球任何地方的观测者，在地平线7.5°以上至少可以看到4颗卫星，在地平线以上至少可以观测到5颗卫星，最多可看到11颗卫星。

(4)发射频率为1 575.42 MHz(L1波段)和1 227.60 MHz(L2波段)，同时发射。

(5)发射天线由12个鞭状螺旋天线组成螺旋天线阵，发射L1和L2波段的圆极化波，以约30°波束覆盖半个地球球面。

(6)卫星电源由太阳能电源和镉镍蓄电池组成。

(7)卫星钟为原子钟(铷钟、铯钟、氢钟)，稳定度为10^{-13} s/d。

(二)GPS卫星导航系统发展

从1995年GPS被宣布达到完全运行能力以后，1998年启动GPS现代化计划，以使GPS更好地满足军事、民间和商业用户不断增长的应用需求，其现代化计划主要包括以下内容：

(1)增加新的GPS信号。

(2)研发新一代军用GPS接收机，提高GPS的抗干扰能力。

(3)增强或视情关闭GPS发射信号，以防止GPS信号战时受干扰或被他国利用。例如在2018年叙利亚战争中，美国以不扩大战争、减少伤亡为借口，关闭了叙利亚境内的GPS信号，这导致叙利亚政府军购买的很多导弹无法发射，失去了战斗力，严重迟滞了叙利亚政府军的军事行动。

(4)改善地面设备。更新 GPS 地面测控设备,增加地面测控站的数量;采用新的数字接收机和计算机更新专用 GPS 监测站和有关地面天线;采用新软件算法提高测控系统数据处理与传输能力等。

(5)实施 GPSⅢ计划。早在 2004 年,美国国防部开始研究 GPSⅢ的概念,将选择全新的优化设计方案,放弃现有的 24 颗中轨道卫星,采用全新的 31 颗高轨道加静止轨道卫星组成。与现有 GPS 相比,GPSⅢ的信号发射功率将提高 100 倍,信号抗干扰能力提高 8 倍以上,授时精度将达到 1 ns,定位精度提高到 0.2~0.5 m。2018 年 12 月,美国空军成功地发射了第一颗 GPSⅢ卫星。

当基线卫星被维修或退役时,空军通常需要运行 24 颗以上的全球定位系统卫星以保持覆盖范围。额外的卫星可能会提高全球定位系统的性能,但不被认为是核心星座的一部分。

2011 年 6 月,美国成功地完成了被称为“可扩展 24”配置的 GPS 星座扩展。重新定位了 6 颗卫星,扩展了 3 颗额外的卫星成为基准星座的一部分,为全球的民用、商业和科学研究提供和平用途服务,同时,基准星座及其之外的其余卫星也共同为军方和高端客户提供高精度服务。其结果是,对于航海用户来说,GPS 现在实际上是一个由 27 颗卫星组成的星座系统,世界大部分海域的卫星覆盖都得到了改善。关于 GPS 卫星星座的轨道、覆盖范围和性能的技术细节可以参考 GPS 官网文件 Global Positioning System Standard Positioning Service Performance Standard。

三、北斗卫星导航系统

1. 北斗卫星导航系统概述

中国于 1994 年启动北斗一号系统工程建设,2000 年发射 2 颗地球静止轨道卫星,建成系统并投入使用,采用有源定位体制(用户定位需系统授权),向中国用户提供服务;2004 年,启动北斗二号系统工程建设,于 2012 年底完成 14 颗卫星(5 颗地球静止轨道卫星、5 颗倾斜地球同步轨道卫星和 4 颗中圆地球轨道卫星)发射组网。北斗二号系统在兼容北斗一号技术体制基础上,增加无源定位体制,为亚太地区用户提供授时、定位、测速、广域差分和短报文通信服务。北斗系统于 2018 年面向“一带一路”沿线及周边国家提供基本服务,计划 2020 年前后完成 35 颗卫星发射组网,建成北斗三号系统,为全球用户提供服务。截止到 2019 年 8 月,北斗已先后完成了四次实验卫星和 46 颗工作卫星发射,据北斗官网显示目前公布的在轨服务卫星为 36 颗。

2. 北斗二号卫星导航系统

目前,正在运行的北斗二号系统发播公共服务信号,免费向亚太地区提供公共服务,属于区域性导航系统，其服务区为南北纬 55°、东经 55°到 180°区域，定位精度优于 10 m，测速精度优于 0.2 m/s，授时精度优于 50 ns。

3. 北斗三号卫星导航系统

2018 年 12 月 27 日，中国卫星导航系统管理办公室宣布北斗三号卫星导航系统基本系统完成建设，开始提供全球服务。这标志着北斗系统服务范围由区域扩展为全球，北斗系统正式迈入全球时代。

北斗三号系统由空间段、地面段和用户段三部分组成。空间段由若干地球静止轨道卫星、倾斜地球同步轨道卫星和中圆地球轨道卫星三种轨道卫星组成混合导航星座。地面段包括主控站、时间同步/注入站和监测站等若干地面站。用户段包括北斗兼容其他卫星导航系统的芯片、模块、天线等基础产品，以及终端产品、应用系统与应用服务等。

北斗卫星导航系统空间段由 35 颗卫星组成，包括 5 颗静止轨道卫星、27 颗中圆地球轨道卫星、3 颗倾斜同步轨道卫星。5 颗静止轨道卫星定点位置为东经 58.75°、80°、110.5°、140°、160°，中圆地球轨道卫星运行在 3 个轨道面上，轨道面之间相隔 120°，均匀分布。

北斗三号卫星导航系统功能强大，主要为用户提供如下服务：

(1) RNSS (Radio Navigation Satellite Service)——卫星无线电导航服务：定位、测速和授时服务。

(2) SMS (Short Messaging Service)——短报文通信服务：短信通信业务是北斗三号的特色业务之一。

(3) SAR (Search and Rescue)——国际搜救服务：北斗国际搜救服务按照国际海事组织搜救卫星系统标准建设，利用中圆地球轨道(MEO)卫星为全球用户提供服务，北斗系统将有 6 颗卫星搭载搜救载荷，实现全球覆盖。

(4) SBAS (Satellite-Based Augmentation Service)——星基增强服务：对于民航等生命安全高价值用户，需要提供增强和完善性服务(包括完善性监测 RAIM 和高级完善性监测 ARAIM)，一旦系统发生问题导致能力降级，在定位精度下降超过阈值时，系统应在一定时间内向用户报警，保障用户使用安全。

(5) PPP (Precise Point Positioning)——精密单点定位：精密单点定位是北斗特色高精度服务。通常卫星导航系统能够提供 10 m 左右的定位精度，而 PPP 精度更高，可以提供静态厘米级、动态分米级的高精度服务。

第二节 卫星导航信息获取与应用

一、用户位置、时间及其他导航信息获取

（一）用户位置信息获取

卫星导航系统由卫星、地面站和用户三个部分组成。在定位原理上，目前的卫星定位系统主要采取球面测距定位的方法，用户通过接收卫星导航电文中的卫星星历可精确确定卫星的位置，通过测量到三颗卫星的距离便可以得到以卫星为球心、以卫星到用户的距离为半径的三个球面，其交点即为用户的三维空间位置。

用户测距是通过测定卫星信号到用户的传播延时，再乘以光速，即可求得用户到卫星的距离。由于卫星信号在传播时经过了电离层和对流层的折射，所走的路径并非直线，用户所测的到卫星的距离并非两点真实距离（我们称之为伪距离，简称伪距），所以定位时必须消除电离层和对流层折射误差。另一方面，系统还要严格校对卫星的时钟误差，可由导航电文中的卫星钟差校正参量予以消除。而用户无高精度的时钟，其时钟偏差作为未知数在观测方程中求解，所以用户三维定位时需要接收四颗卫星的信号，而二维定位需要接收三颗卫星的信号。

（二）用户时间信息获取

对于时间的获得，卫星导航系统本身都有精密的原子钟作为时间基准（称之为系统时），其精度一般为 $10^{-13} \sim 10^{-15}$ s。用户利用上述时钟偏差求解可获得自身相对于系统时的偏差量，利用此偏差量将用户的时间换算成系统时，用户因此可获得精密的系统时间信息。

（三）用户差分位置信息获取

由于普通的卫星导航用户定位精度不高（普遍都在 10 m 以上），这限制了用户在精密导航、大地测量、精密工程测量等众多领域的应用，于是，差分定位技术得到了较快的发展。下面以 DGPS（Differential GPS）为例介绍用户差分位置的获取。

DGPS是利用差分技术修正GPS用户的观测量,从而获得高精度的定位结果。目前差分GPS可以将CA码接收机的定位精度提高到米级、亚米级甚至是厘米级。

DGPS由GPS卫星网、基准站、数据链及用户四部分组成,如图1-2-1所示。DGPS基准站的位置精确已知,基准站用GPS接收机定位后,与其已知位置比较,计算出修正量(伪距、位置修正量等)。一般DGPS用户和基准站之间距离较近(为300 n mile以内),两者的GPS接收机观测定位误差基本相近,基准站的误差修正数据可以被用户用来修正其观测结果,该误差修正数据称为差分修正数据。基准站通过数据链以广播或其他通信方式将差分修正数据发送给用户,修正用户测量的数据,使用户获得高精度的定位结果。目前广泛应用于航海上的差分技术为伪距差分。

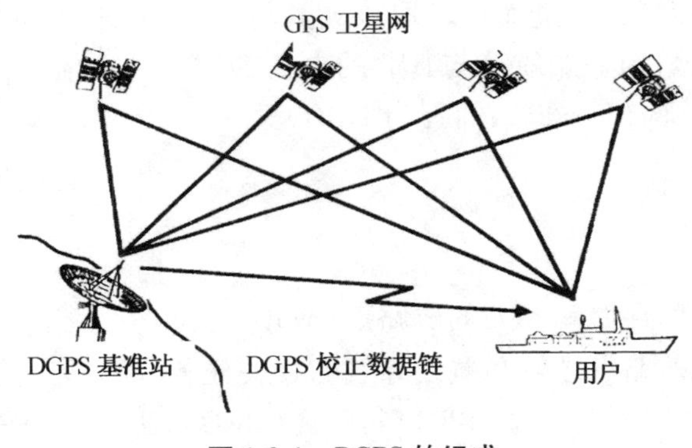

图1-2-1 DGPS的组成

中国沿海开通了由20个基准站构成的无线电指向标/差分GPS(Radio Beacon-Differential GPS,简称RBN-DGPS),它是一种利用航海无线电指向标播发台播发DGPS修正信息,向用户提供高精度服务的助航系统,属于单站伪距差分GPS。信号作用距离为300 km,定位精度优于5 m(2 DRMS,置信度为95%)。

为了进一步扩大DGPS的覆盖范围,还可以通过地球静止轨道(GEO)卫星播发差分数据,如美国的广域增强系统WAAS(Wide Area Augmentation System)、欧洲的静地星导航重叠服务系统EGNOS(European Geostationary Navigation Overlay Service)。

(四)其他导航信息求取

在获取了精确的位置和时间信息的基础上,用户还可以求取其他的导航信息,如对地速度(Speed Over Ground,简称SOG)、对地航向(Course Over Ground,简称COG),以及在输入转向点数据后求取导航相关信息。

1. 对地速度求取

导航仪测速可通过两种方法,第一种是通过位置的变化求解用户的速度,如图1-2-2所示,连续记录两次用户船位信息,根据船位变化可得用户位移,用位移除以对应的时间即可得到用户对地速度。这种方法通过一定的算法即可完成,辅之以时间平滑,可以提高求解的精度，其实现方法简单，适用于速度变化较慢的场合。大多数船载导航仪采用此方法。

另一种求解速度的方法是利用多普勒效应。用户通过观测卫星载波信号的频移，利用多普勒频移原理求解用户和卫星的相对速度，而卫星的位置及其变化已知（即卫星的速度已知），因此可求解用户的速度。这种方法适用于动态性较强的场合。

2. 对地航向求取

对地航向也是通过用户位置的变化求取的，如图 1-2-2 所示，连续记录两次用户船位信息，两点连线即为用户运动的空间矢量，进而可求取该矢量与真北的夹角。这个夹角为船舶航迹与真北的夹角，也称航迹向，它与船首向（Heading，简写为 HDG）显然是不同的。

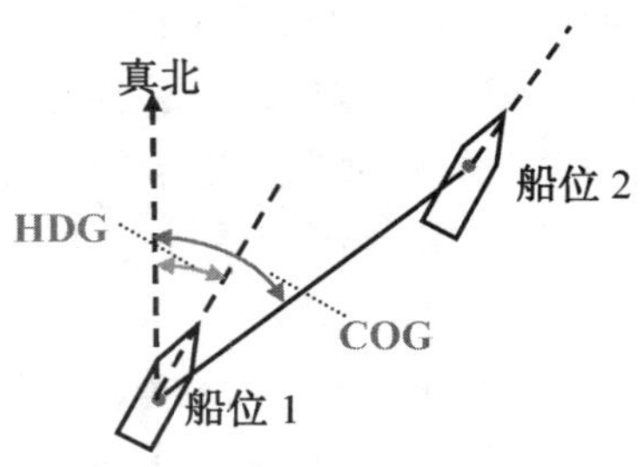

图 1-2-2　SOG 和 COG 的求取

3. 导航相关信息

用户在导航仪中可存储一系列的航路点（Waypoint）位置，用以完成航路点导航和航线导航的相关任务。根据当前船位与目标航路点的位置，可求取目标航路点的方位（BRG）与距离（RNG），再根据用户的平均航速（AVRSPD）可求取到达目标航路点的预计达到时间（ETA）和预计航行时间（Time to Go，简称 TTG）。

二、用户位置与时间信息实船功能

利用导航仪获取的船位信息，海上用户可以实现如下导航功能：

（1）显示动态船位，与电子海图（ECDIS）相连实现航迹标绘。

（2）实现航路点导航功能，包括航路点的录入、编辑、上载，计算并显示到下一个航路点的距离（RNG）、方位（BRG）及预计航行时间（TTG）。

（3）实现航线导航功能，包括航线的输入、编辑、上载，显示偏航值（XTE），监控航线的执行。

（4）计算并显示导航信息，如预计达到时间（ETA）、对地航向（COG）、对地航速（SOG）。

（5）将导航仪输出的船位及导航信息与 INS（综合航行系统）的众多设备（如雷达、ECDIS、AIS 等）连接，以实现信息共享，完成船舶避碰、自动驾驶等诸多功能。

利用导航仪获取的时间信息，海上用户可以实现如下功能：

（1）为船舶日常运营提供精确的时间信息，如预计到达时间（ETA）的估算、经济航线的设计。

(2)确保某些航海设备的正常工作,如给基于时分多址(TDMA)技术工作的船载 AIS 设备提供时间同步;为航行数据记录仪(VDR)所记录的船舶航行数据及事件提供精确的时间。

(3)为综合航行系统(INS)提供统一的时间标准。INS 必须通过严格统一的时间系统完成数据的传递、计算、显示及命令的执行。

三、卫星导航系统误差

卫星导航系统的误差主要包括伪测距误差、几何误差以及相关导航政策带来的误差等。

随着信息航海的全面发展和船舶自动驾驶技术的深入应用,理解并掌握卫星导航系统的误差理论、来源,对于安全使用导航仪信息至关重要。

1. 伪测距误差

如图 1-2-3 所示,伪测距误差是指用户测量伪距的误差,它反映的是距离测量误差,其单位为米,如 GPS 接收机等效测距误差为 4.3 m(P 码)和 8.6 m(CA 码),北斗接收机在忽略电离层延迟模型误差的情况下等效测距误差为 2.5 m。伪测距误差来自于卫星、信号传播路径和用户导航仪三个方面。

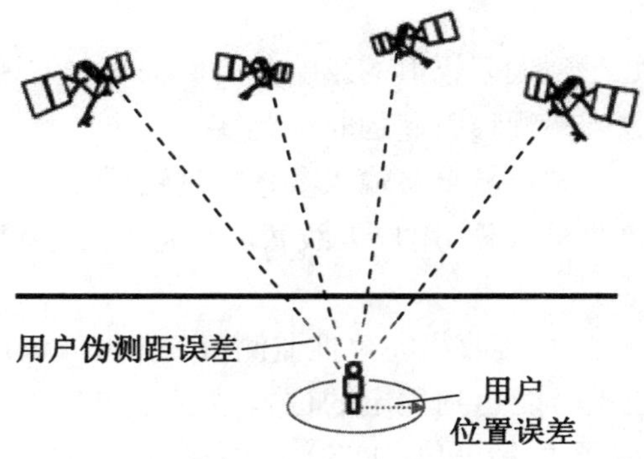

图 1-2-3　伪测距误差和位置误差

测距误差不同于位置误差,要确定用户的位置误差还要看用户与卫星的空间几何分布。

2. 几何误差

几何误差是指当测距误差固定时,不同的用户和卫星之间的空间几何分布所带来的用户最终位置(或时钟)解的精度大小,它通常用比值来表示,也称之为精度因子

(GDOP)。GDOP 的值越小,表明选用的卫星的几何图形配置越理想,位置和时间的偏差值也相应较小。GDOP 包括三维位置精度因子 PDOP 和时间精度因子 TDOP,而 PDOP 又包括水平位置精度因子 HDOP 和高程精度因子 VDOP。

作为海上用户,更关心的是水平位置精度因子 HDOP。举例说明利用精度因子计算用户的定位误差:已知某导航接收机等效测距误差(σ)为 8.6 m(CA 码),假设接收机显示其 HDOP=1.2,则用户可以计算出:水平位置误差=伪测距误差(σ)×HDOP = 10.3 m(CA 码)。

现在船载导航仪都可以显示 HDOP(或 PDOP)值大小,其值越大定位精度越差,用户可进入相关菜单查看 HDOP 值,估算水平位置精度。

3. 导航政策误差

导航政策误差主要是指针对不同用户提供不同的导航服务所引起的系统性误差,如美国 GPS 所采用的选择性接收政策(SA),它曾经使得 GPS 的定位精度下降到 100 m 左右,SA 于 2000 年被取消。

四、卫星导航系统完善性及接收机完善性监测(RAIM)

所谓完善性(Integrity)是指卫星导航系统在系统提供的服务达不到用户要求时发出告警的能力,它是对整个系统所提供信息正确性的置信度(概率)的度量。影响卫星导航系统完善性的主要因素有:

(1)卫星信号异常,如受到太阳辐射的影响。

(2)系统时钟异常,如频率漂移引起的时钟跳变。

(3)地面站异常,如地面站导航电文输入参数出现错误。

(4)用户端异常,如接收机故障、用户天线暂时被遮蔽,或者用户所在位置观测不到合适的卫星。

对于船载导航仪,可以通过接收机完善性监测(Receiver Autonomous Integrity Monitor-RAIM)功能来诊断接收机是否能达到预定的位置精度。如某些 GPS 导航仪的做法是在 RAIM 菜单中输入用户所需要的精度值(如 30 m),接收机通过一定的算法来判定最终定位结果是否能满足精度设定值,并以字符提示的形式显示在屏幕上。如谷野 FURUNO-GP37 型导航仪将显示:

(1)SAFE:GPS 信号正常,位置精度满足设定值。

(2)CAUTION:谨慎,位置精度不满足设定值。

(3)UNSAFE:GPS 信号异常,位置精度不可靠。

五、船载卫星导航仪信息安全

对于航海用户而言，卫星导航仪所提供的船位和时间信息既是完成常规导航任务的前提保障，又是实现综合航行任务的基础，对于船舶的操纵避碰、自动驾驶以及安全航行等方面意义重大，用户应着重从以下几个方面审慎面对导航仪的信息安全问题：

(1)谨慎性。充分认识并掌握信息的误差理论、来源，以谨慎性的原则利用信息。

(2)统一性。由于存在多个船位及时间传感器，根据 INS 统一公共参考系统(CCRS)的原则，必须解决数据的统一性问题。

(3)可靠性。对于单个导航仪，应通过多种方法验证其信息的可靠性，以确保航行安全。

(4)局限性。导航仪所提供导航信息，如 COG 和 SOG，有其自身的局限性。

(一)船载卫星导航仪船位信息可靠性验证

对于用户而言，判断导航仪的船位信息是否可靠对于船舶安全航行至关重要，尤其是当船舶靠离码头、狭水道航行或航道拥挤时，导航仪的误差直接关系到航行的精确性和安全。可以通过如下途径来验证导航仪船位的可靠性：

(1)通过多台导航仪的卫星船位互相比对，如果发现某台导航仪的船位与其他导航仪的船位偏差较大，应保持谨慎。

(2)利用导航仪显示的 HDOP(或 PDOP)值估算误差大小，HDOP(或 PDOP)值越小，精度越高。根据 IMO 性能标准要求，HDOP 应小于 4，PDOP 值应小于 6，当大于规定值时，将不予显示定位数据。

(3)利用导航仪完善性监测(RAIM)功能来判断船位误差，在设置 RAIM 门限值时，应考虑航行的实际需要，过小的门限值易出现频繁报警，过大的门限值对于安全不利。

(4)利用码头、船坞等已知船位估算误差大小，如显示船位在陆地上的情况，应先检查坐标系选择是否正确，然后判断误差的大小。

(5)利用雷达定位或其他定位手段与导航仪船位比对，但要注意其他定位方法的精度。

(二)船载卫星导航仪船位和时间信息统一性

按照 INS 统一公共参考系统(CCRS)的要求，INS 的所有子系统都必须使用相同的船位和时间信息源，这就要求输入到 INS 的船位和时间信息必须是统一的。随着商船上导航仪安装台/套数的增加，信息冗余性的问题必须得到解决。用户应仔细检查各个 INS 子系统信息输入源的设置，确保输入到 AIS、雷达和 ECDIS 等设备的船位和时间信息符合统一性要求。

（三）船载卫星导航仪差分定位局限性

差分定位的精度受用户与基准站距离影响较大，距离越近，误差相关性越好，差分定位精度越高；反之则定位精度下降。另外，还需要注意 DGPS 的可用性，一旦 DGPS 失效（不在 DGPS 的覆盖范围或 DGPS 信号被遮挡），船位的精度可能下降较大。如中国沿海采用的无线电指向标/差分 GPS 信号作用距离为 300 km，超过此距离，可能无法满足有效差分精度。

（四）船载卫星导航仪导航信息局限性

1. 对地航向局限性

对地航向是导航仪提供的航迹向，是船舶的航迹与真北的夹角，它不同于船首向，并非船首与真北的夹角。对地航向不能用于实际操舵。

2. 对地航速局限性

现在大部分导航仪都是通过位置变化求取对地航速，它输出的是航迹速，是船舶过去一段时间（根据操作者设置）的平均航速，不同于绝对计程仪所测量的实时航速。当船舶机动较小时，SOG 与计程仪航速基本一致，若频繁机动，则须谨慎。特别是引航频繁机动航行，当船速较低，流对船的影响不容忽视时，SOG 显示和实际航速之间会有差异。

六、引航环境船载卫星导航仪使用及注意事项

（一）船载 GPS 卫星导航仪设备组成及连接

船载 GPS 卫星导航仪的设备组成一般包括天线、主机两部分。天线系固于室外，包括卫星天线和接收差分信号的鞭状天线。主机安装于室内，天线与主机之间通过线缆连接，主机所需电源为 12 V 或 24 V 直流电源，如图 1-2-4 和图 1-2-5 所示。主机后方设有接口，可将导航仪输出的数据连接到其他的助航设备。

图 1-2-4　船载 GPS 导航仪

为了确保用户能随时观测到足够多的卫星及接收差分信号，天线在安装时应避免被桅杆、雷达天线、卫星通信天线等遮挡。导航仪卫星天线接头处应包扎好，防潮、防漏水，天线电缆应尽可能短并远离其他发射天线。

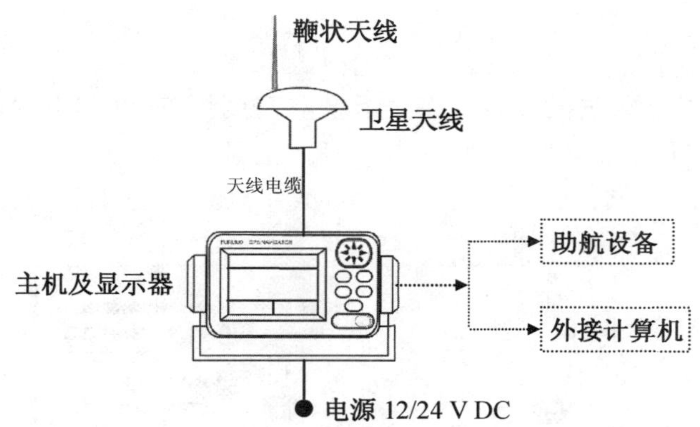

图 1-2-5 船载 GPS 导航仪设备组成

(二)船载 GPS 卫星导航仪使用

1. GPS 导航仪启动

在多数情况下,用户实船启动 GPS 卫星导航仪都处于热启动状态,开机后数秒钟内即可获取船位数据。如果用户长期未使用导航仪或当位置变动较大时再开机,容易出现首次定位变慢的问题,导航仪可能处于冷启动或温启动状态。

另外,导航仪机内有可供反复充电的锂电池,其寿命一般为 3 年以内,一旦失效,关机后将无法保存卫星历书和时间等信息,也容易导致定位变慢,应及时予以更换。

2. GPS 卫星导航仪初始化设置

在 GPS 卫星导航仪首次开机、冷启动或温启动等情况下,需要对其进行初始化操作,主要包括系统初始化和 GPS 初始化,须引起重点关注的初始化输入如下:

(1)坐标系(DATUM)输入。坐标系的输入要根据所使用的海图,如果设置不当,将产生海图标绘误差。中国旧版海图采用的是 BJ-54 坐标系,2008 年 7 月 1 日以后,中国出版的海图坐标系均采用中国 2000 坐标系(CGCS-2000),等同于美国的 WGS-84 坐标系,ECDIS 通常采用 WGS-84 坐标系。

(2)平滑位置(SMOOTH POS)。平滑位置是利用一段时间内的定位结果进行数学平滑,以此提高 GPS 的位置可信度。设置过小,平滑效果较差,设置过大,船位更新率不够。

(3)定位模式(FIX MODE)。在海上一般选择 2D/3D 自动定位,尽量避免选择 2D 定位,因为 2D 定位需要输入天线高度值,而在海上由于船舶颠簸导致天线的高度并非处于某一固定值,错误的天线输入将导致定位误差,一般 1 m 的天线高度误差将带来 3 m 左右的位置误差。

3. 卫星状态显示

船载型 GPS 卫星导航仪大多可以显示星空卫星状态，以 FURUNO GP32 导航仪为例，可以从 SATELLITE 菜单调出，如图 1-2-6 所示的显示界面。

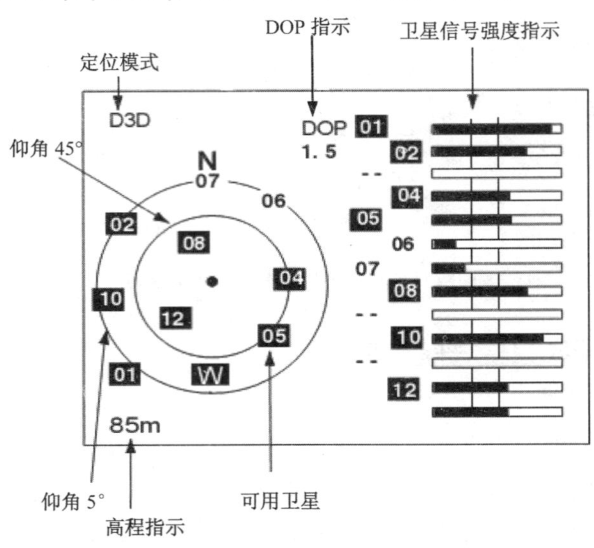

图 1-2-6　GPS 导航仪卫星状态显示界面

左侧带有同心圆的星座图显示了可视卫星的编号及仰角分布；右侧显示所有卫星的信号强度，越过第一条竖线（25%）为可用卫星，未越过第一条竖线为不可用卫星。用户可以根据信号强度指示在 GPS SETUP 菜单中屏蔽不可用卫星（DISABLE SV），提高接收机的定位精度。另外，DOP 值也在此界面上显示。

4. GPS 导航仪报警功能

GPS 还可以用于报警。通常报警的种类有：到达警（ARV）、锚更警（ANCHOR）、偏航警（XTE）、速度警（SPD）、DGPS 警、时间警（TIME）、距离警（RNG）。GPS 卫星导航仪按照设置的种类报警。从 GPS 卫星导航仪的主菜单［MENU］中选择报警（ALARMS）项，显示报警菜单后，设置报警的种类和报警范围（报警半径、报警带宽度及限定时间等）。报警用字符、音响和视觉示警。

（三）引航水域船载卫星导航仪使用注意事项

引航员可通过被引航船舶配备的导航仪或者自己携带的便携式导航仪来获取船位信息，引航水域船位信息的可靠性和精度直接影响到引航安全，建议引航员从以下几个方面加以关注：

（1）可靠性验证。通过比对等方法确认引航所使用船位信息的可靠性，一旦发现数据异常，应及时处理（前已述及）。

(2)导航信号的可用性。注意引航水域是否有桥梁、塔吊或者其他高大构件对卫星信号形成遮蔽,造成船位瞬间中断。在遮蔽发生的情况下,船载导航仪完善性监测(RAIM)报警将启动,同时 DOP 值异常增大,引航员应注意留心观察。

(3)差分数据的可用性。DGPS 校正信号来自差分基准台,DGPS 信号被遮蔽或者超出基准台信号覆盖范围时,无法获取,导航仪将发出 DGPS 失效报警。此时,引航船位的精度可能达不到预期要求。

(4)北斗信号的可用性。使用北斗导航仪应注意观察其卫星状态显示,由于北斗三号系统目前还处于调试状态,可使用的卫星数量没有达到设计值,局部区域可能因卫星数量少而导致定位异常。

(5)船位统一性验证。通过查验 INS 各个子系统(如 AIS、电子海图、雷达)船位数据的接入设置,确保其定位数据均采用了相同的数据源。

(6)几何误差。注意查看导航仪 DOP 指示,确认船位精度。根据 IMO 性能标准要求,HDOP 应小于 4,PDOP 值应小于 6,当大于规定值时,将不予显示定位数据。

(7)RAIM 设置。在设置 RAIM 门限值时,应考虑航行的实际需要,过小的门限值易出现频繁报警,过大的门限值不利于航行安全。考虑到引航服务以沿岸及狭水道航行居多,对于航行精度要求较高,RAIM 值推荐设置为 10~30 m 为宜。

第二章 船舶指向设备及艏向装置

船舶指向设备能够为船舶提供方向基准,并提供艏向指示,保障航行安全。能够将指向设备提供的艏向信号输出给其他设备或系统的装置称为传送艏向装置。

第一节 船舶指向设备与传送艏向装置

现代船舶常见的指向设备有磁罗经、陀螺罗经、GNSS 罗经和光纤罗经,还配有传送艏向装置。

一、磁罗经

磁罗经是保障船舶航行安全的一种传统而有效的指向设备,因其具有结构简单,独立于任何电源都能够可靠工作,在船舶指向设备中始终处于无可替代的地位。对该设备的监管也是各港口国进行船舶安全监督管理的重要项目之一。

按照 SOLAS 公约第五章规定,所有船舶不论其尺度大小,均应设有 1 台经过适当校正的标准磁罗经,以确定船舶首向并在主操舵位置显示其读数,并应保证磁罗经随时处于良好的工作状态。

（一）磁罗经原理与使用

1. 磁罗经指向原理

磁罗经指向原理基于地磁场定向原理。根据地磁学，地球相当于一个巨大的椭球体磁铁，近地空间存在着地磁场。自由悬挂的磁针，受地磁场（地磁力）的作用，磁针的 N 极指向地磁北极（S），磁针的 S 极指向地磁南极（N）。磁罗经利用磁针的指向确定磁北这个基准方向，船首方向与其夹角即为磁罗经艏向。

地磁北不同于地理真北。航海中，将磁子午面（磁北）与地理子午面（真北）之间的水平夹角称为磁差（Var）。当磁北 N_M 偏在真北 N_T 东面时为东磁差，磁差为正（$Var>0$）；当磁北 N_M 偏在真北 N_T 西面时为西磁差，磁差为负（$Var<0$）。各地的磁差 Var（大小、符号）不同，通常纬度越高磁差越大。

因为地磁极围绕地理南北极缓慢移动，所以磁差随时间缓慢变化。在海图上标注的磁差，除了标有该海区某年测定的磁差值外，还标注有磁差的年变化量（年差）。计算当年的磁差时，需要进行年差改正。

2. 磁罗经组成

磁罗经在结构上可以分成罗经柜、罗盆和自差校正器三部分。

（1）罗经柜

罗经柜是用非磁性材料（如铜、铅或木材等）制成的，用来支承罗盆和安放消除自差的校正器。在罗经柜的顶部有罗经盖，它可以保护罗盆，使其避免雨淋和阳光照射，以及在夜航中防止照明灯光外露。在罗经盖的后方有一个玻璃窗，以供直接观察艏向。

（2）罗盆

罗盆由罗盆本体和罗盘两部分组成，放置在常平环上，以便在船体发生倾斜时，罗盆仍保持水平。常平环通常装在减震装置上，以减缓罗盆振动。罗经盆内部结构如图 2-1-1 所示。

罗盆由铜制成，其顶部为玻璃盖，玻璃盖的边缘有水密橡皮圈，并用一个铜环压紧以保持水密，罗盆底部用铅作配重，以降低罗盆重心，使罗盆在船摇摆时，仍能保持水平。罗盆内充满液体，通常为酒精与蒸馏水的混合液，混合液比例为 40%~50% 的酒精。酒精的作用是为了降低冰点（为–26 ℃）。罗盆内位于船首方向装有罗经基线，因基线位于艏艉面内，所以该基线所指示的罗盘刻度即为本船的艏向。

罗盘是磁罗经的核心部分，它是指示方向的灵敏部件。液体罗经的罗盘均由刻度盘、浮室、磁钢和轴帽组成。刻度盘由云母或铜薄片等轻型非磁性材料制成，上面刻有 0°~360°的刻度，有 N、NE、E、SE、S、SW、W、NW 明显标志。罗盘中间有一个呈半球形的水密空气室，称为浮室或浮子，用以增加罗盘在液体中的浮力，减轻罗盘与轴针间的摩擦力，提高罗盘的灵敏度。罗盘的磁钢有条形和环形两种，均焊牢在浮子上。磁钢的磁轴

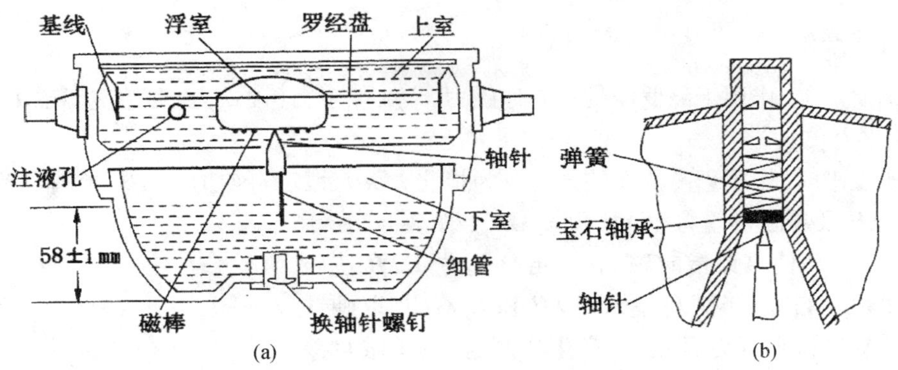

图 2-1-1 罗经盆内部结构

必须与刻度盘 0°~180°的刻度轴线在同一个垂面内。当磁轴指向地磁北时，刻度盘 0°~180°的刻度轴线代表磁子午面的南北向。

(3)自差校正器

在罗经柜的正前方，有一个竖直圆筒，筒内根据需要放置消除软半圆自差用的长短不一的佛氏铁。有的船在罗经柜正前方安装的是一个竖直的长方型盒，盒内放数根消除自差用的软铁条，其作用与佛氏铁相同。

在罗经柜左右正横两侧有放置自差校正器软铁球或软铁片的座架，软铁片放置在铝盒内。软铁球或软铁片的中心位于罗盘磁针的平面内。该校正器用于消除象限自差。

在罗经柜内，位于罗盆中心正下方安装一根垂直铜管，管内放置消除倾斜自差的垂直磁铁，并由吊链拉动可在管内上下移动。在罗经柜内还有放置纵横校正磁铁的装置，纵横磁铁用于消除硬半圆自差。

3. 磁罗经使用

(1)磁罗经必须经过正确地校正自差，并备有一年内有效的自差表或自差曲线。

(2)在条件允许时，应及时测定自差。每个航行班至少与陀螺罗经艏向比对测定一次自差。

(3)在磁罗经附近工作或观测方位，不应带有铁器。磁罗经附近不应随意放置铁磁物体。

(4)适当地调节磁罗经反射、投影光学透镜装置的焦距，以便于读取艏向。

(5)当发现磁罗经出现异常现象时，应记入航海日志，并向船长报告。

(二)磁罗经自差

在钢质船上有硬铁力和软铁力，统称为船磁力。磁罗经受到船磁力的作用，使罗盘(北)偏离磁北指向罗经北，产生自差 δ。

1. 自差产生

在钢质船上，作用于磁罗经的力有地磁力、永久船磁力（硬铁力）和感应船磁力（软铁力）三种磁力。

船舶正平时，作用于磁罗经的力可分为指北力 λH、恒定自差力 $A'\lambda H$、半圆自差力 $B'\lambda H$ 和 $C'\lambda H$ 及象限自差力 $D'\lambda H$ 和 $E'\lambda H$，如图 2-1-2 所示。

指北力 λH 使磁针指向磁北；恒定自差力 $A'\lambda H$ 使磁罗经产生恒定自差；半圆自差力 $B'\lambda H$ 和 $C'\lambda H$ 是以硬铁力为主的软硬铁组合力，使罗经产生半圆自差；象限自差力 $D'\lambda H$ 和 $E'\lambda H$ 是软铁力，使磁罗经产生象限自差。

船舶倾斜时，磁罗经受垂直船磁力的影响，会产生倾斜自差。

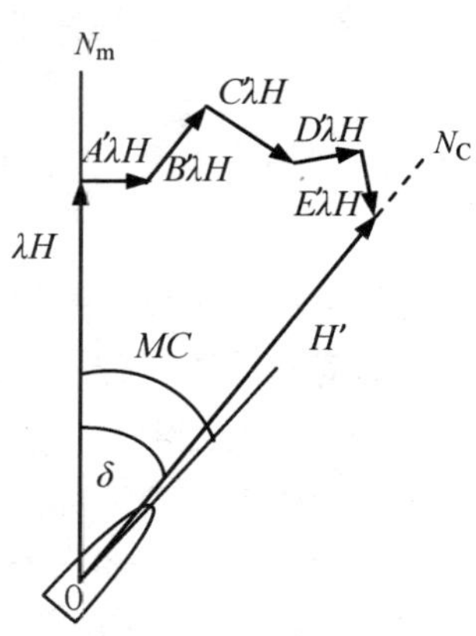

图 2-1-2 罗经平面作用力图

2. 自差特性

恒定自差 δ_A 仅与软铁有关，而与艏向及所在磁纬度无关。因船造好后，软铁不变，且因磁罗经安装在艏艉面内，船体对称的软铁力互相抵消，即恒定自差 δ_A 很小。

半圆自差 δ_B、δ_C 主要是由硬铁力产生的自差，通常较大。因半圆自差与艏向及所在磁纬度有关，故艏向变化半个圆，自差符号变化一次，且自差随磁纬度而变化。

象限自差 δ_D、δ_E 与软铁有关，象限自差与艏向有关，当艏向变化四分之一个圆时，自差符号变化一次，且自差不随磁纬度变化。

船正平时，磁罗经的总自差为：

$$\delta = \delta_A + \delta_B + \delta_C + \delta_D + \delta_E$$

倾斜自差 $\Delta\delta_i$ 主要是由垂直硬铁力产生的自差，通常较大。倾斜自差与船的倾斜角、艏向及所在磁纬度有关。

二、陀螺罗经

陀螺罗经（Gyrocompass）俗称电罗经，是利用陀螺仪（Gyroscope）的特性，在地球自转运动的影响下，借助于力矩器使陀螺仪主轴自动地找北，并精确地跟踪地理子午面的指向仪器。它可用来提供方向基准信号，指示艏向（Heading）和测定目标方位。陀螺罗经找北的核心部件是陀螺仪。

（一）陀螺罗经结构及工作原理

1. 陀螺仪及其特性

（1）陀螺仪

工程上将高速旋转的陀螺转子及其悬挂装置的总称叫做陀螺仪，由转子、内环、外环和基座支承悬挂组成，如图 2-1-3 所示。转子轴（*OX* 轴）称为陀螺仪主轴，内环轴（*OY* 轴）称为水平轴，外环轴（*OZ* 轴）称为垂直轴。陀螺仪主轴借助于悬挂装置绕其几何中心可以指示空间任意方向，相当于一个指示方向的指针，如果这个指针能够稳定地指示真北，则陀螺仪就成为了陀螺罗经。

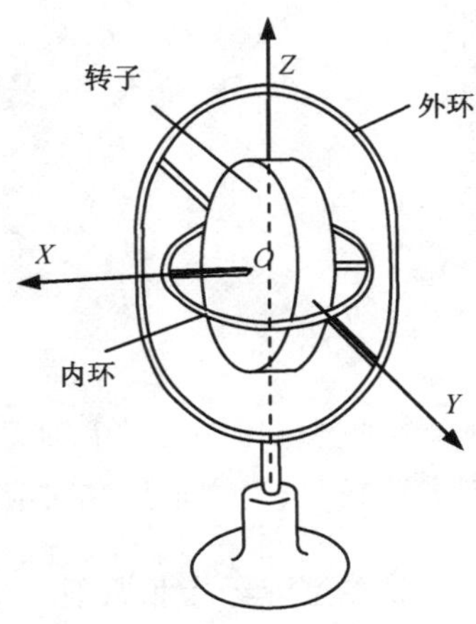

图 2-1-3　陀螺仪结构

（2）陀螺仪特性

陀螺仪主轴动量矩 *H* 描述了转子高速旋转运动的强弱状态与方向。可以用主轴动量矩矢量方向表示主轴的指向，如图 2-1-4 所示，陀螺仪主轴动量矩 *H*（*OX* 轴正向）水平指向空间某一方向。

①陀螺仪定轴性

不受任何外力矩作用的陀螺仪主轴将保持其空间初始指向不变的特性，称作陀螺仪的定轴性（Inertia）。

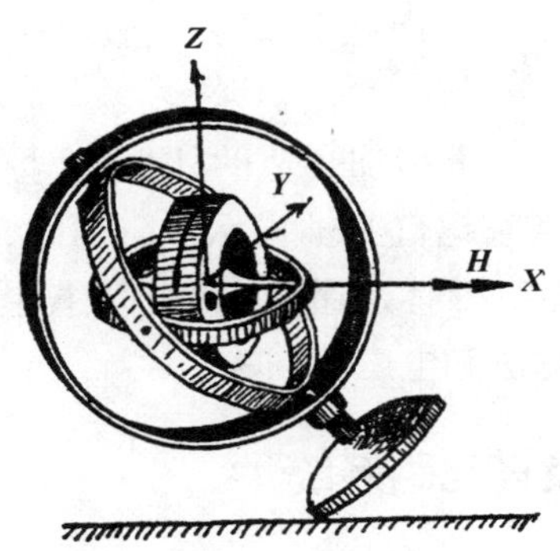

图 2-1-4　陀螺仪定轴性

②陀螺仪进动性

在外力矩作用下，陀螺仪主轴的动量矩 *H* 矢端以捷径趋向外力矩 *M* 矢端的特性，称为陀螺仪的进动性（Precession），记为 $H \to M$。

如图 2-1-5 所示，当陀螺仪受外力矩 M_Y 作用时，转子动量矩 *H* 矢端（矢量端点）将绕着 *OZ* 轴以捷径向外矩 M_Y 转动，我们称这种运动为进动。

陀螺仪的定轴性和进动性是可以互相转化的，其转化条件取决于外力矩的作用。无外力矩作用时,陀螺仪主轴则相对于空间保持定轴;有外力矩作用时,陀螺仪主轴则相对于空间作进动运动。

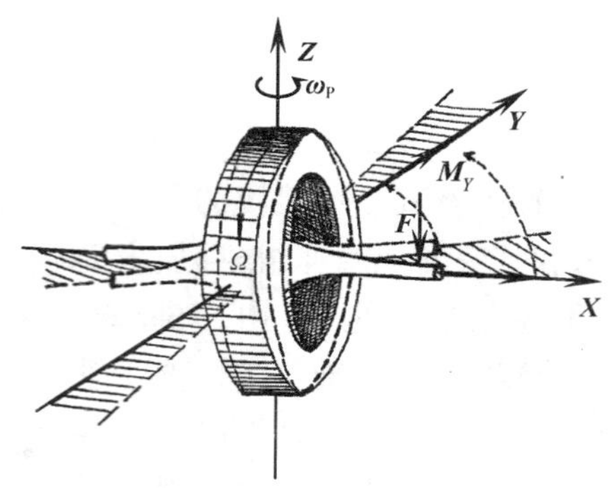

图 2-1-5　陀螺仪进动性

在陀螺罗经中,当主轴偏离真北时需要应用陀螺仪的进动性,施加相应的外力矩,控制主轴找北;当主轴指北时应尽一切努力设法减少有害力矩的影响。

2. 陀螺罗经指北原理

因自由陀螺仪主轴动量矩矢端具有指向宇宙空间某一方向不变的特性,当陀螺仪被放置在相对空间自转的地球上时,在地球上的人看不到地球的自转,但却能看到陀螺仪主轴的运动,称为陀螺仪的视运动。人们生活中所看到旭日东升、夕阳西下的太阳视运动,与陀螺仪视运动类似。陀螺仪的视运动使得陀螺仪主轴不能够稳定地指示地理真北(子午面),若使陀螺仪主轴相对子午面稳定,就要克服地球自转的影响,让陀螺仪主轴跟随子午面一起旋转。

利用陀螺仪进动性,在陀螺仪上施加合适的外力矩(控制力矩和阻尼力矩),使主轴进动速度等于地球自转速度,当陀螺仪主轴指示子午面时,陀螺仪就变为陀螺罗经。控制力矩产生的方法有重心下移法、液体连通器法和电磁控制法。阻尼力矩产生的方法有液体阻尼器法、陀螺房西侧重物法和电磁控制法。

(二)陀螺罗经组成及其电路系统

1. 陀螺罗经组成

船用陀螺罗经,按其灵敏部分转子的个数,可分为单转子和双转子两大类型;按其结构特征和工作原理(力矩产生方法),可分为下重式、液体连通器式和电磁控制式等三种系列罗经。

安许茨系列陀螺罗经属于下重式液体阻尼器式罗经,斯伯利系列陀螺罗经属于液体连通器式罗经,阿玛-勃朗系列陀螺罗经属于电磁控制式罗经。任何一种系列的陀螺罗经,均由主罗经及其附属装置组成。如图 2-1-6 所示为安许茨 22 型陀螺罗经主罗经剖

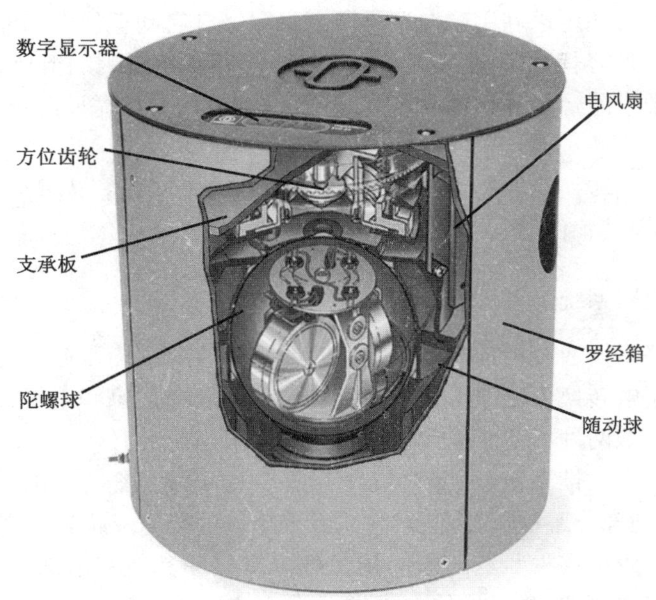

图 2-1-6 安许茨 22 型陀螺罗经主罗经剖视图

视图。

(1)主罗经

主罗经是陀螺罗经的主要部分,具有指示艏向的性能。主罗经在结构上可分为灵敏部分、随动部分和固定部分。

灵敏部分起找北、指北作用,由陀螺仪及其控制设备和阻尼设备组成。在陀螺罗经中常用的陀螺仪支承方式有液浮支承方式、轴承方式、扭丝定位悬挂方式。如图 2-1-7 所示,为安许茨 22 型陀螺罗经主罗经灵敏部分——陀螺球。

随动部分将灵敏部分与外界隔离,以减少对灵敏部分的干扰,同时借助于随动电机跟踪灵敏部分,带动航向刻度盘上 0 °~180 °的刻度线与陀螺仪主轴始终保持一致,将陀螺仪主轴的指向反映到刻度盘上。

固定部分是主罗经与船舶固定的部分,当船舶转向时,固定部分与船舶一起转动。

(2)附属装置

附属装置用于保证主罗经正常工作,包括分罗经、艏向记录器、罗经电源、电源控制装置和报警装置等。

分罗经和艏向记录器是用于复示主罗经艏向的装置;根据分罗经的用途,可以分为艏向分罗经和方位分罗经,前者用于读取艏向和指示操舵,而后者用于测定目标方位。

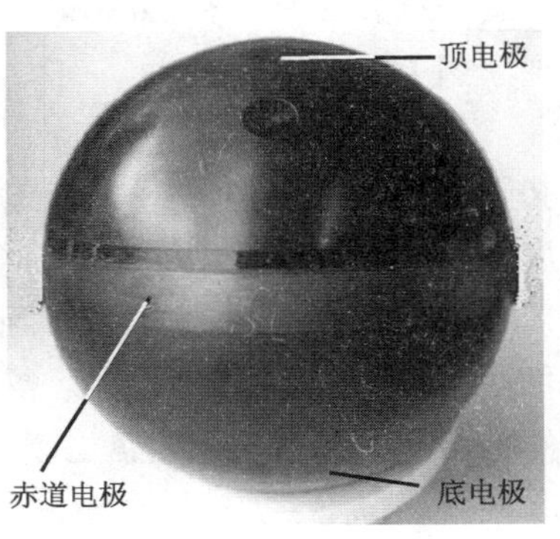

图 2-1-7 陀螺球

艏向记录器能够自动按照时间在记录纸上记录艏

向，以备查考。另外，还可以利用艏向记录器记录罗经自启动至稳定指北的艏向曲线（阻尼曲线），用以检查罗经摆动情况，测定减幅摆动周期和阻尼因数，判断罗经是否正常和稳定指北。现代数字陀螺罗经大多采用电子记录艏向方法，在需要时可通过打印机打印艏向记录曲线。

罗经电源将船电转换成罗经用的电源；电源控制装置和报警装置可以对陀螺罗经进行启动、关闭和监视其工作。

2. 陀螺罗经电路系统

陀螺罗经电路系统通常包括电源系统、随动系统、传向系统和附属电路系统。

电源系统将船电转换为陀螺马达高速旋转工作时所需的高频电源，有交流变流机系统和直流逆变器系统两种类型。现代陀螺罗经大多采用后者。

随动系统是一个反馈系统，采用随动敏感元件检测灵敏部分和随动部分的位置偏差，驱动和控制随动部分跟踪灵敏部分，将陀螺仪主轴的指向反映到刻度盘上。

传向系统的作用是将主罗经的航向传送到分罗经和其他复示器。根据航向发送器和航向接收器的工作原理，可以将传向系统分为交流同步式传向系统、直流步进式传向系统和数字式传向系统。

（三）陀螺罗经误差及补偿

陀螺罗经具有一系列的系统误差，包括纬度误差、速度误差、冲击误差、摇摆误差和基线误差。为提高陀螺罗经的使用精度，这些系统误差均应予以消除或补偿。

1. 纬度误差

斯伯利系列的液体连通器罗经和阿玛-勃朗系列的电磁控制式罗经都是采用垂直轴阻尼的罗经，稳定后罗经主轴并不恰好位于子午面内，而是偏离子午面一个角度 α_r，当罗经的结构参数 M、M_D 确定后，α_r 角仅与地理纬度 φ 有关，故称为纬度误差。实践中，纬度误差补偿方法有外补偿法和内补偿法两种。

（1）外补偿法

利用一套解算装置，根据误差公式计算出误差的大小和符号，从罗经的艏向读数中扣除误差的方法称为外补偿法。传统罗经通过转动罗经艏向基线或罗经航向刻度盘零度来补偿。基线转动的角度应等于纬度误差值，而罗经刻度盘零度转动的角度与纬度误差 $\alpha_{r\varphi}$ 等值反向，如图 2-1-8 所示。现代数字罗经可以直接接入 GPS 卫星导航仪的船位信号，自动计算和补偿误差。需强调指出，外补偿法仅从罗经艏向读数中扣除误差值，虽然补偿后罗经航向刻度盘上读取的艏向为不包含误差的真艏向，但并未改变罗经主轴偏北的稳定位置。

（2）内补偿法

利用一套解算装置，计算并输出与误差相关的补偿力矩，抵消引起误差的多余力矩，

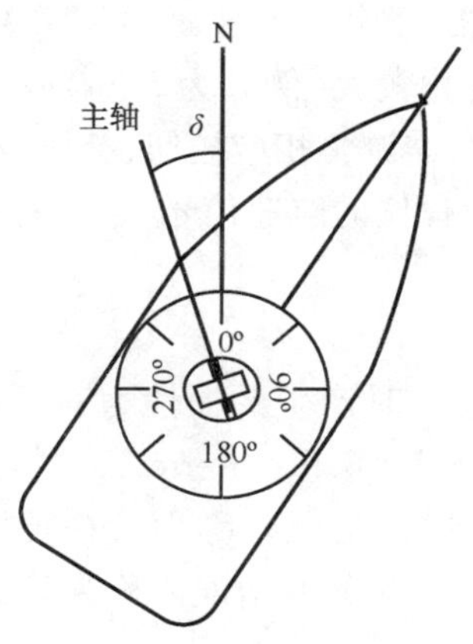

图 2-1-8 转动刻度盘法

使主轴稳定在子午面内,从根本上消除误差的方法称为内补偿法,或称力矩式补偿法。

需要说明的是,补偿力矩的符号与罗经所在纬度极性有关,如将符号取反,不仅不能消除误差,反而使误差增大一倍。因此,内补偿法应正确判断纬度极性。

2. 速度误差

船舶以恒向恒速运动时,陀螺罗经主轴的稳定位置与航速为零时主轴的稳定位置在方位上的夹角 α_{rv} 称为速度误差。速度误差具有下列特性:

①速度误差仅与船舶航速 v、艏向 C 及地理纬度 φ 有关,与罗经结构参数无关。

②速度误差随船速而变化,船速 v 越大,速度误差越大;反之亦然。

③随地理纬度 φ 的增高,速度误差增大。

④速度误差随艏向 C 而变,在正北正南航向上,速度误差最大;在正东正西航向上,速度误差为零。在偏北方向航行时,速度误差为西误差;在偏南方向航行时,速度误差为东误差。

速度误差的消除可采用查表法、外补偿法和内补偿法等三种方法。

(1)查表法

按不同的航速 v、艏向 C 和地理纬度 φ 计算速度误差 α_{rv} 后,编制成表格或绘成图表。使用时,先根据船舶航速、罗经艏向和地理纬度,在表中查取速度误差值;再根据罗经艏向确定符号;带入公式:真艏向=罗经艏向+速度误差,确定船舶真艏向。若表中无对应的航速、罗经艏向和地理纬度时,则利用内插法求之。

(2)外补偿法

与纬度误差外补偿法类似,通常在主罗经上设置速度误差校正器,用机械方法按照速度误差的表达式算出 α_{rv} 值并在艏向读数中予以扣除。

(3)内补偿法

内补偿法通常忽略船舶航速东西分量 v_E 的影响,采用向垂直轴施加速度误差补偿力矩,产生补偿力矩进动线速度抵消航速附加视运动线速度的方法消除误差。

实际中,罗经设有误差补偿器,船舶航行中通过调整补偿器上的相应按钮及开关,可以消除罗经误差。当船舶航速变化较大(例如为 5 kn)或航行纬度变化较大(例如为 5°)或艏向变化较大(例如为 15°)时,需调整相应按钮,补偿罗经误差。现代数字陀螺罗经可连接卫星导航仪的船位信号和计程仪的航速信号,自动补偿速度误差。

3. 冲击误差

船舶作机动(变速及变向)航行时产生的惯性力对罗经作用引起罗经主轴偏离新的稳定位置形成的误差,称为冲击误差(Ballistic error)。冲击误差分为两种:惯性力作用在陀螺罗经重力控制设备上而产生的冲击误差称为第一类冲击误差(Ballistic deflection error);惯性力作用在阻尼设备上而产生的冲击误差称为第二类冲击误差(Ballistic damping error)。

船舶机动结束时,总的冲击误差为第一类冲击误差 B_{I} 和第二类冲击误差 B_{II} 之和,即 $B=B_{\mathrm{I}}+B_{\mathrm{II}}$。当 $\varphi<\varphi_0$ 时(φ_0 为罗经的设计地理纬度),B_{I} 与 B_{II} 符号相反,总的冲击误差减小,一般不作处理;当 $\varphi>\varphi_0$ 时,B_{I} 与 B_{II} 符号相同,总的冲击误差增大。因此,罗经设计时适当提高设计地理纬度,使船舶在大多数情况下,总的冲击误差减小。

4. 摇摆误差

摇摆误差(rolling error)是指船舶摇摆时呈周期性变化的惯性力作用于陀螺罗经的重力控制设备而产生的指向误差。摇摆误差与罗经的结构参数、安装位置、船舶摇摆姿态、船舶所在纬度和船舶摇摆方向等参数有关。特别是浪向为隅点舷角(如 045°、135°)方向时,摇摆误差最大。

陀螺罗经均在结构上采取了安装减震和平衡环装置,有效地减小了摇摆的影响。

5. 基线误差

陀螺罗经的主、分罗经上都有用来读取艏向的基准线,称为基线(Lubber line)。安装罗经时,基线与船首尾线不平行,产生基线误差(Lubber line error)。基线误差的大小及符号不随时间变化,是一种固定误差。当基线偏向船舶右舷时,罗经艏向读数大于真艏向为西误差;当基线偏向船舶左舷时,罗经艏向读数小于真艏向为东误差。通常基线误差大于 0.5 °时,应予以校正。

三、GNSS 罗经

GNSS 罗经,也称作卫星罗经,是依托于卫星导航系统的姿态测量仪器。

(一) GNSS 罗经指向原理

GNSS 罗经通过接收来自 GNSS 卫星的导航数据,按照导航算法模型和动态实时解算整周模糊度算法，解算出基线向量在大地坐标系中的解，继而得到运动载体的方位角、俯仰角和横倾角等技术参数。

船舶姿态是由船体坐标系相对地理坐标系运动获取的空间取向参数。通常船体平台与地理坐标系的关系可由平台上三个不共线点(三个天线)来确定。利用GNSS测量这三个点的空间位置可获取平台的姿态。

如图2-1-9所示，将三个GNSS天线分布在船体平面上，通过测量三个空间点构成的基线向量在地理坐标系的关系，可获得船舶姿态参数，包括与真北为基准的艏向角、与水平面的横倾角和俯仰角。

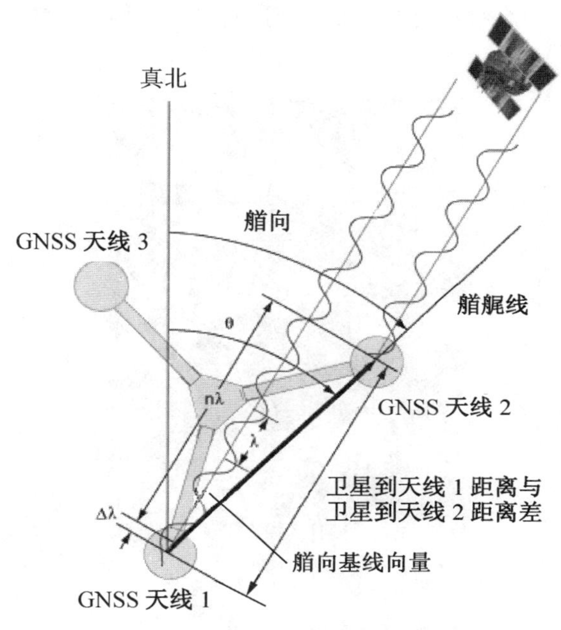

图 2-1-9　GNSS 罗经天线布局

图2-19中通过载波相位差分技术测量GNSS天线1和2至卫星的距离差，在已知两天线连线向量长度(距离)及卫星方位情况下，可解算出天线向量与真北的夹角。若GNSS罗经装船时天线向量与船首平行，则解算得到的夹角即为艏向角。

(二)GNSS罗经组成及操作

GNSS罗经通常由天线组件、接收机和显示器三部分组成，如图2-1-10所示。

天线组件由两个以上GNSS天线组成，两天线间的连线称为基线。若两天线的基线与船舶纵轴重合，可测得艏向和俯仰角；若再增加一个天线与其他天线的连线重合于船舶横轴，则可测得船舶横倾角。

接收机可同时接收多个天线的卫星信号，经解算处理后得到艏向值等姿态角，通过输出接口，传输到显示器或其他导航设备。考虑到卫星信号的不稳定性，通常接收机内

图 2-1-10　GNSS 罗经组成

还装有三轴角速度计、电子磁罗经和三轴加速度计，构成简洁的惯性导航系统，用于数据推算和修正，如图 2-1-11 所示。

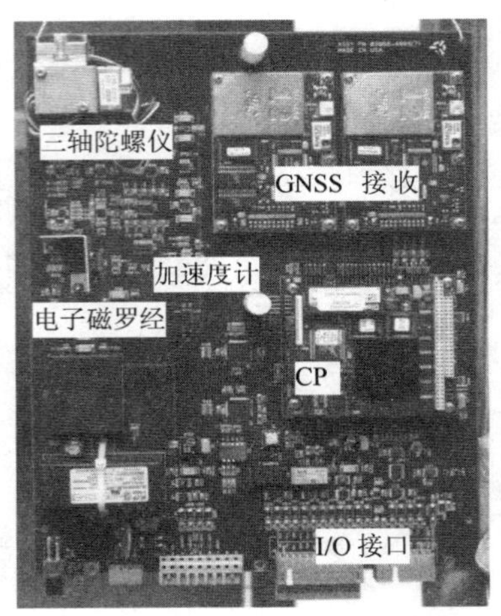

图 2-1-11　GNSS 罗经接收机

显示器显示船位、艏向及姿态等其他导航数据。

（三）GNSS 罗经误差

GNSS 罗经的测量精度取决于卫星导航系统的定位精度和天线间的基线长度。为提高定位精度，大多采用载波相位动态实时差分（RTK）测量技术，定位精度可达厘米级。基线的长度会影响到测向精度和艏向变化的灵敏度，基线长则测向精度高，方向随动变化的灵敏度低，天线不便于安装；基线短则测向精度低，方向随动变化的灵敏度高，天线便于安装。

四、光纤罗经

光纤陀螺罗经是以光纤陀螺仪及加速度计为核心测量元件的设备，能够提供载体的艏向、横摇及纵摇角度和三个轴的角速率以及船舶旋回速率等运动信息。光纤罗经是近年在商船上推广比较快的新型罗经，其提供参数多、稳定时间短、固态结构免维修等特点，引起用户的极大兴趣。

（一）光纤罗经指向原理

光纤罗经指向原理基于惯性导航系统推算原理。惯性导航系统是利用惯性敏感元件测量载体相对于惯性空间的线运动和角运动参数，在给定的运动初始条件下，根据牛顿运动定律，推算载体的瞬时速度和位置，并获得载体的姿态信息。

从本质上来讲，惯性导航系统属于推算航行系统的一种。惯性导航系统的基本原理可简要地表述为：根据牛顿定律，利用一组加速度计连续地进行测量，从中提取运动载体相对某一选定的导航坐标系（可以是人工建立的物理平台，也可以是计算机数学平台）的加速度信息，通过一次积分运算（载体初始速度已知）便可得到载体相对导航坐标系的即时速度信息，再通过一次积分运算（载体初始位置已知）便又可得到载体相对导航坐标系的即时位置信息。

对于海上航行的运动载体，如果选取地理坐标系作为导航坐标系，则上述速度信息的水平分量就是运动载体的地面速度，上述位置信息将换算为运动载体所在地的经度、纬度以及高度。此外，借助于已知的导航坐标系，通过一组陀螺仪测量或计算，还可以得到载体相对于地理坐标系的姿态信息，即艏向角、俯仰角和横倾角。

由上可知，惯性导航系统是通过加速度计测量载体的加速度，经过两次积分运算得到载体的位置。另外，依靠一组高性能的陀螺仪来模拟一个稳定的导航坐标系，从而获得敏感载体相对导航坐标系的姿态角。实际中，完整的惯性导航系统由三个相互垂直的加速度计的测量和计算确定载体位置，由三个相互垂直陀螺仪的测量和计算确定载体姿态角。

根据惯性敏感元件在载体上的安装方式的不同，惯性导航系统可分为平台式惯性导航系统和捷联式惯性导航系统。平台式惯性导航系统所需的惯性元件统一安装在一个固定在运动载体上的机械平台上，而捷联式惯性导航系统是将惯性元件直接安装在运动载体上。现代惯性导航系统大多采用捷联式惯性导航系统。

（二）光纤罗经组成

船用光纤罗经是由光纤陀螺仪构成的简化型捷联惯导系统，考虑到测量只关心载体的转角和姿态，多采用由双轴加速度计构成的水平传感器测量导航平面，光纤陀螺仪组测量转角角速度。载体的位置和水平速度可由外部的定位仪和测速仪提供。

从单元组成上分，光纤罗经由姿态传感器测量单元、电源信号分配箱和航向显示器组成，如图 2-1-12 所示。

如图 2-1-13 所示，光纤姿态传感器测量单元由光纤陀螺仪、水平传感器和信息处理模块构成，用于载体姿态测量。测量单元中的三个光纤陀螺仪可测量载体坐标的三轴旋

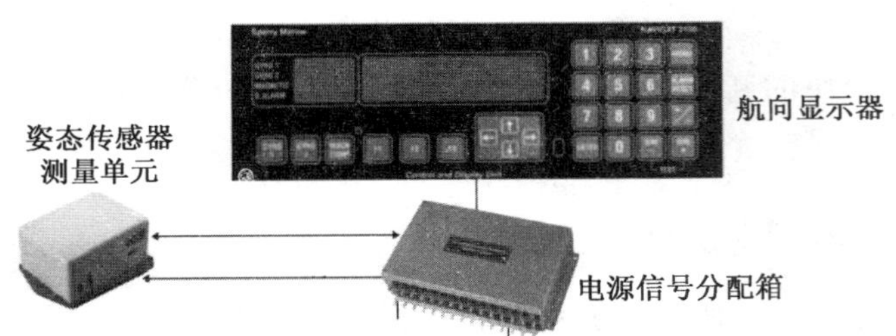

图 2-1-12 光纤罗经组成

转角速度。水平传感器用于测量光纤陀螺基座平面相对于地平面的倾斜角变化量。

电源信号分配器由电源控制电路和输入输出信号接口电路组成。电源控制电路向测量单元提供电源，输入输出信号接口电路对罗经系统的内外信号输入输出进行分配。

显示器用于显示测量的姿态数据及对系统的功能进行设置。

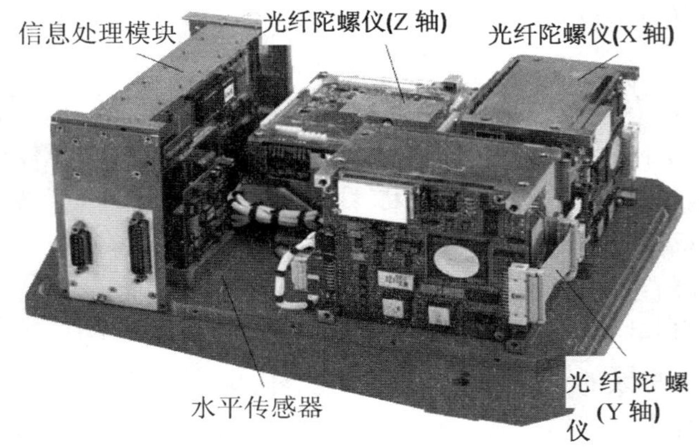

图 2-1-13 光纤姿态传感器测量单元

（三）光纤罗经误差

影响惯性导航系统测量精度的因素主要有：惯性测量元件精度、平台跟踪精度、计算精度与速度和设备安装精度等。

1. 惯性测量元件精度

如果不加任何调整，惯性测量元件存在漂移误差，且随时间增长形成累积误差。为此，惯性导航系统必须采用一组高精度的加速度计和陀螺仪作为测量元件。

2. 平台跟踪精度

姿态测量时，需用陀螺平台跟踪一个地理坐标系的水平坐标系或真垂线（水平面的法线），从而获得绕真垂线转动的艏向角。由于地球自转，地理水平面会随着地球自转而发生变化。双轴水平传感器在船用光纤陀螺罗经中主要用来测量光纤陀螺基座平面相对于水平面的倾斜角变化量,其原理是通过测量静态重力加速度变化,转换成倾斜角变化,进而跟踪地理水平面。

3. 计算精度与速度

惯性导航系统必须建立全面细致的计算和补偿网络,采用的计算装置要有足够高的计算精度和运算速度。惯性导航计算是一个复杂的计算过程,影响姿态测量的运算是方向余弦矩阵的计算,即完成各有关坐标系间的坐标转换。这种计算不仅工作量大,需要高速运算能力,同时计算结果也影响到后续计算精度。

4. 设备安装精度

陀螺平台的初始方位必须严格校准;否则,平台本身的初始偏差将以 84.4 min 的周期振荡,导致严重的误差。

在安装水平传感器时,安装错误会导致较大的测量角度误差。要保证"两面"和"两线"的正确安装,"两面"是指传感器安装面与被测物体安装面完全紧靠(被测物体的安装面要尽可能水平);"两线"是指传感器轴线与被测面轴线平行。

五、传送艏向装置(THD)

根据 SOLAS 公约第五章规定,300 总吨及以上和小于 500 总吨的船舶不强制配备陀螺罗经,但要求配备 1 台 THD 或其他装置,用于传送艏向信息。

根据高速船安全规则(HSC Code),载客等于或少于 100 人的高速船不强制配备陀螺罗经,但要求配备 1 台适于提供艏向依据的装置。

传送艏向装置(THD)是提供艏向信息的电子装置。传送艏向装置不具备独立获取艏向信息的能力,而是从指向设备接收艏向信息,并传送给其他需要艏向信息的设备。例如磁罗经传送艏向装置、GNSS 罗经传送艏向装置等都可称为传送艏向装置。

如果 IMO 性能标准对适用于传感器部件的运营地理区域没有规定,则 THD 的工作范围为:最大回转速度(ROT)为 20°/s;地理区域至少为 70°N~70°S。

根据 IMO 对 THD 提出的性能标准,THD 显示和输出都应指示真艏向。

船舶 THD 的功能应包含以下内容:

(1)接收艏向信号并传送适当的输出信号给其他设备或系统。

(2)可以含有任何艏向传感器。

(3)所有关于设备和参数校正装置均应有保护措施以防止误操作。

THD 至少应有 1 个输出接口满足相应的国际海上接口标准(IEC 61162)。在其输出端口至少应满足下列精度要求:

(1)传送和分辨率误差:包含有分辨率误差的传送误差应小于±0.2°。

(2)静态误差:应小于±1.0°。

(3)动态误差:动态误差幅度应小于±1.5°。如果动态误差幅度超过±0.5°,动态误差频率应小于0.033 Hz,相当于不短于30 s的周期。

(4)跟随误差:转向速率在10°/s以内,应小于±0.5°;转向速率在10°/s和20°/s之间,应小于±1.5°。

第二节 艏向信息误差与引航安全

艏向信息获取方式多种多样,又各具特色。掌握艏向信息特点,谨慎、专业地运用艏向信息保障引航安全,是引航员必须具备的基本素质和能力。

一、使用传统指向设备引航

传统指向设备特指磁罗经和陀螺罗经,分别提供了相对磁北的船舶磁罗经艏向和相对地理真北的陀螺罗经艏向。在不考虑罗经误差的情况下,两个艏向之间存在着磁差。

1. 磁罗经艏向信息

磁罗经的艏向信息随地磁场的变化而变化。虽然经过自差校正,剩余自差已很小,但船舶在不同磁纬度航行,地磁场变化仍然会带来半圆自差和倾斜自差变化。由于这种自差的变化不需要随时校正,因此,对于航行纬度变化较大的船舶应考虑磁罗经的这种自差变化。

磁罗经的艏向信息也会因船磁变化而变化。在船体结构变化,遭遇雷击、剧烈震动、强磁性干扰等情况下可能引起船体磁性发生变化,从而引起磁罗经的自差发生变化。如船舶载运大量有磁性货物后,使船磁与装货前的状态发生改变,必然引起自差的变化。

因此,为了保障航行安全,引航员登船后应针对上述引起自差变化的原因,了解船舶本航次计划,询问是否发生了可能引起船磁变化的事件,检查磁罗经剩余自差表中的校差时间是否过期,以确保磁罗经的艏向信息准确。

2. 陀螺罗经艏向信息

现代船用陀螺罗经的系统误差(速度误差、纬度误差、摇摆误差和基线误差)都可以通过罗经的设计在技术上得到解决,如采用合适的补偿方法。但陀螺罗经的工作可靠性,对其输出的指向信息起着重要的作用。如双转子陀螺罗经陀螺球内有一个转子不工作,可能引起艏向产生 40°左右的固定误差。因此,陀螺罗经的工作状态决定了陀螺罗经指向信息的精度。

陀螺罗经的冲击误差也是需要引起重视的一个系统误差。在设计时,虽然考虑了船速及设计纬度的因素,罗经冲击误差可能会很小,但在高速航行和大角度转向时,会在船舶机动结束时产生较大的冲击误差,且需要较长时间才能自动消除误差。

针对上述问题,引航员应及时了解陀螺罗经的工作状态,并在大舵角转向后,注意陀螺罗经提供的艏向信息可能与实际艏向有一定的误差。

二、使用现代新型艏向设备引航

与传统指向设备相比,光纤罗经作为新型船用指向设备已经逐渐在商船上得到广泛的应用。

光纤罗经使用高精度测量传感器构成惯性导航系统,可提供精确的艏向和航行姿态信息。但作为推算惯性导航系统,惯性传感器的累积误差会影响艏向信息的精度。虽然累积误差可以通过外接传感器(卫星导航仪和计程仪)和数据滤波算法得到解决,但是一旦外接传感器出现故障,也将影响光纤罗经的精度。

在引航过程中,引航员在充分地利用光纤罗经提供的多种船舶航行信息,更安全地驾驶船舶的同时,应随时关注影响光纤罗经精度的外接传感器的工作状态。

三、使用传送艏向装置引航

现代航海已进入到信息航海时代,THD 作为艏向信息转发和分配装置为航海信息系统正常运行提供了有力的支持。

1. 陀螺罗经艏向信息

交流同步式和直流步进式传送系统的 THD 艏向信息需要通过调整保持与主罗经艏向严格同步,直流步进式传向系统还存在 1/6°跳步误差。因此,对于这两类传送艏向装置应注意同步误差和跳步误差对 THD 艏向精度的影响。

因此,引航员登船后,应首先了解艏向信息源设备类型,查验转换装置输入与输出信息，注意其误差。

2. 磁罗经艏向信息

磁罗经 THD 通过敏感磁罗经磁针或敏感地磁场的方向传感器获取磁艏向信号，经放大、模数转换变成数字信号，再经过单片机处理输出艏向信号。设备在安装时需要进行误差校准。于是，磁罗经的测量精度和磁罗经发送艏向装置的设备精度决定了磁罗经 THD 艏向精度。

因此，在使用磁罗经 THD 信息时，引航员除应注意磁罗经误差外，还应注意 THD 设备校正后的剩余误差。

3. GNSS 罗经艏向信息

GNSS 罗经虽然不是 SOLAS 公约要求的艏向独立传感器，但因其便捷性和经济性的特点，很多非 SOLAS 公约要求的船舶上也使用了 GNSS 罗经。

GNSS 罗经艏向信息基于卫星导航系统，卫星导航系统的精度及 GNSS 罗经天线的基线长度决定了 GNSS 罗经的精度，卫星导航系统的工作状态也会影响到 GNSS 罗经的工作状态。

因此，针对只安装 GNSS 罗经的船舶，引航时应随时特别注意卫星系统的工作状态。

第三章 航速与航程测量设备

航速与航程测量设备(Speed and Distance Measuring Equipment,简称 SDME),亦称为船用计程仪(Ship's log),是一种测量船舶航行速度和累计航行里程的导航仪器。

第一节 SDME 分类与特点

SDME 提供的速度信息对船舶海上航行、港口引航非常重要,其主要作用为:

(1)测量的速度信息结合陀螺罗经或磁罗经提供的航向信息,可用于船位推算。

(2)为现代导航设备或系统,如雷达、ECDIS、AIS、VDR 等提供速度信息,是综合航行系统的基本航行信息和船舶 PVT(Position,Velocity,and Timing)的关键数据。

(3)为大型或超大型船舶提供纵向和横向速度信息,保障船舶在狭水道航行、靠离码头或泊位时的安全。

SDME 按其测量参考基准的不同,可分为相对计程仪和绝对计程仪两类。相对计程仪只能测量船舶相对于水的速度并累计其航程,如水压式、电磁式计程仪。绝对计程仪可以测量船舶对地的速度并累计其航程,如多普勒计程仪、声相关计程仪和卫星计程仪。若绝对计程仪工作采用超声波跟踪模式,当水深超过其跟踪深度范围时,便转换为跟踪水层的相对计程仪(如多普勒计程仪、声相关计程仪)。

一、电磁计程仪

1. 电磁计程仪系统组成

电磁计程仪(Electromagnetic log,简称 EM-Log)是利用电磁感应原理测量船舶速度和累计航程的一种相对计程仪,它通常由传感器、放大器和指示器组成,如图 3-1-1 所示。

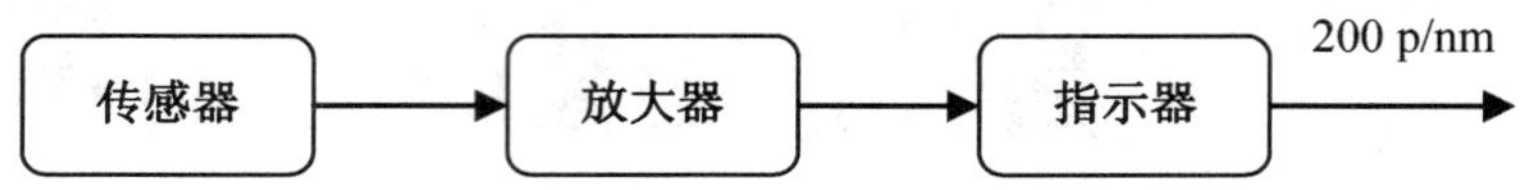

图 3-1-1　电磁计程仪组成框图

电磁传感器是根据电磁感应原理,产生一个与船舶速度成正比的电信号。常用的传感器有两种:平面式和导杆式。平面式传感器的底面与船底壳体平齐;导杆式传感器为一根可升降的圆柱形导杆,计程仪工作时伸出船底,不工作时可将导杆回收。

放大器的任务是将来自传感器的微弱速度信号进行放大,送至航速指示器。指示器是指示速度和航程的终端显示设备,通常分为数码显示型和机械指针型。此外,终端还具有 200 p/nm 速度脉冲的标准接口输出。

2. 电磁传感器工作原理

电磁传感器根据法拉第电磁感应定律,将船舶相对于水的速度转换为感应电动势,从而产生速度信号。

平面式电磁传感器的结构原理图如图 3-1-2 所示:倒“山”字形铁芯沿船舶横向安装在船底纵中剖面和横中剖面交界线处或在船首底部平坦处。铁芯的中间柱上绕有激磁绕组;在铁芯的两个空隙中嵌有间距为 L 的两个电极 a 和 b 及其引出导线;电极和导线用非导磁材料填封并固定。当激磁绕组通入 220 V/50 Hz 的交流电 $E_{\sim}$ 时,在铁芯两侧形成交变磁场 $B_{\sim}$。

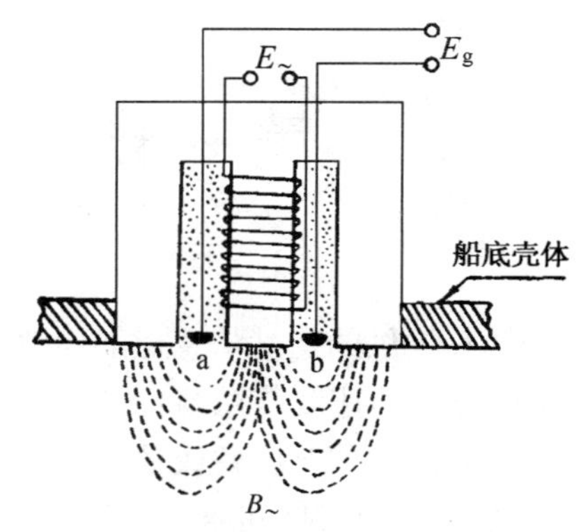

图 3-1-2　平面式电磁传感器的结构原理图

当船以速度 v 向前(或向后)航行时,则水流相对船的速度 v 大小相等,方向相反。由于海水可导电,可将流过两电极间的海水看作无数根运动的“导体”在切割磁力线,根据电磁感应原理,在电极 a、b 和海水形成的回路中将产生感应电动势 E_g:

$$E_g = B_{\sim} \cdot LV \cdot 10^{-8}(\mathrm{V}) \qquad (3\text{-}1\text{-}1)$$

式中,$B_{\sim}$ 为交流磁感应强度(Gs),L 为两电极间距(cm),v 为船速(cm/s)。显然,只要测

得感应电动势 E_g，由上式即可求出船舶速度 v。

二、多普勒计程仪

1. 多普勒效应

多普勒计程仪（Doppler log）是应用多普勒效应测速和累计航程的一种水声导航仪器。所谓的多普勒效应是指：当声源与接收者之间存在相对运动时，接收者收到声波的频率与声源频率不同的现象。当声源接近接收者时，接收者收到声波的频率将升高；当两者相互远离时，接收者收到声波的频率将降低。接收频率与声源频率的差值 Δf 称为多普勒频移。Δf 与声源频率 f_0、声波在介质中传播速度 c 和声源与接收点之间相对运动速度 v 的关系如下：

$$\Delta f = \frac{v}{c} f_0 \tag{3-1-2}$$

当 f_0 与 c 为常数时，Δf 与 v 成正比，因此可以通过测定 Δf 达到测速的目的。

2. 单波束测速原理

在船底部安装一个收、发兼用的换能器 O。船舶以速度 v 向前航行，换能器以频率 f_0 向海底发射超声波脉冲，如图 3-1-3 所示。声波束的发射方向与船舶速度方向成 θ 角，称之为波束发射俯角，一般 θ 取 60°。换能器向海底发射的超声波经海底反射后，其中有一小部分声波能量被换能器接收。

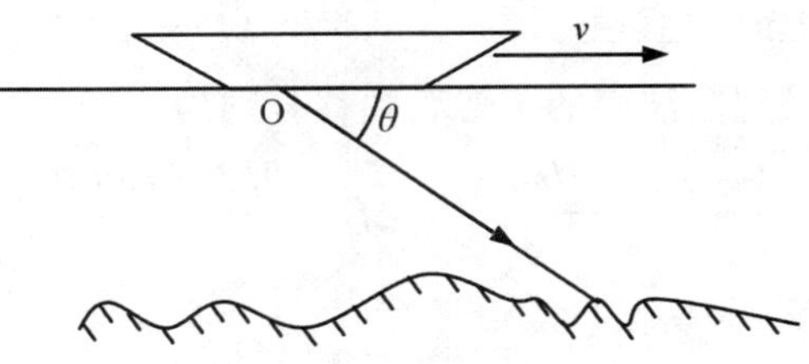

图 3-1-3 单波束测速原理

换能器 O 既是声源又是接收者，由于发射点和接收点之间有相对位移，故换能器 O 收到声波的频率和发射声波的频率并不相同（又称为二次多普勒效应）。

测得的多普勒频移 Δf 表示如下：

$$\Delta f = \frac{2 f_0 v \cos\theta}{c} \tag{3-1-3}$$

式中，f_0 为声波发射频率，为已知量，船速 v 及波束俯角 θ 也均为已知量，只要测出多普勒频移 Δf，即可求出船速。

3. 双波束测速原理

如上所述是一种只向前发射单一声波束的多普勒计程仪。这种单波束计程仪在实际使用时会因船舶摇摆而产生测速误差，故不能得到广泛的应用。船舶摇摆时，由于船舶上下颠簸和纵向摇摆会产生船舶在垂直方向上的运动速度 U，如图 3-1-4 所示。

垂向速度 U 在波束发射方向上的分量为 $-U\sin\theta$，在波束发射方向上的合成速度为 $(v\cos\theta - U\sin\theta)$，则单波束多普勒频移公式变化为：

$$\Delta f = \frac{2f_0(v\cos\theta - U\sin\theta)}{c} \tag{3-1-4}$$

比较式(3-1-3)和式(3-1-4)可知，在船舶上下颠簸和纵向摇摆时，如果仍按式(3-1-3)进行测速，显然会产生测量误差。

为了消除这种测量误差，目前船用多普勒计程仪普遍采用双波束系统测速，即以相同的发射俯角分别向前和向后发射对称的超声波波束，如图 3-1-5 所示。

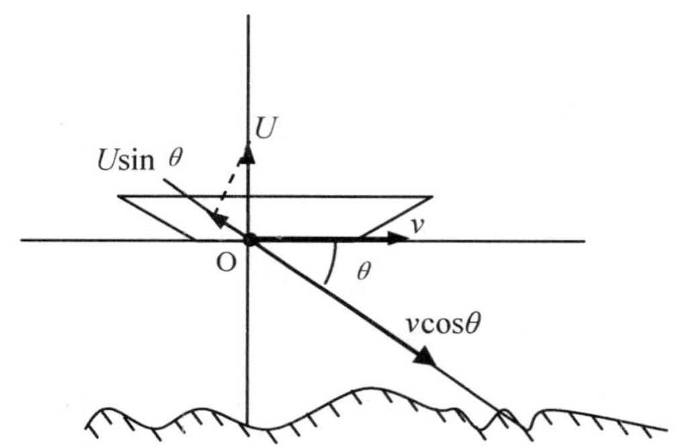

图 3-1-4 上下颠簸引起的测速误差

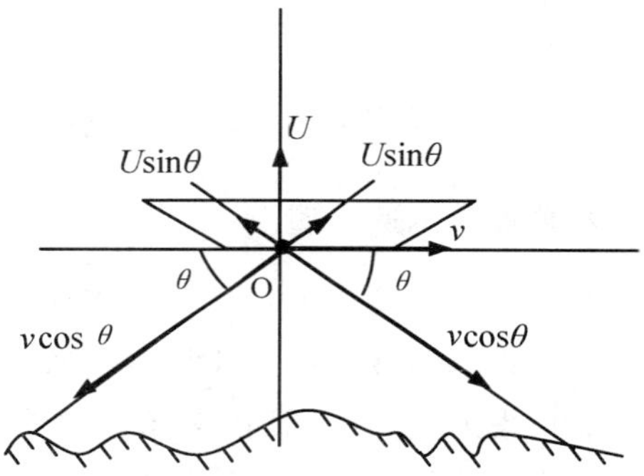

图 3-1-5 双波束测速原理

按式(3-1-4)，艏向及艉向波束的多普勒频移分别为：

$$\Delta f_1 = \frac{2f_0(v\cos\theta - U\sin\theta)}{c} \quad \Delta f_2 = \frac{2f_0(-v\cos\theta - U\sin\theta)}{c} \tag{3-1-5}$$

用 Δf_1 减 Δf_2 有：

$$\Delta f = \Delta f_1 - \Delta f_2 = \frac{4v\cos\theta}{c} \tag{3-1-6}$$

式(3-1-6)称为双波束多普勒频移公式。由公式可知，船舶摇摆颠簸引起的垂向运动速度 U 的影响已被完全消除。

4. 多普勒计程仪分类

目前船用多普勒计程仪有三种类型。

第一种类型是双波束系统，又称一元多普勒计程仪。它只能测量船舶纵向速度并累计其航程，通常用于船舶导航。

第二种类型是四波束系统，即换能器向船体的前后左右四个方向发射波束，又称二元多普勒计程仪。它除了可测量船舶纵向速度外，还能测量横向速度，可用于船位推算导航。一元和二元多普勒计程仪的换能器均安装在船首底部平坦部位。

第三种类型是六波束系统，它除了在船首安装四波束换能器外，还在船尾部安装一对向船尾左右方向发射波束的换能器，又称为三元多普勒计程仪。这种计程仪既可测量船舶纵向速度，又能测量船首部和船尾部的横向速度，能反映船舶运动的全貌，通常用于大型或超大型船舶的进出港、靠离码头和锚泊等作业，可更好地保障航行的安全。

三、声相关计程仪

1. 声相关计程仪工作原理

声相关计程仪（Acoustic correlation log）是应用相关技术处理水声信息测量船舶速度并累计航程的计程仪。

声相关计程仪的测速原理如图 3-1-6 所示。沿船底纵向等间距安装有前向接收换能器 R_f、发射换能器 T 及后向接收换能器 R_a，前后两个接收换能器的间距为 s。发射换能

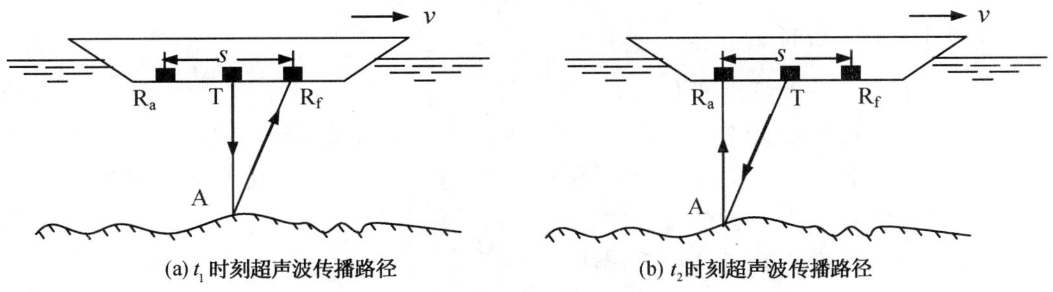

图 3-1-6　声相关计程仪的测速原理

器 T 以一定的时间间隔向海底发射超声波脉冲，假设在 $t=t_1$ 时刻，经海底反射回来的回波被前向换能器 R_f 所接收，如图 3-1-6(a) 所示；经过时间间隔 τ，即 $t=t_2$ 时刻，回波被后向换能器 R_a 所接收，船航行的位移为 $s/2$，如图 3-1-6(b) 所示。由于两个换能器接收的超声波所走过的路径完全一致，因此可认为这两个回波信号的包络幅值 $U_1(t)f_1(t)$ 和 $U_2(t)f_1(t)$ 形状完全相同，只是在时间上相差了时间间隔 τ，如图 3-1-7 所示。我们称这两个信号是互相关的，τ 为相关延时。τ 可以用下式表示：

$$\tau = \frac{1}{2} \cdot \frac{s}{v} \tag{3-1-7}$$

或

$$v = \frac{1}{2} \cdot \frac{s}{\tau} \tag{3-1-8}$$

式中,s 为两个接收换能器的间距,为定值;τ 可以用相关接收技术测量,则船速 v 可求。

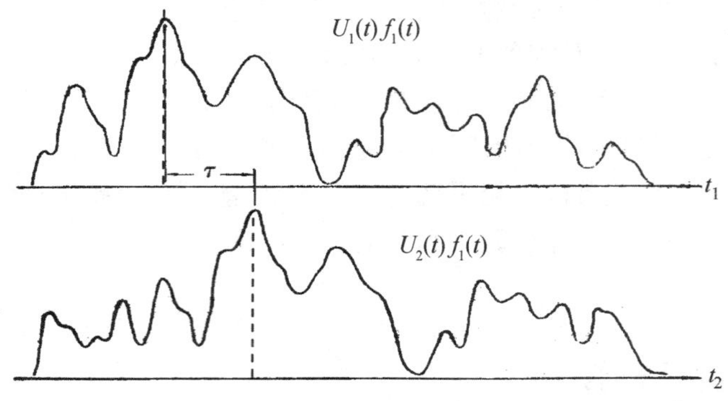

图 3-1-7　前后接收信号包络波声

相关计程仪工作的基本过程是:两个接收换能器所接收的回波信号经过放大和延时器处理后,送到乘法器,运算后输出 $U(t)$ 和 $U(t+\tau)$ 之积,再送到积分器作积分运算求取它们的相关函数。相关函数的大小随延时器的延时量而变化,仅当延时为 τ 时,相关函数值取最大值。此时,对应的 τ 即为要求的延时。然后经过换算后由显示器以模拟或数字显示方式显示出船速和航程。

2. 声相关计程仪特点

声相关计程仪主要特点如下:

(1)垂向发射和接收超声波信号,对回波信号的包络幅值进行相关处理来测速。

(2)可工作于海底跟踪和水层跟踪两种方式,分别测得对地速度和对水速度。

(3)测量精度不受声速变化的影响。

(4)同时可测量水深,兼作测深仪使用。

四、卫星计程仪

卫星计程仪(Satellite log)是利用 GNSS 设备测得船舶姿态数据和船舶对地速度并累计航程的计程仪。

卫星计程仪利用 GNSS 载波相位定位,精度可达到毫米级。GNSS 计程仪通过在船舶上配置的两个以上 GNSS 天线组成的天线阵,利用载波相位观测量实时计算天线阵坐标系相对于地理坐标系的变化,求解船舶的姿态参数,进而获得船舶对地速度和累计航程。

1. 船舶姿态定义

定义船体坐标系 $Oxyz$,O 为测量基点,Ox 轴沿首尾基线指向船首,Oy 轴指向右正横方向,Oz 轴垂直 Oxy 面指向上;地理坐标系 $ONWZ_0$,ON 轴指北,OW 轴指西,OZ_0 轴垂直水平面指向天顶。船舶姿态指船体坐标系 $Oxyz$ 相对于地理坐标系 $ONWZ_0$ 的空间位置关系,通常由船舶的艏向 φ、横倾角 γ 和纵倾角 θ 等3个姿态角物理量决定,其中 φ、γ 和 θ 分别为 Ox、Oy 和 Oz 轴相对于 ON、OW 和 OZ_0 轴的夹角。

2. 多天线姿态测量基本原理

船舶上安装两个 GNSS 天线,则两个 GNSS 天线接收中心之间的连线构成天线基线,该基线与地理坐标系的空间关系可以反映出船舶姿态物理量。

当基线沿着船体纵向放置时,对应的船舶姿态物理量是艏向和纵倾角。若船体上同时存在两条互相垂直的基线(3 个 GNSS 天线即可)时,根据天线面与地理坐标的关系,则可以同时获得艏向角、横倾角和纵倾角。

3. 船舶姿态确定

设艏艉向天线的基线与船舶龙骨平行。采用载波相位定位方法测量两个接收天线所接收卫星信号的载波相位,进一步精确计算从艉天线指向艏天线的基线矢量,并转换为极坐标,即获得船舶艏向和纵倾角。换句话说,若天线基线长度为 b,则基线矢量在船体坐标系中的坐标为 $\boldsymbol{R}_b = [b,0,0]^T$,基线矢量在地理坐标系中的坐标为 $\boldsymbol{R}_n = [x_n, y_n, z_n]$,则可以得到艏向及纵倾角分别为 $\varphi = \arctan(y_n / x_n)$ 和 $\theta = \arctan(z_n / \sqrt{x_n^2 + y_n^2})$。

如果有 3 个不共线的接收天线,则可以构成两条互不平行的基线,利用这两条基线在船体坐标系和在地理坐标系中的坐标可以解算出全部的 3 个姿态角。

若要获得船舶相对于地理坐标系的姿态角参数,则需知道地理坐标系和船体坐标系的旋转关系。根据欧拉公式,可将船体坐标系和导航坐标系之间的姿态转换矩阵 $\boldsymbol{C}_n^b$ 表示为:

$$\boldsymbol{C}_n^b = \begin{bmatrix} \cos\gamma & 0 & -\sin\gamma \\ 0 & 1 & 0 \\ \sin\gamma & 0 & \cos\gamma \end{bmatrix} \begin{bmatrix} 1 & 0 & 0 \\ 0 & \cos\theta & \sin\theta \\ 0 & \sin\theta & \cos\theta \end{bmatrix} \begin{bmatrix} \cos\varphi & -\sin\varphi & 0 \\ \sin\varphi & \cos\varphi & 0 \\ 0 & 0 & 1 \end{bmatrix} \tag{3-1-9}$$

$$= \begin{bmatrix} \cos\gamma\cos\varphi + \sin\gamma\sin\theta\sin\varphi & -\cos\gamma\sin\varphi + \sin\gamma\sin\theta\cos\varphi & -\sin\gamma\cos\theta \\ \cos\theta\sin\varphi & \cos\theta\cos\varphi & \sin\theta \\ \sin\gamma\cos\varphi - \cos\gamma\sin\theta\sin\varphi & -\sin\gamma\cos\varphi - \cos\gamma\sin\theta\cos\varphi & \cos\gamma\cos\theta \end{bmatrix}$$

$$= [T_{ij}]_{3\times3}$$

再用 $\boldsymbol{C}_n^b$ 的元素 T_{ij} 提取船舶的 3 个姿态角度(艏向角度、纵倾角度、横倾角度)为:

艏向角:

$$\varphi = \arctan\frac{T_{21}}{T_{22}} \tag{3-1-10}$$

纵倾角:

$$\theta = \arcsin T_{23} \tag{3-1-11}$$

横摇角：

$$\gamma = \arctan(-\frac{T_{13}}{T_{33}}) \qquad (3\text{-}1\text{-}12)$$

天线阵列在测量姿态中，假设基线长度为 1 m，测量的位置误差为 1 cm，那么该系统的测角精度大约是 1/100 rad，约为 0.5°。

4. 卫星计程仪纵向和横向对地速度确定

卫星计程仪获得的船舶姿态信息有艏向 φ、船舶对地速度 v_0 和航向 C。如图 3-1-8 所示，将 v_0 分解便可以确定船舶的纵向和横向对地速度：

纵向速度：

$$v_x = v_0 \times \cos(\varphi - C) \qquad (3\text{-}1\text{-}13)$$

横向速度：

$$v_y = v_0 \times \sin(\varphi - C) \qquad (3\text{-}1\text{-}14)$$

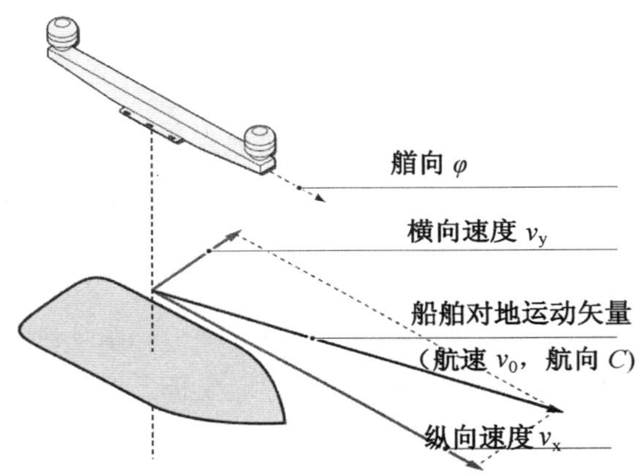

图 3-1-8　卫星计程仪工作示意图

速度矢量与测定的转向速率（ROT）相结合，可得到船舶平移和转向运动中的状态，再结合船舶尺度数据便可以推算艏、艉横向速度。

卫星计程仪（如 FURUNO GS100）提供的一个典型信息页面如图 3-1-9 所示，显示的主要信息为：

纵向速度：9.98 kn。

船首横向速度：向左 0.68 kn。

船尾横向速度：向右 0.68 kn。

累计航程：7 452.31 n mile。

卫星位置精度因子（PDOP）：1.2。

双（多）天线共同卫星数量（COM. SAT）：3。

数据计算状态：Normal 正常。

图 3-1-9 卫星计程仪数据显示

五、不同类型计程仪比较

四种类型计程仪特性比较如表 3-1-1 所示。

表 3-1-1 四种类型计程仪特性比较

	电磁计程仪	多普勒计程仪	声相关计程仪	卫星计程仪
类型	相对计程仪	绝对计程仪	绝对计程仪	绝对计程仪
参考基准	对水	对地或对水	对地或对水	对地
测速原理	水流导体切割磁力线产生感应电动势，以脉冲计数显示航程	超声波多普勒效应测速，经积分由数字显示器显示航程	相关技术测回波延时，经积分累计航程	卫星相位测量计算求姿态，再分解速度矢量求纵向和横向速度
公式	$E_g = B_{\sim} Lv \cdot 10^{-8}(\text{V})$	$\Delta f = \dfrac{2f_0 v\cos\theta}{c}$（单波束）	$\tau = \dfrac{1}{2} \cdot \dfrac{S}{v}$	相位测量 速度分解
测速精度	0.2 kn	0.1 kn	0.1 kn	纵向 0.02 kn 横向 0.08 kn （≥5 颗星）
航程精度	1%～2%	0.2%～0.5%	0.2%	0.01 n mile
特点	线性好，精度较高，可测纵向前进、后退速度，结构简单，使用方便	线性好，精度高，可测纵向和横向速度，在跟踪深度范围内可提供绝对速度；否则提供相对速度	精度高且与声速无关。在跟踪深度范围内可提供绝对速度；否则提供相对速度	精度高，可测纵向速度和艏、艉横向速度，可测 ROT 和累计航程。作为非自主系统，可靠性依赖卫星信号

第二节 SDME信息误差与引航安全

一、IMO配置要求与标准

1. SOLAS公约配置要求

SDME是商船必备的航海仪器。按照SOLAS公约第五章第19条要求，所有300总吨及以上的船舶和任何尺度的客船，应配备指示船舶对水速度和航程的设备；所有50 000总吨及以上的船舶，还应配备1台指示船舶前进方向和横向对地速度和航程的设备。如果需要配备对水和对地速度两种类型的计程仪，则应分别配备一台，不应使用一台兼备两种测量功能的设备。

2. IMO性能标准

IMO关于航速与航程测量设备性能标准是对船舶设备装配的最低要求。该标准要求：

（1）应能提供船舶在最大航速之内对水或对地的前进速度和航程信息，也可以提供其他方向（如艏和艉的横向移动）运动的附加信息，并能够选择、设置和明确指示这些信息的方向、模式和有效性状态。测量对水速度和航程的设备，应能够在龙骨下水深大于3 m时满足性能标准。测量对地速度和航程的设备，应能够在龙骨下水深大于2 m时满足性能标准。

（2）应能够为雷达目标跟踪和航迹控制设备提供艏艉向对水速度。

（3）以模拟或数字形式显示速度信息。模拟显示每格显示0.5 kn，并且在每5 kn处有数字标注；数字显示增量不超过0.1 kn。如果能够显示船首前进之外的速度，则应指示其运动方向。

（4）以数字方式至少在0～9 999.9 n mile范围显示航程信息，步进值不超过0.1 n mile，并可以有将显示读数重新置0的设置。

（5）所测量的速度、航程和运动方向等信息应能够按照国际标准接口协议（如IEC 61162）传输；且对于船首前进速度可以转换为闭合触点200 p/nm脉冲输出。

(6)船舶在不受浅水效应、风、海底类型、海流和潮汐影响的情况下,数据的测量和指示应满足:

①以数字方式显示时,速度误差不超过航速的2%或0.2 kn之大者。

②以模拟方式显示时,速度误差不超过航速的2.5%或0.25 kn之大者。

③用于对外数据传输时,速度误差不超过航速的2%或0.2 kn之大者。

④航程误差不超过1 h内航行距离的2%或0.2 n mile/h之大者。

(7)当船舶横摇至±10°和纵摇至±5°时,设备的性能应满足这些标准的要求。

二、引航应用

(一)速度类型与使用

不同类型的SDME可以提供船舶对地速度(SOG)或/和对水速度(STW),前者是以陆地或海底为基准的船舶速度,其方向为对地航向(COG);而后者为以设备测量水层为参照的船舶速度,其方向为艏向(HDG)。

通常SOG用于船舶导航,STW用于雷达避碰。如果受条件限制,在雷达避碰时采用了SOG时,则应该特别留意目标的艏向与其矢量指示方向(COG)存在的差异可能导致对船舶会遇局面的误判,尤其是在有较强横向流影响的水域。因此,对于速度参考通常以SOG为主的引航环境,引航员在应对避碰局面时,一方面应注意在避碰设备上及时进行速度参数的设置,另一方面还应充分利用驾驶台资源,从多渠道获取避碰参考信息,准确判断会遇局面,做出正确避碰决策。

(二)SDME设备使用风险

不同船舶配置的SDME设备类型可能不同,引航员应了解各种类型设备的误差和局限性,注意使用风险,保障引航安全。

1. 电磁计程仪

电磁计程仪的误差和局限主要包括:

(1)设备提供相对于水的速度,而非对地速度,水流会影响测量精度。

(2)测量数据受边界层影响(由于受靠近船体的水层的摩擦影响,相对水的速度会变慢)。

(3)感应信号放大器的非线性产生速度误差。

(4)不同引航水域、不同季节的盐度和水温会影响计程仪校准。

2. 多普勒计程仪

多普勒计程仪的误差与使用风险主要包括:

(1)采用多普勒计程仪计算速度时,一般假定超声波在水中的传播速度是常量,但超声波在水中的实际声速随温度、盐度、水深和水压力等因素不同而发生变化,随水深增加而水温降低和水压增大对声速的影响几乎相互抵消。而引航水域从海口进入内河引起的盐度变化,或者冬季/夏季变换引起的表面温度变化都有可能产生速度误差。

(2)恶劣天气(如6级或更高海况)影响测速误差,如引航水域风浪较大,船舶纵摇会带来前向速度误差,横摇会产生横向速度误差。

(3)传感器位置不适当产生的干扰,例如安装位置靠近螺旋桨、推进器、排水管、回声测深仪传感器等。

(4)当船舶龙骨下水深小于3 m,水层跟踪不稳定,可能会产生误差。

(5)多普勒计程仪水层跟踪是利用水团质点(如水层含有浮游生物和其他微生物)反射。某些情况下,跟踪水层因浮游生物太少而没有返回信号。如特定地区特定季节融化的冰水覆盖海面,浮游生物活动区下降,传感器则可能会丢失信号。设备工作于淡水湖泊区也会发生类似的情况。

3. 声相关计程仪

声相关计程仪的主要使用风险:

(1)声相关计程仪安装后需要进行测速校正,校正信息应有记录。

(2)声相关计程仪长期不用也需要半个月通电一次;否则可能影响换能器效果。

(3)声相关计程仪有设计跟踪深度。若船舶航行水域水深小于或等于设计深度,则设备工作于"海底跟踪"模式,获得对地速度,若水深超过设计深度则变成对水计程仪。当工作于"海底跟踪"模式,而深度显示器的水深不准时,应予以注意。

4. 卫星计程仪

卫星计程仪作为近年来出现的新型设备,其局限与使用风险主要涉及:

(1)卫星计程仪只能提供对地速度,不能提供对水速度。

(2)设备稳定时间一般为3 min(有时可能达15 min),因卫星相位测量需要连续计算分析。

(3)测量5颗及以上卫星的信号,测速精度可达0.02 kn,如只有3~4颗卫星,一般精度为0.2 kn;注意观测卫星系统PDOP系数和当前使用卫星数量。

(4)卫星计程仪是非自主系统,可靠性依赖卫星信号;卫星信号可能受到遮蔽或中断,系统数据失效,注意设备提供的报警指示。

(三)应用SDME信息引航须注意事项

引航员登船后,应及时与驾驶团队沟通,使用测速设备之前要了解主要性能参数以及日常使用状况,包括:

(1)了解和查看计程仪测定误差与记录的校正日志。

(2)查看系统设置参数,如校正值、偏移量是否正确设置。

(3)注意当前速度类型,有的设备可选择对水/对地/自动模式,有的设备需要由引航员根据引航水域情况判断设置跟踪水层深度。

(4)注意选用的测量单位,特别是靠离泊时,船舶横向速度单位 kn 和 m/s 的选择。

(5)如果对系统输出信息有疑问,应充分利用驾驶台资源与其他导航系统信息进行交叉验证。

第四章 回声测深仪

船用回声测深仪(Echo sounder)是利用超声波在水中传播的物理特性而制成的一种测量水深的船用水声导航仪器。

航海领域船用回声测深仪的主要用途有:

(1)在情况不明的海域或浅水航区航行时,测量水深以保障船舶航行安全。

(2)特殊情况下,可通过测量水深辨认船位。

(3)作为传感器为驾驶台其他设备和系统,如 ECDIS 或 INS,提供数据。

(4)在航道及港口测量方面,提供精确的水文资料。

(5)现代多功能的船用测深仪还具有水下勘测、鱼群探测跟踪等功能。

第一节 回声测深仪工作原理

一、测深原理

回声测深仪通过测量超声波自发射至被反射接收的时间间隔确定水深,其工作原理如图 4-1-1 所示。

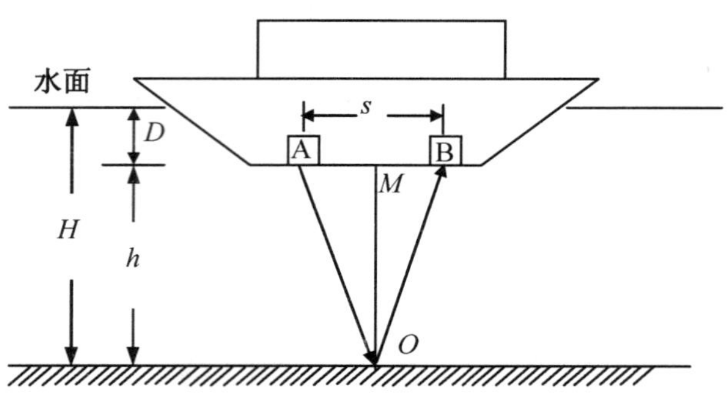

图 4-1-1 回声测深仪工作原理

在船底装有发射超声波的发射换能器 A 和接收超声波的接收换能器 B,A 与 B 之间的距离为 s,称为基线。

发射换能器 A 以间歇方式向水下发射超声波脉冲,声波经海底反射后,其中有一部分能量被接收换能器 B 接收,则所测水深为

$$h = \sqrt{\left(\frac{ct}{2}\right)^2 - \left(\frac{s}{2}\right)^2} \tag{4-1-1}$$

$$H = D + h \tag{4-1-2}$$

式中,h 为测量水深;s 为基线长度;c 为声波在海水中的传播速度,标准声速为 1 500 m/s;t 为声波自发射至接收所经历的时间;H 为水面至海底的深度;D 为水面至换能器的深度。

若换能器是收发兼用换能器,即 $s=0$,取 $c=1\ 500$ m/s,则测量水深 h 可表示为

$$h = \frac{1}{2}ct = 750t \tag{4-1-3}$$

二、测深仪系统组成

回声测深仪通常由显示器、发射系统、发射换能器、接收换能器、接收系统和电源设备组成,如图 4-1-2 所示。

显示器是整机的中枢,其作用是控制协调整机工作,测量声波往返时间并将其换算成水深加以显示。

发射系统将显示器产生的触发脉冲转变为一定宽度、频率和输出功率的电振荡脉冲,推动发射换能器工作。

发射换能器将电振荡信号转变为机械振荡信号,即将电能转换为声能,形成超声波信号向海底发射。

接收换能器的作用与发射换能器正好相反,它将从海底反射来的声波信号转变为电

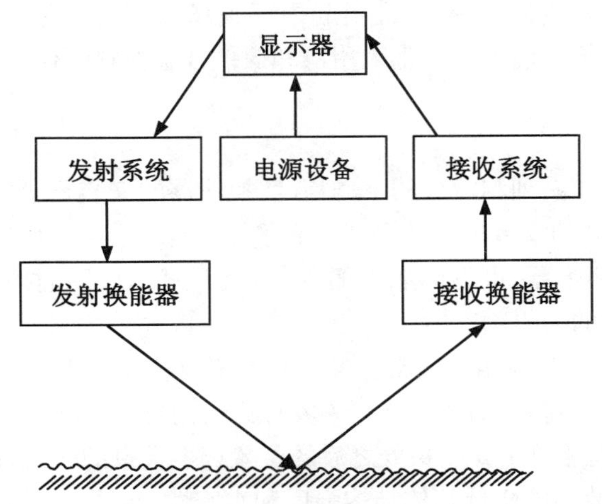

图 4-1-2 回声测深仪系统组

振荡信号，即将声能转换为电能。

接收系统的作用是将来自接收换能器的回波信号加以适当地放大、选择和处理，变换为适合显示的回波脉冲信号。

电源设备将船电转变为供测深仪使用的电源。

三、换能器

回声测深仪的换能器(Transducer)是实现电能与声能相互转换的器件。用于将电振荡能量转换为声能向水下发射超声波的换能器称为发射换能器；用于将海底反射回来的超声波声能转换为电振荡能量的换能器称为接收换能器。

发射换能器和接收换能器可以收发分开，也可以收发兼用。

1. 换能器类型

回声测深仪换能器主要有两种类型。一种是以钛酸钡或锆钛酸铅等压电陶瓷为材料的电致伸缩换能器；另一种是以镍或镍铁合金为材料的磁致伸缩换能器。

电致伸缩换能器是利用晶体材料的压电效应和压电陶瓷材料的电致伸缩效应制成的。当已极化的介电材料在外力的作用下，沿外力方向产生相对伸缩变形时，将引起其内部电场强度的变化，称为正向电致伸缩效应；反之，当在外加电场作用下，沿电场方向产生相对变形时，称为反向电致伸缩效应。由于锆钛酸铅材料来源丰富、成本低、性能优良、稳定性好，所以目前普遍选用锆钛酸铅压电陶瓷材料制成的电致伸缩换能器。

磁致伸缩换能器是利用铁磁材料的磁致伸缩效应制成的。已磁化的铁磁材料在磁场的作用下，会沿磁力线产生相应的变形，称为正向磁致伸缩效应；反之，已磁化的铁磁材料在外力的作用下发生伸缩变形，会引起内部磁场强度的变化，称为负方向磁致伸缩效应。目前的磁致伸缩换能器一般都采用镍和镍铁合金材料制作。

2. 换能器安装

换能器安装直接关系到测深仪的工作精度，换能器的安装要求如下：

(1)换能器在船底的安装位置选择在船底平坦、周围杂声干扰小的地方；应尽量远离机舱、螺旋桨和船首侧推器，也不能靠近船首的水流平滑处，同时应避开排水口、海底阀及其他有碍水流平顺的凸出物。

(2)带球鼻首的船舶，换能器通常安装于离船首 1/3 船长处之前的位置或安装于球鼻首下。由于船舶在水中航行时会产生许多的乱流，船首波大约在船舶总长距船首 1/3 处重新进入水中，在离船首 1/3 船长处之后的位置产生大量的气泡，影响测深精度。

(3)换能器的安装不能降低船体结构强度和水密性能。

(4)换能器应安装在多普勒计程仪换能器之后，且不能位于多普勒计程仪波束发射的方向上。

(5)换能器的工作面不得涂敷油漆。油漆对声能吸收很大，将使回波信号显著减弱，甚至使测深仪不能工作。

(6)换能器的引出电缆应使用屏蔽电缆。换能器的两根引出导线之间应有良好的绝缘，屏蔽层与钢管应良好接地。

四、测深仪主要性能指标

1. 最大测量深度

最大测量深度 h_{max} 是测深仪可能测量到的最大水深。根据 IMO 规定，船用回声测深仪的最大测量深度至少为 200 m。

最大测量深度与发射功率、换能器效率和工作频率等因素有关。发射功率一定时，较低的工作频率，传播损耗较小。最大测量深度与脉冲重复周期 T 密切相关，由于测量的最大时间间隔只能是两次发射脉冲的间隔时间，即脉冲重复周期 T。所以，脉冲重复周期 T 与最大测量深度 h_{max} 的关系为

$$T = \frac{2h_{max}}{c} \tag{4-1-4}$$

为了使显示器所显示的深度不会超过最大测量深度，实际设计的脉冲重复周期总是略大于最大测量深度所需要的声波往返时间。

2. 最小测量深度

最小测量深度 h_{min} 是测深仪能测量出来的最小水深。发射脉冲宽度 τ 是决定最小测量深度的主要因素，测深仪实际能测出的最小深度应大于 τ 所对应的深度，即

$$h_{min} > \frac{c \cdot \tau}{2} \tag{4-1-5}$$

船用回声测深仪的最小测量深度至少为 2 m。通常，适用于远洋船舶的测深仪的最小测量深度一般为 1~2 m，而浅水测深仪的最小测量深度可达 0.2~0.3 m。

3. 测深仪精度

测深仪误差分别为浅水范围内(20 m)允许误差为±0.5 m 和深水范围(200 m)内允许误差为±5 m，与显示水深值的±2.5%相比较，取其大者。

4. 显示方式

测深仪显示方式主要分为闪光式、记录式、数字式和指示式。

记录式显示方式为 IMO 规定的测深仪必备显示方式，不仅能即时显示所测量的水深值，而且还能够显示至少 15 min 的水深记录。

记录式显示方式又分为屏幕图像和纸质记录两种显示方式，前者在现代测深仪中应用较多。

第二节 回声测深仪误差与引航安全

一、IMO 测深仪配置要求与性能标准

(一) 配置要求

按照 SOLAS 公约的要求，所有 300 总吨及以上的船舶和任何尺度的客船，应配置 1 台回声测深仪，用于测量和显示可用水深。

（二）性能标准

回声测深仪能够提供船舶龙骨下可靠的水深信息，对于引航水域，特别是浅水区域尤为重要。按照性能标准，回声测深仪应在船舶横摇达±10°和/或纵摇达±5°时满足以下性能：

（1）适用于航速为 0~30 kn 的船舶。

（2）在通常的传播和海床反射条件下，能够测量传感器下 2~200 m 之间的任何水深。

（3）至少提供 2 个量程刻度，即 20 m 的浅水量程和 200 m 的深水量程。

（4）能够以适当的图形直接显示水深和可见的声波记录，记录应至少为 15 min 时长。

（5）脉冲重复率在深水区应不低于每分钟 12 次脉冲，在浅水区不低于每分钟 36 次脉冲。

（6）能够记录最近 12 h 所测量的深度数据和对应的时间，并能回放记录的数据。

（7）如使用不止 1 套换能器，则应能够分别显示不同换能器的水深值。

（8）基于水中声波速度为 1 500 m/s，测深仪误差：在 20 m 量程为±0. 5 m；在 200 m 量程为±5 m，或指示水深的±2. 5%，取其大者。

（9）显示分辨率浅水量程不小于每米 5. 0 mm，深水量程不小于每米 0. 5 mm。

（10）当水深小于预设的报警深度时，应发出声光报警，声音报警可以静音。

（11）测深仪能够将水深信息以数字方式提供给其他设备，包括远程数字显示器、航行数据记录仪和航迹控制系统，输出接口应符合 IEC 61162 协议的要求。

二、回声测深仪误差分析

从入海口至内河或港口的引航水域水深往往逐渐变浅，在浅水或接近浅水区，测深仪的误差对航行安全会带来潜在的风险。

回声测深仪的误差主要有声速误差、时间电机转速误差、零点误差和基线误差等。此外，船舶摇摆、海水中气泡、海底底质与坡度、船速、换能器工作表面附着物等因素也会对测深仪工作产生一定的影响。

（一）声速误差

由于船舶所在海域实际声速与测深仪的设计声速不一致而产生的测量误差称为声速误差。航行水域实际声速并非恒定为 1 500 m/s，它随着海水温度、含盐量和静压力的变化而变化。因此，回声测深仪的声速误差是不可避免的。声速误差的修正公式表示为：

$$D_A = c_A/c \times D_I \tag{4-2-1}$$

式中，D_A 为实际水深，c_A 为实际声速，c 为标准声速，即 1 500 m/s，D_I 为显示水深。

声速误差一般无须修正，但在声速变化显著的航区航行时，特别是富余水深较小时，应加以留意。如引航区域从海洋驶入内河时，可能因含盐量变化引起实际声速小于标准声速而导致显示水深大于实际水深，从而影响船舶安全航行。

（二）时间电机转速误差

时间电机是闪光式测深仪显示装置的驱动部分，其转速要求恒定，称为额定转速。时间电机转速误差是指测深仪中的时间电机转速与其额定转速不一致所产生的测量误差。时间电机转速的变化必然会使转盘转过的角度发生变化，从而使显示深度与实际深度产生偏差。因此，时间电机转速将直接影响测深仪显示深度的精度。时间电机的转速误差调整公式为

$$D_A = R_A/R_s \times D_I \tag{4-2-2}$$

式中，R_A 为实际时间电机转速，R_s 为额定时间电机转速。

（三）零点误差

零点误差是指零点信号（或零点标志）与刻度的零位不一致时所产生的测量误差。零点信号超前，显示水深将小于实际水深；零点信号滞后，则显示水深将大于实际水深。通常，闪光式测深仪设置了零点调节机构。

（四）基线误差

当收发换能器分开时，理论上根据式（4-1-1）计算水深值，而实际的测深仪则是利用式（4-1-3）计算富余水深值，即忽略了基线，故产生了基线误差。测量水深越浅，基线误差就越大。当引航水域富余水深不足 5 m 时，应该引起注意。

采用收发兼用换能器的测深仪则不存在基线误差。

（五）影响测深仪工作的其他因素

1. 船舶摇摆

当船舶发生横摇时，发射换能器也随之倾斜，其发射主波束的方向也随之改变。若倾斜角度不大，主波束的反射回波仍可被接收换能器接收；当倾斜角大于某个极限值时，将可能产生回波信号“遗漏”现象，严重时，回波信号全部消失，测深仪无法工作。

2. 水中气泡

海水中气泡对声能有削弱作用，同时也会引起声音混响，从而严重干扰测深仪正常工作。

3. 换能器工作表面附着物

换能器工作表面的附着物,尤其是长期不用的换能器工作表面会有大量海洋生物生长,对声能有着较强的吸收作用。因此,应及时清洁换能器工作表面,并注意不能涂敷油漆。

4. 剩磁消失

对于磁致伸缩换能器,剩磁随时间会逐渐消失,这将影响测深仪的灵敏度。因此,应定期对磁致伸缩换能器充磁。

5. 海底底质和坡度

不同的海底底质对声波的反射能力差异较大,岩石最强,沙底次之,淤泥最差。为了达到显示器的最佳显示效果,需要根据不同的海底底质调整测深仪的灵敏度大小。另外,不平坦的海底底质和海底坡度将使反射回波先后抵达接收换能器,从而在显示器上出现较宽的信号带。为了保证船舶航行安全,此时应以信号带前沿读取水深值为宜。

三、引航使用测深仪注意事项

近岸或浅水区域引航时,应合理设置测深仪并对测深数据进行正确解析。避免因数据误用而产生误判,影响航行安全。

(1)进出港或浅航道航行时应持续监测测深仪数据;沿海或引航水域中航行时保持设备在开启状态。

(2)使用浅水警报器,预置的安全深度,应根据船舶吃水、航道底质、必要的安全余量合理设定。

(3)应注意检查回声测深仪的深度单位与当前使用的海图保持一致。

(4)应注意测深仪提供深度数据基准,正确解读数据。

现代测深仪功能丰富,常可显示多种类型深度数据,如:

DBS(Depth Below Surface)海面下水深。

DBT(Depth Below Transducer)换能器下水深。

DBK(Depth Below Keel)龙骨下水深。

DBT是测深仪获取的基本深度,修正龙骨高度可显示DBK,修正海面至换能器吃水深度可显示DBS数据。

比较测深仪海面水深和海图水深时,还应考虑潮汐高度、测量偏差等因素。

第五章

自动识别系统

第一节　自动识别系统工作原理

一、自动识别系统功能与组成

（一）自动识别系统功能

自动识别系统（AIS）是运行于 VHF 海上移动频段，采用时分多址（TDMA）协议的自动、连续的广播系统。它能够按照协议在船对船和船对岸之间自动交换，如识别、位置、航向、速度、航次和安全相关等关键航行信息，以实现船舶相互识别、简化信息交换、协助目标跟踪、增强局面感知，以促进航行安全，达到保障海上人命安全和保护海洋环境的目的。

IMO 中关于性能标准要求 AIS 应具备 3 大功能：（1）船对船模式用于协助避碰；（2）作为沿海国获取有关船舶及其货物信息的一种手段；（3）作为 VTS 船对岸交通管理工具。

（二）AIS 设备组成

AIS 系统组成如图 5-1-1 所示，有多种 AIS 终端设备，称为台站。特定的海上移动业务标识（MMSI）用于识别每个台站，台站之间使用国际开放协议进行通信。

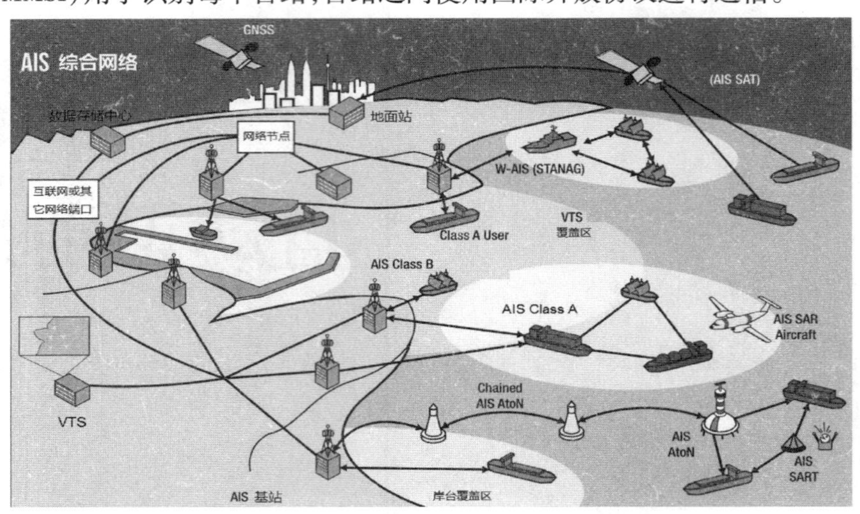

图 5-1-1　AIS 系统组成

AIS 设备按照功能可分为 VHF 数据链路（VDL）控制站和非控制站两类；按照所安装载体移动特性可分为移动设备和固定设备；根据安装的位置不同，又可分为船载 AIS 设备、岸基 AIS 设备和空间 AIS 设备 3 大类，如表 5-1-1 所示。

表 5-1-1　AIS 设备分类

<table>
<tr><td rowspan="13">AIS
设备</td><td colspan="3">分类</td></tr>
<tr><td colspan="2">安装位置</td><td>运动特性</td></tr>
<tr><td rowspan="5">船载
AIS</td><td>A 类</td><td>移动</td></tr>
<tr><td>B 类</td><td>移动</td></tr>
<tr><td>AIS-SART</td><td>移动</td></tr>
<tr><td>MOB-AIS</td><td>移动</td></tr>
<tr><td>EPIRB-AIS</td><td>移动</td></tr>
<tr><td rowspan="4">岸基
AIS</td><td>VDL 控制基站</td><td>固定</td></tr>
<tr><td>VDL 非控制基站</td><td>固定</td></tr>
<tr><td>AIS 转发器</td><td>固定</td></tr>
<tr><td>AIS AtoN</td><td>固定</td></tr>
<tr><td rowspan="2">空间
AIS</td><td>搜救飞机 AIS</td><td>移动</td></tr>
<tr><td>卫星 AIS</td><td>移动</td></tr>
</table>

1. 船载 AIS 设备

船载 AIS 设备是安装在船舶上的相关 AIS 设备，主要有 A 类、B 类、AIS 搜救发信机（AIS-SART）、人员落水 AIS（MOB-AIS）和无线电应急示位标 AIS（EPIRB-AIS）。

A 类 AIS 设备采用自组织时分多址（SOTDMA）技术，满足 IMO 关于 AIS 船载移动设备的所有要求，是 SOLAS 公约规定的国际航行船载 AIS 设备的主体。

B 类 AIS 设备采用 SOTDMA 和载波侦听时分多址（CSTDMA）两种技术，是功能简化的船载 AIS 设备。主要用于非 SOLAS 公约强制要求的船舶，如休闲游艇和渔船等，目的在于使相关船舶能够在 AIS 网络上实现彼此互见。

AIS-SART 用于海上救生，安装在船舶及其救生艇筏上，是当船舶遇险时自动或人工启动后，自动发送带有 GNSS 位置的搜救信号的发射机设备。

MOB-AIS 是一种个人救生设备，在激活后能够自动广播带有 GNSS 位置的 AIS 消息，便于本船或附近船舶快速发现遇险人员。

EPIRB-AIS 在 EPIRB 设备中增加了 AIS 信息发射功能，以协助搜救行动。

2. 岸基 AIS 设备

岸基 AIS 设备可安装在岸上或港口附近水域，有 VDL 控制基站、VDL 非控制基站、AIS 转发器和 AIS 航标（AtoN）等 4 种不同类型。AIS 控制基站用于主管机关协调控制所在辖区 VDL 通信状态，同时还可与一个或多个转发器配合，存储并在一定区域内转发 AIS 信息，扩展 AIS 作用范围；AIS 非控制基站，不具有对 VDL 的控制功能；AIS 转发器能够根据通信技术协议对所接收到的 AIS 数据进行存储、转发；AIS AtoN 是安装有 AIS 设备或具有 AIS 功能的航标设备，既有利于船舶交通安全，又可实现航标的智能管理。

3. 空间 AIS 设备

空间 AIS 设备是安装于飞行在低空或太空航空器上的 AIS 设备，主要包括安装在搜救飞机上的 AIS 设备和安装在低轨道卫星上以实现全球船舶 AIS 数据采集功能的卫星 AIS。

二、AIS 通信工作原理

如图 5-1-2 所示为 AIS 通信采用的 TDMA 协议原理示意图。

（一）AIS 工作信道与 TDMA 技术

除了特殊区域选用另外的信道供 AIS 使用外，国际电信联盟（ITU）在全球为 AIS 指定 2 个陆基信道和 2 个卫星信道，共 4 个 VHF 信道，其中陆基信道包括 AIS1（2087，

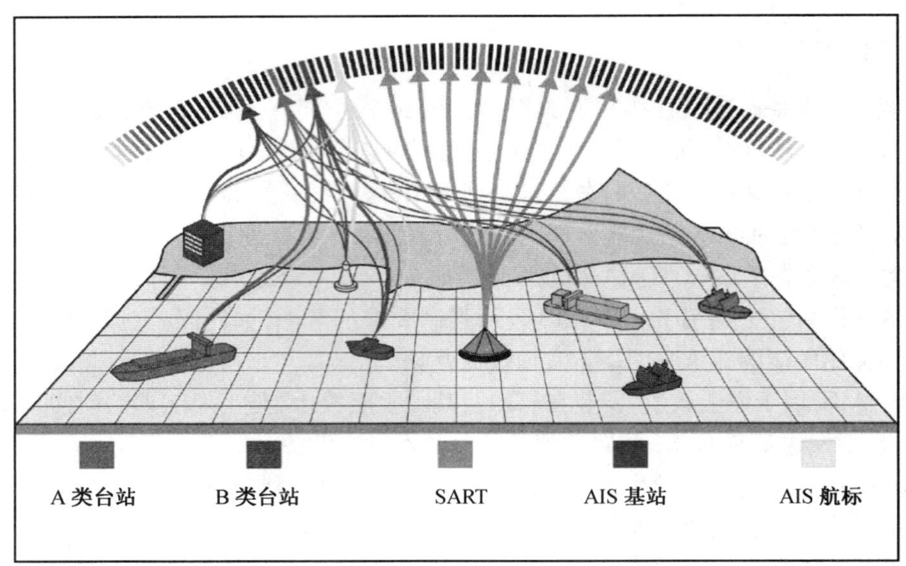

图 5-1-2 AIS 通信采用的 TDMA 协议原理示意图

CH87B,161.975 MHz)和 AIS2(2088,CH88B,162.025 MHz);卫星信道包括 CH75(1075,156.775 MHz)和 CH76(1076,156.825 MHz),只发送电文 27。

在所有海域,AIS 所有设备在 AIS1 和 AIS2 信道上交替发送标准的陆基通用 AIS 广播电文。而在非陆基基站覆盖范围内,采用 SOTDMA 协议的设备在 75 和 76 信道上播发远程广播电文。

在每个信道上,将同步于 UTC 的分钟定义为数据帧,每帧被等分为 2 250 个时隙,用数字 0~2 249 表示。两个 AIS 信道共提供 4 500 个时隙。每个时隙为 26.67 ms,AIS 信道传输速率为 9 600 bit/s,每个时隙数据容量为 256 bit。

所有这些时隙都可以由工作在数据链路上的电台使用。在每个数据帧中,每个船位报告电文(1,2,3)占用一个时隙;其他类型的电文可多于 1 个时隙,视具体数据量而定,但一份电文使用时隙最多不超过 5 个。根据 AIS 性能标准要求,AIS 系统的报告容量至少是每分钟 2 000 个报告电文。

TDMA 协议要求电台保持时间上的严格同步,采用协调世界时(UTC)的分钟作为时间基准,数据帧的运行通常以 GNSS 时间作为相位精确同步。此外,其他与 UTC 有关的时间也可作为 AIS 的时间源,因此,AIS 采用了混合定时技术。

VHF 覆盖范围通常为 20~30 n mile。电文使用的时隙数越多,覆盖区域中的船舶数量越多,传输数据包(时隙)发生冲突的可能性就越大。

AIS 信道接近过载状态时,TDMA 算法将进入一个无线蜂窝大小逐渐减小的过程,以避免区域拥塞。AIS 台站通常采用降低发射功率,缩小蜂窝范围,以保障更近的 AIS 台站能正确发送和接收电文数据。

大多数 AIS 基站通常天线位置高,覆盖区域大,也可能导致存在大量 AIS 台站运行

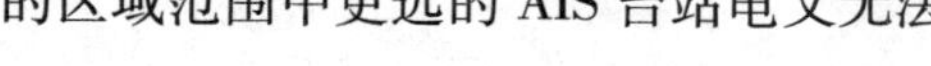
的区域范围中更远的 AIS 台站电文无法有效解码。

（二）AIS 通信工作模式

AIS 有 3 种工作模式：自主和连续模式、分配模式和轮询模式。默认模式为自主和连续模式，它可以和其他模式互相转换。对于单工转发器，只有自主和连续模式以及分配模式两种工作模式。

1. 自主和连续模式

在自主和连续模式（Autonomous and continuous mode）下，台站按照协议决定其发送的时隙安排，能够自动解决同其他台站时隙安排的冲突，可在所有海域使用。

2. 分配模式

分配模式（Assigned mode）是指 AIS 工作台站信息发送时隙由有控制功能的基站指定。

3. 轮询模式

轮询模式（Polling mode）是指 AIS 台站响应来自其他台站询问消息（消息 15）的工作模式，响应应在收到询问消息的信道上发送。这种模式与其他两种模式兼容。

船载 AIS 设备通常在自主和连续工作模式下工作；主管机关在其覆盖水域需要遥控数据发送间隔、时隙和信道等参数时使用分配工作模式；收到他船或主管机关询问时，设备采用轮询工作模式发送数据。

（三）TDMA 通信协议

AIS 标准定义有 5 种不同的 TDMA 时隙接入协议：自组织时分多址（SOTDMA）、增量时分多址（ITDMA）、随机时分多址（RATDMA）、固定式时分多址（FATDMA）和载波侦测时分多址（CSTDMA）。这些协议共同存在和同时运行于 TDMA 信道中，以支持 AIS 的 3 种工作模式和各项功能。

1. SOTDMA

SOTDMA 是移动台的基本接入方法。台站收集其他台的时隙使用信息，预约并广播本台发送规划，以防止时隙冲突。SOTDMA 协议主要应用于自主和连续工作模式，提供了一种无需基站介入便可迅速解决时隙寻址冲突的接入算法。

2. ITDMA

ITDMA 适用于 AIS 台站预先宣布不可重复特性的传输时隙，工作于自主和连续模式。ITDMA 协议应用于数据链路网络进入、临时改变和转变周期报告间隔和预先宣布有关安全的信息这 3 种情况。

3. RATDMA

当一个台站需要分配一个未预先分配的时隙时,采用 RATDMA。一般用于第一次发射以及数据链网络接入的第一个传输时隙或用于不可重复性的信息发射的情形。RATDMA 协议的主要作用是帮助 ITDMA 帧和 SOTDMA 帧确定其发射时隙。

4. FATDMA

FATDMA 只用于基站,分配的时隙由主管部门预先设置,并在整个运行期间保持不变或直到重新设置。FATDMA 消息的接收应设置 3 min 的默认超时值,以确定 FATDMA 时隙何时成为自由时隙。

5. CSTDMA

CSTDMA 是专门应用于 B 类 AIS 台站的 TDMA 接入技术。CSTDMA 协议要求 B 类 AIS 站台侦测 VDL 被占用和预留的时隙,以确定时隙是否有足够的空闲,且只在时隙有足够空闲时才发送信息。

(四) AIS 发送电文类型

AIS 采用协议规定的通信格式,为满足不同功能数据传输需要,定义了 27 种标准电文类型,如表 5-1-2 所示,不同 AIS 设备收发电文的类型有所不同。

表 5-1-2 AIS 电文类型

ID	名称	说明
1	船位报告	自主船位报告(A 类船载移动设备)
2	船位报告	分配的船位报告(A 类船载移动设备)
3	船位报告	特别船位报告,对轮询的响应(A 类船载移动设备)
4	基站报告	基站位置、UTC、日期和时隙号码
5	静态数据及与航次相关的数据	常规静态数据及与航次相关的数据(A 类船载移动设备)
6	二进制寻址电文	寻址二进制数据
7	二进制电文的确认	确认接收寻址二进制数据
8	二进制广播电文	广播二进制数据
9	标准搜救飞机位置报告	搜救行动机载台站的位置报告
10	UTC/日期查询	查询 UTC 和日期
11	UTC/日期响应	当前的 UTC 和日期(如能获取)
12	寻址安全电文	寻址安全相关数据
13	安全电文的确认	确认收到寻址安全相关数据

（续表）

ID	名称	说明
14	广播安全电文	广播安全相关数据
15	轮询	指定电文类型的请求(可被一个或多个台站响应)
16	分配模式指令	主管机关通过基站分配的特定报告行为
17	DGNSS 广播二进制电文	由基站提供的 DGNSS 校正数据
18	标准 B 类设备位置报告	用以替代电文 1,2,3 的 B 类船载移动设备的标准船位报告
19	扩展 B 类设备位置报告	B 类船舶移动设备扩展船位信息,包括附加静态信息(不再要求)
20	数据链管理电文	为基站预留的时隙
21	航标报告	航标的位置和状态报告
22	信道管理	基站所用信道和收发机模式的管理
23	群组分配指令	主管机关通过基站为一组移动台分配的特定报告行为
24	静态数据报告	为某 MMSI 指配的附加数据,A 部分:名称;B 部分:静态数据
25	单时隙二进制电文	非计划中的短二进制数据传输(广播或寻址)
26	带有通信状态的多时隙二进制电文	计划中的数据传输(广播或寻址)
27	远程应用位置报告	基站覆盖外的 A 类和 B 类"SO"船载移动站

三、AIS 船载 A 类设备

不同 AIS 设备硬件的配置和软件的应用能力差别较大,但其基本工作原理相似。

(一)船载 AIS A 类设备基本组成

船载 A 类 AIS 设备基本组成部件包括电源、主机、简易键盘与显示(MKD)终端和天线等,其中主机是由一台内置 GNSS 接收机、一台 VHF 发射机、两台 VHF TDMA 接收机、一台 VHF DSC 接收机、AIS 信息控制器、内置完善性测试(Build In Integrity Test,简称 BIIT)部件、电源和各种必要的外围设备显示接口组成,如图 5-1-3 所示。

1. 内置 GNSS 接收机

内置 GNSS 接收机通过电缆连接到 AIS 的 GNSS 天线。通常,船舶主 GNSS 与 AIS 设备连接,提供 UTC 定时。如果主 GNSS 信号故障,则自动切换内置 GNSS,以保证 AIS 设备正常工作。

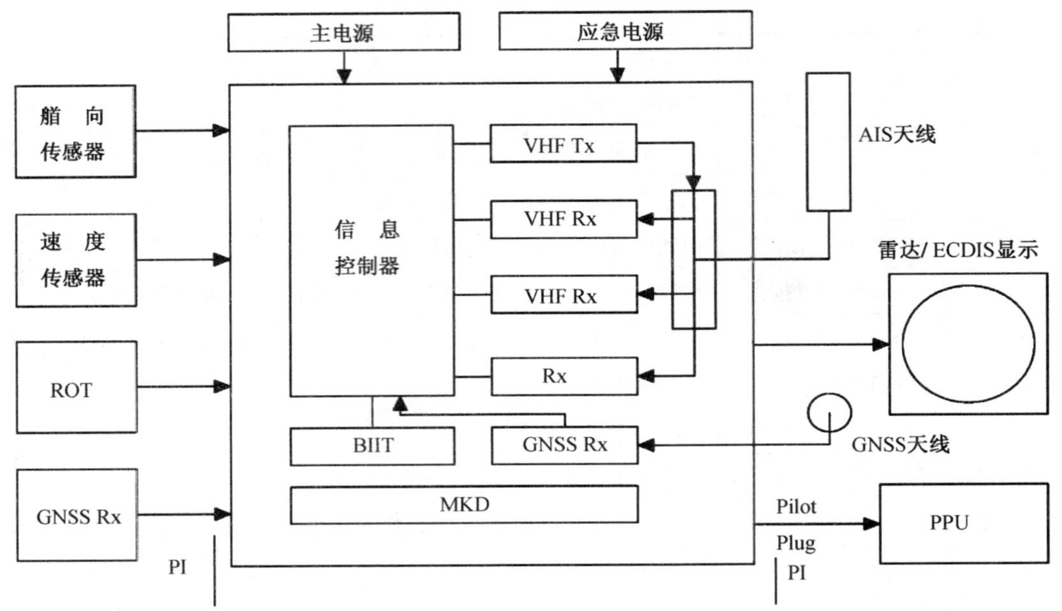

图 5-1-3 AIS A 类设备基本组成

2. VHF 收发机

AIS 设备发射和接收 AIS 信息,需要 1 个 VHF 发射机、2 个 VHF 接收机和 1 个运行在 70 信道的 DSC 接收机。A 类 AIS 设备工作的正常默认模式应为自动双信道接收和四信道发射,即按照与本船动态匹配的更新间隔在 AIS1 和 AIS2 信道交替广播发送动态信息(船位报告,电文 1)和静态及航次相关信息(电文 5);并在非陆地基站覆盖区,在 75 和 76 信道上交替每 3 min(每个信道每 6 min)广播一次远程 AIS 广播电文(电文 27),以便于卫星接收,同时在并列的 AIS1 和 AIS2 信道上接收信息;70 信道的 DSC 接收机接收区域信道管理指令、轮询请求和其他数据。

3. 天线和电源

天线包括鞭状 VHF 天线和 GNSS 天线。独立的 VHF 天线连接到 AIS 单元,由发射机和三个接收机共用。

电源部分为 AIS 设备提供所需的主电源和应急电源。

4. 信息控制器

信息控制器具有管理 AIS 设备所有组件的功能,负责管理时隙的选择、DSC 发射机和接收机的有序运行、各种输入信号的处理和后续对各种输入和输出信号发往各个接口的分配。

5. 内置完善性测试部件

内置完善性测试(BIIT)部件能连续地或以某种合适的间隔与台站的所有其他部件同时运行。如果有降低系统完善性或停止 AIS 运行的故障或误操作被检测到,则会触发并在 MKD 上显示报警,报警在被确认后会解除。报警确认可以通过 MKD 确认,也可以通过 ACK 语句远程确认。

6. 信息表示接口

信息表示接口(Presentation Interface,简称 PI)是所有信息接口的集合,用于船载 AIS 设备与外部设备的连接。船载 AIS 设备信息接口至少有:

(1)传感器接口:与外部传感器连接的通信接口,如电子定位设备(EPFS)、陀螺罗经、ROT 设备等。

(2)显示接口:与外部显示系统连接的双向高速接口,如 ECDIS、Radar、引航员便携式终端 PPU 接口等。

(3)远程应用接口:运行远程功能的双向高速接口。

7. 简易键盘与显示设备

简易键盘与显示设备(MKD)是 A 类船载 AIS 台站强制安装的组件,用于显示信息,设定和操作设备。其功能包括:显示 AIS 静态、动态、航次相关和安全相关短消息;显示本船 AIS 信息;显示报警状态及提供查看和确认报警的方法;指示 AIS 内部的状态和条件改变并提供查看该改变信息的方法;输入船舶静态信息和安全相关短消息;改变 AIS 远程轮询的应答模式;设定自动或人工应答远程询问,改变 AIS 通信信道等。

按照性能标准要求,MKD 显示至少可显示三行信息,包括目标船距离、方位和船名,其他信息可以在 MKD 上滚动显示。

(二)AIS 信息

AIS 按照协议电文类型在台站之间进行通信。这些电文类型已由 ITU 制订并得到国际认可。其中许多电文信息与商船的操作并不直接相关。航海人员更感兴趣的是航行相关信息,例如附近船只的名称、船位、航向和速度。因此,根据与“航海用户相关”信息通常分为五类:

(1)静态信息(相关数据保持不变,例如船名)。

(2)动态信息(不断变化更新的数据,例如船位和对地速度)。

(3)航次相关信息(特定航次的数据,例如目的港和预计到达时间)。

(4)与安全和安保相关的短消息。

(5)其他与用户相关的信息(未来 AIS 在处理其他海事信息方面具有广阔潜力)。

1. **静态信息**

此类数据通常只需输入系统一次，它由基本保持不变的（静态）数据组成。主要包含水上移动业务识别号码（MMSI）、船名、呼号、IMO 识别码、船舶种类、船长和船宽、定位天线的位置。

MMSI（水上移动业务识别码）是每个 AIS 台站的移动识别码，船站号码由 9 位数字组成：MIDxxxxxx，其中前三位 MID 为水上识别码，按照国家或地区分配，如中国目前为 412、413、414。

IMO 识别码是满足 SOLAS 公约要求船舶的全球唯一身份号码，不因船舶买卖、改籍而改变。

英文船名为全拼，中文船名通常采用汉语拼音的全拼，表示每个汉字的拼音之间有一个空格，船名中如含有阿拉伯数字，则数字应与字母空一格。

船舶呼号，每个字母、字母和数字、数字和数字之间没有空格。

船舶种类，AIS 电文中标识以两位数字编码表示，具体规则如表 5-1-3 及表 5-1-4 所示，编码范围从 10~99，如 50 表示引航船。

表 5-1-3 船舶种类标识编码规定

船舶种类标识	
第一位数字	第二位数字
0—不使用 1—保留 2—地效翼船 3—见表 5-1-4 4—高速船 5—见表 5-1-4 6—客船 7—货船 8—液货船 9—其他种类	0—此种类所有船舶 1—载运 DG、HS 或 MP、IMO 危险品或 X 类污染物 2—载运 DG、HS 或 MP、IMO 危险品或 Y 类污染物 3—载运 DG、HS 或 MP、IMO 危险品或 Z 类污染物 4—载运 DG、HS 或 MP、IMO 危险品或 OS 类污染物 5—保留 6—保留 7—保留 8—保留 9—无附加信息

表 5-1-4 船舶种类标识编码规定续

特殊船舶标识编码		其他船舶标识编码	
编码	说明	编码	说明
50	引航船	30	从事捕鱼
51	搜救船	31	从事拖带
52	拖船	32	拖带长度大于 200 m 或拖带宽度大于 25 m

（续表）

特殊船舶标识编码		其他船舶标识编码	
编码	说明	编码	说明
53	港口供应船	33	从事疏浚或水下作业
54	配有防污染设备的船	34	从事潜水作业
55	执法船	35	从事军事活动
56	备用	36	帆船
57	备用	37	游艇
58	医疗运输船	38	保留
59	非武装冲突参与国的船舶和航空器	39	保留

船长和船宽是指船舶总长和最大宽度，以基于定位天线位置的 A、B、C 和 D 等4个参数表示，如图5-1-4和表5-1-5所示。

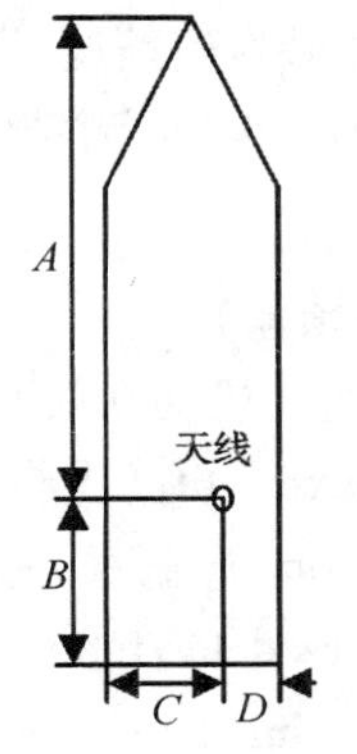

图5-1-4　定位天线位置

表5-1-5　船舶大小与定位天线位置

	单位：m
A	0~511；511=511 m或更长
B	0~511；511=511 m或更长
C	0~ 63；63=63 m或更长
D	0~63；63=63 m或更长
定位天线位置不详，但已知船舶大小时： $A=C=0$，且 $B\neq0$，$D\neq0$； 参考点位置与船舶大小均不详时： $A=B=C=D=0$（缺省）	

正常的自主和连续通信模式中，本类信息每6 min广播一次。当有数据更新或轮询要求时立即发送。

2. 动态信息

动态数据是依据船舶动态而变化的信息，其中大部分数据由船舶导航传感器通过数字接口（电缆连接）自动提供给AIS设备，如表5-1-6所示。动态信息包括：船位（具有精度指示和完善性状态，如有）、UTC、艏向（HDG）、对地航向（COG）、对地航速（SOG）、转向率（ROT）、航行状态（须手动）和特定操纵指示（须手动）。

表 5-1-6　动态数据及信息来源

信息标称	信息来源	更新方式	备注
POS	GNSS	自动	附精度/完善性状态
UTC	GNSS	自动	附精度/完善性状态
COG	GNSS	自动	可能缺失
SOG	计程仪或 GNSS	自动	可能缺失
HDG	陀螺罗经	自动	
Nav status	值班驾驶员选择更改	手动	应配合号灯和号型改变
Special manoeuvre	值班驾驶员选择更改	手动	可不提供
ROT	ROT 传感器或陀螺罗经	自动	可不提供
纵倾/横摇	相应传感器	自动	可不提供

如果 GNSS 定位时使用接收机自主完善性监测(RAIM)功能,则系统将给出指示。

船位数据的精度表示为高或低,高意味着精度优于 10 m,低精度表示精度低于 10 m。若 GNSS 接收机没有 RAIM 功能,但定位数据经差分修正表示为高精度;若 GNSS 接收机提供 RAIM 指示,则以 RAIM 期望误差大小判断精度,误差小于 10 m 为精度高,否则为精度低。

$$\text{RAIM 期望预差} = \sqrt{(\text{纬度期望预差})^2 + (\text{经度期望预差})^2}$$

航行状态,在 AIS 电文中有 16 种状态:0 为 underway using engine(机动在航);1 为 at anchor(锚泊);2 为 not under command(失控);3 为 restricted manoeuvrability(操纵受限);4 为 constrained by draught(吃水限制);5 为 moored(系泊);6 为 aground(搁浅);7 为 engaged in fishing(捕鱼);8 为 underway sailing(帆船在航);9 为 reserved for future use(保留);10 为 reserved for future use(保留);11 为 power-driven vessel towing astern(机动船尾推作业,区域使用);12 为 power-driven vessel pushing ahead or towing alongside(机动船顶推或侧推作业,区域使用);13 为 reserved for future use(保留);14 为 AIS-SART,MOB-AIS,EPIRB-AIS;15 为 default(缺省,也用于测试中的 AIS-SART、MOB-AIS 和 EPIRB-AIS)。

特定操纵指示,在 AIS 电文中有 3 种状态:0 为默认;1 为未从事特定操纵;2 为从事特定操纵(关于内陆水道的区域性通行安排)。

动态数据发送的时间间隔,取决于船舶的动态,如表 5-1-7 所示。

表 5-1-7 A 类 AIS 设备动态数据的发送间隔

船舶动态	报告间隔(s)
锚泊或系泊且移动速度≤3 kn	180
锚泊或系泊且移动速度>3 kn	10
航速 0~14 kn	10
航速 0~14 kn 且改向	3.33
航速 14~23 kn	6
航速 14~23 kn 且改向	2
航速>23 kn	2
航速>23 kn 且改向	2

3. 航次相关信息

此类数据须在开航时手动输入,在航期间随着情况变化而更新,包括船舶吃水、目的地、预计到达时间、危险货物类型、船上人数(非强制要求)。

船舶吃水应为船舶当前最大吃水值,而非平均吃水,单位为米。

目的地表示可参考 IMO 的《AIS 电文中目的地字段 UN/LOCODE 使用指南》。UN/LOCODE(联合国贸易与运输地点代码)规范了世界上众多港口 6 位字符的缩写,前两位字符是国家或地区的缩写,第 3 位字符为空格,后 3 位字符是港口的缩写。IMO 指南推荐格式:数据字段前六位表示出发港代码,后跟分隔符“>”,然后是下一停靠港口的代码。例如:船舶驶离上海港,开往荷兰鹿特丹,目的地规范表示:CN SHG>NL RTM;如果下一个停靠港口未知,在数据字段的相应位置 UN/LOCODE 代码用“?? ???”代替,如 CN SHG>?? ???;如果出发港没有指定,依据指南,则在数据字段相应位置 UN/LOCODE 代码用“XX XXX”代替,如 XX XXX>NL RTM。

危险货物类型按照 IMO 规定的选项清单输入。通常表示为:DG——危险货物,HS——有害物质,MP——海洋污染物;只有危险货物种类符合 MARPOL 类中的 X、Y、Z 或 OS 才被标识。数量不要求标识。

许多船载 AIS 设备也可发送“船上人数”国际功能电文,通常在航次相关菜单中输入数据。计划航线(文本或经纬度/航路点)也可作为航次相关信息的一部分输入,但目前较少设备采用。

航次相关数据每 6 min 广播一次,当有数据更新或轮询要求时立即发送。

4. 与安全和安保相关的短消息

所有 A 类 AIS 船载设备都能够接收和发送与安全和安保相关的信息。短消息可以被发送到单个台站(如某个船站),或者广播到所有台站。

对于发到单个台站的短消息(寻址电文),一般该站将给出自动响应,指出短消息是否被完整接收或者是否存在问题。当然并非所有 AIS 设备都能做到这一点。该短消息限制为 156 个字符。对于广播短消息(针对所有台站),无自动响应。广播短消息长度限制为 161 个字符。

(三)AIS 目标图示

船载 AIS 除了可以在 MKD 上显示本船及他船的文本和简易图标外,还可将信息传送至其他系统终端界面显示。雷达和 ECDIS 能够提供特定的航行背景信息,同时以图示和字母数字方式直观且全面地显示 AIS 信息内容,以便于航海人员全面掌握交通态势,有利于航行决策,是 AIS 信息较为理想的综合信息显示终端。

AIS 目标船舶可以分为休眠目标(Sleeping target)、激活目标(Activated target)、被选目标(Selected target)、危险目标(Dangerous target)、丢失目标(Lost target),此外,根据显示量程或设置,还可以显示为实船比例轮廓目标(True scale outline)或显示出目标船舶的过去位置(Target past positions)。在显示器上,AIS 目标图示及说明如表 5-1-8 所示。

表 5-1-8　AIS 目标图示及说明

类型	图示	说明
休眠目标		锐角等腰三角形;三角形按艏向指向,如果艏向丢失则为 COG;报告的位置应位于三角形的中心且高度的一半;休眠目标的图示应小于激活目标的图示
激活目标	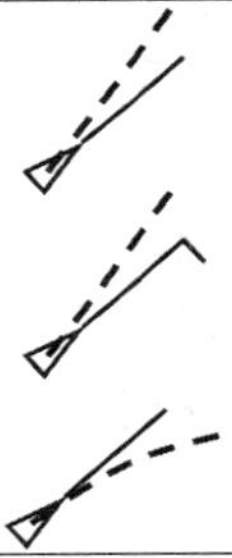	COG/SOG 矢量为短划线虚线,空格约为线宽的两倍;可选地,可沿矢量标记时间增量; 艏向显示为比速度矢量线细的实线,起点位于三角形的顶点,长度为三角形图示长度的两倍; 艏线端点的固定长度标识表示转向; 弯曲矢量作为路径预测
实船比例轮廓目标		小量程/大比例时,根据目标船长、船宽和天线位置,可显示实船比例轮廓
被选目标		激活的目标图示周围绘制四角正方形
危险目标		粗体,红色(彩色显示)实线三角形,带有航向和速度矢量,闪烁直至确认
丢失目标		依据最后已知位置和指向的三角形加粗实线十字叉。十字叉方向固定。图标闪烁直至确认。目标显示不带矢量、艏向和转向率指示
目标的过去位置		圆点,按时间等间隔

四、AIS 航标

1. AIS 航标功能

AIS 航标是将 AIS 技术和功能应用于航标以促进航行安全和提高效率的设备。AIS 可用于标注有关航标位置和提供附加信息,例如浮标和陆标。它可以与 RACON 结合使用,也可以作为单独的"电子标签"使用。

AIS 航标的作用和主要功能有:

(1)提供一种积极的全天候识别航标的手段。

(2)补充现有航标信号服务(如雷康标)。

(3)发布浮标的准确位置或浮标移位指示。

(4)标记或划定航道、航线、区域及界限,标记近岸设施,提供天气、潮汐和海况等资料。

(5)使用虚拟 AIS 航标提供额外的航标功能,如及时标注新的危险物。

(6)提高现有航标的监测和维护能力,监测航标状态、跟踪移位航标、识别撞击航标的船舶、实时收集航标有效信息和遥控设置航标参数。

2. AIS 航标类型

根据 AIS 技术在航标上的应用划分,AIS 航标类型有 3 种,即实体 AIS 航标(Real AIS AtoN)、合成 AIS 航标(Synthetic AIS AtoN)和虚拟 AIS 航标(Virtual AIS AtoN)。

实体 AIS 航标是指在实际物理航标上安装一个 AIS 移动单元并使用 AIS 移动电文广播与航标相关的电文 6、8、14 和 21 等,或其他主管机关认可的信息。实体 AIS 航标按功能又可分为 3 种类型:仅发射型、发射和远程遥控型和完整的收发型。

合成 AIS 航标是指该航标实际存在于某一地理位置,但其上并未配有 AIS 设备,其航标的数据由另一位置的 AIS 系统播发。合成 AIS 航标可分为监控型(Monitored)和预测型(Predicted)2 种类型。监控型合成 AIS 航标信息的发射通过附近的 AIS 基站播发电文 21,且航标和基站之间必须有确认航标状态的通信。预测型航标信息的发射通过远程的 AIS 基站播发电文 21,且航标和基站之间无确认航标状态的通信。预测型 AIS 航标通常应用于固定式航标,如灯塔、灯桩或各种海上平台等。

虚拟 AIS 航标并无实际的物理航标存在,航标电文信息由基站或航标站播发。例如虚拟 AIS 航标可临时标记航行危险(参见 IALA 建议 O-133,紧急沉船标记),直到建立常驻航标。

3. AIS 航标信息

AIS 航标数据主要包含在报告电文 21 中,该电文一般每 3 min 自动发布一次,或通过 VHF 数据链路由分配模式(电文 16)指定报告率,且占用 2 个时隙。

AIS 航标台站的 MMSI 格式为:99MIDaxxx。其中,99——航标特定标识;MID——3 位海上识别码,为国家或地区标识;a——表示航标类型,1——实体航标,6——虚拟航标;xxx——航标序号。

AIS 航标报告电文为航海人员提供丰富的附加参考信息,主要包括:航标类型、航标名称、航标位置、位置精度指示、RAIM 指示、定位系统名称(如 GPS,Galileo 等)、偏移位置指示、航标尺寸,包括 GNSS 天线位置、是否为虚拟航标。

如浮动的"实体"航标与 AIS 航标(合成航标)相关联,例如浮标,其实际位置和 AIS 报告位置可能不完全匹配。这也意味着浮标已从其预期位置移动。

4. AIS 航标图示

AIS 航标在雷达与 ECDIS 显示屏上采用标准规范图示,如表 5-1-9 所示。AIS 航标图示早期表示版本,与目前采用的版本有较多变化。

表 5-1-9 AIS 航标图示

类型	图示	说明
实体或合成 AIS 航标		基本图标:实线菱形(与海图图式一起显示,雷达上不要求海图图式)
		雷康标:实线菱形上方加同心圆内圆黑色
		紧急沉船标:实线菱形上方加十字叉
	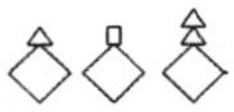	右侧标、左侧标、北方位标
	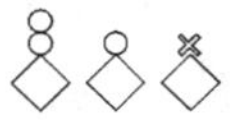	孤立危险标、安全水域标、专用标
虚拟 AIS 航标		基本图标:细虚线菱形,中心细实线十字叉为报告位置
	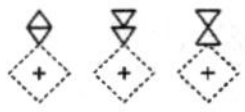	东方位标、南方位标、西方位标
	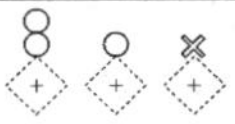	孤立危险标、安全水域标、专用标
航标移位		指示移位:黄色双实线菱形警示航标故障,中心十字叉为其报告位置,标注文本"Off Posn"
航标故障	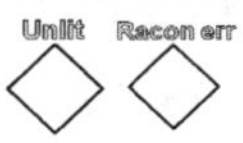 Unlit Racon err	灯光故障:航标上方标注黄色文本"Unlit"; 雷康故障:航标上方标注黄色文本"Racon err"
航标丢失	 Missing	海图实体航标丢失:黄色双虚线菱形警示,上方标注黄色文本"Missing"

五、AIS远程应用

远程应用有两种方式:接口连接和广播方式。

1.接口连接

A类船载移动设备为远程通信设备提供一个双向接口,该接口符合IEC 61162标准要求。远程通信应用是非连续工作的,位置更新以每小时2~4次(最大)的数量级进行,有些应用仅要求每日更新两次。

AIS远程接口与通信系统的连接,目前可行的方案之一是连接Inmarsat-C,如图5-1-5所示。

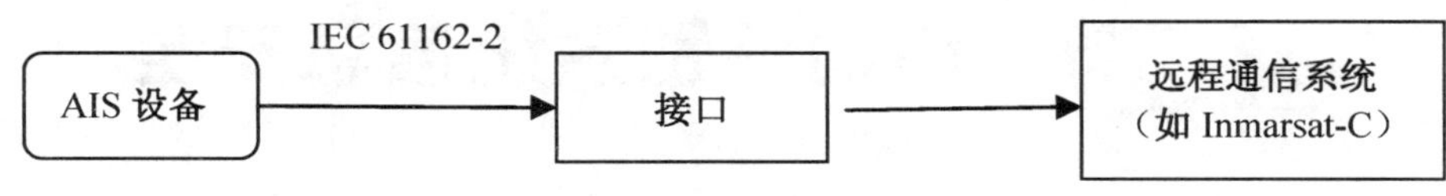

图5-1-5 AIS远程接口连接

2.广播方式

卫星AIS可以接收A类船站广播的远程应用电文,如图5-1-6。

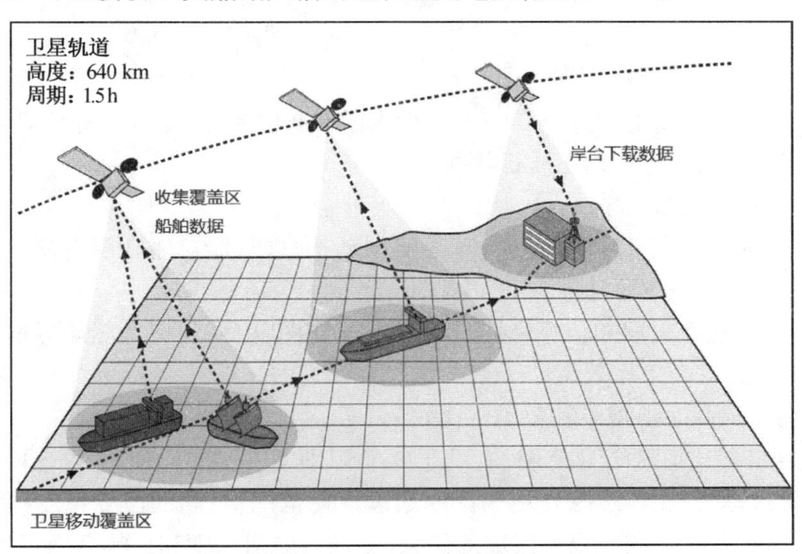

图5-1-6 AIS卫星接收与下传数据示意图

A类船站在VHF75和76两个信道上每3 min广播一次远程AIS广播电文(电文27),用于卫星接收。

在 AIS 基站覆盖区域内,A 类船站收到来自控制基站的群组指配指令时,该远程广播电文取消。如果 AIS 船站未接收到新的群组指配电文,3 min 后恢复其正常操作。

AIS 广播消息的接入方案为多信道时隙选择接入(MSSA),采用 AIS 地面信道定义的接入算法选择时隙,在 75 和 76 信道上发送。

AIS 远程广播考虑信道和效率,数据适当压缩,电文内容主要包括:船位及其精度指示、RAIM 指示、SOG、COG、航行状态。

所有 SO 类 AIS 船载设备均设计可用于远程通信,作为远程安全报告的一种选项。通常设备上有特定连接端口或系统内用于此类用途的菜单选项。

第二节 自动识别系统信息安全

一、AIS 优势与局限

1. AIS 优势

AIS 是一种在 VHF 海上移动信道上进行广播的通信系统,能自动进行船对船和船对岸间通信,能够交换静态和动态航行数据。

AIS 基本功能包括:

(1)自动、实时观测和监视装有 AIS 的船舶动态,进行船对船和船对岸识别,协助驾驶员瞭望和避碰,可减少手动输入和 VHF 通信。

(2)自动、快速获得船舶信息,结合雷达、电子海图、引航设备等船舶导航设备,增强信息的使用价值,提高工作效率。

(3)有助于提高海上搜寻和救助工作效率。

AIS 信息与雷达信息结合使用,有助于船舶识别,获取艏向、COG 和 SOG;改善船舶跟踪效果(无目标交换、误跟踪);更广泛的地理覆盖范围;更高的位置精度(取决于位置输入传感器);获取雷达阴影扇形区域的信息(如曲折航道周围和岛屿后面目标);获取接近实时操纵数据;发现海浪、降水杂波中的目标。

AIS 的应用已经扩展到包括航标(AIS AtoN)、搜救飞机以及遇险设备(AIS-SART)等。AIS 航标的丰富功能和高精度数据为沿海和进出港引航作业提供重要保障。AIS 提供增强的态势感知能力，能够有效应对搜索和救援(SAR)以及环境污染等紧急情况。此外，AIS 可以提供数据，以分析业务趋势，提高航行安全。

2. AIS 局限性

无论 AIS 目标数据在 MKD、雷达还是 ECDIS 上显示，为确保航行安全，应用时都需要考虑多方面因素。

(1)并非所有船舶都发送 AIS 数据，因此仅 AIS 始终无法获取全局场景信息。缺少 AIS 数据的可能原因包括且不局限于：非 SOLAS 公约配载要求的船舶未安装 AIS；可能由于故障或因有意或无意关闭船载 AIS 设备；导航标志、海上平台、风电场等可能未配备 AIS；海上漂浮的碎片，包括落海的半浮式集装箱不发送 AIS 数据。

(2)AIS 可能发生数据错误，如：航行状态输入错误；由于罗经校准误差而造成艏向误差；"CS"B 类 AIS 动态数据更新不及时会产生明显的数据延时；设备安装不良和连接低质传感器；其他非法设备占用 AIS 频率造成干扰；双向船舶换向航行但未及时更新航行状态。

(3)本船 AIS 设备安装缺陷可能会阻碍数据的持续接收。

(4)在本船 AIS 显示器上发现了目标并不意味着目标也发现了本船。

(5)在分配模式下时隙受限时，动态数据可能更新延迟。

(6)AIS 可靠工作依赖 GNSS 正确和持续运行。但 GNSS 系统可能会失效，或者其精度可能会受到多种因素的影响，如：系统级故障，可能影响部分或所有卫星信号；严重安全局势可能导致 GNSS 无法使用，或者通过选择可用性严重降低其精度；有意或无意的干扰可能会严重降低 GNSS 在广大地区的覆盖。另外，GNSS 天线位置输入错误也会造成船位偏差。

AIS 确实提供了非常有用的信息，可提高局面认知和安全性。航海用户也应注意目标的动态数据的附加信息，如有关其位置数据精度的信息：报告的位置精度(高，优于 10 m，或低)、定位设备是否包含 RAIM 信息等。全面理解这些参数，可对周围目标的位置精度进行有效评估。

总之，使用 AIS 应充分意识到：

(1)AIS 是导航信息的一个来源，不应取代而是支持其他助航系统的信息，如雷达和 VTS 信息。驾驶人员不应将 AIS 作为唯一的信息系统，而应参考所有可用的相关信息。

(2)使用 AIS 并不免除船舶驾驶人员在任何时候都应遵守《1972 年国际海上避碰规则》的责任。

(3)航行值班安排应依据 STCW 公约要求，而不应因使用 AIS 受到任何特殊影响。

二、船载 AIS 设备信息核查与使用注意事项

引航员应深入理解 AIS 工作原理,掌握 AIS 设备,包括船载或便携系统的操作使用,在驾驶台应保持与驾驶团队的有效沟通,充分利用驾驶台资源,谨慎核查 AIS 信息,保障安全航行。

无论船舶在航或停泊时,AIS 应始终处于运行状态。SOLAS 公约第五章规定,“装有 AIS 的船舶应始终保持 AIS 运行,除非国际协议、规则或标准规定需保护航行信息外”。

涉及 AIS 正确使用的驾驶台工作程序,至少应包括:核查本船 AIS 数据频次,包括静态、航行相关和动态数据,更新航次相关和航行状态数据的流程,仅凭 AIS 数据做出关键决策(如避碰)的注意事项。

1. 检查本船静态信息

建议采用核对表方式在 MKD 上检查静态信息,如果有必要更改,应得到船长的许可。静态信息中,应注意船名输入时不带 MV 等前缀,除非船舶的船旗国特殊要求;天线位置和船舶尺寸数据参考图 5-1-4,通过 $A+B$ 及 $C+D$ 可分别计算船长和船宽。

2. 检查航次相关信息

航次相关数据应在开航前输入,并在发生变化时及时更新。船长必须就危险货物类型、目的地和 ETA 的要求提供明确指导,并遵守这些规定。某些情况下,这些数据可能需要被屏蔽。不遵守这些规定可能会损害船舶的安全性或违反港口或船旗国的要求。

目的地字段应参照《AIS 电文中目的地字段 UN/LOCODE 使用指南》要求,最多为 20 个字符。船舶吃水应为“当前最大静态吃水”,并应注意需要根据水的盐度和航行期间的任何载重变化来更新数据;特别是当海船进入或离开淡水运河或河流系统时,有必要更新该参数。

3. 检查动态信息

除航行状态外,动态数据通常通过传感器自动接入 AIS。虽然不需要人员操作,但谨慎的驾驶人员或引航人员也应注意核查数据的有效性和实时性,引航前确认动态数据是良好船艺的体现。还需注意,如果引航过程中发生航行状态改变,应同时展示相应的号灯和号型。

4. 安全相关短消息

安全相关短消息仅用于发送与航行安全和安保相关的电文,其用途不仅限于紧急情况,电文应尽可能短。滥用设备发送私人信息或使用低俗用语者,主管部门有权采取处

罚措施。

5. 安保潜在威胁水域 AIS 使用

如果船长认为 AIS 持续运行可能会危及船舶的安全或安保,则可以关闭 AIS。如果船舶在强制船舶报告系统水域航行,关闭 AIS 的行为及其理由应向主管机关报告。一旦危险源消失,船长应该重新启动 AIS。关闭和启动 AIS 操作应记录在航海日志中,并附上原因。

6. 石油、天然气码头及危险环境使用 AIS

依据石油运输规则,在装或卸载石油时,船舶的无线电发射功率会受到限制。在可能散发碳氢化合物气体的码头或港区,AIS 应该关闭或实施天线隔离。

三、AIS 报警与异常处理

为了有效使用 AIS 船载设备,引航员应了解系统运行中可能产生的各种警报,与驾驶团队密切合作,及时做出有效应对,尽早消除常规故障或隐患。

(一)系统报警

系统报警是由于设备故障或传感信号丢失造成的运行故障,通常给出警报代码或故障指示,如表 5-2-1 所示为主要系统警报类型。

警报将每 30 s 重复一次,直至被确认为止。如遇到类似情况,驾驶员应向船长报告本船 AIS 的故障情况,并记录在航海日志中。如果在强制报告水域航行,船长还应向主管机关报告,并作记录。所有故障都需要尽早维修解决。

表 5-2-1 主要系统警报类型

报警描述	报警描述
Tx malfunction(发射故障)	External EPFS lost(外部 EPFS 丢失)
Antenna VSWR exceeds limit(天线 VSWR 超限)	No sensor position in use(无位置传感器)
Rx channel 1 malfunction(接收信道 1 故障)	No valid SOG information(无有效 SOG 信息)
Rx channel 2 malfunction(接收信道 2 故障)	No valid COG information(无有效 COG 信息)
Rx channel 70 malfunction(接收信道 70 故障)	Heading lost/invalid AIS(艏向丢失/无效)
General failure(综合故障)	No valid ROT information(无有效 ROT)
MKD connection lost AIS(MKD 连接故障)	

（二）工作报警

工作报警是依据用户或系统设置门限参数，对 AIS 目标数据进行跟踪分析后给出目标状态报警。

1. 危险目标报警

如果激活 AIS 目标的 CPA 或 TCPA 小于设定门限值，系统将给出 CPA/TCPA 报警，这个特定目标将使用危险目标图示。用户可以选择报警仅适用于激活的 AIS 目标或适用于激活/休眠目标。默认情况下，它仅适用于激活的目标。

2. 丢失目标报警

任何距离小于预设值的 AIS 目标的信号未收到，则丢失目标图示将出现在其最后已知位置并发出目标丢失警报。丢失报警距离预设值可在对应菜单中设定。

如果发生以下任何事件，将启用或禁用丢失 AIS 目标警报：

（1）启用丢失目标警报功能。

（2）目标数据符合用户设置的丢失目标过滤条件。

（3）根据 AIS 目标的标称报告时间，在一段时间内未收到更新电文。

如果确认报警，则停止丢失目标图示；如果再次接收到信号，则丢失目标图示将被先前正常图示替换。

（三）异常处理

如果在 AIS 使用过程中观察到明显的异常现象，但没有明确的报警代码，系统也正常提供目标数据。此时应引起航海人员注意，避免错误的数据信息影响航行安全，如表 5-2-2 所示为 AIS 主要异常现象及可能原因。

表 5-2-2　AIS 主要异常现象及可能原因

序号	异常现象	可能原因
1	工作时听到重复的滴答声或噪声	①AIS VHF 天线太靠近 VHF 电话天线； ②AIS 天线与劣质电缆连接
2	持续表现为目标没有船名或有 MMSI 几分钟后才显示船名	①AIS VHF 天线太靠近 VHF 电话或雷达或卫星通信天线； ②AIS VHF 天线与劣质电缆连接； ③AIS 接收机故障
3	注意到或者被基站或其他船只告知本船航向错误	船舶配置的早期指向设备通过 THD 与 AIS 连接，THD 设置有误
4	注意到或者被基站或其他船只告知本船静态数据有错误	安装时设置不正确

（续表）

序号	异常现象	可能原因
5	安装 AIS 后，其他导航仪器出现故障	接线或设置错误
6	显示“UTC clock lost”	内置 GNSS 或其天线及电缆故障
7	很少看到 20 n mile 以外目标（所有方位或相对于船首某些方位）	AIS VHF 天线被遮挡
8	它船收不到本船信息	本船 AIS 发射机有问题

四、AIS 在引航水域应用

（一）AIS 辅助引航安全

在码头、海港、河流和群岛等引航水域，AIS 对航行、报告和通信的效果是明显的。由于雷达目标跟踪的局限性，限制了雷达在狭窄拥挤水域的应用。而 AIS 与雷达的联合使用可以有效地改善航行安全，这主要得益于 AIS 信息和功能能够很好地辅助和支持雷达，完善雷达功能。

（二）引航水域 ASM 应用

AIS 通过发送和接收有关船舶的静态、动态和航行相关数据以及与安全相关的短消息来实现系统功能。除了使用船舶 AIS 标准电文外，AIS 应用专用电文（ASM）还可通过预定义的信息模块提供各种服务，如水文地理信息、岸台发布的导航信息和航行警告、船舶报告、引航信息等。如果船载 AIS 设备具有相应的功能，则可以自动接收和查询 ASM 信息。这些信息可以增强信息交换并减少日常操作的工作量。

ASM 可分为国际功能电文（IFM）和区域功能电文（RFM）；IFM 由国际权威部门维护和发布，RFM 由国家或区域权威部门维护和发布。每个 ASM 由一个功能标识编号 FI 代表电文的种类。目前 ASM 主要国际功能电文种类包括：

1. 气象和水文资料（FI31，功能编号 31）

本电文可获取气象/水文站提供的数据，包括：平均和阵风的风速和风向；气温；相对湿度；露点；气压和气压趋势；水平能见度；水位和水位趋势；海面和不同水层的流速和流向；波浪和涌浪的高度、方向和周期；海况；水温；降水类型；盐度和冰况等。

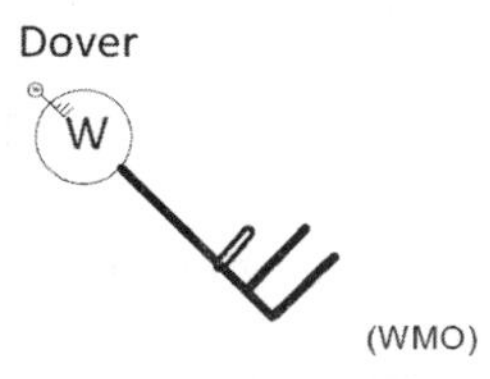

图 5-2-1　ASM 举例

例如，从“Dover”气象站获得信息显示图标如图 5-2-1 所示，点击可查询具体数据。

2. 危险货物指示（FI25）

此电文用于响应主管机关关于提供危险货物信息摘要的请求，包括相关港口、主要危险货物的类别及其数量。

3. 潮汐窗口（FI32）

此电文用于通知船舶安全通过航道的潮汐窗口，包括流速和流向的预测。

4. 扩展的船舶静态和航行相关数据（FI24）

此电文用于报告净空高度，上、下停靠港，船舶抗冰等级等。

5. 船上人数（FI16）

该电文通常用于应主管机关要求报告船上人员数量。

6. 伪 AIS 目标（FI17）

本电文为用于传输 VTS 或其他类型的合成目标，在一条信息中传输的最大目标数量不超过 4 个。

7. 进港通关时间（FI18）

本电文由负责控制船舶进出港口的主管当局发送，为特定船舶提供准允靠港信息和入港时间。

8. 海上交通信号（FI19）

本电文提供信号站信息和港口或航道入口控制信号的状态，以便保持有序交通流。

9. 靠泊数据（FI20）

本电文提供船舶泊位信息。如船舶发出，则是靠泊请求；如果由主管机关发出，则为泊位分配。

10. 船舶观测的天气报告（FI21）

本电文提供在航行中的船上观察到的天气信息。

11. 区域通知（FI22 和 FI23）

电文通过广播（FI22）或寻址（FI23）提供指定地理区域、边界或位置的动态信息。

12. 环境（FI26）

本电文提供来自 1 到 8 个传感器报告的环境信息。

13. 航线信息（FI27 和 FI28）

电文通过广播（FI27）或寻址（FI28）允许相关船只沟通航线信息。

14. 文本说明（FI29 和 FI30）

电文通过广播（FI29）或寻址（FI30）提供文本描述，可与其他 AIS 应用专用电文相结合使用。

ASM 非常有助于引航和 VTS 作业。例如，AIS 可提供有带拖或顶推的靠泊作业的鸟瞰，包括具体信息如系桩拉力、拖力方向甚至可通过便携引航仪对拖船发布指令。而在河流、运河、海港和群岛等，ASM 是引航员或持有引航免除证书的船长提高工作效率的有效工具。如果借助 ASM 广播 VTS 目标，则意味着引航员也能够看到 VTS 操作员看到的所有船舶，包括那些没安装 AIS 的船舶。

除了上述主要的国际功能电文外，有些国家或地区也发布区域功能电文（RFM），具体信息可查询 IALA 官方网站。

五、AIS 搜救应用

（一）搜救行动中 AIS 的作用

AIS 可用于搜救行动。通过接收来自 AIS-SART（AIS 搜救发信机）的电文，搜救操作员可以获得更准确的信息，尤其是遇险船只，包括救生艇筏的位置。在空中和海面联合搜索中，可在雷达或 ECS/ECDIS 显示屏幕上，直接呈现 AIS-SART 目标位置，尤其利于 SAR 飞机的搜救任务。对于没有 AIS-SART 设备的遇险船舶，现场协调员（OSC）可以创建应急 AIS 目标。

如果所有救援单元（RU）都安装了 AIS，可以快速识别和协调接近遇险位置周围的船舶，SAR 操作将更加有效。搜索行动中，通过跟踪和标绘 SAR 飞行器，海上救援协调中心（MRCC）能够监控进度，有效地引导可用资源并确定无间隙的搜索范围。进而，所有周围的船只和 RU 以及 MRCC 都可以识别装有 AIS 设备的遇险船舶。

此外，通过 AIS 个人搜救信标的应用，可以接收落水人员携带的 AIS 信标信号，确定落水人员位置，帮助开展救助。

（二）AIS 搜救设备类型

1. AIS-SART

AIS-SART 是全球海上安全与遇险系统的一部分，用于现场最后搜索执行阶段。AIS-

SART 发送遇险单元位置信息(电文 1)和安全信息(电文 14)。

AIS-SART 的 MMSI 格式为 970YYxxxx,其中 970 表示类型是 SART;YY 为分配给每个设备制造商的代码(01~99,与国家地区码 MID 无关);xxxx 为制造商标注的序列号(0000~9999,最大 9999 用完后,从 0000 重新开始循环)。AIS-SART 显示图标为⊗,选择 AIS-SART 目标时,会显示相关状态的文本信息:

(1)SART ACTIVE,表示处于激活状态。

(2)SART TEST,表示处于测试状态。

2. EPIRB-AIS

EPIRB-AIS 设备是包含附加 AIS 发射机的 406 MHz 遇险报警设备,采用 AIS-SART 技术开发,其 AIS 部件用于帮助定位 EPIRB-AIS,显示图标与 AIS-SART 相同。AIS-SART 的 MMSI 格式为 974YYxxxx,其中 974 表示类型是 EPIRB;YYxxxx 编码规则与 AIS-SART 相同。选择 EPIRB-AIS 目标时,会显示相关状态的文本信息:

(1)EPIRB ACTIVE,表示处于激活状态。

(2)EPIRB TEST,表示处于测试状态。

3. MOB-AIS

MOB-AIS(Man Over Board AIS)与 AIS-SART 操作方式类似,用于指示和锁定遇险人员的个人位置,显示图标与 AIS-SART 相同。MOB-AIS 的 MMSI 为 972YYxxxx,其中 972-表示类型是 MOB;YYxxxx 编码规则与 AIS-SART 相同。选择 MOB-AIS 目标时,会显示相关状态的文本信息:

(1)MOB ACTIVE,表示处于激活状态。

(2)MOB TEST,表示处于测试状态。

4. AIS SAR 飞机

AIS 可以安装在搜救飞机上,以使涉及搜救操作的船舶和飞机以及在现场的协调人员都能够识别彼此的位置状态,其显示图标为✈。AIS SAR 飞机位置数据报告包括:海面高度、GNSS 位置、位置精度、RAIM 标志、SOG、COG、通信状态等。

AIS SAR 飞机的 MMSI 为 111MIDaxx,其中 111 表示类型是搜救飞机;MID 为分配给国家或地区的识别码;a 为飞机类型,1 为固定翼飞机,5 为直升机;xx 为编号由主管机关分配的数字。

第六章 雷达

雷达是关键的助航设备，正常工作过程涉及众多传感器信息，完善的雷达系统配置至少已经具备了 INS 避碰任务站的功能，操作复杂，专业性强。为了保障航行安全，IMO 在性能标准、STCW 公约和 ISM 规则中对雷达的探测能力、使用性能、驾驶人员适任能力和操作规程都提出了严格而明确的要求。

IMO 在雷达性能标准中指出，通过提供其他水面航行器、障碍物和危险物、导航目标和海岸线等相对于本船位置的指示，雷达设备应有助于安全航行和避免碰撞。按照《1972 年国际海上避碰规则》的要求，雷达是唯一被认可的避碰助航设备。因此，雷达是船舶驾驶人员瞭望、观测、定位、导航和避碰的重要航海仪器。雷达能够及时发现远距离弱小目标，精确测量目标相对本船的距离和方位，确定船舶位置，引导船舶航行。通过传感器的支持，雷达还具备了目标识别与跟踪、水文地理参考信息显示等功能，能够有效地避免船舶碰撞，保障航行安全。

第一节 雷达显示方式与系统配置

一、雷达图像特点

雷达通过发射微波脉冲探测目标和测量目标参数。微波在地球表面以近似光速直线传播,遇到物体后被散射,这些物体如岸线、岛屿、船舶、浮标、海浪、雨雪和云雾等,统称为目标。散射波被雷达天线接收,称为目标回波。回波经过接收设备处理,调制屏幕亮度,在显示器上显示为加强亮点,对目标回波距离和方位的测量在显示器上实现。

1. 雷达图像基本元素

雷达显示系统将雷达传感器探测到的本船周围目标以平面位置图像(极坐标系)显示在屏幕上,因此,早期的雷达显示器也被称为 PPI(平面位置显示器),如图 6-1-1 所示。

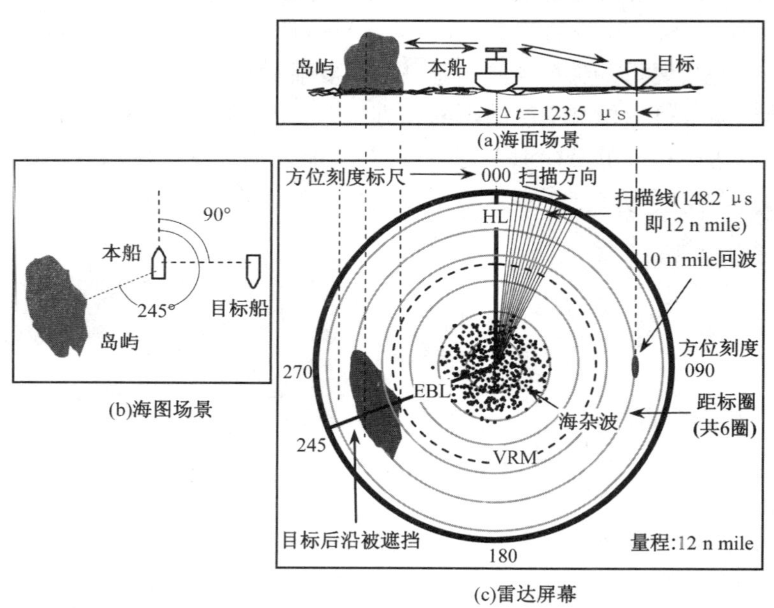

图 6-1-1 雷达图像

其中图 6-1-1(a)为海面航行场景示意图,本船左舷有一岛屿,右舷有一目标船与本船相向行驶;图 6-1-1(b)为海图平面示意图,可以看出本船航向 000,目标船航向 180,本船方位 245 处有一岛屿;图 6-1-1(c)为雷达屏幕,在中心显示方式下,扫描中心(起始点)以本船天线辐射器位置为参考,位于回波图像区域几何中心。图中雷达量程为 12 n mile,即在雷达屏幕上显示了以本船为中心,以 12 n mile 为半径本船周围海域的雷达回波。在雷达屏幕上,HL(Heading Line)称为船首线或艏线,其方向由本船传送艏向装置(THD)或陀螺罗经驱动,指示船首方向。源自于扫描起始点的径向线称为扫描线。扫描线沿屏幕顺时针匀速转动,转动周期主要由雷达天线在空间的扫描周期决定。屏幕上等间距的同心圆称为固定距离标识圈(Range Ring,简称 RR,固定距标),图例中每圈间隔为 2 n mile,可以用来直观估算目标的距离。与 RR 同心的虚线圆(或标识)是可变距离标识(Variable Range Marker,简称 VRM,可变距标),它可以由操作者随意调整半径,借助数据读出窗口的指示测量目标的准确距离。EBL(Electronic Bearing Line,简称 EBL)称为电子方位线,可以通过面板操作,控制其在屏幕上的指向,借助数据读出窗口的指示或屏幕边缘显示的方位刻度,测量目标的方位。很多雷达将 VRM/EBL 联动,称为电子距离方位线(Electronic Range/Bearing Line,简称 ERBL),可以通过一次性操作同时测量目标的距离和方位。

现代雷达采用平面光栅显示器取代了 PPI,如图 6-1-2 所示,雷达回波图像区域仍然采用图 6-1-1(c)形式,称为工作显示区域。在该区域周围的功能区域大致可以划分为操

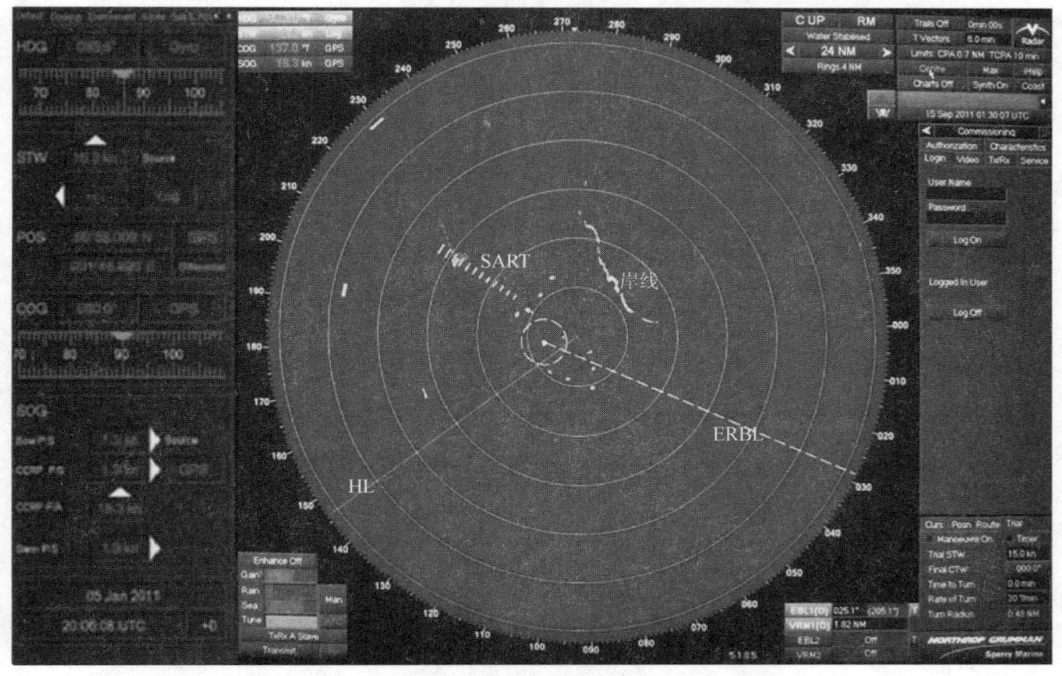

图 6-1-2 现代雷达显示器

作菜单、状态指示和数据显示等区域。IMO 最新雷达性能标准对雷达目标测量提出了新的要求，定义了统一公共基准点(Consistence Common Reference Point，简称 CCRP)。作为综合航行系统的重要组成部分，雷达测量和跟踪目标所得到的数据如距离和方位、相对航向和航速、本船与目标船的最近会遇距离(Distance to the Closest Point of Approach，简称 CPA)和航行到最近会遇距离所需时间(Time to the Closest Point of Approach，简称 TCPA)等，都必须参考 CCRP。CCRP 的典型位置通常为驾驶台指挥位置，也可以由驾驶人员根据需要设置。当以 CCRP 为测量基准点时，如果选择中心显示方式，则 CCRP 位于工作显示区域几何中心。在图 6-1-2 中 CCRP 位置上的短线段为正横线(Beam Line)，IEC 62388 雷达性能及测试标准规定，艏线与正横线共同构成本船最小化显示图标标识(本书附录一表 1-1 中 1-1. 1 c)，应持久显示。图中的其他图形符号含义请参考本书附录一。

屏幕上除了显示出雷达探测到的岛屿、岸线、导航标识和船舶等对定位、导航和避碰有用的各种回波之外，还会无法避免地显示出不希望看到的各种回波，如海浪干扰、降水干扰、同频干扰、噪声和假回波等。一个技艺精湛的雷达操作者，应能够在杂波干扰和各种复杂屏幕背景中分辨出有用回波，引导船舶安全航行。

2. 雷达图像特点

雷达图像不同于海图，也不同于日常生活中的普通视觉图像。设备自身性能、雷达波辐射特性、大气传播条件、目标反射特性、周围环境变化、以及雷达操作都会影响雷达图像的形成与质量。为了对雷达图像特点建立起感性认识，下面以图 6-1-1 为例，简单列举雷达图像的显示特点。待详细研究了雷达的基本原理和目标的观测特性后，才会对雷达图像的特点有更全面的了解。

如果将以本船雷达天线位置为中心，以 12 n mile 为半径的圆域所包含的所有目标按照比例缩小到雷达屏幕大小，则这个圆域内的所有海面和陆地的目标并不完全与雷达探测到的回波图像相符。也就是说，雷达探测到的回波图像与真实目标相比，可能有很大的变形，表现为以下方面：

(1)雷达回波图像类似水面目标迎向天线面的垂直投影，雷达无法探测到水下目标。

(2)雷达只能探测到目标的前沿，后沿及被遮挡的部分无法被探测和显示。

(3)目标的低矮部分(如沙滩)可能被遮挡或回波微弱，也无法被探测到。

(4)雷达发射脉冲的宽度会使探测到的回波后沿发生“拖尾”现象，回波后沿位置与实际目标位置不相符。

(5)雷达的辐射波束宽度引起回波沿圆周方向以目标探测位置为中心向左右扩展。

(6)雷达屏幕像素尺寸使回波的位置向周围扩展。

(7)船舶运动、涌浪波动及雷达设备因素引起回波位置随图像闪烁不定，目标边缘不清晰、不确定。

(8)地球曲率影响目标雷达探测地平，远距离的高大目标只有顶端能够被探测到，图像与目标原貌可能完全不同。

(9)目标对雷达波的反射能力不同,造成回波强度差别较大,图像明暗不均。

(10)不同扫描周期雷达传感器发射和接收能力波动,回波随图像更新而不稳定。

(11)由于气象海况以及船舶吃水的变化,即使在同一海域,船舶不同航次,雷达回波图像也会有差别。

(12)雷达图像是动态图像,对图像的解释需要深入理解和掌握雷达技术特性、探测性能、电磁波传播特点和目标反射特性等专业知识,并在此基础上熟练操作雷达设备,否则可能错误解释雷达图像。

(13)由于操作不当或雷达性能下降会导致雷达图像失真和/或目标丢失。

(14)以上所有因素综合影响,经常使雷达图像很难与海图和视觉影像对应。

二、雷达显示方式

雷达设有不同的图像显示方式以满足不同航行环境下的雷达应用需要。显示方式由操作者设置的运动模式和指向模式决定。运动模式是指按照船舶运动参照系划分,雷达图像的更新可以相对于本船,也可以相对于航行环境,前者称为相对运动模式(Relative Motion,简称 RM),后者称为真运动模式(True Motion,简称 TM)。在真运动模式中,按照船舶速度稳定方式划分,速度参考既可以相对于水,也可以相对于地,前后二者分别称为对水稳定(Sea stabilisation)和对地稳定(Ground stabilisation)。指向模式又称为方位稳定模式,是指艏向的设置方式,分为艏向上(H-up)方位不稳定、艏向上方位稳定、北向上(N-up)和航向向上(C-up)稳定模式。这里“上”表示雷达屏幕方位刻度标尺的正上方。

以上各种模式组合形成多种多样的显示方式,如表 6-1-1 所示。引航员应监督雷达操作者在任何情况下灵活运用显示方式,及时获取完善的航行信息,保障航行安全。

表 6-1-1 雷达显示方式

- 显示方式
  - 相对运动(RM)
    - 船首向上(H-up)
      - 相对方位
      - 真方位(TB)
    - 真北向上(N-up)
    - 航向向上(C-up)
  - 真运动(TM)
    - 船首向上(H-up)
      - 相对方位
      - 真方位(TB)
    - 真北向上(N-up)
    - 航向向上(C-up)

(一)相对运动显示方式

所谓相对运动是指无论本船是否运动,在雷达屏幕上,代表本船位置的 CCRP(以及扫描中心)固定不动,所有目标都做相对本船的运动,即目标在屏幕上的运动是其各自的真速度矢量与本船真速度矢量之和。特别地,在无风流影响时海上的固定目标与本船等速反向运动,与本船同向同速的船则稳定不动。此时,如果 CCRP 与工作显示区域的几何中心重合,则称为中心显示方式;否则,称为偏心显示方式。偏心显示时,通常使船首方向有更大的显示视野,以便于观测。

1. 相对运动艏向上方位不稳定显示

本显示方式除雷达回波信息外无须任何其他传感器信息,雷达便能够工作,其显示特点为:

(1)具有上述相对运动显示的特点。

(2)艏线起自 CCRP 且指向屏幕正上方(显示 000 刻度示数)固定不动,目标回波在屏幕上的分布与视觉瞭望目标的实际分布情况一致,雷达方位测量仅能够得到目标的相对方位。

(3)船首在风浪中偏荡时,目标回波左右摇摆,屏幕余辉和多脉冲回波积累效果使回波模糊,甚至容易造成目标转向的假象。本船转向时,艏线不动,目标回波反向转动,尤其本船大幅度快速转向时,回波会出现目标拖尾现象,影响观测。

(4)观测直观,适合宽阔水域且平静海况时船舶避碰。

(5)不利于定位、导航和航向频繁机动的引航环境,如船舶进港、狭水道以及大多数情况的沿岸航行。

(6)真尾迹、自动杂波抑制和目标跟踪等需要在稳定显示下才能正常工作的雷达功能受到限制。

在雷达正常工作时,H-up 不稳定显示方式并非具备性能标准强制要求,不建议使用。在艏向传感器故障时,作为应急工作方式,雷达只能采用这种显示方式,且有报警提示。图示可以直观了解不同显示方式下雷达图像的特点,如图 6-1-3 所示为航行场景图,图 6-1-4 所示为 H-up 不稳定显示的图像特点。

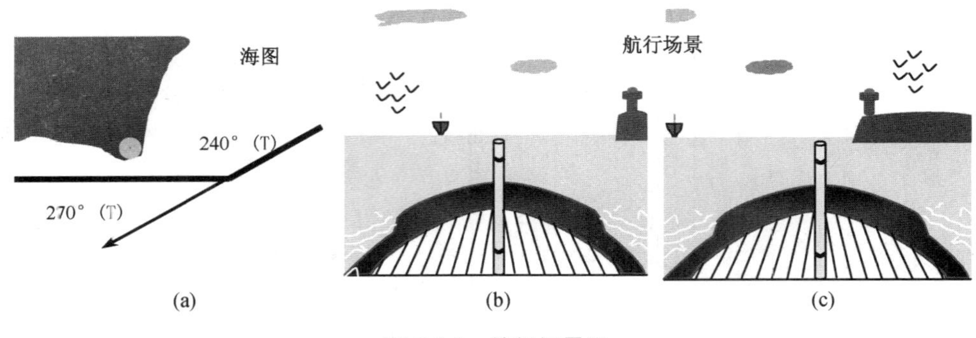

图 6-1-3 航行场景图

2. 相对运动艏向上方位稳定显示

按照 MSC. 192(79)决议中雷达性能标准要求,在艏向传感器正常时,雷达用艏向信号同步方位刻度盘,艏线对应的方位始终指向屏幕上方(刻度示数为艏向),也能够读取

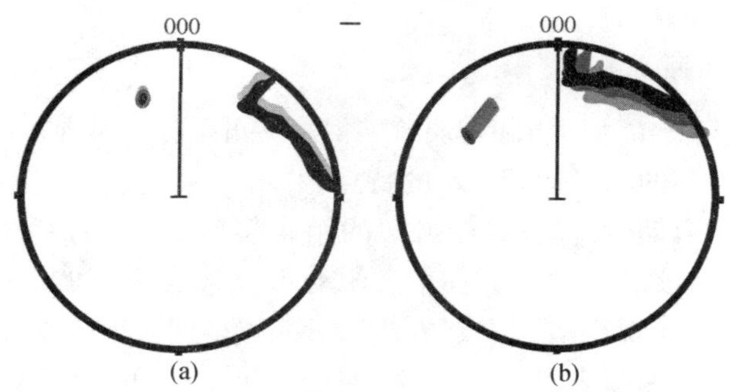

图 6-1-4 H-up 不稳定显示的图像特点

到目标真方位。这种改良的 H-up 显示方式被称为艏向上方位稳定(也称 H-up TB)显示。在这种显示方式下,根据不同设计,雷达目标尾迹可以选择为真方位或相对方位,目标跟踪功能也可以正常工作。

3. 相对运动北向上显示

这种显示方式只需雷达回波和本船首向信息即可工作。其显示特点如下:

(1)具有前文提到的相对运动显示的特点。

(2)屏幕正上方代表罗经北,艏线起自 CCRP 且指向 THD 艏向,目标回波在屏幕上的分布与所用纸质海图类似,方位测量可直接得到目标的真方位。

(3)船首在风浪中偏荡或本船转向时,艏线随本船首向转动,目标回波保持稳定清晰,便于观测。

(4)适合于定位、导航和航向频繁机动的引航环境,如船舶进港、狭水道以及大多数情况的沿岸航行。

(5)用于避碰时,尤其是船舶首向介于 090 和 270 之间时,应特别注意雷达图像的左右舷与驾驶台视觉左右舷相反。

如图 6-1-5 所示为 RM N-up 显示的图像特点。

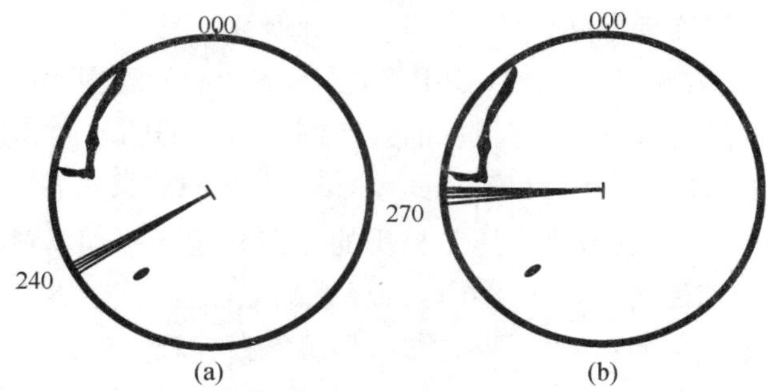

图 6-1-5 RM N-up 显示的图像特点

4. 相对运动航向向上显示

这种显示方式只需雷达回波和本船首向信息便可工作。其显示特点如下：

(1)具有前文提到的相对运动显示的特点。

(2)本显示方式启动时,代表本船航向的艏线起自 CCRP 且指示 THD 艏向,并指向屏幕正上方,屏幕方位刻度由本船首向信息驱动,000 代表罗经北。目标回波在屏幕上的分布与视觉瞭望目标的实际情况一致,方位测量能够得到目标的真方位。

(3)船首在风浪中偏荡或本船转向过程中,具有 N-up 的显示特点,即艏线随艏向偏荡或转动,目标回波稳定清晰,便于观测。

(4)转向结束,本船航向把定,按下“航向向上”(C-up)后,雷达图像迅速整体旋转复位到特点(2)的图像状态,不会发生 H-up 本船转向过程引起的目标拖尾模糊的显示缺点。

(5)能够兼顾导航和避碰功能,适合于比较广泛水域的航行环境。但大多数情况北方向与纸质海图不一致,不利于目标识别和定位。

如图 6-1-6 所示为 RM C-up 显示的图像特点。

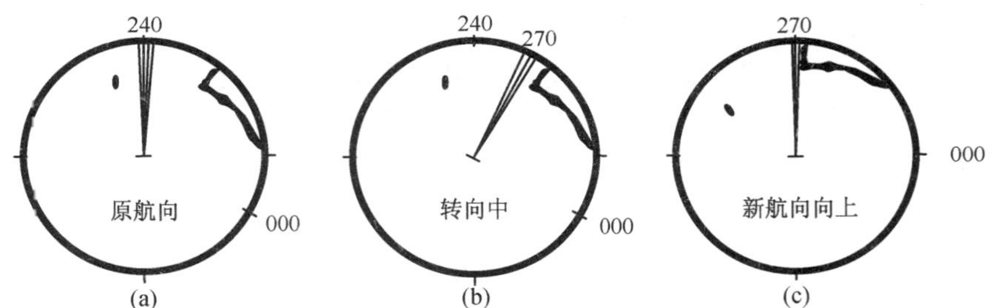

图 6-1-6 RM C-up 显示的图像特点

(二)真运动显示方式

这种显示方式同时需要雷达回波、本船首向和航速信息。

真运动显示时,代表本船位置的 CCRP(以及扫描中心)根据所选择量程比例,在屏幕上按照本船的航向和航速移动,所有目标的运动都参考本船的航向和航速输入。

如果输入的是对水航速(Speed Through Water,简称 STW),则在水面上漂浮的船舶在屏幕上稳定不动,而陆地会以与风流压差相反的方向和速度移动。对水稳定真运动用于船舶避碰。STW 的获取通常来自于水层跟踪模式的船舶计程仪,人工输入本船首尾向航速也可以使雷达工作在对水真运动显示模式,但可能存在较大误差。

如果输入的是对地航速(Speed Over Ground,简称 SOG),则岛屿等固定目标静止,本船和目标船在屏幕上按照其航迹向移动,在有风流压差的水域艏向并不一定指示本船和目标在屏幕上的运动方向。对地稳定真运动用于船舶在狭水道和进出港导航。有多种方式获取 SOG,如在水深满足要求的海域使用具有海底跟踪模式计程仪或卫星导航计程仪，或使用电子定位系统（EPFS，如 GPS），还可以使用雷达目标跟踪功能跟踪对地稳定的目标作为航速参考，也可以在 STW 的基础上进行风流压校正，但最后一种人工输入方式可能存在较大误差。检测 SOG 是否准确，可以通过观测陆地或对地稳定的目标是否在屏幕上漂移来证实。

按照性能标准的规定，扫描中心应在不小于雷达工作显示区域半径的 50%和不超过其 75%的屏幕范围内移动和自动重调，并且操作者可以随时重调扫描起始点，使船首方向有更大的显示视野。

真运动显示时，雷达同样可以具有上述三种屏幕指向方式。根据 MSC. 192(79)决议中的性能标准，固定起始点的 H-up、N-up 和 C-up 真运动显示方式分别等效于相对运动显示方式下的 H-up 方位稳定、N-up 和 C-up 显示方式。在本船首向信息丢失时，雷达通常会给出艏向丢失报警，并执行相对运动 H-up 不稳定显示方式。当本船航速信息丢失时，雷达也会给出航速丢失报警，并执行固定起始点的真运动显示方式（偏心相对运动显示方式）。

就准确、严格的定义而言，传统的相对运动显示概念有自相矛盾之处。既然称为“相对运动”，就不应参考任何“真”的数据，也就不存在“稳定”的相对运动显示方式，即 N-up 和 C-up 不是严格意义上的相对运动。因此，MSC. 192(79)决议中的性能标准 5. 20 条款有意突出真运动显示方式，淡化相对运动显示方式。但特别需要强调的是，无论概念是否严格，传统的相对运动（或固定起始点的真运动）是在船舶避碰环境下最有利于航行安全的显示方式。

（三）雷达显示方式选择

不同的显示方式可以满足不同的雷达应用需要。在相对运动模式下，连续观测回波相对本船的变化，有利于判断目标船的碰撞危险，及早做出避碰决策。鉴于在 H-up 方位不稳定显示方式下雷达功能受限，建议在雷达系统正常工作时，避免使用该显示方式。在沿岸航行，配合纸质海图进行雷达定位和导航时，为了便于识别目标，最好使用 N-up 显示方式。在沿岸尤其在狭水道或港口航行时，船首偏荡或船舶频繁转向，C-up 显示方式则更有利于避碰。如果配合电子海图，C-up 也可以方便地用于定位和导航。

避碰时，对水真运动能够方便、准确地判断目标船的动态，有助于根据会遇局面，运用国际海上避碰规则，做出避碰决策。真运动显示时，目标船在屏幕上的运动不受本船机动的影响，对在本船避碰过程中和避碰结束后监测目标船的动向非常有益。对地真运动显示方式能够及时监测本船相对于海岸和固定碍航物的航行动态，有利于航行监视，是船舶在狭水道导航或进港靠泊作业的最佳选择。值得注意的是，一定要严格区分对水稳定和对地稳定模式。在水流影响较大的海域，避碰时误用了对地稳定，或导航时误用了对水稳定，雷达信息会误导驾驶人员，带来潜在的航行危险，尤其是在航行环境受到限制及能见度不良时。

三、雷达系统配置及其基本工作原理

（一）雷达系统配置

传统的船舶导航雷达由天线、收发机和显示器组成。为了帮助驾驶人员更好地获得海上移动目标的运动参数，现代雷达大多配备了自动雷达标绘仪（Automatic Radar Plotting Aids，简称 ARPA）或具备自动目标跟踪功能，使雷达在避碰中的作用和效果得到了进一步提高。随着现代科技的发展，基于信息化平台的新型航海仪器和设备不断出现，与传统的导航雷达实现了数据融合与信息共享。电子定位系统（EPFS）通常利用卫星导航系统（GNSS，目前主要为 GPS）为船舶提供高精度的时间和船位参考数据，ENC 或其他矢量海图系统为船舶航行水域提供了丰富的水文地理数据，AIS 为雷达提供了目标船有效的身份识别手段。这些技术的进步，促进了雷达技术的发展。按照 SOLAS 公约要求，2008 年 7 月 1 日之后装船的雷达设备应满足 IMO MSC. 192（79）决议关于船舶导航雷达性能标准规定，其系统配置如图 6-1-7 所示，其中等分虚线部分不属于性能标准要求的标准配置，而是雷达系统的扩展选装配置。

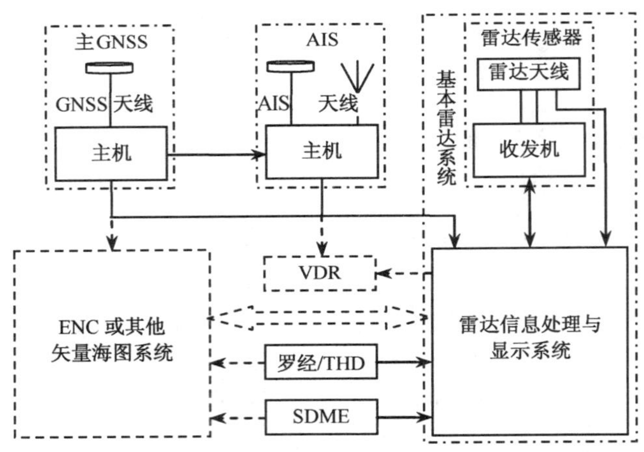

图 6-1-7　船舶导航雷达系统配置

船舶主 GNSS 设备作为电子定位系统（EPFS）为系统提供 WGS-84 船位和时间基准数据；陀螺罗经或传送艏向装置（THD）为系统提供艏向数据；SDME（船舶航速和航程测量设备）通常为计程仪，提供船舶航速数据；雷达传感器提供本船周围海域的视频图像信息，信息处理与显示系统处理雷达视频，跟踪移动目标，获取目标的运动参数；AIS 报告周围船舶识别信息和动态数据以及航标数据；如果有扩展选装的海图系统提供必要的水文地理数据，则此类雷达在业界称为海图雷达（Chart radar）；其他传感网络亦可与雷达系统连接，构成能够面对各种航行情景的多功能、多任务、高精度的航行信息系统，如船舶综合航行系统、驾驶台值班报警系统等。各传感器提供的所有数据在雷达信息处理系统中共享、融合或关联,并通过显示终端给出最佳航行信息。传感器亦可以分别独立工作,其中某个传感器发生故障不影响其他传感器信息的显示。雷达图像和操作信息提供给VDR保存记录。系统按照综合航行系统综合信息处理原则,自动验证传感器数据的可信性、有效性、时滞性和完善性,拒绝使用无效数据,如果输入数据质量变差,系统会报警提示。驾驶人员在操作雷达时,应随时留意屏幕警示信息。通过雷达显示系统操控面板控制雷达系统,驾驶团队能够获得最佳观测、定位、导航和避碰信息。

雷达传感器采用收发一体的脉冲体制,通常由收发机和天线组成,俗称"雷达头"。信息处理系统与显示终端是基本雷达的必要组成部分,亦称"雷达终端"。根据分装形式不同,基本雷达设备可分为桅下型(俗称三单元)雷达和桅上型(俗称两单元)雷达。桅下型雷达主体被分装为天线、收发机和显示器三个箱体,天线安装在主桅或雷达桅上,显示器安装在驾驶台,收发机通常安装在海图室或驾驶台附近的设备舱室里。如果收发机与天线底座合为一体,装在桅上,则称为桅上型雷达。桅下型雷达便于维护保养,多安装在大型船舶上,一般发射功率较大;而中小型船舶常采用发射功率较低的桅上配置,设备成本也较低,不便于维护和保养。

(二)基本雷达工作原理

基本雷达的组成框图如图 6-1-8 所示。与雷达出厂分装相比,图中的定时器、发射机、双工器和接收机组成了雷达收发机。

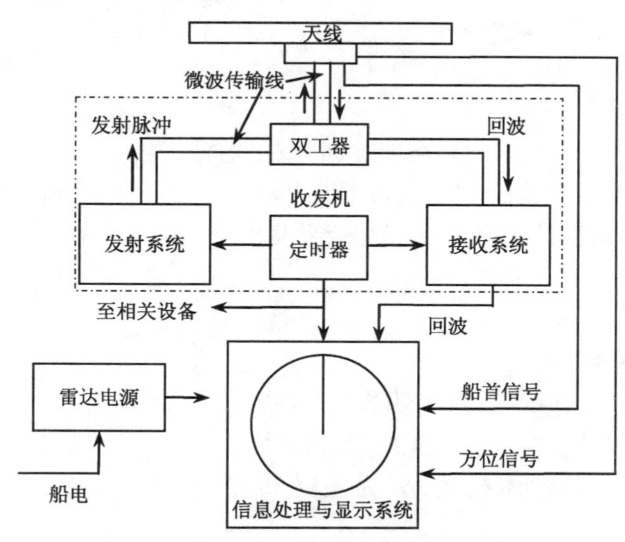

图 6-1-8 基本雷达的组成框图

1. 定时器

定时器或定时电路又称为触发脉冲产生器或触发电路,是协调雷达系统的基准定时电路单元。该电路产生周期性定时(触发)脉冲,分别输出到发射机、接收机、信息处理与显示系统以及雷达系统的其他相关设备,用来同步和协调各单元和系统的工作。

2. 发射机

雷达发射机主要由调制器、磁控管和发射控制电路组成。通过发射开关和量程转换,发射控制电路控制着雷达发射机工作和发射脉冲参数的改变。

在触发脉冲的控制下,调制器产生的矩形调制脉冲控制磁控管产生具有一定宽度和幅度的大功率射频矩形脉冲,通过微波传输线送到天线,向空间辐射。磁控管在能够正常发射之前,需要大约 3 min 的预热时间,在这段时间之内,操作者应将雷达置于备机(Standby)状态。

与雷达观测性能比较密切的发射机主要技术指标包括发射频率、发射功率、脉冲宽度、脉冲重复频率等。雷达的工作频率有 3 cm 波段和 9 cm 波段两种,又分别称为 X 波段和 S 波段。前者探测精度较高,在晴好天气中使用;后者目标的发现能力和抗雨雪杂波能力较强,在恶劣天气探测远距离目标时使用。雷达的发射功率根据船舶的航区和吨位大小通常为几十千瓦,引航艇和港作拖船的雷达功率通常为 4 kW 以下,大型船舶的雷达功率通常为 10~30 kW。发射脉冲的起始时间由触发脉冲的前沿决定,脉冲的宽度受雷达面板上量程和脉冲宽度选择按钮控制,在近量程采用窄脉冲,随着量程段增加,脉冲宽度逐段增加。量程段改变时,脉冲重复频率也随之变化,近量程重复频率高,远量程重复频率低。这些技术参数的变化是为了满足目标探测距离、回波强度、距离分辨力等观测指标的要求,获得最佳观测效果。

3. 双工器

雷达采用收发共用天线。发射机工作时,双工器使天线只与发射机连接,阻止大功率发射脉冲进入接收机,从而保护了接收电路;发射结束后,双工器自动使天线与接收机连接,避免回波信号损失,从而实现天线的收发共用。

4. 天线

(1)雷达天线基本特性

雷达采用隙缝波导天线,具有较强的方向性,能够定向发射和定向接收微波。天线的辐射特性由图 6-1-9 所示的方向性图描述,分为主瓣和旁瓣。

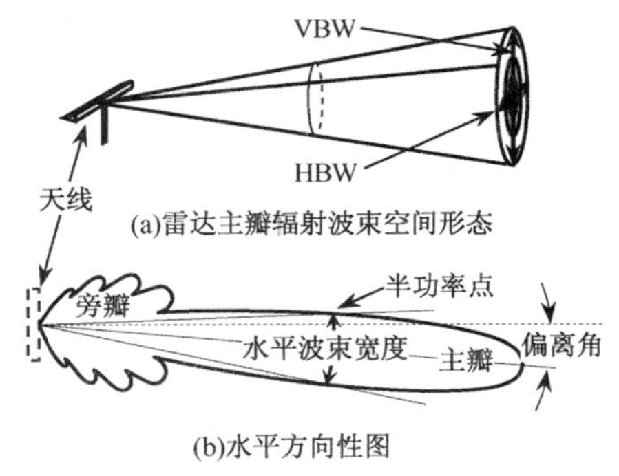

图 6-1-9 天线方向性描述

雷达是靠天线主瓣来探测目标的,波瓣的水平波束(HBW)较窄,通常为 2°,垂直波束(VBW)较宽,为 20°左右,波束的空间示意图如图 6-1-9(a)所示。主瓣轴线方向根据不同天线的生产加工以及装配在不同的雷达发射机上的情况，可以偏离天线辐射窗口的法线方向 3°~5°，如图 6-1-9(b)所示，称为偏离角。雷达安装时，应考虑偏离角的因素，调整好方位误差。

在雷达辐射主瓣方向周围还对称分布了许多旁瓣辐射，这些旁瓣辐射功率通常较弱而且不稳定。对于正常观测距离上的通常目标而言，旁瓣辐射对雷达观测不会构成重要影响。但对于近距离目标的强回波而言，旁瓣辐射也会探测到该目标形成旁瓣假回波（见本章第三节），对雷达观测构成比较严重的干扰。

（2）阴影扇形

①阴影扇形成因

通常雷达天线安装在龙骨正上方主桅之上的船舶最高处，以减少障碍物的遮挡，保持良好的探测视野。尽管如此，由于安装环境限制，雷达天线不可避免地受到障碍物或船舶建筑结构的遮挡，造成在一定扇形区域内雷达探测能力减弱，甚至无法探测到目标，这样的区域称为阴影扇形区域。

②阴影扇形观测特性

雷达天线的辐射窗口有一定长度，水平波束宽度大约为 2°，而且雷达波具有一定的绕射能力，因此被障碍物遮挡的阴影扇形区域并非完全探测不到目标。其中在阴影扇形的轴线位置附近可能存在无法探测到目标的区域称为阴影扇形盲区，其他目标探测能力减弱的区域称为阴影扇形灵敏度降低弧。船舶建筑结构，如艏楼、前桅、桅顶横杆、将军柱、主桅、烟囱和艉楼等，凡是与天线高度相同的物体，都会产生阴影扇形区域，而且对雷达观测造成永久的影响，对航行安全的影响也最大。图 6-1-10(a)和(b)定性图示了船舶由于船舶建筑结构引起雷达阴影扇形的成因及对雷达观测的影响，图 6-1-10(d)为实际船舶雷达屏幕截图，可以看到由于本船主桅和烟囱而形成的阴影扇形对雷达观测的影响。

阴影扇形区域的大小与障碍物的大小、障碍物到天线的距离、障碍物相对天线的高度，以及与天线尺寸等因素有关。障碍物越高、体积越大、离天线越近，所形成的阴影扇形区域就越大。在安装雷达时，应精心选择雷达天线的安装位置，按照 IMO 雷达安装导则要求，雷达天线的位置应保证阴影扇形区最小，而且不应出现在从正前方到左右舷正横后 22.5°的范围内。在余下的扇形区域内，不应出现大于 5°的独立的或整体之和大于 20°的阴影扇形区域。

实际情况下，一般大船前桅造成的阴影扇形区范围为 1°~3°；雷达天线附近若有大型吊杆和桅杆存在时，其产生的阴影扇形区范围可达 5 °~10 °；粗大的烟囱且离天线较近时，其阴影扇形区范围可达 10°以上。在雷达阴影扇形区范围内向本船驶近的大船，其雷达的发现距离可能从 12 n mile 降到 6 n mile 以下。在此区域内的小型船舶探测距离可从 4 n mile（阴影扇形区域外）降到 0.5 n mile（阴影扇形区域内）以下。为了更好地理解阴影扇形区对雷达观测的影响，假设一目标船正在穿越图 6-1-10(a)中船尾烟囱的阴影扇形区域，则目标船的回波表现为在灵敏度降低弧区域从正常强度逐渐减弱，直至最后消失在盲区，然后又从盲区另一侧隐隐出现，在灵敏度降低弧回波逐渐增强，直至走出阴

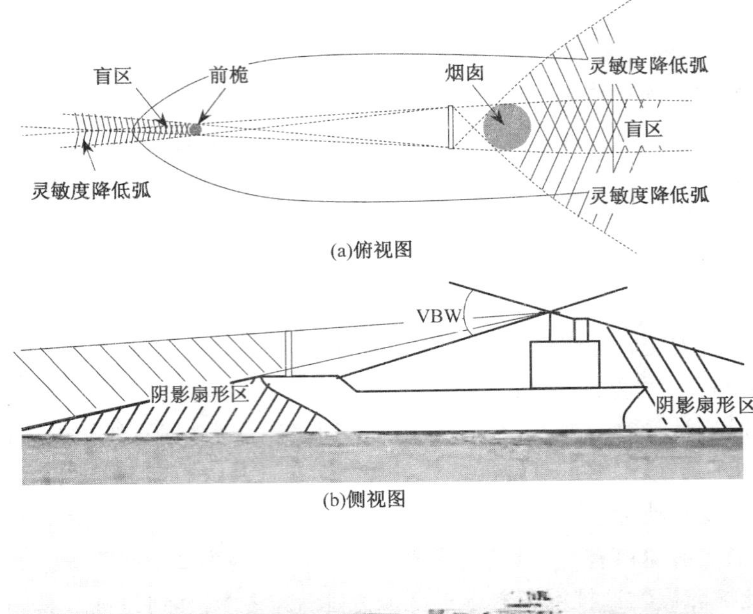

(a)俯视图

(b)侧视图

(c)甲板货物对雷达阴影扇形区影响

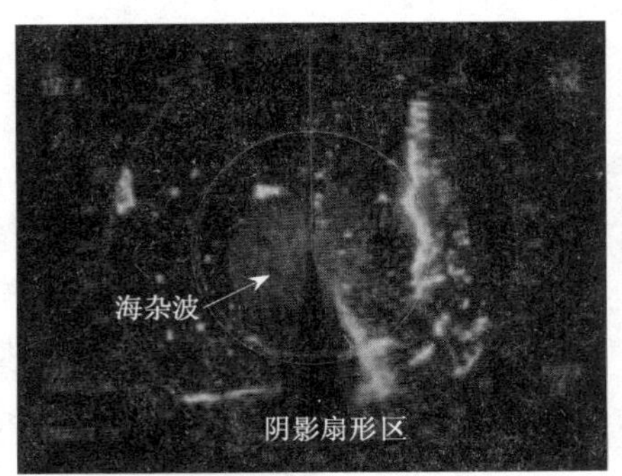

(d)阴影扇形区雷达图像

图 6-1-10　雷达阴影扇形

影扇形区域达到正常回波强度。容易理解,这个回波强度变化的过程是渐变的。从雷达观测角度看,目标反射能力不同,其阴影扇形区域的大小也不同。反射能力强的目标,灵敏度降低弧和盲区都小。对于某些回波很强的大型目标,雷达观测甚至可能只存在增益降低区域,而没有盲区。

另外,船舶货物装载也会影响阴影扇形区,空载船舶阴影扇形区域的延伸范围通常较远。对于图 6-1-10(c)中的集装箱船舶,需要留意在装卸货物前后雷达阴影扇形区域的变化。

5. 接收机

雷达接收系统主要由微波集成放大与变频器(MIC)、中频放大器、检波器、视频放大器和改善接收效果的辅助控制电路,如增益控制、海浪抑制、通频带转换电路等组成。接收机具有良好的选择性、很高的放大量、较宽的通频带和动态范围,能够将天线接收到的微弱的、混杂着干扰杂波、在噪声背景下强度变化很大的有用目标回波处理放大,并将清晰的回波视频输出给信息处理与显示系统。

在雷达显示器控制面板上的调谐/自动调谐、增益、海浪抑制等控制分别控制着接收机的变频器、中频放大器,用于调整回波质量,改善信杂比和信噪比。为了配合量程变化引起的发射性能的改变,在近量程接收系统采用较宽的通频带,随着量程段的增加逐段变窄。

6. 信息处理与显示系统

信息处理与显示系统包括输入/输出(I/O)接口、同步单元、刻度标识产生器、视频处理器、信息处理器、主控制器和综合信息显示与操作控制终端等,是雷达目标回波及各传感器信息的最终处理和显示单元。I/O 接口将传感器信息变换为信息处理系统需要的信息格式,同时可将雷达视频输出到 VDR/ECDIS;同步单元用于改变触发脉冲的延时,产生同步脉冲,调整雷达测距误差,完成视频距离量化;刻度标识产生器处理艏线信息,产生电子方位线、活动距标、固定距标等辅助雷达观测的刻度信息;视频处理器对数字雷达视频做进一步处理,去除雨雪干扰、同频干扰等各种杂波干扰,实现恒虚警率(CFAR)处理、扫描相关处理、自动海浪抑制、自动雨雪抑制,回波扩展、回波平均等功能,以满足在各种复杂的工作环境中,都能够根据驾驶人员的操作得到最佳观测效果;信息处理器综合处理各传感器信息,实现目标跟踪和信息融合,为驾驶人员提供避碰功能;主控制器是信息处理与显示系统的控制中心,主要为雷达目标跟踪、各传感器信息融合以及响应操作提供运算和控制功能;在综合信息显示与操作控制终端上,驾驶人员通过控制面板上各种开关旋钮或操作屏幕菜单,能够控制雷达的工作状态和所有功能,观测目标回波,获得需要的定位、导航和避碰信息,引导船舶安全航行。

四、雷达信号基本流程

在触发脉冲的控制下,雷达完成发射、接收、信息处理和显示,操作者能够在显示器上测量出目标相对于本船的距离和方位。触发脉冲的每一个周期,控制雷达完成一次发射和接收;在触发脉冲的同步控制下,雷达信息处理与显示系统开始工作。例如,天线转速为 20 r/min,脉冲重复频率为 1 000 Hz,则雷达完成一个圆周扫描就有 3 000 次发射和接收,将回波存储在以本船位置和船首方位为基准的、按照距离和方位地址划分的存储单元中。信息处理与显示系统对回波做进一步处理后,在工作显示区域,按照显示的要求,以扫描起始点为本船位置,以艏线为方位基准,以径向扫描线的方式从存储单元中读取回波信息。将回波信息按照存储单元记录的距离和方位显示在屏幕上。于是,雷达传感器探测到的本船周围的目标就能够以距离和方位确定的位置准确地显示在工作显示区域,形成一个完整的雷达环扫画面,此过程如图 6-1-11 所示的雷达信号流程。

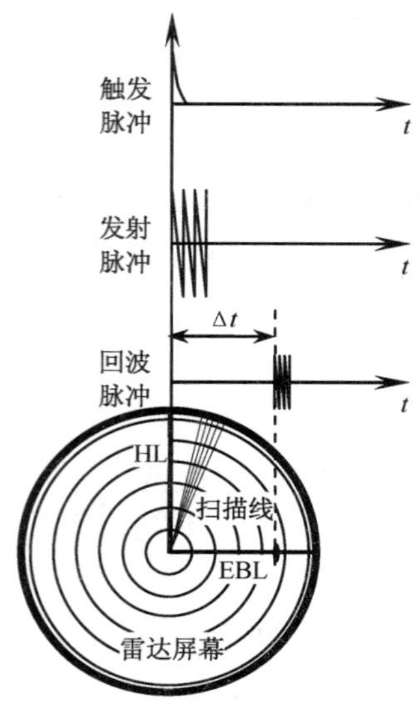

图 6-1-11 雷达信号流程

从雷达观测角度看,需要注意的是,在发射机工作期间,雷达接收机不工作,因此雷达在近距离一定范围内无法探测到目标,这个范围称为雷达近距离盲区。在本章第三节将详细讨论雷达盲区相关问题。

第二节 引航水域雷达操作

使用雷达保持航行安全,从操作技术层面看,引航员与驾驶员都必须满足 STCW 公约关于操作级的要求,具备相同的操作水平。而从职责分工角度,作为管理级成员,引航员还必须满足公约关于管理级的要求。引航员通常通过口令指示驾驶团队实现对雷达的操作,必要时也可以亲自操作。

雷达控制有硬面板开关或按钮,有屏幕软面板菜单和控制,包括电源控制、图像质量控制、杂波抑制、观测工具、辅助控制、显示方式控制、导航工具和避碰功能操作控制八大类。除了电源控制之外,多数雷达可以通过屏幕软面板菜单和控制来控制雷达的全部功能,涉及雷达性能的关键控制还可以通过硬面板开关或按钮精确调整。

一、雷达电源控制

雷达电源控制包括雷达船电开关、雷达电源开关、发射开关和天线安全开关。雷达设计可以全天候 24 h 运行,除了磁控管是寿命有限元件之外,在航行期间应避免频繁启闭雷达电源开关。在引航船航行期间,雷达应保持在正常工作状态。

1. 船电开关

雷达都设有专用的船电开关(Ship's Supply),通常处于闭合通电状态,不需要引航员操作。

2. 电源开关

在雷达显示器操作面板上启动电源开关(Power)后,经过 3 min 自动延迟后,雷达发射机进入准工作状态。此时屏幕指示“Standby”(预备),雷达发射机进入随时可以发射的状态。除非特殊情况,通常不需要引航员操作此开关。

3. 发射开关

发射开关(Tx 或 Run)用于控制雷达发射机的工作。当雷达进入预备状态后启动此开关,发射机开始发射,雷达进入完全工作状态。再次操作此开关,雷达返回预备状态。

引航环境使用发射开关应注意以下几点:

(1)引航艇/直升机接近被引船舶直到引航员登船时,驾驶团队应将雷达置于 Standby 状态。

(2)开始进行引航操作时,至少应有一部雷达处于完全工作状态,通常为 3 cm 雷达。在引航过程中,除非必要,该雷达应保持在完全工作状态,直至无需再使用雷达。

(3)在复杂的航行环境中,如能见度受到限制、海域船舶交通流密度较高或有特殊情况时,应建议驾驶团队同时开启两部或多部(如果有)雷达,分别用于瞭望、导航和避碰,并调整在远近不同量程,有利于保障航行安全。

4. 天线安全开关

引航环境禁止使用天线安全开关。

二、雷达图像质量控制

雷达图像质量控制主要有屏幕亮度、回波增益、接收机调谐、脉冲宽度和视频亮度(对比度)等,雷达图像的辅助控制还有回波扩展和回波平均。

1. 屏幕亮度

雷达屏幕亮度的调整应与环境光配合适度。很多雷达设置有日视/夜视模式的转换,可以通过一键式操作调整回波和背景色彩,适应白天强光和夜间昏暗的环境。夜航时,引航员应注意团队中负责雷达观测的成员可能会因为屏幕光适应问题而影响视觉瞭望。

2. 回波增益

增益(Gain)通常既可以由硬面版按钮控制,也可以通过软面板控件调整。增益初始最佳调整位置应使噪声斑点似见未见或刚刚看得见。增益过小,弱小目标的回波在屏幕上亮度不足,容易丢失。增益过大,强回波容易过早发生屏幕饱和,损失回波对比度,不能观测到回波细节,同时还会使屏幕噪声斑点增强,图像混乱。有的雷达给出了增益的建议值,可以认为除非特殊需要,增益最好不低于该值。

在引航水域航行时,目标距离较近,在水平波束宽度之外的雷达辐射也能够探测到回波。此时应注意适当降低增益,以获得更高的目标精度。

在狭窄水域航行时,如果发生间接反射、多次反射或旁瓣假回波,也应适当降低增益,削弱假回波对雷达观测造成的不良影响。

值得注意的是,增益应随时根据需要调整。比如在精确测量目标时,应适当降低雷达增益,而欲发现弱小目标时则应适当增加增益。特别地,在雨雪条件下观测时,当目标与雨雪区域的相对位置不同时,应设置不同的增益,关于这一点的详细讨论请参考本节的“雨雪抑制”内容。

3. 接收机调谐

调谐的最佳调整位置应使调谐指示为极大值,然后再仔细调整,使远距离回波饱满清晰。调谐不佳时,会出现回波边缘不清晰、亮度不饱和、视频稀疏和对比度差等现象。由于雷达发射频率和本振频率会随电压和温度等环境因素的变化随机漂移,因此雷达观测时,调谐应随时调整。现代雷达都设有自动调谐(AFC 或 AUTO-TUNE)控制,保持雷达运行时获得最佳调谐效果。为谨慎起见,登船后引航员可以提醒驾驶团队首先手动调谐,使雷达达到最佳状态,然后再开启自动调谐,对比手动调谐与自动调谐图像的差别,以确认自动调谐的效果。

4. 脉冲宽度

引航环境中，为了保证雷达的距离分辨力，降低对他船的同频干扰，通常情况使用窄脉冲探测目标。在需要时，如怀疑有弱小目标存在时，再使用中脉冲或宽脉冲加以确认。

5. 视频亮度（对比度）

视频亮度应注意与屏幕亮度和回波增益配合使用。观测强回波时，可将屏幕亮度控制在略低的状态，将视频亮度调高；而观测弱回波时，应将屏幕亮度和视频亮度同时调高。这样的设置可以获得较好的观测效果。

6. 回波扩展

回波扩展通常有方位扩展、距离扩展和方位距离同时扩展三种操作控制，使用的量程通常限制在 1.5~24 n mile。方位扩展是保持回波前后沿位置不变，对回波横向扩展；距离扩展保持回波前沿和左右方位位置不变，对回波后沿扩展；方位距离同时扩展则是前两者效果之和。该控制对所有回波都有效，有利于提高屏幕对小目标的检测能力，但会引起回波变形及目标的屏幕分辨力下降。当屏幕回波较密集和杂波较多的时候，不适合使用，使用前应注意抑制杂波和噪声。

7. 回波平均

回波平均对连续两幅或多幅画面的回波强度进行平均化处理，稳定可靠的回波强度基本保持不变，而杂波干扰经平均后，屏幕显示亮度大幅度降低，从而提高了屏幕回波信号的信杂比。该控制在风浪较小及海浪杂波或雨雪杂波密度较低时使用，可以在一定程度上提高屏幕杂波区域目标的检测能力。例如在对地真运动显示方式下，使用该控制功能可以提高雷达对海浪中的灯浮等导航目标的检测能力。显然，回波平均应在方位稳定的显示方式下使用，在大风浪中船舶摇摆严重时不适合使用。

三、雷达杂波抑制

现代雷达的杂波抑制包括海浪抑制（STC）和自动海浪抑制（AUTO-SEA）、雨雪抑制（FTC）和自动雨雪抑制（AUTO-RAIN）、同频干扰抑制（RIC 或 IR）、自动抗杂波（CFAR 称为恒虚警率）和扫掠相关等。

总的说来，使用杂波抑制时应特别注意不要同时使用多种杂波抑制，而且应特别强调必须根据所观测目标的不同，随时调整杂波抑制的方法和抑制深度，反复对比图像变化，防止丢失弱小目标。

建议引航水域杂波抑制以手动为主，审慎使用各种自动杂波抑制，尤其是应避免多种杂波抑制同时使用。引航员登船后,应就此与驾驶团队确认。

(一)海浪抑制

1.海浪抑制一般使用方法

STC用于抑制海浪反射杂波。海浪干扰分布在近距离,中等风浪时为3~6 n mile,大风浪时可达到8~10 n mile。干扰随距离增加迅速减弱,密度变疏。STC调整准则是根据实际海况的观测需要适当调整STC,尽可能保证发现海浪中弱小回波或清楚观测所关注的目标,切勿将STC调整过深;否则会导致弱小目标的丢失。恶劣天气时,近距离强海浪回波及其所形成的旁瓣假回波会形成一个辉亮的实体,甚至使屏幕像素亮度饱和,无法分辨目标。使用STC后,抑制近距离增益,使扫描中心区域恢复正常显示。因为海浪中目标的回波一般要比海浪的回波强,所以只要恢复了屏幕的正常显示,目标回波就会因亮度强于海浪杂波而显现出来。如果将海浪抑制控制过深,则在海浪中的弱小回波可能被过多抑制而无法发现。

2.自动海浪抑制

自动海浪抑制通常适用于回波环境简单的海浪区域,尤其是长周期涌浪开阔水域环境。如果海浪中各种回波强度反差较大,尤其引航环境复杂时,本船附近包含了陆地、船舶和航标等多类型回波,设备的厂家和型号不同,雷达处理效果不一定完全一致,因此应注意提醒雷达操作者根据观测效果谨慎使用,避免自动系统将弱小回波当作杂波抑制。此外,还应避免在艏向上的不稳定显示方式下使用自动海浪抑制,由于船舶偏荡将引起回波不稳定,弱小目标容易被自动系统当作杂波抑制。

(二)雨雪抑制

1.雨雪抑制一般使用方法

FTC能够较好地抑制雨雪(降水)回波弱反射的边缘和干扰能量集中的雨雪区域及其后沿回波,仅保留了雨雪集中区域的前沿部分,而且显示强度大大减弱,同时提高回波的距离分辨力。其调整准则与STC类似,应根据实际降水情况和观测需要适当调整FTC,尽可能保证发现雨雪中弱小回波或清楚观测所关注的目标,切勿将FTC调整过深;否则会导致弱小目标的丢失。海上强降雨回波会形成一个辉亮的实体,使屏幕像素发光饱和,无法分辨目标,这一点与海浪杂波对雷达观测的影响类似。除此之外,雨雪还会衰减雷达波,降低雷达的探测能力。因此,强雨雪对雷达观测的影响要比海浪的影响更为严重。引航员应对恶劣气象环境中探测目标的困难程度有足够的心理和技术准备,保证船舶安全航行。在船舶进入局部暴雨区域之前,提醒雷达操作人员事先人工标绘周围目标船舶,做到心中有数,通常这是值得推荐的做法。

2. FTC 在特定环境中使用

(1)如果观测的目标在雨雪区域之中,使用 FTC 应配合降低增益。这是由于雨雪区域中的目标回波通常强于雨雪回波,这样操作可以进一步减弱雨雪区域回波前沿对目标的影响,凸显目标。

(2)如果观测的目标在雨雪区域之后,使用 FTC 应配合提高增益。这是由于雷达波穿透雨雪区域会受到很大的削弱,这样操作可以补偿雨雪对雷达波的衰减。

(3)如果观测的目标在雨雪区域之后且远离雨雪区域,回波强度弱于雨雪干扰,则可以不使用 FTC,直接提高增益。这是由于该目标在屏幕上已经与雨雪有较好的分离,且回波已经非常微弱,使用 FTC 会进一步削弱该目标回波。

(4)在无雨雪天气,为了提高目标的距离分辨力,也可以适当使用 FTC(见本章第三节)。

(5)FTC 还可用于抑制多次反射假回波、间接反射假回波和旁瓣假回波(见本章第三节)。

3. 自动雨雪抑制

与自动海浪抑制类似,自动雨雪抑制通常适用于回波环境简单的雨雪覆盖海域。如果雨雪中各种回波强度反差较大,尤其引航环境复杂时,雨雪区域中包含了陆地、船舶和航标等多类型回波,设备的厂家和型号不同,雷达处理效果不一定完全一致,因此应提醒雷达操作者根据观测效果谨慎使用,避免自动系统将弱小回波当作杂波抑制。

(三)同频干扰抑制

在引航水域,同频干扰是常见的杂波干扰,而且常常是多台雷达相互作用,对雷达观测干扰极大。引航员应适时提醒驾驶团队,除非同频干扰对雷达观测构成严重影响,尽量避免抑制同频干扰与其他抗干扰电路同时使用,以免对弱小回波抑制,可能造成较大的损失。关于同频干扰条件下的雷达操作方法,请参考本章第三节。

(四)自动抗杂波

自动抗杂波电路通常采用恒虚警率处理技术,使用时对所有宽回波都有抑制作用。为了防止回波损失过大和错误抑制弱小目标,该功能应在方位稳定的显示方式下,在开阔的引航水域,周围环境目标不复杂,一般只有雨雪或海浪干扰时使用。如果在狭水道、港口、渔区等回波复杂的环境中使用,则容易丢失弱小目标,尤其是强回波后面的弱小目标和近距离方位大幅度变化的目标。特别是,该控制不适宜与其他干扰抑制同时使用。

(五)扫掠相关

扫掠相关应在方位稳定的显示方式下工作,能够有效地消除屏幕杂波和噪声,但在风浪中对目标边缘信息的损失很大，尤其容易丢失近距离高速运动和近距离大幅度转向的弱小目标。引航水域通常不建议使用扫掠相关。需要注意的是，开阔水域航行时，驾驶员习惯使用扫掠相关，因此引航员应提醒雷达操作者及时关闭该功能。

四、雷达观测工具

观测控制用于测量目标位置和判断目标动态。

（一）测量目标位置

如图 6-1-1 所示，直接用于测定目标位置的控制通常包括量程选择、固定距离标识圈（RR）、可变距离标识（VRM）、电子方位线（EBL）以及电子距离方位线（ERBL）和光标等，且分别设有数据显示。在测量之前，应将雷达图像调整在最佳状态，并适当降低屏幕亮度和增益后再测量。

1. 量程选择

影响量程选择的因素有很多，如海域开阔程度、气象海况、船舶交通密度、本船航速和雷达观测频度等。总体上说，引航员登船后，雷达观测不适合从近量程开始，量程由远及近切换有利于全面了解水域船舶密度；观察与岸线距离和危险物，有利于确定安全航速。

具体地说，在宽阔水域航行时，通常在 6～24 n mile 之间选择量程，以便随时掌握本船周围航行状况。驶向港口时，一般在 3～12 n mile 之间选择量程，还可以采用偏心显示方式。既保持了较高的观测精度，又能够监视较远距离的目标。靠近港口时，则要根据水道宽度来选择量程，一般所选量程能够覆盖水道宽度即可。按照 IEC 62388 雷达性能及测试标准，在近量程比例适当时，雷达应能够显示本船真实比例轮廓（见本书附录一表 1-1 中 1-1. 1 a）。

量程的选择还要依据所观测目标的位置随时灵活地变化，通常应选用包含目标的最小量程。

改变量程段时，雷达的技术参数如发射脉冲宽度、脉冲重复频率和接收机频带宽度等指标也随着改变，即改变了雷达的探测性能。因此，在引航过程中经常变换量程有利于及时发现目标，提高目标的观测精度，避免紧迫局面，这是值得提倡的做法。

2. 固定距离标识圈

引航是以导航为主的航行任务，建议开启 RR，但亮度不宜过强，避免影响对目标的观测。在精确测量目标时，如果 RR 影响测量精度，可先降低或关闭 RR 的亮度，然后打开 VRM 测量。有的雷达还设有 RR 暂时消隐按钮，方便观测弱小目标。

3. 可变距离标识

(1)目标距离测量

用 VRM 测量目标距离时,为提高测量精度,测量远距离目标和近距离目标的操作方法有很大的不同。

① 如果目标在海面雷达探测地平(见本章第三节)之内,其前沿能够被雷达探测到,应该测量目标的前沿。此时应注意用 VRM 的内缘与目标的前沿相切,以尽量消除屏幕像素尺寸的影响带来的误差。这种测量方法是引航中的常用方法。

② 如果目标在海面雷达探测地平之外,其前沿不能被探测到,应该测量目标回波的后沿。此时应注意使用窄脉冲发射,适当降低增益,用 VRM 的外缘与目标的后沿相切,以尽量减少发射脉冲宽度及屏幕像素尺寸对距离测量精度的影响。如果雷达有两个 VRM,可在不同的脉冲宽度下分别测量一次,对比其在屏幕上的位置和测量结果,有利于估算脉冲宽度的影响,提高距离测量精度。

(2)偏置测量

现代雷达可以将 VRM 起始点偏置设置在工作显示区域的任意一点,测量与其他点的距离,即通过偏置测量可以在屏幕上实现任意两个目标之间的距离测量。

4. 电子方位线

(1)目标方位测量

为提高目标方位测量精度,不同形状或不同距离的目标测量方法有很大的不同。

如果是点目标,应当测量目标的中心;否则应当区分目标的远近,分别对待。若目标在海面雷达探测地平之内,其边缘能够被探测到,应该测量目标的边缘。测量时应该适当降低增益,使 EBL 与目标"同侧外缘"相切,以尽量消除屏幕像素尺寸的影响。读取目标方位数据后,还要考虑天线波束宽度的影响。如果测量目标左侧,应加上半个波束宽度值;测量目标右侧时,应减去半个波束宽度值。若目标在海面雷达探测地平之外,其边缘不能被探测到,此时应该测量目标中心方位。

(2)量程对雷达方位精度影响

如果目标在屏幕半径 1/2 区域之内,屏幕像素尺寸的影响不可忽略,加上波束宽度的影响,雷达方位精度较低。

如果目标在屏幕半径 1/2 区域之外,雷达方位精度主要由波束宽度决定。

(3)偏置测量

现代雷达可以将 EBL 起始点偏置设置在工作显示区域的任意一点,测量与其他点的方位,即通过偏置测量可以在屏幕上实现任意两个目标之间的方位测量。

5. 电子距离方位线

很多雷达可以将 VRM/EBL 联动或仅在 EBL 上叠加 VRM 标志,称为电子距离方位线(ERBL),通过一次性操作便可同时测量目标的距离和方位。采用 ERBL 测量目标是良好的操作习惯,尤其对于偏置测量。

6. 光标

最新 IEC 雷达性能标准强化了光标的功能,要求光标提供既可相对于本船,也可在任意两点之间的距离和方位的测量,而且可以显示任意点的经纬度位置。在工作显示区域内,光标能够指定位置,选择/放弃选择目标、图形标识和对象;在屏幕菜单对话区域,光标还用于选择菜单及其属性,控制雷达功能,改变参数。使用目标跟踪功能(见本章第五节)时,光标还可以选择目标,用于捕获、读取目标数据和取消跟踪。引航环境下,如无特殊需要,可将光标作为首选观测工具。

(二)判断目标动态

现代雷达必须具备尾迹显示功能,以屏幕余辉的方式记录目标回波在一段时间内的屏幕运动轨迹。在方位稳定的显示方式下,目标的尾迹可以相对于本船,称为相对尾迹,也可以相对于海面或陆地,称为真尾迹;而在方位稳定失效时,只能显示相对尾迹。尾迹的时间长短和层次深浅通常可以设置。尾迹能够直观方便地显示目标过去一段时间内的动态。尾迹可用于在避碰环境中及时发现目标船舶,判断会遇状态。相对尾迹能够快速判断目标是否对本船构成碰撞危险,真尾迹则能够在船舶密度较大的海域帮助雷达操作者及时发现运动目标,较为方便地估算目标移动的航向和航速,判断目标与本船的会遇局面。当艏向信息有效时,可以选择真尾迹或相对尾迹;当艏向信息失效时,只能显示相对尾迹。为了避免固定目标尾迹影响雷达观测,以利于识别运动目标,在近岸、港湾和河道等狭窄水域引航时宜选择对地真尾迹。真尾迹功能还有助于发现众多船舶中航向不一致者。

尾迹长短通常可以在 30 min 之内以分钟步进调整,也有的小型雷达采用了短、中和长三种尾迹长度供操作者切换。尾迹层次深浅可以设置,以便区别目标回波,尾迹可以随时清除。当量程减小或增加、雷达图像位置偏心或复位以及在真尾迹与相对尾迹之间切换时,在两个扫描周期内,尾迹保持显示。当航速输入方式在对水和对地之间切换时,应特别注意不同型号的雷达可能需要一定的处理时间,才能正确显示目标尾迹。

五、雷达其他控制与操作

雷达控制与操作还包括辅助操作、显示方式控制、雷达导航操作和避碰功能操作等四类。辅助操作包括扫描中心调整、面板亮度、标绘照明、艏线(及屏幕导航附加信息)消隐和性能监视器等,这些操作在操作级培训已经完成,不再赘述。显示方式控制在本章第一节已经讨论。雷达导航操作将在第四节介绍。避碰功能操作将在第五节介绍。

六、雷达系统资源设置

现代雷达系统配置已经具备了船舶综合航行系统避碰任务站的功能,传感器众多,设置和操作复杂,专业性强。在现代雷达系统中,默认设置可以通过一键操作进行快速保存和重设。结合 IMO 综合航行系统性能标准[MSC. 252(83)决议]、IEC 雷达标准、现实的雷达设备和引航实践,建议引航水域雷达系统的默认设置如表 6-2-1 所示。值得注意的是,表中的"默认设置"应该理解为常用操控菜单或按钮在通常引航情况下的动态设置操作。

表 6-2-1 引航水域雷达系统的默认设置

功能	默认设置
波段	建议启动不同波段、多部雷达,用于不同航行任务
增益	手动设置在最佳状态,观测时适时调整
抗雨雪杂波	手动设置在最佳状态,谨慎使用自动优化
调谐	自动优化,最好先进行手动调谐,然后与自动调谐比对确认
量程	在 12 n mile 之内按需选择量程
固定距离标识	启动,亮度很弱
活动距离标识	启动 1 个 VRM,置于 0. 25 n mile,亮度弱
电子方位线	启动 1 个 EBL,亮度弱
平行指示线	按需启动,亮度弱
显示方式	TM,C-up
速度稳定	对地稳定,避碰时对水稳定
偏心	适当前瞻(艏向)
目标尾迹	启动,6 min(与矢量时间匹配)
过去位置	关闭
雷达目标跟踪	启动
矢量方式	相对矢量与真矢量根据情况切换
矢量时间	6 min
自动雷达目标捕获	关闭
图形 AIS 报告目标显示	启动
雷达跟踪目标与 AIS 报告目标关联	启动,按需设置关联参数
工作报警(除碰撞报警)	启动
碰撞报警	启动(CPA LIM>0. 8 n mile;TCPA LIM>10 min)
绘图、导航线和航线显示	关闭
海图显示	关闭

第三节 引航水域雷达观测

目标能够被雷达探测到并显示在雷达屏幕上，是由雷达设备的自身性能、雷达波传播条件、目标对雷达波的反射特性以及雷达使用者的操作技术等多方面因素决定的。

对雷达的观测性能、目标的雷达观测特性以及雷达观测技术的深入探讨和研究，有助于正确操作雷达，最大限度地克服其局限性，及时发现弱小目标，有效地保障引航安全。

一、雷达观测性能与观测技术

（一）雷达目标探测范围与观测范围

雷达的探测范围有限，在理想的工作环境下，如果不考虑雷达操作因素，仅仅考察雷达设备的探测能力和目标对雷达波的反射能力，理论计算得出雷达能够发现目标的距离范围，则称这个范围为雷达目标探测范围。也就是说，雷达无法探测到超出目标最大探测距离的远目标，同样也不能探测到在最小探测距离之内的近目标。雷达目标的探测范围表征着在理论上具有特定参数的雷达设备在特定环境下能够发现目标的极限探测能力。

在最佳操作条件下，考虑实际的观测效果，在雷达屏幕上能够清楚地辨识目标的距离范围，称之为雷达目标观测范围。目标观测范围表征着雷达对目标的实际观测能力。

了解雷达的目标最大探测距离和最小探测距离，尤其对目标的观测范围做到心中有数，有助于引航员了解雷达设备的局限性，有利于航行安全。

1. 目标最大探测距离与最大观测距离

（1）目标最大探测距离

目标最大探测距离是指雷达能够发现特定目标的最远距离。从理论上说，一个远目标能否被雷达探测到受两个方面的条件限制，首先是目标是否在雷达的视野之内，即目标雷达探测地平所决定的距离，这是雷达能够探测到该目标的地理极限距离；还有一个重要因素就是雷达发现该目标的能力，由雷达的探测能力和目标的反射能力共同决定。

①目标雷达探测地平

如图 6-3-1 所示,雷达天线水面以上高度为 h_A,某目标水面以上高度为 h_T,雷达波沿

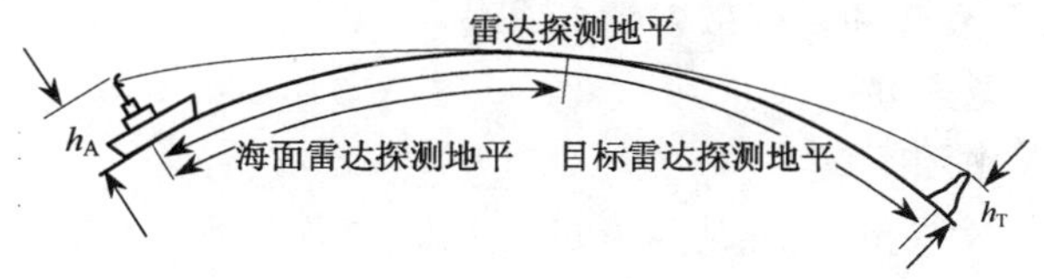

图 6-3-1　目标的标准雷达探测地平

地表传播时,由于地球曲率和大气折射,使得传播路径沿地表弯曲。在标准大气折射条件下,理论上某目标的标准雷达探测地平约为

$$R_{max1} = 2.2(\sqrt{h_A} + \sqrt{h_T}) \tag{6-3-1}$$

所谓标准大气折射条件是指:

· 在海平面上大气压为 1 013 hPa,高度每升高 1 000 ft(304.8 m)降低 36 hPa;

· 在海平面上温度为 15℃,高度每升高 1 000 ft 降低 2℃;

· 相对湿度 60%,在整个对流层内(11 km)不随高度变化;

· 在海平面上大气折射指数为 1.000 325,高度每升高 1 000 ft 减小 0.000 013。

容易理解,对于图 6-3-1 所示目标按照式(6-3-1)计算的结果,是非常平稳的晴好天气中的结论。由于雷达波只是刚刚接触到目标的顶端,此时回波非常微弱,该目标通常难以从噪声背景中识别出来,因而无法被观测到。因此,R_{max1} 是雷达在标准大气传播条件下能够发现该目标的极限探测距离。

对于海面目标,设 $h_T = 0$,则有

$$R_{max} = 2.2\sqrt{h_A}$$

R_{max} 为海面目标的标准雷达探测地平,即雷达波与海平面的切点位置,称为海面标准雷达探测地平。这个位置对于雷达观测具有非常重要的参考价值。例如,假设雷达天线高度为 $h_A = 16$ m,则海面雷达探测地平约为

$$R_{max} = 2.2\sqrt{h_A} = 2.2 \times 4 = 8.8 \text{ n mile}$$

如果利用海中小岛定位,当岛屿在 8.8 n mile 之内时,其岸线前沿在雷达探测地平之内,可以测量目标的前沿定位,为了讨论问题方便,不妨称此类目标为雷达的近目标;而当岛屿在 8.8 n mile 之外时,其岸线前沿在雷达探测地平之外,雷达不能探测到岛屿的前沿,只能通过测量目标的后沿定位,此类目标为雷达的远目标。关于目标测量技术,请参考本节“雷达目标距离测量精度”。

需要指出的是,这里仅探讨了标准雷达探测地平,大气传播条件变化时雷达的探测地平也会随之发生变化,即式(6-3-1)的系数会发生变化。但在通常情况下这种变化非常小,从航海实践的角度考虑,只能以标准大气作为基本的估计准则。但在某些非正常大气传播条件下,发生超折射和次折射时,雷达探测地平会出现急剧变化,影响雷达正常观测。本书将在本节稍后讨论这种情况。

另外，从理论上考虑波长对大气折射率的影响，S 波段雷达探测地平应略远于 X 波段雷达探测地平。但在实践上，这个差别非常小，况且影响雷达目标最大探测距离的还有雷达设备本身、大气衰减和目标散射性能等各种因素。因此讨论不同波段的雷达探测地平在雷达观测中的意义并不大。

②目标雷达最大作用距离

在自由空间中，雷达能够发现某目标的最远距离称为目标雷达最大作用距离，可以用雷达方程来表示

$$R_{\max 2}=\sqrt[4]{\frac{P_{\mathrm{T}}G_{\mathrm{A}}^{2}\lambda^{2}\sigma_{0}}{64\pi^{3}P_{r\min}}} \tag{6-3-2}$$

式中，P_{T}——雷达峰值功率（W）；

G_{A}——天线增益；

λ——工作波长（m）；

P_{rmin}——接收机门限功率（W）；

σ_0——目标的有效散射面积（m^2），亦称目标雷达横截面积（Radar Cross Section，简称 RCS，又称雷达有效散射面积），是用来度量目标在雷达波照射下所产生的回波强度大小的量。

可以看出，雷达的发射功率越强，天线的增益越高，波长越长，接收机门限功率越小，目标 RCS 越大，则 $R_{\max 2}$ 就越远。由于 $R_{\max 2}$ 为开四次方根的结果，因此在影响 $R_{\max 2}$ 的所有因素中，每一项技术参数影响的显著性不同，如功率增加 16 倍，最大作用距离才能增加 2 倍。

此外，在实际海面上，$R_{\max 2}$ 会因雷达波的传播受到大气、尘霾和降水（雨、雪、雾）等的衰减而下降。特别在恶劣天气情况下，$R_{\max 2}$ 会明显降低。

③结论

目标雷达最大探测距离取目标的雷达探测地平与目标雷达最大作用距离中的较小者。就海上实际目标而言，通常陡立高大且对雷达波反射能力较强的目标，如高大岸线、5 000 总吨以上的船舶等，最大探测距离一般由 $R_{\max 1}$ 决定；而平缓岸线或海面小型目标的最大探测距离则通常由 $R_{\max 2}$ 决定。

（2）目标最大观测距离和 IMO 性能标准

从严谨的雷达观测意义出发，如果在标准大气传播条件下不考虑雷达使用者的操作技术，即假定雷达性能得到最大发挥时，将在雷达显示器上能够辨识某目标的最远距离定义为该目标的最大观测距离，那么目标的最大探测距离则是目标最大观测距离的极限值。也就是说，操作者在屏幕上能够观测到一个实际目标的最大距离通常小于目标的最大探测距离。

按照性能标准，当雷达天线高于水面 15 m，且在海面无杂波干扰、无雨雪的正常大气传播条件下，雷达发现典型目标的参考观测距离应不低于表 6-3-1 所示的数据。

表 6-3-1 中的目标类型为雷达工作环境中的典型目标列举。岸线为雷达的大型分布

式目标，船舶是雷达的复杂目标，导航浮标和雷达反射器属于点目标。在无杂波环境下，对于视角超过尤其是远远超过雷达水平波束宽度的大型分布式目标，X 和 S 波段雷达的探测能力相近。对于视角小于雷达水平波束宽度的点目标而言，其 X 波段的雷达横截面积要比 S 波段的大 10 倍左右。综合考虑各种因素，就 10 m 之内的小型目标而言，X 波段雷达的发现距离是 S 波段雷达的 1.1~1.6 倍，而且目标越小，X 波段雷达对目标的发现能力就越有优势。因此，在小型运输船舶较多的繁忙水道引航时，使用 3 cm 雷达更有利于发现小目标。

表 6-3-1　在无杂波条件下雷达目标的发现距离

目标特征		探测距离(n mile)	
目标类型	水面以上高度(m)	X 波段	S 波段
岸线	60	20	20
岸线	6	8	8
岸线	3	6	6
SOLAS 要求船舶(>5 000 总吨)	10	11	11
SOLAS 要求船舶(>500 总吨)	5.0	8	8
配有雷达反射器的小船	4.0	5.0	3.7
配有角反射器的导航浮标	3.5	4.9	3.6
典型导航浮标	3.5	4.6	3.0
未配雷达反射器的 10 m 长小船	2.0	3.4	3.0

2. 雷达最小探测距离与最小观测距离

(1)雷达最小探测距离

雷达最小探测距离是指雷达能够发现任意目标的最近距离。从理论上说，近距离目标能否被雷达发现由两个方面的条件决定。首先是目标回波到达天线时接收机是否已经开始工作，即由雷达收发系统技术指标决定。还有一个重要因素就是雷达安装在特定船舶后，由天线高度和垂直波束覆盖范围共同决定。

①理论最小探测距离

在雷达发射脉冲宽度 τ 和天线收发转换时间 τ' 内，雷达接收机不工作，无法探测到回波。这是雷达技术指标所决定的最小探测距离，称为理论最小探测距离 R_{min1}，此距离之内是雷达的绝对探测盲区，R_{min1} 的计算公式如下：

$$R_{min1} = c \cdot (\tau + \tau')/2 \qquad (6\text{-}3\text{-}3)$$

式中，c 为雷达波传播速度，视为常数；现代雷达天线收发转换时间 τ' 通常为 0.1 μs 左右。

现代雷达 R_{min1} 通常在 30 m 之内。

②安装最小探测距离

当雷达安装在特定的船舶上时，由于垂直波束不能覆盖的区域而产生的雷达盲区，称为安装最小探测距离 R_{min2}。

从理论上说，雷达垂直波束宽度 θ_V 定义为辐射波束两半功率点间夹角，而在近距离，半功率点以外的辐射仍然能够探测到目标，因此有资料建议用零功率线（为半功率点宽度的 2~4 倍），即雷达垂直波瓣宽度 φ_V 计算 R_{min2}，如图 6-3-2 所示。

$$R_{min2} = h_A \cot(\varphi_V/2) \tag{6-3-4}$$

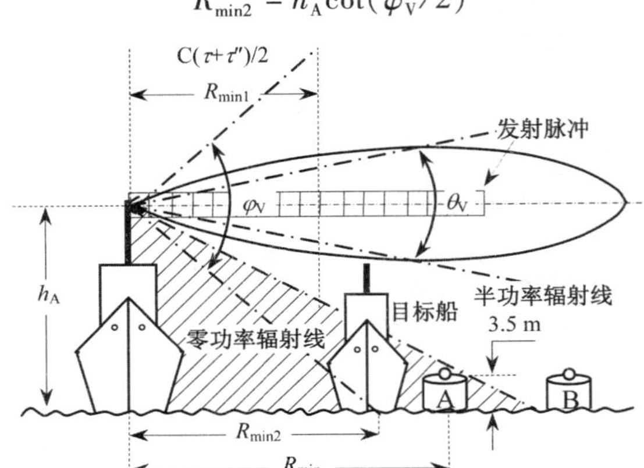

图 6-3-2　目标的最小观测距离

容易理解，对于图 6-3-2 中所示的零功率辐射线，按照式(6-3-4)计算的结果，是雷达垂直波束主瓣能够发现近距离海面目标的极限距离。需要注意的是，当目标进入 R_{min2} 范围之内后，垂直波束的旁瓣也可能会再次探测到目标。但根据性能标准，R_{min2} 应由雷达主瓣辐射决定。

③结论

雷达最小探测距离取雷达理论最小探测距离 R_{min1} 与安装最小探测距离 R_{min2} 中的较大者。对于符合 IMO 有关雷达配备要求的船舶，特别是常见的货运船舶，一般来说，雷达的 R_{min2} 大于 R_{min1}。也就是说，雷达最小探测距离通常由 R_{min2} 决定。

(2)雷达最小观测距离与 IMO 有关性能标准

雷达发现近距离目标的能力对引航安全至关重要。从理论上说，零辐射线无法探测到目标。因此从航行安全的角度考虑，引航员仅仅关心雷达的最小探测距离是不够的，更重要的是应该清楚地了解在雷达显示器上能够辨识目标的最近距离，即雷达的最小观测距离 R_{min}，在此距离之内为雷达的近距离盲区。

按照 IMO 有关性能标准要求，R_{min} 应通过实测方法确定。为了提高安全系数，建议在船舶空载时实测。在晴朗天气、海面平静时，用雷达观测近距离逐渐靠近（或远离）本船未加装雷达航标的典型导航浮标（高度为 3.5 m），在显示器上测出其回波消失（或出现）时的距离，作为雷达最小观测距离 R_{min}。考虑到各种随机因素的影响，应分别在多个方位（除阴影扇形区域外）多次测定，取其最大值作为 R_{min}，并记录在雷达日志中。当然，在船舶装载情况下目标的最小观测距离会小于 R_{min}，一般差值为 10 m 左右，船舶越大，差值也越大。

按照IMO有关性能标准，在晴好天气，天线高于水面15 m且本船航速为零时，雷达不做任何其他调整仅改变量程，应能够在40 m～1 n mile的水平距离中连续观测到表6-3-1中所列的典型导航浮标（高度为3.5 m）。这里强调在40 m～1 n mile范围里连续观测目标，是为了排除雷达垂直波束旁瓣的影响；其他限定条件则是尽可能地排除各种随机因素的影响。

需要注意的是，如果目标水面以上高度与雷达天线的高度相当，即目标始终处于雷达垂直波束照射之内时，则 R_{min1} 可以看作该目标的最小观测距离，如图6-3-2所示的目标船，当该目标逐渐接近本船，进入盲区时，在雷达屏幕上表现为突然消失；而对于低矮的水面目标，最小观测距离则与其高度有关，当目标逐渐接近本船，进入盲区时，在雷达屏幕上表现为回波逐渐减弱，直至最终消失，如图6-3-2所示的浮标A和浮标B。

（二）雷达目标分辨能力

海面上两个非常接近的相似目标，如果在雷达屏幕上刚好能够被分开显示为两个目标，则这两个目标能够被分开的实际间距和方位夹角表征了雷达目标分辨能力。雷达目标分辨能力是近量程引航环境雷达观测非常关键的指标。

雷达分辨目标的能力与发射机、天线、接收机和信息处理与显示系统的多项技术指标有关，还与气象海况以及雷达操作技术有关。为了讨论方便，先分别从屏幕的径向和圆周方向讨论雷达的目标分辨能力，即雷达的距离分辨力和方位分辨力。

1. 雷达距离分辨力

雷达分辨相同方位相邻两个点目标的能力，称为距离分辨力。如果在海面相同方位上有两艘相邻而且逐渐驶近的船舶，当接近到某一距离时，其雷达（在最佳工作状态）回波刚好合二为一。那么在此之前，在雷达屏幕上刚刚能够分辨出来为两个孤立的目标船时，这两艘船在海上的实际距离就是当时雷达使用量程和脉冲宽度下的距离分辨力。如图6-3-3所示为一条扫描线上的两个相邻点目标A和B距离分辨力示意图。可以看出，雷达距离分辨力与发射脉冲宽度、屏幕像素尺寸和接收通道信号处理失真等设备因素有关。此外，回波闪烁以及雷达操作技术等因素也影响了目标的距离分辨力。

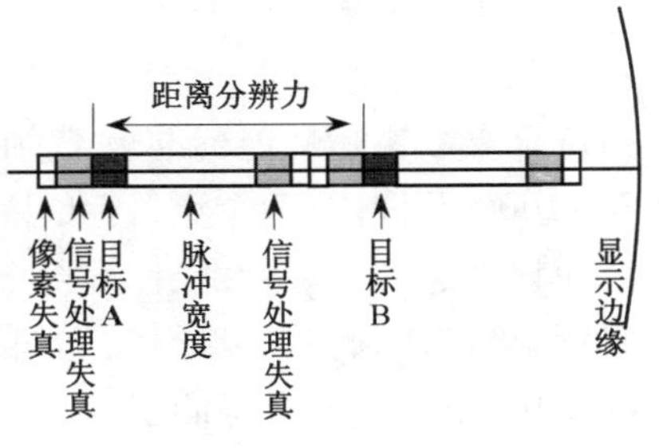

图6-3-3 距离分辨力

（1）设备因素

影响雷达距离分辨力的设备因素有以下几项：

①脉冲宽度

发射脉冲宽度是影响雷达距离分辨力的主要因素。宽度为1 μs的脉冲使目标在径向上拖尾150 m。在近量程，即使采用0.05 μs的脉冲宽度，回波也会有7.5 m的拖尾。

②屏幕像素

屏幕像素直径是影响雷达距离分辨力的另一个主要因素。以有效显示直径为340 mm雷达屏幕为例，如果像素直径为0.5 mm，那么在一条扫描线上则有340个像素，在1.5 n mile量程上，每个像素代表的海上实际距离则为8.17 m，而且量程越大，像素对距离分辨力的影响就越大。

③信息处理

接收通道信息处理失真包括接收机通频带失真、信道非线性失真和量化失真等，这些因素使回波的前后沿位置模糊，对距离分辨力有一定的影响。

(2)回波闪烁

由于目标与本船之间的相对运动、涌浪颠簸和雷达波束扫描到目标不同部位而引起回波强度变化，使得回波在屏幕上显示的位置和回波强度不稳定的现象称为回波闪烁。回波闪烁引起目标前后沿位置模糊。事实上，前面提到的信息处理，也是造成回波闪烁的原因。不同反射强度的目标，回波闪烁程度不同。回波较弱的目标以及水面低矮目标，闪烁程度较为严重。不同型号的雷达，回波闪烁程度也不同。通常光栅扫描雷达的回波闪烁较为严重，在10 n mile左右的中等距离上，目标前后沿回波闪烁误差通常在1~3个像素之内，严重时可以使距离分辨力降低100 m以上。

(3)操作技术

为了提高所使用雷达的距离分辨力，应注意尽量使用小量程，使用窄脉冲发射，将雷达调整在最佳工作状态，并适当减小增益和屏幕亮度，不使用回波扩展。适当使用FTC，可以显著提高距离分辨力。

(4)IMO性能标准和结论

IMO最新雷达性能标准规定，在平静的海面使用1.5 n mile或更小的量程，在量程的50%~100%范围内，两个点目标的距离分辨力应不低于40 m。

应该注意到，IMO性能标准给出的距离分辨力是在雷达目标分辨力较高的量程段即近量程，将雷达调整在最佳状态下取得的。在实际操作雷达时，如果使用量程在3~24 n mile变化，距离分辨力将低于性能标准规定。

2. 雷达方位分辨力

雷达分辨相同距离相邻两个点目标的能力称为方位分辨力。方位分辨力以能够分辨出两个点目标的最小方位夹角来表示。如图6-3-4所示为同距离上的相邻两个点目标A和B方位分辨力示意图。可以看出，雷达方位分辨力与水平波束宽度、屏幕像素尺寸和雷达使用量程等设备因素有关。此外，回波闪烁以及雷达操作技术等因素也影响了雷达的方位分辨力。

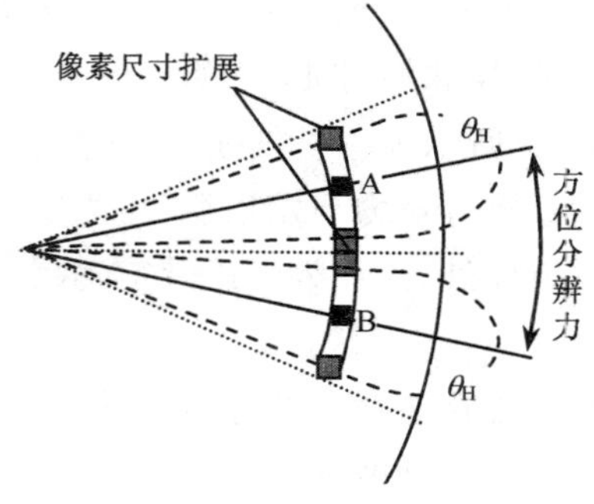

图6-3-4 方位分辨力

(1)设备因素

影响雷达方位分辨力的设备因素有以下几项：

①水平波束宽度

水平波束宽度是影响雷达方位分辨力的主要因素之一。当雷达天线掠过目标时,水平波束的右边缘首先触及到目标,如图 6-3-4 所示,此时扫描线在屏幕上的方位对应为波束中心的方位,于是回波在屏幕上显示的方位向左侧扩展。在雷达波束扫掠过目标的过程中,回波持续显示。同样,在雷达波束左侧扫描离开目标的方位上,也会使回波向右扩展。根据目标的远近和回波强度的不同,回波向左右各扩展 $\theta_H/2$ 左右,造成回波“角向肥大”,如图 6-3-4 所示。

值得注意的是,目标的距离及其回波强度对雷达的方位分辨力的影响不容忽视。对于远距离的弱小目标,方位分辨力一般会高于 1 °;对于近距离的强目标,由于水平波束宽度定义之外的雷达辐射也能够探测到回波,因而方位分辨力会明显下降。当目标距离小于 1 n mile,且反射能力较强时,雷达水平波瓣探测范围影响可使回波总体上扩展达到 $2\theta_H$ 以上,甚至旁瓣影响会使雷达在相当广阔的扇区内完全丧失方位分辨能力。

②屏幕像素

与讨论距离分辨力情况相同,屏幕像素尺寸的影响又使回波各向左右再扩展多至一个像素尺寸,使得屏幕的方位分辨力进一步降低,这是影响方位分辨力的另一个重要因素,而且下面还会继续讨论,屏幕像素的影响还与雷达使用的量程有关。

从像素尺寸角度看,考虑到雷达探测和显示目标的特点,相同尺寸的像素在屏幕上不同位置时,对方位分辨力的影响不同。通常认为,3 n mile 以外的目标,在量程的 1/3 之内,像素尺寸对方位分辨力的影响大于波束宽度的影响;在量程的 2/3 之外,波束宽度的影响大于像素尺寸的影响;而在量程的 1/2 附近,波束宽度的影响与像素尺寸影响相当。

③使用量程

在不同量程进行雷达观测时,上面两个因素对方位分辨力的影响不同。从水平波瓣角度看,雷达近量程的方位分辨力较差,通常认为,在 1. 5 n mile 及以下量程,雷达水平波瓣探测范围超过了水平波束宽度的定义角度,此时雷达的方位分辨力主要是由水平波瓣探测范围来决定的。

(2)回波闪烁

在恶劣天气中,天线摇摆以及水平波束宽度边缘探测能力下降引起的回波闪烁,造成目标左右边缘回波模糊,从而影响了目标的方位分辨力。这种情况对光栅扫描雷达尤其严重,横向回波闪烁误差通常在 1~5 个像素之内,严重时可以使方位分辨力降低 1 ° 以上。

应该注意的是,恶劣天气对方位分辨力的影响比距离分辨力要大。

(3)操作技术

为了提高所使用雷达的方位分辨力,应选择包含目标的最小量程,将雷达调整在最佳工作状态,并适当减小增益和屏幕亮度,不要使用回波扩展功能。使用近量程时,尤其应当注意分辨力下降对雷达观测带来的不利影响。

(4)IMO 性能标准和结论

IMO 最新雷达性能标准规定，在平静的海面，使用 1.5 n mile 或更小的量程，在量程的 50%~100%的范围内，两个点目标的方位分辨力应好于 2.5 °。

应该注意到，上述标准是在雷达的近量程上规定的。在中远量程上，雷达方位分辨力会提高。

3. 雷达分辨目标综合能力

在雷达观测时，相邻的两个目标常常既不在相同的方位上又不在相同的距离上出现。一般说来，雷达的距离分辨力好于方位分辨力。观测者应综合运用操作技术，视船舶航行和观测环境变化仔细调整雷达，注意发挥雷达发射窄脉冲距离分辨力的优势，做到既不漏失弱小目标，又能够清晰地分辨邻近目标。

（三）雷达目标测量精度

雷达能够测量目标相对于本船的距离和方位，其精度直接关系到航行定位、雷达导航和船舶避碰的精度，影响船舶航行安全。

1. 雷达目标距离测量精度

(1)影响距离测量精度因素

误差是影响雷达目标距离测量精度的根本因素，分为系统误差和随机误差两类。

①系统误差

雷达距离系统误差主要包括同步误差、统一公共基准点误差、像素误差、脉冲宽度误差和斜距误差。

a. 同步误差。系统误差中，对雷达距离精度影响较大的是同步误差。如果以雷达天线位置为测量基准点，雷达测得的目标到本船的距离应该为目标前沿到雷达天线之间的距离。如图 6-1-8 所示，如果雷达发射机与显示器在触发脉冲的作用下同时开始工作，则雷达所测的目标距离势必包含了雷达发射机到天线和天线到达显示器之间的信号传输路径，因而产生了距离测量误差。雷达设备安装后，应调整雷达同步单元，使同步脉冲控制雷达扫描的起始时刻略晚于发射脉冲离开天线辐射窗口的时刻，以消除系统测距误差。

按照最新 IMO 雷达性能标准规定，雷达测距误差不应超过所用量程的 1%或 30 m 中的较大值。测距误差的确定需要特定的观测校准环境，在引航水域，如果有条件在近量程(0.5 n mile 之内)观测航道附近某平直的长岸线、延展较长的码头边缘或防波堤 A，如图 6-3-5 所示，观测一平直岸线或防波堤 A，如果回波呈现出弧线，则说明有测距误差；如果图像如 B，说明雷达测量的距离大于实际距离；如果图像如 C，说明测量距离小于实际距离。

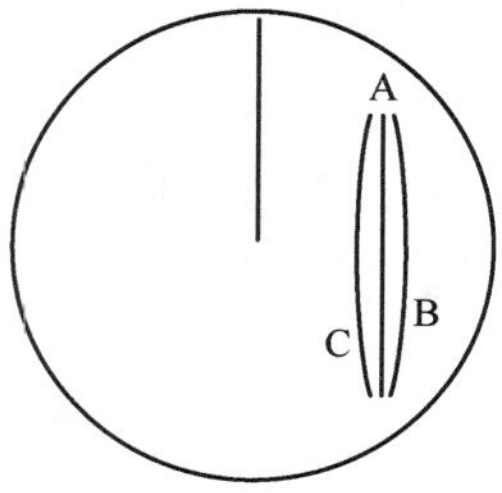

图 6-3-5 测定雷达测距误差

b. 统一公共基准点误差。性能标准要求在驾驶台显示器上水平测量得到的目标数据应当参考 CCRP。雷达 CCRP 偏差补偿设置应在安装时完成,航行需要时能够调整,如有的雷达型号可以设置多达 5 个 CCRP,非常方便引航环境使用。偏差补偿量不准确会导致在雷达显示器上测量目标的距离时产生相对于 CCRP 的距离误差。对于多雷达系统,选择不同雷达传感器时,按照性能标准要求,系统应能够自动补偿所选天线位置变化引起的 CCRP 偏差。

c. 像素误差。屏幕像素,尤其在远量程,对距离误差的影响也不能忽视。前文已经讨论过,如果在 1. 5 n mile 量程上,每个像素代表的海上实际距离为 8. 17 m,那么在 12 n mile 量程时,由于像素尺寸引起的误差就可能产生 60 m 以上的距离误差,因此测量目标距离时,操作者应该考虑到像素尺寸的影响,首先选择包含目标的最小量程,保持距标圈与目标内切,即在测量海面雷达探测地平之内的近距离目标时,应该用 VRM 的内缘与目标前沿相切;而测量远于海面雷达探测地平的远距离目标时,应该用 VRM 的外缘与目标的后沿相切。

d. 脉冲宽度误差。对于远距离目标,脉冲宽度引起的目标回波拖尾对距离精度影响最大。在测量目标后沿时,适当使用 FTC,可提高精度。

e. 斜距误差。探测 0. 1 n mile 以内近距离低矮目标时,大型船舶雷达天线高度与目标高度差也可能会带来 10 m 以内的误差,称为斜距误差。

②随机误差

恶劣天气及雷达设备等因素引起的回波闪烁误差属于随机误差。引起随机误差的原因主要有以下几个方面:

a. 气象海况。本船和目标船舶在风浪中位置随机偏荡,雷达天线在船舶最高处,受风浪影响随机摇摆等原因造成回波位置不稳定而引起回波闪烁,产生 1~2 个像素的距离误差。目标越近,像素误差越大。就航海实践而言,大气传播条件的变化影响雷达波传播速度而引起的距离误差非常微小,可以忽略。

b. 目标反射能力。目标边缘通常可以看作由拓扑结构复杂的众多散射体组成,各散射体回波到天线处的相位不同且随机变化,使得回波矢量之和的幅度随机起伏,引起目标回波闪烁,产生大于 1 个像素的距离误差。目标越远,误差越大。

c. 雷达探测能力。雷达探测能力有限也造成远距离和弱小目标回波边缘不稳定,引起回波闪烁。

数字雷达视频处理系统在模数和数模转换时,量化及浮点运算以及数字信号处理带来的误差造成目标回波闪烁,产生距离误差。一般说来,在 10 n mile 左右的中等距离上,回波闪烁误差通常在 1~3 个像素之内,严重时可以引起 100 m 左右的距离误差。

(2)提高距离测量精度操作技术

雷达操作技术对距离测量精度的影响因人而异,驾驶人员应在雷达测量中注意规范操作步骤,保证雷达目标距离测量的精度。引航员应具备敏锐的觉察力和良好的管理能力,监督和提醒驾驶团队提高操作技术以减少测量环节带来的误差。

①误差验证

如果条件适宜,引航员可以借助近量程观测长直岸线回波验证雷达误差,做到心中有数。

②雷达调整

测量目标时,应将雷达调整在最佳状态,选择方位稳定的显示方式(如 N-up),选择包含目标的最小量程、屏幕亮度及增益适当,调谐使回波饱满清晰,杂波抑制合理,不使用可能引起图像失真的控制,如回波扩展和回波平均等。

③目标测量

测量目标前,应首先适当降低雷达扫描亮度和增益,以减少屏幕像素以及回波闪烁造成的测距误差。测量目标时,VRM 不应当调整过亮,应首先确定该目标与海面雷达探测地平的关系,注意 VRM 始终应与目标回波内切。也就是说,如果目标在海面雷达探测地平之内,应注意用可变距标的内缘与目标的前沿相切,以尽量消除屏幕像素尺寸影响带来的误差;在海面雷达探测地平之外的目标一般不作为精确测量定位的目标,测量这类目标时,应注意使用窄脉冲发射,适当降低增益,用 VRM 的外缘与目标的后沿相切,以尽量减少发射脉冲宽度及像素尺寸对测距精度的影响。

闪烁现象严重的目标不应作为精确测量的对象。如果船舶摇摆较大,应注意选择在船舶摆动到正平时测量。

(3) IMO 性能标准和结论

最新 IMO 雷达性能标准规定,用 RR 或 VRM 测量目标距离,系统误差应该不超过所用量程的 1%或 30 m 中的较大值。

值得注意的是,只有在平静的天气中,技艺精湛的雷达观测者谨慎测量目标时,才能获得雷达的最佳距离测量性能。如果考虑到各种影响因素,驾驶团队不同的观测者在不同情况下使用雷达测量目标的距离、精度可能会不同。

2. 雷达目标方位测量精度

(1) 影响方位测量精度因素

误差是影响雷达目标方位测量精度的根本因素,也分为系统误差和随机误差两类。

①系统误差

雷达方位系统误差主要包括波束宽度误差、像素误差、艏线误差和 THD 指示误差、统一公共基准点误差和方位同步误差。

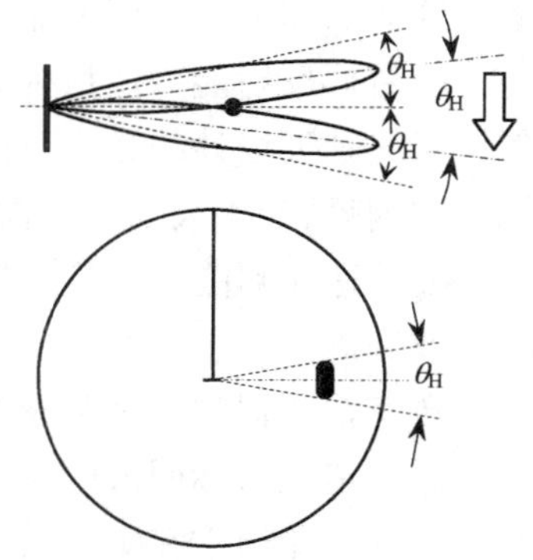

图 6-3-6 水平波束宽度误差

a. 波束宽度误差。水平波束宽度是影响雷达方位精度的主要因素之一。如图 6-3-6 所示,雷达探测一个点目标时,根据雷达的探测能力和目标对雷达波的反射能力,回波在方位上各向左右扩展了约 $\theta_H/2$。如果目标离本船较近,而且反射能力较强,则波束宽度定义角度 θ_H 以外的辐射也会探测到回波，这时回波向左右扩展的角度就会大于水平波束宽度定义值 θ_H。引航环境中当目标距离小于 1 n mile 时，如果不考虑旁瓣辐射的影响，雷达水平波瓣探测范围通常可使回波总体上扩展达 $2\theta_H$ 以上，使雷达方位精度下降；而对于距离远、较弱的回波，雷达的方位精度通常会高于 θ_H。

b. 像素误差。屏幕像素尺寸的影响又使得回波各向左右再扩展多至一个像素尺寸。值得注意的是，像素误差对方位精度的影响大于对距离精度的影响，尤其在量程选择不当，回波接近工作显示区域中心时，如图 6-3-7 所示。

c. 艏线误差和 THD 指示误差。艏线误差或 THD 指示误差，分别影响目标的相对方位精度或真方位精度，使用雷达前应注意校准。

d. 统一公共基准点误差。与距离误差相同，CCRP 偏差补偿量的不准确会导致目标相对于 CCRP 的方位误差。

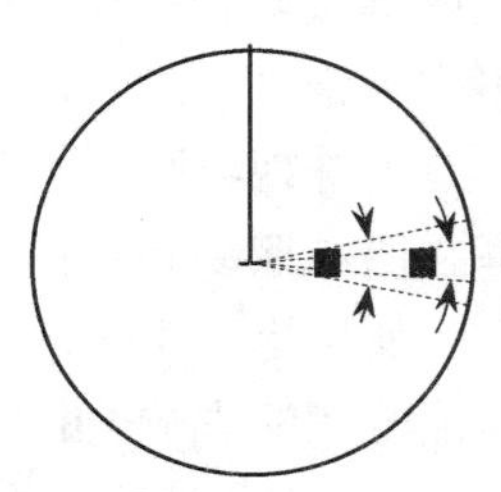

图 6-3-7 像素尺寸误差

e. 方位同步误差。方位同步系统将雷达天线扫描的方位数据传递给信息处理与显示系统，现代雷达的方位传递误差一般在 0.1°之内。

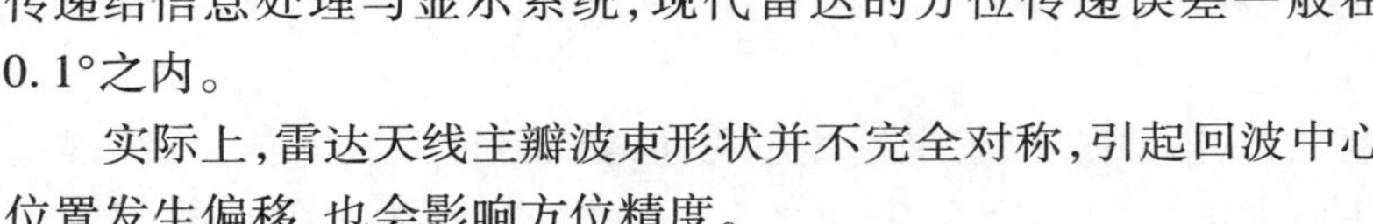

实际上，雷达天线主瓣波束形状并不完全对称，引起回波中心位置发生偏移，也会影响方位精度。

②随机误差

如前所述，受船舶运动和气象海况的影响，以及目标反射能力和雷达设备本身的特点等因素都会引起回波闪烁，从而影响雷达的方位精度。

此外，如果船舶货物或吃水调整不好，船舶发生侧倾，使雷达天线扫描平面与海平面不平行，或在恶劣海况时，船舶摇摆使雷达天线扫描平面随之摇摆，则天线探测目标的方位角与目标实际水平面上的方位角不一致，从而存在方位误差。在船舶横摇时，此项误差在艏艉方向最大，正横方向最小；如果船舶纵摇，则情况相反。但无论船舶如何摇摆，象限方向（或称隅点方向，即相对方位 45°、135°、225°和 315°的方向）的误差较难确定，不适合测量目标的方位。

（2）提高方位测量精度操作技术

驾驶人员应提高操作技术以减少测量环节带来的误差，应注意在测量前校准雷达并将其调整在最佳测量状态。引航员应具备敏锐的觉察力和良好的管理能力，监督和提醒驾驶团队在测量中注意规范操作步骤，保证雷达目标方位测量精度。

①误差验证

如果条件适宜，引航员可以借助周围已知目标回波验证雷达方位误差，并核准艏向与船舶主罗经/THD 航向一致，做到心中有数。

②雷达调整

为了获得最佳方位测量精度，测量目标前，应将雷达调整到最佳状态，选择方位稳定的显示方式（如 N-up 或 C-up），选择包含目标的最小量程，屏幕亮度及增益适当，调谐使回波饱满清晰，杂波抑制合理，不使用可能引起图像失真的控制，如回波扩展和回波平均等。

③目标测量

测量目标前，应首先适当降低雷达扫描亮度和增益，以减少水平波束宽度、屏幕像素以及回波闪烁造成的方位测量误差。测量目标时，EBL 不应当调整过亮。对于点目标，应使 EBL 穿过目标中心；对于大型延展目标，测量时应先确定该目标与海面雷达探测地平的关系。需要精确测量时，应该选择位置在海面雷达探测地平之内的近距离目标，注意 EBL 始终应与目标回波内切，或与“同侧外缘”相切。此时读取目标方位时应注意修正屏幕像素和水平波束宽度的影响。位置在海面雷达探测地平之外的远距离目标一般不作为精确测量目标，测量时 EBL 应穿过目标中心。

闪烁现象严重的目标回波不应作为精确测量的对象，如果船舶摇摆较大，应注意选择在船舶摆动到正平时测量。

使用小于 1.5 n mile 的近量程时，应考虑到由于水平波束宽度定义值以外水平波瓣探测范围的影响，雷达的方位精度可能降低。

(3) IMO 性能标准和结论

IMO 最新雷达性能标准规定，测量位于雷达显示器边缘的目标回波方位，系统误差应该在 1°以内，电子方法校准的艏线精度在 0.1°之内（此前的标准为方位误差不大于 ±1°，艏线误差不大于±1°，显示的艏线宽度不大于 0.5°）。

值得注意的是，只有在平静的海平面，技艺精湛的雷达观测者谨慎测量目标时，才能获得雷达的最佳方位测量性能。如果考虑到各种影响因素，驾驶团队不同的观测者在不同情况下使用雷达测量目标方位的精度可能会不同。

3. 雷达测量精度综合分析

一般来说，雷达距离精度高于方位精度，近距离目标的精度高于远距离目标的精度，目标位于屏幕半径 2/3 以外时精度最高。在目前的技术条件下，目标闪烁对方位精度影响较大。非点目标距离在 1 n mile 之内时，方位精度受到较大影响，更适合测量距离。远距离的岛屿，无法探测到前沿岸线时，方位精度常常高于距离精度。

二、雷达目标观测特性

不同目标对雷达波的反射性能不同，其观测特性也就不同。掌握目标的观测特性，有助于在复杂的引航环境中使用雷达快速、准确地识别目标，有效地实现雷达定位、导航和避碰。

从目标的定位导航特性看，雷达的回波可分为有用回波和杂波两大类。在雷达观测中，通常将雷达探测到的能够影响航行安全的物体，如岸线、岛屿、船舶和浮标等，称为有用目标的回波,在航海上这些物体习惯上被称为物标;而将海浪、雨雪和云雾等称为杂波或干扰回波。

从回波成像的位置特性看,在大多数情况下,雷达探测到的目标回波在屏幕上能够唯一地被显示在相对于本船正确的位置上,称为雷达的真实回波,或直接称为回波。这些回波能够帮助驾驶人员判断航行环境及船舶会遇局面,准确确定船舶位置,引导船舶安全航行和避让其他海上目标。但在某些情况下,除了真实回波之外,目标回波影像还可能被显示在不正确的方位和/或距离上。也就是说,在屏幕上出现回波的位置,对应海上的实际位置却没有该目标,称为假回波。

杂波干扰和假回波影响雷达正常观测,将在稍后讨论。本节首先讨论对雷达定位、导航和避碰具有重要意义的目标观测特性。

(一)影响目标观测特性的因素

目标在雷达波束照射下的电磁响应特性称为目标的雷达特性。雷达依靠接收目标反射的雷达波来探测目标,因而目标反射雷达波的能力会影响目标的雷达观测特性。通常用目标雷达横截面积(RCS)来表示目标反射雷达波的能力。

此前提到了目标 RCS 的概念,它是度量目标在雷达波照射下所产生回波强度的物理量。假设雷达波垂直射向一个能够理想地向各个方向均匀散射的等效目标,波束覆盖目标的面积为 σ_0,此时雷达接收到的回波信号强度恰好与雷达探测某个真实目标时所接收到的回波平均强度相等,则称这一真实目标的 RCS 为 σ_0。实际目标的 RCS 与目标材质、目标尺寸、目标纹理与雷达视角及目标形状等因素有关。

1. 目标材质

一般来说,物体的导电性或电解性越好,其 RCS 越大,雷达回波就越强。金属物体能够将雷达波完全反射;对微波完全“透明”的物体,如空气,雷达则探测不到。介于上述两者之间的物体,被雷达波照射时,一部分能量被反射为回波,一部分被吸收转化为热能,还有一部分绕过或穿透物体继续传播。这类物体回波强度取决于反射能量。比如,钢铁船舶回波最强,玻璃钢救生艇回波非常弱,而木质的渔船回波强度则介于两者之间。海水的电解性很好,因此海浪的回波很强。从材质角度看,岸线的反射特性取决于其成分及上面植物生长的情况,金属矿物会增加回波强度。

2. 目标尺寸

首先定义雷达辐射波束的一个脉冲宽度为一个辐射单元体,如图 6-3-8 所示。如果被雷达波束照射到的目标迎向雷达面的面积小于辐射单元的横截面,该目标面积增加时,则目标回波的亮度增强,回波的大小也增加,即回波强度和大小与目标宽度和高度成正比。此时回波形状主要由雷达辐射单元的探测特性,如波束宽度 θ_H 和脉冲宽度 τ 等特性决定。例如海面的船舶,通常吨位越大,干舷越高,回波就越强,回波在方位上扩展约为一个水平波束宽度值，回波在径向上向后沿扩展约 $C\tau/2$（C 为电磁波传播速度），发生了回波径向扩展（拖尾）失真。海面上的导航灯浮的回波特点也属于这种类型。

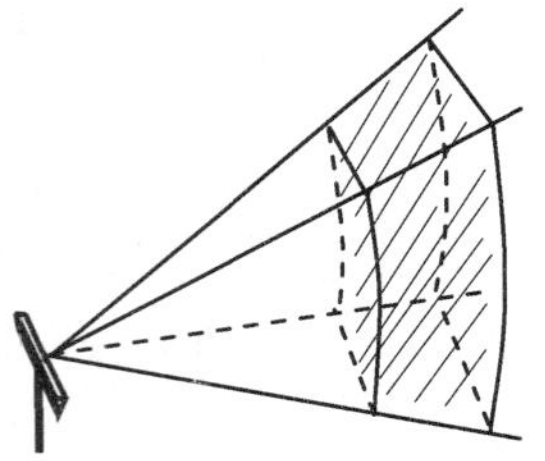

图 6-3-8　辐射单元

如果被雷达波束照射到的目标迎向雷达面的面积大于辐射单元的横截面，目标面积增加（亦即目标尺寸增加）只是增加了回波的大小，但回波的亮度并不增强，即回波强度与目标宽度和高度无关。此时回波形状主要由目标迎向天线面（目标前沿）的水平投影决定，如大面积的陆地回波、近距离大型船舶和雨雪干扰杂波等。

考虑到雷达探测海面目标的实际情况，如果一个小型目标或目标尺寸与辐射单元大致相当时，则该目标的回波强度很容易受到目标材质、天线高度、水平波束宽度、目标尺寸、海面杂波和大气条件等因素的影响，即使这些参数有微小的变化也会影响回波强度。

从屏幕观察效果来看，无论是回波面积还是亮度增加，都有助于操作者在屏幕上及时发现目标。

3. 目标纹理与雷达视角

目标纹理在雷达观测中是指相对于雷达的工作波长而言目标表面的粗糙程度。入射雷达波与目标表面的夹角（0°～90°）称为雷达视角。

表面光滑的物体，当雷达视角为 90 °时，如大型建筑物的墙壁、平滑的礁石和冰山的直立面等，会发生完全反射，能够获得非常好的回波效果，如图 6-3-9 所示意的 a 目标；但是如果雷达视角不是 90°，如平静的海面、冰山的倾斜面、沙滩及泥滩的斜面等，如图 6-3-9 示意的 b 目标，雷达波会被完全反射到天线以外的其他方位，因此这类目标雷达完全探测不到。也就是说，表面光滑的物体能否被雷达探测到取决于雷达的视角，它们不是雷达的良好目标。

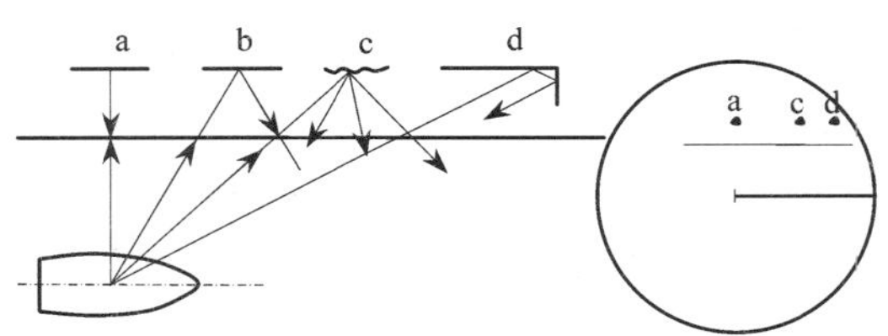

图 6-3-9　目标纹理与雷达视角

在雷达的工作环境中，与雷达的工作波长相比，大多数目标，如风浪中的海面、带有礁石的海滩、植被覆盖丰富的山坡等，表面凹凸不平，结构复杂，都属于粗糙目标，雷达波无论从什么角度照射，在物体表面均发生散射，如图 6-3-9 示意的 c 目标，此时无论船舶如何运动，雷达的视角如何，目标的 RCS 变化较小，雷达都能够稳定地探测到这类目标，它们是雷达的良好目标。如图 6-3-9 示意的 d 目标，虽然表面光滑，但是无论雷达波的入射角如何变化，都会被完全反射回来，有非常好的回波。利用这个特性，可以制作出雷达航标,安装在某些重要的导航标志或木质小渔船上,加强这些目标的回波。关于雷达航标的回波特性,将在稍后详细讨论。

4. 目标形状

如图 6-3-10 给出了几种简单几何体目标的回波强度示意图。海上任意复杂的实际目标都可以看作是这些几何体的组合。

球形目标反射性能很差,尤其是表面光滑的球形目标,如图 6-3-10(a)所示,只有球面上正对着雷达波的一点将回波反射回去,因此回波很弱。只有当球面粗糙时,回波才稍强。像烟囱、储气/油罐和系船浮筒等这类圆柱形目标,只有波束垂直照射的很窄的立面有雷达回波,如图 6-3-10(b)所示。当然具体的回波强度要视其尺寸大小和入射角度而定。像圆柱形光滑外表面灯塔、教堂尖顶及锥形浮标等这类锥形目标的反射性能很差,只有当雷达波与其母线垂直时,其反射性能才和圆柱形目标相同,如图 6-3-10(c)所示。海浪中的锥形浮标因此会发生回波强度闪烁波动的情况。

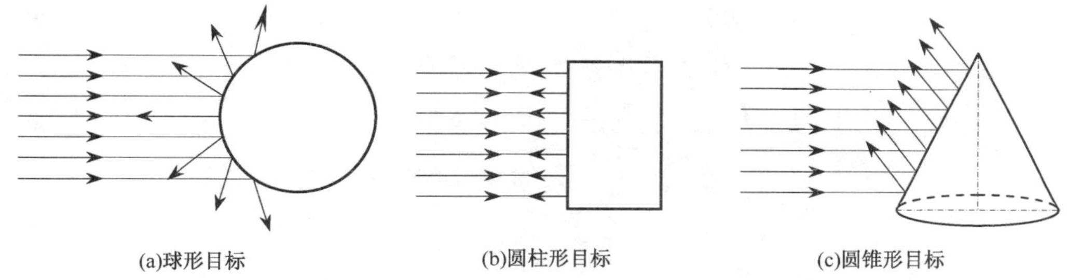

图 6-3-10 不同外形目标对雷达波反射示意

(二)典型目标观测特性

雷达目标包括如海岸线、岛屿、导航设施、船舶、水面障碍物和某些特殊需要关注的目标。

1. 陆地回波

海岸和地面物体拓扑结构的复杂性、材质构成的不明确性等因素,决定了其回波的多变性,无法预先准确判断其回波形态。但无论陆地的地形、地貌多么复杂,它的回波基本是一个整体,很难分辨细微的山岭或建筑物。总的说来,陆地回波强度一般与其高度、坡度、坡面结构及坡面覆盖情况等因素有关,与陆地的延伸关系不大。陆地回波最有意义的是岸线。

引航员在外海接船靠近陆地时,作为远距离目标的陆地,首先被雷达探测到的不是岸线前沿,而是较高的山丘,因而回波要比真实陆地面积小很多。如果山峰处岩石裸露且光滑,其 RCS 很小,那么首先被雷达探测到的很可能是山峰下有丰富植被覆盖的山坡。尤其在山坡上有建筑物时,其回波能够在 25 n mile 之外被发现,而且发现距离总是小于式(6-3-1)的计算值。远距离目标回波失真较大,难以与海图对应,一般较难识别。即使能够识别,也不应该作为精确测量的目标。对于这类目标,测量距离时应当测其后沿,测量方位时按照点目标来测量中心方位。

船舶进一步接近大陆,目标完全在雷达探测地平之内时,岸线前沿已经能够被探测到。但由于雷达观测性能的限制,雷达岸线的形状一般与海图不能够完全对应,如图6-3-11所示,给识别目标带来困难。当船舶运动时,雷达探测目标的视角在逐渐变化,使得目标的RCS变化,因此回波的形状和强度也在不断变化,表现为目标回波失真。应该注意的是,雷达回波横向失真大于径向失真,或者说方位方向的失真大于距离方向的失真。从径向上看,回波的前沿位置比较准确,后沿拖尾失真可以适当使用FTC弥补。从横向看,波束宽度引起的回波角向失真是目标识别困难的主要因素,雷达观测前可参考图6-3-11示意,注意对照海图大致分析目标回波可能的图像,做到心中有数。操作雷达时,可适当降低扫描亮度和接收机增益,使回波的方位失真最小。

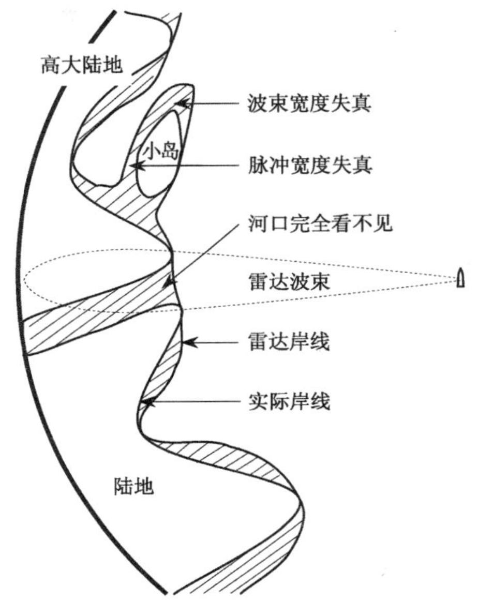

图6-3-11　陆地回波失真

观测陆地回波时,还应注意以下问题:

(1)无论距离远近,只要能够被雷达探测到,陡直山崖的回波非常强且稳定,向陆地方向伸展较近,能够与海图精确对应,是雷达定位导航的良好目标。

(2)倾斜的山坡回波向陆地方向伸展较远,岸线也能够与海图较好对应。但如果倾斜梯度使回波出现差拍,如图6-3-12所示,通常使得回波总体减弱。

(3)植被覆盖有利于增强倾斜山坡的回波,但使陡直山崖的回波减弱。

(4)近距离观测平缓沙滩岸线,其位置和形状会随潮汐的变化而变化,沙滩上的大浪会造成岸线回波闪烁,位置不稳定。因此平缓的岸线通常不是雷达定位和导航的良好目标。

(5)起重机、厂房和仓库等钢铁结构设施较多的码头或港口,回波一般比其他目标稳定,码头边缘和防波堤是很好的雷达观测目标。

表 6-3-1 列出了 IMO 雷达性能标准要求船舶导航雷达在无杂波干扰条件下典型岸线的最大发现距离。

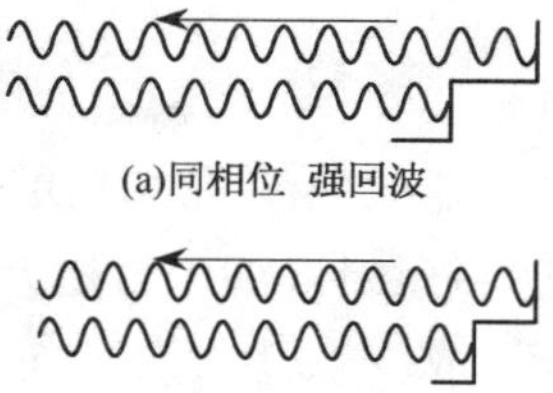

(a)同相位 强回波

(b)反相位 弱回波

图 6-3-12 梯度目标

2. 岛屿

孤立的岛屿是很好的雷达观测目标,其探测距离很接近雷达探测地平。大多数岛屿的回波与其海图的对应都比较好。远距离观测面积较大和高度较高的岛屿时,可以参照陆地回波的观测方法。近距离岛屿(在海面雷达探测地平之内)的回波前沿通常比较准确,是雷达目标距离测量的理想参考位置。

面积非常小的岛屿,如岛礁,作为点目标,是最理想的雷达观测目标,不但距离测量精度高,而且方位测量精度也很高。

需要注意的是与大陆毗邻的岛屿,在远距离观测时,如果其回波难以与大陆完全分离,不能作为雷达的良好目标。在近距离观测时,回波能够与大陆分离显示,是雷达的良好目标。

3. 导航设施

港口的导航设施包括灯塔、灯船、浮标和雷达信标等。建立在滩头礁石或孤岛上的海上孤立的灯塔是雷达良好的目标,雷达的发现距离一般在 6 n mile 之外;灯船的结构复杂、体积较大,也是雷达的良好目标;但浮标包括灯浮都比较低矮,回波一般很弱,大型浮标的雷达发现距离在 5 n mile 以内,小型航道浮标的雷达发现距离常常只在 1 n mile 左右。浮标的结构多种多样,以下结构的浮标发现距离由远至近的排列是:圆柱形、球形、锥形和细桅形。

应注意的是,在海浪中由于浮标的雷达视角不断变化,而且雷达波束经海水反射后与雷达直射波出现差拍,如图 6-3-13 所示,常常使得浮标回波若隐若现,非常不稳定,直到距离很近时,才能清晰显示,因此,浮标不是雷达的良好目标。表 6-3-1 列出了 IMO 雷达性能标准要求船舶导航雷达在无杂波干扰条件下典型导航浮标的最大发现距离。

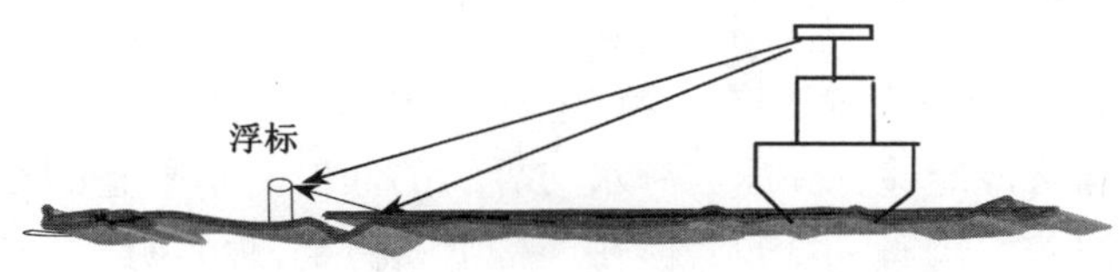

图 6-3-13 浮标回波闪烁

上述导航设施中,如果加装了雷达航标或 AIS 航标,则雷达发现距离会大大增加。随着航海信息化技术的进步,电子化航标的建设将是未来的发展方向。关于雷达航标和 AIS 航标,将在稍后详细介绍。

4. 船舶

船舶回波强度取决于船舶的材质、大小、船型结构和视角等因素。钢质船舶是雷达的良好目标，如果雷达天线高度为 15 m，则 5 万总吨以上的船舶发现距离可达 16～20 n mile 或以上，1 万总吨左右的船舶发现距离通常为 10 n mile 以上，1 000 总吨左右的船舶发现距离为 6～10 n mile。木质船舶雷达的发现距离一般为 0.5～4 n mile，玻璃钢材料的救生艇发现距离不足 2 n mile。

满载集装箱船等有甲板货物的船舶，或客滚船等干舷高大的船舶，雷达发现距离较远。一些新型的高速船和游艇，表明结构平滑，并且大量使用了轻质、雷达波反射率较低材料，具有较低的 RCS，其发现距离常常较近。特别应该警惕有些涂有雷达隐蔽材料的军用船舶，雷达的发现距离被大大降低，尤其在夜间执行任务的军舰，有时不开航行灯，在很近的距离才能被发现。军舰的机动性强，引航员遇到这种情况时不要慌张，可加强瞭望，在保持航向继续航行的前提下，尽早与舰艇沟通和确认安全。

船舶回波的形状也值得留意。只有较近距离的大型船舶正横面对雷达天线时，它的尺寸才能超过雷达水平波束宽度覆盖，此时回波的形状最接近实船形状。远距离船舶，其尺寸一般比雷达水平波束宽度窄，通常作为点目标被雷达探测到，因此回波的形状不能表示出船舶的实际尺寸大小。

引航水域，在 6 n mile 以内的量程上，经常还会遇到小型船舶的回波与浮标回波非常相似的情况。此时可以借助以下操作技术加以分辨：

(1)仔细研究海图，确认浮标附近是否允许船舶航行或抛锚。

(2)降低增益和雷达亮度，首先消失的回波通常是浮标。

(3)通过人工标绘、真尾迹显示或目标跟踪功能确定目标是否运动。对运动船舶避碰参数的获取，需要积累足够的观测时间，人工标绘目标的时间一般不低于 6 min，雷达跟踪目标的时间一般不低于 3 min。对目标船的机动判断也同样需要较长时间的持续观测。

即使按照上述的操作，有时还是很难分辨中小型船舶与加装雷达反射器的浮标，引航员应特别注意。

5. 冰与浮冰

在中国北方港口的冬季海面会有浮冰，但没有冰山。平整的大面积冰面和大片浮冰在雷达上看不到回波，但能够看到冰与海水交界线的回波。不平整的冰面会产生冰面杂波的干扰，干扰杂波一般较弱、不均匀，但在屏幕上较稳定，边界明显。

S 波段雷达有利于探测浮冰。最好指派专人负责雷达观测，雷达操作应特别谨慎，以发挥出雷达最佳探测性能和分辨能力。经常变换脉冲宽度和雷达量程，配合 STC 使用，有利于在浮冰中进行雷达观测。

还应该特别注意雷达的船首方向是否存在阴影扇形区域甚至盲区，以及冰区易发生次折射,使得雷达的探测能力下降。

6. **其他海上目标**

在狭水道航行时,事先研究海图十分关键,如跨海大桥的回波会使一个通畅的水道看起来无法通行。在屏幕上寻找桥墩的空隙航行也是雷达导航的难点,因此有些桥墩加装了雷达航标,辅助雷达导航;而横跨水道的空中电缆表面光滑,其中的电流产生的电磁场能够反射雷达波,回波常常表现为在船首方向上与本船有碰撞危险的点目标。如果空中电缆与水道垂直,则电缆回波显示为船舶正前方一稳定点目标,而且无论本船如何移动,目标始终在艏向上,如图 6-3-14(a)所示。如果电缆在空中与水道斜交叉,则无论本船怎样机动,回波始终表现为与本船有碰撞危险的动目标,如图 6-3-14(b)所示。为了便于识别,有的空中电缆每隔一段距离加装了雷达反射器,则雷达回波如图 6-3-14(c)所示。但是不同船舶在航行中与电缆的空间关系(如距离和高低等)不同,不同型号的雷达的性能不同,也使得图 6-3-14(c)所示的雷达回波有所变化。探测能力较强的雷达远距离探测时,由于方位分辨力的原因,可能使回波看起来像堵满了航道的堤坝,如图 6-3-14(d)所示。当雷达接近电缆时,反射器的旁瓣假回波有可能使图像变得凌乱。

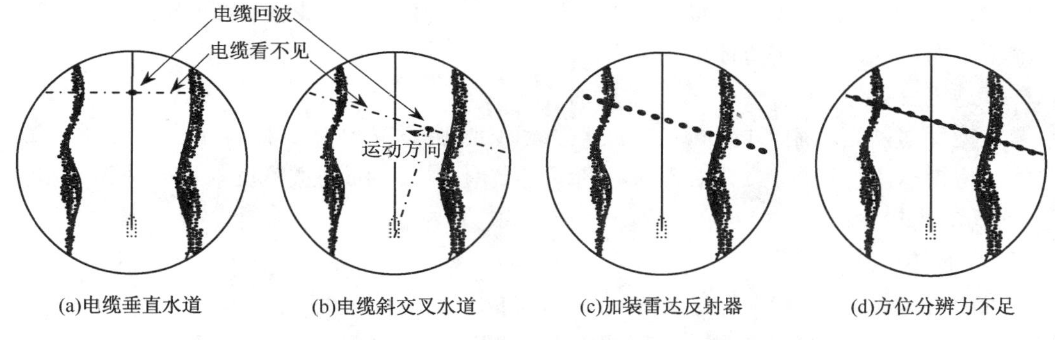

(a)电缆垂直水道　(b)电缆斜交叉水道　(c)加装雷达反射器　(d)方位分辨力不足

图 6-3-14　横跨水道空中电缆回波

低空飞行的飞机也能够被雷达探测到,表现为在屏幕上快速跳跃的回波,用雷达捕获后,跟踪很短时间便会产生目标丢失报警。

(三)雷达航标

航标是为改善船舶交通安全与促进有效航行,在船舶以外设计与运行的一种设备或系统。雷达航标能够有效地增强雷达的作用距离,提高目标的识别能力。从使用功能上分类,雷达航标可分为导航雷达航标和搜救寻位雷达航标;从工作原理上分类,雷达航标又可分为无源雷达航标和有源雷达航标两种。随着 e 航海的发展,航标已经不仅仅用于指示位置,更进一步用于标识丰富的电子化信息。有源化、电子化和信息化必然是航标的发展方向。

1. 导航雷达航标

导航雷达航标用于船舶导航或示位目标，安装在灯浮、灯船、灯塔、过江电缆和跨海大桥等对船舶导航有重要意义的海岸和海面的目标上，以弥补由于这些目标本身的雷达发现距离较近，或者回波容易被混淆掩盖等不足。

(1)无源雷达航标

无源雷达航标也称雷达反射器(Radar reflector)，是一种能够向原入射方向集中反射雷达辐射波的装置，包括角反射器和透镜反射器。无源雷达航标对雷达波不做处理，也没有特别的身份识别手段，因此作用距离和识别能力都有限。

①角反射器

角反射器基本原型结构和原理基于图 6-3-9 其中的(d)。在海上浮标、小型水面航行器，尤其是玻璃钢或木质船艇上加装角反射器的作用十分显著。有资料表明，一个三级浮标装了五角反射器后，探测距离可以从 1.5 n mile 增加到 3.5 n mile；罐形和柱形浮标可以从 3.5 n mile 增加到 7 n mile；球形浮标则根据浮标及反射器的尺寸大小可在 5 n mile 或更远的距离被探测到；若在反射性能很差的木质渔船上安装一个边长为 30 cm 的反射器，则探测距离可从 2 n mile 增加到 6 n mile；使用边长为 40 cm 反射器的救生艇可将探测距离从 3 n mile 增加到 7 n mile。

②透镜反射器

透镜反射器是利用 Lüneburg(球面)透镜原理，由不同电介质材料制成的微波透镜。它能够将雷达入射波聚焦，并沿入射方向反射。但是 Lüneburg 透镜反射器一直没有被广泛接受，应用较少。

(2)有源雷达航标

目前，在雷达显示器上能够显示的有源航标包括雷达应答信标(Racon)、雷达目标增强器(Radar Target Enhancer，简称 RTE)和 AIS 航标等三种。

①雷达应答信标

Racon 在收到雷达波触发后不超过 0.7 μs(通常为 0.4 μs 左右)延时，能在入射波频率上发出特定的应答识别信号，经雷达接收处理后显示为从 Racon 所在位置开始以同一方位上背向扫描中心的编码信号，通常为莫尔斯编码，编码的起始线段为长划线，其长度为点信号的 3 倍，如图 6-3-15 所示。Racon 编码信号前端的距离和方位可用于雷达定位。Racon 主要工作在 X 波段，IMO 最新雷达性能标准也仅对 X 波段雷达要求有探测 Racon 的能力。

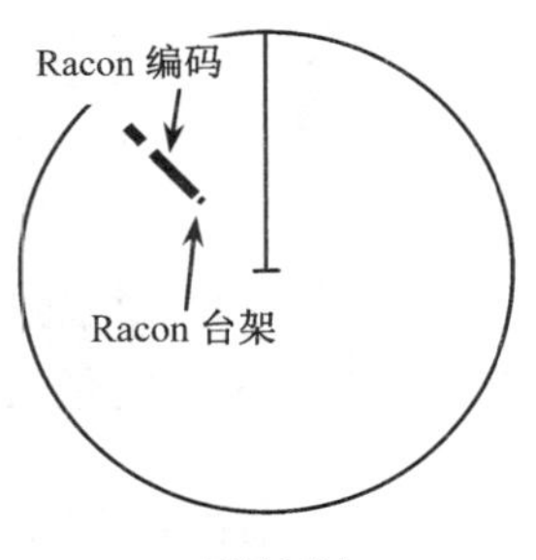

(a)雷达回波

(b)海图图标

图 6-3-15 Racon

Racon 通常安装于下述位置或设施上用于导航，能够有效地增强这些雷达目标的搜索、探测和识别能力。这些位置或设施包括：a. 缺少明显特征的海岸线;b. 海上和陆上航标;c. 船舶驶向沿岸的初见陆地;d. 警戒区域或分道通航制的中心线和转向点;e. 危险物;f. 桥梁下的航道;g. 导标;h. 钻井平台。

由于有应答延时,Racon 编码比其实际安装的位置有 100 m 左右的距离误差。Racon 一般安装在回波较弱的导航设施上,在距离较远时,只能显示出 Racon 编码信号;在距离较近时,在显示器上通常还可以观测到安装 Racon 台架的回波,如图 6-3-15(a)所示。

Racon 的信号很强,安装在陆地高处的 Racon,其船载雷达的探测距离可达 20~30 n mile。为了避免编码信号遮蔽其他雷达回波,Racon 通常以预定的周期开启和关闭,比如工作半分钟,关闭半分钟。因此,并不是每次雷达扫描都可以看到 Racon 编码回波。如果有多台雷达同时工作,其他雷达的触发可能造成 Racon 回波时序紊乱,显示位置不准确。

在近距离,经常会观测到 Racon 的间接反射假回波。Racon 设计有旁瓣抑制,但有时也能够观测到 Racon 的旁瓣干扰。

②雷达目标增强器

雷达目标增强器(RTE)是一种接收放大并转发船舶雷达探测脉冲的装置,它将接收到的雷达脉冲信号直接放大并以最小的延时重新发射,延时可以被控制在几纳秒以内,所产生的距离误差可以忽略。RTE 的雷达回波与目标的回波相同,但更为稳定。目前 RTE 主要应用于 X 波段,可以有效增强目标 RCS,通常用于浮标和小型船舶。有实验资料表明,RTE 对目标有效反射面积的增强效果是无源雷达航标的 4~5 倍。使用坚固的可充气近海岸救生艇试验,RTE 最大可在 7 n mile 的距离上给出稳定的回波。RTE 应用于浮标,可将稳定检测距离从 2~4 n mile 增加到 6~10 n mile。

③AIS 航标

AIS 作为雷达传感器,能够将装备 AIS 设备的航标信息显示在雷达屏幕上。AIS 航标(AIS AtoN)一般安装在重要的导航设施上,能够将中小型真实航标的雷达观测距离从不足 3 n mile 增加到 6 n mile 以上。AIS AtoN 分为 AIS 真实航标、监控仿真航标、预报仿真航标和虚拟航标。AIS AtoN 类型不同,其观测特点也不同。

a. 真实 AIS AtoN 和仿真 AIS AtoN。对于真实航标和仿真航标,远距离观测时仅显示为 AIS 图标标识;当船舶驶近浮标能够探测到雷达回波时,由于雷达和 AIS 都存在误差,回波和 AIS AtoN 标识往往会出现位置偏差。真实 AIS AtoN 和监控仿真航标误差较小,可以 AIS AtoN 位置作为浮标位置;而预报仿真航标的误差可能偏大,需要引航员根据实际情况确认浮标的位置。特别是浮标附近有小船时,引航员更应注意加强分辨。如果雷达具有电子海图图像叠加功能,则有利于在这种情况下的目标识别和导航。

b. 虚拟 AIS AtoN。虚拟 AIS AtoN 一般为突发事件临时设置以标记航行危险,在雷达屏幕上只能看到 AIS 图标标识,没有雷达回波。这时需要引航员多方查证,确认 AIS AtoN 位置报告的意义和精度。

2. 搜救寻位雷达航标

搜救寻位雷达航标包括搜救雷达应答器(Search and Rescue Transponder,简称 SART)

和自动识别系统搜救发信器(AIS Search and Rescue Transmitter,简称 AIS-SART)。

(1)搜救雷达应答器

搜救雷达应答器(SART)能够应答 X 波段雷达发射信号,是发现遇险船舶的搜救现场寻位装置。根据 SOLAS 公约,SART 是 GMDSS 的一部分,所有从事国际航行的船舶都必须配备该装置。SART 实物及雷达图像如图 6-3-16 所示,如图 6-3-17(a)所示为其回波

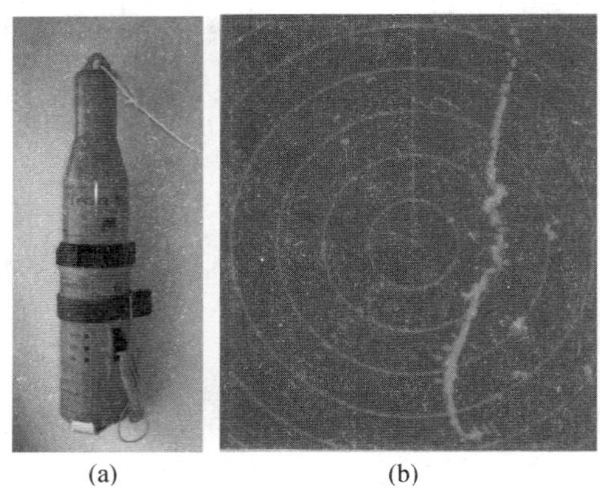

图 6-3-16 SART 实物、雷达图像

示意图。SART 信号的总长度约为 8 n mile。当 SART 离本船在小于 1 n mile 的更近距离时,由于雷达旁瓣的影响,SART 回波显示为图 6-3-17(b)同心圆弧或图 6-3-17(c)同心圆的图像。与 Racon 类似,根据 SART 的工作特性,SART 准确的位置在离本船最近的第一个 SART 回波信号之前 100 m~0. 8 n mile 的位置上。因此,当搜救船舶逼近 SART 信号发射位置时必须采取预防措施,比如使用 STC 或降低雷达增益以避免圆弧或同心圆 SART 回波造成的寻位困难、避免船舶直驶接近 SART 等措施,防止与遇险船只或持有 SART 的遇险人员发生碰撞。

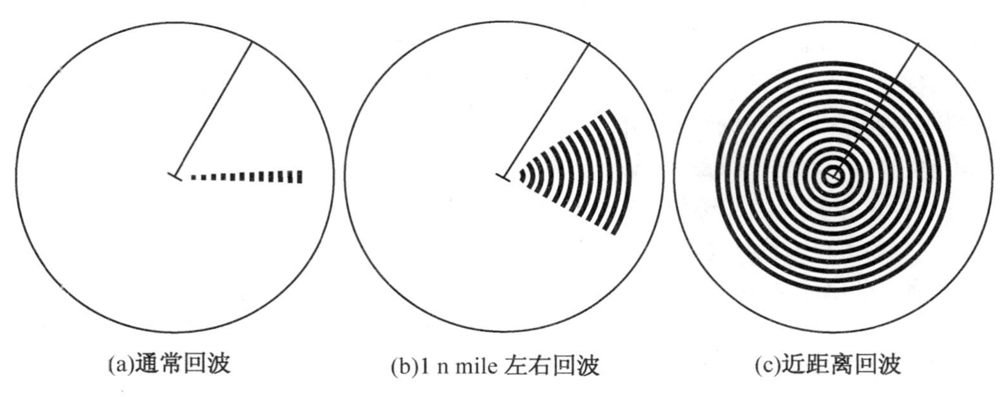

图 6-3-17 SART 回波示意图

SART 的雷达回波信号独特,在平静的海况下非常容易识别。但在海况、气象不佳或回波复杂的条件下,为了在干扰杂波和复杂的回波中确认 SART 信号,可以暂时将雷达调

谐调偏。此时其他目标回波和杂波减弱或消失,凸显 SART 信号。但要注意及时恢复雷达调谐,以免影响航行安全。观测 SART 回波的量程也应谨慎切换,量程太远,SART 回波太弱甚至无法探测到;量程太近,SART 回波不完整,不便于识别。6 n mile 或 12 n mile 是较常用的量程。特别需要注意的是不建议使用自动杂波抑制、自动海浪抑制和自动雨雪抑制等控制,除非将手动抗杂波与自动抗杂波对比后,确认这些自动抗杂波装置对探测 SART 不构成阻碍,方可使用。有的型号雷达专门设置了 SART 搜索模式开关,按下此开关,雷达接收机工作在失谐状态,或同时频带展宽,屏幕只显示出清晰的 SART 信号。在恶劣天气下,如果 SART 近距离起始编码被海浪干扰难以观测,则应以 SART 最远编码位置向前推进 8~9 n mile 处,计算遇险人员的位置。

按照 IMO 性能标准要求,当雷达天线高于水面 15 m,且 SART 高于水面 1 m 时,其探测距离应不少于 5 n mile。实验表明,在没有救生艇和人员妨碍时,SART 的实际探测距离可达 8~9 n mile。值得注意的是,如果 SART 与其他雷达反射体共同使用,反而会使 SART 回波模糊不清,影响寻位效果。

(2)自动识别系统搜救发信器

根据 SOLAS 公约规定,从 2010 年 1 月 1 日起自动识别系统搜救发信器(AIS-SART)可以替代雷达 SART 用于搜救寻位。

AIS-SART 标识码为 970xxyyyy,其中,xx 为 00~99,是生产厂家标识;yyyy 为 0000~9999,是序列号。在遇险启动后 1 min 之内,AIS-SART 在两个 AIS 信道上交替发射静态信息、GNSS 位置信息和“SART-ACTIVE”安全短消息,位置报告时间间隔不大于 1 min,航行状态为“AIS-SART(active)”。这些独特的信息便于观测者识别。

AIS-SART 工作时在雷达屏幕上显示“⊗”标识。如果该装置在救生设备上,其水面探测距离至少为 5 n mile,平静海面时发现距离超过 7 n mile。当本船与 AIS-SART 接近时,通常在 3 n mile 之内救生设备的雷达回波才能够被发现。由于 AIS-SART 位置更新率较低,应以雷达回波作为遇险参考位置。

三、影响雷达正常观测因素

之前讨论了通常情况下雷达目标的观测特性。在雷达的观测环境中还存在着很多影响雷达正常观测的因素,这些因素或许改变了雷达观测环境,或许干扰了雷达正常观测,影响雷达定位和导航的精度,干扰驾驶人员做出正确的避碰决策。因此,驾驶人员应该熟悉这些影响雷达正常观测的因素。

(一)大气传播条件

此前讨论了标准大气折射条件下的雷达探测地平。当大气条件变化时,雷达的探测地平也会随之发生变化。尤其当大气传播条件发生了较大的变化时,可能引起目标的雷达探测地平大大增加或急剧减小，即超折射或次折射，严重影响正常雷达观测。

1. 超折射与大气波导

(1)超折射

在平静的天气中，如果海面温度较高，湿度很大，随着高度增高，温度继续增加，湿度锐减，如大陆地区的热空气流向海洋上空，将导致电磁波传播速度随高度增加而急剧增加，电磁波传播轨迹严重向海面弯曲，即当气温随高度升高而降低的速率比正常情况下变慢；或相对湿度随高度升高而减小时，会发生雷达波束沿地表弯曲比正常大的现象，称为超折射，如图 6-3-18 所示。发生超折射时目标雷达的探测地平比标准大气折射时要远。

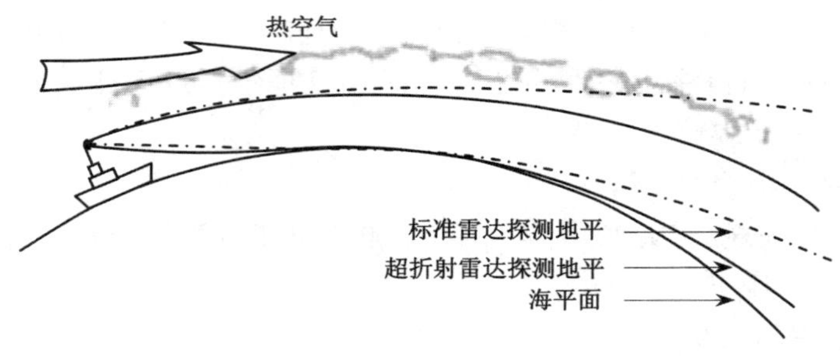

图 6-3-18 超折射

在中国渤海湾和东海海域，初夏季节多云天气的午后至傍晚的时间，炎热的太阳照在稀薄的云层上，形成了水面温度低而空气湿度大、云层之上温度高而空气湿度小的情况，可能会发生超折射现象。

(2)大气波导

当超折射现象特别严重时会形成大气波导状传播雷达波，即雷达波被大气折射而射向海面，再由海面反射至大气，再由大气折射向海面，如此循环往复，如同雷达波在大气与海面形成的波导中传播，故称之为“大气波导”传播现象，如图 6-3-19 所示。发生大气波导现象时，雷达的探测距离大大增加，如每年 6 月中旬在大连港附近可能在雷达上观测到烟台港周围接近 90 n mile 的船舶。此外，大气波导发生时，还可能出现本节后面探讨的二次扫描假回波现象。

有一种现象可以提醒驾驶人员超折射或大气波导的发生。由于发生雷达波超折射的环境也同时经常会伴随着视线的超折射，因此在傍晚看到了距离非常远的大陆的灯光时，雷达波也通常会发生超折射。

2. 次折射

天气状况平静时，如果出现与超折射相反的气象条件，即当气温随高度升高而降低的速率比正常大气情况下快或相对湿度随高度升高而急剧增大时，会发生雷达波束向空中弯曲的现象，此现象称为次折射，如图 6-3-20 所示。例如在海面上空出现潮湿冷空气，

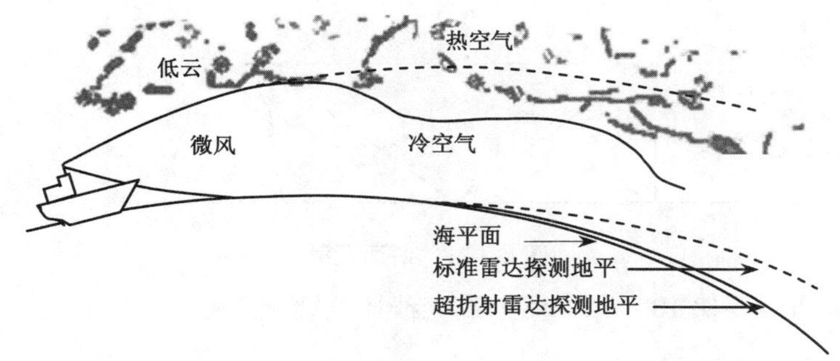

图 6-3-19　大气波导

其中水蒸气速度急剧下降，随着距离的增加，波束离地面越来越高，使得本来在标准折射时能探测到的目标探测不到了。发生严重次折射时，本来在海面雷达探测地平之内的目标也可能探测不到。

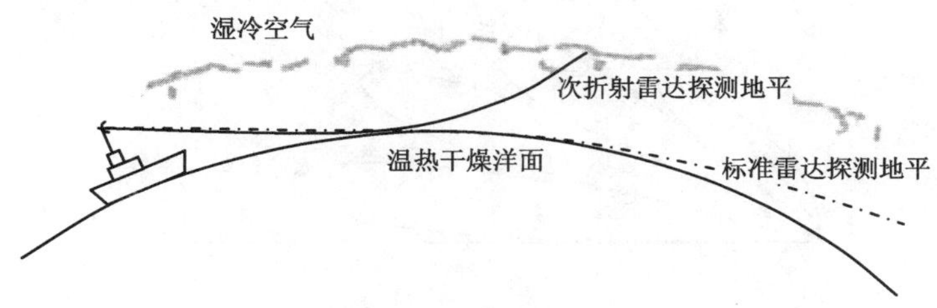

图 6-3-20　次折射

次折射一般发生在非常寒冷的大陆附近。当大陆上空的冷气团移向温暖洋面上空的时候，即出现所谓的“上冷下热”和“上湿下干”的情况时，能观察到次折射现象。中纬度地区冬末春初的季节，如中国北方港口，雪后初晴，陆地的冷空气移向海面时，可能会观察到次折射现象。

（二）雷达杂波干扰

1. 海况与海浪干扰

（1）低海况与多径效应

不足 2 级的低海况海面，能够有效地反射雷达波，对目标探测形成多径效应，此时目标回波是直射波和海面多径反射波的叠加，如图 6-3-21 所示，回波强度等于两者的矢量和。如果是空中的一个点目标（如低空飞机）或水面的小目标，则随着本船与目标距离和目标高度的不同，回波时强时弱或时隐时现。因此，低海况尤其镜面反射会增加雷达对水面低矮目标的发现难度。如果是图 6-3-21 所示的大型雷达目标，则对目标回波强度变化影响不大。

海面反射会引起雷达波垂直波束分裂成多个波瓣，如图 6-3-22 所示。其中最低波瓣仰角 θ 与工作波长 λ 和天线高度 H_A 的关系为 $\theta = \lambda/4H_A$，因此，对于海面上低矮目标的

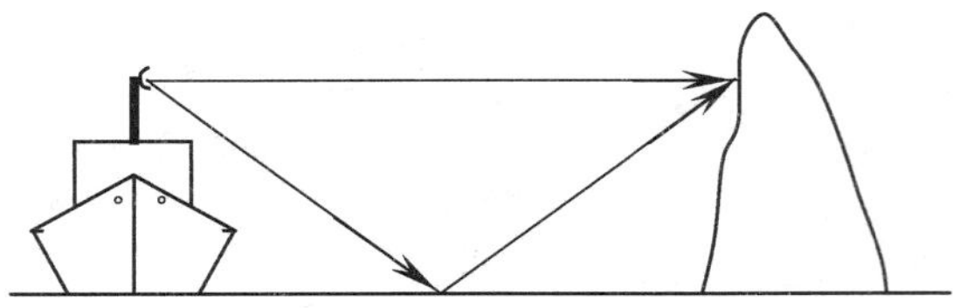

图 6-3-21 海面反射

探测能力，3 cm 雷达要比 10 cm 雷达强，高天线比低矮天线强。

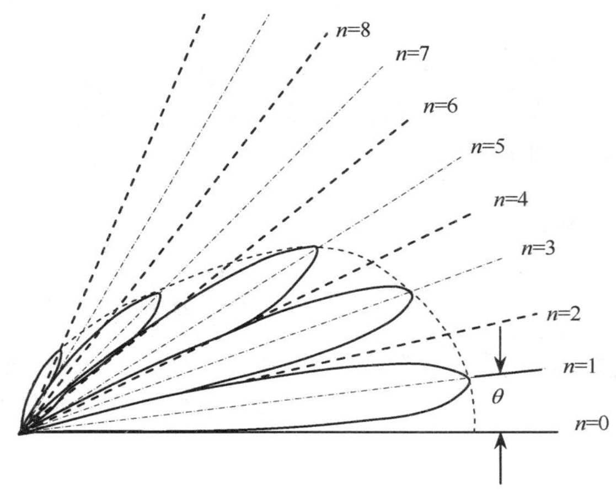

图 6-3-22 垂直波束的分裂

(2)高海况与海浪干扰

2 级以上海况时，波浪回波在雷达上形成海浪干扰。海浪干扰在扫描起始点周围形成鱼鳞状闪亮斑点，影响雷达观测近距离目标。如图 6-3-23(a)所示，理论分析和雷达观测实践表明海浪干扰有以下特点：

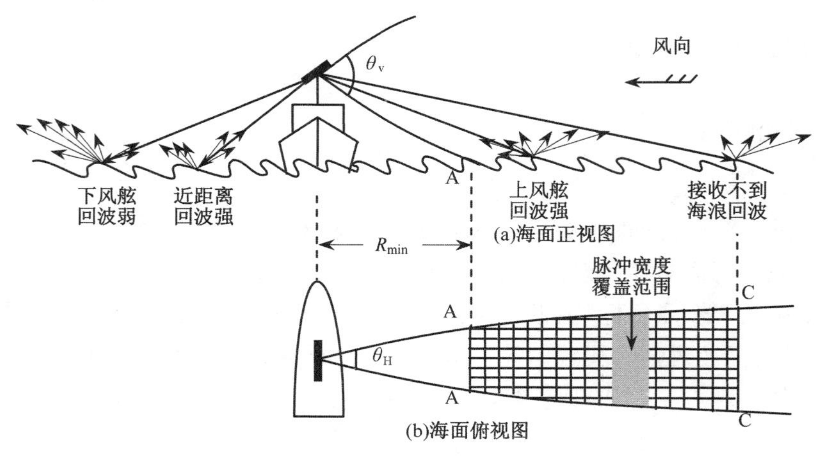

图 6-3-23 海浪干扰成因

①通常短周期快速起伏变化海浪的回波表现在屏幕上为闪烁干扰杂波，强度随着距

离增加迅速减弱，密度变疏，如图 6-3-24(a)所示。干扰范围与海浪等级、雷达天线高度和脉冲宽度关系较为密切，一般为 3～6 n mile，风浪大时可达 8～10 n mile。对于 1 n mile 或 2 n mile 以外的此类海浪杂波，海浪抑制（STC）和自动海浪抑制都有较好的抑制效果，而对本船附近海浪杂波的抑制效果有限，需要引航员尤其在能见度不良及夜航时提高警惕。

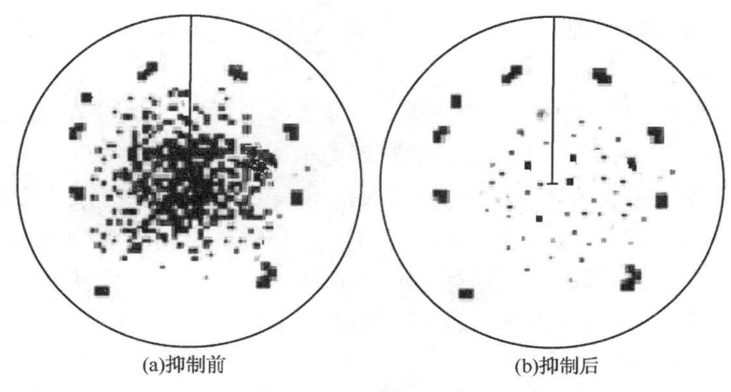

(a)抑制前 (b)抑制后

图 6-3-24 海浪杂波及其抑制

②在相继的几次扫描中持续存在的长周期涌浪，回波较强，看起来比较稳定，对海浪中船舶的观测形成较大的影响。仅使用海浪抑制（STC）比较难以从海浪杂波中分辨出小型船舶，有些型号雷达的自动海浪抑制算法对这种情况有一定的帮助，但效果依型号不同而不同，而且可能并不稳定。扫掠相关对抑制这种干扰有一定帮助，但也应特别警惕不利影响，尤其是对快速运动的小型船舶，具体请参考本章第二节。

③海上幅度较大浪涌的回波可显示为波纹状，可能遮挡弱小目标。对这种海浪干扰，没有很好的抑制效果。

④位于船舶上风舷方向的海浪回波较强，对目标观测的影响较大；侧风至下风舷方向的海浪回波逐渐减弱，相对较容易发现目标。

雷达的技术参数也会影响海浪回波强弱，雷达工作波长短、发射脉冲宽度大、天线高、天线水平波束宽、天线转速慢，则其海浪回波强。此外恶劣海况的强海浪还会引起旁瓣回波，与海浪回波叠加，加强海浪干扰的强度，在扫描中心形成辉亮实体回波，严重影响近距离目标观测。

(3)海浪条件下雷达观测技术

①抑制海浪干扰一般方法

在风浪中航行时，要注意充分利用每次天线扫描中雷达显示器上海浪回波的位置比较随意，而小目标的回波位置基本不变的特点，识别海浪中的小目标回波。

当屏幕上海浪回波较强，影响到观测目标时，可使用操作面板上的“海浪干扰抑制”（STC）酌情降低近程增益，减弱海浪干扰回波的影响，但应注意千万不可把海浪干扰回波全部抑制掉，如图 6-3-24(b)所示。

②抑制海浪杂波其他方法

a. 自动海浪抑制。目前越来越多的雷达设有自动海浪干扰抑制功能，启用后一些弱小目标的回波可能被抑制，甚至无法发现。在狭水道或港区等引航水域，目标回波强度起伏较大、环境复杂时，尤其应该注意。此外，应避免在艏向上的不稳定显示方式下使用自动海浪抑制，由于船舶偏荡引起回波不稳定，弱小目标容易被自动系统当作杂波抑制。因此，性能标准要求雷达在艏向信息丢失后 1 min 内，设备应自动禁止自动海浪杂波抑制功能。

b. 其他辅助措施。在海浪环境中，也可以通过选用窄脉冲、S 波段雷达、高转速天线（若有双转速天线，如 40 r/min 以上）等来减弱海浪回波的干扰。

引航员应该特别注意的是，正确地设置海浪抑制只能改善或有限度地改善在恶劣海况条件下的雷达观测效果，但永远不会达到与平静海况时相同的观测效果。根据观测需要随时注意指导驾驶团队调整雷达的设置、参考另外一部雷达图像和使用其他手段和设备（如 AIS、VHF 无线电话）等方法，及时发现弱小回波，积极与目标船沟通，保障航行安全，这是值得推荐的做法。

2. 气象与雨雪干扰

（1）雷达波大气传播特点

雷达波在传播过程中会受到大气中的尘霾和水汽等大分子吸收或散射影响，能量被衰减。船舶在海上航行时，雷达波传播衰减主要来自于雨雪，与降水量成正比，与波长和脉冲宽度成反比。如图 6-3-25 所示为 IEC 雷达标准提供的数据，在分别使用短脉冲和长脉冲时，每小时 4 mm（中雨）和 16 mm（暴雨）的降雨对 X 和 S 波段雷达首次发现目标距离的影响。可以看出：

①降水对 3 cm 雷达波的衰减比对 10 cm 雷达波的衰减影响大，因此在雨（雪）天气状况下选用 10 cm 雷达波有利于发现雨雪区域内以及其后远距离的目标。

②降水时选择窄脉冲更有利于发现目标。

③暴雨时，无论哪个波段的雷达，其发现目标的能力，尤其是发现近距离目标的能力显著降低。

此外有资料表明，一般的雾对雷达波的衰减较小，能见度在 60 m 以上的雾对雷达波的影响不大，但能见度为 30 m 的大雾对雷达波的衰减要比中雨引起的雷达波衰减还要大，能见度为 6 m 的浓雾甚至可降低目标发现能力达 60%。在引航时突遇大雾，船舶进入浓雾区域之前，引航员应注意指挥驾驶团队，充分利用引航资源，保障航行安全。

（2）雨雪干扰

雨雪和云不但衰减雷达波，而且还产生反射回波，影响正常的雷达目标观测。回波的强度和雨雪云的降（含）水量成正比。较小或一般降（含）水量的雨雪云的雷达回波呈现为无明显边缘的疏松棉絮状的亮斑区域，如图 6-3-26（a）所示。强降（含）水量的雨雪云回波会在屏幕上形成边缘松散的连片强干扰，如图 6-3-27 和图 6-3-28 所示。在大暴雨

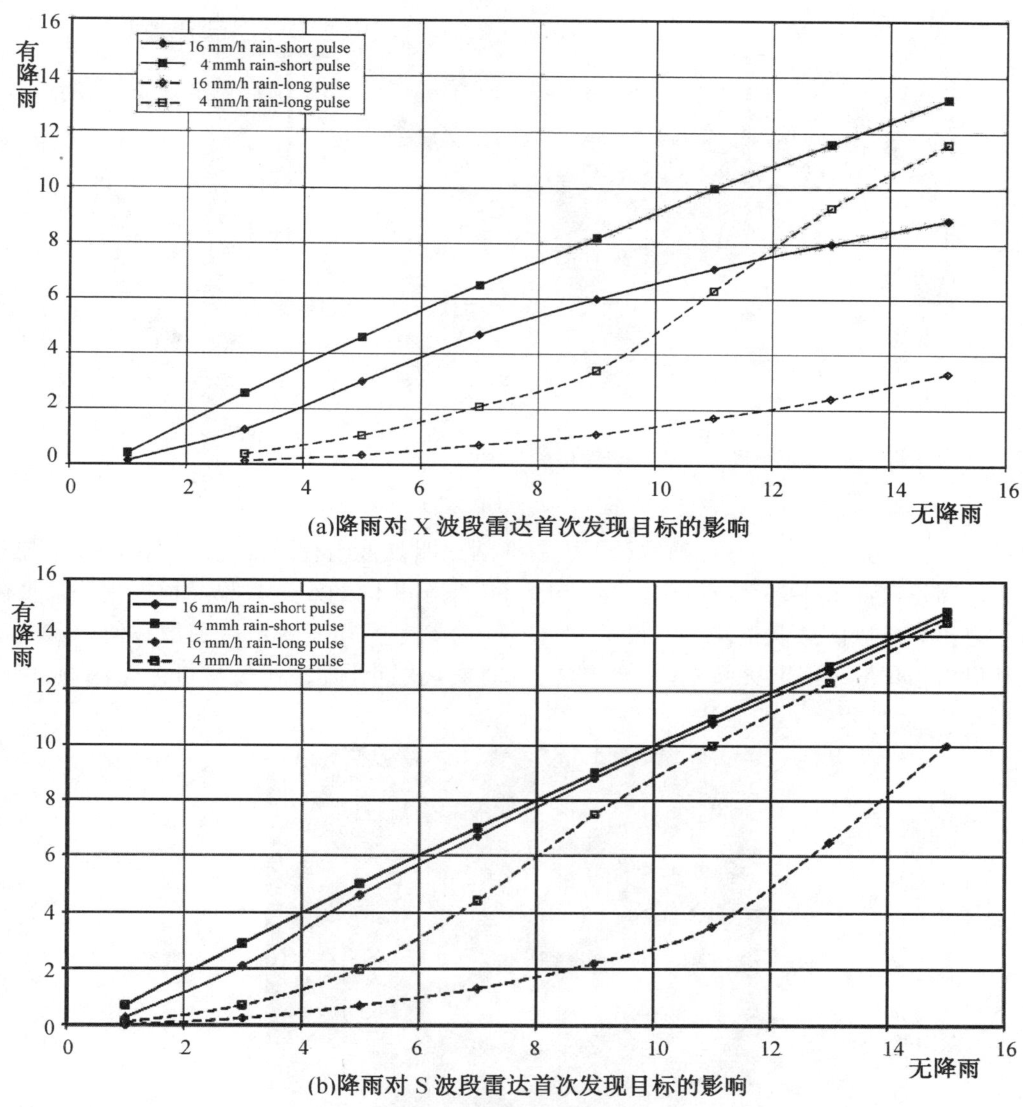

图 6-3-25　降雨对雷达首次发现目标的影响

中，雷达几乎无法正常发现目标。此外，雨雪云回波的强度还和雷达天线波束宽度、发射脉冲宽度及工作波长等雷达技术参数有关，雷达工作波长越短，脉冲宽度越宽，天线波束越宽，则雨雪反射越强。

(3)雨雪条件下雷达观测技术

为抑制雨雪干扰回波，可使用雷达显示器面板上的雨雪干扰抑制(FTC)来控制。对于降(含)水量不大的雨雪干扰，使用 FTC 后的效果如图 6-3-26(b)所示；而对于图 6-3-27 和图 6-3-28 所示的强干扰，使用 FTC 后，则会像其他回波一样，显示出雨雪云区域的前沿。此外，在雨雪天气时，也可以通过选用发射窄脉冲和 S 波段雷达等来减弱雨雪回波。

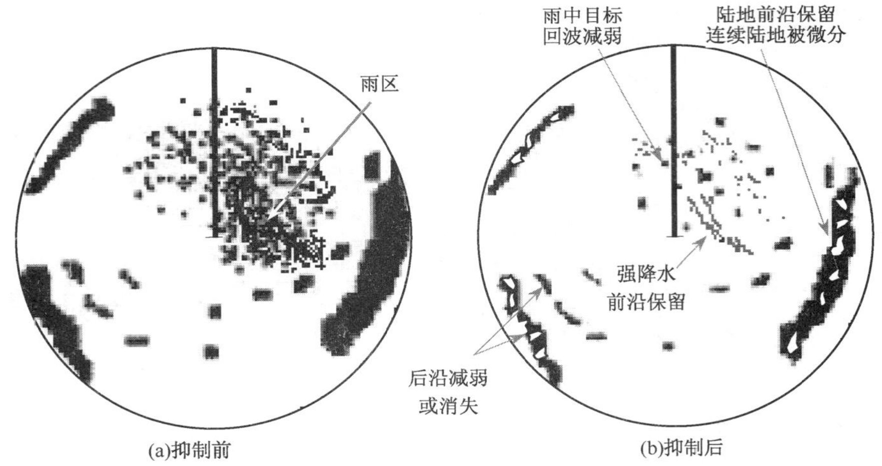

图 6-3-26　FTC 效果

引航员应该特别注意的是，正确地设置雨雪抑制只能改善或有限度地改善在恶劣气象条件下的雷达观测效果，但永远不会达到与晴好天气下相同的观测效果。根据观测需要随时注意指导驾驶团队调整雷达的设置、改变量程、参考另外一部雷达图像和使用其他手段和设备（如 AIS、VHF 无线电话）等方法，及时发现弱小回波，积极与目标船沟通，保障航行安全，是值得推荐的做法。

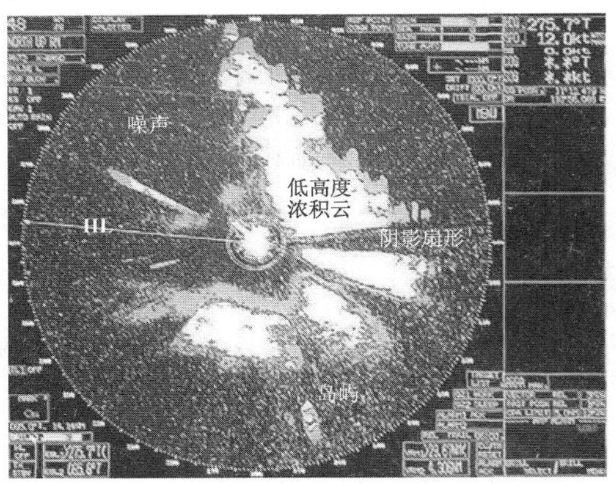

图 6-3-27　云回波

3. **雷达同频干扰**

（1）同频干扰抑制一般操作方法

雷达同频干扰图像特殊，比较容易识别，而且使用同频干扰抑制后，图像观测效果会有明显改善。但在两船相距很近、干扰很强时，很难完全消除干扰。在使用同频干扰抑制时应注意：

①使用前应将雷达“调谐”、“增益”及“STC”等调至最佳状态。

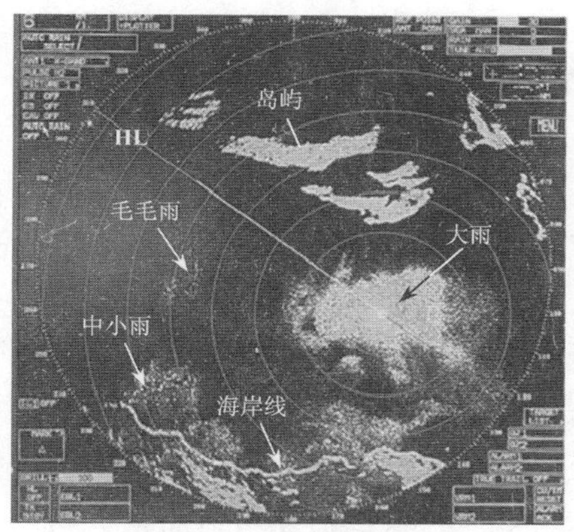

图 6-3-28　雨回波

②只应在同频干扰严重时使用。

③为避免丢失小目标回波,通常不要与"FTC"或其他自动干扰抑制同时使用。

如图 6-3-29 所示为同频干扰抑制前后的图像效果对比。

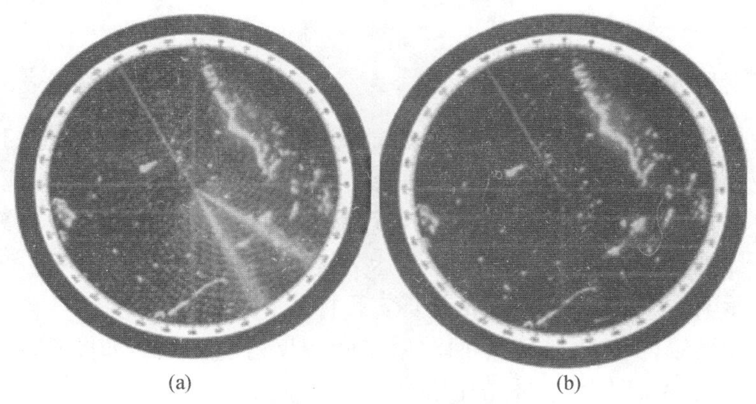

(a)　(b)

图 6-3-29　同频干扰抑制前后的图像效果对比

(2)同频干扰抑制其他措施

①选择波段避开同频干扰

如果在开阔水域引航,发现同频干扰严重时,可以尝试开启另外一部不同波段的雷达,可以有效地避开同频干扰。但是在大多数引航水域,船舶密集,两个雷达波段都被占用时,该方法效果并不理想。此外,不同波段雷达的使用,还要根据观测需要综合选择。

②选择量程控制同频干扰

量程越大,目标非同步回波越多,同频干扰越严重。因此在同频干扰严重的区域,应尽量选择较近量程观测。

③使用扫掠相关抑制同频干扰

虽然扫掠相关能够更有效地去除屏幕同频干扰杂波和噪声,但是对目标边缘、弱小目标以及快速运动及近距离大幅度转向目标的损失尤其严重,之前的讨论已经提到,不建议在引航水域使用扫掠相关。需要注意的是，目前开阔水域航行时，驾驶员比较普遍使用扫掠相关，因此，引航员登船后应注意提醒关闭该控制。

（三）雷达假回波

在雷达观测中经常会出现一个海上目标在显示器上多处显示回波，或者显示的回波位置不是目标的真实位置，即目标回波的距离和方位两者之一不正确或两者均不正确，称该回波为目标的假回波。假回波通常分为间接反射假回波、多次反射假回波、旁瓣假回波和二次扫描假回波等四种。从引起假回波的目标所处的位置上看，近距离目标可引起间接反射假回波、多次反射假回波和旁瓣假回波，而二次扫描假回波通常由远距离目标引发。从产生假回波的雷达辐射特性看，还可以将假回波分类为一次辐射假回波和二次辐射假回波。旁瓣假回波和二次扫描假回波属于一次辐射假回波，间接反射假回波和多次反射假回波则属于二次辐射假回波。此外，旁瓣辐射还可以引起二次辐射假回波，即旁瓣间接反射假回波和旁瓣多次反射假回波。

假回波的存在使得屏幕影像混乱，干扰正常雷达观测，可能导致判断错误，带来航行危险。

1. 间接反射假回波

船上的大桅、烟囱、吊杆柱、甲板货箱等高大物件及附近的大船、陆上的高大建筑物等阻挡雷达波的障碍物，不但在其后产生阴影扇形区域，而且它们又能像镜面一样反射雷达波。于是在某个特定方位的同一个目标可能存在两条雷达波往返传播路径，其一是直接从雷达天线到目标的路径，其二是从雷达天线到障碍物再到目标的路径。结果一个目标在雷达显示器上有两个回波，一个是真实目标，另一个显示在方位与障碍物相同、距离比真实目标距离远的位置上，这个回波就是间接反射假回波。如图 6-3-30 所示，A、B 为目标的真实回波，A′、B′均为目标的假回波。

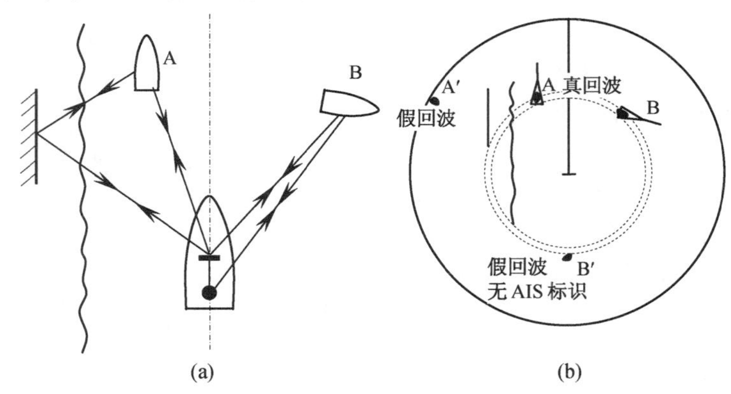

图 6-3-30 间接反射假回波

在航道狭窄的引航水域，本船附近的其他大船、桥梁以及岸上反射性能好的大型建筑物都有可能产生这种间接反射假回波。

目标间接反射假回波的特点：

(1)目标间接反射假回波出现在阴影扇形区方位。

(2)目标间接反射假回波的距离、方位与目标真回波不同，其方位为障碍物方位，距离为障碍物到目标的距离与障碍物到雷达天线的距离之和。

(3)目标间接反射假回波与其真回波比较，回波的强度弱，显示的形状常常有明显的畸变。

(4)对应本船的运动和真回波的移动，假回波在显示器上的移动不合理。例如，当本船改向时，显示器上目标真回波方位发生变化，而目标的间接反射假回波仍在阴影扇形区域内或者突然消失。

临时改变本船航向可以识别判定由于本船建筑引起的间接反射假回波。但要注意引航水域航行时受环境限制，可能难以实现。在现代雷达屏幕上，大型船舶的间接假回波还可以借助船舶目标回波缺失 AIS 标识辅助判断，这个方法也适用于下述其他假回波的识别。

暂时降低增益，使用 FTC 可以抑制间接反射假回波。对于离雷达天线较近的反射体产生的假回波还可以使用 STC 加以抑制。但是抑制假回波时需要特别注意不要丢失弱小目标。

2. 多次反射假回波

目标多次反射假回波是由于雷达波在本船船体与目标之间多次往返反射均被雷达天线接收而产生的。如图 6-3-31 所示，当两艘船在狭水道或锚地等狭窄水域近距离(1 n mile 以内)平行驶过时，这种现象经常发生。

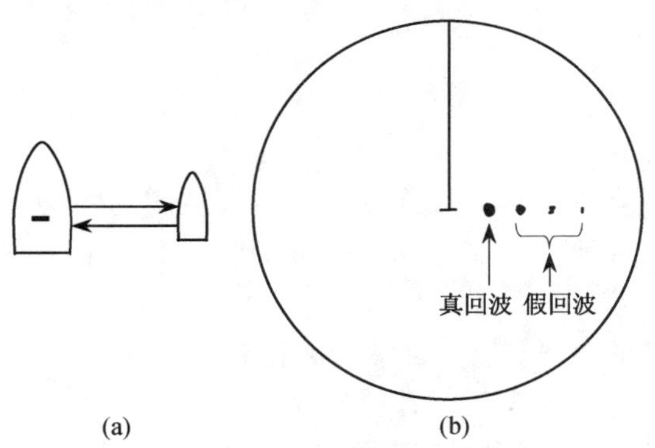

图 6-3-31 多次反射假回波

目标多次反射假回波的特点：

(1)多次反射假回波是在真回波方位上连续出现的比真回波远的等距离间隔的几个回波，假回波间的距离间隔大小均等于真回波的距离。

(2)离本船越远的假回波强度越弱。

(3)在屏幕上假回波与真回波的移动协调一致。

当船舶接近陆地时,近岸的目标也会引起多次反射假回波,被淹没在陆地的回波之中,通常对雷达观测影响不大。驾驶团队根据上述特点能够很容易识别出目标多次反射假回波,可以通过降低增益或者适当使用雨雪干扰抑制(FTC)来减弱或消除之。

3. 旁瓣假回波

雷达的旁瓣辐射比较弱,一般不会影响远距离目标的观测,但对于近距离强回波,旁瓣辐射则不可忽视。雷达旁瓣假回波主要是指旁瓣一次辐射带来的假回波。近些年来,雷达接收机检测弱小目标的能力有了较大提高,而天线的旁瓣抑制能力却未有明显改善,因此旁瓣接收的能力相对有所增强,于是现代雷达设备又出现了旁瓣二次辐射带来的假回波,即旁瓣间接反射假回波和旁瓣多次反射假回波。

(1)旁瓣一次辐射假回波

距离本船较近的强反射目标被雷达天线旁瓣辐射探测到所显示的回波称为旁瓣假回波。如图 6-3-32 所示,在真回波周围两侧的圆弧上杂散分布着的回波是旁瓣假回波。如果天线尺寸较小,辐射窗口损伤或表面不清洁,旁瓣回波会比较频繁发生。

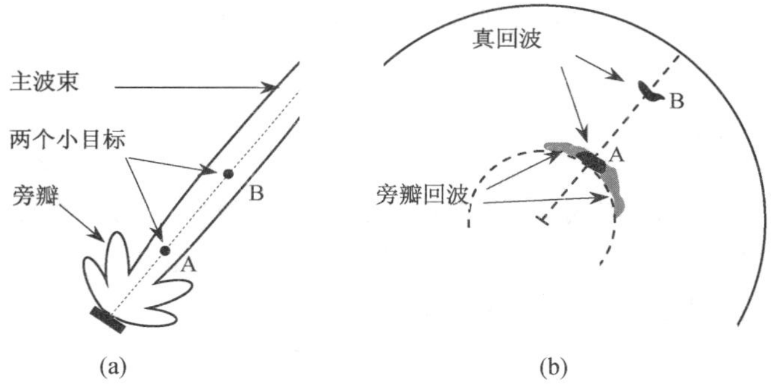

图 6-3-32 旁瓣假回波

目标旁瓣假回波的特点:

①由于雷达天线旁瓣辐射基本对称分布于波束主瓣的两侧,但辐射不够稳定,因此目标旁瓣假回波杂散对称地分布在目标真回波两侧的圆弧上,甚至出现在天线的背面,形成环绕本船的干扰。

②目标旁瓣假回波的距离与其真回波距离相等,方位相邻。

③目标旁瓣假回波的强度比目标真回波的强度弱很多,且闪烁不定,真回波与假回波边缘界限不清晰,给正常雷达观测带来干扰。

④在海浪较强的海域,旁瓣辐射会加重海浪杂波效果,严重影响雷达近距离观测效果。

操作者根据上述特点很容易识别出目标旁瓣假回波,可以通过适当使用 STC 或适当降低增益或适当使用 FTC 来减弱或消除之。

(2)旁瓣二次辐射假回波

旁瓣二次辐射假回波与主瓣间接反射假回波和多次反射假回波形成原因类似。由于现代雷达接收机对弱小信号检测能力不断提高,很多雷达旁瓣辐射和接收也可以检测到近距离强反射能力目标的二次辐射假回波,即旁瓣间接反射假回波和旁瓣多次反射假回波。但雷达的旁瓣辐射毕竟比主瓣辐射弱 20~30 dB,因此与正常雷达回波相比,旁瓣的二次辐射假回波通常会非常微弱,且常常伴随主瓣间接反射假回波和主瓣多次反射假回波同时出现,造成屏幕影像混乱。如图 6-3-33 所示中 A′为旁瓣间接反射假回波的雷达图像示意图。需要强调的是,旁瓣二次辐射假回波现象出现的机会相对较少,只在现代高增益接收设备上可以观测到,而且多为旁瓣间接假回波。

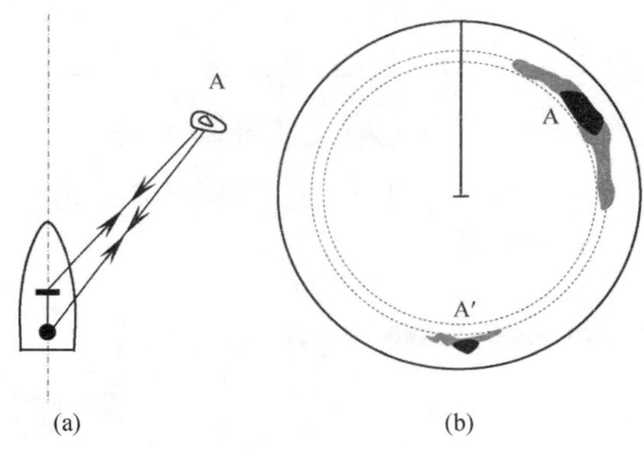

图 6-3-33　旁瓣间接反射假回波

4. 二次扫描假回波

在某种特殊环境下,如发生超折射,雷达发射脉冲探测到了非常远的强反射回波,其距离远远超过雷达设计的脉冲重复周期,回波被显示在下一个扫描周期上,如图 6-3-34 所示,回波的显示距离丢失了一个雷达脉冲重复周期所对应的探测距离,该回波称之为二次扫描假回波。

目标二次扫描假回波的特点:

(1)目标二次扫描假回波的方位与目标的真实方位相同,但显示的距离比目标真实距离少了 $CT/2$。

(2)目标二次扫描假回波的图形与实际目标形状不符,发生了变形。如远处直岸线的二次扫描假回波在雷达显示器上显示时变成了“V”字形图像,如图 6-3-35 所示,图中在直岸线上以 12.5 n mile 等间距选取 5 个点 A、B、C、D、E,其中岸线到本船直线距离为 43 n mile。

(3)当改变量程段即改变脉冲重复频率时,目标二次扫描假回波的距离会改变、变形或消失。

(4)目标二次扫描假回波在雷达显示器上的移动不合理。

二次扫描假回波比较多出现在超折射发生时,驾驶人员可以通过改变量程段,观察目标回波在雷达显示器上移动是否正常来加以判断。有的新型雷达还设有二次扫描假

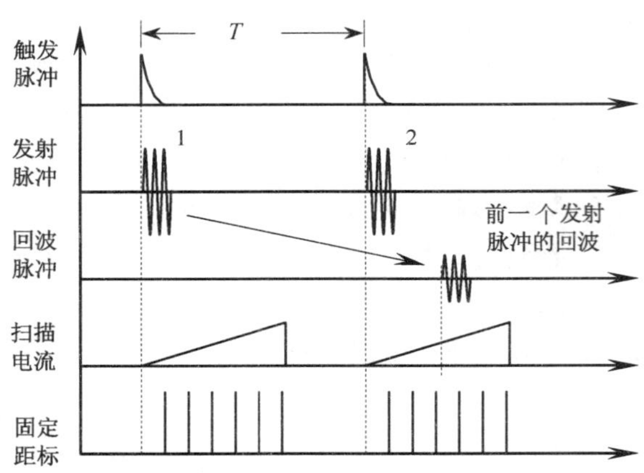

图 6-3-34　二次扫描假回波产生原理

回波消除控制，操作者通过一键式操作在不改变量程的情况下改变脉冲重复频率，以达到判断和消除此类假回波的目的。

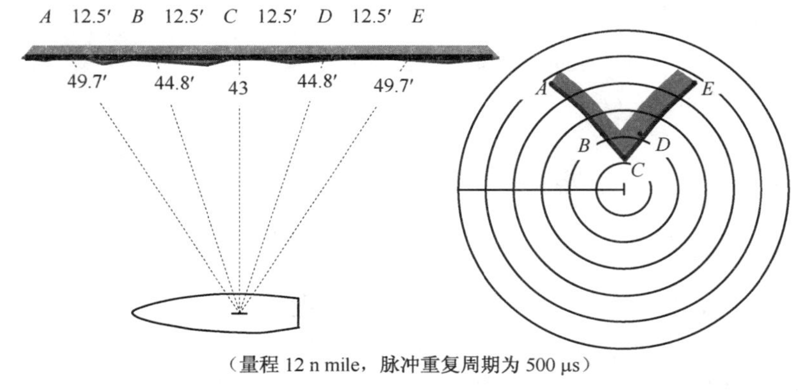

（量程 12 n mile，脉冲重复周期为 500 μs）

图 6-3-35　二次扫描回波图像

第四节　引航水域雷达导航

在引航水域，雷达导航是非常重要的功能。在包括能见度受限的引航环境中，雷达设备具有操作简单，受能见度影响小，探测距离远，能够获得较为丰富的水域信息，测量精度高等优点，有助于引导船舶安全航行，是其他导航系统无法替代的助航设备。

一、雷达导航方法

当航线附近存在显著的参考目标时，可以使用传统的雷达连续定位导航方法。在特定的航行环境中，还可利用雷达实现平行指示线（Parallel index line）导航。随着航海技术的发展，雷达导航手段越来越丰富，具备了航路点导航、绘图导航和矢量海图叠加导航功能，导航效率越来越高，导航操作也更为复杂。站在驾驶团队管理级角度，熟悉导航工具和使用方法，运用导航信息，发挥雷达导航优势，完成复杂引航环境中的雷达导航任务，需要引航员在长时间的实践中反复练习，不断积累经验。

（一）连续定位导航

利用雷达设备连续观测周围已知目标确定本船位置实现导航是引航水域常用的雷达导航方法。在引航水域的雷达定位操作可以不同于驾驶员在其他水域的操作，引航员利用对水域地貌环境熟悉的优势，借助雷达观测，通过简单易行的操作就可以方便地实现连续快速定位和导航。比如引航员通常有把握快速准确识别周围物标，单目标距离方位定位就是常用的方法。在特殊情况下，当航道灯浮正横于船舶时，通过光标测距，便可以快速判断船位是否位于安全的航道上；相反，海上航行时驾驶员常用的两目标或三目标距离方位混合定位导航方法，由于操作复杂耗时，反而较少使用。

（二）平行指示线导航

在近岸或狭水道等特殊的航行环境中，只要仔细研究海图，根据水域周围岸线雷达回波的特点，配合合理设计航线，尽量少地或者不需要雷达连续定位导航操作，凭借特殊的雷达导航方法——平行指示线导航，可以做到连续监视船位，保持船舶沿计划航线航行。这种导航方法在航道狭窄、水深和水流变化较大、水文地理环境复杂，特别在航道附近存在雷达探测不到的水下碍航物，尤其在夜间或恶劣气象海况时，能够有效地实现连续监测船位，实现安全导航。

1. 平行指示线

按照 IEC 62388 雷达性能标准，指示线是相对本船稳定、距离和方位可以相对本船灵活设置，且与显示方式无关的直线；平行指示线是平行于艏向且相互平行的指示线。雷达可至少提供 4 条平行指示线。平行指示线的方向和距离可以由操作者设置，帮助本船航行时与岸线及危险物保持既定的安全距离，以方便地实现安全导航。

如图 6-4-1 所示，在岛屿与岸线之间存在浅滩、暗礁、沉船等多处水下碍航物，航道比较狭窄。其中 A' 和 B' 是距离航道最近、对航行影响较大的水下障碍物，如果在航线设计时考虑雷达平行指示线导航方法做好计划航线，则会给航行带来方便。

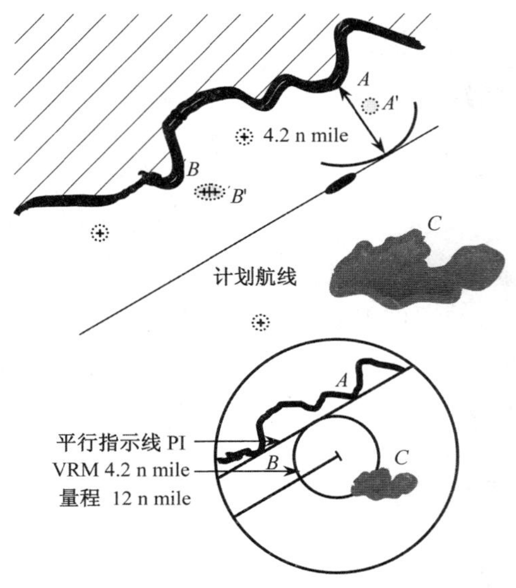

图 6-4-1　平行指示线导航

2. 操作要点

(1)建立平行指示线

如图 6-4-2(a)、(b)所示,选取离航线近、比较显著、海图位置准确的目标 T 为参考目标,量取该目标到计划航线的距离 d。选择北向上相对运动显示方式,设定 PI 在目标同侧与计划航线平行且距离为 d。航行中,随船舶从 A 经 B 到 C 航行,保持目标 T 回波始终沿该 PI 从 a 经 b 到 c 移动,可确保船舶行驶在计划航线上。

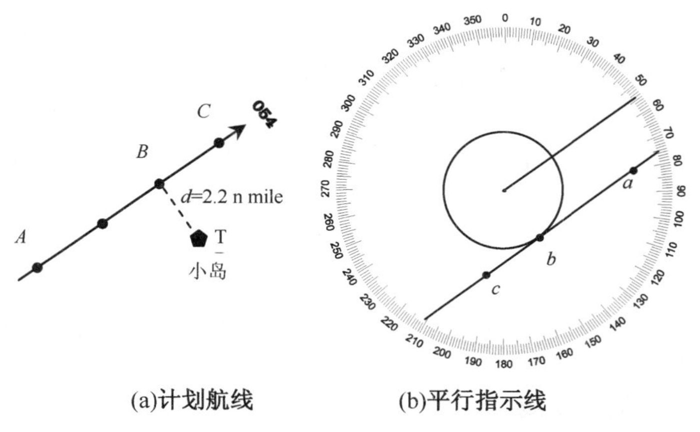

(a)计划航线　　(b)平行指示线

图 6-4-2　建立平行指示线

(2)保持计划航线

如图 6-4-3 所示,当船舶偏离计划航线时,目标 T 的回波从 a 向 a_1 偏离平行指示线,本船应向左改变航向使该目标的回波回到平行指示线上,以使船舶保持在计划航线上航行。

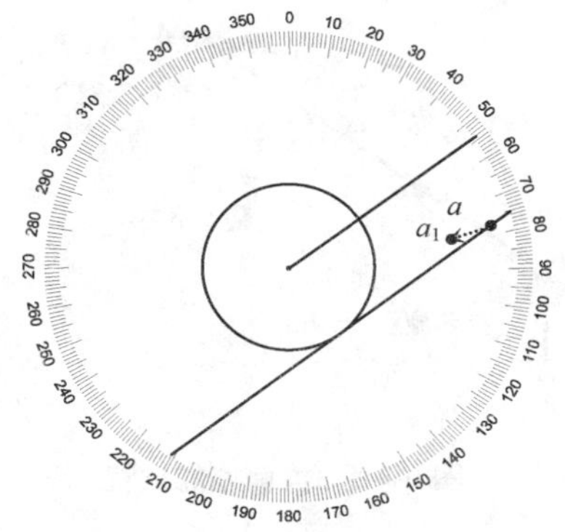

图 6-4-3 保持计划航线

(3)多条平行指示线导航

如图 6-4-4(a)所示,为多条平行指示线导航方法。船舶从 A 点经过 B 点和 C 点到 D 点,使用平行指示线监控船舶航迹。如图 6-2-4(b)所示,在船舶到达 A 点前,提前开启雷达,采用北向上中心显示,使用 12 n mile 量程。顺序标出 AB、BC 和 CD 段的平行指示线 ab、bc 和 cd,逐段航行,实现使用多条平行指示线雷达导航的功能。

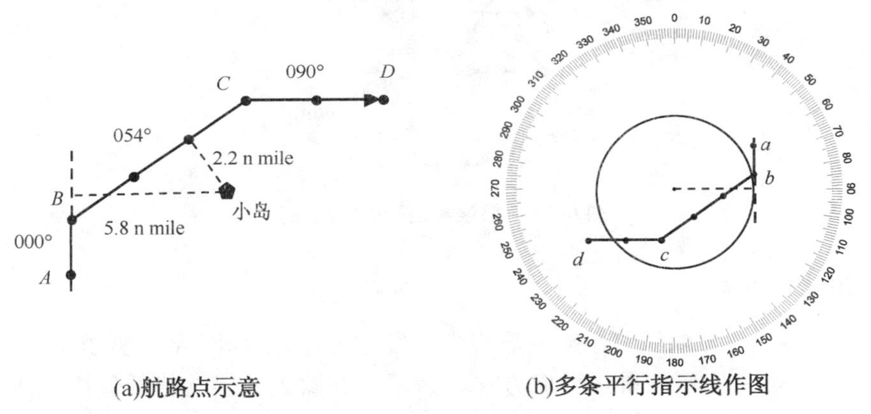

(a)航路点示意 (b)多条平行指示线作图

图 6-4-4 多条平行指示线导航方法

如图 6-4-5 所示,如果没有考虑本船的操纵特性,当船舶达到位置 B 和 C 点时改变航向,雷达显著目标的回波会偏离平行指示线 bc 和 cd。因此,使用平行指示线时必须根据本船操纵特性估算提前施舵(W/O)位置。如图 6-4-6 所示,当目标回波到达提前施舵点时,可小角度慢慢转到新的航向上。船舶驶过 B 点后,目标回波到达 e 点时,可减小量程到 6 n mile,大比例显示,目标回波将沿图中虚线 e'-c'-g'移动。

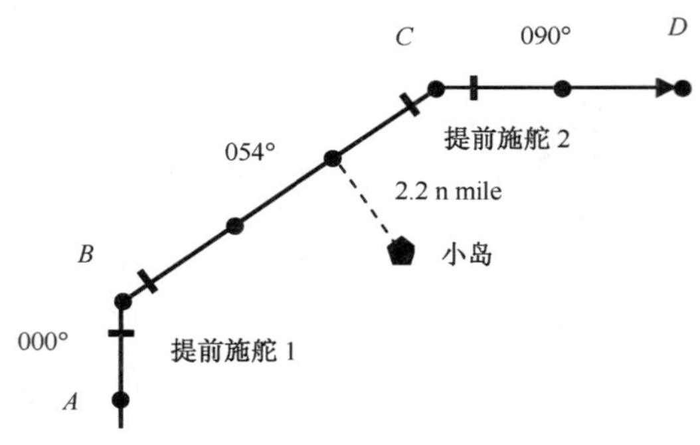

图 6-4-5　提前施舵位置

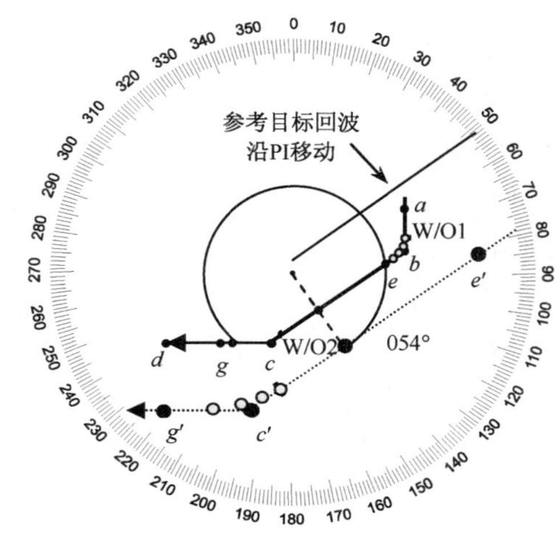

图 6-4-6　根据雷达导航提前施舵

3. 应用注意事项

(1)平行指示线导航能够在船舶航行中连续监视船位变化,保持船舶在预定的航线上安全航行,是非常实用的雷达导航方法。为了能够敏锐地察觉船舶偏离航线,建议在引航水域使用量程不宜超过 12 n mile,以 3~6 n mile 为佳。

(2)PI 导航应用应基于驾驶台团队的良好配合,如果引航员不能把握团队的技术配合能力,不建议在引航环境使用复杂的多条平行指示线导航技术,但简单易行的单一 PI 导航仍然是非常有效的方法。

(3)平行指示线导航能够监视船舶沿某段计划航线航行,但不能确定本船准确位置。因此,平行指示线导航并不免除驾驶人员基于雷达的其他航行值班工作职责。

(三)绘图导航

现代雷达能够借助绘制的图线和符号实现导航功能。雷达性能标准规定,使用者能够使用线、图标标识和参考点等图形元素的组合手动创建或修改、保存、加载和显示相对于本船或某一地理位置的简单的绘图/导航线/航线。使用特定的绘图符号能够在屏幕上标记雷达探测不到的浅滩、沉船、暗礁和其他水下障碍物,还能在航道、分道通航制等区域划定航行界限,标记航标。在不需要这些绘图标记时,通过简单的操作就能方便地去除这些图形显示。

1. 操作要点

(1)创建绘图

绘图/导航线/航线由直线、符号和参考点组成,其外观、颜色和标识满足 IMO SN/Circ. 243 的要求。通过标定地理位置创建沉船、暗礁、浅滩等水下碍航物的标识。所创建的绘图/导航线/航线可根据航行环境或需要进行修改、保存和调用。

参照地理位置设置本船计划航线,标识浅滩边界线和锚位等特殊标记,可以创建一个简单的雷达导航图,实现个性化雷达导航,如图 6-4-7 所示。

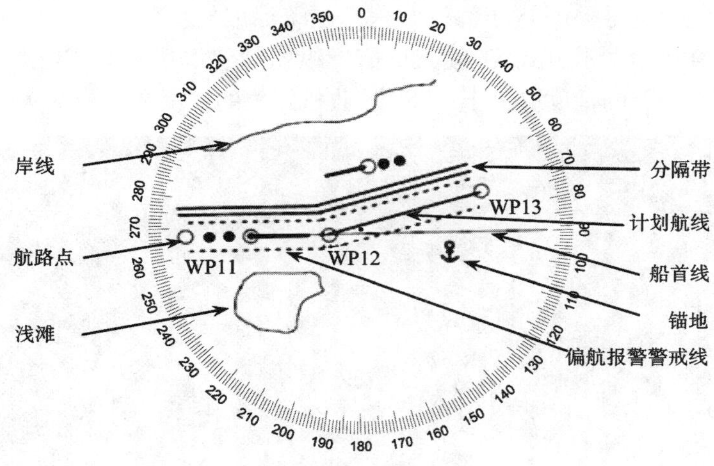

图 6-4-7 雷达绘图导航

(2)清除绘图

绘图/导航线/航线标识不应明显影响雷达信息,雷达绘图可能遮挡如小渔船等弱小目标的回波。驾驶团队应根据航行需要,通过激活或消除某一类绘图元素保持雷达屏幕“清爽”,兼顾雷达导航和雷达观测的需要。绘图元素可以利用“图像显示关闭”功能暂时使雷达绘图元素消除,也可以利用“绘图关闭”功能使绘图元素从雷达屏幕上消除,使隐藏在绘图元素中的目标容易被观测到。

2. 绘图导航应用

平行指示线数量有限,仅相对本船稳定。相比之下,绘图导航功能更强大,工具更丰富,操作更灵活。在大多数雷达设备上绘图元素强制为对地稳定,但根据性能标准也可以相对本船稳定。如果将绘图线段设置为相对本船稳定,则可以取代平行指示线,实现导航功能。如果以对地稳定线段设置本船航线，线段的连接点为转向点，并根据海域情况标记沉船、浅滩、暗礁等碍航物，则可以绘制出用户定义的导航海图，实现个性化导航。还可以将需要的导航海图保存，便于日后调用。

绘图导航功能还可以在特殊的航海环境下应用，如确定锚位、测定风流压、标记特定的位置点等。如图 6-4-7 所示，将在海图上选定的锚位通过绘图方式显示在雷达屏幕上，操纵船舶到设定的锚位上即可进行抛锚作业。

（四）航路点导航

航路点导航虽然不是性能标准要求的必备功能，但很多雷达具备可以从 EPFS、ECDIS、INS 中提取转向点和接收航线信息的功能，或采用 MOB（人落水）标记航路点，并根据需要和设置与雷达回波叠加，实现船舶导航任务。图 6-4-7 和图 6-4-8 所示分别为绘图导航和电子海图叠加导航时，在雷达屏幕上实现的航路点导航画面。如果提供了航行监控功能，则该功能应满足 IMO 电子海图与信息系统标准的相关要求。在导航过程中，可选择 N-up 对地真运动显示方式，驾驶人员需操纵船舶使雷达的 CCRP 即本船船位始终位于计划航线上，导航的精度取决于 GNSS 接收机定位的精度和驾驶团队的船艺水平。

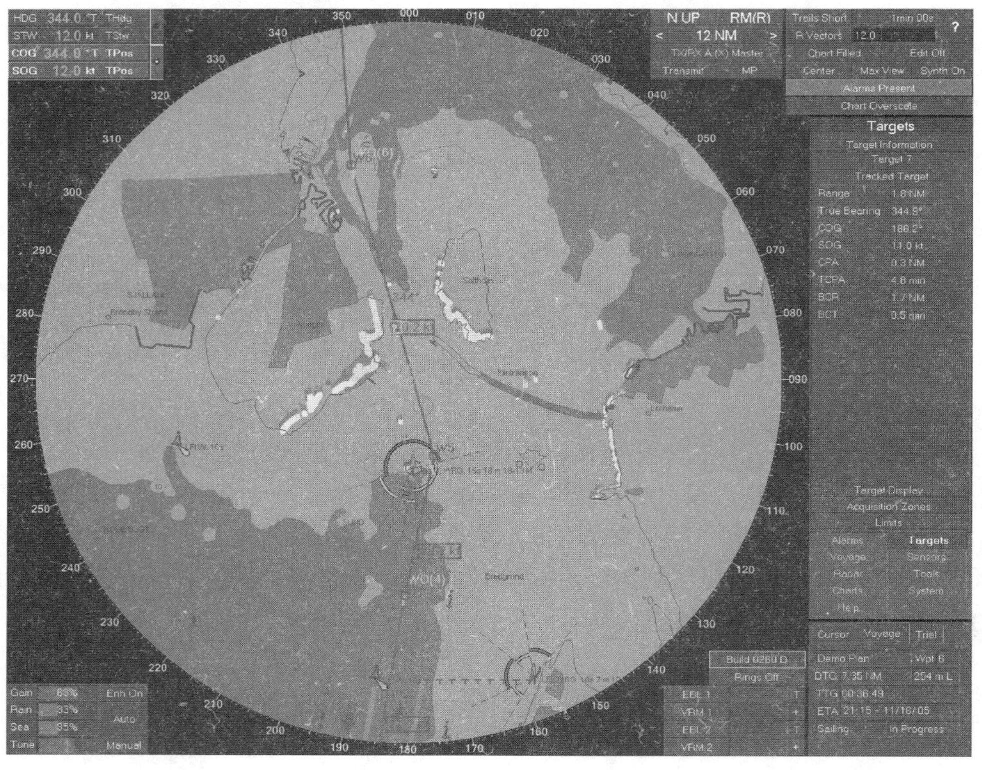

图 6-4-8 航路点导航画面

（五）电子海图导航

雷达只能够探测到水面以上具有较强电磁波反射能力目标的迎向面，平行指示线导航、绘图导航和航路点导航都无法获取航行环境完整的水文地理信息，限制了雷达在船舶导航中的应用。电子海图显示的信息来源于海图测量数据，涵盖了纸质海图上的所有航行环境信息，如高程、水深、底质、碍航物、助航标识、锚地、航道等。在引航水域，这些航行环境信息在船舶导航过程中具有非常重要的意义。随着航海信息处理技术的发展，将电子海图叠加到雷达图像上成为现实，促进了航海雷达导航功能的发展。根据IMO雷达性能标准，雷达可以提供电子航海图（ENC）和其他矢量海图信息的显示功能，以协助航行和船位监视。该功能无疑为雷达导航拓展了新的空间，极大地增强了雷达的导航功能。

1. 海图雷达

在IEC 62388雷达性能及测试标准中，将能够在雷达图像上叠加电子海图的雷达称为海图雷达（Chart radar），目前全球各大船舶导航设备厂商均已开发了自己的海图雷达。海图雷达集成了电子海图的基本功能和船舶导航雷达的全部功能，能够在雷达图像的基础上显示官方电子航海图或其他矢量海图信息，显示的海图信息可选择图层，根据需要隐去本船在特定航行条件下不需要的信息。海图雷达除了提供本船、本船周围的静态目标、本船周围的动态目标三者之间的位置和动态关系外，还提供了本船航行水域的水文地理信息，有助于驾驶团队更好地全面完成船舶定位、导航和避碰任务。

2. 操作要点

（1）通常在方位稳定的显示方式（如N-up或C-up）下，在雷达发射状态下启动电子海图叠加显示功能。

（2）启动叠加功能时，应确认EPFS传感器信息有效，且应考察其完善性指示信息满足引航水域航行精度要求。电子海图与雷达采用相同的参考坐标系、传感器、参考基准点、比例尺、指向和稳定方式。

（3）根据航行环境和航行需要，ECDIS标准显示元素按类别或图层作为最少元素独立选择使用，例如可仅显示海图的岸线信息，如图6-4-9所示，但不能够以单独对象（如独立的导航标识）作为最少元素选择使用。

（4）能够快速显示基本的海图信息，包括岸线、碍航物、固定和漂浮导航标识以及IMO关于ECDIS性能标准要求的其他信息，如图6-4-10所示，还可以设定和显示本船安全轮廓。

（5）可直接查询与海图目标相关联的信息，比如查询灯标的名称、编号、灯质、灯高等信息。

（6）矢量海图信息随本船船位和/或艏向信号自动更新，当本船船位和/或艏向信号

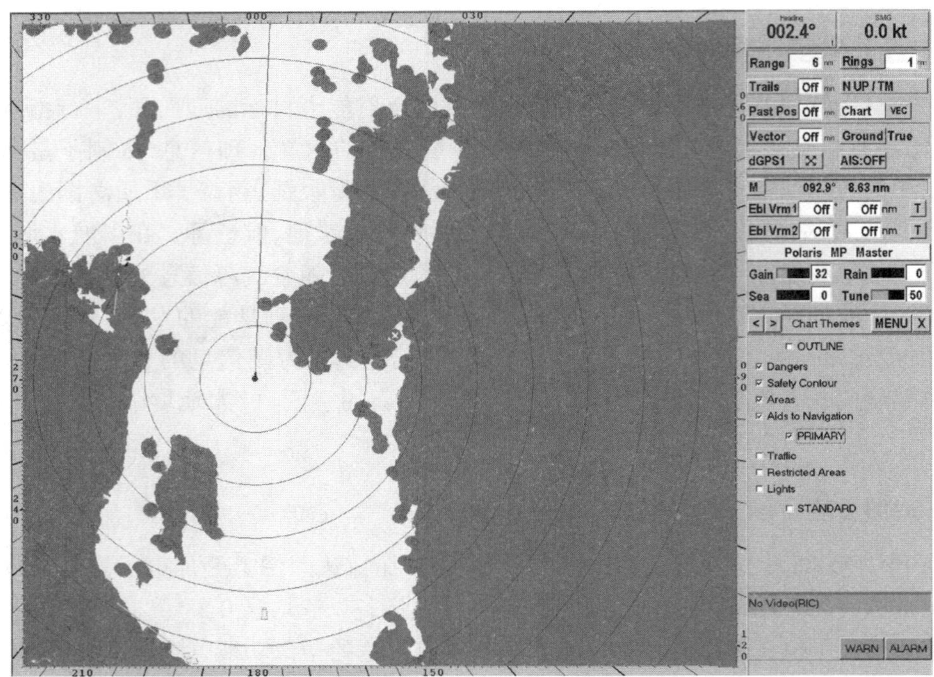

图 6-4-9　海图雷达 PRIMARY 级别显示

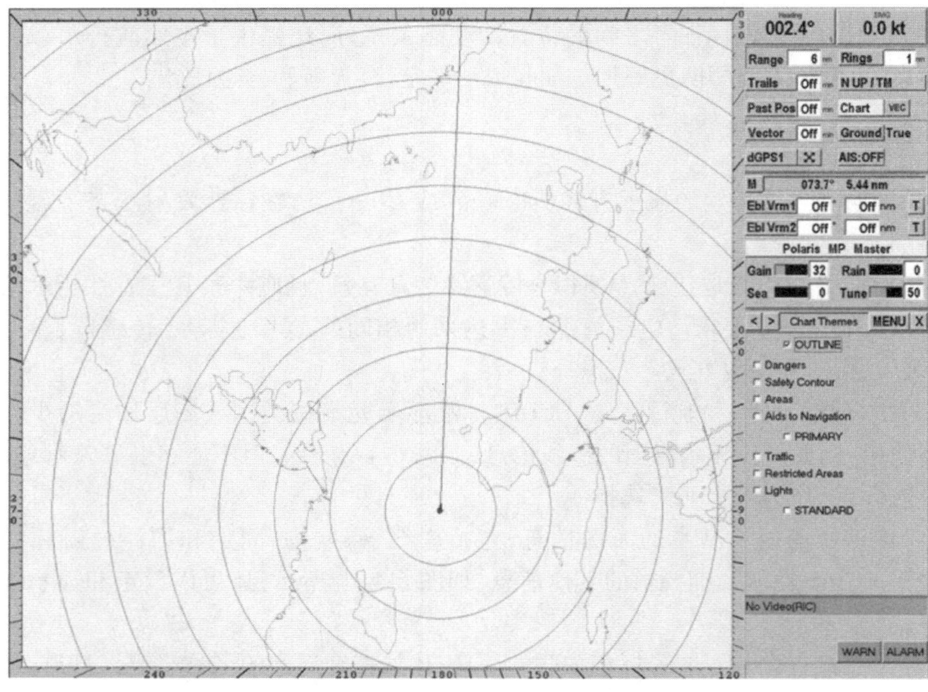

图 6-4-10　海图雷达 OUTLINE 级别显示

缺失时，矢量海图信息在 30 s 内自动除去。

(7)船位和艏向传感器误差、目标对电磁波的遮蔽效应、雷达目标方位和径向上的固有扩展等因素的影响，会导致矢量海图在与雷达目标匹配时出现局部不吻合的现象。

(8)当改变量程或变换扫描起始点后，重新显示海图信息通常不超过 5 s。

(9)雷达是协助避碰的主要航行设备，雷达信息应优先显示。电子海图信息的显示不应使雷达信息受到明显遮掩、模糊或削弱，不应该干扰值班驾驶人员对航行局面的判断，一键式操作可以取消或关闭海图信息显示。

(10)“图像冻结”报警。雷达硬件、软件或传感器的故障可能导致雷达图像不能及时更新，出现“图像冻结”的现象。在雷达“图像冻结”状态下，将出现视觉(颜色或闪烁)报警和声响报警。按下“报警确认”键后声响报警消失，但视觉报警将保持到触发报警的原因被消除。

3. 应用注意事项

(1)功能限制。从国际标准角度看，海图雷达是以雷达为主的助航设备，且不是雷达的必备功能。海图雷达必须具备完善的雷达瞭望、观测、定位、导航和避碰等基本功能，海图显示只是辅助以上各项雷达基本功能。因此，海图雷达并不等同于电子海图，在雷达屏幕上叠加电子海图信息也并不等同于在电子海图显示器上叠加雷达信息。国际标准并未要求海图雷达具备完善的航行监视功能。

(2)雷达调整。调整雷达显示亮度、增益、调谐及杂波抑制，保持回波图像在最佳状态，选择 N-up 或 C-up 雷达显示方式，选择适合导航水域的量程，考虑到雷达探测能力和目标分辨能力，过大和过小的量程都不适合海图与雷达图像叠加。

(3)传感器查验。查验艏向、EPFS、SDME、AIS 等传感器，确认其工作正常，数据可靠。

(4)海图设置。根据不同航行环境的导航需要，合理选择矢量海图图层。

(5)误差监控。及时关注海图和雷达图像叠加误差。若出现较大偏差，应首先查验 EPFS 和艏向传感器数据是否满足精度要求，再通过偏差补偿加以校正。如果以上操作仍无法纠正偏差，应果断终止叠加操作。

(6)综合运用导航工具。根据情况，可与平行指示线导航、绘图导航、航路点导航等方法综合运用，取得更好的导航效果。但应注意在综合运用各种导航方法时，可能造成雷达屏幕显示繁杂，不利于雷达观测。

(7)综合利用雷达资源。在复杂的航行环境中，如果必须兼顾雷达导航和雷达观测与船舶避碰，可以使用两部雷达各司其职。在晴朗天气中，通常 3 cm 雷达利于观测，而恶劣天气则相反。

4. 海图雷达操作举例

电子海图与雷达图像的叠加丰富了船舶的航行环境信息，给驾驶团队在船舶导航和避碰等方面带来了便利。但过多的航行环境信息也会使船舶驾驶人员应接不暇，特别是在船舶密集的引航水域，屏幕上过多的信息反而会影响雷达功能的正常发挥，需要根据实际情况选择合适的海图信息层。Konsberg 公司生产的 Databridge 10™ 海图雷达在雷达屏幕上显示海图时有三种级别：OUTLINE、PRIMARY、STANDARD。当位于船舶密集水域时，可选择 OUTLINE 级别，此时只有相关的海图轮廓线显示在雷达屏幕上，突出雷达回波，适用于以避碰为主的情况，如图 6-4-10 所示；当船舶需要一定量的导航信息时，可选择 PRIMARY 级别，此时如沉船和暗礁等危险物、安全界限、助航标志等会显示到雷达屏幕上，如图 6-4-9 所示；当本船周围船舶较少，导航作为主要航行任务时，可选择 STANDARD 级别，叠加海图标准信息，显示分道通航标志、限制水域标志、灯标等信息。

二、雷达导航注意事项

雷达导航时应注意如下几点：

(1)在进入导航区域前，应在海图上仔细研究计划航线与导航水域情况，了解导航目标及碍航物的位置及特点，找到主要参考目标、转向点位置及转向数据，还应了解当时的风流情况，确定避险安全距离。导航时，要仔细分析雷达图像与海图的差异，及时掌握航区中的船舶动态。

(2)进入狭水道前要准备好雷达。因为 X 波段雷达精度高，并且雷达航标也工作在此波段，所以在晴朗天气时雷达导航应以 X 波段雷达为主，将图像调至最佳状态，驾驶团队要仔细核准各传感器信息和误差。显示方式的选择要根据具体情况，一般来说，用北向上对地稳定真运动显示方式为好，根据航道情况、船舶密度及本船操纵性能等决定雷达的量程。

(3)在不同航行环境下应审慎考虑使用何种速度参考源及其精度，要特别注意：①计程仪提供速度参考时，应使用海底跟踪模式，注意深水限制，并注意流动泥浆可能引起航速误差；②在通常情况下，GNSS 设备是较好的选择，但应确认完善性指示信息（RAIM 指示和/或 DOP 值）稳定合适；③采用雷达跟踪对地稳定目标时，应避免选用浮筒或大面积陆地等可能对地漂移或雷达跟踪精度受限的目标。

(4)船位是导航的基础，使用正确导航方法方便连续、准确、高效地监视船位是导航的关键。

(5)狭水道主要用浮标和岸标标识航道，因此要熟悉它们的雷达观测特点，了解它们的雷达探测距离，细心辨别。若有怀疑，应立即设法对比岸上可靠目标核查。

(6)在狭水道中，陆标近、方位变化快，一般难以像在近海航行时有充足的作图定位时间，只能根据雷达图像及当时航行情况即时导航。因此准备工作要做得充分，对图像的判断要快速准确。

(7)在狭水道中，雷达干扰杂波多，易出现假回波，小船接近浮标时其回波也难以区分,应仔细辨认识别,不可混淆。

(8)应充分利用雷达绘图、电子海图、EBL 和 VRM 协助判断船位及避离危险物。

(9)能见度允许时,应特别加强视觉瞭望,注意参考其他传感器信息(如 AIS、ECDIS 等),避免仅凭雷达信息做出草率决策。

(10)遭遇强雨雪天气时,能见度差,无法凭视觉瞭望,导航雷达探测能力也受到限制,应注意使用平行线导航,以及配合 GNSS 船位选择绘图导航、航路点导航或电子海图导航方法。

(11)使用电子海图和雷达导航时,需要根据实际情况选择合适的图层。若图层选择不当,导航信息过少,不利于航行安全;导航附加信息过多,则使船舶驾驶人员应接不暇,特别是在船舶密集水域,可能严重影响雷达观测和船舶避碰,不利于航行安全。

(12)雷达及其传感器都存在误差,在导航时应注意与碍航危险物保留充足的安全余量。对现代导航设备盲目信赖和本能排斥的态度都不可取。如 2012 年 1 月 14 日豪华邮轮“Costa Concordia”号在意大利季略岛附近海域触礁倾覆,如果当时驾驶员(船长)不是盲目相信自己的判断,而是合理使用雷达配合电子海图导航,则完全可以避免事故的发生。

(13)需要特别强调的是,GNSS 船位精度是绘图导航、航路点导航和电子海图导航的关键,但是 GNSS 误差常常难以及时察觉,因此在使用这些方便的现代雷达设备导航工具时,只要条件允许,建议配合平行线导航方法,辅助监测船位,避免发生意外。

三、雷达导航优势与局限性

雷达是船舶航行中不可或缺的导航设备,与其他导航手段相比,雷达具有明显的优势。但是引航员需要对雷达的使用性能特别是对其局限性保持清醒的认识,轻率相信和盲目依赖雷达将会威胁航行安全。

1. 雷达导航优势

(1)雷达观测距离远,不受能见度和夜间视距的影响,弥补了驾驶团队视觉瞭望的局限性。通过雷达图像,驾驶团队能够较好地了解航道和岸线的情况,还能够探测到周边船舶的分布以及船舶流的情况,创造较为全面的航行环境和船舶会遇局面,有利于在复杂恶劣的水域环境下增强船舶位置感,实现安全导航。

(2)雷达能够充分利用各种传感器信息,导航方法丰富,能够实现连续定位导航、距离叠标导航、平行指示线导航、绘图导航、航路点导航和电子海图导航等功能,便于在多种复杂航行环境下灵活运用,导航精度高,是船舶不可或缺的导航设备。

2. 雷达导航局限性

(1)雷达经常会受到自身性能、电磁波传播路径和目标反射雷达波能力等因素的影响,产生影像失真和探测误差,容易造成回波识别困难或错误,影响导航精度,甚至有时无法用于导航。

(2)雷达导航精度依赖传感器的精度,雷达性能的发挥还依赖操作者的操作技术,对雷达图像的解释与导航技术的发挥也依赖引航员的经验。在紧张的引航工作中,如果忽略了任何一个环节,都可能造成错误导航,导致严重后果。

(3)雷达仅能探测水面以上目标,在吃水受限水域航行时,引航员应仔细研究海域的水文地理信息,克服雷达导航局限性,发挥雷达的导航优势。

第五节 引航水域雷达避碰

2004 年 12 月,IMO MSC. 192(79)决议针对船舶导航雷达性能标准将该组织以往分别颁布的关于雷达和 ARPA 的两个性能标准合而为一,雷达目标跟踪装置(Target Tracking,简称 TT)及其功能取代传统的 ARPA 设备,已经成为船舶导航雷达的标准配置和功能。同时该标准规定,雷达设备必须连接电子定位系统(EPFS)以及 AIS 传感器,为驾驶人员提供地理位置信息以及目标识别和避碰参考信息,辅助雷达实现导航以及避碰功能。此外,雷达还可以从电子航海图(ENC)和其他矢量海图信息中选取水文地理信息,协助航行和船位监视。

一、雷达目标跟踪装置及其基本工作原理

(一)雷达目标跟踪装置构成

从目标跟踪的角度看,如图 6-5-1 所示,信息处理与显示系统包括主控制器、输入输出接口及视频处理器、跟踪器、信息处理器和综合信息显示与操作控制,雷达传感器、陀螺罗经或 THD、SDME、EPFS、AIS、ECDIS 等各种航海仪器是该系统的传感器。其中,主控制器、输入输出接口及视频处理器和综合信息显示与操作控制终的作用与功能在本章第一节已经介绍过,这里不再赘述。

1. 传感器

保证跟踪器与信息处理器正常工作的基本传感器包括雷达、陀螺罗经或艏向传送装

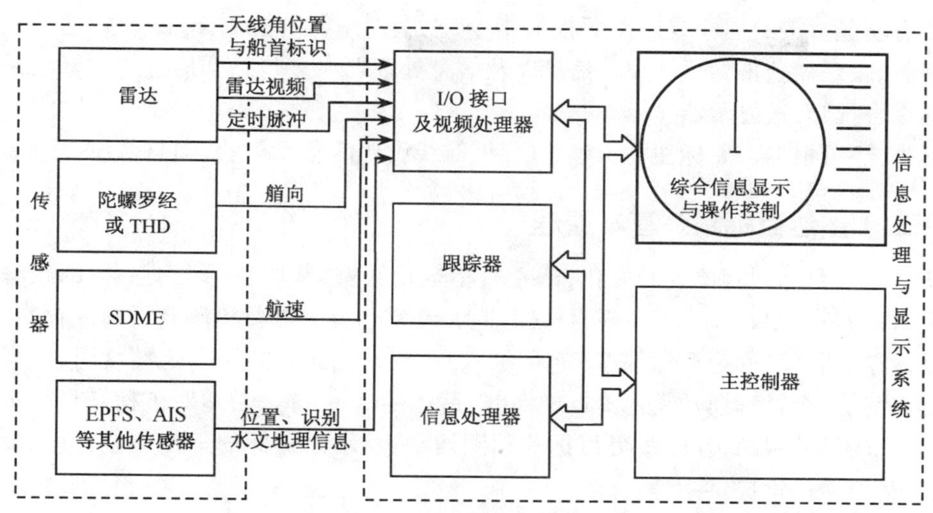

图 6-5-1 目标跟踪装置原理框图

置（THD）、船舶航速和航程测量设备（SDME）（如计程仪）、电子定位系统（EPFS）和自动识别系统（AIS），此外在 ENC 或其他矢量海图系统的支持下，雷达还可以更方便地实现目标辨识和复杂水域导航功能。在以上所有传感器信息中，雷达信息（包括定时信号、回波视频信息、天线角位置和船首标识信息）、艏向信息和航速信息是保证雷达跟踪器正常工作的基本信息。信息处理器对 EPFS 提供的船位信息、AIS 提供的目标识别信息、ENC 或其他矢量海图系统提供的水文地理信息，以及艏向信息、航速信息和目标跟踪信息进行综合处理。

2. 信息处理器

信息处理器是雷达信息综合处理的核心装置，其功能包括：

（1）按照综合航行系统综合信息处理原则，验证各传感器信息的完善性，对未通过完善性验证的传感器信息发出报警。

（2）按照操作者及程序指令综合处理、分配和综合（融合）船位、艏向、航速、AIS 目标报告、雷达目标跟踪、电子海图的水文地理等信息，完成目标跟踪信息与其他传感器信息的融合。

3. 跟踪器

跟踪器通过硬件和软件配合，在主控制器协调下，完成对目标的检测、捕获和跟踪，建立目标的运动轨迹，警示危险目标，辅助提供避碰措施等功能。目标跟踪功能的性能主要决定于跟踪器的设计与实现。

4. 综合信息显示与操作控制

在雷达显示器上，通过控制面板各种开关控制或操作屏幕菜单，操作者能够控制雷达的所有功能。按照程序或操作面板的指令，在主控制器的控制下，视频处理器输出的雷达视频、跟踪器获得的目标跟踪信息以及信息处理器对多传感器信息的运算结果融合为雷达综合视频，送显示器显示。

此外，还可根据需要标注图示参考信息、航线设计信息、AIS报告目标、ENC信息等。

（二）雷达目标跟踪基本原理

雷达跟踪目标观测位置的变化，建立目标运动轨迹，获取目标运动参数的跟踪器运算过程，称为目标跟踪。为了实现目标跟踪功能，雷达首先需要检测到目标的存在，启动对目标的初始跟踪，称为目标捕获（亦称录取）。当初始跟踪达到一定精度时，获得目标的运动趋势，这个过程通常需要1 min。在随后大约2 min内，雷达对被捕获目标进一步跟踪，达到较高的跟踪精度，获得目标的预测运动，显示出目标的运动矢量，进入稳定跟踪状态，为避碰决策提供参考。

1. 目标检测

在噪声和杂波背景中发现目标的过程，称为目标检测。当天线每一次扫掠过海面时，噪声和杂波随机地出现在屏幕上，而目标回波即便微弱，其在屏幕上显示的位置通常也会相对稳定。驾驶人员操作雷达时，通过对屏幕图像的观察分析，可以判断目标的存在。跟踪器采用自动检测方法发现目标，最简单的方法是设定一个阈值电压，如果回波信号幅值大于该电压，就认为是目标予以保留；相反则认为是杂波或噪声不予记录。但是，杂波的起伏变化范围很大，如在目标检测时，近距离海浪和较强的雨雪引起的杂波强度可能比正常目标回波信号强度高出很多，设备无法分辨目标与杂波，而将杂波判别为目标，称为虚警。为了提高目标自动检测的可靠性，操作者应细心调整雷达，将回波保持在最佳状态。特别是在气象海况恶劣的环境中，应按照雷达观测的操作方法，审慎地调整海浪和雨雪抑制，在必要的时候使用恒虚警率处理，降低自动检测的虚警概率，提高目标检测的成功率。

按照性能标准要求，雷达自动检测目标的能力应不低于驾驶人员观察屏幕人工检测目标的能力。

2. 目标捕获

捕获（Acquisition）是跟踪器记录目标的初始位置，启动对目标位置在屏幕上相继变化的检测和跟踪，从而建立目标初始运动轨迹（获得目标运动趋势）之前的雷达工作过程。捕获分为人工捕获和自动捕获，小于10 000总吨的船舶配备的雷达可不具有自动捕获目标的功能。

人工捕获时，操作者使用光标操纵设备（如轨迹球）移动屏幕光标将其覆盖在需要关注的目标上，如图6-5-2窗口1所示的位置，并按下捕获按键发出捕获指令。自动捕获是由操作者在雷达屏幕上设定一个或多个闭合的捕获范围，并设定捕获条件，当处于或进入该范围的目标触发了所设定的条件时,目标即可由设备自动捕获。操作者也可以根据当时的航行需要,将这个捕获范围和捕获条件设置为警戒范围和警戒条件。此时满足该条件的目标将触发设备报警,是否需要捕获则可由操作者视需要,按照上述方法进行人工操作。

无论是哪种捕获方式,跟踪器都会记录下被捕获目标的屏幕坐标位置,并以其前沿位置为中心,标记捕获标识符(见本书附录一表 1-2 1-2. 1),开始对目标跟踪。

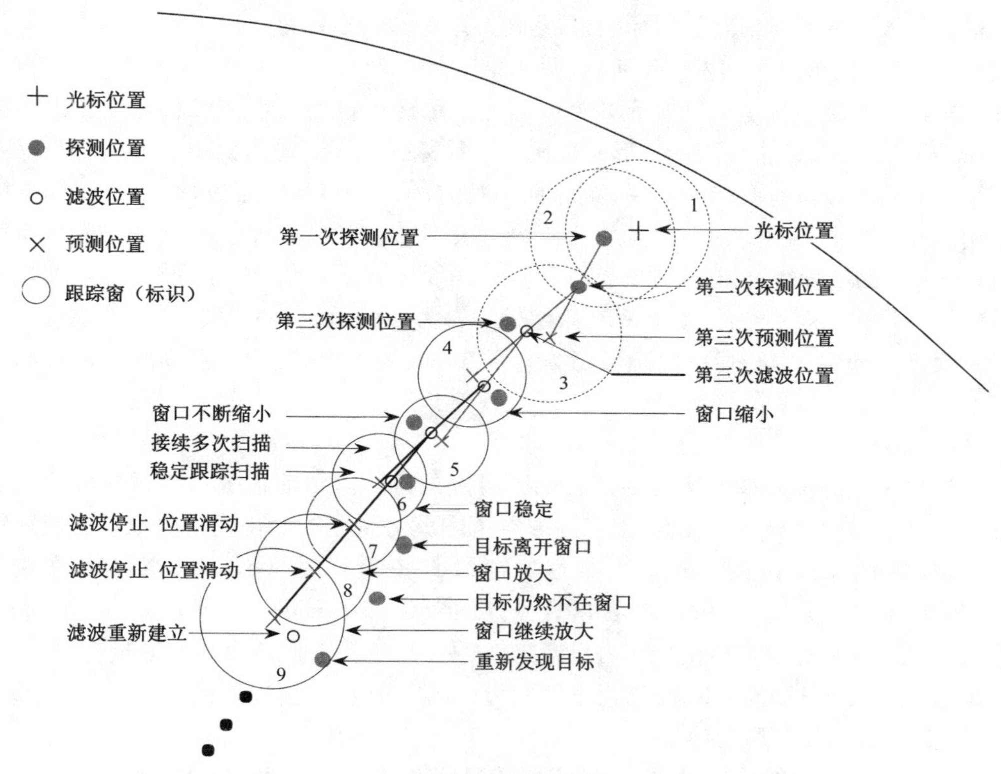

图 6-5-2 雷达目标跟踪原理

3. 目标跟踪

雷达记录目标观测位置随扫描更新相继变化,建立目标的运动轨迹的运算过程,称为目标跟踪。显然,目标跟踪过程由跟踪器自动完成。在屏幕上,被跟踪的目标被标识出跟踪标识符(见本书附录一表 1-2 1-2. 2 a),跟踪器采用跟踪窗口(跟踪窗)按照设定的滤波算法,随着每次天线扫描,在该窗口区域内检测目标的存在,记录目标位置,并驱动跟踪窗预测目标的运动。由于干扰和扰动(噪声)因素的存在,雷达每次探测到目标的位置都存在着误差,在一定范围内具有随机性。在跟踪的最初阶段,滤波算法仅能够显示目标的运动趋势,随着跟踪的稳定,滤波算法最终给出目标运动的平滑轨迹,即显示目标的最佳预测运动。在这个过程中,跟踪窗的尺寸逐渐缩小并最终保持为较小的恒定尺寸,也即目标跟踪精度逐渐提高直至保持稳定跟踪。

目标跟踪是跟踪器的核心工作。引航员了解目标跟踪的过程,理解其原理对审慎使用雷达协助避碰行动,了解目标跟踪的局限性非常重要。下面以人工捕获为例,用图 6-5-2 定性说明 α-β 滤波算法在雷达中的典型应用,分析实现目标跟踪的基本原理。

(1)跟踪标识符与跟踪窗

①跟踪标识符与跟踪窗关系

根据新颁布的航行信息显示标准,雷达初始跟踪和稳定跟踪时应采用相应的标识符如图 6-5-2 所示的窗口 2 和窗口 6 所示(见本书附录一表 1-2)。在此标准颁布之前,雷达的图标标识没有统一规定。早期 ARPA 屏幕上跟踪标识符的大小和形状与设备跟踪窗的大小和形状一致,通常采用正方形。现代雷达目标跟踪标识符的大小和形状与跟踪窗的大小和形状可以没有必然的联系,跟踪标识符有的沿用传统的正方形,但按照标准应该采用图 6-5-2 所示的圆形标识(见本书附录一表 1-2)。在捕获状态下,人工捕获标识符为直径 5 mm 的细划线圆;自动捕获标识符为直径 5 mm 闪烁的红色粗划线圆,直到驾驶人员确认后停止闪烁。在跟踪状态下,跟踪标识符为直径 3 mm 的粗实线圆(或也可以为直径不大于 2 mm 的实心圆);危险目标为直径 5 mm 闪烁的红色圆,直到驾驶人员确认后停止闪烁。

②跟踪窗尺寸

早期典型的跟踪窗如前所述为搜索范围可变的区域。目前很多雷达目标跟踪窗的尺寸固定,因此跟踪窗所对应的海上实际搜索范围就与量程的变化成正比。以圆域跟踪窗为例,典型的跟踪窗在 3 n mile 量程上窗口直径为 0. 125 n mile,当量程改变为 6 n mile、12 n mile 及 24 n mile 时,窗口直径分别为 0. 25 n mile、0. 5 n mile 及 1 n mile。也有的雷达目标跟踪窗可以由操作者设置为大、中、小三个级别,对 3 n mile 量程而言,中窗口的直径约为 0. 125 n mile,小窗口直径约为 0. 07 n mile,大窗口直径约为 0. 18 n mile。

(2)建立目标相对运动趋势

当发现需要关注的目标时,操作光标覆盖目标并按下捕获键,则跟踪器以光标位置为中心生成捕获窗,记录下目标的捕获位置,在窗口范围内搜索目标回波,同时在屏幕显示捕获标识 1。由于人为操作可能存在误差,对目标的运动参数也一无所知,捕获窗应在合理范围内足够大。

雷达捕获目标后的第一次扫描,在跟踪窗内发现的回波则认为是所要跟踪的目标,将回波的前沿位置记录为目标坐标点,跟踪窗移动到以该点为中心的位置,显示捕获标识 2。此时仍然不知道目标的运动参数,远未达到稳定跟踪的条件,因此跟踪窗仍保持足够大。

第二次扫描后,获取到目标的第二个位置数据。由于雷达天线的扫描周期通常为 3 s 左右,考虑到船舶的实际运动特性,可以将这个采样时间内船舶的运动近似看作匀速直线运动。因此,根据目标相对本船的两个相继位置数据就可以计算出目标相对本船的航向和航速,并预测出在第三次天线扫描时目标可能到达的位置点。雷达将跟踪窗移动到以该点为中心的位置,等待目标进入跟踪窗,并显示捕获标识3。

第三次天线扫描,所获得的目标探测位置,并不一定与预测位置重合。这是由于雷达探测目标存在误差,在此基础上对目标的预测也必然存在误差,同时目标的运动也受其自身控制特性和环境因素的影响存在着不确定性。为了做到最佳预测目标的位置,给出进一步的预测运动,考虑到用二维参数(位置、速度)便可以描述船舶的匀速直线运动。位置误差也即位置噪声影响了船舶的位置和航速精度,因而使用二维参数滤波,即所谓α-β滤波就能够在预测位置和探测位置之间实现滤波,降低噪声影响,得到目标的滤波位置作为第三次扫描周期的目标最佳位置。于是,从第二次探测位置出发到第三次滤波位置,跟踪器可以计算出目标的运动速度,并可以预测出第四个扫描周期中目标的位置点。雷达将跟踪窗移动到以该点为中心的位置,显示跟踪标识4。在随后的大约20圈内的天线扫描(目标捕获后1 min之内)跟踪过程中,跟踪器重复这个过程,以矢量和字母数字数据指示目标的相对运动趋势,目标的跟踪精度逐步提高,跟踪窗也随之逐步缩小,如跟踪标识5对应的跟踪窗所示。按照IMO有关雷达性能标准的要求,对于真航速最快达到30 kn的船舶,在捕获目标1 min内,根据本船与目标船的会遇局面不同,目标跟踪给出目标的相对航向误差应小于11°,相对航速误差应小于1.5 kn或航速的10%的较大者,CPA误差应小于1 n mile;而在此前的ARPA性能标准给出的目标相对航向误差可达10°~15°,相对航速误差可达1~3 kn,CPA误差可达1.6~2 n mile。

(3)建立目标预测运动

随着跟踪过程的继续,数据精度进一步提高并趋于稳定。按照IMO有关雷达性能标准规定,在3 min内对被捕获目标建立起稳定的跟踪,给出目标的预测运动,输出符合精度要求的目标预测运动数据,相对航向误差在3°之内,相对航速误差为0.8 kn或航速的1%的较大者,CPA误差在0.3 n mile左右,TCPA误差不超过0.5 min,真航向误差在5°之内,真航速误差为0.5 kn或航速的1%的较大者。这个过程表现为跟踪窗逐渐缩小直至保持稳定,如跟踪标识6对应的跟踪窗所示。

需要注意的是,滤波算法不同,以及滤波参数选取不同,都会影响跟踪器的性能。例如,水面平静时,如果目标的探测位置误差较小,滤波的结果应尽量以目标探测位置为准;反之,海况恶劣时,目标探测位置误差较大,滤波算法就应当更多地考虑到预测位置精度较高。再例如,在跟踪初始建立期间,对目标运动特征所知较少,预测的精度较低,应考虑探测位置在滤波算法中占有较大的权重;当稳定跟踪建立起来后,预测精度提高,预测位置在滤波算法中理应占有较大的权重。设备的厂家和型号不同,雷达滤波算法和滤波参数会有不同,其性能也就有差别。有的雷达目标跟踪功能在晴朗天气使用时性能较好,有的在恶劣海况下还能保持较好的性能,有的在大洋使用性能稳定,有的在沿岸及狭窄水域使用也可以有较好的表现,这些现象在很大程度上取决于滤波算法的设计与实现。换句话说,尽管跟踪器的设计越来越多地采用了改良的具有自适应能力的,或采用了近现代更为先进的滤波算法,但是到目前为止,很难看到某个型号的雷达能够在所有航行环境下都会表现出最优的目标跟踪性能。

在实际使用中,达到稳定跟踪所需要的时间还与海洋气象以及船舶机动情况有关。在海洋气象恶劣或水域狭窄船舶频繁改向时,花费的时间要长些,数据误差偏大,接近标准的要求。在平静的大洋定向航行时,所需要的时间就比较短,数据精度较高。实测表明,在较好海况下航行的船舶,大多数主流型号雷达可以在10圈左右的天线扫描周期内获得目标的运动趋势,在30~40圈的天线扫描周期内给出目标的预测运动。

(4)目标丢失

由于本船或目标船大幅度机动,或其他干扰因素,目标回波可能出现跟踪标识7对应的跟踪窗所示的情况。此时跟踪器不能在跟踪检测区域内获得目标的探测位置,滤波无法按照上述原则继续,于是跟踪窗按照上次滤波结果直线外推,并扩大搜索范围,如跟踪标识8对应的跟踪窗所示。这种情况可以继续下去,跟踪窗也不断在合理的范围内扩大搜索范围。直到在某次天线扫描中,跟踪窗搜索到了目标,上述滤波过程可以重新恢复,如跟踪标识9对应的跟踪窗所示。按照IMO有关雷达性能标准规定,在连续10次天线扫描中,只要有5次能够在显示器上清楚识别出目标,目标跟踪就应能够继续。如果违反了这个原则,雷达就判定目标丢失,发出目标丢失报警。

(5)目标交换

被跟踪目标的雷达数据与另一个被跟踪目标或非被跟踪雷达回波不正确关联的情况称为目标交换。比如,在目标跟踪过程中,如果存在两个非常接近的目标,在某次天线扫描时,它们的回波落在了同一个跟踪窗内,雷达就很容易产生错误判断,将已跟踪的目标放弃,错误地跟踪上另一个目标,这种错误跟踪的现象就是目标交换的一种情形。容易理解,在目标交换发生的时候,跟踪器不能识别这个过程,这显然给航行安全带来了潜在的危险。驾驶人员应该深刻理解目标交换的危害,不能因为雷达能够对目标自动跟踪,就忽视雷达观测,忽视对目标跟踪过程的监视。当被跟踪目标接近障碍物或其他目标,以及被跟踪的目标互相接近时,引航员有责任提醒驾驶员注意发生目标交换现象的可能性,审慎地保持雷达瞭望。

从以上讨论可以看出,雷达对目标的跟踪过程是一个滤除位置噪声、计算最佳位置和速度的动态滤波过程。在这个过程中,首先要检测每次天线扫描探测到的回波位置,利用同一个目标运动位置点迹相关的特性,将属于某个目标的回波位置点迹连接为航迹,此谓航迹相关。进而根据目标位置的相继变化,计算目标与本船的相对航速和相对航向,并以此预测目标在下一次天线扫描时应在的位置,此谓航迹外推。跟踪窗的大小应与位置误差相匹配,跟踪窗越小,跟踪精度就越高,目标交换的可能性就越小,但丢失目标的可能性会增大;反之,跟踪窗越大,目标丢失的可能性越小,但跟踪精度低,发生目标交换的可能性增加。

4. 危险判断

在目标跟踪过程中,跟踪器不断将跟踪目标的CPA/TCPA值与设定的安全界限CPA LIM/TCPA LIM比较,对小于安全界限的目标发出危险报警。

5. 试操船

试操船是雷达的一个图形模拟功能，当本船在避碰行动或导航中需要机动（改向或改速或艏向航速同时改变）航行时，对于雷达所有已跟踪目标和至少激活 AIS 目标，试操船可以在图形显示区域模拟本船机动操作的预测未来局面，辅助做出保障船舶航行安全的有效避碰决策。

6. 目标跟踪流程

如图 6-5-3 所示为雷达目标跟踪流程。未跟踪目标经人工或自动捕获之后开始建立跟踪，被跟踪目标可能因目标丢失而发出丢失报警，或被驾驶人员判断为不再需要跟踪的目标而删除；丢失的目标需经确认才能消除报警，被删除的目标通常也需要确认操作；当雷达判断被跟踪目标为危险目标时，发出报警并需确认；被确认的危险目标可能发生目标丢失并报警，或由于采取避碰措施而解除危险。

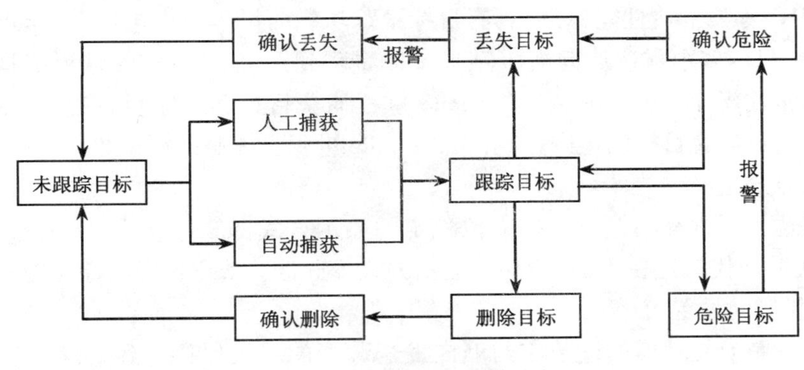

图 6-5-3 雷达目标跟踪流程

二、雷达目标跟踪设置与基本功能

（一）目标跟踪初始设置

雷达目标跟踪的过程是跟踪器对相关传感器信息综合处理、连续计算、预测和更新目标航迹和最佳运动数据的过程。为了得到满足安全避碰的目标航行数据，需要首先进行目标跟踪初始设置，包括传感器设置和安全界限设置。

1. 传感器设置

保证雷达跟踪器正常工作的基本传感器包括雷达、陀螺罗经或艏向传送装置（THD）和船舶航速和航程测量设备（SDME，如计程仪）。

(1)雷达设置

雷达传感器是跟踪器的关键信息源,它为跟踪器提供了定时信号、回波视频信息、天线角位置和船首标识信息。雷达传感器故障将直接造成跟踪器不工作,并有相应报警指示;雷达传感器信息误差将导致跟踪器输出目标信息误差,带来直接或潜在的航行危险;雷达传感器设置和操作不当,将可能导致跟踪器无法正常实现跟踪功能,以及可能出现目标检测困难、捕获杂波、目标丢失、目标数据误差等问题,严重影响跟踪器正常工作。雷达传感器设置包括以下内容:

①图像调整

使用目标跟踪功能之前,应综合运用增益、人工/自动调谐、脉冲宽度选择、人工杂波(海浪、雨雪)抑制等控制,将雷达图像调整到最佳状态,保持回波图像稳定清晰。一般情况下应谨慎设置和使用扫描相关、回波平均、回波扩展、自动海浪抑制、自动雨雪抑制等对雷达图像无法自如调控的控制,降低对目标检测和跟踪引起不利影响的可能性。

②量程选择

按照 IMO 有关雷达性能标准,具有目标跟踪功能的量程至少包括 3 n mile、6 n mile 和 12 n mile,目前多数雷达从近至 0.75 n mile 量程到远至 24 n mile 量程都具有目标跟踪功能。通常情况下,可以在 6~12 n mile 量程捕获目标和判断目标碰撞危险,在 6 n mile 量程确定对危险目标的避碰方案,在 3 n mile 量程实施避碰行动和评估避碰效果。

③显示方式选择

使用雷达目标跟踪功能应选择方位稳定的显示方式,如 N-up 或 C-up,避免使用 H-up 显示方式。现代雷达在不稳定 H-up 显示方式下通常会禁止目标跟踪功能。

(2)本船艏向设置

确认雷达艏向复示器的读数应与艏向发送装置的示数保持一致且随动正常。按照性能标准要求,在艏向信息失效后 1 min 之内,雷达应自动切换至艏向上不稳定显示模式,目标跟踪功能停止工作。

(3)本船航速设置

在避碰时,雷达应采用对水航速(STW),以获得对水稳定方式;在导航时,雷达应采用对地航速(SOG),以获得对地稳定方式。本船航速通常通过传感器取得,需要时人工输入。按照 IMO 有关雷达性能标准要求,为雷达系统提供航速的传感器应能够提供本船 STW 和 SOG。

为雷达提供 STW 的传感器通常为工作在“水层跟踪”模式的计程仪。在计程仪故障且船舶定速航行时可以人工输入船舶航速。

为雷达提供 SOG 的传感器可有多种选择,包括在适宜的水深条件下能够有效地工作在“海底跟踪”模式的计程仪(如多普勒计程仪或声相关计程仪等);还可以使用 EPFS 计程仪/设备提供 SOG,目前较为常用的是 GPS 计程仪/导航仪;以及可以设置合适的静止目标(如岛礁)作为雷达跟踪的航速参考目标。在以上传感器都无法提供 SOG 的情况下,还可以在计程仪 STW 的基础上人工输入风流压差获得 SOG,或人工直接输入本船

SOG(大小和方向)。

2. 安全界限设置

驾驶人员在雷达上设置避碰安全界限 CPA LIM/TCPA LIM,目标跟踪功能能够自动将被跟踪目标的 CPA/TCPA 值与安全界限比较,对小于安全界限的目标发出危险报警。

安全界限设置过大,虚警增加,给驾驶人员带来不必要的负担;设置过小,安全系数降低甚至不能达到对碰撞危险预警的目的。安全界限的设置值与很多因素有关,包括本船吨位和操纵特性、驾驶团队的船艺水平、航行水域开阔程度和船舶密度、海洋气象等,甚至还要考虑航行水域中可能出现的最大吨位的目标船,因此安全界限的设置值不能一概而论。根据海上航行避碰经验,结合海上避碰规则,船舶在通航密度较小的水域航行时,CPA LIM 通常为 2 n mile 左右,TCPA LIM 通常不低于 30 min;在通航密度较大的水域航行时,CPA LIM 可为 1~2 n mile,TCPA LIM 通常为 12~18 min。狭窄水域航行时,雷达避碰的局限性比较大,特别当 CPA LIM 小于 0. 8 n mile 仍然无法满足航行要求时,雷达目标跟踪信息只能作为参考,引航员应综合考虑其他避碰手段。

(二)目标捕获

捕获分为人工捕获和自动捕获,SOLAS 公约和最新 IMO 有关雷达性能标准对不同吨位/船级船舶配置的雷达最少捕获目标数量做出了明确的规定,如表 6-5-1 所示。

表 6-5-1 雷达最少捕获跟踪目标数量

船舶大小	500 总吨以下	500 总吨至 10 000 总吨以下和 10 000 总吨以下高速船	所有 10 000 总吨及以上船舶
最少捕获雷达目标数	20	30	40

被捕获的目标由跟踪器记录其前沿屏幕坐标位置,并以该位置为中心,标记一个捕获标识,开始对目标实施跟踪,这时的捕获标识也就成为跟踪标识,伴随目标的运动,直到目标丢失或取消对目标的跟踪为止。

1. 人工捕获

人工捕获功能是雷达必须具备的功能。操作者使用光标操纵设备(如轨迹球)移动屏幕光标(或捕获标识)覆盖在需要关注的目标上,并按下捕获按键发出捕获指令,此时光标在屏幕上的坐标数据就作为被捕获目标初始的位置数据记录在跟踪器中,并以该位置为中心显示捕获标识“◌”(见本书附录一表 1-2 1-2. 1 a)。如果在随后的捕获窗中检测到目标,捕获标识则以该目标前沿为中心移动,雷达开始目标跟踪(Target tracking)。根据 IMO 有关雷达性能标准要求,雷达将在 1 min 之内给出目标的运动趋势。

人工捕获目标时,应遵循最关注目标优先捕获,即在船舶互见时船首、右舷、近距离的原则。结合海上避碰规则、航海实践和雷达观测特点,“船首”基本上可理解为相对方位330°~30°附近这一范围;“右舷”基本上可理解为相对方位30°~150°附近这一范围,而在能见度不良时,左右舷(210°~330°附近和30°~150°附近)的目标都应被同等关注;“近距离”基本上可理解为8 n mile以内的范围。船首、右舷、近距离三者无先后顺序,应当结合当时海面状况综合判断。在船舶密度较大的水域航行时,真尾迹功能可以辅助区分运动目标和静止目标,判别运动目标中的同向船、对遇船和交叉会遇船,利于判断目标捕获的优先度。

在引航水域常用的人工捕获具备如下特点:

(1)可按会遇局面和航行需要逐个捕获目标,目的明确,针对性强。

(2)可根据雷达观测经验,在复杂的回波环境中辨识和捕获目标,避免捕获杂波、假回波和不需要捕获的目标。

(3)如疏忽视觉及雷达瞭望,可能遗漏相关目标,造成漏警。

(4)操作过程费时,随着会遇局面不断变化,对新出现的相关目标或丢失后需再次捕获的目标需要额外操作,增加驾驶人员工作负担。

2. 自动捕获

自动捕获是在雷达屏幕上设定某个闭合的捕获(激活)区域,闯入或处于该区域内的雷达目标显示闪烁的红色捕获标识“◌”(见本书附录一表1-2 1-2.1 b)发出报警,并被跟踪器自动捕获。驾驶人员确认后或经过程序设定的一段时间后,捕获标识停止闪烁。自动捕获区域也可以根据设置作为警戒区域,闯入或处于该区域内的目标只发出报警,驾驶人员可根据情况人工捕获需要的目标,对不需要捕获的目标可以通过确认取消报警。

根据IMO雷达性能标准要求,所有10 000总吨及以上的船舶所配备的雷达必须具备自动捕获功能。自动捕获目标时,可使用警戒/捕获区域和排除区域协助完成。

(1)警戒/捕获区域

警戒/捕获区域设置如图6-5-4所示,当目标由区域外部闯入内部或处于区域内部时,目标便触发了报警/捕获条件。为了避免回波闪烁引起处于区域边缘目标的虚警,通常目标闯入区域边界一定深度(如0.1 n mile)时才视为触发报警/捕获条件。警戒/捕获区域可设置为多种图形区域,如图6-5-4(a)所示的警戒/捕获区域为环形区域,通常可以设置最多两个警戒/捕获区域,如果根据需要限定警戒/捕获区域的范围,则可以将警戒/捕获区域设置为如图6-5-4(b)所示的扇区。如图6-5-4(c)所示为多边形(不规则)警戒/捕获区域,每个顶点的位置都可以根据需要方便地自由调整。

(2)排除区域

排除区域也称限制区域,是在雷达屏幕上设置的拒绝自动警戒/捕获目标的区域。设置排除区域的目的是防止雷达对陆地、岛屿、杂波区域等不需要警戒/捕获的目标做出不必要的反应,以及限制雷达捕获近距离没有实际跟踪意义的目标,提高雷达自动警戒/捕获的目的性,合理利用雷达目标容量资源,增强重点目标屏幕显示信息的可读性。如果认为在排除区域内有需要跟踪的目标,则可以人工捕获。

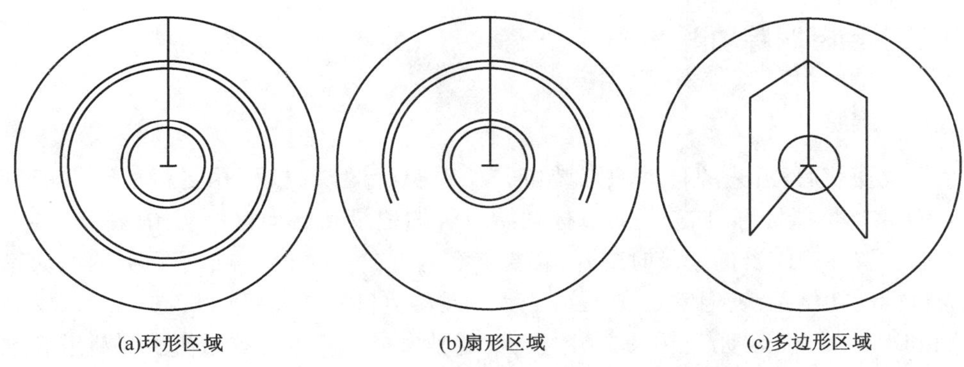

图 6-5-4 设置警戒/捕获区域

(3)自动捕获设置

一般来说,距本船 8~12 n mile 范围可设置为雷达警戒区域,在 6 n mile 左右设置目标捕获区域,近于 1.5 n mile 的范围最好设置为排除区域。此外还可以根据引航水域的情况,酌情复合利用圆环、扇区或多边形合理设置警戒区域和/或捕获区域及排除区域。

(4)使用自动捕获功能注意事项

自动捕获功能具有以下特点:

①捕获速度快,可满足多目标快速逼近复杂会遇局面中及时捕获目标的需要。

②能根据自动捕获区域和排除区域的设置,按照优先方案捕获目标。

③如果捕获区域设置不合理,容易过多地捕获没有跟踪意义的目标,浪费系统资源,分散驾驶人员注意力。

④会误将干扰杂波、陆地或岛屿等当作有用目标捕获,造成虚警。

⑤不适合环境复杂的引航水域。

⑥可能因捕获区域设置不合理而无法捕获相关目标。

⑦可能因杂波干扰或阴影扇形区域影响而漏失弱小目标,造成漏警。

⑧不可免除驾驶人员雷达观测职责,必须与人工捕获配合使用,确保不漏失对相关目标的捕获和跟踪。

3. 捕获方案选择

人工捕获和自动捕获各有优、缺点,应根据航行需要综合考虑目标捕获方案。人工捕获适合各种引航水域和会遇局面,是辅助判断会遇局面必须使用的功能。自动捕获是捕获目标的辅助手段,更适合在气象海况条件良好的开阔水域中使用。在回波复杂的引航环境,对目标的选择性要求较高,不适合自动捕获。但在任何会遇局面中,适当设置自动捕获区域,并配合排除区域是值得推荐的方案。捕获或跟踪目标数量即将达到系统容量限制时会发出报警,驾驶人员应消除不重要的目标,以使系统有余量捕获和跟踪更重要的目标。

（三）目标跟踪功能

1. 目标跟踪

目标被捕获后，雷达的自动跟踪装置开始对目标跟踪，显示并更新目标跟踪数据。按照IMO雷达性能标准，捕获是对目标初始位置的记录和启动目标初始跟踪的过程，从目标初始位置在跟踪器的记录时刻开始，要求雷达应在1 min之内指示目标的运动趋势，即建立目标的初始跟踪，通常是在工作显示区域显示目标的矢量（标准只要求显示相对矢量）和CPA。目标运动趋势数据精度较低，驾驶人员可参考此数据初步判断碰撞危险，但不可仅凭此数据采取避碰行动。在3 min之内，雷达指示目标的预测运动，显示目标稳定跟踪信息，即可以根据驾驶人员的需求，在工作显示区域显示目标跟踪的图示数据和标识（见本书附录一表1-2），如目标相对矢量、真矢量、过去位置、预测危险区（PAD）、危险标识等，并在雷达数据显示区域显示目标跟踪数据，包括目标相对本船的距离/方位（或真方位）、目标CPA/TCPA和目标真航向/真航速，以及目标过船首的距离/时间（Bow Crossing Range，简称BCR；Bow Crossing Time，简称BCT）和目标的地理经纬度等，用于协助判断目标碰撞危险和采取避碰行动。表6-5-2列出了当雷达及相关传感器（如陀螺罗经、计程仪）的误差满足相应性能标准规定时，雷达跟踪真航速在30 kn以内的目标，性能标准对跟踪精度的要求，这是对雷达目标跟踪性能的最低要求。不同厂家不同型号的雷达，在不同的海洋气象条件下，能够达到跟踪精度要求所经历的时间会有不同。通常在平静的气象海况条件下，这个时间相对会少一些。应该注意的是标准对精度的要求建立在95%概率之上，也就是说，在满足性能标准的雷达设备上，被跟踪目标数据的精度仍然可能存在5%的概率低于表6-5-2的要求。

表6-5-2　目标跟踪精度（95%概率）

稳定状态时间（min）	相对航向（°）	相对航速（kn）	CPA（n mile）	TCPA（min）	真航向（°）	真航速（kn）
1 min 运动趋势	11	1.5%或10% （取大者）	1.0	—	—	—
3 min 预测运动	3	0.8%或1% （取大者）	0.3	0.5	5	0.5%或1% （取大者）

换个角度看，当目标跟踪精度分别达到表6-5-2中1 min或3 min稳定要求时，也意味着此时雷达通过对目标的跟踪获得了目标的运动趋势（初始跟踪）或预测运动（稳定跟踪）。也就是说，对于给定的雷达在特定的气象海况条件下，目标的初始跟踪和稳定跟踪所花费的实际时间随当时雷达目标跟踪数据的精度与表6-5-2中的标准数据符合的程度不同而不同。通过关注被跟踪目标数据的变化范围来判断对目标的跟踪状态，对那些数值变化范围大于表中要求的目标保持警觉是十分必要的。

目标被捕获后达到稳定跟踪时所经历的时间也称为目标跟踪处理延时，对于任何雷达，这是一个不可或缺的信息处理过程。在这个过程中，雷达通过时间积累目标的过去记录，过滤各传感器误差，平滑船舶运动和海洋气象的影响，按照既定的程序处理目标信息，预测目标未来航速和航向，计算输出目标的最佳运动数据，这个过程也称为滤波。滤波不仅存在于目标稳定跟踪的建立过程，而且贯穿于对目标自始至终的跟踪过程。当被跟踪目标发生机动航行时，雷达目标跟踪的滤波表现为不能够及时指示出目标船的机动变化，对目标机动的预报存在处理延时。当然，本船机动也会造成对所有目标跟踪数据产生处理延时，只是本船机动数据已经通过传感器输入给了雷达，对比目标机动而言，对数据的精度影响相对较小。因此可以认为，雷达目标跟踪功能通常适合于本船和目标船保向保速稳定航行的环境，而在高机动性的航行环境中，雷达目标跟踪数据的精度将受到较大的影响。如果再附加强杂波干扰或处于目标密集区域，还容易导致目标丢失或目标交换，打破稳定跟踪状态。这就要求在使用雷达做避碰决策时，首先应保持本船定速定向航行，并应使用视觉瞭望、尾迹显示或 AIS 报告信息等其他观测手段验证雷达目标跟踪数据的可靠性。

“机动”航行是指艏向或/和航速具有一定数量或幅度的改变过程，船舶存在加速度或转向速率的情形。这里可以借鉴以往的性能标准给出本船机动的参考数据：“在 1 min 之内航向有±45 °的改变。”这里有两个数据值得注意，即船舶转向动作持续的时间和船舶旋回速率。由于雷达信息滤波处理会对短时间内船舶艏向和/或航速的变化，尤其是无规律的变化，以及对船舶艏向和/或航速的连续微小变化当作扰动因素滤除，因此在弯度不十分曲折的水道内船舶沿航道做一定程度的顺势转向航行，并不能看作“机动”航行；或者说在机动不显著的情况下，跟踪器会“忽略”船舶的“机动”。但同时也应注意到，船舶频繁小角度地变向航行，也必然会影响雷达目标的跟踪精度，影响目标跟踪数据的可靠性。

需要注意的是，任何传感器误差、雷达滤波不稳定因素和对船舶定向定速航行稳定性的扰动因素，如雷达误差、陀螺罗经误差、计程仪误差、本船或目标船机动、恶劣海况和目标交换等，都会影响目标捕获和达到稳定跟踪所需要的时间，影响目标跟踪精度。性能标准指出，目标捕获、本船机动、目标机动、目标交换、跟踪干扰期间或之后的短暂时间内，跟踪精度可能显著降低，并且跟踪精度也取决于传感器精度和本船的运动。

雷达对目标的跟踪范围与跟踪器特性有关，也与船舶在会遇局面中按照海上避碰规则实施有效机动措施的距离范围相关。处理延时限制了雷达对近距离快速逼近目标的跟踪精度，因此对于处于本船 1.5 n mile 之内的目标，才开始使用雷达捕获，以获得的跟踪数据实施避碰是不可靠的。从避碰的角度看，对远于 12 n mile 的目标船过早捕获或继续跟踪的意义并不大，因此按照 IMO 雷达性能标准要求，自动跟踪装置至少应在 3 n mile、6 n mile 和 12 n mile 量程上有效，跟踪距离应至少延伸至 12 n mile。目前多数雷达从近至 0.75 n mile 量程到远至 24 n mile 量程都具有目标跟踪功能，有些雷达可以跟踪目标远至 30 n mile 左右。当雷达量程切换至不具备目标跟踪功能的量程时，工作显示区域不再显示雷达目标跟踪图标标识，但是对目标的跟踪仍在后台程序中继续。当雷达量程再次切换回具备目标跟踪功能的量程时，雷达目标跟踪过程不会因为量程的切换而发生任何中断。当目标航行远至超过雷达设计的最大跟踪距离时（如 12 n mile 或某雷达 30 n mile），雷达将自动放弃对目标的跟踪，对于此种情况并不要求雷达发出报警。

2. 矢量

矢量（Vector）是源自目标位置（雷达目标跟踪位置或 AIS 报告位置）和本船 CCRP 位置，预测目标和本船未来一段时间（时间长度可由操作者选定）运动的线段，线段的方向指示目标未来的运动方向，线段的长度指示在选定的时间内目标未来的运动航程，如果选定单位时间作为矢量的长度，则矢量的长度就代表了目标未来的航速。矢量显示是雷达目标跟踪的重要功能，对目标的预测运动提供了直观的图示。借助矢量指示，可以快速地从雷达工作显示区域获得目标的预测运动，判断目标碰撞危险，了解会遇局面，求取避碰措施，实施避碰行动。换句话说，不了解矢量在会遇局面评估、危险判断、试操船和避碰行动实施中的作用和意义，就无法使用雷达实施避碰行动。

雷达目标跟踪矢量显示方式可分为相对矢量（Relative Vector，简称 RV）和真矢量（True Vector，简称 TV）两种。相对矢量适合目标危险判断，真矢量适合在采取避碰行动时掌握目标船动态，做出避碰决策。

（1）相对矢量

①相对矢量含义

相对矢量的始端表示目标当前的雷达目标位置，矢量的方向表示目标相对本船的运动方向，矢量的长度表示在设定的矢量时间内目标相对本船运动的航程；矢量的末端表示在设定的矢量时间后（假定在该时间段内本船和目标未出现机动）目标相对于本船的位置。从人工标绘的角度讲，目标的相对矢量延长后实质上等同于目标的相对运动线（R. M. L.）。

②相对矢量特点

a. 相对矢量为目标相对于本船的运动矢量，可在延长后看作目标的相对运动线（R. M. L.），如图 6-5-5（a）、（b）中目标 T_1 和 T_3 所示。

b. 无风流影响水域中，固定目标相对矢量方向与本船罗经航向相反，大小与本船航速相等，如图 6-5-5（a）、（b）中目标 T_4 所示。当有风流影响时，固定目标的相对矢量方向与本船航迹向相反，大小与本船航迹速相等。

c. 本船无相对矢量显示，如图 6-5-5（a）、（b）所示。与本船同向、同速的运动目标也无相对矢量显示，如图 6-5-5（a）、（b）中目标 T_2 所示。

d. 从本船作目标相对矢量路径的垂线，垂线段为目标 CPA，目标从矢量的始端到航行至 CPA 的时间为 TCPA，如图 6-5-5（a）、（b）所示。

e. 相对矢量的显示与雷达图像的指向方式（H-up、N-up、C-up 等）和运动方式（TM、RM）无关，如图 6-5-5（a）、（b）所示。

③相对矢量应用

a. 根据相对矢量设定的时间以及矢量的长度，可快速判断出目标逼近本船的速度。

b. 通过调整矢量时间，改变矢量长度，可快速直观地从雷达显示器上估测目标的CPA和TCPA，与设定的安全界限CPA LIM和TCPA LIM比较，评估本船与目标船的碰撞危险程度。

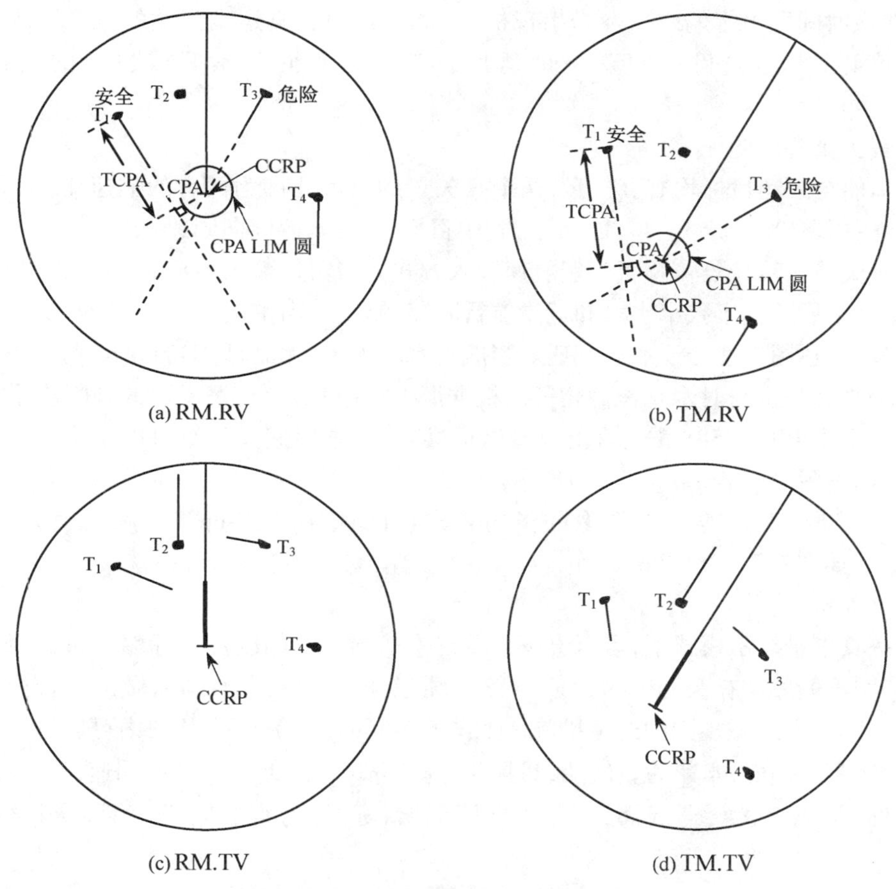

图 6-5-5 相对矢量与真矢量示意图

c. 使用相对矢量可快速判定本船与多个目标船是否有碰撞危险。具体使用时，以本船CCRP为圆心，以设定的安全界限CPA LIM为半径，在屏幕上设置CPA LIM圆，当目标的相对矢量或其延长线与CPA LIM圆相交时，表明目标与本船有碰撞危险，如图6-5-5(a)、(b)中目标T_3所示；当目标的相对矢量或其延长线与CPA LIM圆相离时，表明目标与本船无碰撞危险，如图6-5-5(a)、(b)中目标T_1所示。为方便观测，在使用中需要经常调节矢量的长度。

d. 在本船机动的情况下，相对矢量不能直观判断目标船的机动情况，不适合在避碰操纵环境下使用。

(2)真矢量

①真矢量含义

本船和目标船都有真矢量。本船真矢量的始端为本船 CCRP 点,目标真矢量的始端表示目标当前的雷达目标位置,真矢量的方向表示本船或目标的真运动航向,矢量的长度表示在设定的矢量时间内目标真运动的航程,矢量的末端表示在设定的矢量时间后(假定在该时间段内本船或目标未出现机动)本船或目标真运动到达的位置。从人工标绘的角度讲,本船或目标的真矢量延长后实质上等同于本船或目标的真运动线(T. M. L.)。

②真矢量特点

a. 本船与运动目标均有真矢量,两个真矢量的长度比即为两者的航速比,如图 6-5-5(c)、(d)中本船及目标 T_1、T_2、T_3 所示,其中目标 T_2 与本船同向同速。

b. 真矢量显示特点依赖于本船航速输入方式。当雷达输入 SOG 时,真矢量为对地真矢量,雷达图像适合于狭窄水域和近岸航行时兼顾导航;当雷达输入 STW 时,真矢量为对水真矢量,雷达图像适合于船舶避碰。当航行水域无风、无流时,本船 SOG 与 STW 相等,因此对地真矢量也与对水真矢量相等。根据海上避碰规则,会遇局面的判断应采用对水真矢量。根据 IEC 62388 雷达性能及测试标准要求,本船速度矢量可以指示雷达的稳定方式,如本书附录一表 1-2 1-1.1 c 所示。

c. 真矢量的显示与雷达图像的指向方式(H-up、N-up、C-up 等)和运动方式(TM、RM)无关,如图 6-5-5(c)、(d)所示。

③真矢量应用

a. 在真矢量显示模式下,可以直观地看出本船与目标船以及目标船与目标船间的会遇局面,明确船舶间在会遇中的责任与义务,根据相互间的会遇局面做出符合当时航行环境及国际海上避碰规则的避碰措施。如图 6-5-5(c)、(d)所示,从图中可以看出本船与目标 T_1 成交叉局面,本船为直航船,目标 T_1 为让路船;本船与 T_2 同向同速,互不影响;本船与目标 T_3 成交叉会遇局面,本船为让路船,目标 T_3 为直航船;T_4 为固定目标,互不影响。

b. 使用真矢量判断是否存在碰撞危险时,可通过连续调整矢量时间,改变矢量长度,观察本船真矢量与目标真矢量的末端距离的变化,如果两末端距离的最小值小于 CPA LIM,则意味着本船与该目标有碰撞危险,矢量末端接近的海域为船舶可能碰撞区域。显然,真矢量判断碰撞危险不如相对矢量直观方便。仅就判断碰撞危险而言,意义不大,不建议使用。但是在单船避碰操纵过程中,如果按照上述方法调整好矢量时间,运用真矢量实施操纵监控,对于随时了解目标船的动态,同时兼顾碰撞危险的判断十分有利。

c. 在追越航行环境中,通过连续调整矢量时间改变矢量长度可以直观地预测追越过程,判断追越结束的时间和海域,对弯曲航段和狭水道追越环境,尤其对即将进入禁止追越航段的船舶操纵具有参考意义。

d. 能见度恶劣环境的靠泊操纵,可以借助本船真矢量协助船舶操纵以最佳方案靠泊。

(3)矢量综合运用

从以上分析可以看出,相对矢量和真矢量显示是应用雷达判断碰撞危险和采取避碰行动的重要功能。在判断碰撞危险阶段应采用相对矢量,在制定避碰决策阶段应采用对水真矢量,在避碰方案实施阶段应根据需要随时切换真矢量与相对矢量,兼顾掌握会遇局面和危险判断。在单船会遇局面中,也可以通过调整矢量时间仅采用对水真矢量兼顾危险判断、避碰决策和避碰行动实施。

3. 过去位置

过去位置(Past position)是用一系列等时间间隔的点标记雷达跟踪目标、AIS 报告目标或本船过去时刻所对应的位置,能够很好地诠释目标或本船在过去一段时间内的位置及机动情况。过去位置可以是相对的或真的,过去位置总的时间以及时间间隔可以调整。根据 IMO 雷达性能标准要求,在改变量程或雷达图像偏心和复位或在真过去位置和相对过去位置间切换时,过去位置应在两个天线扫描周期内给予显示。根据 IEC 标准,过去位置可以应用于雷达目标和跟踪目标,但不是必备功能。目前大多数型号雷达的 TT 功能都具备过去位置显示,雷达目标则较少具备。

(1)过去位置模式切换

根据 IMO 雷达性能标准要求,雷达的过去位置模式与矢量模式保持一致,即真矢量模式记录真过去位置,相对矢量模式记录相对过去位置。

(2)过去位置应用

①过去位置模式选择

在本船保速保向航行时,相对过去位置有助于判断目标相对本船的运动变化,简单判断目标过去一段时间内的机动情况。对水真过去位置有助于在避碰行动中了解目标机动航行情况,对地真过去位置有助于在导航中了解本船是否沿正确航道航行。

②在避碰行动中应用

既然过去位置是对目标过去一段时间内的等时间间隔的位置记录,因此避碰行动中使用对水真过去位置判断目标是否有过机动就十分方便。当目标对水真过去位置不在一条直线上时,表明目标有过航向机动;当目标对水真过去位置点间隔先密后疏或先疏后密时,表明目标有过加速或减速机动。如图 6-5-6 所示为对水真过去位置,从图中可以看出本船 O 保速右转(对水真过去位置点间隔相等且不在一条直线上),目标 T_1 保速保向(对水真过去位置点间隔相等且在一条直线上);目标 T_2 加速保向(对水真过去位置点间隔先密后疏且在一条直线上);目标 T_3 保速右转(对水真过去位置点间隔相等且不在一条直线上);目标 T_4 为水上漂浮目标(无真矢量与真过去位置)。

③检查雷达目标跟踪能力

在本船保速保向航行时,如果所有目标过去位置出现不规则或不稳定的显示情况,说明此时雷达目标跟踪环节有问题,雷达目标跟踪数据不可轻信,需要通过其他方法核查数据的准确性。过去位置功能还可以用来检测雷达自动跟踪设备应对机动航行时的目标跟踪性能，当本船或目标大幅度机动造成被跟踪目标丢失时的船舶机动参数即为雷达能够维持对目标正常跟踪的极限能力。此时过去位置的记录可以直观地指示出在船舶机动航行状态下雷达目标跟踪的极限能力。

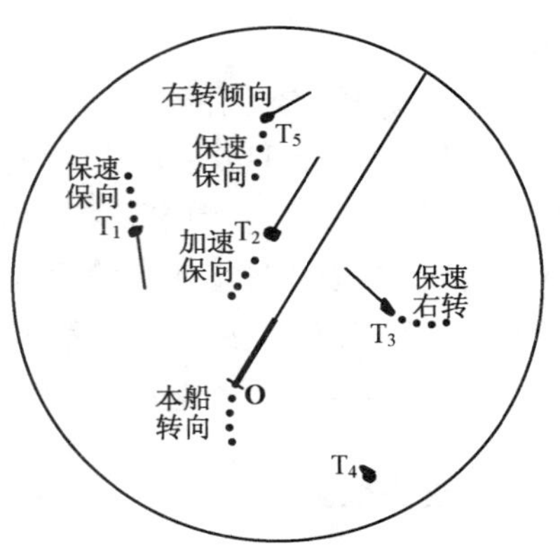

图 6-5-6　TM/TV 过去位置显示

④与矢量配合使用时注意事项

过去位置是雷达对目标过去一段时间内运动情况的平滑滤波记录（不代表目标的实测位置），不具有判断目标当前和未来运动状态的功能。矢量是在对目标跟踪的基础上，对目标未来运动的最佳预测，但受到处理延时的影响，矢量的指示通常与目标的实际运动存在一定的滞后。在过去位置与矢量配合使用时，应注意目标过去机动状况、现在航行状态和未来运动趋势既保持相对独立，又具有紧密联系。在过去位置功能启动后的短暂时间内，显示的过去位置少于 4 个记录点时，不应轻易依据不充足的图形信息对目标的机动状况下结论，也不应该因为矢量指示与过去位置不在一条直线上，就贸然断定目标正在改向。以图 6-5-6 中目标 T_3 为例，其过去位置说明目标实施了右转机动，但当前是否仍在机动状态或机动状态已经结束，无法仅凭此时的雷达目标跟踪信息贸然断定，需要再等待一段时间，继续观察随后的过去位置才能下结论；而对于目标 T_5，可以这样判断，在过去的时间内目标保速保向航行，而当前有转向的倾向，需要继续观察以确认是否转向。当然，这种情况还可以采用其他航海方法，如核实该目标 AIS 报告信息中的船舶旋回速率，或使用该目标 AIS 报告信息中的艏向与航迹向对比，或使用 VHF 无线电话联系来证实等方法，确认目标当前的机动状态。

需要注意的是，过去位置不是一个完全独立显示的目标跟踪功能，必须与矢量共同显示。仅仅凭过去位置判断目标过去的运动状态，对航行安全并不具有实际意义，只有将过去位置、当前回波和矢量指示的信息综合考虑，才能全面地了解和解释目标的动态。

三、雷达跟踪目标与 AIS 报告目标关联

（一）AIS 报告信息在雷达显示器上显示特点

与雷达目标跟踪能够提供的信息相比，如目标距离/方位、CPA/TCPA、目标真航向/真航速、BCR/BCT，AIS 报告目标提供了更为丰富的目标参考信息，尤其是目标识别信息，非常有利于在复杂的会遇局面中建立有效的通信联系，为航行安全开通有效的沟通渠道。

雷达信息处理器依据一定准则将 AIS 报告目标与雷达跟踪目标关联,关联后的雷达显示器能够根据设置,提供最佳航行信息。比起 AIS 设备自身配置的 MKD,雷达显示器能够在丰富的航行背景下,以图标标识和字母数字方式直观显示 AIS 目标报告丰富的信息内容,有助于驾驶团队掌握会遇局面,做出正确避碰决策,是理想的 AIS 信息显示器。根据 SOLAS 公约和 IMO 船舶导航雷达设备性能标准 MSC. 192(79)决议要求,不同吨位/类别船舶配置的雷达应显示休眠 AIS 目标和激活 AIS 目标的数量,如表 6-5-3 所示。

表 6-5-3 雷达显示休眠 AIS 目标和激活目标数量

船舶大小	500 总吨以下	500 总吨至 10 000 总吨以下和 10 000 总吨以下高速船	所有 10 000 总吨及以上船舶
最少激活 AIS 目标数	20	30	40
最少休眠 AIS 目标数	100	150	200

当 AIS 目标处理/显示容量即将溢出时,会有相关提示信息。显示的休眠目标和激活目标之间可以通过人工激活或休眠操作相互转化,也可以在目标进入预先设置的警戒/激活区域时自动报警/激活。雷达性能标准要求,在屏幕上设置的雷达目标警戒/捕获和排除区域同时适用于 AIS 目标的警戒/激活和排除。当屏幕上显示的 AIS 目标过多影响到雷达观测时,可以通过设置相关参数(如目标距离、区域、CPA/TCPA 或 A/B 类 AIS 目标)过滤全部或部分休眠 AIS 目标。

AIS 目标能够以图标标识和字母数字数据两种方式显示。在雷达工作显示区域,AIS 报告目标和雷达跟踪目标图标标识对比如表 6-5-4 所示。

表 6-5-4 AIS 报告目标与雷达跟踪目标图标标识对比

AIS 船载设备报告目标			雷达跟踪目标	
目标类型	图标标识	说明	目标类型	图标标识
休眠目标		底边为 3 mm、高为 4.5 mm 的锐角等腰三角形，指向为艏向或 COG（艏向信息缺失时），中心为目标报告位置	雷达目标	雷达回波点
激活目标		底边为 4 mm、高为 6 mm 的锐角等腰三角形，指向为艏向或 COG（艏向信息缺失时），中心为目标报告位置。间隔为线宽两倍的短划线表示目标 COG/SOG 矢量，沿矢量可标注时间增量。起点在顶点比速度矢量细的实线表示目标艏线，其长度为三角形长度的两倍。在艏线末端固定长度的折线指示船舶转向，可用曲线矢量指示路径预测。如果无法计算避碰数据，则用虚线	被跟踪目标	
被选目标		以图标标识和字母数字方式显示目标详细数据，在激活目标图标标识周围用正方形顶角方框指示	被选目标	
危险目标		底边为 5 mm、高度为 7.5 mm 的闪烁粗体三角形，红色粗线条显示速度矢量，确认后停止闪烁	危险目标	
丢失目标		不能继续收到信号的目标，在最后已知位置显示带十字交叉线（或被一直线交叉）的三角形，指向最后已知方位，不显示矢量、艏向和旋回速率。图标标识闪烁，直到确认后停止	丢失目标	
真实比例轮廓目标		在小量程上，根据目标船长、船宽和天线位置，可显示船舶真实比例轮廓	真实比例轮廓本船	

图标标识显示可以清楚地指示出 AIS 目标的类型（休眠、激活、被选、危险、丢失或真实比例轮廓目标等），与本船的相对位置关系，用预测矢量指示 AIS 目标的航向和航速，启动过去位置功能后，应显示过去位置。在这种显示方式下，AIS 目标默认显示为休眠目标。在休眠 AIS 目标被激活后，雷达显示器上将会出现 AIS 目标的预测矢量线段。图标标识显示方式可以直观地显示本船周围的交通动态和目标船的主要动态信息。有的雷达还设计当使用光标询问 AIS 目标时，在屏幕上可以出现浮动窗口，显示简化的 AIS 报告数据，主要包括船名、MMSI 等主要静态信息，便于目标识别，以及读取目标航向/航速、CPA/TCPA 等主要动态信息和避碰关键信息，便于判断会遇局面。当选择 AIS 目标时，其详细的报告数据以字母数字形式显示在数据显示区域。当选择显示多个 AIS 目标时，有相关字母数字标识对应 AIS 数据。根据 IMO 和 IEC 有关雷达性能标准要求，对于选定的 AIS 目标，在数据显示方式下要求至少能够显示目标的数据来源、MMSI、航行状态、位置及其精度、距离、方位、COG、SOG、CPA 和 TCPA、目标艏向、报告的旋回速率以及其他请求提供的目标信息。如果选择了对水稳定模式，则应以 CTW 和 STW 代替 COG 和 SOG。当收到的 AIS 目标信息不完整时，缺失信息对应的目标数据区域内应标记“Missing”。这些信息在显示过程中，会按照相应的 AIS 数据更新时间间隔持续更新数据，在一定时间间隔未收到数据，则发出目标丢失报警。AIS 数据更新间隔和目标丢失准则如表 6-5-5 所示。

表 6-5-5　AIS 数据更新间隔和目标丢失准则

船舶状态	A 类 AIS		B 类 SOTDMA AIS		B 类 CSTDMA AIS	
	标称报告间隔	目标丢失最大间隔	标称报告间隔	目标丢失最大间隔	标称报告间隔	目标丢失最大间隔
抛锚或停泊，且船速不超过 3 kn（B 类：船速不超过 2 kn）	3 min	18 min	3 min	18 min	3 min	18 min
抛锚或停泊，船速超过 3 kn	10 s	60 s	不提供此状态数据			
船速为 0～14 kn（B 类：船速为 2～14 kn）	10 s	60 s	30 s	180 s	30 s	180 s
船速为 0～14 kn，且改变航向（B 类：船速为 2～14 kn）	$3\frac{1}{3}$ s	60 s	30 s	180 s	30 s	180 s
船速为 14～23 kn	6 s	36 s	30 s	180 s	15 s	90 s
船速 14～23 kn，且改变航向	2 s	36 s	30 s	180 s	15 s	90 s
船速>23 kn	2 s	30 s	30 s	180 s	5 s	30 s
船速>23 kn，且改变航向	2 s	30 s	30 s	180 s	5 s	30 s

（二）雷达跟踪目标与 AIS 报告目标关联概念

雷达将分别来自于自身传感器和 AIS 传感器关于目标的位置、航向、航速等非等精度信息，按照时间和位置以及航向和航速，依据一定的准则优化处理、充分利用和合理支配，根据驾驶人员的要求输出关于目标一致性的最佳动态信息，称为雷达跟踪目标与 AIS 报告目标关联。由于 B 类 AIS 目标报告更新间隔较低和其所配备船舶的属性，雷达性能标准和设备生产时主要考虑雷达跟踪目标与 A 类 AIS 目标关联。

（三）雷达跟踪目标与 AIS 报告目标独立性与相关性

船舶配备 AIS 设备前，获取目标船航行动态信息的设备主要依赖于雷达对目标的探测、跟踪和解算，这些航行动态信息包括目标的距离、方位、CPA、TCPA、真航向、真航速、BCR、BCT 等。雷达目标跟踪信息的精度取决于本船配备的雷达、艏向传感器和航速传感器的精度，还取决于本船与目标船的动态和海域的海况。AIS 配备后，船载 AIS 设备能够通过广播方式周期性自动播发本船的静态信息、动态信息、航次相关信息和安全相关短消息，以及接收来自于周围他船的同类信息。AIS 报告目标动态信息的精度取决于目标船所配备的 GNSS 接收机、艏向传感器、航速传感器及其他传感器，也在一定程度上受到海洋气象和具体设备因素的影响，对目标避碰参数的解算还受到本船 GNSS、COG 和 SOG 精度的影响。雷达目标跟踪信息和 AIS 目标报告信息分别通过相互独立的两个传感器系统获得，有各自独立的信息传播和获取途径，无法保持完全同步，两者关于同一个目标的信息必定存在误差，这就会给判断会遇局面、决策避碰措施带来不确定性，直接影响到航行安全。但是对于同一个目标而言，目标跟踪信息与 AIS 报告信息又必然具有较好的相关性。为减轻信息过载带来的负担，需要按照一定的准则将雷达跟踪目标与 AIS 报告目标关联，输出该目标最佳动态信息。

（四）性能标准规定

IMO 关于雷达性能标准对雷达跟踪目标与 AIS 报告目标的关联做出了明确规定，要求船舶导航雷达必须具备基于统一条件的自动目标关联功能，避免将同一物理目标显示为两个目标图标标识。雷达跟踪目标与 AIS 报告目标两者的关联必须满足一定的关联准则（预置值，如位置、运动），当满足该准则且雷达跟踪目标和 AIS 报告目标信息都可用时，两者将被认为是同一个物理目标显示在雷达显示器上，在默认状态下，将显示激活 AIS 目标图标标识及其字母数字数据，雷达跟踪符号被抑制或显示见本书附录一表 1-2 1-2.6 所示的图标标识；也可将雷达跟踪目标设置为显示状态，AIS 图标标识被抑制或显示见本书附录一表 1-2 1-2.6 所示的图标标识，并自由选择显示雷达跟踪目标的或 AIS 报告目标的字母数字信息；不满足该准则时，雷达跟踪目标和 AIS 报告目标将被视为两个不同的目标，并显示为一个雷达跟踪目标和一个激活 AIS 目标，且不发生报警，这大大降低了屏幕数据的冗余，提高了雷达输出数据的可利用性。根据 IEC 62388 雷达性能及测试标准，在系统设计时，对于已经关联的目标，当雷达跟踪目标与 AIS 报告目标背离关联准则（预置值）达 300%时，应考虑将其视为两个独立的物理目标。雷达跟踪目标与 AIS 报告目标的关联是对设备的全局设置，不能完成对某个目标或某些目标的局部关联。

值得注意的是,在工作显示区域跟踪目标与报告目标的关联表现为位置和航迹的关联。对于同一个物理目标而言,当本船雷达及其传感器和目标船 AIS 的传感器都满足精度要求时,一般均可满足两者的关联准则,实现两者的位置和航迹关联。如发现雷达跟踪目标和 AIS 报告目标未能很好地关联(局部或全局),则需要仔细分析判断其中的原因,确定哪一个传感器的信息为可用目标信息,本节稍后将举例讨论这种情况。

(五)雷达跟踪目标与 AIS 报告目标关联设置原则

AIS 报告目标的精度基于 GNSS,不低于雷达跟踪目标的精度;尤其在雷达目标跟踪使用的常规量程(3 n mile、6 n mile 和 12 n mile 量程),AIS 在精度上更具有优势。因此,在通常航行状态下,系统满足精度要求时,目标关联设置的基本原则是以 AIS 信息为参考。正如雷达性能标准规定:如果来自 AIS 和雷达跟踪目标的数据都可用,且满足关联准则(如位置、运动),则认为 AIS 和雷达信息为同一个物理目标,在默认状态下,应自动选择和显示激活 AIS 目标图标标识及其字母数字数据。

在低于 1.5 n mile 量程时,在系统满足精度要求的航行状态下,雷达跟踪精度与 AIS 目标精度相当,可以根据航行需要选择关联设置原则。

在任何量程中,当驾驶人员对 AIS 精度有任何怀疑或本船 GNSS 误差较大时,如发现 AIS 报告目标位置与雷达跟踪目标位置均有较大偏离时,应考虑以雷达跟踪目标为准设置目标关联。

在大多数雷达设备上,完成关联需要设置的参数包括目标的距离差值、方位差值和航速差值,即满足了性能标准要求的位置、运动关联准则;也有设备还需要设置目标的航向差值和地理位置差值。在设置这些参数时,应考虑海域船舶密度、设备的精度以及气象海况对航海仪器精度的影响等因素,比如:

(1)在开阔海域船舶的间距通常不小于 1.5 n mile,在近岸航行船舶密度较大的情况下一般不小于 0.8 n mile。

(2)根据 IMO 雷达性能标准和 IEC 62388 雷达性能和测试标准,雷达跟踪距离精度应在 50 m 或目标距离的±1%,取其大者,方位精度应在 2°之内。

(3)不同厂家的设备性能差异以及海上无线电信号传播环境的影响,造成 AIS 报告目标动态数据更新间隔的实际情况与性能标准的要求可能存在较大的差距。

(4)在稳定跟踪情况下雷达系统提供的目标真航向误差不超过 5°,真航速误差不超过 0.5 kn(大型商船),但考虑到实际海况影响,尤其在恶劣气象海况环境中,实际的跟踪精度可能低于标准要求。

如果在设置目标关联参数时未考虑以上因素的影响,容易引起目标关联困难或发生目标关联错误。前者产生冗余安全信息,不利于迅速决策;后者产生错误信息,对航行安全造成危害。

由于 AIS 精度通常不低于雷达精度,因此在实际设置关联准则时主要考虑雷达跟踪目标精度。根据表 6-5-2,在 6 n mile 量程时,典型的关联参数可以是:目标距离差小于

0.15 n mile,目标方位差小于 3°,目标速度差小于 0.8 kn,目标航向差小于 5°,目标地理位置差小于 0.2 n mile。当然这里列举的只是一个通常情况下的典型参数。海上航行环境千变万化,具体海域航行时,还需要根据以上基本原则,酌情设置。

(六)雷达跟踪目标与 AIS 报告目标关联异常

雷达跟踪目标与 AIS 报告目标的关联是非常复杂的航海信息处理过程,涉及设备的硬件和软件系统,不同厂家和型号的雷达和 AIS 设备处理方法各有不同,也经常会出现目标关联异常的问题。

1. 个别或部分目标无法关联

出现这种情况通常有以下原因:

(1)雷达跟踪目标信息与 AIS 报告目标信息分别来自彼此独立的传感器,船长超过 250 m 的超大型目标船舶雷达回波前沿位置可能与其 AIS 目标报告位置(主 GNSS 天线位置)相距超过 200 m,再受到气象海况和雷达系统误差等因素的影响,超大型船舶的雷达跟踪目标位置与 AIS 报告目标位置之差超过 300 m 是经常出现的情况。

(2)实测数据表明,受到海上通信条件和具体设备性能的影响,经常会出现目标船舶 AIS 信息的实际更新间隔远低于理论值,造成 AIS 报告目标位置更新不及时。

(3)个别目标船的 GNSS 接收机或 AIS 设备出现了较大误差,位置报告误差超常。

(4)个别型号陈旧的 GNSS 接收机输出设置不当(如设置了非 WGS-84 坐标系),人为因素造成 AIS 报告位置异常。

以上因素及其共同影响,会出现个别目标或部分目标无法正常关联的现象。引航员需要加强对该目标的瞭望,主动与之沟通。

2. 所有目标均无法关联

如果所有 AIS 图标标识均偏离相应的雷达回波一个稳定位置,这种情况通常是由本船雷达或 GNSS 误差造成的,雷达探测到的所有目标的位置(方位或距离)或其 WGS-84 坐标系地理位置有误差,而 AIS 报告目标位置(目标船 GNSS 位置)准确,从而无法实现目标关联。引航员应提醒驾驶人员需要及时调整雷达或 GNSS 误差或向公司申请维修。

3. 关联效果失常

这种情况表现为所有或多数目标关联不稳定,目标的 AIS 图标标识与雷达回波无规律偏离。如果确认本船 GNSS 接收机定位正常,则通常是目标跟踪环节出现问题。引航员应提醒驾驶人员尽快设法判断故障情况,向公司申请维修。

四、会遇局面与碰撞危险判断及试操船

雷达作为被国际上认可的唯一能用于避碰的助航设备，在船舶会遇局面判断和避碰行动中发挥着不可替代的作用。近年来随着卫星定位、数字通信、信息处理等新技术在航海仪器中的应用，AIS 已成为雷达的必备传感器。雷达跟踪目标与 AIS 报告目标关联，使雷达在避碰中的应用更加完善。

（一）会遇局面与碰撞危险判断

1. 会遇局面判断

在此前已经详细讨论了真矢量的功能、特点及其应用。真矢量能够指示本船及目标船（雷达跟踪目标或激活 AIS 目标）的真航向和真航速，结合《1972 年国际海上避碰规则》，驾驶人员可以准确地判定本船和目标船的会遇局面，确定避碰责任，进而采取相应的避碰行动保证船舶的航行安全。

2. 碰撞危险判断

通过目标跟踪，图示会遇局面，进而判断碰撞危险是跟踪器的核心功能，也是现代雷达系统无可替代的重要功能。目前，雷达提供了数据比较和矢量指示两种方法帮助判断被跟踪目标碰撞危险。

（1）数据比较

这种方法要求通过核实被跟踪目标数据，将目标 CPA/TCPA 与设置的 CPA LIM/TCPA LIM 进行比较，及早评估会遇局面，判断碰撞危险。判断方法如下：

①当 CPA>CPA LIM 时，来船为非危险目标。

②当 CPA≤CPA LIM，但 TCPA>TCPA LIM 时，与来船尚未构成紧迫危险，需要视 TCPA 酌情进行关注。

③当 CPA≤CPA LIM，且 TCPA≤TCPA LIM 时，与来船存在碰撞危险，雷达会发出声光报警，需要视 TCPA 确定危险程度，做出相应的避碰决策。

（2）矢量指示

矢量可以用于直观快速地评估目标碰撞危险，是必须掌握的雷达避碰方法。使用这种方法的关键是适时合理切换相对矢量和真矢量，辅助作出 CPA LIM 圆，使用相对矢量判断碰撞危险，使用真矢量辅助避碰决策，交替切换相对矢量和真矢量采取避碰措施。具体方法在前面已经详细探讨过，这里不再赘述。

（二）试操船

1. 试操船概念及特点

(1)试操船含义

当本船与目标船存在碰撞危险时,首先需要根据《1972 年国际海上避碰规则》判断本船的责任与义务。当确定本船为让路船时,雷达的试操船(Trial manoeuvre)功能能够通过图形模拟方式帮助验证拟采取避碰方案的可行性。试操船的理想结果是对已构成碰撞危险目标的报警解除,并不对其他目标产生新的危险报警。

在避碰决策过程中,试操船是十分重要的功能,特别是在复杂会遇环境下对于大型及超大型船舶。SOLAS 公约要求所有吨位大于 10 000 总吨的船舶所配备的雷达必须具备试操船功能,并且性能标准要求该功能应包括对本船动态特性的模拟,并以倒计时方式提供至船舶机动时刻的模拟时间。在试操船过程中,雷达还应对实际目标继续跟踪并显示其字母数字数据。

(2)试操船特点

试操船功能具有以下特点,引航员在应用中需要做到心中有数:

①性能标准要求试操船应对被跟踪目标和至少对激活 AIS 目标有效,也可以对休眠 AIS 目标有效。

②多数雷达试操船的过程是在雷达工作显示区域,以试操船启动时刻被跟踪目标和 AIS 报告目标的数据为基准模拟本船机动的过程。在试操船过程中,这种雷达的工作显示区域显示的不再是雷达探测到的实时海面图像,而是试操船模拟场景,有的雷达在试操船时也能够显示船舶实时会遇场景。

③试操船功能启动时刻的初始艏向/航速通常为该时刻本船的实际艏向/航速,驾驶人员可在此基础上进行修改,作为试操船的艏向/航速。

④新的雷达性能标准要求试操船应能够模拟本船的动态操纵特性,包括旋回特性(设置船舶旋回速率或旋回半径)和速度变化特性(设置速度变化率),这一点先前的标准并未要求。

⑤按照性能标准,试操船功能应以倒计时方式提供从试操船启动时刻到本船机动开始时刻的模拟时间。这个时间需要在启动试操船前,根据航行需要、船舶操纵特性和避碰策略等多方面因素预先设置。

⑥试操船的过程实际上可以视为 3 个模拟阶段:第一阶段,模拟本船机动之前以当前艏向/航速保速保向航行;第二阶段,模拟本船按照输入的旋回特性和速度变化特性机动航行;第三阶段,模拟本船以试操船艏向/航速保速保向航行。

⑦试操船的过程可以是试操船艏向/航速计算结果的最终呈现,也可以是操船过程的时间比例演示,即以一定比例的时间进度快速模拟避碰过程。

⑧最新性能标准要求试操船场景用闪烁的大写英文字母“T”标注。

⑨在使用试操船的过程中,海域的实际航行情况不断变化,若雷达图像不能够显示实时会遇场景,则不可长时间停留在试操船模式下。有的雷达试操船模式显示持续不超过 1 min,超时则自动返回实时探测场景。

⑩在试操船过程中,雷达继续跟踪目标,很多型号的雷达只在字母数字显示区域显示雷达对目标跟踪的真实跟踪数据,因此,为了有效监视目标船的动态,在启动试操船功能之前,应选择在试操船过程需要监视其动态的目标船,显示其字母数字数据,也有雷达能够在工作显示区域显示雷达探测的实时场景,以方便对目标进行实时监测。

2. 试操船操作方法

试操船按机动措施可分为艏向试操船、航速试操船以及混合试操船。以试操船艏向代替本船当前艏向的试操船称为艏向试操船。以试操船航速代替 SDME 航速的试操船称为航速试操船。以试操船艏向代替本船当前艏向,同时以试操船航速代替 SDME 航速,这种试操船称为混合试操船。在海上避碰实践中,通常采用转向措施,较少使用其他机动方式。如果发生通过转向无法达到避碰效果的情况,可适当配合减速措施。对于试操船功能是否带机动之前的模拟时间和动态特性,其操作方法有较大差异,下面分别探讨。

(1)不带机动之前的模拟时间和动态特性试操船操作方法

对于早期不带机动之前的模拟时间和动态特性的试操船功能,操作相对简单,不同的设备在操作方法上差别不大,但试操船模拟情况和实际情况有较大出入。下面以航行中普遍使用的艏向试操船为例,介绍不带机动之前的模拟时间和动态特性的试操船操作方法。与判断碰撞危险的方式相同,试操船也可以采用数据比较和矢量评估两种方法。

①数据比较试操船

使用目标 CPA/TCPA 与 CPA LIM/TCPA LIM 比较实施试操船,是精度最高的操作方法。使用时逐渐改变试操船艏向,直到恰好目标危险报警解除,此时的试操船艏向即为临界安全艏向。由于数据比较试操船直观性差,通常会与矢量试操船配合使用。

②矢量模式试操船

矢量具有快速判断碰撞危险和直观掌握会遇局面的特点,矢量模式试操船适用于所有航行环境。具体操作步骤如下:

a. 首先应在相对矢量模式下判断碰撞危险,如图 6-5-7(a)所示,目标 T_2 的相对矢量线与本船的 CPA LIM 圆相交,有碰撞危险。

b. 切换至真矢量,如图 6-5-7(b)所示,根据《1972 年国际海上避碰规则》判断会遇局面,确定本船为让路船,需要采取避碰措施。

c. 启动试操船,显示器的下方出现试操船标识“T”,结合《1972 年国际海上避碰规则》,在相对矢量模式下求取临界安全艏向为 050°,如图 6-5-7(c)所示。

d. 切换至真矢量,如图 6-5-7(d)所示,核实采取避碰措施后的效果,同时作为辅助参考,恰当调整矢量时间进一步验证所有目标的真矢量线的终端与本船真矢量的终端不重

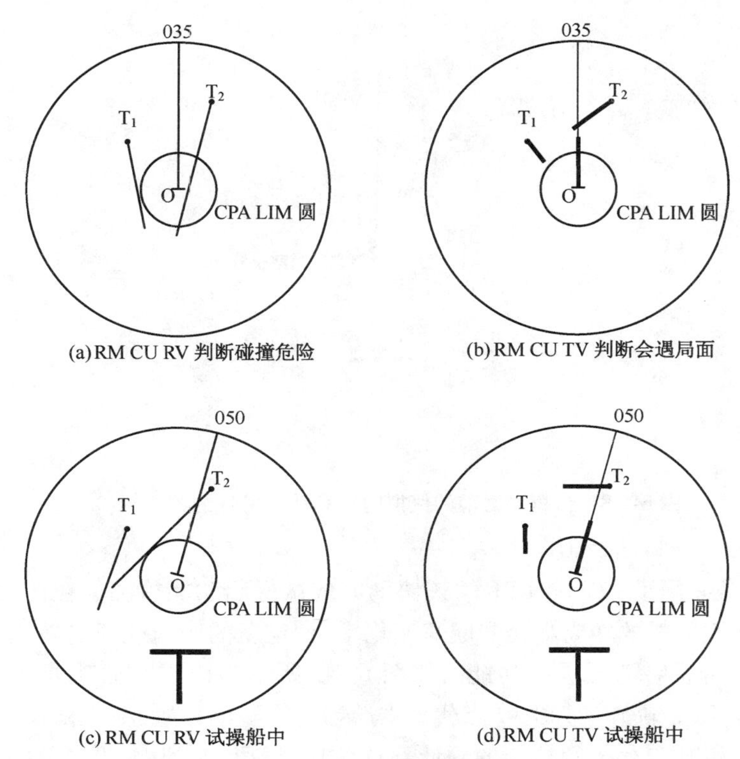

(a) RM CU RV 判断碰撞危险　(b) RM CU TV 判断会遇局面

(c) RM CU RV 试操船中　(d) RM CU TV 试操船中

图 6-5-7　RM CU 模式下艏向试操船

叠、不靠近,危险解除。

(2)带机动之前的模拟时间和动态特性试操船操作方法

对于带机动之前的模拟时间和动态特性的试操船功能,新的雷达性能标准并未做出明确的规定,这使得目前各大设备厂商在设计试操船功能时有很大的发挥空间,出现了试操船操作方法因设备而异的情况,现就两种典型雷达设备的试操船功能予以介绍。

①FURUNO FAR 28X7 系列

该雷达的试操船功能可以实现本船和目标船的动态预演。在使用试操船功能前,需要预先输入船舶的转艏速率和航速变化率,设定新的艏向或新的航速,设定机动之前的模拟时间,而后启动试操船功能,出现如图 6-5-8 所示的画面,本船、所有被跟踪目标及激活 AIS 目标会以 1 s 的间隔动态模拟本船及目标未来以 1 min 为间隔的预测船位变化。模拟过程中,在机动之前的模拟时间内,本船仍保持当前的艏向和航速,机动之前的模拟时间结束后开始模拟本船的动态特性,最终模拟本船的新艏向或新航速。试操船模拟在无人工终止的情况下将持续 3 min,无论是否操作雷达控制或菜单,3 min 后自动返回雷达实时探测场景。当在模拟的情况下预计出现碰撞危险时(即小于 CPA LIM 和 TCPA LIM),代表目标的图标标识就会变成三角形并闪烁,说明该避碰方案不安全,需要重新调整试操船艏向或航速或机动之前的模拟时间,而后重新启动试操船功能,直到不出现上述情况为止。

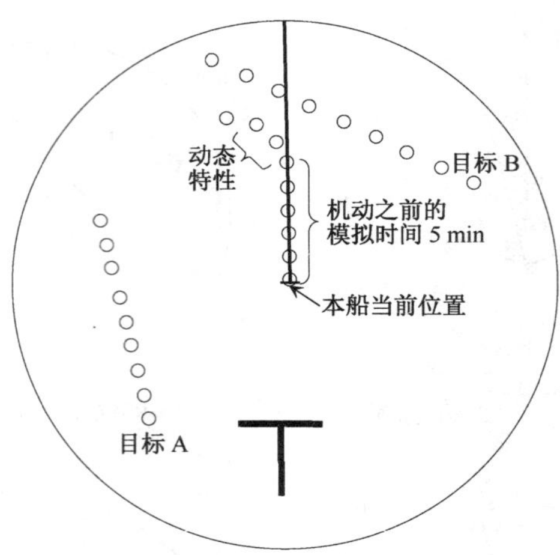

图 6-5-8 带机动之前的模拟时间和动态特性的试操船(1)

②Konsberg Databridge 10™ 雷达

该雷达设备使用了 Curved EBL 轨迹协助完成试操船功能检测。在使用试操船功能前,需要预先输入船舶的转向半径和航速变化率,设定新的艏向或新的航速,设定机动之前的模拟时间,而后启动试操船功能。如图 6-5-9 所示为该试操船功能的示意图,曲线 *OT* 即为 Curved EBL 轨迹。其中 *O* 点代表本船当前真实的位置,*A* 点和 *B* 点代表目标的真实位置,*A′*点和 *B′*点代表目标船的预计到达位置,线段 *OC* 为本船当前的真矢量,*D* 点代表本船的模拟机动时刻,*E* 点代表本船的模拟机动结束时刻,*T* 点代表本船的预计到达

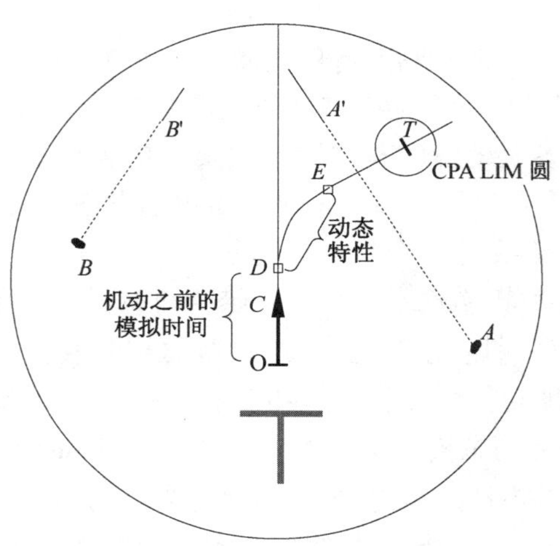

图 6-5-9 带机动之前的模拟时间和动态特性的试操船(2)

位置,*T* 点为圆心的圆即为 CPA LIM 圆。从图中可以看出线段 *OD* 所代表的时间即为机动之前的模拟时间,曲线 DE 模拟了本船的动态特性。在试操船的过程中,通过不断调整 T 点在 Curved EBL 轨迹上的位置,所有被跟踪目标和激活 AIS 目标的预测位置 *A′*和 *B′*点将随之改变,驾驶人员只需要观测在调整过程中目标的预测位置 *A′*点和 *B′*点与 CPA LIM

圆之间的关系，若侵入 CPA LIM 圆即说明该避碰方案不合适，需要重新调整艏向或航速或机动之前的模拟时间，而后重新启动试操船功能检测，直到不出现上述情况为止。

3. 试操船使用注意事项

(1) 试操船功能不能判断驾驶人员输入的试操船机动方案是否符合海上避碰规则，因此在使用中应选择符合国际海上避碰规则要求的试操船模拟艏向和航速。在海上船舶避碰实践中，一般采用转向避碰。但如果航行水域狭窄或船舶密集限制本船机动转向，或仅靠采用机动转向无法实施避碰时，应果断采取航速试操船功能检测。

(2) 试操船后，原来未被跟踪的目标可能对本船构成新的碰撞危险。因此，在实施试操船之前应及时（提前 3 min）捕获这些目标，使目标处于稳定跟踪状态，做好试操船功能检测的准备工作。

(3) 理想的试操船结果应不与任何目标构成碰撞危险，但在复杂的会遇环境中无法通过一次方案实现这一理想结果时，可以采取分阶段避碰方案，首先避开紧迫危险目标，随后再考虑其他会遇目标。

(4) 使用试操船功能时，应注意不能忽视海面真实航行局面变化，尤其对于工作显示区域只能显示试操船模拟场景的雷达，应注意在数据显示器上或通过视觉瞭望的方法监视所关注船舶的动态，避免受试操船模拟场景误导。

(5) 不可在试操船场景下长时间停留，以免影响正常的雷达观测。在无任何操作动作时，有的雷达试操船场景持续时间一般不超过 1 min，便自动返回雷达实时探测场景。

(6) 试操船功能对船舶操纵特性的模拟和实际情况有一定出入，风流等外界因素的影响并未考虑，因此驾驶团队需要综合考虑团队船艺水平、航海经验、舵工水平、CPA LIM/TCPA LIM 设置值、船舶尺寸、船舶操纵性能、船舶会遇局面和操纵策略等因素，合理设置机动之前的模拟时间。

(7) 无论是雷达跟踪目标还是 AIS 报告目标的数据都存在误差，在使用试操船功能做决策时需要注意这些误差带来的影响，为安全避碰留出适当的余量。

(8) 对于多数雷达，尤其是工作显示区域只能显示试操船模拟场景的雷达，试操船的结果仅在本船和目标船不发生机动的前提下才有效，在试操船期间，一旦本船或目标船出现了机动转向，应立即终止试操船，等待两船航向和航速稳定后再做新的决定。

(9) 试操船功能不仅仅用于避碰决策，还可以用于复杂会遇局面下为机动航行提供决策参考，例如在接近转向点航行时，可以预先使用试操船功能评估机动转向对航行的影响。

五、雷达避碰功能优势与局限性

从人工标绘目标到 ARPA，从目标跟踪到雷达跟踪目标与 AIS 报告目标关联，雷达在船舶避碰航行中一直占据着无可取代的地位。尤其在能见度不良的航行环境中，雷达避碰是唯一的选择。

现代雷达设备目标跟踪、AIS 报告目标、AIS 报告目标与雷达跟踪目标关联以及尾迹显示等是在避碰行动中常用的功能。在通常航行环境中，设备正常工作，各传感器精度满足性能标准要求，雷达性能发挥稳定，提供的信息对航行安全具有重要参考价值。但是，越是现代化、自动化和信息化的助航设备，驾驶人员对信息处理和优化的过程就知晓和参与得越少，就要求引航员必须具有完备的理论知识和实践经验、良好的安全与忧患意识、专业的分析和判断能力，在任何时候、任何海况、任何局面和任何设备状况下，对设备提供信息的完善性做出准确判断，做到理智、谨慎、大胆、恰到好处地运用雷达设备，切实保障航行安全。

（一）雷达目标跟踪优势与局限性

从原理上说，影响雷达目标跟踪可靠性的因素包括目标跟踪装置、传感器、使用者对雷达跟踪信息的解读即人机对话等几方面。

1. 雷达目标跟踪优势

雷达是自主式探测设备，可以直观观测到本船周围包括岸线在内的水面目标，获得较为全面的交通形势图像。从本质上说，雷达通过探测目标相对本船的运动，解算目标对水或对地真运动数据，因而获得目标相对运动数据精度高于真运动数据精度，更有利于在船舶会遇环境中判断碰撞危险。雷达也是目前国际海上避碰规则推荐的唯一可以作为瞭望设备的航海仪器，其在避碰行动中的观测和操作信息可以作为海事证据予以采纳。自雷达应用于航海实践以来，在避碰航行中起到的作用是毋庸置疑的。

2. 雷达目标跟踪局限性

(1) 目标跟踪装置局限性

①跟踪可靠性

跟踪可靠性限制主要表现为捕获错误、捕获遗漏、目标交换和目标丢失等。自动捕获目标时，雷达存在捕获杂波和假回波等捕获错误现象，对弱小目标和在盲区中的目标可能出现捕获遗漏。由于杂波尤其是海浪杂波干扰及两目标航行接近造成的目标交换现象，都会发生错误跟踪，此时显示的数据并非初始被跟踪目标的数据。由于海浪杂波、回波弱或近距离目标大幅度快速机动等原因，都可能造成已跟踪目标丢失，跟踪中断。雷达性能标准规定，雷达应能跟踪在连续 10 次天线扫描中有 5 次能够清楚分辨的目标。

②设备硬件

显然，显示器的尺寸越大，屏幕分辨率越高，越有利于设备应用。但显示器的尺寸总是受到物理条件的限制，屏幕信息的容量、信息的可用性受到限制。在雷达显示器已经成为多传感器综合显示终端的今天，如何能够在不增加操作复杂性的前提下提高屏幕信息的可用性，是驾驶人员非常关注的问题。

设备硬件条件也限制了跟踪和显示目标的最大容量，雷达性能标准对不同吨位/类别船舶雷达跟踪目标的数目和显示 AIS 报告目标的数目做出了明确规定，详见表 6-5-1 和表 6-5-3。当然，与提高屏幕信息的可用性相比，跟踪容量的限制并不十分突出。

③跟踪距离及航速

雷达性能标准要求目标跟踪装置至少应在 3 n mile、6 n mile 和 12 n mile 量程上有效，跟踪距离应至少延伸至 12 n mile。目前多数雷达从近至 0. 75 n mile 量程到远至 24 n mile 量程都具有雷达目标跟踪功能，有些雷达可以跟踪目标远至 30 n mile 左右。当雷达量程切换至不具备目标跟踪功能的量程时，雷达工作显示区域不再显示目标跟踪图标标识；当目标航行远至超过雷达设计的最大跟踪距离时（如 12 n mile），雷达将自动放弃对目标的跟踪。雷达跟踪的目标在航速上也受到了限制，正常跟踪目标的最大相对航速要求在 100 kn 内。

此外，有的雷达为了区别船舶和陆地，规定凡回波尺寸大于跟踪窗尺寸或目标占据 2°以上的方位宽度（在较远距离上）时，认为目标不是船舶，自动放弃捕获和跟踪。

④处理延时

雷达从捕获目标、采集测量数据、处理数据、自动计算到显示各种数据和信息，需要一定的时间，称为雷达的“处理延时”。按照性能标准要求，从目标捕获到显示其运动趋势，输出初始跟踪数据和显示矢量，应不超过 1 min。从捕获到显示其预测运动，输出稳定跟踪数据和矢量信息，应不超过 3 min。目标的位置（距离和方位）数据在捕获后即可显示，目标的 CPA 在 30 s 左右（性能标准规定在 1 min 之内）才能显示，而目标的 TCPA、真航向和真航速的显示则需要更多的处理延时，性能标准规定应不超过 3 min。因此，一般来说，在捕获目标 3 min 之内，目标的数据和矢量信息只供参考，不可盲目信赖。

事实上，处理延时对目标跟踪的影响表现在目标跟踪过程的始终。首先，雷达每次天线扫描周期只能获得一次观测数据，对目标数据的采集不是连续的；其次，建立对目标的稳定跟踪需要足够的观测次数，跟踪数据才能达到需要的精度和可靠性。由于跟踪器通常都以匀速直线航行作为目标模型，机动性越强的目标，与目标动态模型偏离就越大，跟踪质量就越差，即使结束机动后仍需过渡时间建立稳定跟踪。换句话说，屏幕目标跟踪图像信息和字母数字数据都是经处理延时后的数据。如果目标保速保向航行，这种延时影响不大，但如果目标正处于机动航行之中时，目标的机动性越大，雷达输出的数据就与目标的实际航行状态相差越远，目标数据的误差就越大。

（2）传感器误差及其局限性

①雷达误差及其影响

雷达误差包括距离和方位误差。影响误差的因素有很多，此前已经详细讨论了雷达的精度，其中系统误差和随机误差对目标的跟踪精度影响较大。雷达系统微小的距离误差和艏线误差都可能错误指示潜在碰撞危险，尤其在能见度不良环境下目标船在船首方向接近本船时，驾驶人员应保持高度警惕。本船和目标船在航行中受风浪影响，位置随机变化，本船摇摆造成雷达天线摆动位移而产生的误差与船舶摇摆方式（纵摇或横摇）和舷角有关，对于海面以上 15 m 高的天线，船舶横摇为±10°时，距离误差为 1～6 m，方位误差为 1°～2°。再如，雷达每次脉冲辐射探测的回波来自于目标船不同部位反射回波的矢量合成，会导致回波中心位置在船长范围内移动，引起目标前沿位移，这将产生距离误差。当船长为 200 m 时，纵向标准误差为 1/6 船长（约为 30 m）；横向标准误差为 1 m。此外量程变化对雷达探测精度的影响也不容忽视。

雷达误差导致目标回波位置误差，是限制目标跟踪精度的基本因素，尤其应注意不恰当图像调整引起的雷达误差对雷达目标跟踪精度的显著影响。跟踪器输出的目标数据，包括所有的相对数据和真数据的精度都受到雷达误差的影响，甚至使雷达跟踪目标与 AIS 报告目标无法正确关联，严重时会造成错误判断会遇局面和避碰决策失误。

精湛的雷达图像调整技术有利于改善回波信杂比和提高目标分辨力，进而降低雷达传感器的误差，增强信号检测能力，改善目标跟踪质量。

②艏向传感器误差及其影响

a. 艏向传感器误差。对于雷达设备而言，一般采用陀螺罗经作为艏向传感器。陀螺罗经存在纬度误差、速度误差、冲击误差、摇摆误差等，误差值受航行纬度影响较大。在通常航行纬度，陀螺罗经在经过正确校正后，静态误差为 0. 5°左右，动态误差为 1°左右，随动误差随船舶旋回速率提高而增大。

b. 艏向传感器误差影响。目标的真航向和真航速的解算依赖于本船航向信息，因此艏向传感器存在误差将直接导致目标的“真”数据误差，即真航向、真航速、真矢量等字母数字数据和图形数据的误差。如图 6-5-10 所示，当陀螺罗经的误差为 θ 时，目标准确的真矢量 ***TA*** 错误指示为 ***TA′***。在会遇局面中，本船应为让路船，目标船为直航船；但在存在罗经误差的雷达图像上，本船和目标船却都只需要保向保速航行，给避碰决策带来完全错误的信息。

③航速传感器误差及其影响

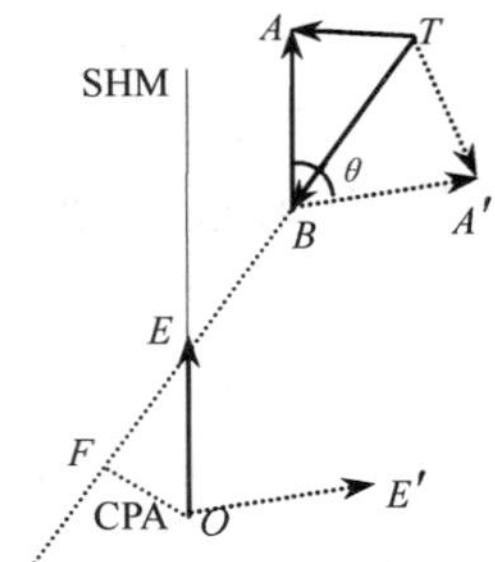

图 6-5-10　艏向传感器误差的影响

a. 航速传感器误差。对于雷达设备而言，一般采用计程仪作为其航速传感器。按照国际标准，计程仪与其输出设备连接时，输出航速误差应为船舶航速的 2%或 0. 2 kn 中的较大者。

b. 航速传感器误差影响。目标的真航向和真航速的解算同样也依赖于本船航速信息，因此航速传感器存在误差也将直接导致目标的“真”数据，即真航向、真航速、真矢量和 PAD 等字母数字数据和图形数据的误差。如图 6-5-11 所示，当航速传感器存在误差$-\Delta V$ 时，目标准确的真矢量 ***TA*** 错误指示为 ***TA′***，所带来的误差与罗经误差具有同样的错误导向。

目标的真航向和真航速的解算同样也依赖于本船航速信息，因此航速传感器存在误差也将直接导致目标的“真”数据，即真航向、真航速、真矢量等字母数字数据和图形数据

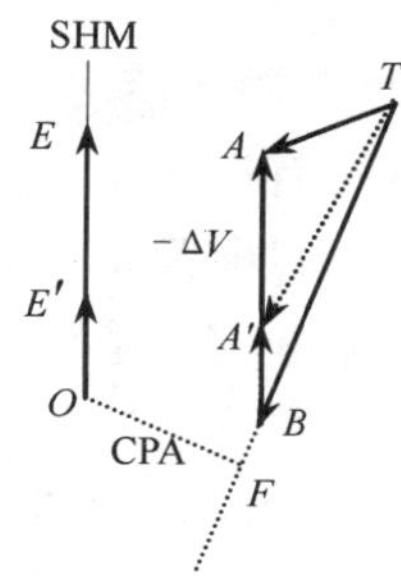

图 6-5-11 速度传感器误差的影响

的误差。

(3)正确解读雷达信息

作为保证船舶航行安全的重要助航设备,雷达提供了大量航行安全相关信息,能否正确理解和准确使用雷达信息,将直接影响到航行安全。

①正确理解显示方式及矢量模式

雷达可以提供不同的图像运动方式(真运动、相对运动)、不同的图像指向方式(艏向上、北向上、航向向上)和不同的矢量模式(相对矢量、真矢量),其中运动方式、指向方式和矢量模式可自由组合,供驾驶人员根据实际情况选用。如果不能深刻理解这些显示方式或模式的特点,将很容易产生混淆、误解和误用。例如,如果混淆了相对矢量和真矢量,就会错误判断会遇局面,采取错误的措施,造成紧迫局面直至海难事故。再如,如果不能深刻理解雷达处理延时,就可能对本船或目标船机动以及机动结束时的雷达图像产生错误判断,使用了不稳定的目标跟踪数据,造成紧迫局面。

②正确理解本船航速

根据航行环境不同,雷达使用不同的功能,需要变换不同的航速模式。如果本船航速输入不当,在避碰或导航时都会产生误差,影响航行安全。

在大多数避碰情景,认为水流对所航行海域船舶的影响一致,应输入 STW(计程仪输入或人工输入)。但是在水流复杂的狭水道,如果水流对本船和目标船的影响显著不同,就会对避碰判断造成很大误差,降低雷达信息的可信度。

在沿岸或狭窄水域导航时,尤其在水流影响较大的海域航行时,应输入 SOG,以实现对地稳定显示。对地航速取得方式可以有多种,计程仪、EPFS、跟踪对地稳定目标或人工输入,但无论哪种方式都存在误差。在不同环境下采用哪种输入方式才能取得最佳效果,取决于引航员的经验积累和专业判断。

③正确理解雷达目标与 AIS 目标关联

一般来说,雷达是自主的探测设备,跟踪目标的可信度高于 AIS 报告目标,雷达图像能够较为全面地反映航行水域的通航环境及船舶会遇局面,因此雷达必然是判断会遇局面和决策避碰行动中不可或缺的助航设备。GNSS 的定位精度不低于雷达的定位精度,GNSS 距离的分辨精度高于雷达距离分辨力,因此从理论上看,基于 GNSS 的 AIS 报告目标的精度不低于雷达目标跟踪的精度，尤其对于较远距离的目标，AIS 报告目标数据精度通常高于雷达目标跟踪数据的精度，因此通常使用 AIS 目标报告数据修正雷达目标跟踪数据。但目标关联涉及了雷达系统的所有传感器信息，AIS 信息来自于不同目标船，影响关联的因素众多，关联算法复杂多样，到目前为止仍然是一个没有得到完善开发的领域。因此，应注意细心观察屏幕信息，随时掌握雷达系统传感器的工作状态，审慎处置雷达跟踪目标与 AIS 报告目标的关系，那种盲目认为 AIS 报告目标精度高、信息全面，只要有 AIS 信息就应该放心使用，或因为经常出现 AIS 报告目标与雷达跟踪目标关联困难，就不敢使用目标关联功能的做法都不正确。驾驶人员应深刻理解避碰规则关于雷达条款的规定，全面了解航海仪器的工作原理，从信息分析的角度考虑航行信息在信息航海时代的应用特点。

④正确理解试操船

试操船是对本船机动的计算机模拟，尽管可以通过输入船舶旋回速率、航速变化率和机动之前的模拟时间来模拟本船机动策略和机动特性，但这只是一种简单的数学模拟，模拟结果与真实的船舶机动过程误差很大。因此在试操船参数的设置上要留有充分的余地。对于多数雷达，试操船只适用于目标船保速保向的环境，在决定将试操船的结果应用于操船时，驾驶人员要审慎瞭望，确认目标船未有机动转向。此外，试操船程序本身并未考虑海上避碰规则的要求，更无法取代驾驶人员宝贵的航行经验。

随着技术进步，雷达以众多航海仪器作为传感器，通过对航海仪器信息的综合解算，为驾驶人员提供最佳航行信息。雷达的发展过程也是仪器航海向信息航海过渡的进程，但无论技术如何进步，雷达仅仅是助航设备。熟练操作雷达设备，正确解读雷达信息，深刻领悟信息在航海中的作用，安全航行的关键因素仍然是驾驶人员本身。因此在任何时候都应做到谨慎瞭望，依靠现代航海仪器信息又不盲目信赖雷达及其他助航设备。

（二）AIS 报告目标优势与局限性

从原理上说，AIS 报告目标可靠性依赖于 GNSS 系统环境、目标船 AIS 设备及其传感器精度和本船 GNSS 设备精度。

1. AIS 报告目标优势

如果设计和制造工艺良好，安装电磁环境适宜，配置及设置合理，则 AIS 船载设备应能够达到最佳工作状态。AIS 报告目标具有以下优势：

（1）系统基于 GNSS，位置精度稳定在 5（DGNSS）~30 m（GNSS），报告数据精度在近量程（3 n mile 之内）不低于雷达跟踪数据精度，在远量程高于雷达跟踪数据精度。

（2）目标的分辨能力也取决于 GNSS 的精度，高于雷达，且不随目标距离和方位的变化而变化。

（3）报告信息时间间隔随目标船动态适时延时，对于快速机动高动态目标信息的更新间隔为 2 s，更新率不低于雷达。

(4)通信链路可靠,通信距离远,受气象海况影响小,信息传输具有一定的绕越障碍能力,覆盖范围包括河道弯曲处和障碍物后侧等雷达探测不到的区域,不存在近距离盲区,扩展雷达远距离观测范围,跟踪稳定性与可靠性高于雷达。

(5)不会因杂波干扰丢失弱小目标,不会发生目标交换现象,抗干扰能力高于雷达。

(6)能够提供比雷达跟踪目标更为丰富的船舶相关信息:静态信息如船名、MMSI、船长和船宽,船舶类型等;动态信息如船位、船舶旋回速率(ROT)、航行状态等;航次相关信息如船舶吃水、目的港和航线计划等,为驾驶人员掌握目标船的属性和动态、评估会遇局面和机动状态提供参考。

(7)从本质上说,AIS 设备接收目标船播发的对地真运动数据,借助本船 GNSS 数据解算相对运动数据进而判断碰撞危险,因此获得的对地真运动数据精度优于相对运动数据,在可以忽略风流影响的航行环境中,更有利于船舶会遇局面的判断。

2. AIS 报告目标局限性

AIS 的应用极大地促进了航行安全信息的交互,催化了现代信息航海的进程。但 AIS 报告信息只应作为雷达目标跟踪信息的有益补充,协助雷达设备判断会遇局面,其主要原因如下:

(1)AIS 脆弱性

AIS 的核心是卫星导航系统,因此它具有 GNSS 固有的脆弱性,运行能力、功能和精度都受隶属国家或组织机构利益的控制,也受卫星工作环境的影响。当卫星定位精度由于系统、环境或其他原因影响下降或受限时,AIS 精度也受到限制,但驾驶人员却可能对此一无所知。并且,作为广播系统,AIS 对射频干扰敏感,由于 AIS 的 VHF 数据链路(VDL)受到各种因素干扰和 AIS 设备差异,现实中经常会出现信息更新间隔超时现象,不能稳定维持信息的标称报告间隔。

(2)AIS 不能提供完整航行环境

AIS 不是自主探测设备,不能显示岛屿、岸线和未装备 AIS 设备的导航标识。并非所有在航的船舶(如非公约要求的船舶、游艇、渔船、军用船舶等)都配备了 AIS 设备,配有 AIS 设备的船舶也可能随时将设备关闭。一些小型船舶安装的 B 类 AIS 设备,发射功率低,信息更新间隔延长至 30 s,特别在 VHF 数据链路繁忙时,CS-AIS 设备会暂时自动终止船位报告发送,系统无法及时更新其信息。目前的雷达设备并没有很好地解决雷达跟踪目标与 B 类 AIS 目标关联问题。

(3)AIS 设备安装与设置规范问题

如果 AIS 设备安装不规范,通信天线就会受到干扰,从而引起信息传输困难,定位天线安装位置不恰当会造成数据不稳定或误差偏大,静态信息设置不准确,或在使用过程中管理不善被随意篡改,个别船舶上型号陈旧的 GNSS 设备的不恰当设置会导致 WGS-84 坐标系船位偏差等现象经常发生。尤其 MMSI 被错误输入恰好与他船重名时,会引起 AIS"目标交换"现象,数据显示混乱。

(4) AIS 报告信息精度难以掌握

总的来说，AIS 报告目标精度通常不低于雷达跟踪目标，但与雷达相比，AIS 报告精度更难以掌握，主要原因如下：

①无论是岸基设施、本船还是目标船都无法准确掌握 GNSS 系统环境，因而无法确定 AIS 的系统精度。

②AIS 对目标的监测依赖他船 AIS 设备的配置、传感器的正常工作和数据精度，静态信息可能被篡改、不准确或错误，航次相关信息依赖对方驾驶人员的及时更新，本船在接收端无法获得目标船设备的完好性、传感器数据的精度和完善性信息。

③本船 GNSS 位置的精度与 AIS 设备计算目标 CPA/TCPA 的精度有直接关系。

应该清醒地认识到，AIS 错误、不准确信息的传递，以及本船 GNSS 位置误差对判断目标船的会遇危险可能导致错误结果。因此，驾驶人员应随时将 AIS 报告信息与雷达跟踪信息对比，在有任何疑问时，应及时通过 VHF 无线电话与目标船沟通，证实目标船报告信息的准确性。

(5) AIS 数据用于避碰行动可靠性

对碰撞危险判断应关注目标相对本船的运动，避碰操船则应以海面为参考，而 AIS 信息以 WGS-84 地理坐标系为参考，指示目标对地真运动，因此，从本质上说 AIS 的原始数据并不适合直接用于避碰，必须通过解算，获得目标 CPA/TCPA 和 STW，才能用于判断碰撞危险和避碰操船。换句话说，AIS 设备提供目标船的对地运动数据精度高于对水运动数据。

(6) 国际海上避碰规则要求及限制

《1972 年国际海上避碰规则》第五条指出：每一艘船舶在任何时候应用视觉、听觉以及适合当时环境和情况的一切可用的手段保持正规的瞭望，以便对局面和碰撞危险做出充分的估计。这里“一切可用的手段”包括 AIS。

《1972 年国际海上避碰规则》第七条第三款指出：不应当根据不充分的资料，特别是不充分的雷达观测资料作出推断。在避碰行动中，“不充分的资料”以及“不充分的雷达观测资料”涵盖的内容包括但不限于：

①使用了未经认真设置和调整到最佳状态的雷达设备。

②未使用目标跟踪（标绘）功能获取目标船避碰信息。

③仅仅使用目标跟踪信息而忽略了 AIS 报告信息。

④仅仅使用了 AIS 报告信息，忽略了目标跟踪信息。

⑤未综合运用或谨慎使用雷达跟踪目标与 AIS 报告目标关联功能。

（三）AIS 协助雷达避碰优势与局限性

1. AIS 协助雷达避碰优势

AIS 协助目标跟踪，可扩展雷达远、近距离的探测范围，增强雷达信息的参考价值，辅助提高雷达的观测效率和性能,加强雷达预报碰撞危险的功能,改善避碰效果,避免或减少紧迫局面和碰撞事故的发生,改善航行安全环境。

在雷达显示器上,雷达跟踪目标与 AIS 报告目标关联后,可以降低屏幕冗余信息量,减少屏幕信息干扰,改善目标信息精度,AIS 信息辅助雷达目标跟踪的优势十分明显。

2. AIS 协助雷达避碰局限性

按照 SOLAS 公约,2008 年 7 月 1 日之后装船的雷达设备必须满足 MSC. 192(79)决议要求的性能标准,在雷达设备上集成处理和显示 AIS 信息,有效地促进了雷达在避碰中的应用,极大地增进了海上船舶避碰信息的交互和优化。但也应注意到,信息源和信息量的增加并不意味着困扰船舶避碰的问题会迎刃而解,也并不一定不存在负面影响,主要表现为以下方面:

(1)屏幕干扰

在船舶密集区域,AIS 图标标识信息可能使屏幕显示繁杂,甚至掩盖弱小雷达目标,影响正常雷达观测。在必要时,只有暂时将 AIS 目标置于休眠状态或屏蔽 AIS 目标的显示,才能获得最佳雷达观测效果。

(2)操作复杂

AIS 信息集成造成雷达人机交互界面更为复杂,信息量增加,驾驶人员需要更多专业培训和长时间的练习才能够掌握现代雷达设备的避碰功能。驾驶人员对设备局部操作生疏进而会造成对设备的功能缺乏信心。历史上,由于雷达操作生疏和失误而引发的紧迫局面和海难事故时有发生。

(3)数据冗余

在雷达跟踪目标与 AIS 报告目标未进行关联的屏幕上,由于雷达回波与 AIS 数据来源、处理方式和精度不同,同一个物理目标的雷达跟踪数据和 AIS 报告数据也就会有差别,造成屏幕数据(包括图示和字母数字数据)冗余,给判断会遇局面带来负担。

(4)关联误差与关联困难

性能标准要求,设置目标关联时不能对单一目标做个别设定,在默认状态下系统选择和显示激活 AIS 目标图标标识及其字母数字数据;用户可以将雷达跟踪目标改设为默认状态,并可以选择雷达跟踪或 AIS 报告字母数字数据。事实上,无论是雷达跟踪数据还是 AIS 报告数据都存在误差,不同航行状态的 AIS 目标动态信息报告间隔不一致,而雷达图像的更新则始终保持恒定的更新率,其位置和航迹参数必然会有差别。总体上来说误差符合一定的统计规律,但就特定时刻的具体目标而言,误差是随机的。因此,无论是将跟踪数据还是报告数据设为默认状态,关联后的目标都仍然残留误差,个别目标数据精度反而降低(取用了两者的低精度数据),还可能由于误差较大而出现全部或部分目标关联困难的现象。

(5)关联设置

从系统分析角度,设备工作环境相对于性能标准要求的理想环境较为满意时,AIS 报告数据精度不低于雷达跟踪数据精度，因此性能标准倾向于使用 AIS 数据作为关联后目标数据输出，而在以雷达跟踪目标为准进行目标关联时，可以根据情况选择雷达跟踪数据或 AIS 报告数据作为关联后目标字母数据输出。

关联的设置参数包括目标的位置和运动参数，具体地说有目标的距离和方位、WGS-84 地理坐标系、目标的航向和航速等。如何设置这些参数，也需要根据实际情况做出专业的判断。

问题的关键就在于，原则上探讨目标关联的设置并不困难，但海上实际情况千变万化，在特定的海域和气象海况中，在特定的船舶和会遇局面里，在特定雷达及操作设置下，如何在诸多综合复杂的因素中恰到好处地完成关联设置，需要考验驾驶人员关于系统工作原理的掌握、设备操作水平的发挥、实际航行经验的运用、临场应变决策能力等多方面综合素质。

（6）漏失目标

无论是雷达还是 AIS，都存在无法发现的目标和丢失目标的情况。更值得注意的是，处于雷达杂波之中的小型船舶，可能并未安装 AIS 设备，因此无论是雷达传感器还是 AIS 传感器都可能无法发现这样的目标。

（四）尾迹显示功能在避碰中的优势与局限性

尾迹显示是数字信息处理雷达标准配备的功能，其主要作用是辅助标绘雷达目标，为会遇局面和避碰提供参考。

1. 尾迹功能在避碰中优势

（1）尾迹功能操作简单，显示具有实时、连续、明显和直观反应目标动态的特点，尤其真尾迹能够方便分辨运动目标与静止目标。

（2）尾迹配合 VRM/EBL 或 ERBL 能够定性标绘目标运动，方便会遇局面判断。

（3）对于快速机动目标，转向幅度越大，目标的尾迹变化越明显，越有利于及早发现目标的机动。

（4）在避碰行动中尾迹与雷达跟踪目标或 AIS 报告目标配合，有利于做出正确的避碰决策。

（5）尾迹功能与雷达目标跟踪功能不同，不需要对目标捕获，无须复杂的目标滤波过程，而是通过数字显示设备记录屏幕回波的运动轨迹，因此目标尾迹不存在目标跟踪功能固有的局限性，如量程限制、容量限制、处理延时、目标交换和目标丢失等跟踪可靠性问题。

（6）尾迹与目标跟踪功能配合使用，能够定性验证雷达对目标跟踪的可靠性，及时发现目标交换现象。

（7）与 AIS 报告目标相比，尾迹是自主探测设备独立具备的功能，不依赖其他船舶传感器数据。

(8)综合运用尾迹、过去位置、矢量和AIS报告数据等功能,相互验证,正如避碰规则中所阐述的利用“一切可用的手段”,从而对碰撞危险做出充分的估计。

2. 尾迹功能在避碰中局限性

(1)由于尾迹只是定性记录目标在屏幕上的运动,因此不能像跟踪目标或报告目标一样提供目标的精确运动参数,无法像过去位置一样提供定量的速度机动参考数据,不具备碰撞危险报警功能。

(2)尾迹显示对应杂波在内的所有屏幕回波,在不稳定图像显示模式下(H-up),尤其在近岸航行的引航水域,回波中包含陆地、导航标识以及海浪、雨雪杂波等复杂显示环境,尾迹使屏幕图像繁杂模糊,会严重影响雷达观测。即使在N-up和C-up稳定显示模式下,回波闪烁和某些引起图像不稳定的因素也会由于尾迹的作用,而造成回波模糊,屏幕分辨力下降。

(3)在恶劣天气复杂环境中使用相对尾迹显示时,杂波的尾迹容易产生屏幕干扰,影响雷达观测和对危险目标的判断。

(4)尾迹仅能提供不充分的雷达观测资料,不能仅凭尾迹判断会遇局面。

第七章

电子海图显示与信息系统

第一节 基础知识

一、概述

电子海图显示与信息系统（Electronic Chart Display and Information System，简称 ECDIS）的出现是航海技术发展历史上的里程碑。从最初的纸质海图简单电子复制品到具有国际标准的多功能船用电子海图信息系统，ECDIS 作为船舶航行信息系统的核心平台，在保障航行安全中具有无可替代的地位。

ECDIS 通过连接其他航海仪器（如电子定位系统、船舶指向设备、计程仪、AIS、雷达等）作为传感器，获取航行基本（关键）信息，能够根据需要选择海图显示模式，自动或手动改正海图，实时显示船舶动态（如船位、航速、航向等），制订航次计划与设计航线，实施航线监控，实现航行自动报警与提示（如偏航、碰撞、进入限制区等），自动存储本船航行记录，回放航行历史，查询航海信息（如水文、地理、潮汐、海流等），叠加雷达图像、雷达跟踪目标和 AIS 报告目标等，实现了船舶始终航行在状态明确、局面可控的环境下，有效地保障了船舶航行安全。

二、ECDIS 国际法规文件与要求

1. SOLAS 公约关于海图配备要求

SOLAS 公约要求所有船舶，不论其尺度大小，均应配备海图和航海出版物，用于计划和显示船舶预定航程的航线以及标绘和监视整个航程的船位，且申明配备 ECDIS 可视为满足海图配备要求；规定海图和航海出版物，如航路指南、灯塔表、航海通告、潮汐表，以及所有其他拟定航程所需的航海出版物均应适当并保持最新。

2. IMO 关于 ECDIS 强制安装时间表

IMO MSC.282(86)决议通过了 SOLAS 公约修正案，要求符合公约要求的国际航行船舶，如 500 总吨以上的客船和 3 000 总吨以上的货船等，自 2012 年 7 月 1 日开始至 2018 年 7 月 1 日为止，根据建造时间不同分步骤强制配备 ECDIS。

3. STCW 公约关于 ECDIS 培训要求

STCW 公约马尼拉修正案规定了 ECDIS 培训与发证要求，即“所有在配备有 ECDIS 的船舶上值班的船长、大副和驾驶员应在完成了使用 ECDIS 的课程后才能胜任使用该设备”。

三、ECDIS 基础

（一）电子海图种类

电子海图(Electronic Chart，简称 EC)是以数字形式描述和表示海域地理信息和航海信息的数字海图，是数字地球的组成部分。针对数据的组织方式和表现形式，电子海图分为光栅电子海图和矢量电子海图两类。

1. 光栅电子海图

光栅电子海图(Raster Chart)是通过对纸质海图的光电扫描，形成的数字信息文件，其构成要素是图片或像素，其形成的数据结构被称为栅格结构。

2. 矢量电子海图

矢量电子海图(Vector Chart)是将数字化的海图信息分类存储的数据库，可参与各种

数据运算并提供船舶安全航行所需的信息。例如,可查询海图上目标要素的细节信息(如灯标的名称、颜色和信号周期等);进行海图要素的分层显示(如不显示水深点、地名);通过设置提前报警时间、安全等深线量值等阈值,结合海图数据,根据本船船位发出搁浅报警等。

(二)电子海图应用系统分类

电子海图数据需要与计算机、通导设备和应用系统软件等共同组成“系统”,才能完成信息显示、船位标绘、航线设计、航行报警等一系列导航辅助功能,实现其航行信息系统的目标。

电子海图系统是电子海图开始进入应用时形成的概念(称谓),即一种基于电子海图显示的航行信息系统。由于光栅海图显示系统 RCDS 即将退出历史舞台,目前,在航海应用领域将电子海图应用系统区分为电子海图显示与信息系统(ECDIS)和电子海图系统(ECS)两类。

1. 电子海图显示与信息系统

ECDIS 是一种完全符合相关标准和要求的电子海图应用系统。

IMO ECDIS 性能标准中给出的 ECDIS 的定义是:ECDIS 是一个航行信息系统,如果这个系统具有适当的备用配置,便能被接受为符合 1974 年 SOLAS 公约中第五章第 19 条和 27 条关于改正至最新的海图的配备要求。它能有选择地显示系统电子航海图(SENC)中的信息帮助航海人员进行航线设计,配合从导航传感器获得的位置信息实现航线监控,并且能够按要求显示其他与航海相关的补充信息。

2. 电子海图系统

电子海图系统(Electronic Chart System,简称 ECS)。是最早产生的电子海图应用的通俗概念,现在通常将不符合 IMO 关于 ECDIS 相关国际标准的电子海图应用系统称为 ECS。

相比较而言,ECS 可以不满足相关国际标准的规定和要求,可以使用非官方、非 ENC 海图数据,ECS 的功能可以根据用户需要灵活设计。而在法律意义上,ECS 不能取代纸质海图,但这并不意味着 ECS 的性能和功能低于或少于 ECDIS。

(三)有关国际法规

1. IMO ECDIS 性能标准

IMO 在 1995 年 11 月正式通过了 A. 817(19)号决议“IMO ECDIS 性能标准”,此后海安会分别在 1996 年通过 MSC. 64(67)决议、1998 年通过 MSC. 86(70)决议和 2006 年通过 MSC. 232(82)决议对其进行了修订。IMO ECDIS 性能标准给出了 ECDIS 相关定义,包括海图信息的提供、更新与显示，比例尺、其他航行信息的显示，显示模式和邻近区域的生成，颜色和符号，显示要求，航线设计、航线监控和航行记录，计算和精度，性能试验、故障报警和警示，备用配置、与其他设备连接和电源等内容，该标准有7个附件。

附件一给出了制定标准时所参照的其他标准或文件，主要为IMO、IHO、IEC等国际组织的相关标准和出版物，具体包括S-52及其附件、S-57、IEC 61174“电子海图显示与信息系统(ECDIS)测试方法和要求的测试结果”、IEC60945“组成GMDSS的船载无线电设备和船用导航设备的一般要求”等。

附件二给出了ECDIS在进行航线设计和航线监控期间可用的海图信息分类(SENC Information Available for Display During Route Planning and Route Monitoring)，将可用的海图信息分为基础显示、标准显示、其他信息三类。

附件三给出了ECDIS中所使用的航行要素和参数的术语及其缩写(Navigational Elements and Parameters)。

附件四给出了ECDIS在进行航线设计和航线监控期间应自动检测到的特殊地理区域(Areas for Which Special Conditions Exist)。

附件五给出了ECDIS的报警及警示的形式和内容(Alarms and Indicators)。

附件六给出了对ECDIS备用要求(Back-up Requirements)。

附件七给出了光栅海图显示系统操作模式(RCDS Mode of Operation)。

MSC.232(82)决议建议各国政府确保：

(1)在2009年1月1日或以后安装的ECDIS设备，符合不低于该决议附件所规定的性能标准。

(2)在1996年1月1日或以后但于2009年1月1日以前安装的ECDIS设备，符合不低于经MSC.64(67)决议和MSC.86(70)决议修正的A.817(19)决议附件所规定的性能标准。

2. IHO ECDIS标准

IHO关于ECDIS的标准主要涉及电子海图数据及显示，主要有：

(1)IHO S-57

IHO S-57数字水道测量数据传输标准描述了用于各国航道测量部门之间的数字化水道测量数据交换的编码、格式、封装标准。该标准给出了关于电子海图数据的模型、结构、物标分类和属性定义、产品(封装)规则等，规范了标准电子海图数据的生产制作流程和方法。该标准主要内容包括三部分以及两个附件。

第一部分：一般性介绍(General Introduction)，包括标准概述及参照标准表和术语定义表。

第二部分：理论数据模型(Theoretical Data Model)，构成了本标准的基础。

第三部分：数据结构(电子航海图的数据格式)(Data Structure)，定义了实现数据模型所用的数据结构或格式，以及将数据编码成相应格式的基本规则。目前数据结构采用

3.1 版本。

附件 A:IHO 物标目录(物标分类和编码系统)(IHO Object Catalogue),提供了 IHO 认可的用来描述真实世界实体数据交换集的正式数据格式。

附件 B:产品规范(电子航海图产品规范、IHO 物标目录数据字典产品规范)(Product Specifications),是 IHO 认可的产品规范说明,可用于特定应用的一组附属规则。

(2)IHO S-52

该标准规范了 ECDIS 显示 ENC 信息时的方式,包括颜色、符号样式和线型等一系列问题,从而保证了不同厂商生产的 ECDIS,其显示海图信息的方式、基本海图功能都是一致的,以利于驾驶人员的识图和使用。目前采用 2014 年 6.1.1 版本。该标准有三个附件和一个附录。

附件 A:IHO ECDIS 表示库(IHO ECDIS Presentation Library),给出了各种符号的表示规范,目前更新为 2014 年 4.0.2 版本。

附件 B:彩色监视器初始校准步骤(Procedure for Initial Calibration of Colour Displays),介绍了初次使用时、对显示器进行颜色显示校准的程序。所谓的校准包含两部分内容,测量 CRT 颜色特性和 CIE 颜色坐标与输入到 CRT 的 RGB 值之间进行转换的数据处理过程。

附件 C:监视器在使用过程中的维护方法(Procedure for Maintaining the Calibration of Displays)。讨论了影响颜色精度和显示器寿命的因素以及船上显示器测试和校准的方法。

附录 1:电子海图更新指南(Guidance on Updating the Electronic Navigational Chart),给出了 ENC 改正的模型和具体的改正指南。

(3)IHO S-63

该标准主要用于规范电子海图数据的分发与服务,包括防盗版、防伪造、选择性存取、数据制作者一致性和原始设备制造商(OEM)一致性等,是安全结构与操作规程的推荐性标准,使用对象为数据发行机构(如水道测量部门)、ECDIS/ECS 设备制造厂商和最终用户。

(4)IHO S-100

IHO S-57 几乎是专门用于 ECDIS 的 ENC 编码,没有被地理信息系统(GIS)广泛接受,在于其内置的数据模型限制了更广泛的转换机制的性能,维护机制缺乏灵活性,标准长时间不能更新;其结构不支持未来发展的需要(如栅格测探、时变信息等)。为解决这些局限,进一步扩充 IHO S-57 的适用范围,IHO 经过多年研讨,开发了 IHO S-57 新的版本 IHO S-57 4.0。后来把 IHO S-57 4.0 命名为 IHO S-100(IHO Universal Hydrographic Data Model,IHO 通用海道测绘数据模型)。

S-100 在数据的管理、处理、传输中遵照了 ISO TC/211 19100 地理信息系统标准,保证了 S-100 及其扩展的开发与地理信息工业的发展保持一致。S-100 的可扩展性使得海道测量机构的一些信息可以在 S-100 框架下通过在 S-100 注册系统中包含新的实体或扩展已有实体来完成建模，实现对多种多源海道测量数据、产品及用户的支持。S-100 作为适时且具灵活性的标准必将使海道测量数据成为海上地理信息系统技术的主流，最终取代 S-57 标准。

第一部分：概念模式语言。本部分定义了概念模式语言（Unified Modeling Language，简称 UML），并规定将统一建模语言静态结构图与 IHO 使用的基本数据类型相结合，作为信息规范的概念模式语言。本部分对应 ISO 19103。

第二部分：地理空间信息注册表管理。本部分介绍了符合地理信息项目注册程序要求的注册系统，同时说明了要素概念字典注册表。本部分对应 ISO 19135 和 ISO 19136。

第三部分：通用要素模型和应用模式规则。本部分介绍了一个应用模式的规则和通用要素模型，同时也给出了信息类型的概念。本部分与 ISO 19109 对应。

第四部分：元数据。本部分给出了元数据类、元素和条件以及质量元数据的组合规则。本部分与 ISO 19115、ISO 19113、ISO 19114 和 ISO 19138 对应。

第五部分：要素目录。本部分定义了要素类别的编目方法，同时规定了怎样将不同类型的要素组织成一个要素目录，以及怎样将要素目录呈现给地理空间数据集的用户。本部分与 ISO 19110 对应。

第六部分：坐标参照系。本部分定义了坐标参照系的概念模式。本部分与 ISO 19111 对应。

第七部分：空间模式。本部分给出了描述和操作要素空间特征需要的信息，与 S-57 的向量模型不同，空间模式的几何模型是通过 UML 建立的。本部分与 ISO 19107 对应。

第八部分：影像和栅格数据。本部分给出了与海道测量相关的影像和栅格数据模型。本部分与 ISO 19123、ISO 19129 对应。

第九部分：编码格式。本部分介绍了编码格式示例，并且给出了 ISO/IEC 8211 编码模式。本部分与 ISO/IEC 8211:1994 对应。

第十部分：产品规范。本部分阐释了数据产品规范，表达了一个特定数据产品需要的全部元素，依据 ISO 19131 相关机构可以制定符合自身需求的产品规范。

第十一部分：数据维护。本部分论述了维护和发布 S-100 各个部分的维护程序。

（5）IHO 其他标准

除上述标准外，IHO 还制定通过了其他与电子海图数据或应用系统有关的标准。

S-58《ENC 有效性检验推荐标准》（Recommended ENC Validation Checks）：ENC 生产中质量控制的参考标准，现行版为 2018 年 9 月 6.1.0 版。

S-60《WGS-84 坐标变换用户手册》（User's Handbook on Datum Transformations Involving WGS-84）：介绍了各坐标系转换到 WGS-84 坐标系的修正值和公式，现行版为 2003 年 7 月第 3 版，2008 年 8 月进行了修正。

S-61《光栅航海图产品规范》（Product Specifications for Raster Navigational Charts）：是 RNC 制作的主要标准，现行版为 1999 年 1 月第 1 版。

S-62《数据生产商代码列表》（List of Data Producer Codes）：给出了全球各国家官方和

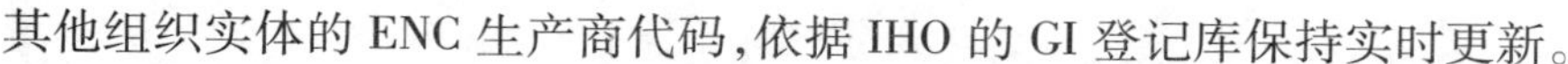

其他组织实体的 ENC 生产商代码,依据 IHO 的 GI 登记库保持实时更新。

S-64《IHO ECDIS 测试数据集》(IHO Test Data Sets for ECDIS):用于 ECDIS 测试,现行版为 2017 年 7 月第 3.0.2 版。

S-65《ENC 生产指导》(ENC Production Guidance):用于 ENC 生产,现行版为 2017 年 5 月第 2.1.0 版。

S-66《电子海图及配备要求》(Facts about Electronic Charts and Carriage Requirements):介绍了关于电子海图的基本知识和配备要求,现行版为 2018 年 1 月第 1.1.0 版。

3. IEC 61174

IEC 发布的 61174 标准《海上导航和无线电通信设备与系统——电子海图显示与信息系统(ECDIS)操作与性能要求、测试方法和测试结果》描述了 ECDIS 的性能测试方法和要求的测试结果。通过该标准的测试是 ECDIS 合法地成为船用设备的基础,符合该标准的 ECDIS 得到了类型认可后,才能被官方认可投入市场。换句话说,通过该标准的测试是 ECDIS 合法地成为船用设备的基础。通过了按照该标准测试的 ECDIS 便得到了型式认证,可以合法地成为船用设备。

本节介绍了 ECDIS 相关的主要标准和规范,如图 7-1-1 所示为 ECDIS 相关标准关系图,反映了这些标准和规范间的相互关系。

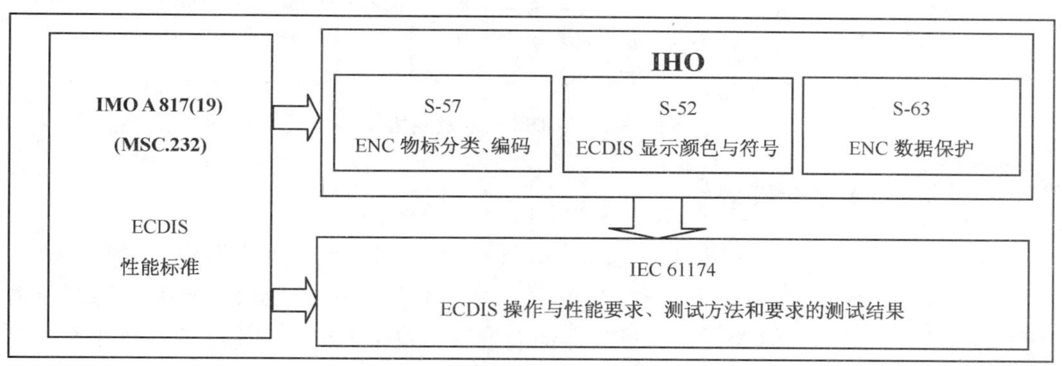

图 7-1-1　ECDIS 相关标准关系图

(四) ECDIS 取代纸质海图

ECDIS 取代纸质海图,必须满足以下条件和要求:

(1) ECDIS 需符合 IEC 61174 标准,并通过有关机构的型式认证。

(2) ECDIS 需使用改正至最新的官方 ENC。

(3) 配备适当的备用配置。

四、ECDIS 构成

ECDIS 是一个航行信息系统，由主计算机系统、电子海图数据库、输入传感器、输出终端设备等四个基本部分构成，其组成及结构如图 7-1-2 所示。

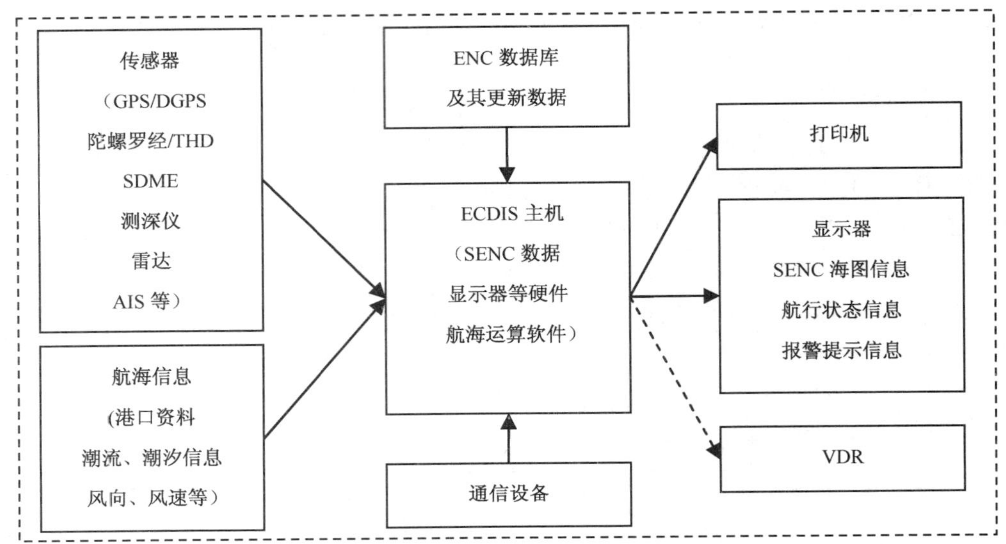

图 7-1-2 ECDIS 组成及结构

（一）ECDIS 硬件要求

本质上 ECDIS 是一个专用的工业计算机系统，其硬件的核心是高速中央处理器和大容量的内部和外部存储器，中央处理器、内存和显存容量应保证显示一幅电子海图所需时间不超过 5 s；外部存储器存储容量应保证能够容纳整个 ENC、ENC 更新数据和 SENC。

图形显示器用于显示电子海图，其尺寸、颜色和分辩率应符合 IHO S-52 的最低要求，即有效画面最小尺寸应为 270 mm×270 mm，不少于 64 种颜色，像素尺寸小于 0. 312 mm。

内部接口应包括图形卡、语音卡、硬盘和光盘控制卡等。以光盘或软盘为载体的 ENC 及其改正数据，以及用于测试 ECDIS 性能的测试数据集可通过内部接口直接录入硬盘，船舶驾驶人员人工标绘、注记，以及电子海图的人工改正数据的输入等可通过键盘和鼠标实现。与扬声器相连接的声卡，用以实现人机语音交互，包括语音报警和可扩展的语言控制。

外部接口保证从外部传感器接收航行信息，包括电子定位系统（EPFS，目前以 GPS 为主）、陀螺罗经/THD、SDME、测深仪、雷达、AIS 等设备的信息，以支持 ECDIS 实现其功能。

（二）ECDIS 主要功能

ECDIS 能够实现海图显示、海图作业、海图改正、定位及导航、雷达图像与目标信息处理、航线监控、航海信息查询、航行记录等多种保障航行安全的功能。

1. 海图显示

海图显示功能可以实现：依据颜色与符号标准显示海图内容；以“北向上”或“航向向上”等方式显示海图；以“相对运动”或“真运动”方式显示海图；改变电子海图的比例尺（缩放显示及漫游）；分层显示海图信息（隐去本船在特定航行条件下不需要的信息）。

2. 海图作业

海图作业功能可以实现：在电子海图上进行航线设计；以灵活的方式计算任意两点间的距离和方位；标绘船位、航迹和时间。

3. 海图改正

可采用官方 ENC 制作部门提供的正式改正数据自动改正，或者由航海人员依据航海通告或无线电航行警告人工改正。

4. 定位及导航

能够实现各种陆标定位计算，并能够接收和综合处理来自计程仪、陀螺罗经/THD、EPFS、测深仪、气象仪等传感器的信息，求得最佳船位。

5. 雷达图像与目标信息处理

ECDIS 可将雷达图像、雷达跟踪目标和 AIS 报告目标信息叠加显示在电子海图上，提供本船、本船周围静态目标、本船周围动态目标三者之间的位置关系。航海人员可据此判断避碰局面，做出避碰决策，并能够进一步检测避碰决策的可行性。

6. 航线监控

在船舶航行过程中，ECDIS 能够自动计算船舶偏离计划航线的距离，必要时给出指示和报警，协助航迹或航向保持。ECDIS 还能够自动检测到航行前方的暗礁、禁航区、浅滩等，保障航行安全。

7. 航海信息查询

通过航海信息查询可以获取电子海图上各要素的详细描述信息以及整个航线上的航行环境条件信息，如潮汐、海流、气象等。

8. 航行记录

ECDIS 能够满足自动记录前 12 h 历史航迹等相关信息，包括所使用过的 ENC 单元及其来源、版本、日期和改正历史，以及每隔 1 min 的船位、航速、航向等信息。这些信息足以再现当时的航行情况，驾驶人员可以查询航行记录，但不能伪造、修改记录。

（三）传感器连接

ECDIS 通过综合处理所连接传感器的数据，并根据用户要求以最佳方式呈现在电子海图上实现其功能。因此，在客观上传感器的正常运行和正确设置将直接影响 ECDIS 的使用效果。传感器与 ECDIS 主机之间的数据交换遵循 RS-232/RS-422、IEC 61162 和 NMEA 协议（针对引航员，AIS 设备具有引航员接口，供引航时连接使用）。

ECDIS 提供其连接的外部传感器的设置操作方法，可通过设置对话窗口进行连接参数配置（如是否连接某设备、其所在端口、波特率等），如：

（1）连接 GPS 设备：端口号为 1；波特率 = 2 400/4 800/9 600/14 400/38 400/57 600。

（2）AIS 引航员接口：端口号为 2；波特率 = 38 400。

（四）系统界面

ECDIS 的信息显示与监控功能的控制可以通过显示屏上划分出概念性的四个区域来实现，即海图区、状态区、报警区和功能区。

（1）海图区：以海图信息为基础，以本船航行状态和航行环境信息为辅助，以直观的图像方式显示航行局面。

（2）状态区：以量值的方式补充表达海图区显示的航行局面。

（3）报警区：以颜色、符号（闪烁）或文本的方式发出系统警示和航行风险报警。

（4）功能区：控制和操作系统功能的菜单和按钮区域。

第二节 ECDIS 数据与显示

本节基于电子海图数据的产生特点，描述 ECDIS 数据的基本内容、数据种类、数据结构与编码制作和数据传输更新机制，进而讨论 ECDIS 海图数据的显示控制方法和机制（如颜色、符号和显示方法等），探讨 ECDIS 信息的基本应用。本节是 ECDIS 应用基础。

一、电子海图数据

（一）数据模型

IHO S-57 标准规定了有关 ECDIS 数据的模型、类目及其编码，属性及其编码，存储与传输格式和产品规范等，这里简称为 S-57 物标。

S-57 物标的数据模型为矢量数据结构，它将现实世界的目标实体使用空间对象（Spatial object）和特征对象（Feature object）的组合来描述，如图 7-2-1 所示，其中：

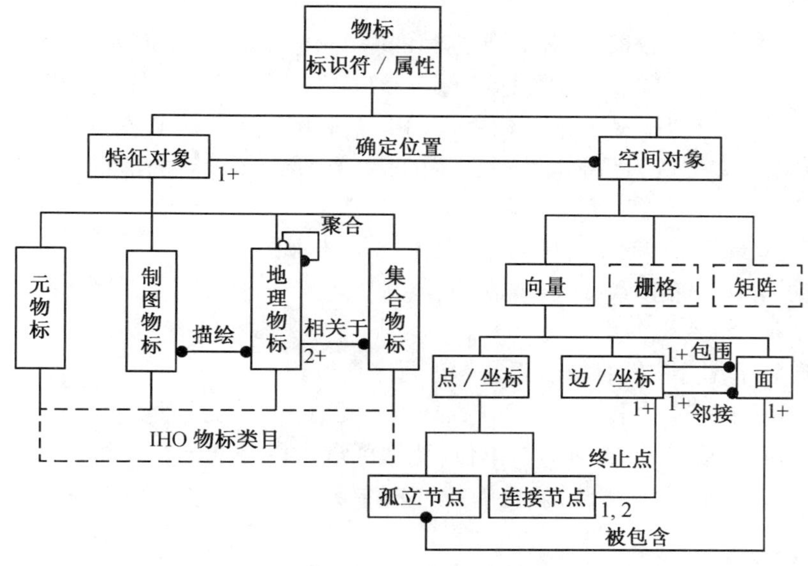

图 7-2-1　ECDIS 物标数据模型

（1）空间对象：描述实体的空间位置属性，由点（孤立节点、连接节点）、边界和面（闭合的边界）的坐标及其相互关系构成。

（2）特征对象：描述实体的种类、性质和特征等属性信息。

特征对象以空间对象的存在为前提，借用空间数据表达其所在的位置。两者通过编码组成了建立 S-57 物标数据的要素基础，通过产品（封装）规则构成标准化数据文件进行传输与应用。

（二）海图数据

海图数据是 ECDIS 运行的基础，使用人员应该具备一定的知识管理、审核和使用海图数据的能力。ECDIS 海图数据包括光栅扫描航海图（Raster Navigational Chart，简称 RNC）、电子航海图（Electronic Navigational Chart，简称 ENC）、海图许可、海图更新与发行和驾驶员注记等。

1. 光栅扫描航海图

RNC 由国家水道测量部门或国家水道测量部门授权出版的海图数字扫描而成，并结合显示系统提供连续自动的定位功能。RNC 具有以下属性：

（1）由官方纸质海图复制而成。

（2）根据国际标准制作。

（3）内容的保证由发行数据的水道测量局负责。

（4）根据数字化分发的官方改正数据进行定期改正。

2. 电子航海图

ENC 属于电子海图数据，是 S-57 数据集的一个子集，是专为 ECDIS 使用特殊裁定得到的，即：ENC 是内容、结构、格式均标准化（S-57）了的数据库。这个数据库由官方授权的权威水道测量部门制作发行，供 ECDIS 使用。这种海图不仅具有安全航行所需要的所有信息，还可以具有被认为是航行安全所需的其他纸质海图没有的信息。ENC 主要具有以下属性：

（1）内容基于主管水道测量局的原始数据或官方海图。

（2）根据国际标准进行编码和编制。

（3）基于 WGS-84 坐标系。

（4）根据数字化分发的官方改正数据进行定期改正。

纸质海图以张为计量单位，而 ENC 数据以单元（Cell）作为计量单位。所谓单元是指某地理区域的 ENC 数据分发的基本单位，地理区域为由经线和纬线组成的区域。每个 ENC 单元的数据都要单独存储，而且有唯一的单元名（文件名），数据文件大小不超过 5 MB。

在 S-57 中，ENC 数据文件的名称由 8 位字符编码给出。其中，前两位是官方认可的数据生产单位标识码，如 C1 代表中国人民解放海军海道测量局；第三位是本数据的航海用途，含义见表 7-2-1；后 5 位是数据单元标识代码，通常为纸质海图的图号。

表 7-2-1　ENC 数据航海用途编码

编码	航海用途	比例尺范围
1	总图（Overview）	<1：1 499 999
2	大洋航行图（General）	1：350 000~1：1 499 999
3	沿海航行图（Coastal）	1：90 000~1：349 999
4	近岸航行图（Approach）	1：22 000~1：89 999
5	港内航行图（Harbour）	1：4 000~1：21 999
6	靠离泊用图（Berthing）	>1：4 000

ENC 数据文件分为如下 EN 和 ER 两种类型：

（1）电子航海图基本数据文件（EN application profile）

在 S-57 中，EN 应用文件对应的是基本数据集（Base data set），使用“000”作为文件扩展名。如 C1513178.000，是中国人民解放军海军海道测量局出版发行的上海港港口图（原始版本或新版本），海图单元标识代码是 13178。

（2）电子航海图改正数据文件（ER application profile）

在 S-57 中，ER 应用文件对应的是改正数据集（Revision data set），使用“001～999”作为文件扩展名。如 C1513178.001、C1513178.002……C1513178.006，是中国人民解放军海军海道测量局出版发行的上海港港口图的更新数据文件，图号是 13178，分别对于第 1、2……6 号更新文件。

3. 海图许可

载入加密的 ENC 海图数据及更新文件前，每个 ENC 都必须获取各自的许可。许可是指允许 ECDIS 解密和装载 ENC 基本单元及其更新文件的授权文件。

（1）许可和 ENC 关联

许可和 ENC 彼此关联。每一个新的 ENC 版本，提供一个单独的许可。许可只对当前的 ENC 有效。当有新的版本发布或 ENC 被取代（如分成两个新的 ENC）时，ENC 的加密 ID 将更改。每个 ENC 的许可也对其所有更新文件有效。

（2）许可结构

许可由特定结构的一长串字母数字组成，包含加密数据的解密密钥。如图 7-2-2 所示为一个 ENC 的许可和一个 ARCS 的许可。

ENC:
GB10000420051031E4FD61EC4AE7BF8DE4FD61EC4AE7BF8
D6A8618B0DE71CA09,0,4,0,

ARCS:
1408++++0510034011b4eff942107f3b73a96579a0

图 7-2-2　ENC 与 ARCS 的许可码示例

（3）许可提供

多数情况下，许可通过电子邮件附件提供，可存放在电子硬件媒介上（如软盘、CD、USB 等），再用它们导入 ECDIS。也可以通过带到船上的 CD、软盘以及键盘输入（仅对有限数量 ENC）和基于程序的远程网络等。

（4）许可期限

一个许可的授权期限一般是一年，到期前 30 天，系统会给予提示。

若许可已经过期，系统将提示“许可已过期（Permits expired）”。海图数据仍然可以使用，但是，从实践和法律角度看，数据不再保持最新。

当许可过期超过 6 个月，如果再续期，新的许可对老的 ENC 无效。

(5) 导入操作

海图数据导入主要包括海图许可导入和海图基本数据单元导入。首先，激活“海图管理”功能，插入存有许可的存储介质，按照系统提示完成许可导入；然后，插入存有海图数据（基本单元和更新）的存储介质（通常为 CD），依海区或用途选择需要执行的 ENC，ECDIS 将显示相关的海图编号，导入选中的 ENC。

ECDIS 将给出导入状态的提示信息，若导入成功，系统将给出确认提示。导入过程中用户不能对更新数据做任何删除、修改或增加操作。每个 ENC 解密转换成 SENC 有一个过程，具体视选择的海图数量可能需要几分钟到几小时不等。直接导入 SENC 数据比导入 ENC 数据快很多。如果发生严重的数据载入问题，可联系 ECDIS 厂家和（或）ENC 数据供应商。原则上，海图数据的删除和导入过程类似。

4. 海图更新与发行

IHO S-52 附录 1 电子航海图更新指南中详细规定了电子海图数据的更新方式和手段。只有官方发布 ENC 更新信息，例如，那些由负责船用 ENC 的权威发行机构颁布的，以数字化格式提供的更新信息才能够被接受进 SENC。其他一切更新信息或者航海安全信息均应人工输入，这类附加信息可能来自航海通告、地方航海通告、无线电航海警告和驾驶员注记等。

标准还指出，改正数据只能加入 SENC，但不能改动 ENC。自动改正数据要区别于人工改正数据，在记录和显示中要能够体现出来。数据更新通常有自动和人工两种方式。

(1) 自动更新

电子海图自动更新是指通过已经建立的通信链路，或者通过载有更新数据的实体介质，实现 ECDIS 更新数据的获取、验证、接受、存储，自动完成数据更新，并将更新数据融合到 SENC 中。更新的数据在显示上与 ENC 数据没有区别。自动更新的途径按目前的技术状况，可分为全自动更新和半自动更新。全自动更新通过建立的网络，接收处理 ENC 更新数据；半自动更新通过移动存储介质，如光盘或磁盘，传递并接收 ENC 更新数据。

(2) 人工改正

标准指出，ECDIS 应具有与纸质海图类似的人工改正功能，以实现改正更新数据不能及时传递并更新到系统中的补充。人工改正信息应尽早由权威发行发机构颁布的 ENC 更新信息取代。

①输入与记录

信息输入。可以采用两种方式输入信息：航海人员能够以方便的途径和方式，添加点、线、区域类物标和文字信息；还可以通过鼠标在屏幕上选取空间位置或通过表格输入坐标点位的方式确定物标空间，再通过符号的选择或属性的选择来确定物标的特征。

改正记录。ECDIS 保证所键入的全部与新情况和更新信息来源有关的更新文本信息均由系统加以记录，以便根据需要予以显示。

②显示与查询

人工改正的信息应作为 ENC 信息采用同样的符号显示，并在原有物标位置处或线区域边界上叠加橘黄色的特殊标记符号作标记（海图原始数据不允许修改），以示与原始 ENC 数据区别。

叠加符号的表现形式可包括：

a. 删除标记符号：点物标在符号上叠加斜线“/”，显示为 ；线物标在线上叠加均匀斜线“/”，显示为 ；区域物标在线边界叠加均匀斜线“/”，并在中心符号上叠加“/”。

b. 添加标记符号：点物标在符号上叠加底部带小圆圈的竖线“”，显示为 ；线物标在线上叠加均匀小圆圈，显示为 ；区域物标在线边界上叠加均匀小圆圈，并在中心符号上叠加“”。

c. 修改变更标记符号：为添加和删除两者符号的组合。

5. 驾驶员注记

ECDIS 允许驾驶人员在海图上添加有助于航行安全的点、线、区域和文字等符号注记信息。注记的显示一般明显区别于海图数据，通常用橘黄色。其操作方法与人工改正添加物标类似，一般通过鼠标在屏幕上直接点标或输入经纬度坐标确定空间位置，也可以利用鼠标直接拖动移动点位，可以随时删除。

（三）传感器数据

目前，ECDIS 传感器的数据主要包括：

（1）定位数据：给出本船的位置、COG、SOG。

（2）艏向数据：给出本船的艏向。

（3）AIS 数据：给出接收到的本船周围的其他 AIS 目标报告信息。

（4）测深数据：给出本船测深仪所在位置处的实测水深。

（5）气象数据：给出风向、风速。

（四）系统电子航海图

SENC 是 ECDIS 制造商设计的一种特定格式的数据库，这个数据库是为了恰当使用 ENC 而由 ECDIS 将其进行格式转换，同时通过恰当方法改正 ENC，并由航海人员添加其他航海相关数据后而形成的。SENC 主要包括如下数据：

（1）电子海图数据：主要包括 ENC 和 ENC 改正数据。

（2）传感器数据。

(3)航海人员数据:主要包括驾驶员注记、航线数据和监控与记录数据等。

(4)其他航海信息:主要包括航路指南、港口信息、潮汐信息和气象信息等。

二、安全水深和安全等深线

安全水深(Safety depth)和安全等深线(Safety contour)是ECDIS防止船舶搁浅的重要安全参数,两者的初始默认阈值为30 m,需要驾驶人员根据本船吃水并结合富余水深等航行实际情况设置。

安全等深线为ECDIS结合海图数据防范搁浅危险提供了阈值基准,极大地提高了驾驶人员识别搁浅危险和规避搁浅危险的机会和能力。安全等深线的使用需要注意如下内容:

1. 缺省使用警示

如果没有设置安全等深线阈值而是使用了30 m的默认阈值,ECDIS会给出警示。

2. 安全等深线选取

ECDIS根据驾驶人员设置的阈值自动在显示的海图中查取不小于该阈值的最小等深线作为本船的安全等深线。

3. 安全等深线设置

应根据本船载货状态以及航行环境,及时合理地设置或改变安全等深线阈值。

三、ECDIS数据显示

ECDIS显示生成器根据控制参数和航海人员的特定设置(如安全等深线、一天中的不同时刻和传统的或新式的符号体系等),运用表示库显示海图数据。因此,海图数据显示能够满足不同和特定的显示环境和设置,方便使用者更好地观察和辨别当前显示的航行情况。

(一)表示库内容

表示库通过颜色和符号来实现S-52的显示规范。主要包括如下内容:

1. 颜色编码方案表

用于白天、黄昏和夜晚显示的ECDIS颜色表。

2. ECDIS 符号库

包括符号、线形和填充模板库。

3. 检索表

带有将 SENC 物标与适当的颜色和符号进行直接或有条件关联，并给出其 IMO 类别、标绘优先级、在雷达图像上的显示优先级以及推荐显示组的检索表。

(1)直接关联是在物标描述与其表示之间直接相关，如浮标或陆地区域。此时，检索表给出符号化指令来显示符号、区域填充或线形。

(2)有条件关联取决于实际情况，例如深度区域，其填充颜色取决于选择的安全等深线。此时，检索表参照条件符号化程序选择适当的符号化指令。

4. 条件符号化程序

一组条件符号化程序，在航海人员的选择(如安全等深线)或复杂符号(如光弧)情形下选取适当的符号。

(1)符号化取决于诸如航海人员选择的安全等深线等具体情况的情形。

(2)符号化过于复杂以致难以在一个直接的检索表中定义的情形。

5. 符号化指令

一组符号化命令代码，集成为机读指令，其结果是形成符号化指令对 S-57 物标符号化。

6. 航海人员的航海物标

包含航海人员要加到海图上但未在 S-57 中定义的物标，以与 S-57 海图物标相同的格式给出定义以便在 ECDIS 中处理。

7. 辅助部分

包括 ECDIS Chart 1(类似纸质海图中的海图图示)、颜色差分测试流程图和颜色校准软件等。

(二)表示库应用

1. 符号位置点

表示库详细规定了标绘符号位置点(Pivot point)的位置数据，即符号在其标绘图形中的中心点，以便于光标查询信息拾取和图形旋转符号标绘。例如本船的符号位置点在操舵位置或 CCRP 处，文字的位置点在文本串的起始位置处。

2. 符号机制

S-52 要求表示库显示的符号、线型、区域填充应以 S-57 物标类别和属性值来确定显示符号。例如，当物标的属性不确定时，应在给定的符号上叠加一个紫色的问号。表示库定义了如下的显示机制：

（1）点物标表示

要求能够根据需要在传统符号和简单符号之间切换显示。

所谓传统符号是指用类似纸质海图符号显示点状物标。优点是显示的符号符合航海习惯，类似传统的海图图示，符号代表的物标表示明确且易于识别。缺点是显示时占用大量计算机资源，影响系统运行速度，特别是在非白天背景下显示时，符号清晰度差，容易造成看不到符号的情况，可能带来航行风险。

所谓简单符号是指用简单的实心点、圆圈、矩形和菱形等符号显示点状物标。优点是显示速度快，符号简洁清晰，易于观察。缺点是表象性差，符号代表的物标不易识别。

（2）线、面物标表示

要求能够根据需要在符号化线型和简单线型之间切换显示。

所谓符号化线型是指用能够标识物标类型的符号化边界显示线或区域物标的边界，类似纸质海图中的锚地、限制区、海底电缆等。

所谓简单线型是指用实线、虚线等简单线型显示线或区域物标的边界。

（3）文本表示：用字体、字号控制字符的显示。

（4）区域填充：利用透明、颜色和填充图案来表现区域内容，并在区域中心显示适当的物标符号。

（三）符号样例

1. 符号与线型

某水域中不同符号、线型设置下的 ECDIS 显示样例，如图 7-2-3（ECDIS 显示中的传统符号/符号化线型图）和图 7-2-4（ECDIS 显示中的简单符号/简单线型图）所示。

对比两图的显示效果可以明显观察到，对于点物标符号，有些物标的符号没有差别，如灯塔、烟囱，而有些物标的显示符号明显不同，如各种浮标和立标。对于线型而言，符号化显示时某些区域和线的边界带有明显的具有区别性质的标识符号，而简单显示时只使用实线或虚线，如图中限制区、警戒区和深水航道。

2. 目标符号

ECDIS 中本船、雷达跟踪目标和 AIS 报告目标的常见显示符号见书后附录一。

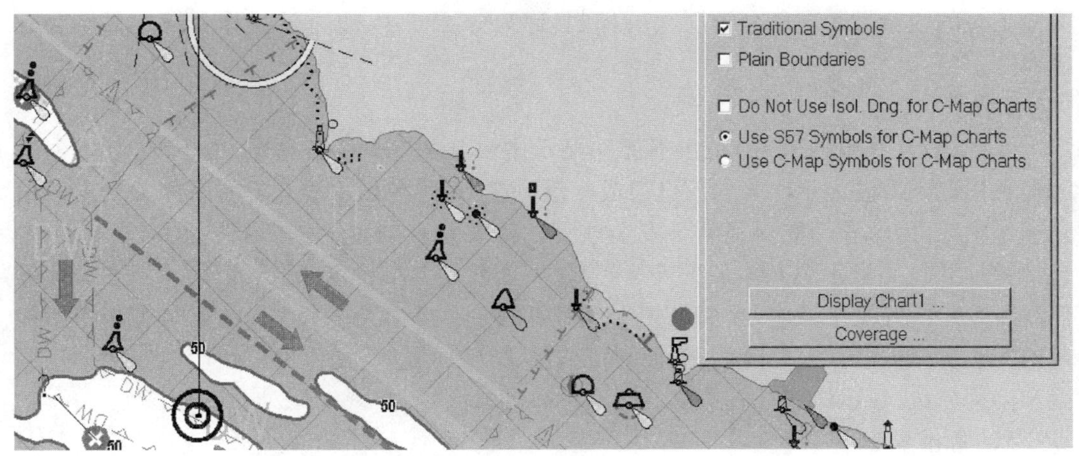

图 7-2-3 ECDIS 显示中的传统符号/符号化线型图

图 7-2-4 ECDIS 显示中的简单符号/简单线型图

（四）ECDIS 显示控制

1. 显示优先级

ECDIS 处理的全部数据，包括海图数据、雷达数据和其他传感器的数据，按照 S-52 进行了数据分层与显示优先级管理（在表示库检索表中的“显示优先级”字段中定义）。在显示过程中，当发生信息空间重复时，要优先保证级别高的信息能够清晰、完整显示，低优先级信息不能覆盖高优先级信息。

2. 显示分类

电子屏幕尺寸的局限性、SENC 信息的多样性和电子海图显示比例尺放大与缩小显示控制等，使得显示的信息可能会出现杂乱无章、无法辨别的状况。因此，表示库对电子海图信息的显示做了三种分类层次的控制，称为分层显示，以方便操作者筛选显示和查看海图信息。

（1）基础显示

基础显示（Display base）是指不能从显示中去除的SENC信息层，由不论何时、何地和何种情况下都要显示出来的信息组成。但应注意，这种显示没有将所有相关安全的信息显示出来，因此它不能保证满足安全航行的需要。基础显示是标准显示的子集，主要包括：海岸线（高潮水位）；本船的安全等深线（由驾驶人员设定，默认为30 m）；在安全等深线所确定的安全水域内，水深小于安全等深线的水下孤立危险物；在安全等深线所确定的安全水域内的孤立危险物，例如固定结构、架空电缆等；比例尺、量程和指北符号；深度和高程单位；显示模式。

（2）标准显示

标准显示（Standard display）是指在基础显示的前提下，再增加一些与航行安全相关的物标。ECDIS首次启动时默认为标准显示，航线设计和航线监控的数据可以由操作者根据需要调整显示或不显示，主要包括：基础显示信息；干出线；浮标、灯标、其他助航设备和固定结构；航道、海峡等边界；视觉和雷达显著物标；禁航区和限制区；海图比例尺界限；警告注记标志；船舶定线和渡船航线；群岛海上航路。

（3）其他信息

其他信息（All other information）是指根据航线监控需要，可以由驾驶人员设置显示或不显示的信息，主要包括：水深点；所有孤立危险物的详细信息；助航标志的详细信息；警告注记的内容；ENC版本日期；最近海图更新编号；磁差；经纬线图网；地名。

3. 强调显示

表示库中还规定了根据操作者设定阈值显示的信息，即对某些安全参数或航行参数的选择设置，ECDIS具有如下强调显示或航行辅助标记的能力。

（1）浅水点：根据驾驶人员选择的安全水深阈值，高亮或粗体强调显示海图上小于该值的水深点（值）。

（2）安全等深线：根据驾驶人员选择的安全等深线阈值，高亮或粗体强调显示不小于该阈值的最小海图等深线。

（3）双色水深区：以安全等深线为界，使用两种颜色显示海图的水深区域，使驾驶人员直观感知水域的“深浅”，快速判定安全深度水域。

（4）四色水深区：以安全等深线、设置的浅水等深线（Shallow-contour）和深水等深线（Deep-contour）为界，将水深区用四种颜色填充，使驾驶人员直观感知水域的“很浅、较浅、较深、更深”，方便对安全深度水域的判定。

（5）浅水区指示填充：为强调显示浅水区域，避免观察判断错误，ECDIS提供了开关控制，对浅水区采用暗格填充模式加重标识。例如显示的整个水域都小于安全等深线，且在夜间，由于水深区域的颜色深浅差别较小，不易判定当前水域的深浅时，指示填充能够清楚标识出浅水区。

(6)真实比例船型:在适当的比例尺下,可选择显示本船的真实比例船型符号。

4. 显示模式

电子海图的数据性特点提供了极其丰富的多样化显示模式,适当、合理、实用的显示模式可以满足不同条件、环境和要求下的显示观察需要。

(1)自动模式

电子海图数据基于纸质海图(幅)或单元而生成,很自然会存在屏幕尺寸、图幅以及当前需要的显示范围配比不当而需要根据操作者调整的情况。为此,ECDIS 性能标准要求 ECDIS 设备应提供根据需要选择自动或非自动海图和比例尺变换的自动显示控制机制,实现在显示比例尺变化时海图更换自动匹配和在手动更换海图时显示比例尺自动匹配。

(2)比例尺变换

不同于纸质海图,电子海图除在原始比例尺下显示外,还可以在不同级别比例尺下变换显示,实际操作中体现为:

①放大:当前图中心不变,根据缩放比率放大显示,即海图范围变小。

②缩小:当前图中心不变,根据缩放比率缩小显示,即海图范围变大。

③预设比例尺级别:当前图中心不变,根据选择的常用比例尺级别,快速变换显示。

④拉框缩放:根据鼠标在屏幕上拖拽的矩形框,将其对应缩小或放大到充满屏幕,也称无级比例尺显示。

⑤船位海图:给出船位处的海图列表,快速改变到相应的比例尺海图显示。

需要引起注意的是,当海图显示比例尺变化后,会引起人们视觉测量误差,可能导致物体之间相对关系判断误差,增加航行风险。另外,为方便快速实现原始比例尺显示当前海图,性能标准要求 ECDIS 要提供一键恢复到当前显示海图的原始比例尺的功能。

(3)运动模式

ECDIS 主要采取以本船相对海图的真运动(TM)或相对运动(RM)两种方式,通俗地讲,就是船动图不动或图动船不动。

在监控模式下,本船始终在屏幕内。真运动模式下,一旦本船运动出屏幕,ECDIS 会自动将本船连带海图移动到屏幕内的适当位置(类似雷达真运动显示方式时扫描起始点自动重调)。

(4)显示方向

性能标准要求 ECDIS 具备北向上、航向向上和艏向上三种显示方向。

①北向上:以海图北对准屏幕竖向向上为基准显示 SENC,是一种常规的习惯显示方向,有利于观察和比较实际目标的相对关系。

②航向向上:以本船运动方向对准屏幕竖向向上为基准显示 SENC,是一种类似雷达的显示方向,方便观察周围情况和比较目标相对关系,图像显示稳定。

③艏向上:以本船艏向对准屏幕竖向向上为基准显示 SENC,由于船舶偏荡,容易发生图像抖动,显示不稳定。

5. 辅助显示

为增强电子海图的显示能力和效果,ECDIS 提供诸多显示处理手段,帮助驾驶人员理解和判定当前的显示状态,更好地使用和利用 ECDIS。主要包括:指北符号、比例尺棒和纬度尺符号、经纬线网格、水深单位、比例尺索引、海图数据质量指示器和海图图例等。

(1)指北符号

在表示库中规定了表示真北的符号(基础显示类,指北箭头),始终放在海图的左上角,确保其显示清晰。如果显示方式不是北向上,则要旋转指北箭头符号至真北。

(2)比例尺棒和纬度尺符号

由于 ECDIS 可以改变显示比例尺,一方面为了保证驾驶人员能够准确、直观地了解本船与周围其他物标特别是危险物标的距离,另一方面为了帮助驾驶人员及时确定避让等操作的时机,IHO S-52 要求 ECDIS 应显示比例尺棒及距离指示器。即:当显示比例尺大于 1∶80 000 时,画长度应为 1 n mile 的比例尺棒。当显示比例尺为 1∶80 000 或更小时,画长度应为 10 n mile 的纬度尺符号。比例尺棒和纬度尺符号在海图显示区的左侧距底边约为 3 mm 竖向显示。

(3)经纬线网格

经纬线网格属于其他信息类,因此操作者可以控制显示或不显示经纬线网格,方便观察与判定船舶或其他物标的位置。

(4)水深单位

水深单位作为基础显示类,显示在左下角或适当的位置。

(5)比例尺索引

ECDIS 应显示出两种比例尺海图的交界,这里的两种比例尺是指原始比例尺不属同一个航行用途,同时,ECDIS 也可能提供显示海图图廓的选择控制,以便在需要时(如航线设计)查看某区域不同比例尺海图的存在情况,确定如何显示和利用。

(6)海图数据质量指示器

海图数据质量信息通过两个元物标的属性实现。对于测深数据,通过数据质量(M-QUAL)元物标的数据置信度区类(CATZOC)属性(A1、A2、B、C、D、U 置信度区)来表达。其中 A1 置信度区表示位置精度为 5 m,深度精度为 $0.5+1\%d$(d 为水深),区域经过探测,所有显著海图地形已探测过并测深。A2 置信度区表示位置精度为 20 m,深度精度为 $1.0+2\%d$;B 置信度区表示位置精度为 50 m,深度精度为 $1.0+2\%d$;C 置信度区表示位置精度为 500 m,深度精度为 $2.0+5\%d$;D 置信度区则比 C 更差,而 U 则为测深数据质量未评定(海图区将叠加带"U"字符号)。

(7)海图图例

一个标准图例要能够至少显示如下的信息(可以显示在当前图中,也可以在需要时单独显示）:深度单位;高度单位;显示比例尺,用户选择的当前显示比例尺（缺省为原始比例尺）;数据质量指示;测深/垂直基准面,如平均大潮低潮面;水平基准面,如全球地心坐标系;安全水深,用户选定的阈值（默认为 30 m）;安全等深线,用户选定的阈值（默认为 30 m）;磁差,每一项必须显示磁差值、参考年份和年变率,例如:4°15′W 1990（8′E）;更新版本,采用的最后更新单元为更新文件日期和版本号;版本编号和日期,当前发行的 ENC 数据集中的最终版本编号和日期;海图投影,ECDIS 显示所用的投影方式。

6. 信息查询

从矢量电子海图数据模型中可知,矢量数据是由空间和特征属性组成的,因此,通过空间位置可以查询到该处的物标,再通过特征属性获得物标的描述信息,如某点位处灯塔的名称、高度,灯标颜色、信号组和闪频等。

ECDIS 中,利用鼠标在海图界面上点选来查询对应位置的物标,即当鼠标点击到海图界面上时,可查找出与该点位置相关的全部物标。

第三节 引航航线设计

航线设计（Route planning）,从开始收集必要的信息与文档,到完成一条核准的最终航线,是一个相对复杂的过程。航线设计人员需要综合考虑航道动态以及静态信息来设计一条符合安全和高效率的航线,引航人员作为船舶航行人员的重要组成部分,应当对船舶航线设计的重要过程有所了解,以便根据引航环境的变化,对航线做必要的修正,确保航行安全。

ECDIS 性能标准针对航线给出了如下最低要求:

（1）应能够以简便而可靠的方式进行航线设计及航线监控。

（2）应能够进行包括直线和曲线线段的航线计划编制。

（3）应能通过下列措施调整已设计的航线:①向航线添加转向点（航途点）;②从航线中删除转向点;③改变转向点的位置;④改变航线中转向点的次序。

引航实践中,主要是靠泊和离港引航,其航线主要是从锚地或引航员登船点到达某泊位,或者从泊位到达港外航道。通常情况下,港口的航道具有固定性,因此引航航线通常在引航系统开发安装时就设计完成,往往不需要修改。此处仅简单介绍 ECDIS 中航线设计的基本方法。

一、航线监控参数设置

设计航线前,通常应先设置航线监控相关的参数,这些参数主要包括:安全等深线、安全水深、偏航报警范围、旋回半径或旋回速率、最大航速和设计航速。偏航报警范围决定所设计的航线宽度;旋回半径或旋回速率决定转向点处转向弧线的曲率,采用航迹舵时,船舶将沿该弧线转向;最大航速用于超速报警;设计航速或者巡航速度用于航次计划周期要求。偏航报警范围、旋回半径或旋回速度、最大航速和设计航速可以在航线通用参数中设置,航线设计时默认引用,在航线编辑时可分段修改。

二、航线编辑

航线编辑可以采用图形编辑或者表格编辑两种方式。图形编辑是利用鼠标快捷地在海图界面上编辑航线;表格编辑是以表格形式编辑航线。两种方式能同时显示,且能互动,当用鼠标在海图界面上点选转向点时,表格也相应地滚动到该转向点所在的行;反之亦然。

无论是建立新航线,还是对原有航线修改,都可归结为对航线转向点和其他参数如偏航报警距离、航段的恒向线或大圆属性等的编辑。航线编辑完成,要以能够方便记忆的方式命名保存。

(1)添加转向点:航线的基本形成就是靠添加一个个转向点而实现的,而转向点的添加过程,可以是一个接一个的顺序添加,也可以在当前的转向点前或后添加。

(2)修改转向点:转向点的设置值可以修改,达到纠正错误或提高精度的目的。

(3)删除转向点:删除计划错误或不需要的转向点。

(4)修改航线参数:通过前面的设计过程完成的航线,可以进一步修改参数,如转向点值、偏航报警距离阈值等。

三、航线安全检查

ECDIS 航线检查根据设定的安全参数(安全水深、安全等深线等)和报警条件(如偏航距离),沿航线比照航线宽度(偏航带)内的海图数据与航线的关系自动进行,主要给出搁浅碰撞和使用非官方海图等报警,并在海图上标示,以方便对航线进行变更修改。

航线检查根据 SENC 中可用的最大比例尺海图数据,而非当前显示的海图。检查内容主要包括:

(1)航线穿越了非官方海图:系统在某航段处没有标准的 ENC 海图数据(此处的航行不能参照电子海图)。

(2)穿越安全等深线:航线中的航段跨越了安全等深线,提醒检查确认。

(3)穿越禁航区:航线中的航段进入了限制航行区域,给出报警信息。

(4)穿越浅水区:航线中的航段进入了小于设置的安全等深线水域,提醒检查确认。

(5)临近危险物:航线附近的沉船、障碍物或浮标等小于设置的安全距离,提醒检查确认。

四、航行计划编制

航线编辑完成后,设定第 1 个转向点的预计开航时间(ETD)、各转向点的停留时间(必要时)、各航段的航速(必要时)后,ECDIS 即可自动生成各转向点的预计抵达时间(ETA)。

第四节 引航监控与记录

引航监控和引航记录是 ECDIS 引航过程的核心工作。引航员需对 ECDIS 所提供的监控和记录功能有清晰的了解。

一、引航监控

航线监控主要是针对本船位置和航行趋势与航行依据的航线、海图物标和其他目标等的相互关系进行实时动态显示与监控报警。合理使用航线监控功能能够给航行工作带来极大便利,提高航行安全性。

ECDIS 性能标准规定了如下航行报警与计算要求,尤为适合引航安全监控:

(1)当本船将要穿越安全等深线时,ECDIS 应能(预先)提供报警,报警时间的提前量可由操作者设定。

(2)当本船将要穿越禁航区或存在特殊情况的区域时,ECDIS 应能(预先)提供由操作者设定的报警或提示,报警时间的提前量可由操作者设定。

(3)当本船偏离计划航线超过设定的阈值时,应提供报警。

(4)只有当操作者设置了适当的数据(报警参数)时,航线监控才自动报警。

(5)当 EPFS 失去信号(无法获得其数据)时,ECDIS 应提供报警。ECDIS 也应以提示的方式重复来自 EPFS 的报警或提示。

(6)EPFS 与 SENC 应具有同一测量基准。若非如此,ECDIS 应给出报警。

(一)选择监控航线

在 ECDIS 上,设计的航线和监控的航线在概念上是不同的。前者的含义是传统的航线设计阶段,在海图上进行航线绘制、计算和计划确认,而后者则是根据当前的航行,在已经设计好的航线上进行航行状态比对和航行情况标记。因此,在航线设计完毕后,通常要将其退出显示状态,避免海图界面上显示不必要的信息。开航前,选择激活本航次的计划航线作为当前要监控的航线。

(二)选择备用航线

ECDIS 可选择一条备用航线供航行过程的观察补充和紧急情况下的航线监控调整使用。

(三)显示监控航线

为了与海图其他信息以及备用航线明显区分,监控航线通常被特殊显示:

(1)颜色:一般以红色为基本色调。

(2)线型:通常用比设计航线粗一倍的点画线。可以在航线左右两侧,用特定颜色或填充样式标绘出以偏航距离为宽度的偏航带。

(3)转向点:从第一点(一般记为 0 或 1)开始递增顺序标号,一般采用加粗的红色单圆圈表示,其中下一个转向点采用加粗的红色双圆圈表示。

(四)显示航线信息

为了直观地显示监控航线和方便查看航线信息,ECDIS 提供了在监控航线的转向点及航段上控制显示航线计划和航行辅助控制相关参数的功能,主要包括:

(1)转向点编号或名称:显示每个转向点的编号或名称。

(2)转舵线(弧):根据需要显示各转向点处的施舵点及根据旋回半径所绘出的旋回路径。

(3)剩余航程:各转向点距离最后一个转向点的累计航程。

(4)航段属性:各航段的航程、计划航向和计划航速等。

(5)标有日期和时间的预计抵达位置。

(五)引航参数设定

在引航过程中,ECDIS 根据引航参数设置,给出规定的报警计算和提示。

1. 本船静态参数

引航中，本船的静态参数影响 ECDIS 对本船的显示和计算的准确性，主要包括：

(1)船长及船宽：用于显示真实比例船型。

(2)EPFS 位置：相对本船操舵点的位置，用于确定本船符号显示"位置点"。

2. 安全参数

本船的安全参数主要包括：

(1)安全水深(Safety depth)：缺省为 30 m。

(2)安全等深线(Safety contour)：缺省为 30 m。

(3)安全距离：用于判断碰撞危险。

(4)安全高度：用于判断通过桥梁或架空电缆安全。

(5)安全警戒矢量：用于判断穿越安全等深线提前预警。

3. 报警参数

除海图显示相关的报警信息为自动判断之外，ECDIS 的报警提示通常通过操作者对报警阈值以及报警开关启闭状态的设置实现。这些报警阈值设置可分布在航线设计、本船参数和系统参数、航线监控各个功能中，有些报警条件与报警阈值需要分别设置，如偏航报警距离在航线设计时设置，而其报警功能需要通过偏航报警开关状态设置启动。报警设置主要包括：

(1)开关设置：通过设置开关(On 或 off)决定报警，如声音(Sound)、偏航(XTE)。

(2)阈值设置：通过与设置的报警阈值比较决定报警，如 CPA/TCPA、穿越安全等深线(搁浅)提前报警时间和碰撞安全距离等。

(3)自动报警：设备故障和海图有效性。

(六)显示本船和目标船数据

1. 本船显示

在纸质海图上，驾驶人员通常采用一个圆点和时间标绘本船的位置。而在电子海图上，可以实时地把本船的航行状态用图形样式在其位置处显示出来。根据 S-52 的规定，本船的显示符号可以由驾驶人员控制，显示基本符号样式或显示出真实比例船型样式(在当前海图显示比例尺下换算所得的本船显示长度小于 6 mm 时，应使用基本符号)。本船显示的主要特点如下：

(1)基本符号：以本船船位为中心的黑色双圆圈，并带有船舶横向线来表示船舶的型体横向。

(2)真实比例船型：真实比例船型在航道或靠泊航行时具有明显的直观优势，它能够准确地显示船舶型体轮廓与周围水域环境的关系，有助于船舶操纵的判断、决策和直观验证。

(3)航向矢量线：根据选择的矢量长度，一般从 6 min 到 30 min，根据航速换算得到矢量长度，从船舶符号位置点开始，以航行方向为基准，显示带有箭头的矢量线，双箭头表示对地速度，单箭头表示对水速度。

(4)艏向矢量线：显示同航向线，但以罗经北为基准方向且没有箭头。

2. 目标叠加

ECDIS 可将雷达图像、雷达跟踪目标和 AIS 报告目标叠加显示在电子海图界面上，并有同本船类似的矢量线，方便驾驶人员能够方便、直观地观察本船周围的航行环境，作出快速、正确的判断和操船决策。对于引航系统而言，由于其通常只连接船舶 AIS 或自带的 GPS，因此目标叠加功能通常仅包括 AIS 目标。

（七）报警提示与处理

ECDIS 之所以具有保障航行安全的强大功能，是因为除了它能够提供直观的航行状态显示以供航海者判断外，更重要的是因为它能够针对航行安全要素进行运算和报警。报警方式通过字母数字信息和可能的报警点符号闪烁，并可伴有语音提示或声音警示。

STCW 公约针对 ECDIS 报警处理相关内容的船员培训，要求驾驶人员能够对报警内容“具有正确解释和响应各种系统(包括切换声光报警信号系统)的知识和能力，这些系统包括航行传感器、指示器、数据、海图警报和指示器报警。”其中报警内容与引航相关的主要包括：穿越安全等深线、超过计划航迹带边界、偏离预定航线、接近转向点、接近临界点、比例尺过小或过大的信息、接近孤立航行危险物或危险区、穿越特定区域、接近他船、ECDIS 使用的定位系统故障和无法使用导航系统定位等。

就引航过程而言，通常对这些系统信息的正确理解、解释和恰当处理是通过对航线监控中报警提示的适当操作来实现。

除海图显示相关报警和设备故障相关报警是由 ECDIS 自动判断的以外，航行相关报警需通过驾驶人员对报警参数阈值和报警开关设置实现报警判断，其中报警参数阈值设置可能分布在航线设计、本船安全参数、系统参数、目标监控和航线监控等各个功能中。具体的报警提示按照性质特点区分，主要包括声光报警、海图报警、设备报警和航行报警与处理。

1. 声光报警

声光报警在 ECDIS 中不具有实质性内容，只是对报警情况发生给出提示的辅助方法，即以可闻、可视信息告知驾驶人员为目的。当声光报警具有语音提示功能时，将是一种良好的报警告知，会提高 ECDIS 系统在使用中的安全保障性能。

2. 海图报警

海图报警是由 S-52 标准规定的自动求解报警功能，属于航行安全保护性警示或提示。警示类型通常为：比例尺超大、比例尺超小、非官方海图、无海图数据和无矢量海图。例如 ECDIS 在明显的位置给出当前显示海图的性质字样（ENC、VEC 或 RNC），如果不是 ENC 官方海图则字样显示为黄色。

3. 设备报警

通常情况下，ECDIS 会在显著的位置给出与其连接的主定位设备信息（如 GPS、DR），在报警情况下为黄色，当出现报警文本时，会弹出信息内容。

4. 航行报警与处理

ECDIS 报警主要体现为“前瞻”（Look ahead）性，即根据本船当前航行状态，结合电子海图数据对未来趋势预测，并对不满足设定条件的影响航行安全的因素给出报警，警示可能出现的危险局面。

（1）CPA/TCPA 报警：当目标 CPA/TCPA 小于等于驾驶人员设置的 CPA LIM/TCPA LIM 时给出碰撞危险预警。

（2）搁浅报警：接近浅水点或即将穿越安全等深线时的报警。

（3）限制区域报警：ECDIS 性能标准要求，对电子海图标示的特定区域或危险区域，应该在船舶即将进入该类区域前给出报警。

（4）临近危险物报警：对于海图上的危险物，如沉船、障碍物和水上标志（浮筒、浮标等）等，如果本船与危险物的距离小于设置安全阈值，则给出报警信息。

（5）偏航报警：当本船船位偏离计划航线的距离大于预设安全阈值时的报警。

驾驶人员应能够正确解释并采取相应的处理或操船措施。正确理解有两种含义，一是要确认报警提示的真伪，即是正常的、正确的报警，而不是由于误差或误操作引起的；二是要有解释和能够采取必要或恰当的行动的能力。

ECDIS 产生的报警及提示信息，有些能够在报警条件变为不满足报警条件时自动消失，有些则会一直在界面上显示（这种情形会造成显示混乱或影响可视效果），直到驾驶人员确认，表明报警已经被知晓或危险已被处理。

二、航行记录

ECDIS 能够以电子方式自动记录航行过程，生成电子航海日志，并能够再现航行历史。

1. 记录存储

记录存储文件通常以日期命名并保存，便于识别和选取。ECDIS 性能标准要求 ECDIS 应具备以下功能：

(1)ECDIS 应能储存和复制再现航行所需的某些最低限度的要素，核实最近 12 h 使用的官方数据库。数据记录应每隔 1 min 一次，包括本船过去的航迹要素：时间(日期及时刻)、位置(所用 EPFS 及其经、纬度)、航向和航速(艏向，对地和对水)；以及使用的官方数据：ENC 来源、版本、日期、基本单元和更新历史。

(2)ECDIS 应记录完整航次(不超过 3 个月)的全部航迹，航迹点的时间间隔不超过 4 h。

(3)不允许伪造或更改记录的数据。对于引航系统而言，可能会提供独立的引航记录保存机制，方便每次引航历史回放和引航效果分析。

2. 记录查询

引航员可在航行记录列表中选择某时间(文件名)的记录文件浏览查看。有些系统会提供在默认情况下只显示系统自动存储的必要信息记录，而对其他记录信息则可根据记录的事件性质，提供筛选性查询。

3. 航迹回放

选择某时间段的航行记录或轨迹记录，利用航迹回放功能可以在电子海图界面上观看历史轨迹和当时的航行环境(包括使用的海图)。

ECDIS 通常以表格形式列出每个记录(轨迹)点的数据信息，同时在电子海图上显示出记录点的符号图形信息。表格的记录行和图形中的记录点之间可以互动查询，即在表格上选中某个记录点(行)，图形上也跳至该点的对应显示状态。

航迹回放包括航行再现和轨迹再现两种方式。航行再现是指 12 h 内的航行记录条件下的航行状态再现。由于以足够的频率记录了本船的航行状态、海图的使用情况等信息，因此，可以比较真实地反映过去一段时间的航程。轨迹再现是指对较长时段的航次轨迹的记录再现。由于其记录间隔较长，因此只能反映出以往某航次的简要航行经历。

第五节 ECDIS 使用风险与应对措施

ECDIS 以友好界面综合显示航行相关的信息，极大提升了航海人员对航行环境的感知，有助于提高航行的安全性。但是，航海人员应当认识到，ECDIS 仅是导航工具之一，其功能的发挥取决于使用者对 ECDIS 的正确设置和对各项功能的正确理解，应当避免过度依赖 ECIDS。关于 ECDIS 的优点和局限性，从前面的各章节内容叙述中已经能够明显认识和理解。下面，将其概括总结，以提醒引航员在引航实践中充分注意 ECDIS 的技术局限性，避免存在潜在的应用风险。

一、使用 ECDIS 的风险

（一）系统设置不恰当

1. 安全等深线设置不当

安全等深线是划分安全水域和危险水域的分界线和通用孤立危险物的定义依据，其设置决定了 ECDIS 关于船舶即将搁浅和临近危险物报警的有效性。安全等深线设置不当是船舶搁浅事故案例中的一个重要因素。

安全等深线阈值设置过大或使用默认的安全等深线阈值（为 30 m），使得浅水区显示过大，船舶经常穿越安全等深线导致系统产生大量的“搁浅”报警，此时，驾驶人员不得不根据水深点判断水深安全性，但水深点在浅水区的填充色下又不明显，特别是在夜航背景模式时；反之，安全等深线阈值设置过小，则缩小了浅水区显示区域，使得在应该报警的时候系统没给出报警。因此，安全等深线阈值设置过大或过小，都有导致船舶搁浅和触礁的风险。

驾驶人员应根据本船吃水和富余水深要求，考虑纵横倾增加吃水、船体下沉量、潮汐资料、海图水深的精度、波高等因素设定合理的安全等深线阈值。但由于海图数据中等深线是离散的，比如为 2 m、5 m、10 m、20 m……，如果设定的安全等深线阈值为 12 m，则系统自动地选择离设定值最近的较深等深线值即 20 m 作为实际的安全等深线。

2. 警戒阈值设置不当

偏航报警范围设置过小，就会经常发生报警（可能是不必要的）；反之，如果过大，就会在应该报警的时候无法给出报警。

防搁浅报警的时间设置过短，就会造成虽然产生了报警，但由于没有给后续的操船留有充分的时间，就有可能无法避免进入浅水区的危险；如果过长，则容易频繁报警。

3. 海图分层显示选择不合适

海图信息显示过少，无法获得保证航行安全的必要信息；海图信息显示过多，则导致海图界面信息过载，淹没重要信息。例如，在基础显示模式下，只显示直接危及本船安全的目标，其他与航行安全相关的目标（如助航标志、禁航区和限制区域等）不被显示。

4. 海图显示比例尺过大或过小

海图上目标之间的空间位置关系在编辑比例尺（原始比例尺）下是最可靠的。如果在编辑比例尺上放大或缩小海图，称为超比例尺显示。相对于编辑比例尺，超比例尺显示时，海图上目标之间的空间位置关系存在视觉差异。如果使用者忽视这种视觉差异，就会做出错误的判断。超大比例尺使得显示范围过小，瞭望不充分，造成前方没有危险的假象；超小比例尺则使得过多的目标隐藏，缺少必要的海图信息。

5. 显示模式不合适

ECDIS 有多种显示亮度或显示方式供选择。白天模式与夜间模式，其底色和显示信息的色彩差别非常大，选择不当可能导致识读错误或困难。使用漫游方式时，本船位置可能不在显示界面中，显示的并非船舶周围的情况，不能作为船舶是否存在航行危险的依据。使用艏向上或航向向上时，电子海图显示方向与纸质海图视觉方向有明显的区别，对于习惯使用传统纸质海图的驾驶人员来讲，很容易出现混淆。

在电子海图上叠加雷达图像、雷达跟踪目标和 AIS 报告目标可能造成显示信息过载、减慢系统的运算速度。如果叠加的雷达图像质量比较差，如存在海浪和雨雪干扰等，一些小的目标就有可能被忽略。仅叠加雷达跟踪目标时也有可能造成信息解读失误，如雷达跟踪目标丢失或者没能及时捕捉目标，利用电子海图避碰就有可能因为不能及时发现和跟踪目标而造成紧迫局面。

（二）船位误差

船位误差属于动态平台时变数据误差，主要由 EPFS 误差和船舶动态因素所决定。当前 EPFS 以 GPS 为主，其误差为 10~20 m，且随船舶机动性增强而增加。有关 GPS 船位误差的详细内容，请参考第一章。

（三）海图数据误差

海图数据误差包括海图数据在形成过程中产生的误差和不同来源的数据基准不同而引起的误差。海图数据的质量主要决定于数据测量精度、数据制作精度、数据覆盖范围、数据完整性以及数据更新状态等。目前电子海图数据主要来源于纸质海图，因此影响海图数据误差的因素主要有：

(1)纸质海图的水道测深数据及其标示的位置可能存在误差。

(2)从纸质海图到电子海图的转换过程中数据扫描可能有遗漏，如在海图之间出现缝隙或丢失数据，也有可能出现一些不必要的、冗余的或无关的信息。

（四）硬件故障

电子海图系统是复杂的工业计算机信息系统，在商船上使用时，硬件设备必须适应海上特殊的物理、气候和电磁等环境的要求。因此，与纸质海图相比，即使是最佳设计和安装的电子海图系统，影响其性能正常和有效发挥的因素除了复杂计算机信息系统固有的硬件问题之外，还有船舶在海上恶劣的工作环境带来的诸多因素。

（五）软件缺陷

支持电子海图系统运行的软件可能包含各种各样的不足和不完善之处，这些未知的或没有发现的缺陷，在某种运行条件下可能导致严重的后果。

IMO 的调查显示，由于 ECDIS 软件问题，有些 ECDIS 不能正确显示某些海图内容和属性组合，且在少数情况下可能无法显示重要导航信息。航线检查时，某些信息只能在较大比例尺的 ENC 上实现，因而无法在任何条件下启动危险报警；有些可能无法对显示的所有陆地发出报警，即使该陆地被浅水等深线环绕；也可能由于其他细节如海岸线略图标记干扰，无法识别较小的岛礁。

二、风险应对措施

作为保障船舶航行安全的关键设备以及综合航行系统不可或缺的任务站，ECDIS 在信息航海中的优势是无可替代的。然而，深刻理解信息航海的本质，避免轻率相信和盲目采用未加证实的不完善航行信息，船舶驾驶人员应时刻保持清醒认知，在信息航海时代，强化航行信息风险意识，随时掌控数据的可靠性和完善性，是良好船艺的重要环节。

1. 数据精度

(1)海图数据精度：一定要使用权威机构发行的 ENC 海图数据并及时进行数据的更新。标准的官方数据都是以 WGS-84 坐标系为基准的。如果使用了其他数据，需要甄别其来源的可靠性和坐标系的同一性。

（2）外部传感器精度：应注意经常检测外部设备的性能，对坐标系、时钟等带有基准性的参数认真查核，保证与 ECDIS 匹配一致。

（3）显示数据精度：尽管在显示器上标绘的或在已标绘的目标之间测量的方位和距离，其精度与显示分辨率一致，并且矢量长度也按比例变化，但是，显示比例尺发生变化（超比例尺显示）时，看到的相互关系，有时会被截断而不能完整显示或过于短小而不易观察和判断。

2. 显示控制

（1）显示模式：要充分理解海图显示的灵活性，熟知当前所使用的海图显示分类、模式和方式等，保证以海图显示为基础的正确判断。如在什么情况下使用基础显示，什么时候采用恰当的显示模式呈现需要的海图数据，什么条件下采用航向向上或艏向上，配合真运动或相对运动显示方式，合理恰当地让 ECDIS 按要求提供最佳的信息显示。

（2）显示状态：航行状态显示可分为图形显示和文字显示两种。驾驶人员应清楚两种显示的特点和差别，在实际应用中合理利用。要能够快速通过符号、点位、速度和方向矢量分析和判断航行状态，及早避免紧迫局面和航行危险。另外，在需要时可在字母数字窗口查看量化数据，如监控航线与本船实时位置关系，本船周围移动目标的状态等信息。

（3）报警提示：合理利用报警功能，及时响应和处理报警信息，并依据报警信息正确评估航行环境并采取恰当的行动，需要正确理解报警的机制和性质，准确设置报警阈值和启动条件。

3. 性能测试

为确保 ECDIS 能够正常安全运行，应定期执行设备的性能检测。

（1）传感器检测：应定期对传感器进行性能检测，及时掌握其运行状态和可能存在的误差，保证传感器数据的可靠性。

（2）ECDIS 自检：为确保 ECDIS 功能的正常运行，要定期自动或手动测试 ECDIS 主要功能。有关 ECDIS 自检，需要查阅设备使用说明书。

（3）病毒防范：由于 ECDIS 属于计算机设备，且有可能在网络系统中工作，驾驶人员应该有防范计算机病毒的安全意识。

4. 功能操作

从本质上看，与任何高度信息化的设备一样，ECDIS 也是一把“双刃剑”，在减轻驾驶人员工作负担，保障航行安全的同时，使用者任何有意或无意轻率的操作都潜藏着安全风险，信息安全意识和责任心是保障航行安全的根本。

（1）最佳设置：前面提到过，ECDIS 很多（报警）功能的实现是在满足阈值设置的特定条件时触发的。因此,根据航行环境和本船特性准确设置所有阈值参数至关重要,不能单凭在其他船舶上使用 ECDIS 的经验理所当然地复制以往习惯的设置,因为相同的阈值在不同的船型上对安全的意义可能相差甚远。因此,航行前应谨慎设置并查验所有阈值参数,当船舶装载情况发生变化时,要检查并重新设置以保证在航行中获得最佳航行信息。

(2)恰当操作:ECDIS 功能的正常和有效发挥,除需要正确设置各种阈值参数外,更与驾驶人员良好准确的操作有直接关系。

(3)正确解释:对于 ECDIS 提供的航行信息以及报警提示信息等,驾驶人员应具备正确的认识和解释能力。除必须掌握 ECDIS 的工作原理和运行机制外,还要通过长期的使用和操作,积累总结经验,练就娴熟的使用技巧,具备良好的信息运用能力。

三、过度依赖 ECDIS 风险

纵览 ECDIS 的发展历程,不难发现,从最初的纸质海图复制品,到现在的航行信息核心平台,乃至强制性的船用设备,是因为在航海实践中,ECDIS 信息化的特质适应航海技术发展方向,给船舶航行带来最大的安全保障。

然而,从 ECDIS 的实际应用过程来看,也很容易知道,ECDIS 虽然功能很强,但它仍然只是一种助航仪器。其自身的局限性、误差和故障、使用者不恰当以及错误的系统设置和操作都会给航行安全带来风险,过分依赖 ECDIS 是不可取的,驾驶人员谨慎和专业的工作态度永远是航行安全最有力的保障。

因此,一方面要系统全面地掌握 ECDIS 的功能作用及其正确操作使用方法,充分发挥和有效利用其保障航行安全的优势,另一方面还要深刻理解 ECDIS 自身的弱点和可能产生的后果,以达到正确合理利用其功能,避免航行风险,实现促进航行安全的目的。

第八章 综合航行系统

船舶航行系统和设备应满足 SOLAS 公约第五章第 19 条的相关要求，也要满足 IMO MSC. 252(83)决议[综合航行系统(INS)性能标准，简称 INS 标准]的要求。从技术进步的角度出发，考虑到新技术的继承性、覆盖性和先进性，为了全面理解航行系统和设备，本章基于满足标准所有标配和选配要求，即配置完整的 INS 探讨综合航行系统应用与航行信息。

第一节 综合航行系统与航行信息

一、综合航行系统基本原理

综合航行系统(Integrated Navigation System，简称 INS)是由多种保障船舶航行安全的设备和子系统构成的功能模块和任务站所组成，提供本船运动信息，安全水深信息，其他水面航行器、障碍物或危险物、导航目标和海岸线相对于本船的信息，水文地理信息，以及监控和管理这些信息安全运行的报警信息，由适任的驾驶人员或团队计划、监测、手动或自动引导和控制船舶航行，能够在所有航行情景下方便、持续和高效利用驾驶台资源，最大限度地避免地理环境、船舶交通、气象海况和人为因素等风险，提供综合和增强的功能，为实现船舶安全、经济和高效航行提供“增值价值”。

（一）综合航行系统配置

1. 系统硬件配置

在 INS 中，各种独立的航行设备或系统，如发送艏向装置（THD）、电子定位系统（EPFS）、速度和航程测量设备（SDME）、自动识别系统（AIS）、雷达、电子海图显示与信息系统（ECDIS）、风向风速仪和轮机舵机控制设备等，可以通过有目的的相互组合，构成不同的子系统，实现不同功能，完成不同的航行任务。在特定的子系统中，为支持其功能所集成的航行设备或系统称为传感器；在不同的子系统中，航行设备或系统之间可以互为传感器。

具备相关任务模块，且满足 MSC. 252（83）决议的 INS 可以作为 SOLAS 公约第五章第 19 条所要求的“其他手段”，取代相关航行设备的配备，如雷达、ECDIS、艏向控制系统、航迹控制系统、AIS 信息报告、回声测深仪、EPFS 和 SDME 等。

2. 系统功能与配置

按照 MSC. 252（83）决议规定，INS 采用面向任务的功能模块化配置，可完成航线设计、航线监控、避碰、航行控制数据、航行状态和数据显示以及报警管理等航行功能或航行任务，且应至少完成避碰和航线监控功能。此外，还可以集成其他航行安全系统，实现更多功能，完成相应任务。如果采用了不包括避碰和航线监控任务的小规模的综合，则称为部分综合。

因此，从不同角度看，INS 系统的功能、配置、使用、操作和显示取决于以下因素：

（1）所集成航行任务的种类和数量，如航线设计、航线监控和避碰等。

（2）船舶控制状态，如在不同水域使用手动或自动航行控制。

（3）船舶操纵状态，如计划中的例行航行，特殊或机动操纵状态。

（4）应用场景，如航行中、锚泊或系泊。

航行任务通常分配给一组指定的多功能“任务站”，由适任的驾驶人员在任务站上操作，获得最佳航行信息，支持驾驶团队和领航人员完成相应的航行任务。通常，INS 有足够的任务站同时工作，完成航线监控、避碰和航行控制数据，如 ECDIS、雷达和航行控制数据任务站；而对于航线设计、航行状态和数据显示和报警管理功能，通常可在一个任务站上实现多任务管理。INS 标准要求，在任何时候应只有一个明确标示的任务站控制自动航行功能，接受控制命令；控制权可以由其他任务站接管，且所设置的控制值和限制条件应保持不变。为了保证航行安全，无论 INS 的航行模式或故障状态如何，自动航行功能都可以通过简单的操作实现受控或终止。为了支持所有航行情景下的团队工作和操作员角色意识，INS 通常实现了各任务站的任务分配与选择具有足够的灵活性，如可实现不同雷达传感器在不同的雷达终端上切换，同一个终端切换航线监控、避碰及航行状态和数据显示等不同的任务，包括雷达与 ECDIS 信息叠加等。

综上所述，站在综合航行系统硬件和软件的总体配置角度，从实现不同航行功能的硬件配置上看，INS 由子系统及其传感器组成；从完成不同航行任务的软件配置上看，INS 由任务站及其数据源组成。按照 INS 标准，位置、艏向、速度、雷达和海图数据等传感器或数据源都配置了硬备份，为系统正常工作提供必要（唯一性）和充分（冗余性）的信息或数据。系统综合处理这些信息或数据，输出经系统验证并满足操作者要求的、最佳的基本航行信息。部分功能失效不会影响其他功能的工作，对于失效的功能均有应急部署。

（二）综合航行系统信息处理基础

1. 综合航行系统基本信息

INS 基本信息包括本船动态信息，其他水面航行器、障碍物或危险物、导航目标和海岸线相对于本船的信息，水文地理信息。具体如下：

（1）本船动态信息是船舶航行的基本信息，包括时间、船位、艏向、对水速度（STW）、航迹向或对地航向（COG）、航迹速度或对地速度（SOG）和水深（如果有）等信息。当前时间和船位信息传感器主要为全球卫星导航系统（GNSS），该系统也是主要的电子定位系统（EPFS）；艏向信息来自于船舶指向系统；STW 来自于对水模式的 SDME；COG 和 SOG 来自于对地模式的 SDME，如多普勒或声相关计程仪或 GNSS 计程仪；水深信息来自于回声测深仪。

（2）其他水面航行器、障碍物或危险物、导航目标和海岸线等信息主要来自于雷达或 AIS。

（3）水文地理信息主要来自基于电子航海图（ENC）数据库的电子海图显示与信息系统（ECDIS）。

INS 依据性能标准要求，遵循一定的算法，按照驾驶人员的设定和要求，综合处理以上传感器信息，为驾驶团队提供最佳航行信息，或对非同寻常的航行状态或设备故障给出报警信息，支持航行决策。

2. 统一公共基准系统

所谓统一公共基准系统（CCRS）是指用于获取、处理、储存、监视以及分发数据和信息的 INS 子系统或功能，为 INS 的子系统和相关功能以及所连接的其他设备（如果有）提供统一和强制的参考信息或数据。例如，INS 的所有任务都使用相同的电子海图数据和其他航行数据库，如航线、海图和潮汐信息；以及相同的传感器或数据源信息，如船舶的位置、时间、艏向和速度等。CCRS 是保障 INS 正常运行的基础。

3. 统一公共基准点

所谓统一公共基准点（CCRP）是指本船上的一个位置，所有基于本船的水平测量，如目标距离、方位、相对航向、相对航速、最近会遇点(CPA)或至最近会遇点的时间(TCPA),均参照此位置。一般 CCRP 的典型建议位置为驾驶台的指挥位置,通常在系统安装时设定。虽然标准未建议,但在被明确标示和能够显著区分的情况下,有的设备上可以设置多个 CCRP,在航行中由驾驶人员根据航行任务的需要酌情选择,如开阔水域避碰时 CCRP 选择在船头,右舷靠泊时选择在船舶右舷翼,而通常情景下则选择在驾驶团队指挥者惯常值守位置等。CCRP 是保障 INS 精确观测目标的基础。当选择不同的 CCRP 时,下列测量或计算的基准点会发生变化:本船位置标注点、EBL、VRM、光标、固定距离标识、目标距离和方位、CPA/TCPA、平行指示线(PI)、COG、SOG、STW。

4. 信息或数据验证

所有应用于 INS 的信息或数据必须满足有效性(Validity)、合理性(Plausibility)、完善性(Integrity)和时滞性(Latency)监测要求,并标明监测结果。INS 信息或数据的验证机制是保障系统信息安全的基础。

有效性是指数据与逻辑和规范的符合度。所有收到、使用和分发的数据都需要进行有效性检测,对未通过检测的数据应发出警告或警示,且不能用于依赖于这些数据的功能。有效性检查包括对相关的空数据字段、状态或模式字段的评估,例如“有效”或“无效”状态、“模拟”、“手动输入”或“待机”模式、“航迹推算”或“无定位”数据质量等。

合理性是数据品质的合理度,即数据格式及其赋值应在相应类型数据的正常合理范围之内。例如,艏向值不在 0°~360°范围内,或速度(STW 或 SOG)大大超过最大适用于本船的数值范围,都不符合合理性监测要求,会视数据在系统中的使用情况给出警告或警示。INS 不会在任何导航计算中使用不合理的数据。

完善性是一种数据或信息的核实机制。系统通过比较至少两个独立的传感器或数据源(如果有的话)数据,以及时、完整和明确的方式向驾驶团队提供符合规定精度和满足要求的信息,并对不符合完善性要求的数据或信息在规定的时间内发出报警,提醒驾驶人员谨慎使用或不能使用。如可比较来自于多普勒计程仪和 GNSS 计程仪的数据监测 SOG 信息的完善性;而对于船位信息完善性监测则可能会提供更复杂的算法,包括比较来自 GPS 和北斗系统或来自两个 GPS 设备的数据,合并接收机自主完善性监测(RAIM)信息。

时滞是指数据产生和结果之间的时间间隔,包括数据接收、处理、传输和显示时间。时滞性是指数据的时滞应符合航行任务的时滞要求。设备制造商通常在操作说明书中对数据在不同任务和功能情况下的时滞做出基本说明和约定。在不同的任务站上有关数据平滑的处理设置都会影响数据时滞,平滑时间增加,数据的有效时滞增加,数据均值精度提高,但数据时滞性变差;反之,减少平滑时间,则数据的实时性提高,但均值精度降低。航海人员需要从信息安全出发,视航行情景进行合理设置。

二、综合航行系统功能及其提供的关键信息

INS 必须具备航线设计、航线监控、避碰、航行控制数据、航行状态和数据显示以及报警管理等 6 个系统功能,不同的功能为不同的航行任务提供船舶安全航行信息。“关键信息”是安全航行功能不可或缺的信息。航线监控、避碰、航行控制数据和报警管理是关键信息来源。航线设计及航行状态和数据显示是航行规划或支持功能,其信息属于“附加航行信息”。

(一)航线设计

航线设计是 INS 基本支持功能,也是 INS“附加导航功能”,提供“附加导航信息”。航线设计任务站默认功能配置包括:满足 IMO ECDIS 性能标准[Res. MSC. 232(82)决议]要求,具备适当比例尺、准确和最新的海图;所航行水域永久或临时的航行通告和无线电航行警告;如果航行系统具备相应的功能,还能够提供潮流和潮汐、气候、水文和海洋学数据以及其他适当的气象资料。航线设计提供以下基本功能:

(1)管理航线设计(储存和装载、导入、导出、归档、保护)。

(2)根据驾驶员设定的最小富余水深,查验航线风险。

(3)根据旋回半径、旋回速率(ROT)、施舵点及转向点、速度、时间、ETA,查验操纵风险。

(4)根据气象资料草拟和完善航线设计。

(二)航线监控

航线监控提供持续监控本船位置与计划航线和水域关系等功能,实现相应的航行任务。按照 IMO INS 标准、ECDIS 性能标准[Res. MSC. 232(82)决议]和 IEC 61174(ECDIS 标准)要求,航线监控任务站的默认设置如表 8-1-1 所示,并提供以下关键信息:

(1)所监控航线和船位在海图上以图形方式显示。

(2)当显示非官方 SENC 数据时发出警告。

(3)至少显示 270 mm × 270 mm 海图范围,包括安全边界。

(4)当海图显示的比例大于 ENC 数据库中所包含范围时的标示。

(5)可有比所显示 ENC 更大比例的 ENC 海图时的标示。

(6)当海图未显示出标准显示的所有类别时的标示。

(7)真北指向。

(8)显示了 ENC 数据库之外海图资料的标示。

(9)在 RCDS(光栅海图)模式下工作时的标示。

(10)矢量模式、矢量时间和矢量稳定方式。

(11)量程。

表 8-1-1 航线监控任务站默认设置

功能	默认设置
显示类别	标准显示
选定海域	本船周围适当偏置
量程	3 n mile
显示方式	TM,N-up
手动更新	如适用
操作者标注	如适用
位置传感器	GNSS(INS 提供的系统位置)
过去航迹	启动
选定航线	上次选定,包括航线参数
前瞻时间	6 min

通常,航线监控任务站能够提供以下功能:

(1)显示地理经纬度、航向、STW、COG、SOG、富余水深、ROT。

(2)测量富余水深并启动富余水深警报。

(3)AtoN AIS 报告。

(4)作为可选功能,雷达视频与海图叠加,标示导航目标、限制区和危险物,方便位置监控和目标识别。

(5)如果 INS 集成了航迹控制系统,则航线监控任务站还可以显示与航线相关的数据和船舶操纵参数,监控船舶沿计划航线航行。

根据配置不同,航线监控任务站还能够在海图显示器上显示其他与航线有关的信息,如:

(1)被跟踪的雷达目标和 AIS 目标。

(2)AIS 二进制或安全相关消息。

(3)启动和监测人员落水和搜救操纵。

(4)NAVTEX。

(5)潮汐、海流数据。

(6)气象资料。

(7)冰况资料。

此外,满足最新标准的 INS 还可以具备搜救模式和人员落水模式。在搜救模式下,航线监控任务站能够显示搜索基点和初始最或然搜索区域,搜救团队可以选择起始搜索点和适当的搜索模式,如扩展方形搜索模式、扇形搜索模式或平行路径搜索模式等,并定义搜索路径间距。在人员落水紧急情况发生时,在航线监控任务站上能够便捷地记录人

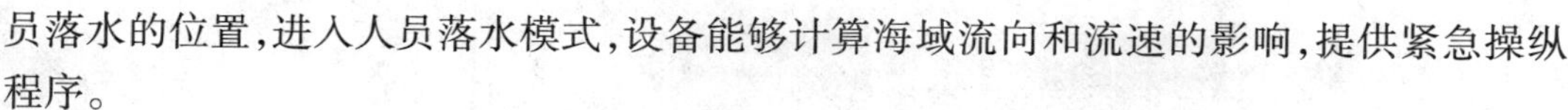

员落水的位置，进入人员落水模式，设备能够计算海域流向和流速的影响，提供紧急操纵程序。

（三）避碰

避碰是探测和标绘其他船舶和移动目标以避免碰撞的航行任务。按照 IMO INS 标准、雷达性能标准[Res. MSC. 192(79)决议]和 IEC 62388(雷达标准)的要求，结合现实的雷达设备和引航实践，建议引航水域雷达系统的默认设置如表 6-2-1 所示，并提供以下关键信息：

(1)增益或信号阈值。

(2)抗海杂波控制的状况。

(3)抗雨杂波控制状况。

(4)雷达视频(回波)和跟踪目标及 AIS 目标。

(5)量程。

(6)运动和指向模式。

(7)矢量模式、矢量时间和稳定方式。

(8)显示非 ENC 海图资料的标示。

(9)雷达系统状态为主设备或隶属设备状态。

(10)艏向、STW、COG 或 SOG、位置、雷达视频和 AIS 传感器或数据源输入故障的标示。

（四）航行控制数据

航行控制数据的功能是在航行控制数据任务站上为手动和自动控制船舶运动提供信息。按照 INS 标准，航行控制数据分为用于手动和自动控制船舶基本运动的数据，以及报告和处理外部安全相关信息的数据，例如 AIS 安全相关短信息和二进制信息、NAVTEX 等，其中手动和自动控制船舶基本运动的数据为关键信息。

手动控制船舶基本运动的数据至少包括：富余水深及其分布概况、STW、SOG、COG、船位、艏向、ROT(测量的或由艏向变化计算的)、舵角、主机推进数据、流向流速、风向风速(若有，应可由操作员选择真或相对)、激活的操舵或速度控制模式、到施舵点或下一个转向点的时间和距离和安全相关消息(如：AIS 安全相关短信息和二进制消息，NAVTEX 信息)。

自动控制船舶基本运动的数据至少包括以上手动控制需要的所有数据，以及到下一个航段设定的和实际测量的半径或 ROT。

航行控制数据通常以数字形式，并可酌情以模拟的要素有逻辑地排列在象征船舶的轮廓及周围，并能够根据需要显示各数据的变化趋势，有些设备还可以显示航行控制数据的设置值。

（五）航行状态和数据显示

航行状态和数据显示是 INS 的辅助支持功能，为驾驶团队提供航行安全必要的可视化信息。按照 INS 标准要求，航行状态和数据显示必须提供的信息包括：

（1）INS 所有安装的、备用和在用的系统、子系统和传感器的配置。

（2）系统或子系统的工作模式处于航行模式或非航行模式的指示，如航行、模拟、维护和训练等模式。

（3）系统或子系统工作状态的指示，如开启/备机/关闭状态、可用性状态、性能状态和完善性状态等。

（4）系统传感器和数据源信息及其所提供的数据和状态，如接通或断开状态，以及完善性、有效性和合理性指示等。

（5）实测的本船运动数据及其"设定值"，包括艏向、航向或速度、旋回速率和旋回半径等。

（6）AIS 船舶的静态、动态和航次相关信息。

（7）接收的与安全相关的消息，如 AIS 安全相关短消息和二进制消息，NAVTEX 信息等。

此外，INS 还可以按需提供潮流资料、气象信息和冰况信息，航行控制和航线监控任务的附加数据和 AIS 航标数据。

根据需要，不同厂家的 INS 通常还可以提供状态和数据的管理功能，包括以上状态和数据的参数设置，编辑本船 AIS 静态信息、航次相关信息和传感器配置等信息。

（六）报警管理

报警管理由中央报警管理功能负责，监视 INS 或安装却未归属 INS 的设备和系统，如艏向、航迹控制、EPFS、SDME、目标跟踪雷达、ECDIS、AIS、测深设备、GMDSS 设备和用于预警的相关机械装置等，提供可闻和可视的报警信息，至少显示 20 个最近发生的、特别是处于活动状态的事件或故障。报警信息用于协调管理 INS 及其相关的独立航行/功能模块和传感器/数据源模块中的报警监测、处理、分发和报告，通过有效但不对驾驶团队构成干扰和负担的信息，提醒团队人员迅速识别和充分了解影响航行安全的任何异常情况、信息及其来源和原因，支持驾驶团队及时、连续和有效地处理信息和做出必要的决策或行动。所有可闻报警都应可暂时静默。针对下述报警的不同类别和级别，除 A 类报警之外，中央报警管理人机交互界面（HMI）能够取代独立设备的可闻报警通知，且可通过单一操作确认警报和警告。对于具体的设备，驾驶团队通常可以在航行和操纵工作站的中央报警管理 HMI 上或具体的任务站上对报警信息进行控制和管理。例如，危险目标报警的确认需要在提供避碰功能的工作站上执行，而对 EPFS 的报警确认则通常在中央报警管理任务站上即可完成。考虑到船舶驾驶台布局的特点，报警信息还可以在多个地点显示。如果可以在 INS 的任何一个任务站上实现报警的静默和确认，则这种操作应在系统内具备一致性效果。

1. **报警分级与分类**

(1)报警分级

在 INS 中,报警管理将报警分为警报(Alarm)、警告(Warning)和警示(Caution)三个优先级别,只有在能够进行适合局面评估和决策支持的 HMI(任务站)上,才能确认警报和警告。

警报是对需要驾驶团队立即注意并采取措施的状况的报警,以避免危险情景,是报警的最高级别。如关键设备故障报警、碰撞危险报警、搁浅报警、偏航报警等影响航行安全的报警都视为警报,有的警报来自于未被确认但需要升级的警告。

警告是出于预警的需要,对可能继续变化的状况的报警,虽然并不具有紧迫危险性,但如果不采取行动,则可能会发生紧迫危险。

警示是对不构成警报或警告的状况的报警,通常是针对非同寻常的情景或信息,提醒驾驶团队重点关注。警示是报警的最低级别。

(2)报警分类

在 INS 中,报警管理将报警分为 A 和 B 两个类别。

A 类报警指在直接指定功能的任务站上发生的,需要图形信息界面实现的报警,如完成避碰功能的雷达任务站发生的碰撞危险报警,或完成航线监控功能的 ECDIS 任务站发生的搁浅危险报警。A 类报警能够作为评估报警相关状况的决策支持,其可闻报警通常发生在生成报警功能的任务站或显示器上。

B 类报警为除了在中央警报管理 HMI 上显示的信息外,无需为决策支持提供其他信息(如图形界面)的报警。所有不属于 A 类的报警均为 B 类报警。B 类报警通常可以通过字母数字信息确定。在中央警报管理 HMI 上可以访问按照发生时间顺序排列的 B 类报警历史清单,包括报警内容、发生、确认和纠正的日期和时间。清单内容可以搜索,至少保存 24 h。

如表 8-1-2 和表 8-1-3 所示分别给出了 INS 报警的分级与分类和独立设备性能标准中报警对应于 INS 的分级与分类。

表 8-1-2 INS 性能标准中规定的报警分级与分类

数据源	原因	警报	警告	警示	A 类	B 类
INS	系统功能缺失	×				×
	无法进行完善性检测		×			×
	未通过有效性检测的信息被用于功能		×			×
	未通过有效性检测的信息未用于功能			×		×
	输入了不同的阈值			×		×
	系统通信缺失		×			×

表 8-1-3　各独立设备性能标准中规定的报警对应于 INS 的分级与分类

数据源	原因	警报	警告	警示	A 类	B 类
艏向控制系统	动力故障或不足	×				×
	艏向偏离报警		×		×	
	艏向监控(偏离第二艏向源)		×			×
航迹控制系统	早期转向指示(转向点航迹控制)		×		×	
	实际转向指示		×		×	
	施舵线(未确认的实际转向指示) ①报警;②备份导航设备报警	×			×	
	动力故障或不足		×			×
	位置监控		×		×	
	艏向监控		×		×	
	传感器故障(艏向、位置、速度) ①报警;②备份导航设备报警	×				×
	偏航报警	×			×	
	航向偏差(艏向偏离航迹向)		×		×	
	低速报警		×			×
ECDIS	定位系统故障		×			×
	穿越安全等深线	×			×	
	偏离计划航线(偏航报警)	×			×	
	穿越特殊区域边界		×*	×*	×	
	接近关键点		×		×	
	不同大地基准		×			×
	系统故障		×			×
	(备份设备系统故障)		×			×
雷达/AIS	目标容量		×		×	
	CPA/TCPA 报警	×			×	
	捕获/激活区域		×		×	
	丢失目标报警		×		×	
	在用信号或传感器故障		×			×

（续表）

数据源	原因	警报	警告	警示	A类	B类
GNSS	HDOP 超限			×		×
	无位置计算					×
	位置丢失		×			×
	差分信号丢失		×			×
	差分修正未应用		×			×
	差分完善性状态		×			×
回声测深仪	富余水深报警	×			×	
	电力故障或不足		×			×
罗经	系统故障		×			×
驾驶台值班报警	故障		×			×
	电源故障		×			×

×*：由操作者选择；如果指定为警示，则为 B 类报警。

2. 报警通知

报警信息通常在中央报警管理 HMI 或具体的任务站上发出通知，为了驾驶团队及时、高效地分辨和处理报警信息，针对不同级别的报警，采用了不同的通知方式。

（1）警报通知

警报通知分为未确认警报和已确认警报两种状态。当警报首次发生时，作为未确认警报，启动可闻信号并伴有可视警报通知，提供足够详细的信息帮助驾驶团队识别和确定警报状况，还可以伴有语音提示。未被确认的可视警报通知通常以醒目的红色闪烁标识指示，独特的警报通知避免了与警告或警示混淆。可闻警报通知可以暂时静音，但如果警报未在 30 s 内被确认，则会重启。可闻信号和未确认警报的可视信号会一直延续到警报被确认为止；对于被确认的警报，可视通知会一直延续到警报状态解除。

（2）警告通知

与警报通知类似，警告通知也分为未确认警告和已确认警告两种状态。当警告首次发生时，作为未确认警告，启动可闻信号并伴有可视警告通知，提供足够详细的信息帮助驾驶团队识别和确定警告状况，还可以伴有语音提示。未被确认的可视警告通知通常以黄色闪烁标识指示，独特的警告通知避免了与警报或警示混淆。未确认警告的可视信号会一直延续到警告被确认为止；对于被确认的警告，可视信息会一直延续到警告状态解除。

（3）警示通知

警示通常以可视信息标注，让驾驶团队能够识别和确定警示状况，但不需要确认。

警示通知在状况纠正后自动解除。

3. 报警升级

如果船舶配备了驾驶台航行值班报警系统(BNWAS),则应与 INS 中央报警功能连接。驾驶人员可以在 INS 上设定时间(如为 30 s),在该时间后,未被确认的报警除了在 INS 保持可闻和可视之外,还会转移到 BNWAS。在默认情况下,未确认的警告还会按照独立设备的具体要求或在 60 s 之后,变更为警报优先权,操作人员也可以根据设备说明书修改这个时间。

第二节 综合航行系统应用与局限性

随着信息航海技术的发展,航海仪器在航行安全的保障中已经担负着无可替代的作用。依靠仪器引航(Blind pilotage)作为管理级船员的适任条件在 STCW 公约中给出了明确的要求。概括地说,管理级船员应全面掌握综合航行系统基本原理,熟练运用航行系统功能,准确获取航行信息,深刻理解航行系统及其信息的局限性,综合利用驾驶台资源,优化航线设计,监控执行设计航线,谨慎实施避碰行动和航行控制,确保航行安全。

一、综合航行系统应用

自从有航海活动以来,多元信息的综合运用就是保障航行安全的必然策略。随着航运经济的快速发展,现代信息航行系统已经成为航海人员保障航行安全无可取代的助航系统,INS 在优化航线设计、监控执行计划航线、规避交通风险、降低航海人员工作负担、减少人为失误和保护海洋环境等方面广泛应用于航行实践。

(一)航线设计

航线设计是指船舶从出发地航行到目的地所拟定的有关航行的具体对策与措施。驾驶团队指挥者应运用一切有效资源和手段,全面综合考虑涉及航行安全的各种因素,尤其是利用 INS 航线设计任务站信息化平台的优势,核查和优化航线设计。具体包括以下方面:

(1)充分考虑 ECDIS 航线设计工作站提供丰富的导航信息,参考适当比例尺、准确和最新的海图,所航行水域永久和临时的航行通告及无线电航行警告,可得到的潮流和潮汐、气候、水文和海洋学数据,适当的气象资料,以及通过导入以往航线计划(如果有),深入核查草拟的航线,并在航线设计工作站上结合所设定的最小富余水深、旋回半径、旋回速率(ROT)、施舵点及转向点、计划航速等参数查验航线风险和操纵风险,尤其应针对穿越非官方海图、安全等深线、禁航区、浅水区、临近危险物等报警提出航线修改建议或添加航线备注,完善航线设计。

(2)重点关注雷达在船舶定位、导航、避险等方面应用的可行性,并注意雷达的局限性,以在不同的航行水域,特别是沿岸、限制水域、气象条件恶劣、冰区、能见度受限、分道通航制和船舶交管服务等水域,在航线设计中考虑最佳的航行和监控手段,修订航线设计,最大限度地保障航行安全。

(3)适度参考信息技术环境下实时 AtoN、AIS 二进制或安全相关消息以及 NAVTEX 信息的可用性,在沿岸、限制水域、分道通航制、船舶交管服务水域等,在航线设计中考虑最佳的航行和监控手段的运用,修订航线设计,最大限度地保障航行安全。

(二)航线监控

航线监控任务站提供的航线监控与记录功能是实施航线设计的关键助航设备。引航员应运用一切有效资源和手段,利用 INS 航线监控、航行数据控制、航行状态和数据显示及报警管理功能,综合利用 INS 提供的航行信息,并充分考虑其局限性,谨慎制定航行决策和实施航行控制,最大限度地避免地理环境、船舶交通、气象海况和人为因素等风险,保障航行安全。在全面运用驾驶台资源实施航线监控时,应注意以下方面。

(1)监督驾驶团队根据航行情景妥善、合理设置本船参数,如安全水深、安全等深线、安全距离、安全高度和安全警戒矢量等;设置报警参数,如偏航警、碰撞警、速度警、水深警、到达警、接近警和传感器/数据源误差阈值等。这些参数的设置需要综合考虑水域环境、气象海况、交通流状况(交通流方向及密度)和本船及周围船舶的状况(尺度、吃水、装载、航速、操纵)等多种因素。例如,在开阔水域航行时,通常可以采用 INS 系统默认的开阔水域设置,而在近岸复杂引航水域航行时,对以上各项参数则应酌情做出合理的个性化设置方案,避免简单采用系统提供的"沿岸航行"的默认设置,因为此项默认设置很难在系统程序中精确考虑复杂多变的水文地理、气象海况和交通环境等因素。

(2)监督驾驶团队随时掌控传感器提供的本船时间、船位、艏向、对水速度(STW)、航迹向或对地航向(COG)、航迹速或对地速度(SOG)和水深等动态信息(航行基本信息),掌控来自于航线监控任务站以及航行控制任务站、航行状态和数据显示任务站、报警管理任务站等航行关键信息,根据这些信息,结合驾驶台资源及时作出最佳航行决策。如引航航行时,通过雷达观测信息与 ECDIS 对比,或采用雷达图像与 ECDIS 信息叠加实现航行监控,能够更全面地把握交通情景,有效增强航行安全。

(3)严判航行情景,包括航行水域水文地理环境、船舶交通状态和 INS 数据完善性监测状态,谨慎实施航行措施。包括:

① 除非在特别开阔水域执行长航线引航任务;否则不建议使用自动航行控制,手动航行控制始终作为引航员第一选择。

② 在自动航行时,如果发现任何不适合自动航行控制的因素时,应果断终止自动航行,采用手动航行控制。

③ 面对不同的船舶操纵状态及时切换任务站功能控制船舶。

④ 在完成复杂的引航任务时,协调驾驶团队在相邻或方便的显示终端合理分配任务站功能,综合利用 GNSS、雷达、ECDIS 导航,优势互补,形成良好的团队协作组合。

(4)根据航行情景,合理处理报警信息。满足最新 INS 标准或 BNWAS 的报警系统,在合理设置报警参数时,系统通过情景评估所需信息最优策略,遵循最小化高优先级报警数量的原则,对报警信息进行了优化处理,在报警管理任务站分级、分类给出了报警信息,有助于驾驶团队迅速锁定信息来源和原因,识别异常情况,充分注意航行安全,并尽可能提供必要的决策信息。而对于未能够纳入 INS 综合管理,仅仅满足独立性能标准的航行设备所给出的报警,可能会不同程度地出现冗余信息,给驾驶团队造成负担,但在这种情况下,关闭报警通知的做法并不可取。

(三)避碰

经修订的《1972 年国际海上避碰规则》作为指导船舶避碰的行动指南,明确将雷达协助避碰的规定纳入其中。雷达系统既是航行定位、导航的重要仪器之一,又是保持正规瞭望、避免船舶碰撞的一种有效手段,雷达任务站是避碰无可替代的信息终端。引航员应有能力合理分配驾驶台资源,深刻理解雷达系统与正规瞭望、安全航速与碰撞危险、设备的局限性与有效避碰行动的关系,综合分析包括雷达信息在内的多元信息,正确决策,采取积极的、及早的和大幅度的避碰行动,是避免紧迫局面的关键。具体而言,在避碰决策和避碰行动中,驾驶团队应秉持良好船艺,基于避碰工作站,综合运用雷达目标跟踪、AIS 报告目标、以及雷达跟踪目标和 AIS 报告目标关联、雷达尾迹或与这些相当的系统观察等方法获取可靠的避碰信息,根据当时的环境和情况,有效地利用驾驶台资源,正确识别船舶会遇局面,判断碰撞危险,制定避碰决策,采取相应的避碰行动,并注意核查避碰行动的有效性,确定恢复原航向或航速的时机。

1. 根据雷达信息和其他相关信息识别会遇局面

运用雷达可以对会遇局面作出早期预判,是进一步作出正确避碰决策,指挥驾驶台团队采取措施防止船舶碰撞事故发生的关键。根据雷达信息识别船舶会遇局面的各种方法,包括但不限于:

(1)通过雷达目标跟踪获取目标船的距离、方位、航向和航速。

(2)通过 AIS 报告目标,获取目标船类型、船位、艏向、COG、SOG、航行状态和目的港等。

(3)通过雷达跟踪目标与 AIS 报告目标关联,获取优化处理后的目标船最佳避碰信息。

(4)通过系统连续的雷达观测获得目标船的距离和方位,然后通过标绘求取目标船航向和航速。

这些方法中,目标跟踪是雷达自主检测目标,并通过对目标的自动跟踪采集目标数据,能够在较短的时间内,处理多个目标,目标数据的可靠性较高,是获取避碰信息的主要方法;AIS 是依赖 GNSS 和他船基本航行信息的航行数据交互系统,能够获取包括船舶识别信息在内的较为全面的目标船静态和动态数据;雷达跟踪目标与 AIS 报告目标关联在满足关联准则的情况下,减少屏幕冗余信息,避碰信息最佳,优势明显;人工标绘可信度较高,但作图时间长,处理目标的数量少,数据精度较低,是航行值班高级船员的基本技能,通常不适合引航环境。

驾驶团队应考虑雷达的误差、局限性和当时的引航环境和情况,选取适当的方法,根据雷达获取的船舶距离、方位、航向和航速,按照避碰规则对会遇局面作出早期预判。值得注意的是,船舶会遇是一个动态的演化过程,须采取一切有效手段,不间断地瞭望,与目标船适时和充分地进行信息交流,实现驾驶台团队成员间沟通和合作,特别应鉴别和综合处理这些信息,连续正确识别会遇局面。

2. 鉴别和评估雷达信息,判断碰撞危险

判断碰撞危险是作出避碰决策的前提,而雷达是判断船舶碰撞危险的有效手段。在正确识别船舶会遇局面的基础上,重点跟踪那些有潜在危险的目标,全面掌握以下知识:

(1)综合考虑本船操纵特性、水域航行环境、气象海况和驾驶团队能力,设置 CPA LIM/TCPA LIM 安全阈值;根据雷达目标跟踪、AIS 报告目标、雷达跟踪目标与 AIS 报告目标关联或与其相当的系统观察,获取目标船 CPA/TCPA,并与所设置的安全阈值比对判断碰撞危险。

(2)深刻认识雷达的误差和局限性,避免使用不充分的雷达信息,鉴别和评估所获取目标船的信息,并认识到驾驶台团队成员对安全余量可能存在不同的理解。

3. 船舶在互见中和能见度不良时避碰决策及行动

依照避碰规则第二章“驾驶和航行规则”中第十一条至第十九条的规定,运用雷达系统信息,指挥驾驶团队针对各种会遇局面作出正确的避碰决策,采取有效的避碰行动。特别应注意:

(1)会遇局面不同,避碰决策不同,避碰行动亦有差异。应在正确识别船舶会遇局面,准确判断碰撞危险的基础上,考虑雷达系统误差和局限性,按照避碰规则关于各种会遇局面的避碰行动要求,做出正确决策,并指挥驾驶团队采取相应行动,避免紧迫局面的形成。

(2)会遇情况复杂时,可能需要采取一系列的避碰行动。在这种情况下尤其应综合分析雷达及相关避碰信息,深入考察这些信息的精度及局限性。例如多目标会遇时,目标船 CPA/TCPA 不同,目标船的碰撞危险和紧迫程度存在差异。在做出避碰决策时,应确定避碰的优先顺序,选择避碰重点船舶,分析雷达系统误差和局限性的影响,对复杂会遇局面可能存在的变化作出充分的估计,并能果断地实施正确的行动。

(3)能见度不良时,雷达系统信息是制定避碰决策的主要依据。一般来说,能见度不良时的 CPA LIM 比能见度良好时设置大些,且采取避免碰撞的行动较能见度良好时需要时机更早、幅度更大。若采取转向行动,不仅考虑避碰规则的要求,且应充分运用雷达避碰转向示意图。尤其应具备这样的能力:在恶劣气象条件和复杂交通环境相交织的不利局面下,综合考虑雷达信息误差和雷达系统的局限性,合理和高效管理驾驶台资源,果断并正确地作出避碰决策和实施避碰行动。

无论船舶在互见中或是能见度不良时,航海人员应具备正确运用雷达信息,做出正确避碰决策及实施有效避碰行动的能力。要牢记,在避碰过程中视觉瞭望是最基本和最重要的手段,而作为避碰辅助设备,雷达提供的信息具有视觉瞭望不可替代的优势。然而在能见度不良时,不充分和不确切的瞭望信息不能全面支持避碰行动,同时也会影响对雷达信息的正确和准确评价,驾驶团队也有可能对雷达信息做出不恰当的解释。值得注意的是,在复杂和多变的会遇局面中,特别是小幅度不协调的避碰行动,可能会危及航行安全。因此,在任何局面和情况下,加强视觉瞭望,利用雷达设备的优势,尤其驾驶团队进行有效沟通,综合分析视觉信息、雷达信息以及其他有助于避碰的信息,利用一切可利用的驾驶台资源,做出正确的避碰决策,按照避碰规则实施有效的避碰行动,是保证航行安全的关键。

4. 避碰行动有效性核查

船舶为避免碰撞所采取的行动不一定有效,或者达不到预期的安全距离,或者其效果可能被目标船不协调行动削弱甚至抵消。因此,会遇中的每一艘船舶应细心核查避碰行动有效性。雷达是核查避碰行动的最有效手段,为了获取有效的雷达信息,驾驶团队应充分考虑雷达信息的误差,估计误差带来的影响,并充分管理和利用驾驶台资源,准确核查避碰行动有效性。特别注意:

(1)衡量避碰行动有效性的标准包括按照避碰规则要求采取的避碰行动,应能被对方通过视觉或雷达观察很容易地察觉到,保证船舶在安全距离上,即 CPA>CPA LIM 时驶过,并应深刻理解雷达系统信息的精度对避碰行动有效性的影响。

(2)雷达目标跟踪、AIS 报告目标、雷达跟踪目标与 AIS 报告目标关联或与其相当的系统观察所获得的信息可以用来核查避碰行动的有效性,确认避碰双方在安全距离上驶过。

(3)在能见度不良时视觉瞭望受限,开启多台雷达,充分利用雷达和驾驶团队资源,采用不同的雷达信息对比核查避碰行动的有效性。

5. 船舶在互见中、能见度不良时恢复原航向或航速时机

船舶采取避碰行动后,两船以安全的 CPA 相互驶过,保持“驶过让清”。雷达信息是

确定恢复原航向或航速时机的有效信息。在驾驶团队协作实施避碰行动中，指挥者应合理、充分利用包括雷达在内的驾驶台资源，加强团队成员的沟通和协作能力，准确认识和全面评估航行环境和局面，确定恢复原航向或航速的时机，保障航行安全。特别注意：

（1）在恢复原来的航向或航速后，两船仍然能保持在安全距离上驶过，并且不会形成新的碰撞危险。在受限水域多船会遇时，会遇局面复杂，可能与多船存在不同的会遇局面，驾驶团队应综合考虑局面的复杂性和多样性，提高情景意识，保持获取雷达信息和评价雷达信息的可靠性。

（2）试操船功能所获得的雷达信息可以确定恢复原航向或航速的时机，但应考虑各个厂家雷达产品试操船的性能和精度可能有差别，应充分运用其他各种方法，并审慎考虑其局限性，综合确定有效的恢复时机。

二、综合航行系统误差与局限性

以 INS 为代表的信息化航行设备在很大程度上提高了航行信息的精度和可靠性，从理论上解决了依靠仪器引航的基本问题，在航海实践中大幅度改善了仪器引航的安全性，全时、全天候增强了航行系统的可用性。尽管如此，受到信息技术在民用航海领域应用的限制，从航行安全角度严格审视，目前最先进的航行系统仍然存在很大的局限性，包括误差、信息源、信息处理机制和人机交互等多个方面。

（一）综合航行系统传感器或数据源误差

1. GNSS 误差

卫星导航系统定位设备是航行系统的关键传感器之一，误差主要包括伪测距误差、几何误差以及相关导航政策带来的误差。

伪测距误差是指用户设备测量伪距产生的误差，如通常认为在标准状态下，民用 GPS 设备水平等效伪测距误差为 8.6 m，北斗接收机为 2.5 m。几何误差是指卫星的空间分布对定位（或授时）产生的误差，通常用精度因子（DOP）表示。水平伪测距误差乘以水平精度因子（HDOP）即为用户最终的二维位置误差。

关于伪测距误差和几何误差的详细讨论，以及导航政策误差，第一章已经讨论，这里不再赘述。

GNSS 数据是 PNT（Position, Navigation and Timing）基本数据。IMO 性能标准要求 GPS 接收机在静态和动态水平定位精度高于 100 m（当前，无 SA，优于 25 m）情况下，HDOP≤4 或 PDOP≤6；在没有正确星历数据、有正确星历数据和意外掉电少于 60 s 时分别应在 30 min、5 min 和 2 min 内（当前芯片技术分别在 12 min 和 1 min 内）获得满足精度要求的位置，而在电源不中断但信号中断 24 h 以上时，应在 5 min 内重获满足精度要求的位置。位置数据更新至少每 2 s 输出一次，当 DOP 超标或位置更新超过 2 s 时，设备应在 5 s 内给出报警信息，并在恢复正常工作前持续显示最后已知位置及其定位时间。对于差分设备，静态和动态位置误差应小于 10 m。

按照国际标准，GNSS 设备都设有接收机自主完善性监测（RAIM）单元，利用系统提供的冗余资源监测定位精度，根据用户 INS 设置要求，对不满足要求的数据，给出报警（警报、警告或警示）。

2. THD 误差

船舶指向设备是航行系统的关键传感器之一，误差通常与船舶所处的地理纬度、船舶运动速度和船舶机动状态等因素有关。具体地，THD 误差包括：静态误差，如基线和纬度误差；动态误差，如速度和冲击误差；随动误差，即真航向与输出航向之差；以及传送分辨率误差，如步进罗经编码及传输方法引起的误差（目前较少使用）。IMO 性能标准要求 THD 设备应满足：静态误差小于±1°，动态误差小于±1.5°，随动误差小于±0.5°，传送和分辨率误差小于±0.2°。目前，船舶上广泛安装的数字指向设备误差通常认为在 0.5°左右。

3. SDME 误差

按照 SOLAS 公约要求，速度和航程测量设备应为本船提供对水速度/航程和对地速度/航程，二者缺一不可。前者通常由水层跟踪计程仪提供；后者由海底跟踪计程仪或 GNSS 计程仪提供。目前，SDME 设备有传统的水下设备（如多普勒计程仪或声相关计程仪）和新型水上 GNSS 计程仪两种类型。从技术的发展看，GNSS 计程仪提供的对地速度/航程数据，基于高精度 PNT 信息系统，尤其是差分 GNSS 系统，通常认为精度高于、至少略高于传统的计程仪。值得注意的是，水层跟踪计程仪提供的对水速度/航程，由于不同船舶或同一船舶吃水不同，尤其在复杂水流的水域，其速度/航程数据精度会受到影响。因为在避碰时，按照避碰规则必须采用对水速度判断会遇局面，所以驾驶团队的指挥者对此应有清醒的认知。

根据 IMO SDME 性能标准，数字式计程仪误差为船速的 2%及 0.2 kn 取其大者，模拟式计程仪误差为船速 2.5%及 0.25 kn 取其大者，航程误差为每小时累计航程的 2%及 0.2 n mile 取其大者。因此，对于通常在经济航速区间航行的船舶，速度/航程误差的影响并不突出，而在特殊操纵引航环境下低速航行的船舶，就应特别关注计程仪误差，尤其是水下设备的误差影响。

4. 测深仪误差

水深数据也是船舶航行基本信息之一。但与其他数据不同的是，仅仅在富余水深受限的引航环境下，驾驶团队才会特别注意测深仪误差的影响。根据 IMO 回声测深仪性能标准，测深设备测量范围为 2~200 m，分为深水量程（为 200 m）和浅水量程（为 20 m）。

深水量程时的误差为±5 m,浅水量程时的误差为±0.5 m。因此当富余水深仅仅在2 m时,严格地说,测深仪数据已经不具备实际参考价值。考虑到沙石底质与淤泥底质的区别,目前最新的测深设备给出的置信参考水深通常局限在2 m左右。

5. AIS可信度

作为信息航海时代的里程碑,AIS对信息航海发展的推动作用是史无前例的。随着信息航海深入发展,AIS的局限性问题也日益突出。严格地说,作为"自动识别系统",AIS是有效的。但是考虑到AIS系统参数,如VHF频段(窄带)、9.6 kbps传输速率(低速)、TDMA传输协议(低版本)和定制化的信息格式(低效率)等因素,这些表征着AIS技术"DNA"的参数决定了其注定不会是信息航海的最佳系统平台和载体。就像我们经常在航行中看到的,AIS报告目标的信息常常令人感到困惑,其本质原因是AIS系统提供的信息的可信度无法满足高精度信息航海的需求。

目前国际上正在试图解决AIS存在的问题,致力于AIS升级系统——VDES的研发。但总的看,VDES也仅仅是个"升级系统",无法解决革命性的"换代"问题。

6. 雷达传感器误差

雷达传感器是航行系统的重要传感器之一。从本质上看,其误差的影响因素为脉冲体制和信号处理机制,表现为测距和测方位误差。

脉冲体制的导航雷达在民用航海中的应用已经超过70年。在这期间雷达技术体制不断发展和创新,但限于成本和经济的考虑以及船舶导航精度要求较低的原因,新体制的技术,如低功率宽脉冲调频技术、相控阵天线技术等并未在导航雷达上得到有效发展和广泛应用。而高功率脉冲雷达固有的盲区、回波畸变、磁控管功率和频率输出抖动、脉冲幅度调制回波信息处理精度、隙缝波导天线方向性精度和机械扫描天线误差等诸多问题,限于技术体制的原因,也无法得到根本解决,因而仅仅依靠数字化信息处理终端改善导航雷达精度的努力已经基本达到极限,无法突破瓶颈。从更深层次上分析,基于一个世纪之前模拟信号体制的传感器技术在本质上就不可能满足信息化时代数据精度的要求。

按照IMO雷达设备性能标准,雷达的测距精度为量程的1%或30 m取其大者,测方位精度为1°。具体而言,对于实际船舶配备的雷达,使用1.5 n mile以下量程,测距误差大约为30 m,随着量程的增大,误差会成倍数增加;而方位误差则相反,远距离弱小目标的方位精度较高,近距离强回波则需要大幅度降低增益才能获得较高的精度。驾驶团队应充分认识雷达传感器误差对船舶定位及导航精度和避碰安全的影响。

7. ECDIS误差

ECDIS的误差主要体现在ENC数据误差、屏幕显示误差和屏幕刷新率带来的误差。

目前电子海图数据源主要来源于纸质海图数字化,因此ENC数据的误差主要来自数据测量过程和数字化过程。根据 S-57 规定,目前 ENC 数据的测量可信度级别,特别在中国港口水域应该达到 ZOC(Zone of confidence)A2 或 A1 级,即位置精度分别不低于±20 m 和±5 m,测深精度分别不低于±(1+水深×2%)m 和±(0.5+水深×1%)m。海图数字化误差一般小于(0.2 mm/比例尺),即 1:5 000 比例尺港图和 1:200 000 的航海图数字化产生的位置误差分别小于±1 m 和±40 m。

在屏幕显示方面,S-52 规定了海图显示最小像素尺寸应优于 0.312 mm,海图符号尺度一般在 4 mm,其显示中枢点又因符号不同而各异,会导致观看和判断符号实际位置出现偏差。并且,在显示本船符号时,定位设备给出的本船船位点与本船显示中枢点的相互关系和本船船型都会对本船位置的显示产生影响,因而在引航工作中,引航员需要应用正确的 CCRS 和经校准的 CCRP。

由于 ECDIS 是基于计算机的航行信息设备,本船位置更新和其他所有数据的运算和显示应在 1~5 s 的屏幕刷新周期下实现。因此,屏幕显示的情景和数值信息,严格而言,不是本船及其周围环境"实时"的状态和信息,而是"适时"的状态和信息。这些问题都是 ECDIS 无法摆脱的,需在使用中,尤其应在引航环境中予以综合考虑。

(二)综合航行系统局限性

根据 INS 标准,综合航行系统的目的是采用信息化技术,集成多元航行信息,综合运用航线设计、航线监控、目标避碰、报警管理、航行数据和状态控制等多种航行功能,为操作人员提供综合和增强的功能,用以避免地理、交通和环境风险,从而加强航行安全。

从目前的技术成熟度来看,限于传感器/信息源不足和误差影响以及信息处理系统的处理能力,INS 还无法获得与航行安全相关的大数据,不能可靠地支持系统独立获得令人满意的"情景意识",当然也不支持驾驶团队仅仅通过航行系统/设备提供的信息完美地作出航行决策和控制船舶航行安全。因此,航行系统还将在相当长的时间内担负着航行"助手"的功能,所谓 STCW 公约中"依靠仪器引航(Blind pilotage)"之含义。自然,随着技术进步,如果有基于大数据的冗余系统提供的多元、高完善性的航行信息能够有效应用于海事安全,独立依靠此系统的"盲引航"才将成为期待。

1. 传感器/数据源局限性

上文提到了传感器/数据源的误差在很大程度上决定了 INS 的局限性,尤其在航行精度要求高、机动性强、富余水深受限和航速较低等引航环境中,越是需要 INS 协助航行时,驾驶团队越要警惕 INS 传感器/数据源提供极限数据精度的限制,避免盲目使用和疏于核查 INS 提供的信息而导致的不利安全情景的发生。

2. ECDIS 局限性

ECDIS 是旨在保障航行安全的复杂的信息技术设备,其正常运行涉及多方面因素,包括 IHO 数据源、船载工业计算机系统硬件和软件、传感器数据及其精度,还涉及操作者关于系统知识的完整性及操作技能。

(1)软件维护问题

ECDIS 是由硬件、软件、传感器和数据源等组成的复杂的信息技术设备,其应用软件的运行必须满足性能标准,显示 ENC 所有数据。若 ECDIS 版本未及时更新,则系统可能不满足 SOLAS 公约第五章第 19 条 2.1.4 规定,不符合 IHO 的有关 ENC 产品规范最新版本或表示库,无法正确加载和显示最新绘制的航道特征;或即使航道特征已经包含于 ENC,也可能无法启动应有的报警和指示。为此,IMO 建议访问 www.iho.int,了解版本清单,船长需要遵照 ISM Code 采取合适的措施。

(2)运行异常问题

随着 ECDIS 在船舶强制配备,IMO 收到一定数量的 ECDIS 运行异常报告,在相当广泛的层面上表现出该系统会出现令人意外和费解的非预定行为,常常以满足早前性能标准[A.817(19)决议]的 ECDIS 为主,发生的实例包括但不限于:①无法正确显示导航特性,如 IMO 最新确认的特别敏感海域和群岛水道等航行区域、具有复杂特性的导航灯、水下特征和孤立危险物;②在航线设计任务站无法通过“航线检查”检测到目标;③无法发出正确的报警;④不能正确管理多个报警信息。这些运行异常情况影响了设备正常使用和驾驶团队的航行决策,在不同程度上妨碍了航行安全,甚至导致严重后果。如果 ECDIS 作为本船海图的唯一来源,则驾驶团队及其指挥者对此应有完备的知识储备和充分的应变能力。

根据目前和可预见未来的信息技术发展水平,IMO 认识到 ECDIS 各种运行异常现象暂时无法从根本上消除。针对这些问题,IMO 发布了一系列补充性通函,并经过梳理整合为《ECDIS 良好实践指南》(MSC.1/CIRC.1503),要求船长和驾驶团队遵守指南要求,深入掌握 ECDIS 的运行原理,促进该系统在航行中安全有效地使用。鼓励使用者分类收集运行异常现象,属于数据源的问题,应反映到 IHO;属于计算机系统硬件或软件的问题,应反映到 ECDIS 制造商;属于传感器的问题,应反映到船舶所有人;属于驾驶员操作层面的问题,应通过船舶所有人反映到海事主管机构。

3. 雷达系统局限性

雷达系统由传感器和信息处理系统组成,担负 INS 避碰任务站功能,同时也是瞭望、定位和导航的重要设备,在 INS 中兼备无可替代的多功能角色。雷达标配的传感器至少有雷达、THD、SDME、GNSS 和 AIS 等 5 个,还可以有 ECDIS 和其他传感器。雷达对目标的探测还与电磁波传播环境及目标的反射能力有关。作为复杂的信息处理设备,雷达性能的发挥在很大程度上还取决于操作者的知识和技能。因此探讨雷达的局限性离不开其系统构成、工作环境和人的因素。

(1)雷达瞭望

按照避碰规则,雷达是瞭望的关键设备,雷达通过电磁波的发射与接收探测目标。由于雷达系统特性、电磁波传播特性和目标电磁波反射特性的影响,使得雷达“看”到的目标产生很大的“失真变形”，与航海者视觉瞭望有着本质的区别，也与海图不同。由于探测环境的不同，雷达目标回波“失真”主要表现为两种相反的现象，即回波扩展和回波收缩。回波扩展主要是指雷达探测脉冲宽度引起的回波后沿径向扩展失真和水平波束（波瓣）宽度引起的回波横向扩展失真，总体造成回波向后和向左右扩展，看起来比目标的实际尺度有所增加，这也是引起目标分辨力降低的主要原因。发生这种现象的目标通常是近距离孤立尺度较小的目标，如船舶、孤立岛礁等。回波收缩主要是由于目标遮挡和/或目标边缘回波微弱等原因引起的目标后沿和左右边缘回波丢失失真，总体上造成回波收缩，看起来比目标的实际尺度有所减小。发生这种现象的目标通常是远距离延展尺度较大的目标，如大面积的陆地、海面雷达探测地平以上的岛屿等。

目标变形失真对于陆地、岛屿和岸线而言，造成回波辨识困难，是雷达探测的局限性，但对于海上小目标而言，如船舶、导航浮筒等，也正是因为回波看起来比实际目标尺度大，才有利于发现和观测目标。

此外，引航员应有清醒的认知，瞭望是定位、导航和避碰的基础，运用过硬的雷达操作技术，在海浪、雨雪和同频干扰等杂波环境下，最大限度地克服目前技术体制下雷达固有的局限性对瞭望的影响，最大限度地发挥驾驶团队的协作优势，才能有效地保障航行安全。

（2）雷达定位

雷达在商船上的应用已有70余年的历史，体制未曾改变。从本质上看，雷达传感器是模拟设备时代的技术，理念和理论上都已经落后于信息时代的发展。只是限于经济成本和固化的观念，目前在技术和实践上还没有新的突破。从船舶定位角度看，GNSS位置数据是界面友好的信息，可以方便地自动应用于综合航行系统，但雷达定位目前只能依靠手动操作，无法以数据方式直接向INS提供位置信息。

从雷达定位的过程看，从辨识可靠目标、选择定位目标、确定定位方法、精确测量目标、在纸质海图上画出雷达船位线、确定最或然船位，整个过程耗费时间和精力，且无法在航行信息平台上与其他信息化定位手段实现数据融合，具有很大的局限性。还应该注意的是，相比X波段雷达传感器，S波段雷达的定位精度略低，有更大的局限性。

与GNSS定位比较，雷达定位的精度虽然不高，然而作为主动定位的手段，雷达位置的可信度较高，在条件允许的情况下，作为良好船艺，驾驶团队应充分利用雷达定位保障航行安全。

（3）雷达导航

现代雷达提供了较为丰富的导航工具，包括平行指示线导航、绘图导航、航路点导航和电子海图叠加导航。其中后两种导航方法可以作为方便的信息化手段，与航线监控任务站协同，在沿岸/航道航行时，实现导航信息的完善性验证，完成航线监控功能。

与航线监控任务站相比，雷达导航存在以下局限性：

①受到自身性能、电磁波传播路径和目标反射雷达波能力等因素的影响，影像失真和探测误差容易造成回波识别困难或错误，影响导航精度，甚至有时无法实现雷达导航。

②雷达导航精度依赖传感器的精度，雷达性能的发挥还依赖驾驶员的操作技术，对雷达图像的解释与导航技术的发挥也依赖驾驶团队的经验。在紧张的引航工作中，如果雷达操作者忽略了任何一个环节，都可能造成导航失误，导致严重后果。

③雷达仅能探测水面以上目标，在富余水深有限水域航行时，应仔细研究海域的水文地理信息，如果利用电子海图叠加功能，则能够较好的地克服雷达导航局限性，发挥雷达的导航优势。

④使用航路点导航或电子海图叠加导航时，应特别注意 GNSS 定位的完善性指示信息，尤其是采用自动航行功能时。

(4)雷达避碰

雷达是避碰唯一有效的设备，是 INS 的避碰任务站。尽管在 70 余年的航海应用中，雷达避碰从技术到实践有了长足的进步，但相比其他快速发展的信息化技术设备，采用磁控管作为发射器件的高功率脉冲体制雷达，发射信息源（探测脉冲）的精度有限，回波处理技术对雷达避碰信息化提升的能力有限，表现为雷达目标跟踪的可靠性不高、被跟踪目标受到较多条件约束、信息处理和信息精度有限，避碰信息难以高精度地融入数字化的 INS 系统。即使 AIS 作为辅助的避碰传感器，对提升雷达避碰的信息化程度作出了有益的努力，但限制于前文探讨的 AIS 的技术现状，也只是突破了目标识别的瓶颈和有限度地实现了雷达跟踪目标与 AIS 报告目标的关联，而无法从根本上提升避碰设备的性能。

此外，由于目前实施的海上避碰规则建立的基础是视觉瞭望和以人为主，因此，避碰的过程需要人为介入，避碰决策和避碰行动因人而异，避碰效果及其评估依赖驾驶团队的船艺水平。在可预见的将来，船舶避碰信息化、自动化和智能化的发展在技术和规则等多个领域和方面仍然会受到较大的制约。

4. 人机交互局限性

信息化航行设备人机交互的局限性是航行安全不可忽视的问题。以上讨论的航行系统的各种局限性，都或多或少地与人为因素有关。一方面设计优良的人机交互界面，可以有效地向驾驶团队全面、直接地传递航行信息，提高设备的信息应用价值。另一方面，接受过良好培训，适任且经验丰富的驾驶团队的良好船艺，是保障航行安全的根本。因此，对于航行安全，设备的品质和人员的素质，二者缺一不可，相得益彰。

为了规范众多航行设备的性能、功能、生产、验收、安装和检验，IMO 和有关国际组织颁布了一系列的公约、标准、通函等文件，健全管理法规，包括 SOLAS 公约，各种设备的 IMO 性能标准、IEC 的性能和测试标准、安装指南、使用指南和检验指南等。尽管如此，不得不承认，目前人类只是进入信息时代的初期，还远未达到智能航海时代，人机交互技术还在不断发展和完善之中。设备/系统是否获取到足够的数据，并通过妥善、高效的综合处理机制转换为人类易于理解的信息，乃至于提供最佳决策和可直接实施的行动仍然是非常前沿的课题。

在这种技术条件下，为了使航海人员深刻领悟通过字母数字信息和图形图像界面解释的机器语言，就必须对设备和系统的使用者进行完善的专业培训，以达到适任的标准。而且适任仅仅是最低要求，要达到确保安全地使用航行系统，还需要长期的航行实践磨练和积累经验。此外，保障航行安全需要通过团队的高效协同机制实现，因此，作为驾驶团队指挥者的引航员其知识、能力和智慧才是确保航行安全的关键。

第九章

海事 VHF 无线电话

在无线电水上移动业务中，甚高频（Very High Frequency，简称 VHF）通信是一个重要的组成部分。根据国际电信联盟（International Telecommunication Union，简称 ITU）《无线电规则》中频率的划分，海事 VHF 通信设备在 156～174 MHz 频率范围工作，主要用于近距离通信。目前，海船上工作在 VHF 波段的无线电设备主要包括 VHF 无线电话、数字选择性呼叫（Digital Selective Calling，简称 DSC）和 AIS，它们不仅是 GMDSS 中 A1 海区船对岸通信的主要设备，也是 A1、A2、A3 和 A4 海区船对船通信、搜救现场通信的主要手段，同时也是日常航行中船岸、船船间相互识别保证航行安全的重要助航设备之一。本章基于引航员工作需要，主要介绍 VHF 无线电话设备和业务。

第一节 海事 VHF 无线电话通信特点

由于受到工作波段、信号传播路径等诸多因素的影响和限制，海事 VHF 无线电话通信主要有以下 5 个方面的特点。

1. 调频体制与"预加重"和"去加重"技术

海事 VHF 通信采用调频（Frequency Modulation，简称 FM）体制，该体制是用已调信号的频率变化来携带信息的一种调制方式。在接收机单元中，对调频信号的解调过程称为鉴频，相应的部件称为鉴频器。由于鉴频器输出的噪声随频率的升高而增大，从而导致解调后的音频信号中高音频区的信噪比下降，影响接收效果。为此，在 VHF 设备中广泛采用了“预加重”和“去加重”技术，既提高了通信的抗干扰性能，又不会导致信号失真。

2. 通信范围

一般而言，VHF 设备的通信距离标称值约为 25 n mile，极限值小于 100 n mile，比较适合建立以海岸电台（岸台）为中心的近距离蜂窝式通信网。在具体实施中，为消除网组间的相互干扰，必须对设备的发射功率加以限制。一般规定，岸台发射机的额定功率不超过 50 W，船舶电台（船台）发射机的额定功率不超过 25 W。

3. 抗干扰能力

海事 VHF 通信采用调频体制，通过较好的技术指标设计，增大了信号的带宽，提高了接收机输出信噪比，具有较强的抗干扰能力。

4. 静噪技术

设备在设计中采用了静噪技术，在输入信噪比较低时，能够自动切断扬声器的输出，而当输入信噪比高于门限值时，再自动恢复正常输出，从而保证工作环境的安静。

5. 信号频带

如果信道间隔为 25 kHz，最大允许频偏 Δf_{max} 为±5 kHz，最高调制频率 F_{max} 为 3 kHz，则发射机最大辐射带宽为：

$$B_{max} = 2 \times (F_{max} + \Delta f_{max}) = 2 \times (3 + 5) = 16\ (\text{kHz})$$

VHF 调频通信占用较大的带宽，能够提高话音质量，但也降低了频率资源的利用率。

第二节 船用 VHF 无线电话设备

海事 VHF 通信系统由岸台和船台组成，既可以在近距离范围内在船对船或者船舶与岸台间提供无线电话及 DSC 业务，也可通过岸台的转接实现船台与陆地公众网用户间的通信。由于受安装环境、发射功率的限制以及防止干扰的需要，VHF 无线电业务中，船台设备和岸台设备是不同的。船台设备一般为收发一体，岸台设备可收、发分开。

一、船用 VHF 无线电台组成

按技术要求，船用 VHF 无线电台的一般组成方框图如图 9-2-1 所示。

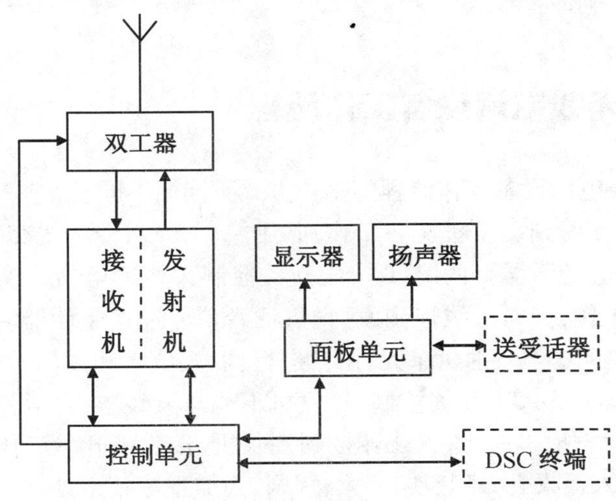

图 9-2-1 船用 VHF 无线电台一般组成方框图

1. 双工器

双工器即双工滤波器，连接在天线、发射机和接收机之间。为使双工工作时收发机仍能使用同一天线工作，必须利用双工器对收、发信号进行隔离，以保证通信时接收机不受本台发射信号的干扰或损坏。

2. 控制单元

控制单元的核心为 CPU，分别与面板单元、DSC 终端、双工器和收发机相连，完成对整机的操作及通信控制。

3. 发射机单元

发射机单元的作用是处理和调制话音信号，向天线输送大功率的调频波，实现无线电波的发射。

4. 接收机单元

接收机单元的作用是将来自天线的已调高频波进行频率变换、信号放大及解调，最终将其还原为原始音频信号，以实现信息的接收。解调后的话音信号经静噪电路和去加重处理后，送入低频功率放大器进行功率放大，以推动耳机、扬声器等相关终端设备工作。

5. 面板单元

面板单元主要由单片机和音频处理电路组成，它与显示器、扬声器以及送受话器等外部设备构成对整机的操作控制。

二、VHF 无线电话设备工作流程

船用 VHF 无线电话设备工作流程随工作方式不同而不同。

在单工方式工作时，收、发机交替工作，共用一个天线，即天线交替与收、发机连接。这一功能一般通过送受话器上的 PTT 按压开关控制天线继电器来实现。发射时，按下 PTT 开关，发射机工作，同时天线连到发射机；话音信号经送受话器转变为音频电信号，经面板单元、控制单元送至发射机单元，由其进行调频、放大和预加重等技术处理后再经天线发射出去，而此时受 PTT 开关控制，接收机不能与天线连接，暂停工作。接收时，需释放 PTT 开关，此时发射机关闭，天线转接到接收机，接收机开始工作，天线将射频电磁波转换为电信号送入接收机，经变频、放大、解调、去加重等技术处理后还原成音频信号，再经低频功率放大后送入送受话器或扬声器而转变声音。

在双工方式工作时，接收机和发射机同时工作。如果收、发各自采用独立的天线，则不需双工器，收、发机分别在不同的频率上工作即可。而如果收、发机采用同一天线，则必须使用双工器才能保证其正常工作。双工器内具有两个分别对不同频率谐振的滤波电路，相当于两个不同的信号通道。接收通道对接收信号呈短路状态，允许其通过；而对发射信号则呈开路状态，阻止其通过；反之，发射通道只对发射信号呈短路状态，允许其通过；而对接收信号则呈开路状态，阻止其通过。这样，就有效地避免了本台的发射信号通过天线进入本台的接收机。

三、VHF 无线电话设备特殊电路

1. 静噪电路

VHF 调频接收机的特点之一是开机期间若无信号或信号微弱到低于其门限电平时，将会引起接收机的输出信噪比急剧下降，因而导致扬声器中发出令人心烦意乱的“沙沙”声。因此，需引入静噪电路加以改善。

静噪电路相当于一个自动开关，其作用是当无信号或信号电平低于门限电平时，自动将低频功率放大器闭锁，无信号输出到扬声器；而当信号出现且电平高于门限值时，静噪电路自动将低频功率放大器解锁,音频信号经放大后推动扬声器正常工作。

2. 双值守电路

所谓双值守是指接收机同时守听两个或两个以上通话信道,以满足某些通信业务的要求。在实际应用中,双值守功能是通过特定的自动扫描程序来实现的。在所值守的多个信道中,有优先信道和附加信道之分。按要求,启动双值守功能后,一旦在优先信道上检测到信号,则扫描程序立刻停止。而优先信道无信号时,即使附加信道有信号,扫描驻留时间一到,也须自动切换到优先信道。也就是说,无论如何必须保证对优先信道的有效值守。

从设备性能上讲,优先信道和附加信道应可选,而 16 信道通常始终应处于优先不可选状态。

水上移动业务对双值守功能和性能有如下要求:

(1)双值守功能可人工启动或关闭。

即使已经启动双值守功能,一旦拿下送受话器,双值守功能将自动关闭;而挂上送受话器,双值守功能又将自动恢复。

(2)执行双值守功能时,发射被禁止。关闭此功能后,电台自动转到附加信道上。

(3)设备上应有独立的功能键,以确保能快速切换到优先信道上接收。

(4)执行双值守功能时,应能同时显示所值守的信道号。

(5)如在某一信道上收到信号,应能显示相应的信道号。

关于双值守功能的实现,早期设备多采用多谐振荡器构成相应电路,而满足 GMDSS 要求的 VHF 设备中,这一功能主要靠软件控制来实现。

第三节 海事 VHF 信道分配及应用

一、VHF 通信工作方式

船用 VHF 通信有单工、双工和半双工三种工作方式。

1. 单工方式

所谓单工方式是指通信时双方交替发射的一种操作方式。当使用的收发频率相同时,称为同频单工;而当使用的收发频率不同时,则称为异频单工。按国际无线电咨询委员会(International Radio Consultative Committee,简称 CCIR)建议,水上 VHF 通信中船舶间的通信只能使用同频单工方式。船用设备的单工操作是由话筒上的 PTT 开关控制的。按下时发射机发射,接收机关闭;松开时发射机关闭,接收机开始接收。

2. 双工方式

所谓双工方式是指通信时双方可同时收发的一种操作方式。通信时双方分别使用保持一定间隔的两个不同频率同时发射。

3. 半双工方式

按规定,在水上 VHF 通信中船台与岸台间并通过岸台转接到公众通信网用户的通信,只能使用双工方式。但即使在这种情况下,为节省能源和减少不必要的电磁辐射,通信中船台仍然是按下按压开关时发射机才发射,松开时发射机即关闭,但接收机却一直处于接收状态。因此,此种方式也被称为半双工或准双工工作方式。

另外,船台与岸台间为港口工作或船舶动态业务而进行的通信,可以使用同频单工方式,也可使用异频准双工方式。但岸台如果采用船台设备时,则只能使用同频单工方式与船台通信。

二、VHF 信道划分及功能分配

(一) VHF 信道划分

20 世纪中叶,海事 VHF 通信共有 28 个信道,信道频宽为 50 kHz,信道编号为 01~28,其中,双工信道的收发频率间隔为 4.6 MHz。为了解决信道拥挤问题,1967 年世界无线电行政大会(World Administrative Radio Conference,简称 WARC)决定在原有信道分配方案基础上“插入”信道 60~88,从而形成了 57 个信道,频宽为 25 kHz 的局面。因此,57 个信道的信道编号是不连续的。

WRC-97(1997 年世界无线电通信大会,下同)关注到海事安全对 VHF 波段提出的新需求以及 AIS 的发展现状,把原 87 和 88 信道的高端频点分配给 AIS 以单工形式使用,即信道 87B 和 88B,信道 87 和 88 变为单工信道。其中字母“B”表示的是使用了原双工信道高端频点的意思。因此,截至 WRC-12 召开之前,服务于海事安全的 VHF 信道共计有 59 个,其中 57 个信道供 VHF 无线电台使用,2 个信道专供 AIS 使用。

针对航运发展对 VHF 通信的需求，为达到扩频的目的，WRC-97 提出并经 WRC-07 修订后，允许主管部门可以在不产生干扰的前提下，对 25 kHz 信道实施 12.5 kHz 信道交织，即将一条消息中的相继比特以非相继方式发送，从而防止通信过程中成串发生的比特差错，以避免对水上移动遇险和安全通信、自动识别系统和数据交换频率的 25 kHz 信道，尤其是对 06、13、15、16、17 和 70 信道产生影响。与此同时，12.5 kHz 信道交织的实施及随之产生的国家需求须与受影响的主管部门协调。

WRC-12 进一步关注到海事安全对高速数据链的迫切需求，提出基于信道 78、19、79 及 20 频点的扩频方案，衍生出 1078、2078、1019、2019 等 8 个信道。具体方法是仍保留原有 78、19 等信道，并利用上述信道的低端频点扩充出前缀为“10”的信道，如 1078，利用原有信道的高端频点扩充出前缀为“20”的信道，如 2078。由于信道 06(156.300 MHz)是单工信道，只有一个频率是 156.300 MHz，其对应的高端应该是 160.900 MHz(156.300+4.6 MHz)，扩充出来的信道只能有一个，即 2006(160.900 MHz)。这样共计新增 9 个信道。

WRC-15 采纳了 IALA、欧洲各国、加拿大及中国有关海事 VHF 扩频的提案，分别利用信道 24、84、25、85、26、86、27 和 28 的低端、高端频点，扩充出 1024、2024 等 16 个信道。至此，VHF 共计有 84 个信道，其中船台发射频率点为 66 个，岸台发射频率点为 62 个；可以用于船间通信的信道有 16 个(含只用于数字通信的 4 个信道)，都是单工信道；可以用于公众业务通信的信道有 33 个，都是双工信道；可以以单频、双频形式用于船舶动态业务和港口营运业务的信道分别有 59 个和 33 个。目前具体频点和官方功能性说明请参考本书附录二。

根据于 2017 年修订的 WRC 议程，WRC-19 定于 2019 年 10 月份召开，将考虑是否对 ITU 的《无线电规则》进行修改，包括对于水上卫星移动业务(地对空和空对地)的新频谱划分，其中优先选择 156.0125~157.4375 MHz 以及 160.6125~162.0375 MHz 之间频段，以确保新的 VDES 卫星组件的使用，同时保证不会降低当前的地面 VDES 组件、ASM(应用专用电文)及 AIS 的运行质量，并且不会对现有服务产生任何其他限制。

(二) VHF 信道功能分配

考虑到海上安全现状及数据、高速数据发展现实需求，WRC-15 对 VHF 信道功能进行了调整，具体情况可以参考本书附录二。

1. 轻便飞机、直升机通信

主管部门可以把船舶间通信、港口营运和船舶动态业务频率用于轻便飞机、直升机与船舶或岸台在参与主要海事支持性操作的情况下通信，但是使用时需要满足 ITU 的《无线电规则》第 51 条中涉及航空器和水上移动业务之间通信的规定。当上述通信需要与公众业务分享信道时，需要得到可能受到影响的主管部门的许可或者服从上述部门的相关规定。进行上述操作时，三个最佳信道分别是 09、72 及 73。

2. 数据、传真以及直接印字电报传输

已经划分的 84 个信道中，除 06、13、15、16、17、70、75 及 76 以外，均可用于数据及高速数据、传真以及直接印字电报的传输。

3. 内陆水道无线电通信

在符合 ITU 的《无线电规则》5. 226 款有关 16 和 70 信道保护规定的条件下，ITU 所分配的 84 个信道也可用于内陆水道的无线电通信。

4. 与航空器通信

信道 06、70、16 以及 AIS1 和 AIS2（即原体制下的 87B 和 88B 信道）可被航空器用于搜救操作或者其他与安全相关的通信。换而言之，船舶在必要的情况下，可以使用上述信道联系正在执行搜救任务或者与海上航行安全相关的航空器，例如语音呼叫、DSC 呼叫以及通过 AIS 设备进行识别等。

5. 船舶内部通信

在船舶靠离泊、抛起锚等过程中，船舶内部可以使用 15 和 17 信道通信，其前提条件是有效辐射功率不超过 1 W，而且当这些信道在一个国家领海内被使用时，需要遵守该国相关主管部门做出的国内规定。

6. 数字选择性呼叫

信道 70 专用于遇险、安全和呼叫的数字选择性呼叫技术。信道 10 和 11 是距离 70 信道最近的两个信道，当使用这两个信道时，需要采取预防措施以防止对于 70 信道产生干扰。

7. 船间航行安全通信

13 信道是指定用于全球范围内航行安全的通信信道，主要用于船舶之间的航行安全通信。在满足国家相关主管部门规定的情况下，也可用于船舶动态业务和港口营运业务。

8. AIS 通信

（1）AIS1 和 AIS2 信道专门用于世界范围内公海上船舶自动识别系统，但是某个区域可能为此目的指定了其他频率。

（2）AIS1 和 AIS2 频率可用于移动卫星业务地面到太空方向的通信，用以接收船舶发出的 AIS 信息。

（3）信道 75 和 76 分配给卫星移动业务（地对空），用于接收船舶根据 ITU-R M. 1371-

5 建议发出的远距离 AIS 广播电文(电文 27)。除此项应用之外,信道 75 和 76 的使用必须严格限制为与导航相关的通信,且需预防其对 16 信道的有害干扰,例如限制输出功率为 1 W。

(4)2006 信道预留给未来应用或者系统的实验性使用,包括新的 AIS 应用、人员落水系统等。

9. VDES 通信

(1)自 2019 年 1 月 1 日起,157.200~157.275 MHz 和 161.800~161.875 MHz 频段(对应 24、84、25 和 85 信道)可以合并构建一个带宽为 100 kHz 的双工信道,用于 VDES 地面部分的操作。

(2)自 2019 年 1 月 1 日起,分别在 27 信道和 28 信道的基础上扩充出两个信道,其中信道 2027 将被标记为 ASM1,信道 2028 将被标记为 ASM2,用于 VDES 应用专用电文。

(3)根据 ITU 频率分配机制,全球被划分为 3 个区域(Region),其中 1 区主要包括俄罗斯、欧洲和非洲大陆,中国属于第 3 区域。WRC-15 决定,在 1 区和 3 区,截至 2017 年 1 月 1 日,157.200~157.325 MHz 和 161.800~161.925 MHz 频段(对应 24、84、25、85、26 和 86 信道)可用于数字调制发射。自 2017 年 1 月 1 日起,上述波段被确定用于 VDES。WRC-15 还指出,主管部门亦可依据其意愿将这些频段用于最新版 ITU-R M.1084 建议案所述的模拟调制,前提是不对使用数字调制发射的水上移动业务其他电台造成干扰或寻求其保护。中国自 2017 年 1 月 1 日起,指定在 157.150~157.325 MHz 以及 161.750~161.925 MHz(对应 23、83、24、84、25、85、26 和 86 信道)进行数字调制发射。

10. 多个连续信道数字系统通信

关注到 VHF 信道拥挤现状以及数字通信蓬勃发展趋势,WRC-15 提出,2017 年 1 月 1 日以前,157.025~157.175 MHz 和 161.625~161.775 MHz 频段(对应 80、21、81、22、82、23 和 83 信道)可以在 1 区和 3 区用于数字调制发射。自 2017 年 1 月 1 日起,157.025~157.100 MHz 和 161.625~161.700 MHz 频段(对应 80、21、81 和 22 等四个信道)被指定在上述 1 区和 3 区域用于由最新版 ITU-R M.1842 建议案所述的,使用多个 25 kHz 连续信道的数字系统;157.150~157.175 MHz 和 161.750~161.75 MHz 频段(对应 23 和 83 两个信道)被指定用于使用两个 25 kHz 连续信道的数字系统;157.125 MHz 和 161.725 MHz 频率(对应 82 信道)被指定用于由最新版 ITU-R M.1842 建议案所述的数字系统。

此外,157.025~157.175 MHz 和 161.625~161.775 MHz 频段也可由主管部门依据其意愿用于最新版 ITU-R M.1084 建议案所述模拟调制发射。

(三)VHF 信道使用

无线电频谱是具有重要战略意义的稀缺资源,在海事 VHF 频率资源极为有限的背景下,ITU 为了更高效、合理地使用频率资源而不遗余力。前面提到,VHF 语音通信占用带宽较大。引航环境下，信息暂短的干扰即可能酿成重大事故。然而在日常工作中，大量无用、低效呼叫时刻占用着有限的频率资源。为了提高频谱利用效率促进海上安全，建议遵循以下基本原则：

(1)通信中讲话注意简洁并发音清晰，尽可能减少呼叫次数和通信时长，减少对信道资源的占用。

(2)在能够使用 DSC 技术发起呼叫的情况下，尽可能使用 DSC 技术呼叫，以缩短对频率资源的占用时间。

(3)尽可能使用低功率(1 W)，减少对邻近信道、附近电台产生干扰的可能性。

(4)当呼叫岸台时，使用岸台推荐的信道。当发现该岸台既有呼叫回答信道又有工作信道且空闲时，可以直接使用工作信道呼叫，这样可以减少频道占用次数。

(5)呼叫船台时，若本地主管部门有相关规定，应严格依照规定选用信道；否则应从 VHF 频率表中选择“船间通信”信道。

(6)当一个信道上已有其他电台正在通信时，不允许呼叫，以防对正在进行的呼叫产生干扰。

(7)通信过程中使用 ITU 建议的标准格式，以提高呼叫和通信效率。

(8)注意遇险与安全频率的保护。详见本章第五节“VHF 无线电话通信注意事项”。

(9)经常关注本地引航水域中新业务对信道的占用情况，例如 VDES 等。

第四节 海事 VHF 无线电话业务

引航水域的海上交通具有船舶密度大、交通流复杂、水文气象条件多变、岸基主管部门经常参与交通安全管控的特点。国际海事组织提倡，如果可行，船舶应该采用无线电手段协调避让。在实际引航工作中，海事 VHF 无线电话业务不仅是船对船之间防止碰撞的主要辅助手段之一，也是引航员呼叫引航站、VTS、拖船等的重要手段，同时还是岸基部门播发安全信息、组织交通流的有效方法。由于受到交通流、水文气象条件复杂的影响，引航水域也是典型的海上交通事故高发区域。因此，在特殊情况下，引航员还可能运用 VHF 无线电话业务进行遇险、紧急和安全通信。本节从遇险、紧急、安全、常规四个层面介绍 VHF 无线电话业务。

一、无线电台识别

（一）电台呼号

电台呼号是由无线电管理部门指配给无线电使用者唯一的身份证明。国家规定应当使用呼号的无线电台站，必须使用指配的呼号。呼号必须由无线电管理机构或者无线电管理机构委托部门按规定指配，未经批准，任何单位和个人不得编制、使用电台呼号。引航水域中，两艘船舶引航员可能相互认识，经常使用对方姓名或者昵称直接呼叫，这种现象需要避免，因为不利于无线电监管。

电台呼号一般由英文字母、阿拉伯数字或地理名称等单独组合或相互组合而成。在电台管理中，不允许众多电台使用相同的呼号或不按规定使用电台呼号，避免在通信识别身份时造成困难。

1. 海（江）岸电台呼号

由两个字符和一个字母组成，或两个字符和一个字母，后跟不超过三位数字（紧接在字母后面的数字 0 或 1 除外）组成。

2. 船台呼号

由两个字符和两个字母组成，或两个字符、两个字母和一位数字（数字 0 或 1 除外）组成。

只使用无线电话的船台呼号也可以由两个字符（只要第二个是字母），后跟四位数字（紧接在字母后面的数字 0 或 1 除外）组成，或两个字符和一个字母，后跟四位数字（紧接在字母后面的数字 0 或 1 除外）组成。

3. 救生艇（筏）电台呼号

在母船的呼号后面跟二位数字（紧接在字母后面的数字 0 或 1 除外）组成。

4. 应急无线电示位标呼号

在字母 B 后面跟无线电示位标所属母船的呼号或由无线电示位标所属母船的呼号组成。

（二）无线电话台识别

1. 江、海岸电台（包括港口话台和专用话台）

电台的呼号，或港口地理名称后面加“RADIO”（台），或单位名称，或其他识别。

2. 船舶电台

电台的呼号，或船舶的正式名称，与国外电台联系时，前面加“CHINESE VESSEL”。

3. 救生艇（筏）电台

电台的呼号，或母船名称后面加上两位数字。

在 VHF 无线电话通信业务中，收发双方既可以使用上述呼号识别身份，也可以使用诸如官方名称、水上移动业务识别（Maritime Mobile Service Identify，简称 MMSI）等呼叫。禁止使用个人名字，如对方引航员的姓名，或者不标准的台名等呼叫。

二、一般呼叫程序

为了提高信道利用率，减少不必要的相互干扰，ITU 的《无线电规则》把无线电通信划分常规通信（Routine）、安全通信（Safety）、紧急通信（Urgency）和遇险通信（Distress）四个优先级别，并为每个级别的呼叫制定了标准呼叫格式。

（一）重要缩写和通信用语

（1）CQ，读作 Charlie Quebec，等同于“All Ships”或者“All Stations，表示对所有船舶（电台）进行呼叫。

（2）DE，读作 Delta Echo，等同于“This is”，表示呼叫来自于某台。

（3）AS，读作 Alpha Sierra，等同于“Wait for... minutes”，表示现在通信困难，请稍等×××分钟。

（4）RRR，读作 Romeo Romeo Romeo，等同于“Received”，表示对方的信息收妥。

（5）OVER，表示转换信息流，即我已经讲完，请您讲。发送完“OVER”后讲话人需要同时放开 PTT 按键，收发信机转为接收状态。

（6）OUT，表示通信结束。一般另一方应该重复“OUT”，表示确认本次通信结束。

（二）船岸间通信呼叫

1. 在呼叫与回答信道上沟通

海事无线电话常规呼叫一般需要先在呼叫与回答信道上进行先期的沟通，沟通之后双方转换到工作信道。但是前面内容提及，如果能够确定被叫电台正在值守工作信道，呼叫电台可以直接在工作信道上呼叫，这样可以尽可能减少不必要的发射。

在呼叫与回答信道上的沟通格式为：被叫台呼号或者其他识别，不超过三次；This is（或者 DE，当语言存在障碍时使用）；呼叫台呼号或者其他识别，不超过三次。例如：

Guangzhou pilot station, Guangzhou pilot station, Guangzhou pilot station; This is (DE) M/V Yulong, M/V Yulong, M/V Yulong。在 VHF 波段，当通信效果较好的情况下，沟通格式可作如下简化：被叫台呼号或者其他识别，一次；This is (DE) 呼叫台呼号或者其他识别，两次。

当船台呼叫岸台，而该岸台同时值守多个信道时，船台应该在自己的呼叫中指明呼叫时正在使用的信道号，以利于岸上值机员工作。一旦呼叫被对方应答，即表明双方建立了联系，在此后的信息交换过程中涉及双方呼号或者识别时，只发送一次即可，不需要重复。

上述方法适用于船台呼叫岸台。当岸台呼叫船台时，如果岸台装配了数字选择性呼叫设备，而且被叫船台具有同样的接收能力时，岸台应该尽量利用数字选择性呼叫终端联系被叫船舶。

海事无线电话的应答格式为：呼叫台呼号或者其他识别，不超过三次；This is (DE) 被叫台呼号或者其他识别，不超过三次。

另外，由于 VHF 无线电话通信带宽较大，信号保真程度较好，岸台一名值机员可能同时值守几台设备。当多个电台在不同信道呼叫时，值机员可能一时难以确定对方在哪个信道（设备）上面正在呼叫，因此在 VHF 频段进行无线电话呼叫时一般加上“Calling on channel...”的字样。这样，上面实例就补充为：Guangzhou pilot station, Guangzhou pilot station, Guangzhou pilot station; This is (DE) M/V Yulong, M/V Yulong, M/V Yulong, Calling on channel 16; Do you read me? Over。

2. 在工作信道上通信

通信双方电台在呼叫与回答信道上先期沟通之后，另外选择一个信道完成信息的传递，这个信道就是该岸台的一个工作信道。作为岸台来讲，除了在海岸电台表中以黑体字印刷的常用工作信道之外，根据业务量不同，经常会被分配一个或者多个备用工作信道。由于多个岸台可能共用一个呼叫与回答信道，为了减少相互干扰，除非紧急或简短的安全通信，在呼叫与回答信道上通常禁止常规通信。

转换到工作信道后，双方需要再次联系，格式为：被叫台呼号或者识别，不超过一次；This is (DE) 呼叫台的呼号或者识别。

（三）船内通信呼叫

船内通信是指船员利用无线电话设备，在海事移动波段内进行的涉及船舶安全、操作、营运的通信。一般来讲，这种通信是通过 VHF 无线电话完成的。为了避免船船之间的干扰，ITU 的《无线电规则》专门规定了格式。

1. 主台呼叫

船名后跟随一个字母，例如 A 表示船头，B 表示船尾等，以此指明副台标识。船名和字母不超过三次。

“This is”一次,指明呼叫台;船名后面跟随单词“Control”,指明呼叫台本身是主台,主台一般是船舶驾驶台。例如:Yulong Alpha,Yulong Alpha,Yulong Alpha;This is Yulong Control,Yulong Control,Yulong Control。

2. 副台呼叫

船名后面跟随单词“Control”,不超过三次;“This is”一次,指明呼叫台;船名后跟随一个字母,船名和字母不超过三次。

在实际呼叫中,很多船舶利用类似“某船驾驶台”、“某船船头”和“某船船尾”等替代相应的“Control”、“A”或者“B”。

(四)港口营运业务呼叫

对于计划开展港口营运业务的船舶,应注意:

(1)使用在国际电信联盟《海岸电台表》中用粗体印刷,并标注用于港口营运业务或船舶动态业务的工作信道呼叫。

(2)若 VHF 16 信道上正进行遇险、紧急或安全通信,则可在 VHF 12 信道(156.6 MHz)或在国际电信联盟《海岸电台表》中用黑体印刷的,用于该港口营运业务的其他工作信道上建立通信联络。

(3)当开放港口营运业务的岸台与船台在 VHF 16 信道上已建立联络时,船台应指明其所要求的具体业务。例如,航行信息、靠泊计划或进港指南等。然后,岸台应指明信息交换使用的信道,最好用信道标志符指明。

(五)通信困难

如果被呼叫电台暂时没有能力马上接收信息,应答中应该附加“Wait... minutes”字样,或者以“AS”码语拼读的方式表明等候的时间。例如:M/V Yulong,This is Dalian Pilot Station,Wait for five minutes,Over。

但是如果等待时间超过 10 min,被叫电台应该给出推迟业务的理由。当然,被叫电台也可以利用其他有效的方式向对方表明暂时无法处理业务。

当某个电台收到呼叫,但是不能确定指向自己时,应该等待对方重复呼叫直到听清楚后再予以应答,以免盲目占用无线电信道。当某个电台收到指向自己的呼叫,但是无法确定呼叫电台的呼号、识别等信息时,可以马上请求对方重复呼号或者识别。例如:Station calling Yulong,This is Yulong,Repeat your call,Over。

(六)一般呼叫实例

在引航环境下,船舶主要可能发出三种一般呼叫,即呼叫商业岸台、呼叫引航站、出于安全目的呼叫其他船舶。

呼叫商业岸台或者呼叫引航站时需要首先查阅 ITU 的《无线电信号表》第 I 卷或者第 VI 卷，获取岸台的呼叫回答信道和/或工作信道；调整收发信机，当信道上没有其他正在进行的通信时，开始按照规定的格式发起呼叫。当确定对方已经值守了工作信道时，可以直接在工作信道呼叫，以减少在呼叫回答信道上的发射次数。

为了安全目的呼叫其他船舶时，首先在 AIS 或者 ECDIS 设备上面获取被叫船舶船名或者呼号或者 MMSI，然后在该海域主管部门要求船舶值守的信道上直接呼叫，例如 13 信道；当呼叫没有应答时可以回到 16 信道发起呼叫，然后引导对方转到该水域的引航工作信道。当然，按照 ITU 的《无线电规则》的要求，16 信道首先用于遇险、紧急和安全的目的，DSC 是发起一切呼叫的标准技术。但是在实践当中，由于 DSC 电文编辑麻烦、耗时，多数情况下船员、引航员一般习惯在 16 信道直接发起呼叫，然后转换到工作信道。

表 9-4-1 以“育龙轮（Yulong/BTBM）”利用甚高频无线电话呼叫广州岸台，并通过该岸台接通一个岸上电话为例，给出无线电话通信流程的具体实例。查阅 ITU 的《无线电信号表》第 I 卷，获得广州岸台相关资料，根据资料做分析和通信准备。假设船舶准备靠泊黄浦港，经查阅资料，得出值守信道为 16、27 和 65。为了减少对 16 信道的干扰，船台首先直接在 27 或者 65 信道呼叫“Guangzhou Radio”。当发现难以沟通时，回到 16 信道重新呼叫。

表 9-4-1 “育龙”轮利用甚高频无线电话呼叫广州岸台程序实例

船台在 16 信道发起呼叫	
“育龙”轮发起呼叫 （台名、呼号可以酌情减少次数）	Guangzhou Radio, Guangzhou Radio, Guangzhou Radio, This is Chinese motorvessel Yulong, Chinese motorvessel Yulong, Chinese Motorvessel Yulong calling on channel 16. How do you read me? Over.
广州岸台应答，询问对方情况 （台名、呼号可以酌情减少次数）	Motorvessel Yulong, motorvessel Yulong, motorvessel Yulong. This is Guangzhou Radio, Guangzhou Radio, Guangzhou Radio. Please spell your ship's name and call sign. Over.
“育龙”轮应答 （为了清楚，必要时可以重复）	Guangzhou Radio, this is motorvessel Yulong. My ship's name is Yangkee, Uniform, Lima, Oscar, November, Golf. My call sign is Bravo-Tango-Bravo-Mike. Over.
广州岸台给出工作信道	Motorvessel Yulong, this is Guangzhou Radio. Channel 65, please. Over.
船台在 Ch65 上再次呼叫	
船台发送 （双方台名、呼号一次）	Guangzhou Radio, this is motorvessel Yulong calling on channel 65. How do you read me? Over.
广州岸台应答 （双方台名、呼号一次）	Motorvessel Yulong, this is Guangzhou Radio. Signal strength 5. Can I do anything for you? Over.
船台提出业务申请和号码	Guangzhou Radio, this is motorvessel Yulong. I would like to get a telephone link call to my agent in Chinese. Her telephone number is138 4218 0990. Would you put me through to this number? Over.
广州岸台应答	All right. Just a moment. Hold on for a few minutes. Please.

三、遇险通信

遇险通信包括遇险报警和后续通信两部分。其中,遇险报警表明发送报警的移动单元,如船舶、航空器以及其他载运工具,或人员处于紧迫危险需要立即救援。后续通信主要包括搜救协调通信、现场通信等,是在遇险报警之后针对险情展开的通信。例如,在地面系统中,船舶通过 MF/HF 或者 VHF DSC 发出遇险报警,利用 MF/HF 波段的单边带(Single Side Band,简称 SSB)、窄带直接印字电报(Narrow Band Direct Printing,简称 NBDP),或者 VHF 无线电话进行后续通信;又如在 Inmarsat 系统通过 Inmarsat-C 船站报警盒发出遇险报警,然后利用电传业务完成后续通信等。但是凡事不能一概而论,在很多情况下报警和后续通信是一气呵成的,中间可能不需要更换通信终端或者通信业务,例如在 Inmarsat-F 系统,船员拿起送受话器,按下特殊按钮,信息被链接到 RCC 的值机员,船员在报出自己船舶名称、地理位置、险情后直接叙述自己的处境、需要的帮助甚至下一步的脱险计划等,在这里通信过程的后半程即属于后续通信。又例如,虽然根据 GMDSS 的安排,地面系统的报警手段通过 DSC 技术,但是并不限制船员利用 VHF 或者 MF/HF 无线电话、NBDP 业务直接联系岸台或者向其他船舶报警,这种方式对于近岸航行的遇险船舶尤其适用,例如遇险时在目视范围内看到了其他船舶。考虑到引航水域的实际工作需要,本部分内容基于这种情境展开阐述。

(一)无线电话遇险呼叫

无线电话遇险呼叫时应该首选遇险频率,在 VHF 波段是 16 信道,只有这样获救的几率才最大。遇险信号为“Mayday”,在无线电话上按照法语“m' aider”读音。在利用无线电话进行遇险通信时,每一次呼叫之前应该前缀上述的遇险信号标识。

无线电话遇险呼叫格式为:遇险信号 Mayday,三次;This is(语言出现障碍时可以使用 DE)遇险船舶的船名、呼号或 MMSI 等识别;三次;Mayday;地理位置;遇险性质以及期望得到的救助;其他有助于救助的信息;Master(表示该电文已经经过船长授权)。

(二)无线电话遇险确认

遇险确认意味着对方的报警信息被收妥,我方将负责将信息转发至 RCC 或者启动相关救助程序。

1. 对遇险船报警确认

无线电话对遇险船报警的确认呼叫格式为:Mayday;遇险船舶的船名、呼号或 MMSI 等识别;三次;This is(或者 DE)确认台的台名、呼号或 MMSI 等识别,三次;Received(语言出现障碍时可以使用“RRR”,读作“Romeo,Romeo,Romeo”)Mayday。

注意：当船舶对从其他船转发来的遇险报警进行无线电话确认时，也使用上述格式。

2. 对岸台转发报警确认

无线电话对岸台转发报警的确认格式为：Mayday；转发报警的岸台识别，三次；This is（或者 DE）确认台的台名、呼号或 MMSI 等识别，三次；Received Mayday（或者 RRR Mayday）。

（三）无线电话遇险转发

遇险转发是指船舶或者岸台收到了一份遇险报警，或者在航船舶发现有其他船舶遇险且其自己没有能力发出遇险报警，或者船舶正在参与救助，但是认为单凭自己的能力已经难以成功完成救助任务，为了获得额外的救助力量所发出的信息。

无线电话遇险转发标识为"Mayday Relay"。其规范的呼叫格式为：遇险转发（Mayday Relay），三次；This is（或者 DE）转发台的台名、呼号或 MMSI 等识别，三次；Relaying from <遇险船的船名> Mayday；复述遇险信息。

（四）其他与遇险相关通信

1. 现场通信

现场通信由现场指挥（On Scene Commander，简称 OSC）或海面搜索协调员（Coordinator Surface Search，简称 CSS）负责，职责之一就是指定现场通信所使用的信道。在现场通信中，一旦确定了现场通信所使用的信道，则要求参加现场通信的所有移动单元均应在指定的信道上保持连续的电话或电传值守。

2. 协调通信

遇险通信的总指挥通常是搜救协调中心。搜救协调中心不但负责管制搜救行动，而且负责协调与遇险事件有关的通信，必要时可以指定其他电台负责协调遇险通信。协调通信包括无线电静默和恢复正常工作通信。

（1）无线电静默

无线电静默主要是强制干扰遇险通信的电台保持静默。这种静默指令既可以发给所有电台，也可以发给某一个特定电台。

强制静默一般由指挥电台发出，在无线电话业务中无线电静默标识为：无线电话方式 Seelonce Mayday（读作法语的"Silence m'aider"）；如果非指挥电台要求产生干扰的电台保持静默，应将上述标识"Mayday"改为"Distress"。

（2）恢复正常通信

当遇险通信结束时，搜救协调中心或管制搜救行动的电台，必须在遇险通信所使用的信道上发出表明遇险通信已经结束的电文。

用无线电话方式发出恢复正常通信的呼叫格式为：Mayday，hello all stations（语言交流困难时使用 CQ），三次；This is 发射台呼号或其他识别，三次；该电文的交发时间；遇险船名和呼号；Seelonce Feenee（法语读作"Silence fini"）。

（五）误报警处理

一旦在 VHF 波段发出错误报警，无论是无线电话还是 DSC 形式的报警，需要立即停止发射，并在 16 信道按照下面格式进行广播呼叫：All stations，all stations，all stations；This is 船名、呼号、MMSI 码，三次；误报警的地理位置；Cancel my distress alert of <日期，UTC 时间>；船长姓名、船名、呼号、MMSI 码；日期，UTC 时间。

无论产生了何种形式的误报警，船舶均应把误报警的日期、UTC 时间、地理位置、发射的频率、经由的岸台或地面站等信息记入船舶电台日志。一般来讲，对那些在产生误报警之后，能够按照正确的步骤取消报警从而消除其不利影响的船舶免予处罚，但是那些经常进行错误操作的船舶可能被追究责任。另外，一旦船舶发生了误报警，船舶靠港时很可能面临严厉的 PSC（Port State Control）检查。

四、紧急通信

紧急通信意味着呼叫台有一份涉及移动单元或者人员安全的十分紧急的信息需要发送。与前面的遇险通信相类似，完整的紧急通信同样包括紧急呼叫和后续通信两部分，例如医疗援助、医疗指导、海事援助等。但是在实践中，多数紧急通信仅包括紧急呼叫一部分，例如紧急大风警报，船舶有人员落水需要附近的在航船舶参与救助等。紧急通信必须有船长授权方可发送。紧急通信中的紧急信号为"Pan Pan"，读作法语的"Panne Panne"。

根据 GMDSS 的安排，与遇险通信一样，在地面系统中需要首选 DSC 技术进行紧急通信引语的广播，然后到无线电话或者 NBDP 遇险和安全频率上通信。但是如果时间紧迫或者确实需要，也可以直接在无线电话或者 NBDP 遇险和安全频率上通信，例如 16 信道。医疗指导和医疗援助属于紧急通信的子项，除紧急信号外还加后缀"Medical"，即：紧急信号（Pan Pan），三次；发射台识别；Medical；电文。

五、安全通信

安全通信表明呼叫台有一份涉及航行安全的电文需要发送。例如，当某船舶发现危险冰况、危险船舶残骸或危及海上航行安全等危险情况时，船台应该尽快联系附近的其他船舶，并尽快与附近岸台取得联系，并且通过岸台将上述信息发送给有关当局；又例如,某船舶在海上航行时主机或者舵机突然失控,还没有达到遇险或者紧急的状况,但是需要提醒过往船舶注意避让等。上述所有通信都必须冠以安全信号。如果使用地面通信系统进行安全通信,首先应该在指定的遇险和安全呼叫频率上使用 DSC 终端呼叫,然后调谐到无线电话遇险和安全频率上广播安全信号及信息,安全信号为“Securite”,读作法语的“Say-Cure-Tay”。

根据 ITU 的《无线电规则》规定,遇险、紧急通信可以在遇险和安全信道完成,而安全通信,只有通信内容少于 1 min 时才可以在遇险和安全信道完成;否则在 70 信道或者 16 信道广播完引语后,需要到其他信道完成后续通信。另外,根据 GMDSS 的安排,13 信道是国际航行船舶进行安全避让的联系信道,上面完成的通信也属于安全通信,但是实践中船舶为了节省时间,一般约定俗成很少使用安全信号。

第五节 VHF 无线电话通信注意事项

一、VHF 无线电话通信局限性

VHF 无线电话被引入航海领域时与 Morse 电报或者灯光信号相比,具有易于掌握,操作快捷,信息直观、明了等优点,与 SSB 无线电话相比具有信号失真小、设备体积轻、便于携带等优势,表现出显著的先进性。伴随航运业的快速发展,交通流密度以及船舶的航行速度、操纵性能、尺度等都发生了较大变化,近岸航行水域尤其是引航水域对于低延迟、高可靠性、大带宽数据交互需求与日俱增。近十年来基于 4G 网络的无线通信技术日臻成熟,5G 技术也崭露头角,人们已经习惯于在极短时间内获取大量数据。从航行安全需求、使用者心理来讲,VHF 无线电话通信的局限性日渐突出。无线电话通信的局限性可以从信息的延时性、可信性、完整性和通信可靠性等几个方面予以评判。

1. 信息延时性

与 ECDIS、PPU、AIS 等相比较,VHF 无线电话的信息交互是依靠人类通过语音形式完成的。以汉语为例,大多数人的语速约为 300 字符/分。对于 VHF 无线电话通信引航应用而言,多数情况下为船舶对船舶单工通信,并且有时还涉及语言问题。因此信息交互速率一般在 150 字符/分以下。从交互的信息内容看,主要包括航向、航速和船舶位置等。对于低速航行、低交通流业态下的传统引航业务而言,150 字符/分的传输速率应该足以应付航行安全需求。但是由于船舶航行速度、交通流密度等发生的变化,尤其是 ECDIS 和 PPU 的运用,引航员已经逐渐习惯运用实时、精确的安全信息精准避险,这就造成了信息延时与海事安全现实需求及引航员心理需求之间的矛盾。信息延时主要表现在引航员下达指令时刻与通过 VHF 获取的目标船航向、航速和船舶位置信息在时间上的整体差异,以及某一个时刻所获取的航向、航速和船舶位置由于读取顺序不同造成的信息个体之间差异。上述差异对于多数引航操作不会造成显著影响,但是对于内河水域,尤其在交通拥挤水域时需要加以警惕。

2. 信息可信性

正常来讲,VHF 通信更近似于人类面对面的现场交流,与 DSC、AIS 等电子方式不同,操作员除了通过呼叫时交换电台名称或者呼号外还可以运用讲话者性别、习惯、口音等相互识别。但是前面提及,VHF 无线电话信道拥挤,“串线”的现象时有发生。所谓“串线”是指当引航员与甲船舶通信的过程中,从某个时间点起把刚刚“闯入”信道的乙船舶当做甲船舶继续通信。这一点在船舶抛、起锚的操作中尤其易于发生。ITU 的《无线电规则》还为此专门制定了“船内通信”程序。可见引航操作中,引航员正在通信的船舶很可能并不是其所期望或者认为正在联系的船舶。通信过程中经常进行身份识别并对 VHF 通信中信息的可信性保持适当的戒备是有必要的。

3. 信息完整性

前面提及,VHF 通信具有传输速率低、信道拥挤、可能随时被打断等缺点。在上述因素的共同作用下,VHF 无线电话通信表现出明显的信息碎片化特征,即一条完整的信息可能需要被分割为几次才得以传输出去。即使这样,受信方收到的信息仍然可能是破碎和不完整的,例如由于通信被严重干扰,或者收信时出现突发状况导致引航员精力不够集中,或者发信方为了尽快完成通信有意缺省了部分信息等。为此,ITU 的《无线电规则》首先从紧迫程度的角度将通信业务划分为遇险、紧急、安全和常规等四个级别,并为较高等级的通信划分了专用信道。为了防止较高级别通信被干扰或打断,又为遇险、紧急和安全通信赋予了特定信号,如“Mayday”“Panpan”“Securite”等。此外,还为包括常规通信在内的所有通信制定了标准呼叫格式。总之,为了保证信息的完整性,发信方对于重要参数加重语气并在必要时重复信息,收信方复述重要信息等都是良好工作作风的体现。

4. 通信可靠性

虽然 WRC-15 之后,VHF 信道数量被扩展到了 84 个,但是其中用于语音通信,尤其是引航业务语音通信的信道仍然只有五十几个。信道拥挤问题对于规模较小的港口而言并不十分突出,而在交通流较密集的水域就变得非常明显了。在前面“信息的完整性”

中提到，在 ITU 的《无线电规则》中无线电通信业务被划分为四个优先级别，并为较高等级的通信划分了专用信道并规定了特定信号，为包括常规通信在内的所有通信制定了标准呼叫格式等。上述措施除了旨在降低通信被干扰的概率，提高信息的完整性之外，还有帮助较高级别通信及时抢占信道，以及通过运用标准通信格式提高信道利用率的意图。但是即便如此，海上无线电话通信信道仍然经常被占用，出现无线电呼叫时无信道可用的现象。因此，引航工作中除遵循通规、通纪，防止长时间占用信道外，在紧迫局面下进行无线电沟通时，随时做好由于通信不可靠引起局面进一步恶化的预案是必要的。

VHF 无线电话通信因具有方便、快捷的特点受到引航员的广泛欢迎，但是其局限性也是明显的。引航应用中遵守通规、通纪保持信道畅通，运用雷达、AIS 以及在通话过程中经常交换名称、呼号验证信息及身份，复述重要的航行安全数据等都是克服其局限性的有效手段。

二、遇险和安全通信频率保护

为了有效地利用频率资源，保障海上人命安全，ITU 的《无线电规则》中很多条款都是针对频率保护的，尤其是针对遇险和安全通信频率的保护。

首先，尽量减少遇险和安全通信频率的使用。在这方面主要采取了两项措施：

(1)遇险报警、遇险后续通信及遇险确认和转发，紧急通信等非常规通信需要船长、移动单元负责人、岸台(地球站)负责人授权才能进行。

(2)优先等级低的通信尽量避免使用遇险和安全通信频率。例如对于安全通信只有在通信内容非常简短的情况下才可以在遇险和安全通信频率上完成；否则完成呼叫后操作员需要转换到常规信道工作。

其次，在无线电频谱中关键的频率点附近设立保护频带，防止频谱中的关键频率点受到有害干扰。有害干扰是指对安全业务或无线电导航业务产生危害，或是严重降低通信效率，阻碍或反复中断无线电通信的干扰。为了保证遇险通信的完整性，防止有害干扰，应杜绝在任何频率上，特别是遇险专用频率上进行广播或进行能引起有害干扰的任何发射。为了进一步保证遇险和安全通信的顺利进行，除了允许在指定的频率上发射外，在指定频带中的其他所有发射均应禁止。比如，在 156.762 5～156.837 5 MHz 频带中，对 VHF 16 信道(156.8 MHz)可能产生干扰的所有发射均应禁止。

最后，对发射机的测试做出了严格规定。为了避免对遇险和安全频率的干扰，原则上不允许进行发射机发射试验，当认为确有必要时方可进行。发射试验应将其影响降到最低程度，如可行，应使用假负载进行试验，如果必须使用天线时，应在低功率上进行发射试验，并要与有关当局协商征得同意。应避免在遇险和安全呼叫频率上进行发射试验。试验电文应该包含本船的识别，并且清楚地表明是在进行发射试验。在发射试验之前，操作员应首先在准备发射试验的频率上守听，以确认没有遇险和安全通信正在进行。

在实际工作中,常规通信也不允许被打断,操作员应该意识到,打断其他台站的同时,自己的通信也在被对方干扰,最终双方都无法完成通信。因此,在海上遵守相关的通规、通纪是十分重要的。

三、VHF 无线电话设备使用

(1)通信联系前一定要统一信道和模式,当遇到信道使用正确而联系不畅时应考虑转换信道。

(2)按下 PTT 按钮后,应稍做延迟再讲话,以允许设备从接收状态转换到发射状态;否则讲话的前几个字符可能“丢失”。

(3)讲话时不必太大声音;否则会引起话音失真。一般只需在嘴部距麦克风 2.5~5 cm 处,以正常音量讲话即可。

(4)注意控制扬声器的音量,麦克风与扬声器需要保持适当的距离;否则会产生“啸音”。

(5)注意静噪电路的运用。

①当需要接收较弱的信号时,把静噪电路旋钮(SQ 旋钮)调至最低,当噪声腾起时反向扭动,噪音刚刚消失时即可。

②当仅仅需要接收较强的信号时,可以把旋钮调节到较高的水平。

③有时候在通信临界距离时发生声音断断续续的现象,此时可以适当调整静噪等级来改善守听效果。

(6)在标记有“防止辐射”或者“防止静电”的场合或者类似的其他易燃易爆场所,应关闭设备或使用防爆型设备,如油船码头、危险品码头、石油液化气及液化天然气码头等。

(7)注意 VHF 信道的使用(请参考本章第三节)。

四、便携式 VHF 无线电话设备维护

(1)对于引航员的便携式无线电话设备而言,设备的天线不能随便拆下;否则除了影响设备防水性能之外,在无天线的状态发射容易烧坏功率管。

(2)在标记有“防止辐射”或者“防止静电”的场合或者类似的其他易燃易爆场所,不允许更换电池、拆卸或插拔设备附件,如耳机、话筒等,以免因拆卸或插拔时产生的磨擦接触火花引起爆炸或火灾。

(3)对于使用了镍铬电池的便携式设备:

①一定要保持电池和充电器清洁,并使用各自专用的充电器。

②备用电池要低温保存;否则会加剧其自放电现象,使电池性能变差。

③坚决避免电池短路情况发生。

④多数镍镉电池具有"记忆效应",应按"充满或放净"的要求使用设备,不要随用随充。

⑤长期不用的电池,应每 3 个月进行 1 次完全充放电,以检查其容量。

⑥存储 6 个月以上的电池不能快充,首次充电应慢充 14~16 h。

⑦避免反复快充,避免在 5 ℃以下快充;否则可能会引起爆炸。

(4)对于使用了锂离子电池的便携式设备:

①理论上电池没有"记忆效应",可以随用随充。

②在没有专业知识的前提下,不允许自行更换电池,更换下的电池禁止暴晒或者以挤压、折断等暴力形式拆解电池,以防电池自燃甚至爆炸。

③当发现电池出现"鼓包"等变形的现象时,须送专业部门更换电池,不允许"带病"继续使用,以防引起自燃。

④充电时电池最好放在视野之内,严谨放在被褥、枕头下面充电,充电过热会导致电池自燃。

第十章
引航员便携终端

Portable Pilot Unit，简称 PPU，在现代引航中扮演越来越重要的角色。根据美国引航协会（American Pilots' Association，简称 APA）资料显示，PPU 的雏形出现在 GNSS 服务和便携式计算机投入民用之前，是一套基于差分罗兰 C（Differential Loran-C）的引航员便携航路点导航系统（Pilot-carried Waypoint Navigation System，简称 PWNS），只能提供偏航距（Cross Track Distance，简称 XTD）、对地航速（SOG）、至下一航路点距离（Distance to the next waypoint，简称 DTW）和航线发散率（Rate of Divergence，简称 ROD）等有限几个航行参数，随着卫星导航系统、AIS、ECDIS 和通信技术的发展，PPU 逐步发展为高精度、功能丰富的导航与辅助决策工具。PPU 不仅能对本船和目标船船位进行连续监控，还能提供如潮汐、动态计划等与引航相关的各种信息，大幅降低引航员的工作强度和提高引航员对航行局面的感知能力，改善在受限水域、恶劣天气等环境下的引航操作安全性。

第一节 PPU 概述

一、PPU 结构组成及特征

PPU 可以提供驾驶台资源如 INS 和 ECDIS 无法提供的、有价值的信息。PPU 通常被认为是一种引航员携带上船、便携的，基于笔记本、平板电脑或智能手机，能够运行导航软件，用以在受限及港口水域航行的决策支持工具。

引航员的工作特点要求 PPU 应便于携带和易于设置，通常引航员在登船后 5~10 min 内应配置好并启动运行 PPU 导航，如图 10-1-1 所示为引航员使用的 PPU 导航终端。

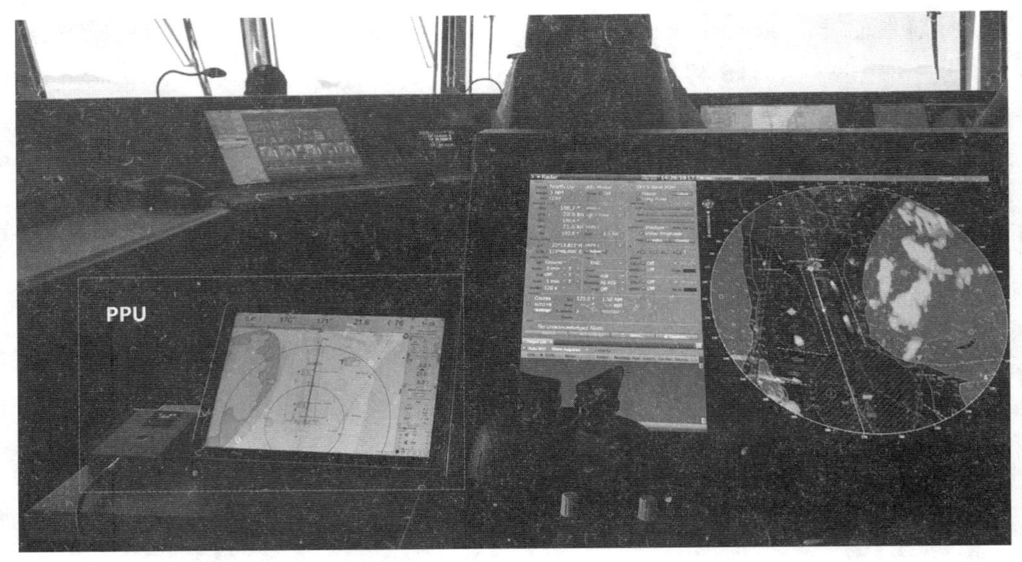

图 10-1-1 引航员使用的 PPU 导航终端

(一) PPU 组成

典型的 PPU 由导航软件、显示终端、数据源、传感器、电子海图数据和通信链路组成，如图 10-1-2 所示为典型的 PPU 的结构框图。

(1)终端:包括导航应用软件以及运行所需的硬件环境,是 PPU 的人机界面(Human Machine Interaction,简称 HMI)。承载的硬件可以是手提电脑、PAD 或者智能手机,操作系统可以是 Windows、Mac、Android、IOS 或自有系统。

(2)数据源/传感器:包括 AIS pilot plug、DGNSS、ROT、HDG、横摇、纵摇以及加速度传感器等。

(3)电子海图数据:包括电子航海图(Electronic Navigational Charts,简称 ENCs)、高密度测深图(Bathymetric ENCs,简称 bENCs)和专用电子海图(Specialty ENCs)。

(4)通信链路:包括有线或无线(蓝牙/Wi-Fi)连接、互联网和 VPN 专线连接。

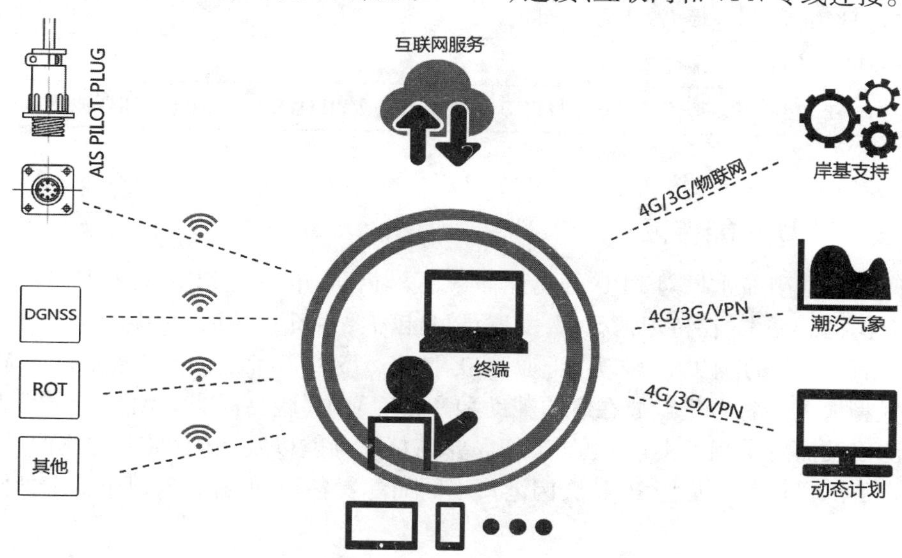

图 10-1-2 典型的 PPU 结构框图

(二)PPU 发展

1980 年,在美国特拉华州引航协会引航员 Joseph F. Bradley 船长的协助下,美国海岸警卫队(United States Coast Guard,简称 USCG)研发中心和约翰斯·霍普金斯应用物理实验室(Johns Hopkins Applied Physics Laboratory)联合开发了一套独立的,由引航员携带上船的差分罗兰 C 航路点导航系统,这个早期的 PPU 原型重 13.6 kg,可以提供大约 10 m 的定位精度和 XTD、SOG、DTW、ROD 等航行参数。

1991 年,随着 GPS 和地面差分系统(Ground Based Augmentation System,简称 GBAS)出现,星际公司(Starlink Inc.)和雷神公司(Raytheon Company)取代了 USCG 研发中心和约翰斯·霍普金斯大学,加入 Joseph F. Bradley 船长的开发项目,其目标是将便携式导航系统转化为商业产品,星际公司工程师开发了一套基于 Windows 平台的导航程序安装在集成 DGPS 接收器的笔记本电脑上,将终端重量大幅降低至 5.9 kg,定位精度达到 2 m,该终端最终被命名为 PPU,开始商业运作。1994 年,特拉华州引航机构为所有引航员配备了 PPU,成为第一个使用 PPU 的引航机构。如表 10-1-1 所示为不同时期或不同地区 PPU 的配置对比,这里的 PILOT PLUG 是专指引航员接口适配器。

表 10-1-1　不同 PPU 的配置对比

配置	定位精度	HDG	ROT	AIS
差分罗兰 C	10 m	无	无	无
DGNSS	最优 2.5 m	无	无	无
PILOT PLUG	GNSS 精度	THD	来自船载 AIS 或没有	有
DGNSS+网络	最优 2.5 m	无	无	有
DGNSS+AIS 接收机	最优 2.5 m	无	无	有
DGNSS+PILOT PLUG	最优 2.5 m	THD	来自 AIS 或 PILOT PLUG 内建传感器或没有	有

(三) PPU 功能特征

不同港口或引航水域对 PPU 的功能需求不尽相同,单一的 PPU 配置方案不能满足所有引航机构的需求,在特定情况下,引航员可能需要特殊配置的 PPU 产品。河口港引航更加关注 PPU 的辅助避碰功能,通过获取的 AIS 目标信息,计算会遇点(Meeting point);大型海港会将着重点放在靠泊辅助和高精度靠泊(包括激光靠泊)计算上;人工航槽或港池以及需要乘潮的港口,更加迫切需要高精度导航以及精确、最新的测深数据、潮高叠加与下沉量计算。尽管 PPU 会因港口不同而配置各异,但都具有以下 5 个共同的功能特征。

1. 高精度的位置获取

定位是导航的基础,在受限水域里避让、掉头可用的水域和富余水深极其有限,不允许引航员在判断和操纵上犯任何错误,要求引航员快速获取船位并保证定位精度,然后充分利用所有获取到的信息,使用良好的船艺达到操纵的目的,PPU 一般会配置便携的 DGNSS 接收设备以获取高精度的位置信息,它可以是基于地面(GBAS)、卫星(SBAS)或者广域(WAAS)差分系统。伪距差分定位技术精度达到 2 m,可以满足航海位置精度的要求,而采用载波相位差分(RTK)技术可使定位精度达到厘米级,目前尚未应用于航海。

2. 配置大比例尺数字海图

PPU 普遍配置 ENC 单元包括:近岸航行图(Approac,编号为 4,比例尺为 1 : 22 000~1 : 89 999);港内航行图(Harbour,编号为 5,比例尺为 1 : 4 000~1 : 21 999)以及靠离泊用图(Berthing,编号为 6,比例尺大于 1 : 4 000)。截至目前,中国人民解放军海军海道测量局和中国海事局均未发布编号为 6 的靠离泊用图。引航机构会根据自身需求采用 bENCs 覆盖或定制超大比例尺(1 : 1 000)的靠泊用图、sENCs 叠加最新水道测量数据,保证海图数据更新的及时性，如图 10-1-3 所示为 bENCs 覆盖。

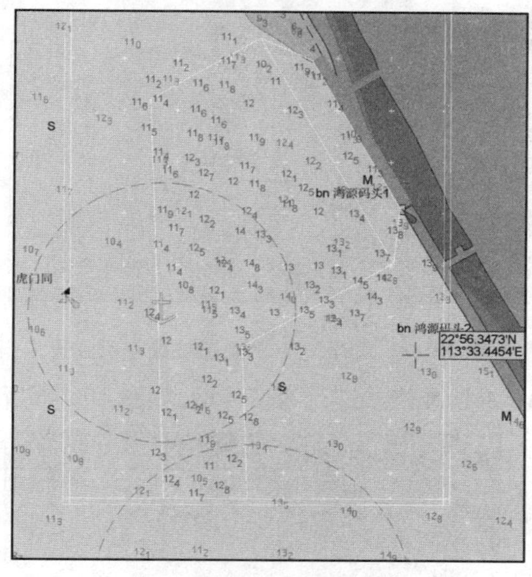

图 10-1-3　bENCs 覆盖

3. 船体空间位置

PPU 采用的 GNSS 船位是点船位，严格地讲是 GNSS 天线的位置。当船舶在狭水道航行、进出港，尤其是大型船舶航行时，点船位显然是不够的，需要有更丰富的船体位置的新概念——船体空间位置，如图 10-1-4 所示。船体空间位置应由点船位、天线位置、船

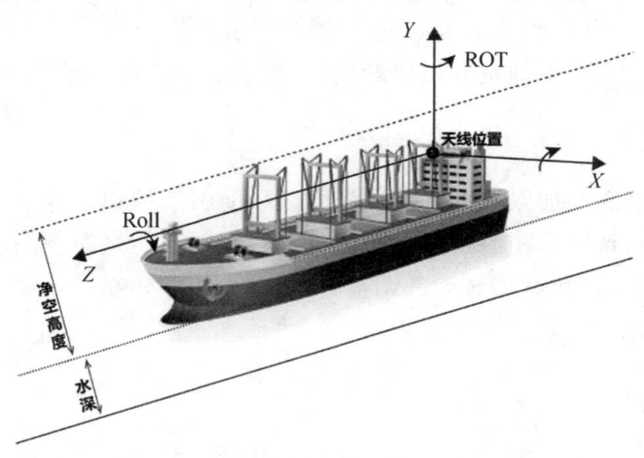

图 10-1-4　船体空间位置

体尺度及船舶姿态数据来确定，如图 10-1-5 所示为 PPU 绘制的船舶二维空间位置。点船位是 GNSS 定位天线所确定的位置；天线位置坐标由定位天线与船体相对坐标组成。船舶姿态数据由 HDG、ROT、横摇（Roll）数据及纵摇（Pitch）数据组成，船舶姿态数据应按

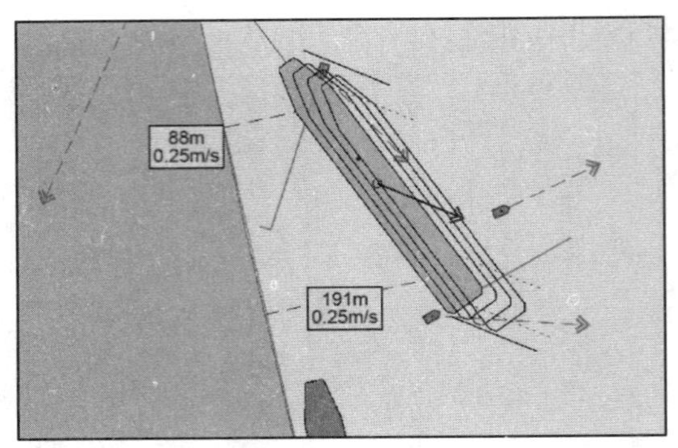

图 10-1-5　PPU 绘制的船舶二维空间位置

照符合 IEC61162 或 NMEA 标准格式进行通信传输，如图 10-1-6 所示。

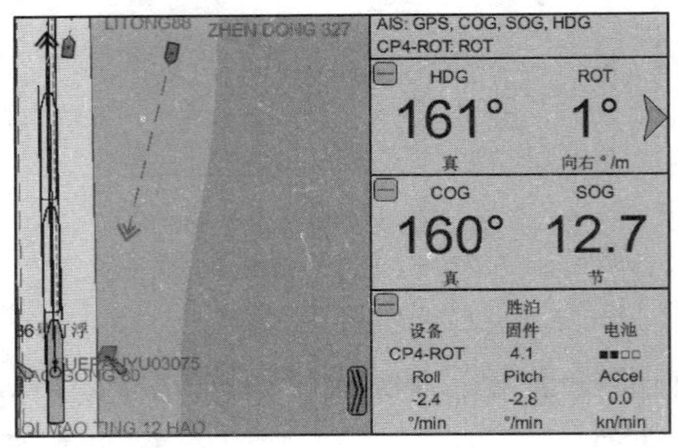

图 10-1-6　NMEA 格式船舶姿态数

船体空间位置信息在船舶狭水道航行、锚泊、进出港、靠离泊及在桥区航行都是极其重要的信息，PPU 引入了船体空间位置的概念，对引航安全提供极其重要的信息支持。

4. 动态水深显示

实时、动态的潮高叠加以及下沉量计算可以帮助引航员精确计算通过浅水水域或通过大桥的准确时机，特别是在引领吃水严重受限的船舶或通过净空高度受到限制的桥区时，使用 PPU 导航期间针对潮高动态调整 ENC 水深的好处在引航实践中得到了充分认可，如图 10-1-7 所示。

5. 辅助决策功能

PPU 软件的开发，除继承了 ECDIS 功能，还开发了包括船位预测、靠泊辅助、船舶姿态、加速度、转心、航迹带、会遇点等辅助决策功能，可以让引航员直观、方便地获取船舶运动数据，快速做出操纵决策。

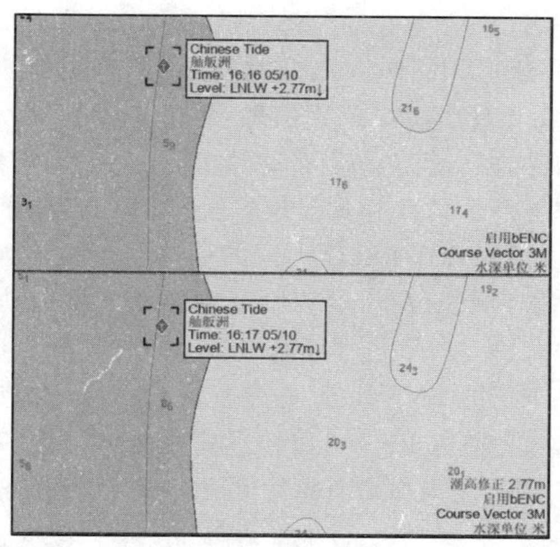

图 10-1-7 ENC 动态潮高叠加

(四) PPU 数据特征

受当时环境或技术发展的限制,不同时期,不同功能需求、不同引航水域和不同引航机构的 PPU 对数据的接入都有明显的差异,能够实现的导航、助航和辅助决策的能力也不同。各阶段 PPU 对应 PNT(Position,Navigation and Timing,简称 PNT)数据的要求和对应关系如图 10-1-8 所示。

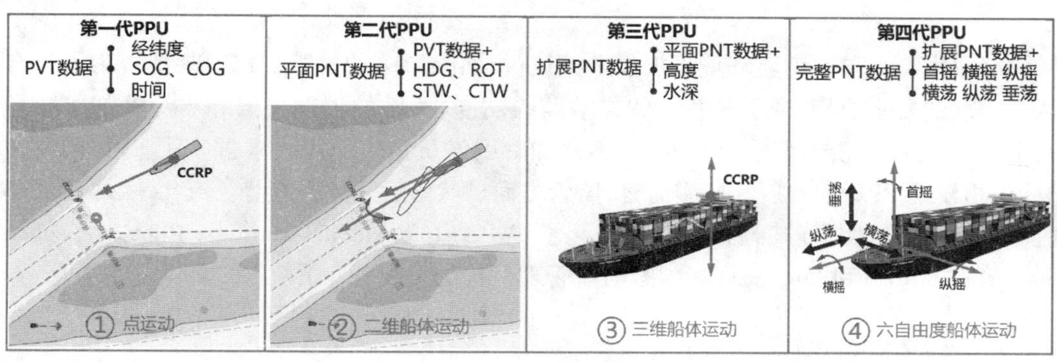

图 10-1-8 各阶段 PPU 对 PNT 数据的要求和对应关系

获得更为精准的位置、速度和时间(Position,Velocity and Timing,简称 PVT)信息以及获得更加重要的定位、导航和授时服务,是左右 PPU 发展和应用至关重要的因素,据此,PPU 可以根据获得 PNT 数据的特征和等级(参见第十二章 e 航海第二节)分成以下几类:

(1)PPU 雏形:基于 PV 数据。美国特拉华州的 PPU 原型是基于差分罗兰 C 的航路点导航系统,通过接收罗兰台链主副台的脉冲信号来计算获取位置和速度,PPU 只能描述点船位和点运动的特征。

(2)第一代 PPU:基于 PVT 数据。GNSS 和 AIS 出现以后的早期 PPU,使用单个 GNSS 接收器或 AIS PILOT PLUG 作为数据源,至今还有引航机构在使用。通过接收 GNSS 或解析 AIS 的 AIVDO 报文获取 PVT 信息,尽管可以在 AIS 引航员接口获取船舶的 HDG 数据,但仍然是只有描述点船位和点运动的特征。

(3)第二代 PPU:基于平面 PNT 数据。现阶段的 PPU 已经开始引入平面 PNT 数据,如从 AIS 引航员接口或 AIS PILOT PLUG 内置的传感器获取 HDG、ROT 数据,PPU 已经开始可以描述二维船体位置和船体运动特征,呈现船体二维运动姿态,实现其智能辅助决策的功能计算和输出。

(4)第三代 PPU:基于扩展 PNT 数据:在平面 PNT 数据的基础上,增加测深和测高(可以通过 GNSS 高程实现)数据,PPU 可以描述三维船体位置和三维船体运动的特征,呈现船体三维运动姿态,用于监测和验证通过浅滩或桥区引航操纵。

(5)第四代 PPU:基于完整 PNT 数据。在扩展 PNT 数据的基础上,增加了艏摇(Yaw)、横摇(Roll)、纵摇(Pitch、)、横荡(Sway、)、纵荡(Surge)、垂荡(Heave)等数据,PPU 可以描述三维船体位置和 6 自由度船体运动的特征。目前有部分 AIS PILOT PLUG 提供这些额外的运动参数,如横摇、纵摇和加速度(Acceleration)数据等,以便呈现更加接近真实的船舶运动姿态。

二、PPU 法律地位

船舶大型化导致引航环境更加复杂,引航员面临更多的挑战。ECDIS 系统为了符合认证法规的要求,只实现了最基本的导航监控功能,关键的辅助决策和水深叠加等航行安全性功能被禁用或规避。ECDIS 的不足和对引航员定位精度要求催生了 PPU 的快速发展,相较于 PPU 的发展和应用而言,监管方面显然落后于这种趋势。近年来,尽管法律应对工作虽然有明显的滞后性,但也引起了 IMPA(International Maritime Pilots' Association,简称 IMPA)和 IMO 及许多国家引航管理机构的重视。

(一)机构视角

(1)IMO 的 e 航海战略旨在协调电子导航、数据通信和网络技术在航海活动的广泛应用,正从概念逐步变成现实,ECDIS 囿于其严格的性能标准而不能发挥更为积极的作用,规避了大部分引航员需要的辅助决策功能。因此,2014 年 IMO NAV 第 94 次会议批准实施的战略实施计划(NCSR 1/28 附件 7)中海事服务集 MSP 6 提及了 PPU 的积极作用,并要求 IMPA 对其做出细化阐述。

(2)IMPA 在实施 e 航海战略中强调:人是保障航行安全的优势因素,任何时候驾驶台的正规瞭望都是必须的,所有设备和资源应满足驾驶台团队和引航需要,引航员应建立一套不拘泥于预设的航线和对各种仪器、形式过度依赖的引航安全保障系统。

(3)引航机构对 PPU 的重视程度和研发力度不断增强,PPU 所面临的问题将从技术层面转向法律层面。PPU 的诞生、应用和发展都离不开引航员的身影,引航员一直是 PPU 技术倡导者和推动者,一些引航机构或组织设置有专门的技术委员会,参与 PPU 的开发、标准的制定和测试检验。如美国引航员协会的导航和技术委员会(American Pilots' Association's Navigation and Technology Committee,简称 NAVTECH),荷兰鹿特丹港引航站 PPU 技术委员会等。

(二)设计和使用导则

随着 PPU 被广泛使用,2009 年 IMPA 颁布了 PPU 的设计和使用导则。

1. 总体要求

(1)引航机构和引航员配备的 PPU 应该满足船用导航设备的基本要求。

(2)设备生产商或供应商应遵循船舶电子设备的相关标准并满足引航员的要求。

(3)PPU 应使用友好的用户界面以确保设备可用性和易用性。

2. 参考文档

导则给出了编写导则时参照的文档,具体包括:

(1)《1974 年国际海上人命安全公约(SOLAS)》。

(2)IMO A.694(17)决议:《关于作为全球海上遇险和安全系统(GMDSS)组成部分的船载无线电设备和电子导航设备一般要求的建议案》。

(3)IMO A.813(19)决议:《所有船用电气和电子设备电磁兼容性(EMC)的一般要求》。

(4)IMO A.830(19)决议:《1995 年警报器和指示器规则》。

(5)IMO 第 243 号通函:《与航行有关的符号、术语和缩写的显示指南》。

(6)IEC 60945:《海上导航和无线电通信设备及系统——通用要求——测试方法及要求的测试结果》。

(7)IEC 61162:《海上导航和无线电通信设备及系统——数字接口》。

3. 配置要求

导则强调尽管 PPU 不必符合 SOLAS 公约中有关 ECDIS 的全部要求,可以在硬件和软件方面根据自身需求灵活配置,但依然推荐遵循电子海图显示的相关要求,同时系统应该可以快速配置,硬件的便携性、电磁兼容性和安全性等也应该达到导则的要求;导则第四部分总体要求给出了 PPU 的配置要求:

(1)PPU 设备应确保不会以任何方式干扰驾驶台现有导航设备的正常运行,应符合 IMO 和 IEC 对驾驶台设备的电磁兼容性要求。

(2)符合驾驶台导航设备设计规范以促进有效和安全的驾驶台资源管理;使驾驶台

团队和引航员能够使引航行为更加方便、连续获得基本航行信息，便于驾驶台团队和引航员充分评估航行情况，保证船舶在所有操作条件下安全航行。

(3)建议 PPU 应用软件尽可能符合 IHO S-52 显示规范以及采用官方海道测量组织发行的海图数据。

(4)PPU 设备应该按照相关规范标示距离罗经的最小安全距离。

(5)可以从 AIS 引航员接口获取相关数据。

(6)建议依照 IEC 60945 中有关便携式设备的设计要求。

(7)应符合油船、LPG 等该类危险品船舶的防爆要求。

(三)法律风险

1994 年，从美国特拉华州引航机构为引航员配备了第一台 PPU 开始，PPU 一直面临的问题就是是否要受现行海事公约、规则的约束，在现有法律体系下，引航员使用 PPU 用于助航、导航和决策辅助是否具有法律或政策的保障。

1. 电子海图数据使用问题

(1)ENC 动态水深叠加会在引领吃水严重受限的船舶中使用，通常会使用潮汐表内插或通过接收附近验潮站点的实测数据。S-52 电子海图显示规范规定：ECDIS 深度信息应仅显示为 ENC 中提供的信息，而不是根据潮汐高度进行调整。

(2)PPU 采用了非官方数字海图数据。海道测量部门出版的数据往往滞后于港口的发展，岸线码头变化、人工航槽和港池疏浚，引航机构会采用业主方提供的 CAD 格式的测深图(俗称蓝图)作为 bENCs 水深图层覆盖官方 ENCs，甚至不使用官方海图数据。

2. PPU 硬件性能和电磁兼容性问题

(1)PPU 硬件设备的性能标准目前尚没有一个统一的国际标准，以确保设备的数据准确性和可靠性，IMO 船舶导航设备标准也没有包含此类设备。

(2)没有详细指标衡量船舶导航设备与 PPU 之间是否存在电磁兼容性问题。IMPA 导则要求 PPU 设备应符合 IMO A. 830(19)决议案的一般要求。

3. 使用 ECDIS 或 PPU 用于导航的问题

良好的驾驶台资源管理意味着船长始终了解引航员可用的信息及其使用方式，引航员应该选择 PPU 或者船载 ECDIS 用于导航存在模糊认知。

(1)引航员 ECDIS 培训：IMO 船员培训与值班标准分委会第 43 次会议规定在已经配备 ECDIS 的船舶上任职的船长和高级船员除必须接受 ECDIS 通用培训外，还需接受船上特定型号 ECDIS 熟悉培训，至少需要让船旗国和任何独立审查机构确信船员有能力使用 ECDIS，保证导航安全。引航员面对众多的船舶类型和各种各样的 ECDIS，不可能通过全部被引船装载型号的 ECDIS 培训，意味着引航员不胜任操作该 ECDIS 设备用于导航，当数据出现偏差而发生引航事故时如何分清责任？如2007年11月7日“中远釜山”轮浓雾中在引航员引领下碰撞旧金山的跨海大桥，“引航员告诉调查人员称其一周可能要接触10种不同的ECDIS，但是从未见到过红色三角形的标识，无论是电子的、纸质的或是其他形式的”。

(2)1972年COLREGS规定：“每一船舶应经常用视觉、听觉以及适合当时环境和情况下一切有效的手段保持正规的瞭望，以便对局面和碰撞危险做出充分的估计”，并且“每一船舶应用适合当时环境和情况的一切有效手段断定是否存在碰撞危险”。引航员可以选择和使用他们认为的最佳工具和手段用于船舶导航，但引航员所使用的PPU如果未经过技术验证，那么可能需要承担责任。

第二节 PPU应用与局限性

一、PPU应用

基于AIS的PPU可以延伸引航员的“视线”，增强引航员对航行局面和船舶运动态势的感知能力。通过对局面和态势快速感知，进行航行风险评估和航行策略决策，操纵船舶来保障安全航行。PPU的正确应用可以帮助引航员做到：

(1)延伸引航员的视线(Extends pilots' view)。

(2)增强对态势的感知能力(Enhances situational awareness)。

(3)辅助引航员做出操作决策(Supports pilot decision making)。

(4)提高系泊操纵安全(Increases safe berthing operations)。

(5)优化航道使用(Enables optimisation of fairway use)。

(6)用于方案评估和人员培训(Evaluation and training purposes)。

(一)航行环境感知和协助瞭望

接入AIS数据的PPU系统可以实现任何能见度下“全天候瞭望”，不受能见度、雨雪等干扰，可以探测到视觉和雷达无法探测到的目标。通过PPU的漫游功能引航员可以拉动海图来观察远方水域以及AIS目标的动态，通过多屏显示功能和多窗口监控实现“全方位瞭望”，把引航计划实施中需要重点关注的区域、目标或其他相关的对象拉入窗口进行连续不间断监控，增强引航员对航行环境的感知，减轻工作强度，如图 10-2-1 所示。

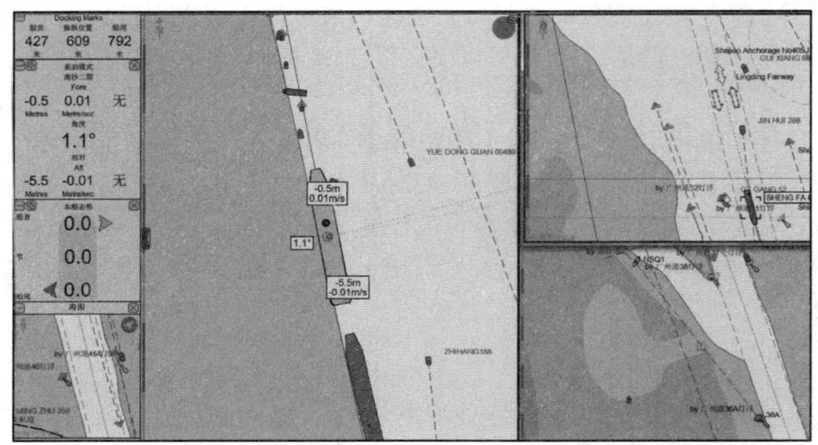

图 10-2-1　多屏显示和热点区域监控

PPU 的预设跟踪功能可以预先将目标和其他需要关注的对象设置为跟踪对象，实现快速跳转查询。

（二）船舶运动态势感知和协助判断

态势感知能力通俗地说是引航员操船的感觉，是一个长期经验累积的结果，优秀的引航员在特定的操船环境下会有自然的条件反射，做出判断和操纵决策。PPU 可以把这种运动态势的感知量化呈现出来，如图 10-2-2 所示。

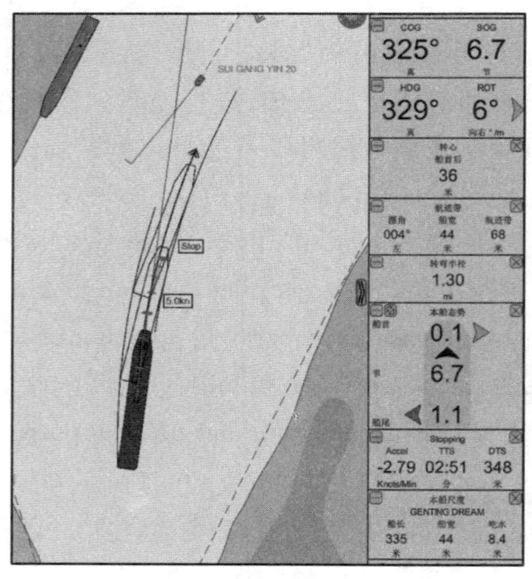

图 10-2-2　船舶运动态势感知量化呈现

1. 船舶态势

本船态势(Vessel motion)给出了船舶的前后运动矢量和船首和船尾的横漂矢量,引航员可以直观通过状态栏迅速获取船舶关键点面的运动态势、速度和方向。

2. 转心

船舶掉头、避让都涉及船舶的转心利用。PPU 可以给出船舶首尾线或其延长线上的转心坐标,前进时船舶转心在重心之前,速度越大,转心前移越多;反之亦然。船舶前进时转心前移,航行时应关注船尾反向甩出的距离将远超过船首向施舵一侧转动的距离,俗语:"首动一尺,尾动一丈"就是这个意思。

3. 加速度

加速度是船舶变速时的重要指标,可以让引航员更精准、安全和环保地在港内操纵船舶。靠泊、锚泊或用车避让,PPU 可以在激活航线上计算当前加速度下某一时刻的速度,用于判断减速操纵是否安全有效。

4. 船舶态势预测

船舶空间位置的引入,可以在 PPU 上按照船型长度标绘出下一时刻船舶位置和态势,如图 10-2-2 中空心真实比例轮廓(True scale outline)所示。时间间隔可以根据引航员操船习惯配置,直观呈现引航员操纵意图下的船舶运动结果,用于修正操作。

(三)会遇局面感知和辅助避碰

引航员一直使用 VHF 和雷达辅助避让,基于 AIS 的 PPU 被誉为是自雷达问世以来对引航安全具有重大意义的设备,被用于对局面感知和碰撞危险的判断,辅助船舶避碰。

PPU 图形化可视 CPA、BCR,让会遇局面细节一目了然,如图 10-2-3 所示。该例中,当选择一个 AIS 目标时,会出现一个信息框,其中包含 CPA、TCPA、BCR 和 BCT 信息。AIS 目标和本船的 CPA 用红色圆圈标记,并以红色虚线连接各自的 CPA 点,BCR 用橙色圆圈标记并以橙色虚线连接各自的 BCR 点,一般 BCR 是基于本船和目标的中心测算距离,而不是他们的船首或船尾。BCR 正值表示他船过本船船首,负值表示他船过本船船尾。

CPA 圆,如图 10-2-4 所示,也是一种比较直观碰撞局面判断办法,通过观察他船矢量是否与本船预设的 CPA 圆相交来判断是否存在碰撞危险。他船矢量线与 CPA 圆相交则有碰撞危险;反之则没有。

(四)提高系泊操纵安全

随着船舶大型化、越来越多 VLOC(超大型矿砂船)、VLCC(超大型油船)及 ULCV(超

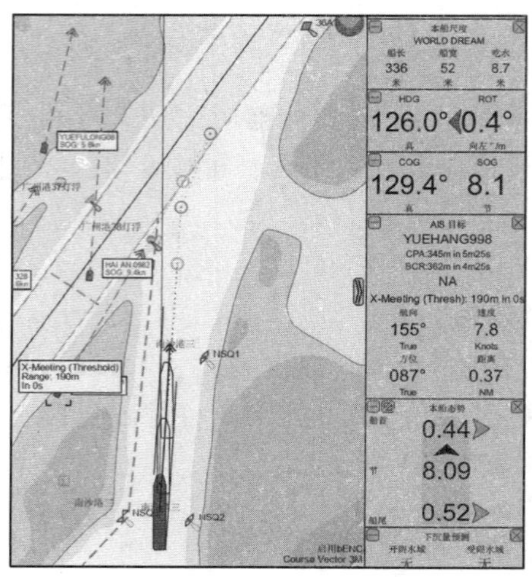

图 10-2-3 避碰

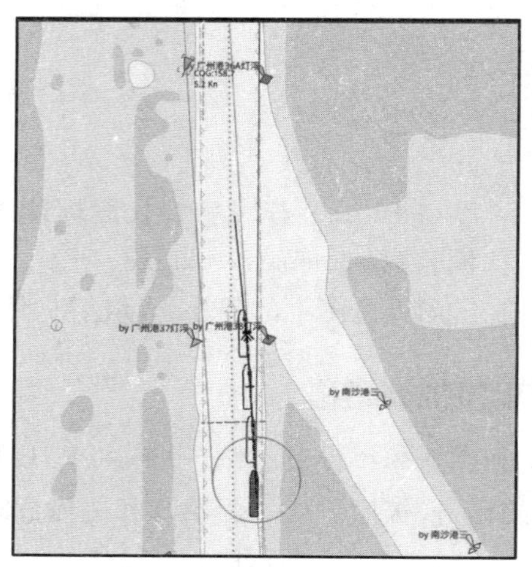

图 10-2-4 CPA 圆

大型集装箱船)进入港口停靠,通常大型船舶靠泊速度应低于 8 cm/s,而超大型船舶应控制在 5 cm/s 以下。为保障安全,采用激光、声呐、雷达、红外线以及空气声波等技术的岸基超大型船舶精密靠泊系统应运而生,但是岸基靠泊辅助设备因数据传输、呈现与操船者出现脱节,且只能在单一码头使用等限制因素而不能得到推广。

引航员是超大型船舶进出港口和靠离泊的实际操纵人员,利用 PPU 的辅助靠泊功能来协助他们更准确、高效、及时的获取船舶靠泊时运动参数,如图 10-2-5 所示。

图 10-2-5(a)为“中海海王星”轮靠泊南沙港二期时 PPU 屏幕截图,该例的 PPU 提供了船首、舶尾的横距,拢速,拢角,前后速度等。

图 10-2-5(b)为“中海海王星”轮靠泊南沙港二期时的实景照片。

图 10-2-5(c)为一些 PPU 可以通过设置提供泊位长度标记。

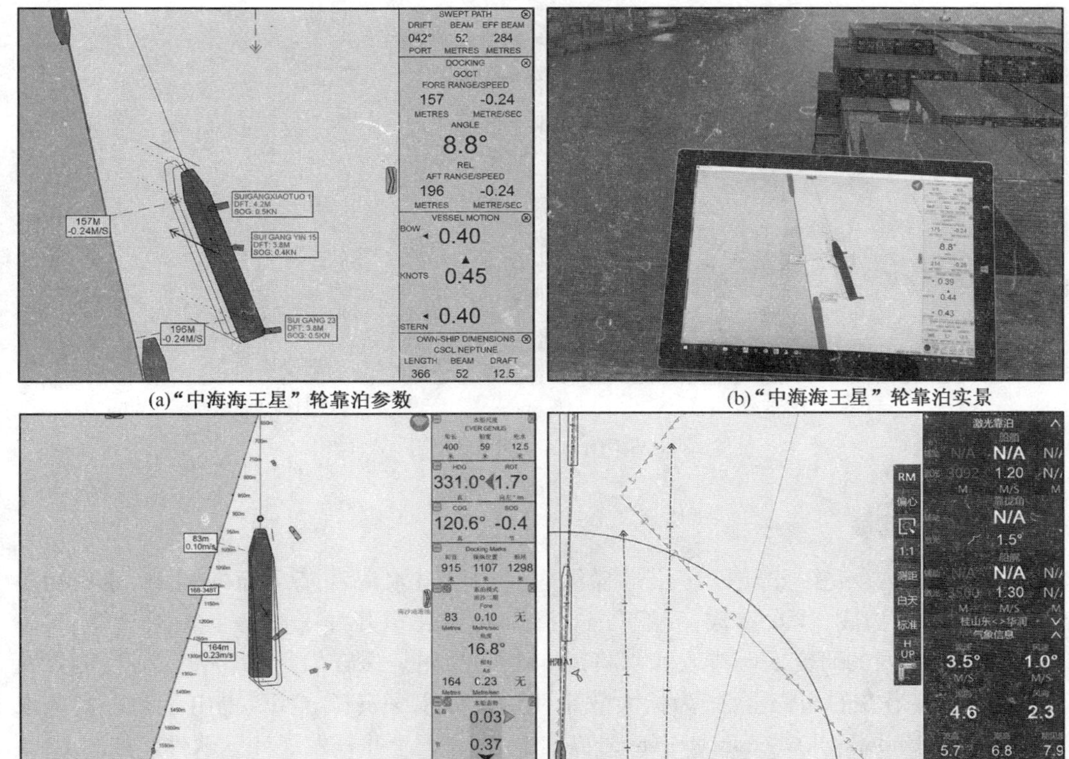

(a)“中海海王星”轮靠泊参数

(b)“中海海王星”轮靠泊实景

(c)使用码头标尺

(d)接入激光靠泊数据与气象数据

图 10-2-5 靠泊辅助

图 10-2-5(d)为接入激光靠泊系统和气象水文传感数据的 PPU。

(五)优化航道使用

1. 会遇点

在通航密度较高的水域,同时存在多船追越、对遇和交叉会遇的局面,引航员要在短时间内对每一个目标的会遇点做出快速判断并非易事,这就可能会错失采取避让措施的最佳时机而陷入紧迫局面,PPU 提供沿当前计划航线当前航速的会遇点计算和显示,如图 10-2-6 所示。在开启多船会遇模式下可以迅速评估快速逼近的局面和态势,为引航员快速决策赢得时间。尤其是在能见度不良或者非互见情形,对指定的目标的会遇点跟踪可以选择与目标船的对遇、追越点和会遇、追越时机,避开港章规定的禁止会遇追越地段或会遇困难航段。会遇点的判断是引航员的基本功,也是良好船艺的表现,会遇点和会遇时机的选择有三个方面的考量:(1)尽量避开横流航段和狭窄航段;(2)必须避开港章规定的禁止会遇航段;(3)必须避免 3 条船以上会遇的局面。

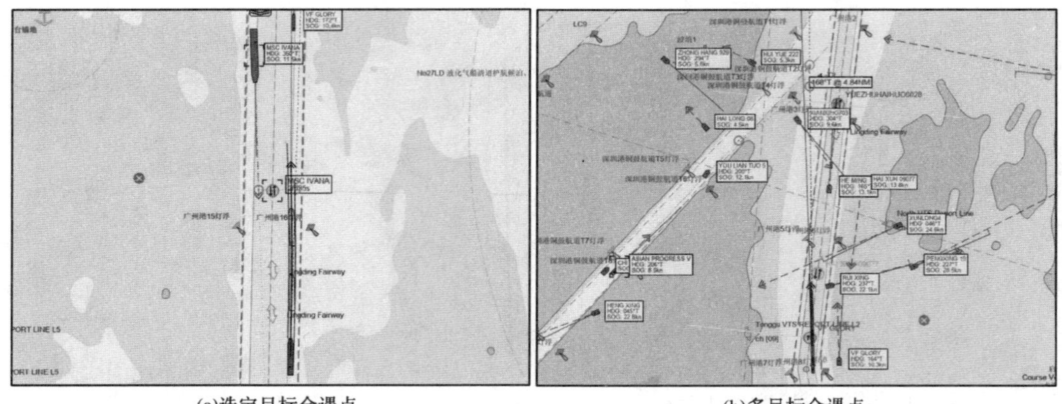

(a)选定目标会遇点　　　　(b)多目标会遇点

图 10-2-6　会遇点

2. 动态下沉量

超大型船舶在受限水域的进出港操纵应考虑航道水深和基准面的利用、潮汐和潮高、富余水深的构成、浅水造成船舶下沉。澳大利亚公司开发了此海上工程软件，OMC International 公司的研究表明进入浅水将近 95%的船舶是保守航行的，4%是临近边界航行的，1%具有潜在的非安全性，为最大效率使用港口水深资源，OMC 提出了动态富余水深（Dynamic Underkeel Clearance System，简称 DUKC）概念并开发了计算软件。如图 10-2-7 所示为 DUKC 构成示意图。当船舶驶入狭窄航槽水域时，由于船底富余水深不足，船体下沉，船舶纵倾变化和操纵性能变差，容易发生触底、搁浅或失控事故。因此，船舶进出口时在确定合理的富余水深的同时，还需要对船舶航行时的下沉量有充分的估测。

尤其是大型船舶，在受限水域高速航行时产生的下沉量非常可观。下沉量的大小和当前的船速和方形系数相关联，PPU 提供按经验公式计算的动态下沉量，软件计算需要根据输入当时的船舶方形系数，该例中 PPU 给出“长智”轮在 11.4 kn 航速下的下沉量为 0.8 m（开阔水域）和 1.6 m（受限水域），如图 10-2-7 所示。

3. 航迹带、漂角

该例中 PPU 给出“长智”轮在漂角 2°状态下的航迹带为 73 m，如图 10-2-8 所示，航迹带、漂角是狭水道操纵不可忽视的参数。漂角一般是指船舶重心处的漂角，其受速度、船长、航道弯曲半径、风流压及操作因素影响。航迹带宽度是船舶航行时需要占用航道宽度的最低数值。风致漂移和流致漂移导致航迹带宽度增大。

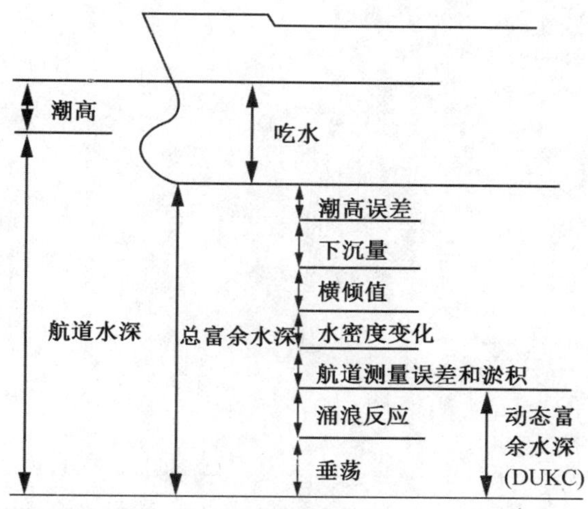

图 10-2-7 “长智”轮 DUKC 的构成示意图

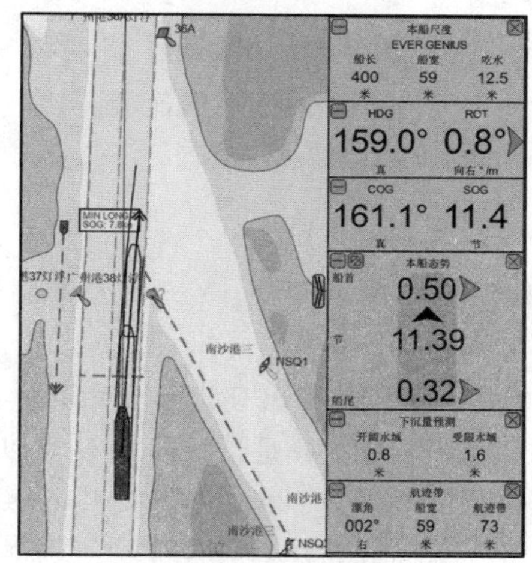

图 10-2-8 “长智”轮下沉量与航迹带

（六）方案评估和人员培训

1. 引航方案评估和推演

PPU 模拟操船功能可以用于对重点船舶引航方案的评估和沙盘推演，如图 10-2-9 所示。弧线是模拟船舶转向的计划轨迹，假设该船保持 12 kn 速度航行，要安全转入下一航向需要的转头角速度是 8°/min。

2. 引航事故分析和引航员培训

PPU 的记录和回放功能，可以帮助分析引航事故，进行案例分析用于培训新晋引航

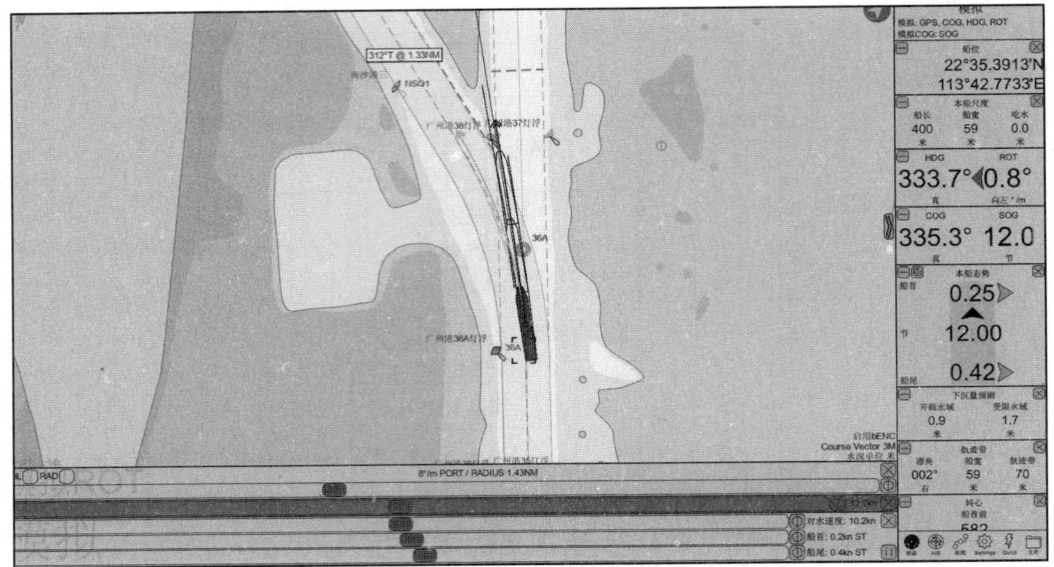

图 10-2-9 模拟操船

员。PPU 除了可以像 ECDIS 一样自动记录船位、航速、航向等一切航行信息外，还可以在时间轴上记录引航员声音、心跳、血压等数据。

二、PPU 通用操作

引航员在登船后 5～10 min 内应该将 PPU 设置完毕并能使之正常运行，不会因为 PPU 设置操作的繁琐导致疏忽瞭望。配置是指保证 PPU 可以正常运行的最低要求，分为硬件设定(Setting)、软件配置(Configure)和软件操作(Operate)三个方面。硬件设定是使包括传感器、PILOT PLUG 等设备正常运行并建立功能数据连接，软件配置指运行在 Windows、IOS、Android 和 Mac 等不同平台的导航软件的 ENC 显示、设备连接、辅助功能、信息呈现等各项功能的正确配置。

(一)通用硬件设置

1. 引航员接口

根据 ITU-R M. 1371-5 协议，AIS 设备的安装都设有引航员接口(AIS PILOT PLUG)。引航员接口的物理接口为 AMP 圆形连接器(206486-1 或 206486-2)，传输协议采用全双工，差分传输，多点通信的 RS-422 接口，抗干扰能力强，在总线上允许连接多达 32 个收发器，针脚定义如图 10-2-10 所示。

RS-422 通信的两个要素：极性和波特率。波特率按照技术规范默认出厂为

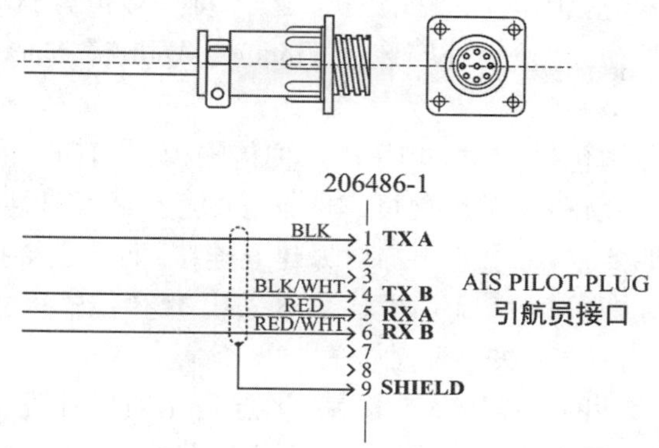

图 10-2-10 AIS 引航员接口

3. 84 Kbs,极性和波特率错误都会造成报文传输乱码,一些新型的 PILOT PLUG 设备带有自动极性矫正功能,无线传输的设备一般已经将波特率固化,无须调整,串口或 USB 虚拟串口除外。连接 AIS 引航员接口时,将 PILOT PLUG 插入驾驶台的引航员接口,并顺时针旋紧紧固口,断开时反时针将紧固口旋松后拔出 PILOT PLUG,如图 10-2-11 所示。

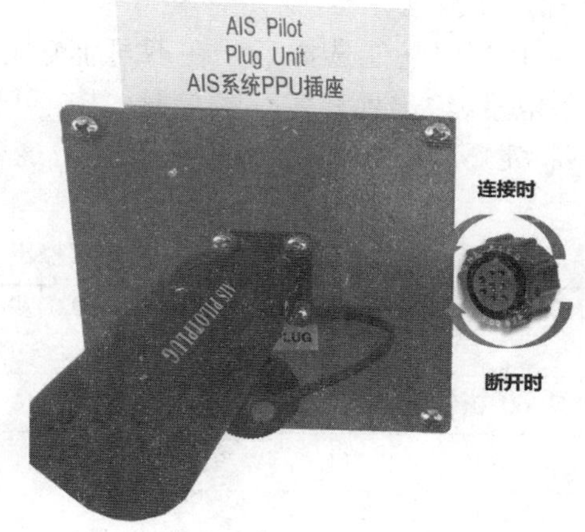

图 10-2-11 连接引航员接口

2. 传输方式

(1)有线:有线传输一般指串口传输,其优点是数据传输稳定,抗干扰,传输距离远,理论上可以达到 1 200 m。缺点是受电缆约束,携带不方便,接口位置受限制。现有的手提或平板电脑都已经没有 RS232 串口,因此 PPU 数据有线传输一般会采用 USB 虚拟串口,即 USB 设备在主机上虚拟一个串口,它不属于标准的串口设备类,因此在使用前需要在 Windows、Mac 和 Linux 操作系统上安装额外的设备驱动。

(2)蓝牙:蓝牙传输具有可以实现点对点自动匹配连接,数据传输稳定,功耗低,可靠性高的众多优点。覆盖范围 Class1 理论上可以达到 100 m,class2 可以达到 10 m。蓝牙

PILOT PLUG 设备也属于虚拟串口传输，主机操作系统一般带有驱动，设备与主机配对后会自动调用蓝牙串口驱动，无须额外安装。Windows、Android、Mac 都支持使用蓝牙虚拟串口传输，IOS 除外。

(3) Wi-Fi：Wi-Fi 传输包括 TCP 和 UDP 两种传输模式，TCP(传输控制协议)传输模式下正式收发数据前，必须和对方建立可靠的连接，优点是可靠性高；UDP(用户数据包协议)传输模式下，也叫广播模式，它不与对方建立连接，而是直接把数据包发送过去，可靠性差，掉包率高。目前 PILOT PLUG 设备基本采用 TCP 传输模式。Wi-Fi 传输直接使用主机的 Wi-Fi 设备，无须额外安装驱动。

(4) 通过 VPN 或移动网络连接 AIS 岸站：优点是无须额外设备，设备有网络连接功能即可，缺点是需要专用服务器和岸基台站及作业区域良好的网络覆盖，信号有延迟，不适宜用作导航用途。

3. 多功能 PILOT PLUG

PVT 数据已经不能满足 PPU 辅助决策功能实现的需求，如第一节中 PPU 的数据特征所述，第二代的 PPU 需要更多的 PNT 数据。多功能 PILOT PLUG 设备可以输出 ROT、Roll、Pitch 等 PNT 数据和加速度数据。

多功能 PILOT PLUG 可以通过功能选择开关在不同航海应用中切换 PNT 数据输出模式，同时可以传输如设备电量、输出模式等相关信息，甚至可以传输激光靠泊、水文气象等传感数据。一般采用特定 NMEA-0183 格式的报文进行通信，表 10-2-1 是某型设备的输出报文格式。

表 10-2-1　多功能 PILOT PLUG 的数据输出

标准 AIS 报文	! AIVDM,1,1,,A,403su1Aurv3qE`6pA:=1IPA02D:N,0*2A	
标准 GNSS 报文	$GNVTG,360.0,T,348.7,M,000.0,N,000.0,K*43	
标准 GPS 报文	$GPGLL,4916.45,N,12311.12,W,225444,A	
ROT 传感数据	$CKROT,0.6,A*28	ROT 数据
内置传感数据	$PCOEP,101.8,A,16.5,A,39.1,A*27	Roll、Pitch、加速度
设备参数报文	$PCOET,0,0,1.1,0,4,0,T*2F	电量、工作模式等

使用该类设备需要根据生产厂家的使用说明选择合适的工作模式如 GNSS、AIS、PILOT PLUG 模式等以获取需要的 PNT 数据。需要注意的是 ROT 传感器需要水平放置，并在航向相对稳定时开机初始化；使用 GNSS 模式时需要将设备放置在尽量没有遮挡的位置，并保持天线面朝上。

（二）通用软件配置

1. 用户界面配置

（1）用户界面

PPU 软件用户界面（User Interface，简称 UI）各不相同，引航员可以根据自己的使用习惯调整 PPU 的 UI 布局。如图 10-2-12 所示为目前使用较多的通用 UI 设计，基本组件一般都包括导航栏、状态栏、设置栏、航线栏等。导航栏用于显示当前已导入的海图以及其他对象，如航路点、航线、AIS 目标、辅助工具和本船位置、轮廓等，海图显示遵循 S-52 显示标准，海图要素显示可以根据用户偏好进行更改；状态栏用于显示如位置、HDG、COG、SOG、ROT 等传感数据和本船态势、靠泊辅助、下沉量等辅助决策数据，如果 PILOT PLUG 支持，设备相关信息如电量、额外传感数据也会在状态栏显示；设置栏是用于配置如采用的单位、连接、引航配置、船舶显示、海图显示、报警配置等所有的软件功能。航线栏用于航线编辑、调用、导入和导出，包括施舵点、偏航距设置、限速设置以及航段属性的编辑以及对偏航、超速等报警功能的设置。

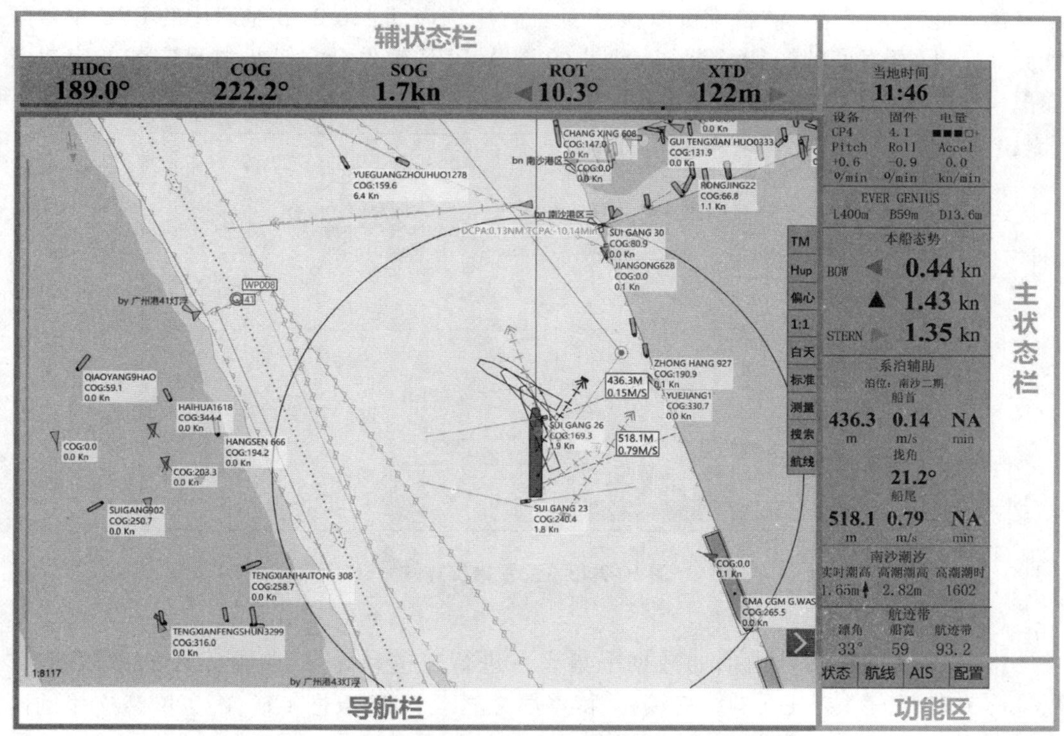

图 10-2-12 PPU 通用 UI 界面

（2）定制界面

引航员可以根据自己所关注的信息来调整 UI 的布局和选择显示的数据、警报、叠加内容等以获得更加合适的显示效果，如在系泊阶段关闭下沉量、潮汐、拖船矢量线等在该阶段无须关注的数据显示。

2. 连接配置

PPU 正常运行的首要条件是建立与数据源的连接，目前大多数 PPU 软件都支持串口和 TCP/UDP 连接，连接配置大同小异。

(1)串口连接

连接基于串口传输的数据采集设备，USB、蓝牙连接都属于虚拟串口类型，一般在 Windows、Mac、Linux 环境下需要安装设备驱动，设备驱动安装可以使用设备生产商提供的驱动文件或使用网络自动安装，蓝牙设备配对时会根据蓝牙设备提供的服务自动安装虚拟串口驱动。驱动安装完成后在设备管理器里面可以查询到设备的串口编号，如蓝牙虚拟 Bluetooth 链接上的标准串行(COM5)串口或 USB 虚拟串口 USB Serial Port (COM3)。

配置串口连接的两个关键要素是串口编号和波特率。串口编号在安装设备驱动时由操作系统随机分配，要注意即使是同一个设备，在重新安装驱动或重新配对后其串口编号都可能发生变化。波特率可以在 PPU 配置中选择，图 10-2-13 是通用的 PPU 串口配置界面，不同开发商的产品可能会有细小的差异，PPU 软件会自动检测已安装的串口或虚拟串口并列出让用户进行选择，波特率也可以通过下拉菜单选择配置。

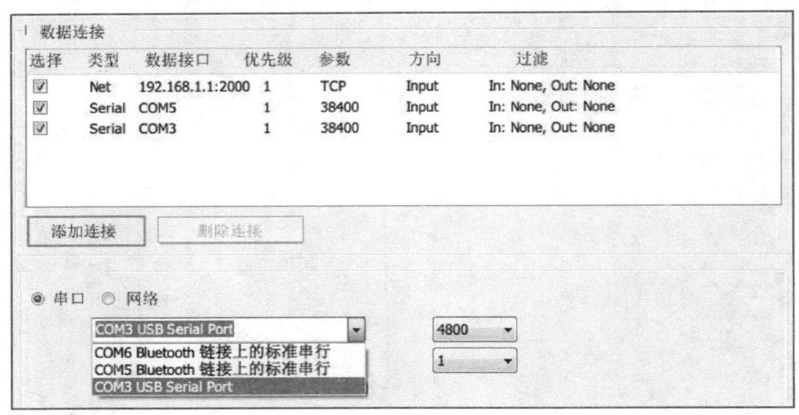

图 10-2-13 配置串口连接

(2)网络连接

PPU 连接基于网络通信的数据采集设备进行定位和导航，包括无线的移动网络、Wi-Fi 局域网和有线 RJ45 网线连接，其特点都是基于 IP 的数据传输，配置网络连接的两个重要要素是 IP 地址和端口编号。

TCP/IP 协议组包括网络层、传输层和应用层，PPU 的网络连接是使用传输层中的 TCP 协议与 UDP 协议。GPSD 只是在 Linux 平台下使用，它将 NMEA-0183、AIVDM 等报文信息转换成一种简化的格式供 PPU 软件调用。IP 地址就是给每个连接在互联网上的主机分配的一个 32 位逻辑地址，如该例中的 192. 168. 1. 1。端口是指 TCP/IP 协议中的逻辑端口，端口编号的范围从 0 到 65535，如该例中的 2000。图 10-2-14 是通用的 PPU 网络配置界面，不同开发商的产品可能会有细小的差异，网络连接配置的三个参数可以从设备生产商的使用说明书中获取，分别为：传输协议（TCP 或 UDP），IP 地址（域名或 IP）和端口（0~65535）。

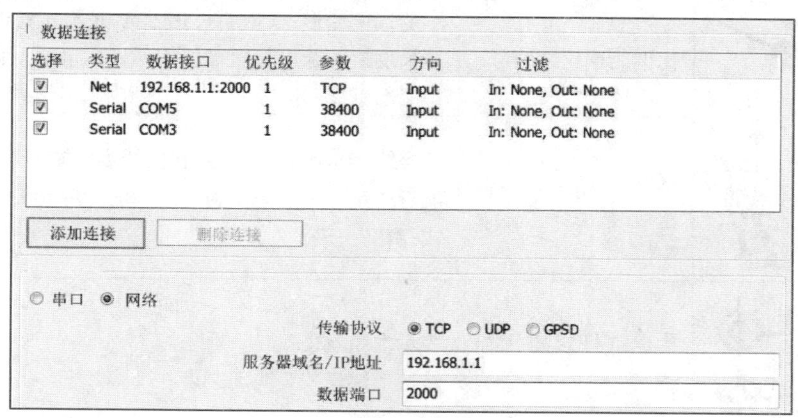

图 10-2-14 配置网络连接

（三）通用软件操作

1. 符号样式

IMPA 导则强调：尽管 PPU 不必满足 ECDIS 的全部性能要求，可以根据自身需求灵活配置，但依然推荐遵循电子海图显示的相关要求。因此，PPU 的符号样式基本上使用 S-52 电子海图显示标准中的表示库，详情请参阅第七章《电子海图显示与信息系统》。

标记应该是标准化的，包括图标、文字样式以及辅助图层和工具。表 10-2-2 列出了 PPU 遵循 S-52 显示标准的常用的符号样式，目前 AtoN 航标的符号样式尚未统一，建议 PPU 开发中遵循 IALA 对实体 AIS 航标和虚拟 AIS 航标的符号样式，如表格中序号 7 和 8 的符号。

表 10-2-2　PPU 常用符号样式

序号	符号样例	特征描述	释义
1		黑色双圆圈	本船基本符号（固定大小）
2		比例船形轮廓符号	本船比例船形：根据船长和船宽，按显示比例尺进行屏幕尺度换算绘出。短横线表示本船正横，细实线表示本船船首线
3		细实线和带箭头的粗实线	细实线表示本船船首线，粗实线表示本船航行矢量线，航行矢量线上的短横为时间刻度。单箭头表示对水模式，双箭头表示对地模式
4		本船符号后的（曲）线	表示本船航迹； 航迹上短横线为时间刻度
5		被四角边框包围的等腰三角形	被选中的 AIS 目标； 短划线表示目标的航行矢量线
6		带等腰三角形的比例船形轮廓符号	AIS 目标的比例船形轮廓
7		实线菱形框内加一个十字，顶上锥形图标	实体 AIS 航标（右侧标）； 顶上形状对应 IALA 航标定义
8		虚线菱形框内加一个十字，顶上罐型图标	虚拟 AIS 航标（左侧标）； 顶上形状对应 IALA 航标定义
9		较大蓝色等腰三角形	运动的 AIS 目标； 顶角表示目标的船首向
10		较小蓝色等腰三角形	静止的 AIS 目标； 顶角表示目标的船首向

（续表）

序号	符号样例	特征描述	释义
11		带十字线的等腰三角形	丢失的 AIS 目标
12		红色等腰三角形	危险的 AIS 目标

2. 显示模式

引航员可以根据工作时段和航行阶段去选择 PPU 的显示模式以获得最佳的显示效果。

（1）光照模式：根据作业时段引航员可以选择白天、晨昏、夜晚显示模式。

（2）运动模式：PPU 一般默认真运动模式，可以根据不同的航行阶段或需求改变运动模式显示，真运动模式（船动图不动）和相对运动模式（图动船不动），同时 PPU 的本船跟踪功能可以在不同运动模式下保持本船在屏幕的位置。

（3）向上模式：引航员可以根据使用习惯和航行需要选择北向上、南向上、航向向上、首向上的显示模式，建议与使用中的雷达向上模式设置保持一致。

（4）配色模式：PPU 中本船和 AIS 目标的显示颜色除遵循 S-52 标准外，还可以自定义某一类型 AIS 目标的显示颜色，如有引航员在船的工作船舶等。

3. 引航配置

（1）静态信息配置

PPU 可以从本船的 AIS 静态信息获取本船的尺度等信息，也可以手动根据引航卡提供的信息手工录入，除船长、船宽、吃水、天线位置外，还应该包括但不限于这些数据，如罗经差、当时的方形系数、超大型货物的形状尺寸、净空高度、等深线等静态信息。

（2）动态信息配置

与引航任务相关的航线调用、潮高修正、潮高叠加、速度限制、最大允许的偏航距离等动态参数也应该被设定。

（3）警报配置

PPU 可以提供声音或视觉报警，警报的类型包括通信、搁浅、碰撞、偏航、超速、会遇点、通过警戒区、位置验证、位置精度、接近转向点提醒、海图太旧提醒等，引航员可以根据引航任务和航行阶段调用。

4. 数据更新

(1)系统海图格式

PPU一般采用系统海图格式(SENC),需要通过格式转换分发,引航员可以按照引航机构的指引通过网络自动更新或手动覆盖。

(2)官方海图格式

使用S-63海图的PPU同时安装有海图文件、数字证书和许可(Permit)文件,海图文件包含ENC单元和相关数据,许可文件包含处理海图所需的密钥和其他信息。许可文件是根据用户许可(User permit,每个硬件都有唯一的S-63用户许可)制作的。此类PPU可以直接使用海道测量部门官方每周发布的更新数据。

(3)bENCs和潮汐数据更新

引航机构会根据实际需要发布原格式或结果格式加工的高密度水深图和官方发布潮汐预报数据,用于PPU的数据覆盖。

(4)标绘数据更新

所有的标绘数据,包括图层、文字、符号等都应该由引航机构统一发布更新,通过PPU的数据导入导出功能实现共享和更新。

5. 录制回放

PPU可以按照用户配置自动记录本船的状态、海图数据使用情况以及引航员的声音、血压、心率等用于回放,一般根据本船船名和开始的日期时间命名。PPU可以配置定期清理删除超过60天的录制文件或提示用户操作以保证设备的存储空间。

三、PPU可靠性与局限性

(一)数据源与精度

PPU对本船船位监控和辅助决策功能的实现,是基于当前的船位、船首向(HDG)、对地航向(COG)、对地航速(SOG)、转向速率(ROT)和定位天线的位置等,获取这些数据的方式可以有以下几个途径。

1. 连接AIS引航员接口

船位、HDG、COG、SOG通过解析AIS报文的AIVDO(AIS VHF data-link own-vessel report)语句来获取,不同吨位船舶AIS传感器的配置标准。其精度取决于AIS接入的GNSS传感器精度以及罗经复示器、静态数据的正确输入。根据ITU-R M. 1371-5协议,AIS报文提供GNSS的精度信息和接收机自主完善性监控(RAIM)信息给用户识别其精度和可靠性。精度解释为优于 10 m 或劣于 10 m，被连接的 GNSS 接收机通过 IEC 61162-1 的标准判断 RAIM 处理的有效性。随着卫星差分增强系统（SBAS）的完善，越来越多的商船通过接入 DGNSS 来提高其定位精度和可靠性。

2. 连接便携式独立传感器

船舶认证的 PNT 设备和 AIS 设备的天线通常正常安装于桅杆顶部，以确保接收机不受建筑物遮挡和干扰。便携式独立的传感器根据需求可以全部或者部分提供船位、COG、SOG、HDG、ROT 数据。集成了 DGNSS 接收机、电子罗经或 GNSS 罗经、AIS 接收模块等，其精度会受到船体产生的干扰、烟囱和桅杆的反射、接收天线体积限制和遮蔽程度的影响而不能达到其性能要求，理想状态的接收天线应该安装在尽可能高的位置，这对于手持设备来说是根本做不到的，尤其是便携 AIS 接收机，其接收范围过窄，报文的完整度、可信度也是大打折扣。外置电子磁罗经传感器受船体影响得不到正确补偿和正确校正而无法作为 HDG 数据的来源。

3. 通过互联网连接

岸基 AIS 获取港区的船舶动态信息通过互联网或 VPN 转发至 PPU，其传输链路容易受作业区域网络覆盖状况和环境影响，并且数据来自本船广播的 AIVDM（AIS VHF Datalink Message）语句，而非解析 AIVDO 语句，受 AIS 报告时间间隔和网络延迟影响而不能得到实时的船位、HDG、SOG、COG 等动态信息，作为 PPU 的数据源需要非常谨慎，特别是使用虚拟登船的模式。

4. ROT 数据获取

根据 IMO 第 73 次会议对 SOLAS 公约第五章的修正案的规定：2002 年 7 月 1 日以后建造的 5 万总吨及以上船舶必须安装转向率指示器；此前 1984 年 9 月 1 日以后建造的 10 万总吨以上的船舶，也必须安装 ROT 指示器。同时根据 IMO A. 526（13）决议的要求，船舶安装的 ROT 传感器的精度应该达到与船舶实际航向变化率的偏差不大于 0.5°/min 加上航向变化率指示值的 5%。

目前 95%以上的船舶没有配备 ROT 传感器或没有把传感器与 AIS 连接，导致 PPU 无法通过 AIS 引航员接口获取 ROT 数据。目前 PPU 通过 2 种途径来获取额外的传感数据，一是软件内部计算，通过解析 AIS 报文并根据 HDG 的变化来估算 ROT，这种方式受 AIS 发送数据的更新率制约，采样不足而导致误差偏大。二是通过外置的传感器获取，MEMS 传感器（Microelectro mechanical systems）方案目前可以实现 0.6°/min 的分辨率。

（二）可靠性辨析

1. 关键点认识

（1）统一公共基准点

统一公共基准点通常设在驾驶台的指挥位置(Conning Position),如综合航行系统(INS)的综合信息显示器,是用于测量目标距离、方位、CPA、TCPA等数据的参考点。应该特别注意统一公共基准点是可以根据需要设置的,与本船AIS静态信息播报GNSS天线位置多数时候不是在同一个点上,被引船在ECDIS上绘制的位置会和PPU上绘制的位置出现差异。如图10-2-15所示,如果该船CCRP设置在指挥位置,AIS使用GNSS天线位置广播,在PPU上绘制的本船真实比例轮廓会在船宽方向上相差11 m,但假如该船CCRP设置在船首,并且AIS静态信息的天线位置被设定为CCRP的位置,那么PPU绘制的本船真实比例轮廓会在首尾线上额外增加150 m的误差。

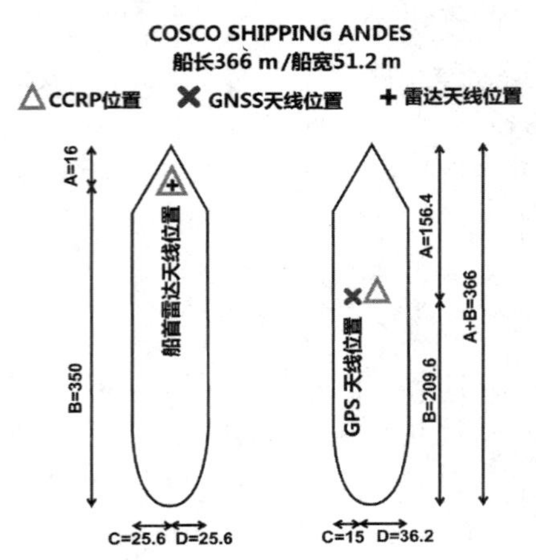

图 10-2-15 CCRP与GNSS天线位置

(2)GNSS天线位置

AIS静态信息播报本船尺度和GNSS天线位置,AIS的GNSS天线位置标示如图10-2-16所示,A、B、C、D在设备安装时输入,该例中"新惠州"轮的天线位置信息有误。如发现从AIS引航员接口获取的GNSS天线位置有误,应该根据引航卡提供的信息在PPU上手动修正并检验。

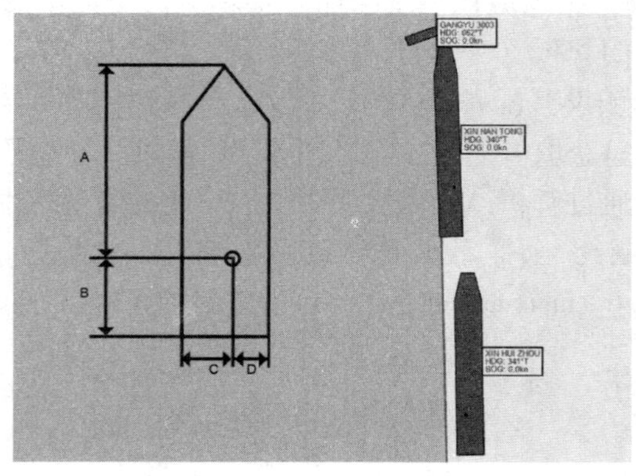

图 10-2-16 GNSS定位天线

(3)船首向

船首向(Heading)多数情况下 PPU 可以通过 AIS 引航员接口获取本船 HDG 数据,但并非所有船舶罗经都能提供数字输出 HDG,一些老旧船舶需要 THD 设备转换,如果发现 PPU 的 HDG 数据不正确,应该要求驾驶台团队检查并初始化罗经复示器。特别需要注意的是来自 GNSS 的 COG 不能代替由罗经提供的"真"航向,特别是用作避碰参考。

(4)AIS 报文

AIVDM 包含船舶的静态信息和动态信息,AIS 在自主工作模式时,每条船舶发送的信息都依存于各自的时隙播报,如图 10-2-17 所示。A 类 AIS 设备的静态信息播报间隔为 6 min,动态信息播报如表 10-2-3 所示。显然通过网络或者便携 AIS 接收机获取到的本船 AIVDM 动态信息不能用于本船定位和导航。

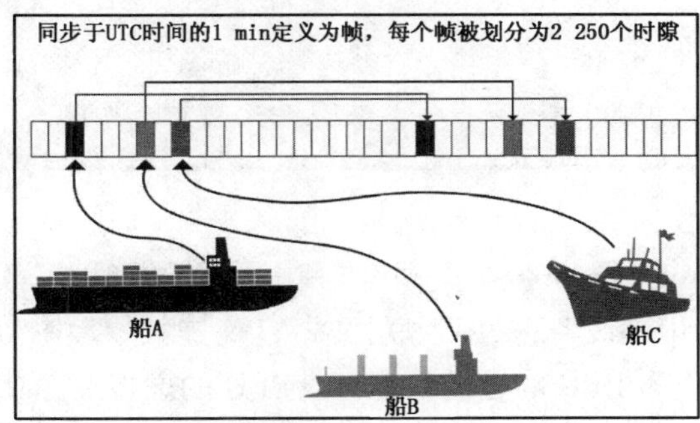

图 10-2-17 AIS 时隙使用

表 10-2-3 A 类 AIS 报告间隔

船舶状态	报告间隔
锚泊或系泊且移动速度<3 kn	3 min
锚泊或系泊且移动速度>3 kn	10 s
航速<14 kn	10 s
航速<14 kn 且改向	$3\frac{1}{3}$ s
航速 14~23 kn	6 s
航速 14~23 kn 且改向	2 s
航速>23 kn	2 s
航速>23 kn 且改向	2 s

图 10-2-18 是一组实际应用图片，同心圆 DGNSS 船位（HDOP = 0.7，按照位置误差伪测距误差 HDOP 算，当时位置精度 CA 码为 6 m，P 码为 3 m。伪测距误差 CA 码为 8.6 m，P 码为 4.3 m），比例船型中黑点为解析本船 AIVDM 播报数据的本船船位数据，该轮船长 92 m，以航速 13 kn 航行，15 s 内的 4 个船位比较。该例中实际船位与播报船位误差大约为 100 m，产生在首尾线或其延伸线上，是由播报时差造成的，该船位并非实时船位。

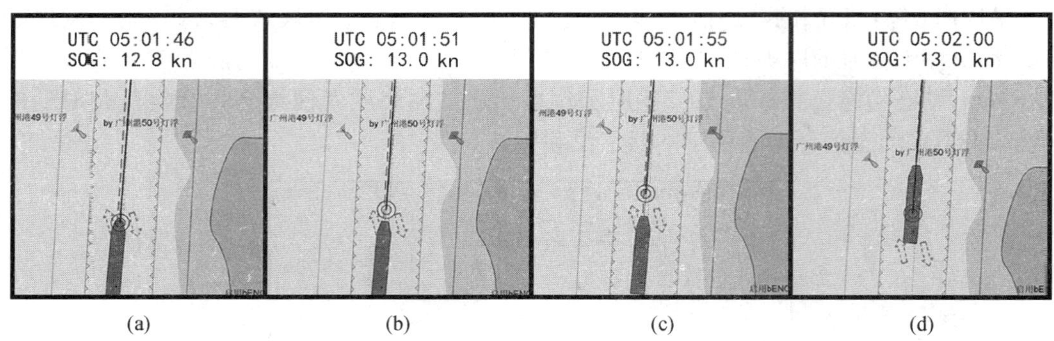

图 10-2-18 实际船位与 AIVDM 播报船

AIS 只是一个自动识别设备，采用互联网或 VPN 连接、便携 AIS 接收机获取的本船 AIVDM 播报数据不能作为 PPU 的导航数据源。PPU 的虚拟登船功能只能用于监控或模拟培训用途。PPU 用于避碰、会遇点计算的目标数据也是来自目标船 AIVDM 播报数据，同样存在传输的延时误差。

2. 数据源检验

引航员不能过度依赖和采信船上的信息来源，即使是在装有综合航行系统（INS）的船舶上，信息的可靠性或准确性也应被质疑，如果引航员不能验证船舶设备具体设置的正确性和数据的完善性，如 CCRP、GNSS 天线位置和 HDG 复示数据，则 AIS 引航员接口只可以被认为是一个不受引航员控制的、可疑的参考数据来源。引航员对 PPU 接入的数据必须通过多信号源交叉验证其准确性、可信性、有效性、时滞性、完善性和可用性。IMO A.915(22)决议对于未来 GNSS 性能要求和 A.1046(27)决议对于港口和沿海航行的船舶无线电导航系统的性能要求如表 10-2-4 所示。

表 10-2-4 GNSS 与 WWRNS 的性能要求

		位置精度(95%)	完善性:报警时间	可用性	连续性	更新间隔
未来 GNSS	港口	≤1 m	≤10 s	> 99.8%	≥99.97%(15 min)	1 s
	系泊	≤0.1 m	≤10 s	> 99.8%	≥99.97%(3 h)	1 s
WWRNS		≤10m	≤10 s	> 99.8%	≥99.97%(3 h)	≤2 s

（1）准确性（Accuracy）

IMO A. 1046(27)决议对港口航行船舶的位置精度要求是95%置信度下精度优于10 m。引航员可以在接收到的AIS目标的详细信息里面查询到该参数,一般被标示为优于10 m和劣于10 m。

(2)可信性(Plausibility)

可信性是指数据的质量在主观上和客观上的可信度。引航员应该根据平时的经验和知识去进行可信性检查。如该航线航向为170°,但是HDG数据显示为220°,则从该船获取的HDG是不可信的,实际的SOG和ROT大于船舶的最大数值都是不可信的。

(3)有效性(Validity)

有效性是指数据与逻辑和规范准则的符合度。引航员需要通过雷达、视觉等手段去验证PPU对AIS目标监测的有效性,如目标投影的合理性、目标丢失时间设置。

(4)时滞性(Latency)

时滞性是指事件的起始和其结果之间的时间间隔,包括数据的接收、处理、发送和显示时间。引航员应该对通过互联网、VPN或便携AIS接收机获取的本船航行信息的时滞性必须有充分的认识,PPU的虚拟登船不应用于导航。

(5)完善性(Integrity)

完善性是指数据应满足相关标准,并且通过比较多个独立传感器的信息得到验证,使信息保持一定的精度和有效性。IMO在A. 915(22)号决议中要求当系统出现故障、中断或不可用时报警发出的时间应小于10 s,距离不应超过25 m。引航员可以通过查询AIS目标或本船GNSS接收机自主完整性监测(RAIM)。

(6)可用性(Availability)

可用性的定义是指系统在满足要求精度和完善性要素下的可用情况,连续性要求是指在连续时段内服务的可用性,IMO在A. 915(22)号决议对GNSS要求的可用性指标为30天内达到98%,连续性为3 h以上达到99. 97%,并且位置的更新率在动态测试时应能满足至少2秒/次的要求。

引航员应使用雷达、陆标等验证船位的可用性;通过比较PPU获取的艏向与经验使用的艏向来验证艏向的可用性;通过比较测深仪和ENC、bENCs、实时叠加的潮高数据来验证水深的可用性,引航员应该利用一切航海技能来交叉检验以及使用其他信号源互相佐证其信息来源的可用性。

(三)PPU局限性

1. 合法性

现行的海事公约、规则没有明确PPU的法律地位,导致引航员在船上使用PPU助导航时出现了法律困难。良好的驾驶台资源管理意味着船长应该了解引航员用于导航的工具及其使用方式,但并不代表PPU在驾驶台环境的使用具有合法性。如动态水深和bENCs叠加会导致PPU与船舶导航系统之间存在数据差异,尽管数据完整性和准确性都得到验证，但也不被认为是合法的数据。

2. 自有缺陷

PPU 的辅助决策功能非常强大，但仍然只是一种助航设备，其数据接入的局限性、误差以及建立船舶运动数据与引航操纵决策之间映射关系的数学模型是否合理，直接影响输出的辅助决策参数是否可靠或可供参考，引航员应充分利用正规的瞭望和独立于 PPU 的手段、方法检验数据源的有效性和结果输出的合理性，有效发挥 PPU 的引航辅助作用。

3. 培训缺失

未经培训而盲目依赖 PPU 导航可能会带来灾难性的后果。美国海军在推行先进的 ECDIS-N 系统时，通过对自身及民用一些航海事故分析，发现过度迷信电子海图导航存在极大风险，若忽略培训工作导致船员不能熟知系统局限并熟练操作系统，先进的系统甚至比传统导航方式更加危险。引航员应该具备对 PPU 局限性的认知和传感器误差、精度的研判能力，引航员不应过分依赖 PPU，应将其视为工具箱中的其中一种工具，就像外科医生使用的一把优质手术刀来完成高难度手术一样，只是一种工具。

4. 遗传缺陷

PPU 的会遇点以及 CPA、BCR 计算是基于 AIS 目标在当时的运动状态来实现的，因此引航员需要对 AIS 系统内在缺陷有充分的认识，AIS 的局限性请参阅本书第五章自动识别系统。

第三节 PPU 发展与展望

一、e 航海架构下的 PPU

（一）导航定位信息

鲁棒性（Robustness）PNT（Position，Navigation and Timing）是 e 航海的七大支柱之一，在 e 航海的架构下 PPU 可以获取更加实时、精确、可靠的导航定位信息。

1. AIS 中的 DGNSS 应用服务

根据 ITU-R M. 1371-5 协议，AIS 基站可以通过 17 号电文播发 DGNSS 差分修正信号，提高 AIS 终端的定位精度。该功能已经在上海港区得到验证与实践，期待在不久的将来能够逐步推广。未来港区船舶可以依靠该功能，获取高精度的位置信息，用于船舶精确操纵，全面提升港区引航的高精度导航。

2. 北斗地基增强系统

2014 年北斗系统（BDS）在 IMO 海上安全委员会第 94 次会议上被正式列入全球无线电导航系统（WWRNS），同时中国构建了基于北斗并兼容其他卫星系统的北斗地基增强系统（Continuously Operating Reference Stations，简称 CORS）系统，其定位精度达到二维优于 3 cm，三维优于 4 cm，正在为各个应用领域提供高精度的位置信息服务。

3. 沿海无线电指向标——差分全球定位系统

沿海无线电指向标——差分全球定位系统（Radio Beacon Differential Global Navigation Satellite System-RBN，简称 DGPS）是一种高精度、全天候的海上导航定位系统，中国海事局从 1995 年起就开始在中国沿海建设 RBN-DGPS 系统，2002 年 1 月该系统正式开通。目前，中国沿海 RBN-DGPS 共有 22 个台站，台站作用距离为 300 km，定位精度优于 5 m。

4. 增强罗兰

目前欧洲国家、美国、韩国在建的增强罗兰（Enhanced Loran，简称 eLoran）是一套很好的 PNT 地面备份系统，但目前没有广泛推广的趋势。eLoran 增加了一个可用于传输完好性警报、协调世界时（UTC）或差分罗兰校正信号的数据信道，令其导航的准确性、可用性、连续性和完好性显著提升，能够承担 GNSS 的备份和补充系统的功能。使用卫星、地面的多系统 PNT 可以大大降低单一依赖 GNSS 的系统风险，帮助消除灾难性故障带来的安全威胁。

（二）MSP 6 引航服务

IMO 航行安全委员会在 2011 年第 57 次会议上提出了海事服务集（Maritime Service Portfolios，简称 MSP）的概念，MSP 是指在给定的海域、航道、港口等区域，由利益相关者提供的一组标准化的业务或技术服务集合（参见 NCSR 1/28 附件 7），IMO 的目标是根据特定海上业务区域的信息和通信要求，实现全球统一、标准的海上服务。IMO 在 MSP 6 引航服务（Pilotage service）的定义中提到：

（1）引航服务的目的是确保船舶在引航水域航行时可以获得拥有足够的资质和本港安全航行经验的引航员提供的技术服务，以维护海上交通和保护海洋环境。每个引航区域都需要配备具备高度专业化经验和当地知识的引航员。

(2)除其他外,高效的引航取决于引航员和船长以及其他驾驶团队成员之间的沟通和信息交流的有效性,并了解彼此相关的职能和职责。

(3)PPU 是一种有效的工具,用以在任何能见度下实现安全航行。PPU 可获取的数据应以标准化、统一、可靠的方式提供,获取这些电子导航信息的接口应该标准化。

(4)在引航员、船长和驾驶台人员之间建立有效协作,适当考虑到引航员可用的船舶系统和设备,将有助于安全和高效航行[见 IMO 的 A.960(23)决议]。

(三)IHO S-100 电子海图

2010 年国际海道测量组织(IHO)采纳了 IHO S-100 通用海道测量数据模型作为 e 航海的通用海事数据结构(Common Maritime Data Structure,简称 CMDS),S-100 产品是新一代海道测量数据模型。S-100 产品可以支持各种海道测量相关数据,并且与 ISO 19100 地理系列标准相一致,使得海道测量和其他地理数据的使用较目前使用的 IHO S-57 数据传输标准具有更好的扩展性和兼容性,如图 10-3-1 所示。增加高密度水深点、潮汐信息等时变数据的数据叠加层,使得潮高叠加以及动态水深显示合法化。与 PPU 应用相关的 S-100 产品规范如表 10-3-1 所示。

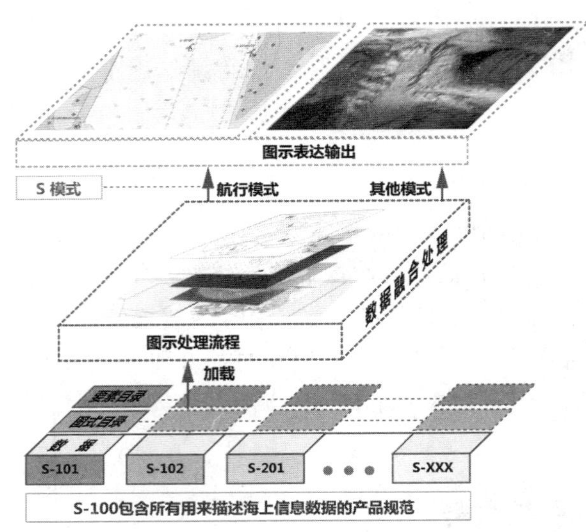

图 10-3-1 S-100 产品融合显示

表 10-3-1 与 PPU 应用相关的 S-100 产品规范

<table>
<tr><td rowspan="2">IHO</td><td>S-101 电子海图</td><td>S-102 水深表面</td><td>S-104 潮汐信息</td><td>S-111 表层流</td><td>S-112 动态水深</td></tr>
<tr><td>S-122 保护区</td><td>S-124 航行通告</td><td>S-125 航行服务</td><td>S-127 交通管理</td><td>S-129 富余水深管理</td></tr>
<tr><td>IALA</td><td colspan="2">S-201 航标信息</td><td colspan="3">S-230 AIS 专用报文</td></tr>
<tr><td>其他</td><td colspan="2">S-401 内河电子海图(IEHG)</td><td colspan="3"></td></tr>
</table>

（四）S 模式

S 模式（Standardized Mode）是指设备在不同航海应用环境存储和调用的标准化操作模式，IMO 在 e 航海战略实施计划中推出并阐述了这个概念，已于 2019 年发布 S 模式导则。S 模式将要求 INS 显示器能够通过单个操作员动作恢复到标准化导航显示，结合保存/调用功能，引航员可以通过该功能调用如引航模式等标准化显示和操作界面。

PPU 也可以根据不同的航行环境，由引航员选择不同的功能和数据模式获取海图信息和辅助决策信息，如船舶系泊时需要靠泊辅助功能以及港区内的水深表面、表层流等，而无需关注下沉量、航线功能以及航行警告、动态水深等信息。在这种需求下，预先为引航员提供一种默认组合不仅可以简化引航员的操作，同时也可以减少由于 S-100 产品数据频繁装卸导致的系统效率低下问题。表 10-3-2 列出了常见的航海应用与环境，并将其定义作为 PPU 的 S 模式。表中，Y 代表需要，N 代表不需要，C 代表依据条件由引航员决定。S 模式可通过增加 S-100 产品数据集、改变功能参数等进行定制，定制的 S 模式可以保存和重新加载。

表 10-3-2　PPU 的 S 模式

功能＼应用	功能模式						数据模式									
	靠泊辅助	航迹带	下沉量	富余水深	转心	航线	S-101	S-102	S-104	S-111	S-112	S-124	S-129	S-201	S-230	S-401
港　外	N	N	Y	Y	Y	Y	Y	Y	N	Y	N	Y	Y	Y	Y	Y
狭水道	N	Y	Y	Y	Y	Y	Y	Y	Y	Y	Y	Y	Y	Y	Y	Y
系　泊	Y	N	C	N	N	N	Y	Y	C	Y	N	N	N	N	Y	Y

（五）AIS 专用电文

AIS 专用电文（Application Specific Messages，简称 ASM）是一种有效的工具，通过 AIS 的 VDL 链路，船舶可以使用 ASM 传输如危险货物信息、扩展船舶静态信息、航行相关数据和航线信息，AIS 基站可以广播如水文气象、潮汐潮流、环境等信息。2004 年 5 月，IMO 在 SN/Circ. 236 号通函发布了《AIS 二进制消息应用指南》，规定了 7 条试验电文，经过几年的试验，2010 年 6 月，SN. 1/Circ. 289 号通函发布了《AIS 专用电文应用导则》，扩大了 AIS ASM 的播发范围，于 2013 年 1 月 1 日取代了 SN/Circ. 236，同时 SN/Circ. 290 号通函发布《AIS 专用电文信息表述与显示导则》。ASM 表达方式主要有两种：一是图表和数字的表达方式，表现为各种数据对话框，广州港引航站 PPU 接收显示的桂山北灯船通过 ASM 播报的实时水文气象信息，如图 10-3-2 所示；二是图形符号化后与电子海图叠加显示。

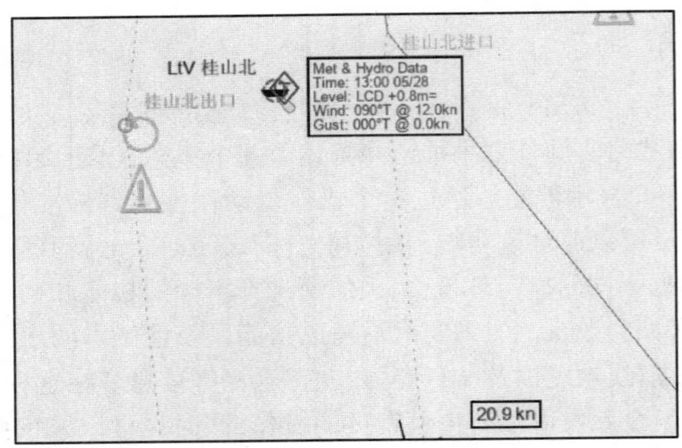

图 10-3-2 桂山北灯船通过 ASM 播报的水文气象信息

ASM 已经被广泛应用，理想情况下 ASM 和 IHO S-100 在互补数据内容和格式相互兼容，两者都可用于 ECDIS、INS 和 PPU。由美国海洋大气管理局（NOAA）国家海洋部（NOS）开发的公共信息采集和发布系统（Physical Oceanographic Real-Time System，简称 PORTS）系统，是港口海洋环境要素实报及预报系统，已经将实时的航道水深、水流、风、浪等数据转换为 ASM，并由美国海岸卫队（USCG）的 VTS 中心发布，这些信息已经可以在佛罗里达州坦帕港引航员的 PPU 上接收并显示。ASM 与 PPU 应用的关联度如表 10-3-3 所示。

表 10-3-3 ASM 与 PPU 应用的关联度

PPU 应用报文								PPU 可选报文								
进港计划时间	气象水文测量数据	潮汐窗口	危险货物标示	附加的船舶静态和航行数据	区域通告播发	文字描述播发	系泊数据	海上交通信号	VTS 合成目标	环境数据	航线播发	航线点播	船舶观察到的天气数据	船员人数	文字描述点播	区域通告点播

（六）优化驾驶台设计

1. 导航系统人性化设计

导航系统设计通常以技术为导向，只关注功能要求，开发人员缺乏最终用户的专业知识，最终导致用户需要经过专业培训才能使用（ECDIS 专项培训）。人性化（Human Centered Design，简称 HCD）确保人的因素与功能要求得到通盘考虑。

2. 标准化接口与改善 PPU 数据和信息传输

(1)NMEA-0183:航海设备普遍使用美国国家海洋电子协会(National Marine Electronics Association)的 NMEA-0183 标准的串行接口,对应的国际协议为 IEC 61162-1,提供从单个发射端到多个接收端的串行数据通信,目前使用更快速度的 IEC 61162-2 协议。

(2)NMEA-2000:NMEA-2000 是基于 CAN(Controller Area Network)总线,允许多个电子设备在公共信道上组合连接,以实现数据的互联互通,其速度是 NMEA-0183 串行接口的 26 倍,NMEA-0183 是一个接口而 NMEA-2000 是一个网络。NMEA-2000 标准提出了船舶航海仪器内部连接的串行数据通信的网络要求,按该标准设计的系统之间可以数据共享,NMEA-2000 对应的国际标准为 IEC 61162-3 协议。在 NMEA-2000 协议中,所有传输的数据以群的形式进行组织,并被赋予一个唯一的标识符,通常以数字的形式表示,称为参数群编号。对于网络中的每一种设备,如 GNSS、ARPA 雷达、自动舵、陀螺罗经、测深仪、计程仪、风速风向仪等各种传感器等,都相应地定义了一系列的参数群编号(Parameter Group Number,简称 PGN),用以组织需要传输的数据。

二、PPU 新技术

(一)增强现实 PPU

瞭望窗、雷达、PPU、ECDIS 是引航员用于瞭望和避碰最常用的手段,使用这些电子屏显的导航设备时引航员必须将他们的视线从窗外转移到屏幕上,即使是暂时的,也可能会带来灾难性的后果,特别是在夜晚、能见度不良、通航密度高的狭窄水域中引航。

引入增强现实(Augmented Reality,简称 AR)技术的 PPU 可以解决该问题,如图 10-3-3 所示为增强现实 PPU 的畅想图。

图 10-3-3 增强现实 PPU 的畅想图

3D 电子海图(如图 10-3-4 所示)可以营造一个完整的船体空间环境,平视显示器

(Head Up Display,简称 HUD),HUD 已成功应用于商业航空、军事和汽车工业(如图 10-3-5 所示),它可以把来自仪器或传感器信息和附加的计算结果,映射在窗口玻璃上的全息透镜上来增强该现实,使驾驶员不需要低头就能够看到他需要的全部环境信息和辅助决策数据。

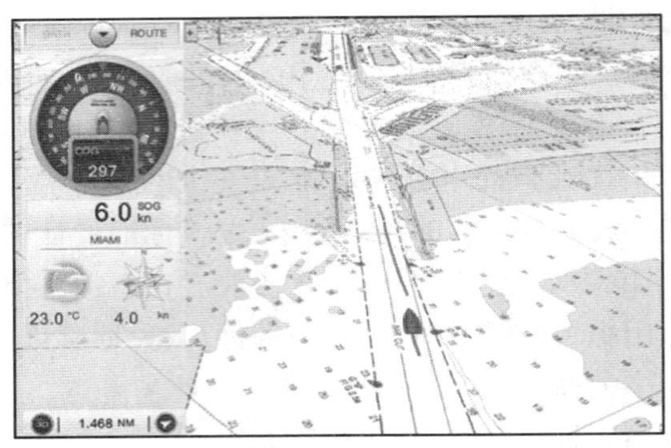

图 10-3-4　MAXSEA 和古野的 3D 海图

2009 年,美国加利福尼亚海事学院开发了一套 HUD 原型,测试包括与传统驾驶台布局和基于视频的增强现实(AR)系统的比较,结果表明海事 HUD 具有巨大潜力,特别是在能见度降低、航行密度高的水域中航行。HUD 在航海应用上可以降低引航员操作雷达以及 PPU 等导航仪器的频率,避免视觉瞭望中断而丧失对航行态势的感知。韩国现代 e-Marine 公司开发出了一套兼容 S-100 的 ECDIS 和一个增强现实的导航系统,实现了 S-100 导航信息的可视化。

图 10-3-5　车用 HUD-AR

头戴式显示器(HMD)增强现实系统通过嵌入或叠加的图像,其声音或触觉传感信息向用户提供世界的虚拟现实,帮助信息处理和决策,还可以将 AR 信息投影到空间中的对象上,集成仪器和环境信息,国内已经有厂家尝试在 PPU 上使用。

下一代 PPU 将能够从其他导航设备中获取并整合各种格式的导航信息,并实时地通过 AR 技术整合显示出来,给引航员提供真实的船舶运动空间影像。

（二）引航员接口 2.0

MSP 6 引航服务涉及“PPU 可获取的数据应以标准化、统一、可靠的方式提供，获取这些电子导航信息的接口应该标准化”。引航员每天收集执行引航任务和安全操纵船舶所需的所有信息。实时和可靠的信息以统一的标准格式传输，以方便快捷和容易理解的方式集中展现在 PPU 的显示屏上无疑是非常有用的。

NMEA-2000 网络可以为引航员接口提供更多信息，改善 PPU 数据传输，提高引航员接口的数据与信息完整性和可靠性，因此有必要在 INS 数据标准化的基础上，按照 IEC 61162-3 的数据传输标准设计新一代的引航员接口标准 PILOT PLUG 2.0，如图 10-3-6 所示。通过该接口，引航员除可以获取 AIS 信息以外，还可以获取雷达（需要统一图像数字信号标准）、测深、增强罗兰、ROT 等航行数据以及通过船载通信设备接收到的导航信息，其通信界面可以采用成熟的 IEEE 802.11 标准无线局域网技术，构建无线数字驾驶台或其他近场无线电传输方式。

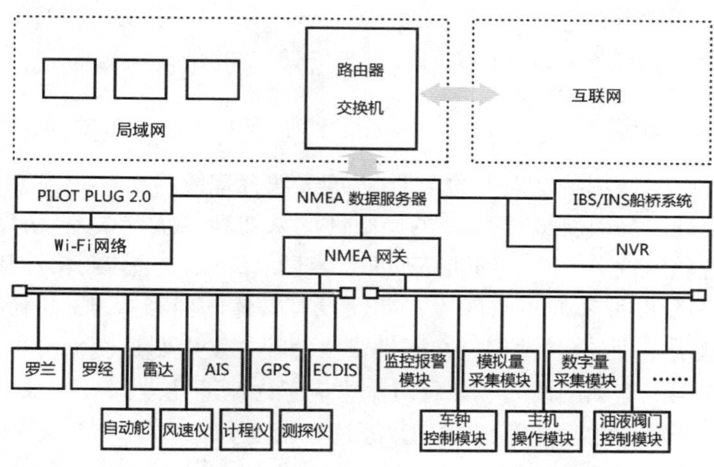

图 10-3-6 新一代的引航员接口标准 PILOT PLUG 2.0

三、PPU 部署

（一）PPU 开发

引航机构开发部署 PPU 应该有总体的规划，根据自身需求制定相应的标准。标准的制订应该遵循 PPU 设计和使用导则的要求，充分考虑便携性、可靠性、易操作性和对多源数据的兼容能力。PPU 的开发与部署应由引航机构或行业协会根据本引航区域的导航需求和问题，委托系统集成商进行定制，实施过程中应该考虑：

(1)成立一个PPU专业委员会,成员应包括具有一定计算机知识的资深引航员,以确定开发该系统时的优先事项和解决专业需求的表述,制定相关的标准,同时应该考虑引航员的设备操作经验。

(2)选择拥有丰富资源和与航海相关的制造商或系统集成商,以便与PPU专业委员会合作,开发能够达到需求和精度的可靠系统。

(3)尽可能使用官方海图数据。接受其他来源的海图数据或导航信息,应要求供应商提供来源的可信度,引航机构应尽量避免提供数据。

(4)给定引航区域中航点、航线、辅助图层、标记等应该是标准化的,包括图标和文字样式,都应该由引航机构授权的部门提供,不允许终端用户修改。

(5)能够从多个定位源获取并显示本船位置,引航员可以清楚地识别最准确的定位源。

(6)应可以通过视觉和声音警报以告知引航员该系统的定位错误和完整性监控问题。

(7)PPU应该可以在引航员登船后的5~10 min内配置完毕并正常运行。

(8)部署之前应该对PPU系统进行大量多场景、实时的现场测试。

(二)PPU培训

引航员未经接受使用特定设备的培训,可能无法合理使用现有PPU资源。引航机构应该通过专项培训提高引航员对PPU的局限性的认知和传感器误差、精度的研判能力,同时也应该通过认识现有PPU的不足,不断完善显示终端、传感器、软件和通信链路,可减少由于PPU局限性带来的事故隐患。即使没有具体的监管要求,引航员在首次使用PPU之前也应接受培训,并且他们应在硬件或软件配置发生明显变化时也应该得到相应的补充培训。在确定培训的课时和课程时至少应考虑以下几点:

(1)涵盖所有选定的定位设备的类型、原理和精度。

(2)AIS设备的原理和使用。

(3)电子航海图、bENCs制作过程和显示标准。

(4)PPU与驾驶台导航资源的整合使用。

(5)PPU软件与运行该软件所需智能设备的操作与维护。

(6)PPU的连接方式,包括蓝牙、Wi-Fi以及移动网络的建立。

(7)PPU的局限性。

第十一章 船舶交通管理系统

海上运输一直是支持全球贸易的主要运输手段。为了保障海上交通安全、提高船舶航行效率，相关国际组织和各国主管机关一直在寻求一种更加有效的手段来管理船舶海上交通行为，规范所管辖水域船舶航行秩序。早期的管理方式是通过引导、约束船舶的交通行为来实现的，它是一种被动管理模式，其手段一是通过设立助航设施和发行航海出版物来引导船舶驾驶人员按一定的规范制定航行决策；二是通过制定规则和措施来约束船舶的海上交通行为，如分道通航制、船舶报告制、强制引航、禁航区以及限速等。

第二次世界大战以后，随着国际贸易进出口货物数量的迅速增长，船舶的大型化、高速化导致港口以及受限水域的航行环境更加复杂，通航密度大幅上升，以致航行效率低下，海难事故造成的海洋污染和生态环境灾难事件时有发生。传统的交通管理模式难以应对，促使主管机关谋求管理模式的突破。1948 年，英国在利物浦建立了世界上第一个用于港口监控的雷达站，它的运行大幅度提高了港口运行效率，降低了船舶交通事故发生率。于是，利用岸基雷达监控的主动船舶交通管理模式被许多国家港口管理部门采用。该系统不再是单纯的被动引导、约束船舶的交通行为，而是具备监视水域中船舶运动并能给船舶提供信息、建议或指令的能力，并能与船舶交互以及有效地控制交通流，在提高航行效率的同时大幅度降低海上交通事故率和减少对海洋环境的污染，是一种积极主动的服务系统。此后，在港口当局、引航员、船长的共同探讨和推进下逐渐演变成为今天的船舶交通管理（服务）系统。

第一节 VTS 概述

1968 年,IMO 前身政府间海事协商组织(Inter-Governmental Maritime Consultative Organization,简称 IMCO)审查通过了海事安全委员会的 A. 158《港口咨询服务建议书》,建议各国政府在港口及所管辖水域中设立船舶交通服务。

1985 年,IMO A. 578(14)决议通过了由国际航标协会(International Association of Marine Aids to Navigation and Lighthouse Authorities,简称 IALA)、国际港口协会(International Association of Ports and Harbors,简称 IAPH)、国际引航协会(International Maritime Pilots' Association,简称 IMPA)和国际船长联盟委员会(International Federation of Shipmasters' Associations,简称 IFSMA)联合提交的《船舶交通服务(VTS)指南》,统一了各个国家建立的船舶交通管理(服务)系统的基本含义和功能,给出了通用的名称 VTS(Vessel Traffic Services)及其定义,对 VTS 的建立目的、组成、功能、规划、管理、实施程序和人员资格要求等提出了基本的指导性原则。

1997 年,IMO A. 857(20)决议通过了修订后的《船舶交通服务(VTS)指南》,进一步明确了 VTS 的定义、功能、地位、责任和义务,VTS 的技术基础、法律基础和操作人员的基本资格,以及 VTS 规划、建设、运行和效益评估的基本原则和方法,是目前 VTS 的主要政策和监管文件,是各成员方政府在建设、实施和运行 VTS 时的指导原则。

一、VTS 概念

1. 定义

IMO《船舶交通服务(VTS)指南》对 VTS 定义是:船舶交通服务是由主管机关实施的,用于保障船舶交通安全、提高航行效率以及保护海洋环境的服务。在 VTS 覆盖水域内,这种服务应能与船舶交通相互作用并对船舶交通形势变化做出及时反应。由此可知,VTS 不包括用交通法规等措施对船舶交通实施被动的静态管理,而是指通过交通信息采集进行交通控制,从而对船舶交通实施主动的动态管理,也不是指利用视觉或无线电助航设施以及巡逻船等传统手段引导或控制交通,而是指采用先进的信息系统和管理方法与交通船舶进行交互并对交通变化做出的反应。

中国 VTS 在最初建立时被赋予了更多的管理职能，习惯上称为船舶交通管理系统。1997 年第 8 号中华人民共和国交通部令发布的《中华人民共和国船舶交通管理系统安全监督管理规则》对 VTS 的定义是：VTS 系统是指为保障船舶交通安全，提高交通效率，保护水域环境，由主管机关设置的对船舶实施交通管制并提供咨询服务的系统。

国内外在涉及船舶交通管理（Vessel Traffic Management）时，也常常采用船舶交通管制（Vessel Traffic Regulation）、船舶交通控制（Vessel Traffic Control）、船舶交通服务（Vessel Traffic Service）等概念或术语。船舶交通管理概念的含义广泛并无所侧重。船舶交通管制的含义强调了船舶交通管理的强制性，如船舶应遵守交通规则，服从信号指挥；船舶交通服务的含义则着重于船舶交通管理的非强制性，如船岸之间可交换交通信息以利于安全顺利地航行；船舶交通控制的含义更注重船舶交通管理的技术性，如监测水域内船舶交通状态，用信息、建议和指令影响和指挥船舶的交通行为。由此可以认为，中国船舶交通管理系统兼具了船舶交通管理、管制、服务和控制等四个涵义。

由于 VTS 在海事管理方面发挥了卓有成效的作用，带来了显著的社会和经济效益，因而受到了各国海事主管机关的极大重视，并对 VTS 的模式进行积极探索和研究。在此期间，不同技术发展阶段、不同国家和地区都有不同的见解，也都有不同的研究成果，以下是 VTS 曾经使用或正在使用的名称和概念。

（1）VTS：船舶交通服务（Vessel Traffic Services），国际上统一名称。

（2）VTC：船舶交通控制（Vessel Traffic Control），中国香港习惯称 VTC。

（3）VTMS：船舶交通管理系统（Vessel Traffic Management System），1977 年在日本东京湾建成的包括雷达、通信网络和视觉信号的 VTS 系统。

（4）VTM：船舶交通管理（Vessel Traffic Management），IALA 在 2008 年出版的《船舶交通服务（VTS）手册》第四版中将 VTM 定义为：以 VTS 为核心组成，包含 AIS、船舶远程识别和跟踪（LRIT）、法律和公约的执行、搜救（SAR）等其他业务的船舶交通管理系统。

（5）VTMIS：船舶交通管理和信息系统（Vessel Traffic Management and Information System）是提供交通图像的 VTS 系统和提供数据信息的管理信息系统（MIS）的有机融合，是一套整合了 VTS、AIS、LRIT、气象、潮汐、潮流、船舶数据和港口动态等各类信息，并提供指定海域通航环境、综合导航、引航服务、交通管理等多种信息服务的大型综合系统。VTMIS 实现了雷达跟踪目标、AIS 报告目标与船舶数据库中的船舶信息自动建立关联，同时自动匹配航道、泊位和锚地等相关通航要素，可以及早预控交通流，有利于更加科学地实施交通组织，有效提高水上通航效率。MIS 可以对数据统一存储、显示、编辑和统计，为用户提供及时、准确的相关信息，实现数据共享，完善并提高 VTS 系统作为信息中心的作用，完善的 MIS 已成为先进 VTS 中心的重要标志。

2. 发展

全球海运的迅速增长以及现代科技进步极大地推动了 VTS 的发展，目前全世界有超过 500 个 VTS 系统在运行。在某些内河航运发达国家，内陆水域也建立了 VTS 系统。一般认为，世界 VTS 发展经历了四个发展阶段，不同阶段的内涵如表 11-1-1 所示。

表 11-1-1　VTS 发展阶段及不同阶段的内涵

阶段	目的	水域	技术
第一阶段 （1948 年前）	提高航运效率	港口、运河、河川、狭窄航道	光、声、电、机械信号系统以及无线电报电话
第二阶段 （1948—1972 年）	提高航运效率； 增进航行安全	港口延伸至外海或整个河川航道至入海口	雷达和 VHF，雷达为主
第三阶段 （1972—2000 年）	提高航运效率； 增进航行安全； 保护海洋环境	港口、河川扩展到沿海水域	计算机为中心，多源信息采集与处理技术融合
第四阶段 （2000 年至今）	提高航运效率； 增进航行安全； 保护海洋环境； 保护海洋资源开发； 协助海难救助 ……	以港口、水道为基点的水域或特定的海区	信息技术、通信技术和网络技术有机结合

3. **术语**

（1）VTS 主管机关：由政府设立的，全部或部分负责安全（包括环境安全）、船舶交通效率及环境保护的机构。

（2）VTS 当局：负责 VTS 的管理、运行和协调的机关，能与参加 VTS 的船舶互动并提供安全和效率方面的服务。

（3）VTS 水域：经划定并正式公布的 VTS 服务水域。VTS 水域可被分成若干分区，但应尽可能少，覆盖水域或分区的界线不应处于船舶需要改变航向及操纵的水域，包括河道交叉处、航路会合处和交通流汇聚处等交通复杂水域。

（4）VTS 中心：运行 VTS 的中心。每一个分区可以有一个 VTS 分中心。

（5）VTS 值班人员（VTSO）：具有资格执行一项或多项与 VTS 服务相关任务的人员。

（6）VTS 航行计划：由 VTS 当局和船长相互认可的在 VTS 水域内船舶动态计划，其编排取决于船舶领域及水域交通需要。船舶领域是指船舶周围空间的一个范围，当该范围被其他目标入侵时可能会引发船舶做出戒备反应并采取相应的行动。其大小会因环境因素的变化而变化，如可航水域、交通密度、船舶尺寸、船舶性能、船舶速度以及会遇局面等。

（7）VTS 报告船舶：加入 VTS 的船舶应根据要求在指定地点和/或时间按照规定的格式报告，船舶应尽可能切合实际地保证正确、及时地报告；未被要求报告但希望利用 VTS 提供服务的其他船舶应遵守有关程序。

(8)VTS交通图像:VTS交通图像是在VTS水域内船舶及其运动趋势情况的总览,是VTS对其服务水域内交通形势变化做出反应的基础,VTS值班人员能够据此评估海上交通形势并做出相应的判断。

二、VTS实施框架

根据《联合国海洋法公约》规定,沿海国在其内水享有绝对的主权;在领海享有主权的基础上,应赋予外国商船享有无害通过权;针对大陆架、专属经济区,沿海国享有管辖权;在毗连区,沿海国对其海关、财政、卫生和移民等类事项享有管辖权;至于群岛水域,所有国家的船舶均享有通过群岛水域的无害通过权;群岛国可指定适当的海道,国际航行船舶享有连续不停留地迅速通过其群岛水域和邻接领海的通过权。在《联合国海洋法公约》框架基础上,IMO和各成员国分别在国际和国内范围内进一步颁布了与VTS相关的具体管理规则和实施细则。由于不同水域的管辖权范围不同,因而这些水域的VTS当局在法律和规则的适用、实施和运行时,应该在国际和国内法规的框架内,并注意其管理权的区别。

(一)VTS实施法律体系与框架

1.国际法规

IMO作为联合国授权负责国际海事事务的专门机构,其使命是通过国际合作营造一个安全、可靠、绿色、高效和可持续发展的海运环境,手段是通过制定国际公约、技术标准和法律法规并保证其有效实施,以实现船旗国普遍统一的应用。作为民间、非盈利的国际组织,IALA在VTS管理、运行和实施方面的主要目标是通过相应的技术措施,辅助IMO促进助航设备的不断改进,保证船舶安全航行。

适用于建立、组织、管理VTS运行以及VTS人员培训、发证的国际公约和法规主要有:

(1)《联合国海洋法公约》有关海道和分道通航的规定。

(2)《SOLAS公约》第五章第12条。

(3)《船舶交通服务(VTS)指南》[IMO A.857(20)号决议]。

(4)《船舶报告系统指南和标准》[MSC.43(64)号决议]。

(5)《船舶交通服务(VTS)手册》(IALA VTS手册)。

(6)《IALA/IAPH/IMPA世界VTS指南》(MSC/Circ.586/Rev.1)。

(7)《标准航海通信用语》[A.918(22)号决议]。

(8)经修订的《1972年国际海上避碰规则》。

2. 国内法规

交通运输部海事局是全国船舶交通管理系统安全监督管理的主管机关，负有依据相关国际公约和规则制定国内 VTS 管理法规，管辖中国水域实施和运行 VTS 的职责。涉及 VTS 的国内法规有：

(1)《中华人民共和国海上交通安全法》。

(2)《中华人民共和国内河交通管理条例》。

(3)《中华人民共和国内河避碰规则》。

(4)《中华人民共和国船舶交通管理系统安全监督管理规则》。

(5)《船舶交通管理系统运行管理规定》。

(6)《船舶交通管理系统安全监督管理实施细则》。

(7)《VTS 用户指南》。

(8)《VTS 辖区事故内部评估指南》。

(9)《直属海事系统船舶交通管理系统内部管理办法》。

(10)《中华人民共和国海事局水上交通管制管理办法》。

(11)《中华人民共和国水上水下活动通航安全管理规定》。

(12)《中华人民共和国船舶载运危险货物安全监督管理规定》。

(二) VTS 实施法律问题与职责

1. 法律问题

IALA 颁布的《VTS 手册》认为：一旦主管机关认识到需要在港口、海港或水道范围内建立和运行 VTS，VTS 当局就必须为正确、专业地履行服务承担责任。主管机关应规定 VTS 权限所及水域，并指明职权所控制的人员或船舶，同时 VTSO 以及 VTS 履行职权所涉及人员的责任也应被明确规定。VTS 的实施主要涉及三个主要的法律问题：(1) 政府、港口或其他海事部门依据 VTS 规则控制船舶的权力；(2) 在 VTS 水域内工作的 VTSO、船长或引航员之间的关系；(3) 加入 VTS 的船舶发生海上交通事故的责任划分。

IMO 颁布的《VTS 指南》指出：船舶遵循 VTS 的指令而发生交通事故的责任应根据国内法规和具体案情判定法律责任。相应地，VTS 当局应注意到因为 VTSO 未能履行其职责而导致海上交通事故的法律含义。因此，在实施 VTS 时，主管机关应将赋予 VTS 当局以及 VTSO 的权限和职权予以明确，同时应该考虑到，VTS 当局和 VTSO 在提供助航服务和交通组织服务时通常会需要如下特定的授权：(1) 被授予发出强制性指令的权力（如有）；(2) 处理违章；(3) 执法权；(4) 明确的责任职责。

中国 VTS 系统是隶属于交通运输部海事局的行政管理机构，属于政府行政机构，其行为属于行政行为，因此，VTSO 的行为也可以被认为是具体的行政行为。

2. 职责

根据 IMO 颁布的《VTS 指南》,缔约国政府或主管机关在规划和建立 VTS 时,应:

(1)阐明实施 VTS 的目的及要实现的目标,并据此划定实施的水域、指定运行管理的当局和确定提供的服务类型和等级。

(2)制定法规并指导 VTS 当局根据国内、国际法规和 IMO 相关决议运行 VTS。

(3)保证 VTS 当局设备和设施的配置,并根据指南配备足够的、具有适任资格、经过适当培训并能够执行要求任务的人员和组织 VTSO 培训。

VTS 当局在运行 VTS 时,应:

(1)按照既定目标和相关法规保证 VTS 正常运行,建立操作程序,及时通过航海出版物向航海者提供在其辖区航行的相关要求和必须遵循的规程等详细资料。

(2)保证满足由主管机关制定的关于服务等级、值班员资格和设备的标准,力求与船舶报告、定线制、航标、引航和港口营运相协调。

(3)确保无线电通信畅通,在 VTS 运行期间可以提供所有公布的服务。

在中国,根据交通运输部颁布的《直属海事系统船舶交通管理系统内部管理办法》规定,其职责为:

(1)中华人民共和国海事局主管全国 VTS 系统运行管理工作。

(2)直属海事局负责对本单位所属 VTS 系统的运行管理情况的监督检查和业务指导。

(3)设立 VTS 系统的海事管理机构具体负责所属 VTS 系统的运行管理。

(4)VTS 中心具体负责 VTS 系统的内部运行,对 VTS 水域内船舶交通秩序实施监督管理和提供交通服务。

三、VTS 组成

VTS 系统是指由 VTS 当局公布并实施的,应用现代技术手段和管理方法,通过采集交通信息,评估交通状态,控制海上交通,进而对船舶交通行为实施动态管理的系统,是针对特定水域船舶交通管理现代化的主要技术手段。为了实施海上交通管理或提供船舶交通服务,VTS 必须获得有关整个交通情况及各船舶动态的充足的信息,特别是对船舶动态信息的实时性、准确性和可靠性有较高要求;从另一方面说,不论是交通管理或是交通服务,主要形式是对采集到的数据和信息分析、评估、处理,使其成为制定船舶交通管理决策的基础和实施交通管理的依据,从而将评估得到的结果由无线电通信系统发送给加入 VTS 的船舶。信息服务是目前绝大多数 VTS 的主要任务和基本特征。

VTS 设备是指构成 VTS 系统的各个硬件和软件项目,VTS 设备的配置取决于船舶交通密度、航行风险度、本地环境和气象条件以及 VTS 辖区范围等,这些因素将对 VTS 的运行以及设备获取信息的能力产生深远的影响。根据 IALA V-128 建议书，VTS 系统的配置标准分为 3 个等级：

(1)基本：适用于提供信息服务以及可能的助航服务的 VTS 系统。

(2)标准：适用于 IMO 所定义的所有类型的 VTS 系统，可以提供信息服务、助航服务以及交通密度不大和航行风险较低的水域交通组织服务。

(3)高级：适用于交通密度大和航行风险高水域的 VTS 系统。

VTS 系统是包括硬件、软件及其运行方式的有机组合，VTS 系统框图如图 11-1-1 所示。一个 VTS 系统可以包括以下一个或多个组件，但不包括人员和程序。

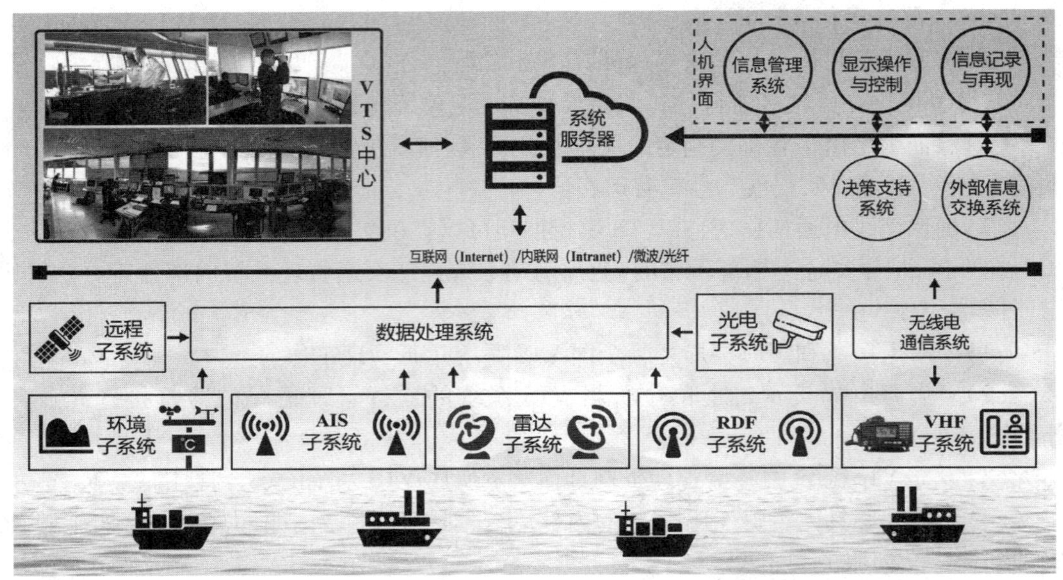

图 11-1-1 VTS 系统框图

1. 无线电通信系统

VHF 无线电通信是提供船舶交通服务的主要手段，其作用是保证 VTS 与水域内的船舶之间正常、有效的联系，是 VTS 实现其基本功能不可缺少的组成部分。VHF 信道由当地无线电管理部门指配，通常除了 VTS 各分区应有不同信道外，还应有一个或几个通用的报告信道或应急信道。海事 VHF 频道可以提供语音通信和数字通信。VHF 数字通信可以更加有效地利用 VHF 可用带宽，数字选择性呼叫(DSC)和 AIS 已经提供了如呼叫处理、船舶识别、船舶静态信息、动态信息、航次相关信息、安全相关短消息和 AIS 应用专用电文等交换数据的手段。预计 VHF 数据交换系统(VDES)的发展将有效地提升和改善海上交通数字通信能力。

2. 传感系统

VTS 覆盖水域所配备的传感器通常根据 VTS 需要提供的服务以及要求达到的安全

级别通过评估决定的，包括以下子系统：

（1）雷达子系统

雷达是 VTS 系统的重要组成部分，用于交通监控及船舶实时动态数据采集。其探测范围、最大作用距离、测量精度、分辨力等主要性能指标应该符合系统的需求。VTS 系统通常采用港口用或船员 X 波段和雨雪穿透能力较强的 S 波段雷达，Ku 波段雷达较少使用。

（2）AIS 子系统

该系统用于 AIS、DGNSS 数据采集发送，同时可以对非直接同步的 AIS 移动站提供同步信息，指配发射时隙和报告率，解决移动站拥塞问题以及发射 DGNSS 校正电文等。

（3）环境子系统

该系统包括传感器和遥控设备两大部分，用于采集气温、气压、潮流、能见度等有关水文气象和环境数据，同时利用合成孔径雷达进行灾害监测、环境监测以及海洋监测。

（4）光电子系统

由成像设备（如 CCTV）组成的光电子系统，用于辖区重点水域的图像、视频等多媒体信息采集，弥补雷达监控的不足，其监控范围受镜头的焦距和云台转动视角的限制。

（5）无线电测向（RDF）子系统

该系统可以通过接收船舶无线电发射信号确认船舶位置和帮助船舶身份识别，是 AIS 的补充，有助于定位没有配备 AIS 的船舶，但不适用于连续的跟踪。

（6）远程子系统

LRIT 数据有时被用于提供船舶到港状态的更新，提供补充信息用于定位船舶，协助搜救行动等。

3. 数据处理系统

该系统主要用于接收和处理雷达、测向和 AIS 等传感器和/或外部系统采集的实时数据来构建交通图像，并通过目标跟踪和传感器数据融合，以维持最新的交通图像。其基本技术性能要求包括：目标录取跟踪容量；跟踪的稳定性与可靠性；干扰杂波抑制性能；目标计算与数据显示能力；监视与报警性能等。

4. 人机交互系统

人机交互系统是实现 VTSO 与 VTS 设备之间交流沟通和传递信息的系统，其主要作用是提供直观、准确且有助于 VTSO 制定决策的交通图像信息。人机交互系统包括以下模块：

（1）信息记录与再现

信息记录与再现包括记录器、存储单元、转录机和记录软件，用于对交通图像、数据和通信话音等信息的记录和重放。

（2）信息管理系统

信息管理系统由船舶数据库服务器、Web 服务器和显示终端组成，主要用于船舶数据存储、修改、整理、编辑和显示，以便于船舶交通管理。

(3)交互管理系统

VTSO 借助交互管理系统对 VTS 相关设备进行操作控制以及安全监控和维护。

5. 决策支持系统

决策支持系统有助于评估海上交通状况，为制定决策提供及时和必要的信息，例如，在应对水域船舶避碰时，CPA、TCPA 是 VTS 经常使用的工具。随着管理信息系统的不断发展完善，越来越多的交通规划、管理工具用于 VTS 的决策支持。

6. 外部信息交换系统

VTS 系统需要能够与外部机构通信和交换信息，包括相关的联合服务机构，LRIT 以及相邻的 VTS 系统。交换的信息包括交通管理、危机管理、SAR、物流链支持、执法、环境保护、水路基础设施管理和海事安全信息等。

四、VTS 分类

IMO 的 A. 857(20)决议《船舶交通服务(VTS)指南》认为，港口 VTS 和沿海 VTS 之间的区别需要加以明确。港口 VTS 主要服务于进出港口的船舶交通，而沿海 VTS 主要服务于经过该水域的船舶交通。一个特定的 VTS 既可以是上述任何形式的一种，也可以是两种形式的组合。这两种 VTS 提供服务的类型和等级可以不同。港口 VTS 除提供基本的信息服务外，通常还提供助航服务和/或交通组织服务，而沿海 VTS 通常只提供信息服务。

1. 沿海 VTS

沿海 VTS 侧重于为船舶提供安全和迅速地通过沿海水域的服务，特别是在海上交通密度高或环境敏感、以及由于地理环境限制或近海岸线海上工程活动可能给航行带来困难的水域。

2. 港口 VTS

港口 VTS 是当船舶进出港、航行或者通过限制船舶操纵的类似水域时，提供信息服务以及帮助船舶高效和安全航行。

3. 内河 VTS

IALA 颁布的《船舶交通服务(VTS)手册》在 2016 年第 6 版中指出，内河 VTS 主要目的是为江河、湖泊或其他内陆水域的船舶提供航行信息和服务，在促进水上航行安全的基础上保护附近居民和企业免受船舶交通可能带来的不利影响。

五、VTS功能

VTS通过改变船舶交通的基本特性以达到船舶交通安全与效率的提升。VTS功能可以细分为内部功能和外部功能。内部功能是指VTS运行必备的功能，为实现对外的交通管理功能服务，包括数据采集、数据评估和制定决策等。外部功能是指为了影响船舶交通特性而执行的活动，通常是指用于管理交通的方法。

外部功能是VTS提供信息和安全服务的主体，为了深入理解和全面掌握VTS功能，可以对其从性质和内容两个层面分类探讨。

（一）服务性质层面

外部功能按照其性质可以分为以下四类：

1. 主要功能

主要功能指交通管理中与船舶航行过程的常规操作相关的部分，包括规则制定、空间分配、船舶的常规控制和避碰操纵。

2. 辅助功能

辅助功能指交通管理在突发交通事件出现后至结束的各个阶段发挥的积极作用，包括补救、救助、医疗和防污染等。

3. 强制功能

强制功能指交通管理中鼓励或强制船舶遵守交通规则，包括执法、警告和管制等。

4. 其他功能

其他功能指与利益相关者或邻近VTS建立联系，通过数据交换或双方的活动协议来实现协作服务，这类功能不针对船舶的运动和行为。

（二）服务内容层面

VTS的外部功能从其内容看，主要是对水域中的船舶提供信息服务、交通组织服务、助航服务以及支持联合行动，如图11-1-2所示。提供外部服务应优先使用VHF信道，通信用语为政府的官方语言和标准航海用语。

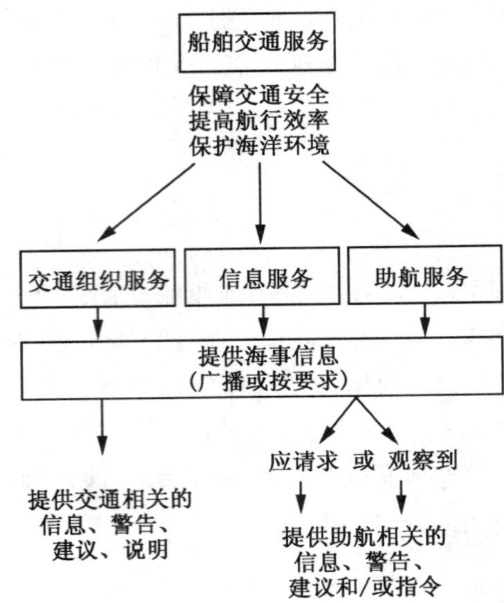

图 11-1-2 VTS 服务和功能类型概述

1. 信息服务

信息服务(Information Service,简称 INS)是确保及时获得基本信息进而实现船舶导航决策的服务,是 VTS 必须包含的基本服务。相关信息主要通过 VHF 或其他有效通信手段,在固定的时间或以固定的时间间隔播发,或在 VTS 认为必要时,或应船舶的要求而提供。

VTS 信息服务旨在提高船舶交通的安全性和效率以保护环境。通过向所覆盖水域内的船舶提供必要的、及时的和有助于航行安全的信息,可以有效提升针对重点水域、重点船舶和重点时段的服务。IALA 指南 1089 列出了 VTS 信息服务可以提供的详细信息类型示例。如果 VTS 提供海事安全信息服务(MSI),则应遵循 IMO 的 A. 706(17)号决议(修订版)的相关规定。INS 提供信息可以包括但不限于:

(1)船位、船名、意图和目的港。

(2)VTS 覆盖区信息更新,包括 VTS 覆盖水域范围变化、VTS 盲区、无线电频率变化、报告线(点)变化和强制报告要求变化等。

(3)操纵受限船舶可能带来的影响。

(4)航路变化。

(5)助航标志异常。

(6)危险沉船、不明障碍物、水上水下活动、失控船及碰撞搁浅危险。

(7)风向、风速、流向、流速、浪高、能见度、气压、冰况。

(8)大风、暴雨、海啸、能见度受限等。

(9)水深、潮差、潮流等。

(10)如 GNSS、LORAN、DGNSS、AIS、RACON 等电子航行设备的可靠性或完善性信息。

(11)港口信息、引航、拖船、载货和安保等。

2. 交通组织服务

VTS 交通组织服务(Traffic Organization Service,简称 TOS)是指在 VTS 区水域内防止危险海上交通态势的发生和保证船舶安全、高效航行而声明的部分或全部的交通组织行为。当 VTS 被授权提供服务时,应提供交通组织服务,包括但不限于:

(1)规划船舶航行或优先排序,以防止交通拥堵或危险局势。

(2)降低或消除由于特殊作业、装载危险品或污染货物的船舶通行面对交通流造成的影响。

(3)指令驶入或驶离特定水域。

(4)实施交通管制或航行计划运行制度。

(5)要求强制性动态报告。

(6)要求应遵循的指定航线。

(7)要求应遵守的航速限制。

(8)VTS 根据观察到船舶交通的发展态势,认为有必要协调船舶交通。

(9)针对可能会影响船舶航行的航海活动(例如帆船比赛)或正在进行的海上工程(例如疏浚或海底电缆铺设)实施交通组织。

(10)针对其他可能影响船舶航行安全及效率的情况实施交通组织。

交通组织服务涉及航行的预先计划,特别适用于船舶进入复杂航道、通过桥区等受限水域,以及在恶劣天气、能见度不良条件下的航行计划等情形。交通监控、强制执行管理规则与条例是交通组织不可分割的一部分,执法也可以在交通组织服务中进行,并在 VTS 的权限范围内采取适当的行动。

交通组织服务可以建立并运行一套交通许可体系,包括航行优先权、空间分配、强制性报告、确立航线、航速限制以及其他 VTS 认为必要和适当的措施。VTS 为了提高航行效率或协调交通而制定的航行计划,应尽可能不要影响一般交通流,并应当指明需要强制性遵守航行计划的船舶或船舶类型。航行计划应经船舶和 VTS 当局双方认可,在执行计划会影响到一般交通流时,应当公布详细情况。航行计划应视为船舶和 VTS 当局之间的协议,只要可行就应遵守。在特定的交通情况或特殊环境下,VTS 可建议补充或改变计划,并向船方表明修正的理由。船舶和 VTS 之间就航行计划达成协议后,船舶被允许加入 VTS 并且应尽力维护该计划。在无自动跟踪设施的水域,可以要求船舶定时报告船位。

3. 助航服务

VTS 助航服务(Navigational Assistance Service,简称 NAS)是指协助船舶制定航行决

策并监控其效果的服务。助航服务是引航服务等其他导航服务的重要补充，如在船舶设备故障或船方对航行环境不熟悉时可以根据船舶的要求提供。根据 IALA 指南 1089 的附录 B，无论是否有引航员在船，可以由 VTS 提供助航服务的适用情形包括但不限于：

(1)搁浅风险。

(2)船舶偏离推荐航线或计划航线。

(3)船舶定位丢失。

(4)船舶无法确定到达目的地的航法。

(5)协助船舶锚泊。

(6)船舶失控。

(7)恶劣天气(如能见度不良、水面上有大风)。

(8)碰撞危险。

(9)驾驶团队关键成员无法履行职责。

(10)需要助航服务的其他情况。

VTS 能够通过提供航行信息，为船舶航行决策提供帮助。这些信息包括但不限于船舶的实际航向和航速，船舶相对于航道轴线和转向点的位置，周围船舶的位置、标识和航行意图，对个别船舶的警告等。助航服务一般以提出航行建议或指示的方式协助船舶做出航行决策，例如航向、航速建议等。助航服务应由经过必要培训的 VTSO 以清晰简洁的方式操作实施，以便消除误解并最大限度地降低可能产生的不良后果。

航行建议或指示应在已建立正确的识别，且在整个过程中能够得到保持连续通信的情况下，应船舶请求或 VTS 认为必要时提供。如条件允许，通常应在提供服务之前对通信及船舶响应能力进行评估，用于实施助航服务的 VHF 信道应根据当时的环境和条件约定，既要防止其他站台的干扰还要兼顾公共通信的需求。助航服务的开始和结束必须由船舶或 VTS 明确声明并被另一方确认。

船舶偏离航线，存在航行危险，包括驶向危险沉船、失控船、不明障碍物及潜水作业区等，或存在特殊的水文气象会严重威胁船舶航行安全时，VTS 可以使用警告的方式提醒船方，也可以对船舶的交通行为提出建议，但指令的方式只有在获得 VTS 当局授权时才可以被使用。

4. 支持联合行动

支持联合行动(Support allied activities)是一种不需增加船舶报告的负担，而能够增加交通的安全和效益，以及对环境保护和提高 VTS 有效性的支持活动。一般说来，它可以通过数据交换、数据共享以及建立常规与应急程序来实现。VTS 支持联合行动的部门或单位包括但不限于：搜救机构、港口国监督(PSC)、环保机构、邻近 VTS 中心、引航机构、拖船公司、船东与代理、医疗卫生机构、政府执法机构和海关及安保部门、货代、科研机构、海事调查机构、海军、边防、港口行政部门和民间搜救组织等，IALA 指南 1102 对 VTS 与参与联合行动各部门之间的互动协作给出了指引。所有这些联合服务机构的服务效率均依赖于船舶动态信息的实时共享。因此，改善信息收集和分发，促进机构间的信息交换，是 VTS 和 VTMIS 发展以及提升港口竞争力的有效手段。

支持联合行动是以安全和效率为目标的，可以在 VTS 中心认为必要时，或应其他部门和单位申请并且经 VTS 中心同意后实行，如有必要，VTS 的支持可以延伸到 VTS 水域之外，与搜救和污染控制等应急服务的偶发性相关。支持联合行动应依照预先建立的应急计划开展，并在应急计划中确立联合行动的程序和各自的职责。支持联合行动适用的情形包括：(1)发生搜救应急事件；(2)发生污染应急事件；(3)开展水上水下活动；(4)航标异常；(5)需要提供数据与信息；(6)船舶或设施涉及安保事件。

第二节 VTS 水域引航

VTS 通常覆盖港口、运河、海峡、江河等通航密度高、水文气象复杂、环境条件欠佳以及航行难度较大的水域，也常常是需要提供引航服务的水域。实际上，一个水域内的船舶交通可以看成是由许多相关联的控制环路组成的相互作用的动态系统，称之为交通总控制环(Traffic General Control Loop，简称 TGCL)。TGCL 包含许多以信息为媒介的相互关联和相互影响的决策系统，VTS 是其中的一个部分，引航服务也是其中的一个部分。人根据各种交通信息而做出的决策支配着船舶交通行为。决策的过程是获取、评估和利用信息的过程，其结果力图使整个交通的组织、状态和结果符合预定的目的。VTS 在 TGCL 所起的作用实质上是以信息方式影响船舶的航行决策，并由船方最终实施航行决策的过程。而引航服务在 TGCL 所起的作用则是由引航员根据水域交通规则和航行信息，与驾驶台团队协作，直接做出航行决策和控制船舶行为的过程。

增进水域内船舶交通安全，减少海损事故，保护海洋环境是 VTS 和引航服务的共同目标。VTS 三大服务对水域内提高船舶交通效率和保障航行安全的作用是明显的，VTS 实施在带来便利的同时也带来约束，因此，VTS 水域引航服务的实施，应该充分利用 VTS 的服务功能，遵守水域交通规则以及按照各自义务职责深度沟通紧密协作。

一、VTS 水域引航注意事项

交通空间、交通路线、交通流向、交通流速度的管理和交通运行状态监视是海上交通管理的基本和关键要素。涉及特定水域内的船舶航行决策和行为，参与水域内交通的所有个体都必须按照基本规则和各自扮演的角色履行其职责和义务，引航员既是 VTS 的用户同时又是 VTS 服务信息的解释者和执行者。

1. 通信义务

(1)引航员与 VTS 当局通信应根据船舶报告指南和规定进行，并应只限于对实现 VTS 目标具有重要意义的信息。

(2)引航员与 VTS 和其他船舶之间应根据 ITU 的《无线电规则》和《SOLAS 公约》第四章的规定在指定的频率上通信，尤其是关于船舶操纵意图的通信。VHF 频率分配方案可以参考第九章 VHF 无线电话，某个水域的频率具体使用情况可以参考《无线电信号表》或《VTS 用户指南》。

(3)当被引船相应的通信设备失效时，引航员应敦促船长通过船上可用的任何其他通信手段(如灯光、笛号和手机等)，通知 VTS 中心和其他邻近船舶，告知其不能在指定频率上通信。

2. 报告义务

(1)引航员引领船舶在 VTS 水域内航行、停泊及其他水上水下作业时，必须按主管机关颁发的《VTS 用户指南》所明确的报告程序和内容，通过 VHF 或其他有效手段向 VTS 中心报告船舶动态。

(2)如发生交通事故、污染事故或其他紧急情况时，应通过 VHF 无线电话或其他一切有效手段立即向 VTS 中心报告。

(3)发现助航标志异常、有碍航行安全的障碍物、漂流物或其他妨碍航行安全的异常情况时，应迅速向 VTS 中心报告。

3. 遵章守规义务

(1)遵守 VTS 水域有关航行、停泊和避碰的规则。航行规则在此是指所有涉及船舶常规行为的交通规则；停泊规则是指船舶停泊水域的规定；避碰规则是船舶避免碰撞事故的行为规范。这些规则具有技术规范和法律规范双重性质。避碰规则包括国际海上避碰规则、内河避碰规则、各港港章及水道航行规定中涉及船舶避碰的具体条款。

(2)交通组织是授予 VTS 的唯一一项行政权。在 VTS 实施交通组织时，引航员在不影响本船安全航行的情况下，有义务接受并执行 VTS 的指令。

二、VTS 信息引航应用

引航员在 VTS 水域实施引航服务，应该充分利用 VTS 的服务功能以及最大程度的获取与引航安全相关的 VTS 信息，同时也应充分理解 VTS 服务的性质和法规边界。

（1）VTS 被授权向船舶发布的指令仅仅是导向性的和“面向结果的”，引航员可以拒绝执行任何涉及船舶操纵具体细节的指令，如操舵角度或主机操纵等。

（2）VTS 发出的任何信息均不影响船长或引航员的法定责任与职责，引航员有权拒绝接受侵犯其指挥船舶安全航行或扰乱其与船长之间传统关系的任何信息。

（3）VTS 中心的行为仅限于发出建议、劝告和警告，而不能剥夺引航员或船长的船舶操纵权，引航员或船长仍然为船舶最终操纵的决策者。无论 VTS 航行计划，还是对航行计划请求的或认可的修改，都不能代替引航员或船长对船舶实际航行和操纵的决定权。

（4）VTS 发给船舶的任何信息应清楚地表明其类别，如信息、建议、警告或指令。如有怀疑，引航员可以要求 VTS 澄清。

（5）引航员可以要求 VTS 提供如水域条件、气象、能见度情况、航行通告或警告、航行风险以及交通拥挤情况、特种作业等其他可能影响船舶航行的信息服务，尤其在恶劣天气和能见度不良时。

（6）引航中遇到航行困难时，引航员可以要求 VTS 提供助航服务，如要求 VTS 提供周围船舶的位置、识别、动向和对妨碍其安全航行的船舶提出警告。

（7）被引船出现设备故障、损坏或失控时，引航员可以要求 VTS 中心提供针对该航行水域的临时交通组织服务以及协调拖船、补救和辅助服务。

第十二章 e 航海

e 航海(e-Navigation)是国际海事组织主导的一个战略愿景,旨在协调电子导航、数据通信和网络技术在航海活动中的广泛应用,旨在促进航行安全与服务、海上保安和保护海洋环境。e 航海的核心理念是“协调(Harmonized)”。

2005 年英国交通部首次提出 e 航海的概念,同年 11 月国际航标协会(International Association of Lighthouse Authorities,简称 IALA)在“全球船舶追踪”研讨会上再次提到 e 航海。2006 年 5 月初美国、日本、马绍尔群岛、荷兰、挪威、新加坡、英国联名向 IMO 海上安全委员会(MSC)第 81 次会议提交提案,提议由航行安全委员会(NAV)和无线电通信与搜救委员会(COMSAR)制定 e 航海发展战略。2006 年 5 月,IMO 秘书长在上海举行的 IALA 第 16 届大会首次正式提出 e 航海的概念并进行了重点阐述。2007 年 IMO 航行安全委员会第 53 次会议采纳了 IALA 提出的 e 航海概念,e 航海开始由概念走向现实。

第一节 e航海概述

一、e航海背景

全球超过80%的货物运输是通过海运完成的,经济全球化发展带动了航运业的高速发展和港口现代化。这种快速发展给航海活动带来了前所未有的挑战,如何保障海上航行安全、促进海上保安、提高航运效率以及保护海洋环境是海事主管机关和从业人员长期面临的基本挑战。

卫星导航在航海领域应用以来,推动导航和助航技术快速发展,取得了实质的进步。但航海信息化始终处于碎片化的无序发展状态,如不加以协调整合,从理念、概念和框架上实现顶层设计,全球航运业的发展远景就可能会因为船载和岸基设备缺乏统一的标准,船对船、船对岸及岸基设备之间相互不兼容、不协调的现状会长期存在,难以实现高效运行的航海服务,背离IMO的发展宗旨。航海活动的发展,导航、助航、通信、服务和监管的整合需求,催生了e航海的概念。

1. 通航密度日益增加

经济全球化和航运、物流的快速发展带来船舶通航密度的日益增加,其生态系统有许多不同的参与者和利益相关者,海上交通管理的模式需要从监督管理向服务保障的方向发展,亟需一个有效管理、有序运行的航行环境。

2. 船舶日益大型化

船舶的大型化是现代船舶发展的重要特征,其结果导致航行环境更加复杂,安全操纵船舶面临更多的挑战。引入新的信息技术,构建合理的系统架构,提高发送、接收、分析和提供信息的能力,优化船舶综合操纵能力,是船舶工业和航运从业者的共同愿望。

3. 海洋活动日益增多

航海是人类认识和利用海洋的基本活动,是陆上活动的延伸和补充,并反哺改善陆上人类的活动,推动人类文明和社会进步。航海不但被用于大规模的运输,也被用于海洋勘探开发、渔业、军事以及探险等海洋活动,日益增多的海洋活动对后勤保障与信息支持提出更多的需求。

4. 电子导航设备多样化

过去的几十年里,出现了如GNSS、ECDIS、AIS、VDR、LRIT及不同种类的各种港口引航设施、助航设备和系统,很大程度上补充和增强了原有的导航和助航系统,但各设备与系统之间缺乏统一有效的整合平台,互不兼容的系统大大增加了驾引人员和海事主管机关的工作和管理负担,不利于航行安全。

5. 驾驶台设备安装杂乱

不同历史时期装备的航行设备相对独立,标准不一,不具备统一的通信接口,统一规划驾驶台设计和配置困难,以致驾驶台环境凌乱,不利于航行安全和资源整合。

6. 船舶配员减少

船舶的大型化、专业化、高速化和自动化的目标是减少人力成本,降低能源消耗。研究表明60%以上的碰撞和搁浅是由人为过失直接造成的。船舶经营者为了降低营运成本,减少船舶配员,尽管驾驶台资源管理获得改善,但船舶配员减少使得在很多时候驾驶员未能够获取到充分和最佳航行信息,孤立地做出航行决策而酿成事故。

7. 未有统一海事信息平台

目前尚未有统一的海事信息平台,船载设备和岸基设备标准不统一,造成船对岸、船对船之间系统不兼容,信息不能共享,互操作性差,大大影响管理者和航海者之间有效、及时的信息交流。海上交通和港口管理部门呼吁互联互通,加上运输物流行业快速发展及数据需求增加了海洋通信系统的负荷,另外,海员的基本通信权利和需求也无法得到满足。

8. 技术整合条件已经基本具备

既有的技术手段为综合协调现有资源和整合船载设备,尤其是导航和助航信息的采集处理和传输使用,标准的人机交互界面(S-mode)为提高信息的可用性提供了可行性。GNSS提供位置和授时基准,AIS可实现船对岸、船对船的数字通信,ECDIS提供了一个集成式数字导航信息系统,为相关技术整合创造了有利条件。

二、e航海愿景

(一)e航海概念

2006年5月,IALA第16届大会首次给出了e航海的概念,IMO的NAV分委会在

2007 年召开的第 53 次会议上正式采纳了 IALA 给出的概念：e 航海是通过电子方式采集、整合和显示船上和岸上的海事信息，以增强船舶泊位至泊位的航行能力及相关服务、海上安全和安保水平，以及保护海洋环境（e-navigation is the collection, integration and display of maritime information onboard and ashore by electronic means to enhance berth to berth navigation and related services, safety and security at sea and protection of the marine environment）。

2009 年 MSC 第 85 次会议通过了 e 航海实施战略，并进一步修订和完善了 e 航海的概念：e 航海是通过电子方式协调地采集、整合、交换、呈现和分析船上和岸上的海事信息，以增强船舶从泊位至泊位的航行能力及相关服务，提高海上安全和安保水平，保护海洋环境（e-navigation is the harmonized collection, integration, exchange, presentation and analysis of marine information on board and ashore by electronic means to enhance berth to berth navigation and related services for safety and security at sea and protection of the marine environment）。

从构想到战略实施方案，以上 IMO 给出的关于 e 航海不断发展和完善的描述与其说是概念，不如说是 IMO 关于海事未来发展和进化的愿景，而且这将是一个随着技术演进、需求发展、认知提高和社会进步而目标逐渐清晰和完善的进程。我们可以从 e 航海宗旨目标、核心理念、技术手段、信息处理方法和覆盖精度要求等方面进一步解读 e 航海的概念。

1. 宗旨目标

e 航海的宗旨目标是“提高海上安全和安保水平，保护海洋环境”，契合 IMO 宗旨和使命。e 航海的目标不只是关注航行，而且要提供和加强与航行相关的各种服务。e 航海顶层设计遵循的原则是以终为始，通过深入探索用户需求，进行架构、差距、成本、效益和风险分析，调动和配置资源，完善和推动 e 航海的战略实施方案。

2. 核心理念

协调是 e 航海的核心理念，是贯穿始终的主线。协调意味着和谐一致，浑然天成。e 航海倡导构建系统的生态性，促进海事信息深入融合。e 航海不是各厂家和型号设备之间的简单堆砌和整合，而是面向未来的船舶设备、港口设施、工程伦理、人的因素、自然环境的交融共生和协调、可持续性发展。

3. 技术手段

“电子的”技术手段应理解为包括现有的海事技术和新技术的融合。现有的技术手段包括高精度 PNT（Position, Navigation and Timing）技术、感知技术、探测技术、识别技术、综合信息处理技术和网络技术等；新技术可包括对现有技术的进一步开发、扩展和深化，还可包括未来应用于海事的光学技术、智能技术和低时延宽带传输技术等，还包括了预期为海事科技研发的专有基础技术平台。

4. 信息处理方法

“采集、集成、交换、呈现和分析”是e航海信息技术的处理方法，也是用户对海事信息不断增长的递进需求和目标。随着e航海战略的实施和发展，其概念所反应的目标、理念、技术和内容也不断地发展和成熟。新的概念将信息显示(Display)修改为信息呈现(Presentation)，增加了信息分析(Analysis)，反映了e航海战略目标的提升和对信息处理要求的提高。事实上，基于近年IMO对人工智能(AI)以及海事自主水面船舶(MASS)技术进一步发展的期待，航海用户对信息决策和自主航行的要求已经呼之欲出。

5. 覆盖精度要求

e航海将“增强船舶泊位至泊位航行能力及相关服务”，反映了两个层面的含义，既意味着全球覆盖的海事技术和服务能力，包括港口引航服务能力，又突出了将这样的能力直接擢升至泊位级精度的要求。

(二)“e”的含义

e航海是由IMO主导，联合IALA与其他相关组织协同实施的以用户需求为驱动、以服务用户为宗旨的持续发展的动态战略计划。2006年9月IALA第一次e-Nav会议重点讨论e航海中“e”的含义，主要围绕着“电子的(Electronic)”和“增强的(Enhanced)”进行讨论，但并没有形成共识，直至2008年2月第3次e航海会议讨论的结果认为：“e”仅是一个标志，不需要对“e”进行特别的定义。

e航海不是一般意义上的电子航海。狭义上看，e航海包括但不限于技术、设备、系统和设施的互联互通及提供必要和增值的海事服务。广义上看，e航海是一个概念，是一个框架，是一个战略，是一个愿景，是一种引领。“e”可以是“电子的(Electronic)”、“增强的(Enhanced)”、“容易的(Easy)”、“高效的(Efficient)”、甚至可以是“必需的(Essential)”或者其他的任何积极的含义。总之，“e”就像广袤的海洋，可以容纳无穷的含义。“e”是e航海得以实现所有技术手段和目标的概括，不仅仅局限于电子航海的范畴，只要是符合e航海的战略愿景，它就是这个“e”。

(三)“Navigation”的含义

“Navigation”曾经被认为是一种技艺，现在已经成为一门科学和技术，中国《航海技术辩证法》一书认为：“航海是一门综合性的工程应用科学和技术，古代航海只是一种技艺，至15世纪初才逐渐发展为技术……”航海科学技术的狭义解释是从航海人员驾驶船舶在海上航行的知识、方法和手段出发的，主要指地文航海、天文航海、无线电航海、船舶操纵与避碰技术。广义的航海科学技术还应包括造船、船舶通信导航、船舶安全和防污染技术等。无论狭义的还是广义的航海科学技术都依赖于相关门类科学技术，并且是相关门类科学技术在航海上的综合、集成与应用。

"Navigation"的中文释义为导航、领航、航行、航海、海上交通。相对于传统的航海，e 航海涉猎的领域更加宽广，如通信、导航、互联网、物联网、海事业务等现代科技领域。在 e 航海中，"Navigation"被赋予了新的内涵，将航海活动覆盖和延伸至船舶、水面、水下、陆基和空间的系统和设施，赋予更为广阔的空间。船岸一体化、智能自主船舶将会改变海员"服务于船上"的属性，同时也在悄悄改变"Navigation"的含义。

人类迈入新时代，在这个历史的转折点上，e 航海既是航海的历史传承，也是继往开来。新航海人的思考方式，不应局限在传统航海模式以及现有的信息航海模式，更需要运用新思维、新担当去推动航海向着更加安全、祥和、环保的目标迈进，用创新思维去构建一个包含相互依存的海洋价值观、共同利益观和可持续发展观的海洋发展共同体。

基础科学和其他相关科技的发展是航海技术发展的一个重要推动力量。新技术，新设备，尤其基于新思维的新科学是引领和推动 e 航海的源动力。从郑和、哥伦布到麦哲伦，从最早的罗盘、明代的《海道指南图》到 AIS、ECDIS，纵观历史，航海是拓展人类视界，发现新大陆，应用新技术的过程。地球表面有约 71%被海洋所覆盖，从工程伦理学的角度去看，e 航海不是对错分明的技术与数字、设备与系统，而是协调环境、自然和人文各项活动之间的紧密纽带，其背后隐含着意义深远的道德与伦理问题。IMO 站在全球的视野高屋建瓴，e 航海的实施应该把保障社会、资源、生态和环境的可持续发展作为首要目标。相关行业与从业人员应该打破各种技术的壁垒和人为的障碍，从构建人类未来的高度去参与和推动 e 航海战略的实施。

（四）核心目标

e 航海旨在通过协调统一各航行系统和支持岸上服务来满足现在和将来航海活动的需求，未来的发展中，其要达到的核心目标有：

（1）防范水文、气象、航海和其他因素的附加风险，保障船舶航行安全和安保水平。

（2）便于岸上、沿海设施对船舶交通的实施监测和管理。

（3）促进船对船、船对岸、岸对船、岸对岸以及其他用户之间的通信和数据交换。

（4）为提高航运和物流的效率创造有利条件。

（5）为应急反应和搜救服务的有效实施提供支持。

（6）验证关键安全系统的精确度、完善性和连续性指标。

（7）通过人机交互界面整合并呈现船基和岸基信息，最大限度提高航行安全，减小用户一方由于混淆和误解而产生的风险，并管理用户的工作负荷，激励、约束和支持用户辅助决策。

（8）在整个发展和实施过程中，纳入针对用户的培训和熟悉等要求。

（9）促进全球覆盖、标准和配置统一，提高设备、系统、符号和操作程序的兼容性和协同性，以避免用户之间潜在的冲突。

（10）可扩展性支持以方便所有潜在航海用户使用。

（五）技术架构

2011年IMO的NAV第57次会议上正式批准的e航海的总体架构示意图如图12-1-1所示，船上环境包括航海人员、通信设备、传感器、综合航行系统，岸基用户包括VTS、引航站以及其他利益相关者。船载和岸基系统通过物理链接、功能链接和运营服务建立关联，使用通用海事数据结构（Common Maritime Data Structure，简称CMDS）实现通信，全球无线电导航系统（World-Wide Radio Navigation System，简称WWRNS）作为e航海的外部支撑系统，为e航海应用提供PNT（Position，Navigation and Timing）定位、导航和授时信息。

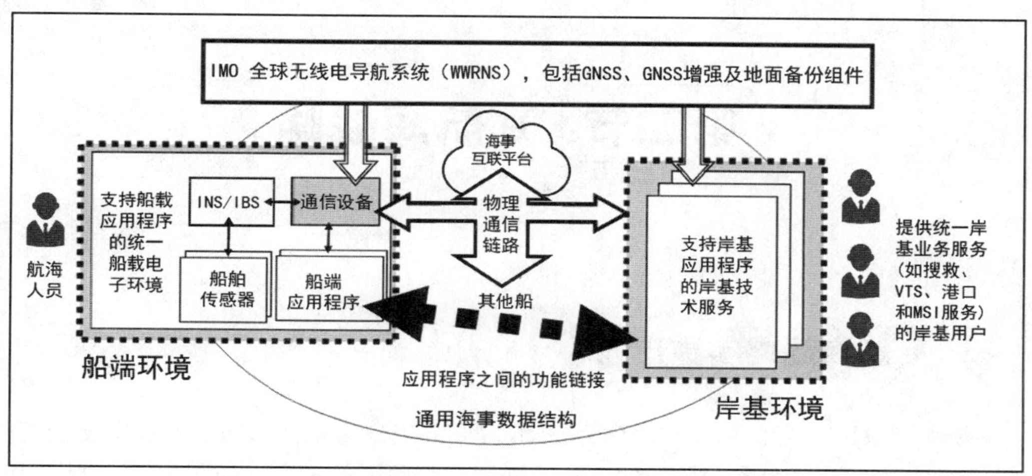

图12-1-1 e航海总体架构示意图

（六）参与组织

IMO是e航海战略的主导机构，2009年7月在MSC第86次会议上成立了e航海通信联络工作组，负责协调IMO、ITU、IEC、IHO、IALA等相关国际组织，推进e航海战略研究和实施。通过协调、整合现有的技术手段，最大限度地满足当前和未来航海用户的需求，促进航海模式最优化发展。

e航海是由IMO协调相关国际组织共同实施的高优先级动态发展战略，IALA在2006年9月正式成立了e-NAV分委会，组建了6个工作组从事三大方面的研究，分别是e-NAV战略实施与运作工作组、PNT工作组、AIS工作组、通信技术工作组、技术架构工作组和信息描述工作组。参与的机构主要有：

（1）国际海事组织（International Maritime Organization，简称IMO）。

（2）国际航标协会（International Association of Lighthouse Authorities，简称IALA）。

（3）国际海道测量组织（International Hydrographic Organization，简称IHO）。

（4）国际电信联盟（International Telecommunication Union，简称ITU）。

（5）国际电工委员会（International Electrotechnical Commission，简称IEC）。

(6)国际引航协会(International Maritime Pilots' Association,简称 IMPA)。

(7)国际海上无线电通信委员会(Committee International Radio Maritime,简称 CIRM)。

(8)国际航运协会(International Chamber of Shipping,简称 ICS)。

(9)国际航海学会协会(International Association of Institutes of Navigation,简称 IAIN)。

第二节 e航海战略

一、e航海战略实施计划

e航海是IMO主导的以用户需求为驱动、以服务用户为宗旨的动态持续发展的高优先级战略计划,战略实施是分阶段的不断发展和反复验证的过程。如图12-2-1所示为e航海战略的技术路线图,第一个阶段(2005—2007年)完成了e航海概念的形成和阐述;

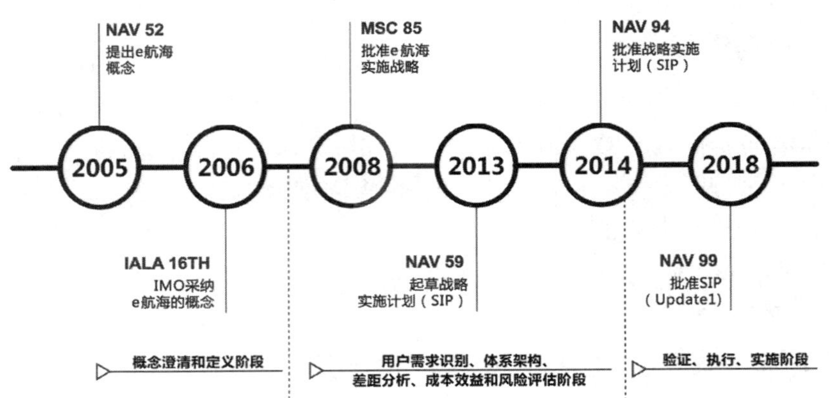

图12-2-1 e航海战略的技术路线图

第二阶段(2008—2013年)制定了e航海实施战略(MSC85/26/Add. 1附件20),完成了用户需求识别(2010年NAV第56次会议通过),体系架构(2011年NAV第57次会议通过),差距分析(2012年NAV第58次会议通过),成本效益和风险分析(2013年NAV第59次会议通过);第三阶段(2014年至今)为实施阶段,主要完成验证、执行和实施。2014

年 IMO NAV 第 94 次会议(NCSR 1/28 附件 7)批准战略实施计划(Strategy Implementation Plan,简称 SIP),2018 年 NAV 第 99 次会议批准了 SIP Update 1。

e 航海战略实施计划解决方案基于:一是可在船舶各种设备间无缝传输数据,二是船基与岸基可互相无缝传输电子信息及数据,三是最大限度利用已有的系统和装备。决定 e 航海战略成功实施关键在于:

(1)人的因素:以人为本规划 e 航海系统。

(2)船基环境:统一标准化整合通信导航设备,保证信息的交流和传输,提高航行安全。

(3)通信服务:优化、统一通信设施,保证提供的授权信息无缝传输。

(4)海事服务集:统一提供标准化的 e 航海岸基服务。

(5)稳健(Resilient)PNT:通过 WWRNP 提供不间断的定位、导航和授时。

(6)岸基设施:协调与增强岸基船舶交通管理和相关服务的管理。

(7)通用海事数据结构:通过 S-100 模型统一数据格式,提供、交换全部相关数据。

(一)总体实施方案

e 航海战略实施计划确定了优先实施方案、风险控制措施,并分解了 18 项工作任务。

1. 优先实施方案

IMO 的 NAV 第 59 次会议仅批准了 NAV 第 58 次会议提出的 9 项初步解决方案中的 5 个优先实施方案:

S1:优化驾驶台设计。

S2:提高船舶报告标准化和自动化水平(单一海事窗口)。

S3:提高驾驶台设备和导航信息的可靠性、容错性和完善性。

S4:提高图形化显示,通过通信设备接收到可用信息的能力。

S5:改进 VTS 服务组合的通信(不限于 VTS 台站)。

2. 风险控制措施

通过成本效益和风险分析,提出了 7 项风险控制措施(Risk Control Options):

RCO 1:航行信息和设备的整合,包括改进软件质量保障。

RCO 2:驾驶台报警管理。

RCO 3:导航设备的标准化模式。

RCO 4:自动和标准化的船舶报告。

RCO 5:改进船载 PNT 系统的可靠性和可稳健性。

RCO 6:改进岸基服务。

RCO 7:驾驶台和工作站布局标准化。

3. SIP 工作任务

IMO 通信技术工作组以 5 项优先解决方案和 7 项风险控制措施为基础，分解出 18 项工作任务并起草了 e 航海战略实施计划(SIP)。SIP 在 2014 年召开的 NCSR 第 1 次会议审议通过并在 MSC 第 94 次会议获得批准，SIP Update1 在 2018 年召开的 NCSR 第 5 次会议审议通过并在 MSC 第 99 次会议获得批准，SIP 任务和实施时间如表 12-2-1 所示。

表 12-2-1　SIP 任务和实施时间

编号	任务	预期成果	优先	状态
T1	起草 e 航海系统人性化设计导则草案(HCD)	e 航海系统人性化设计导则(HCD)		已完成 Circ. 1512
T2	起草 e 航海系统可用性测试和评估导则草案(UTEA)	e 航海系统可用性测试和评估导则(UTEA)		已完成 Circ. 1512
T3	制订电子手册的布局为海员提供熟悉相关设备的简便方法	电子设备手册导则		酝酿中
T4	阐述 S-模式的概念，各种情况的存储和调用及相关设备的 S 模式功能	S 模式导则	2019	进行中
T5	调研是否有必要扩展现有驾驶台报警管理性能标准(PS)，将所有报警系统纳入驾驶台报警管理性能标准	(a)驾驶台报警管理实施指南； (b)BAM 性能修订标准		酝酿中
T6	制订导航设备准确性和可靠性显示指南	导航设备准确性和可靠性显示指南		进行中
T7	调查 MSC. 252(83)决议所定义的 INS，是否是 e 航海导航信息的综合显示的合适选择，并识别是否需要修订，尤其是通信端口和 PNT 模块。 见 MSC. 191(79)和 SN/Circ. 243/Rev. 1			已完成
T8	促成成员国就船舶报告的标准化格式指南达成一致，以便在全球范围内实现“单一窗口”。 见 SOLAS 公约第 V/28 条，第 A. 851(20)号决议和 SN. 1/Circ. 289	新版单一窗口报告导则		酝酿中
T9	研究自动收集船舶信息进行报告的最佳方式，包括静态和动态信息	自动采集船舶报告信息的技术报告		进行中
T10	调研 A. 694(17)和 IEC 60945 的通用性要求，以确定如何纳入内置完善性测试(BIIT)	修订决议的一般要求和 IEC 标准，包括内置完善性测试		酝酿中
T11	起草 e 航海软件质量保证(SQA)导则。包括对型式认可流程的调研，以确保可以无须重新认证和增加额外成本的情况下执行软件更新。 见 SN. 1/Circ. 266/Rev. 1 和 MSC. 1/Circ. 1389	e 航海软件质保(SQA)指南		已完成 Circ. 1512

（续表）

编号	任务	预期成果	优先	状态
T12	制订综合利用外部系统改进船载PNT系统的可靠性和适应性指南。与主管机关联系以确保相关的岸基系统可用	综合利用外部系统来改进船载PNT系统的可靠性和适应性指南		已完成 Circ. 1575
T13	制订导则，指明通信设备收到的导航信息如何以统一的方式显示，以及必要的设备功能。	统一显示通信设备获得导航信息的准则	2021	临时指南已经完成
T14	基于IHO S-100开发通用海事数据结构，包括信息的优先级、来源和拥有者等参数。 制订标准化数据交换接口（IEC 61162系列）来支持信息从通信设备向综合航行系统（INS）传送，包括防火墙（IEC 61162-450/460）	（a）通用海事数据结构导则； （b）进一步制定用于船上数据交换的IEC标准，包括防火墙		HGDM酝酿中 已完成
T15	确定并起草集成现有通信基础设施及其使用方式（如距离、带宽等），以及正在开发的系统（海事云）用于e航海系统的导则。 该任务应关注短程系统（VHF、4G、5G）及HF和卫星系统，并考虑海事服务组合（MSP）定义的6个区域。 制订从通信设备到导航显示器有效分发相关导航相关信息的准则。 见NCSR 5/6，第8段	集成现有通信基础设施及使用方式导则，指出哪些可以用于改进GMDSS开发； 通信设备到导航显示器有效分发相关信息的准则。 见文件NCSR 5/6，第8段		酝酿中
T16	调研如何统一通信和导航设备的规则和公约。应考虑包含所有必要变更的全方位的e航海性能标准，而不是修订现有的30多项性能标准	最优协调通信和导航设备规则和公约的报告		酝酿中
T17	在实施过渡安排之前，进一步发展海事服务集（MSP）以改进服务和职责	关于海事服务集的决议	2019	进行中
T18	制定协调试验平台报告准则草案	统一试验平台报告指南		已完成 Circ. 1494

（二）海事服务集

IMO航行安全委员会在2011年NAV第57次会议上提出了海事服务集（Maritime

Service Portfolios，简称 MSP）的概念，主导对 MSP 的研究，计划在全球规定若干个标准的、全球通用的 MSP 服务（参见 NCSR 1/28 附件 7），MSP 开发基于 S-100 标准。

MSP 是指在给定的海域、航道、港口等区域，由利益相关者提供的一组标准化的业务或技术服务集合（参见 NCSR 1/28 附件 7）。MSP 的目标是根据特定海上业务区域的信息和通信要求，实现全球统一、标准的海上服务。目前 IMO 确定了 6 个 MSP 区域：港口区域、沿海或限制水域、大洋航行区域、沿海以外海上区域、北极和南极及偏远区域。总共列出了 16 个 MSP（参见 MSC 94/21 附件 17），并对每一个 MSP 都有详细的说明。这些可能会随着时间的推移和用户需求而变化，IALA 的 e-NAV 第 20 次会议提出将 VTS 相关 MSP 进行压缩合并为一类，要求 IMPA 对 MSP6 进行详细的阐述和定义，如表 12-2-2 所示为海事服务集。

表 12-2-2　海事服务集

编号	服务名称	提供者	简短描述
MSP1	VTS 信息服务 （INS）	VTS 权力机关	信息服务（VTS Information Service，简称 INS），定义为“确保及时获得基本信息以进行船舶导航决策的服务”，相关信息以固定的时间和间隔广播，或在 VTS 认为必要时，或应船舶的要求提供。INS 应提供必要的和适时的信息，以协助船舶做出决定，信息可以包括但不限于： · 船舶的位置、身份、意图和目的港； · 关于 VTS 区域的发布信息的修订和变更，如边界、程序、无线电频率、报告点； · 船舶交通的强制性报告； · 气象和水文情况，航海通告，助航标志的状况； · VTS 区域内操纵能力受限的船舶可能妨碍其他船舶的航行，或任何其他潜在的碍航物； · 任何影响船舶安全航行的信息。 INS 旨在提高船舶交通的安全性和效率及保护环境。其中包括航线，航道信息，安全等级，泊位，锚地，时段，交通监控和评估，水域条件，天气，航行风险，可能影响船舶通行的任何其他因素，报告位置，身份和其他交通意图等
MSP2	VTS 助航服务 （NAS）	VTS 权力机关	VTS 助航服务（NAS），定义为“协助船上航行决策并监控其效果的服务”。助航服务可以根据船舶的要求提供，如船舶设备故障或航行环境不熟悉。 可以由 VTS 提供助航服务的情势发展的具体示例包括：搁浅风险；船舶偏离推荐航线或计划航线；船舶定位丢失；航线；协助船舶去锚泊；船舶失控；恶劣天气（如能见度不良，大风）；碰撞危险；应船长的要求，协助船舶驾驶台团队

（续表）

编号	服务名称	提供者	简短描述
MSP3	交通组织服务（TOS）	VTS 权力机关	VTS 交通组织服务（TOS）定义为“防止危险的海上交通局势的发展及在 VTS 区域内提供安全和有效的船舶交通组织服务”，目的是防止危险局势的发展和确保安全。 当 VTS 被授权提供服务时，应提供交通组织服务，如： · 航行船舶需要进行规划或优先排序，以防止拥堵或危险情况； · 可能会影响其他交通流的特殊运输或载有危险品或污染货物的船舶，需要进行组织； · 已创建交通许可或航行计划，或两者兼备的操作系统； · 组织空间分配； · 已创建在 VTS 区域内强制性动态报告； · 应遵循指定航线； · 应遵守航速限制； · VTS 观察到船舶交通的发展局势，认为有必要进行船舶交通协调； · 可能会影响船舶航行的航海活动（例如帆船比赛）或正在进行的海上工程（例如疏浚或海底电缆敷设）
MSP4	港口服务（LPS）	港口当局	本地港口服务（Local Port Service，简称 LPS）适用于那些没有 VTS 或不适用的港口。港口服务的主要区别在于它不与交通船舶相互交流，不需要具备管理交通发展局势的能力和/或资源用于维护船舶交通秩序。 提供港口服务旨在通过向船舶和泊位或码头操作者发布港口信息来改善港口安全和协调港口服务。它主要关注港口的管理，提供有关泊位和港口条件的信息。还可以作为船舶和相关服务之间联络的媒介，为实施港口应急计划提供依据。港口服务可以包括： · 泊位信息； · 港口服务的可用性； · 船舶计划表； · 气象和水文数据。 许多基于 Web 的港口服务正在开发中。例如 AVANTI，国际港口船长协会（IHMA）的一项倡议

（续表）

编号	服务名称	提供者	简短描述
MSP5	海事安全信息服务（MSI）	国家主管机关	SOLAS 公约第四章中描述 GMDSS 的第七个功能要求定义为："每艘船，当在海上时，都应能够发送和接收海事安全信息"。海事安全信息服务（Maritime Safety Information Service，简称 MSI）是播报来自官方的海事安全信息。如： · 国家水道测量局，提供航行警告和海图改正数据； · 国家气象局，提供天气预警和预报； · 搜救协调中心（RCC），协调船岸遇险报警； · 国际冰情巡逻队，用于海洋冰区灾害。 助航和安全航行限制相关信息是国家主管机关提供的海上安全信息服务的一部分。包括，但不限于海员可获得的以下类型的信息： · 助航标志的状态； · GNSS 和 DGNSS 的状态； · 浮标投标操作； · 对航行安全的限制，如桥梁/海底电缆区域，新的危险物，建筑或疏浚作业
MSP6	引航服务	引航机构	引航服务（Pilotage Service）的目的是通过确保船舶在引航地区航行时可以获取拥有足够的资质和本地安全航行经验的引航员提供技术服务，以维护海上交通和保护海洋环境。每个引航水区域都需要配备具备高度专业技术和当地知识的引航员。 此外，高效的引航取决于引航员和船长以及其他驾驶团队成员之间信息交流的有效性，并了解彼此相关的职能和职责。 引航员便携终端（PPU）是一种有效的工具，用以在任何能见度下实现安全航行。PPU 可获取的数据应以标准化、统一、可靠的方式提供，获取这些电子导航信息的接口应该标准化。 在引航员，船长和驾驶台人员之间建立有效协作，适当考虑到引航员可用的船舶系统和设备，将有助于安全和高效航行（见 A.960(23)决议）
MSP7	拖船服务	国家主管机关/当地港口	拖船服务（Tugs Service），高效的拖船操作取决于利益相关者之间的沟通和信息交流的有效性。拖船服务的目的是通过以下操作保证安全并保护环境： · 运送（从港口到锚地的人员和工作人员）服务； · 协助船舶系泊作业； · 救援作业； · 岸基操作； · 拖带（港口/海洋）作业； · 护航作业； · 溢油应急行动

（续表）

编号	服务名称	提供者	简短描述
MSP8	船舶报告	国家主管机关和指定服务机构	船舶报告（Vessel Shore Reporting）的目的是保障航行安全和人员安全，保护海洋环境，提高海上作业效率。 单一窗口是减少海员工作量的最重要的解决方案之一，为达到此目的，应尽可能使用船载系统自动生成报告。船舶报告系统的重要可操作性能可包括： ·在单一窗口解决方案中单次输入可报告信息； ·自动收集船舶内部数据以进行报告； ·所有国家的报告都要求采用基于 IMO FAL 形式的标准化数字报告格式； ·自动或半自动数字分发/通信所需的可报告信息
MSP9	远程医疗协助服务（TMAS）	国家卫生组织医疗机构	远程医疗辅助服务（Telemedical Assistance Service，简称 TMAS）中心全天候为海员提供医疗建议。远程医疗协助服务固定配备具备远程咨询资格和熟悉船上特殊性质的治疗医生。 在海事医学中，长期以来一直认为 TMAS 服务的标准化既是必要的，也是必需的。在提高医疗实践的质量的同时，医疗报告和登记标准化为海事医学的进步提供了基础
MSP10	海事援助服务（MAS）	沿岸国/港口机关/组织	海事援助服务（Maritime Assistance Service，简称 MAS）的主要任务是在船舶发生事故和/或船舶需要援助的情况下接收船舶报告。海事援助服务 MSA 全天运作，为船舶提供快速援助和专业支持以应对污染、火灾和爆炸、碰撞、搁浅等（见 A. 950（23）号决议）。 MAS 仅负责接收和转发信息并监控情况。如果船舶需要与沿岸国之间进行信息交换，它可作为中转站。MAS 适用的情况如下： ·涉及事故（货物丢失，排污等）的船舶确实影响其适航性能，但尽管如此也必须报告； ·根据船长的评估，船舶需要救助，但不是在要求救援船上人员的遇险情况下； ·在遇险情况下，船上人员已经获救，除了现场救援人员。 MAS 需要实施程序和指令，以便将任何给定信息转发给主管组织，并要求有关组织通过 MAS 用以与船舶联系
MSP11	海图服务	国家水道测量组织	海图服务（Nautical Chart Service）的目的是提供海图信息，如海岸的性质和样式，水深，潮汐表，障碍物和其他航行危险，位置及助航标志的种类等。 海图服务还确保向船舶和其他组织分发，更新和授权电子海图

（续表）

编号	服务名称	提供者	简短描述
MSP12	航海图书服务	国家水道测量组织	航海图书服务（Nautical Publications Service）是指可用于特定海域或港口的一套航海图书。它包括海图，港口信息，岸上和海上的助航设施，以及有关当局的联系信息和为某一海域或港口提供的服务，如航向，灯标表，航海通告，潮汐表和所有其他预定航行所需的航海出版物（SOLAS 第 V/27 条）
MSP13	冰区导航服务	国家主管机关	冰区导航服务（Ice Navigation Service）对于保障在结冰的水域中的船舶航行是非常重要的，此类服务包括： · 冰情信息和操作推荐/建议； · 船舶周围的冰情； · 船舶航线； · 船舶护航和破冰； · 冰漂移方向和速度； · 冰区巡逻
MSP14	气象信息服务	国家气象局/公共机构	气象信息服务（Meteorological Information Service）通过向使用这类信息的海员提供天气预报及相关信息来支持他们的决策，气象服务对于保护海上交通至关重要。这些信息包括： · 气象航线，太阳辐射和降水； · 冷/热持续时间和警告； · 气温，风速和风向； · 云量和气压
MSP15	实时水文环境信息服务	国家水文气象局	实时水文和环境信息服务（Real-time Hydrographic and Environmental Information Service）对于保护海上航行和保护环境至关重要。提供的服务包括： · 当前风速和风向； · 浪高； · 海洋环境和水深测量； · 航路指南（或引航）：海域的详细描述，船舶航线，港口，助航标志，法规等； · 灯标表：灯塔和灯浮的描述； · 潮汐涌浪预报表和潮流表； · 用于天体导航的航海天文历； · 航海通告：海图和出版物的定期（通常每周）更新和更正

（续表）

编号	服务名称	提供者	简短描述
MSP16	搜救服务（SAR）	搜救机构	搜救服务（SAR）执行遇险监测，通信，协调和搜救功能，包括提供医疗建议，初始医疗援助或经过初始医疗援助后的伤员接送。海上救援协调中心（MRCC）提供给可靠通信链路，以有效处理岸船遇险报警和转发遇险业务。在保持充分准备状态时，MRCC可以执行以下救援功能： ·任何在海上坠毁或迫降的飞机（非战争行为）中的幸存者； ·遇险船舶的船员和乘客； ·海上意外或事故的幸存者。 搜救服务还必须协调从海上转移伤病人员。 MRCC还可以积极参与以下活动： ·信息收集，分发和协调； ·监控拖带作业； ·监测和评估海上安全信息（MSI）广播的风险等级，以确保在发生危及生命的情况下立即做出反应； ·监控失控的船舶； ·污染报告和船舶搁浅。 e航海还可以提供额外信息，如船上人数，船舶类型和目的港等，并能够提供附加信息，如船上可用的搜救资源等。 该海域其他船舶的信息对于有效救援很关键。 用于e航海的通信解决方案能够交换有关搜救区域的信息并分配搜索模式，并为MRCC提供设施，以便为MRCC现场协调人员和其他资源建立共同的信息共享日志或通信，以便在搜救期间共享和更新信息

二、e航海关键技术

（一）数据标准

1. 通用海事数据结构

如图12-2-2所示，通用海事数据结构（Common Maritime Data Structure，简称CMDS）是IMO管理在e航海环境中使用的统一数据结构和应该遵循的数据标准，也是实现e航海的关键要素。CMDS是一个模块化的结构，具有灵活性和扩展性，任何利益相关者都可以添加和使用。e航海系统中的岸基技术服务、船载技术系统、船岸通信、装备和功能都必须能够处理和使用CMDS。

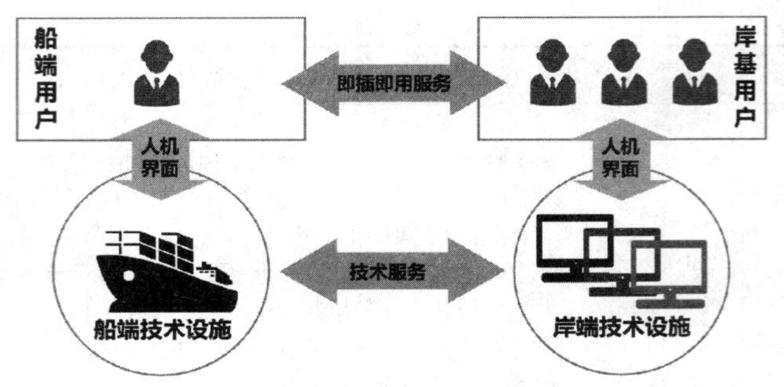

图 12-2-2 通用海事数据结构(CMDS)

2. IHO S-100

(1)概念模型

2010 年 IHO 发布了《S-100 通用海道测量数据模型》,简称 IHO S-100,是新一代海道测量数据模型,其遵循 ISO19100 系列标准,采用了开放的注册机制,支持多元数据类型,其灵活性、开放性的特点可以支持处理其他领域的数据,IHO 在 IMO 大会以及 NAV、COMSAR 会议上多次力推 S-100 作为 CMDS。S-100 系列产品概念如图 12-2-3 所示。2010 年,IMO 根据 IALA e 航海委员会的研究成果,正式确认采用 IHO S-100 作为 e 航海的 CMDS,并由 IALA 协调 e 航海涉及的 CMDS 注册。2017 年 IHO 发布了 S-100 3.0.0 版本,IALA 在 e-NAV 第 20 次会议认可了新版本,IALA S-200 系列产品规范今后的修订将依据 S-100 3.0.0 版标准,同时提出在 S-100 中增加数据流服务的内容。

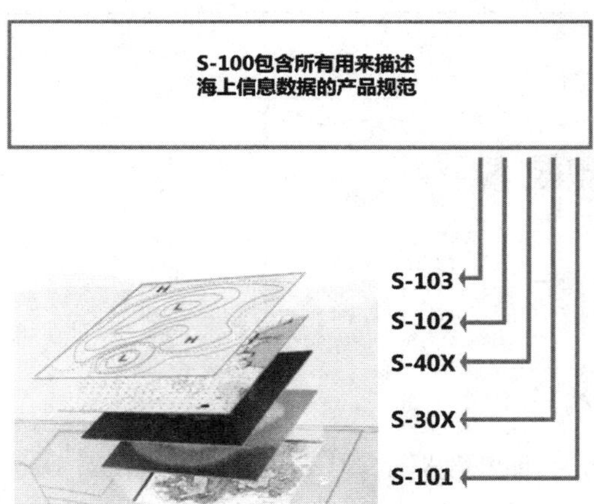

图 12-2-3 S-100 系列产品概念

(2)注册机制

IHO 地理信息注册集(GI Registry)是开发 S-100 数据的基本工具,如图 12-2-4 所示,各类航海信息注册域由对应的国际组织来管理与维护,海道测量相关元素的注册域由 IHO 维护,海洋气象相关元素的注册域由国际海洋委员会(IOC)维护,AtoN 和 VTS 服务相关元素的注册域由 IALA 来维护。

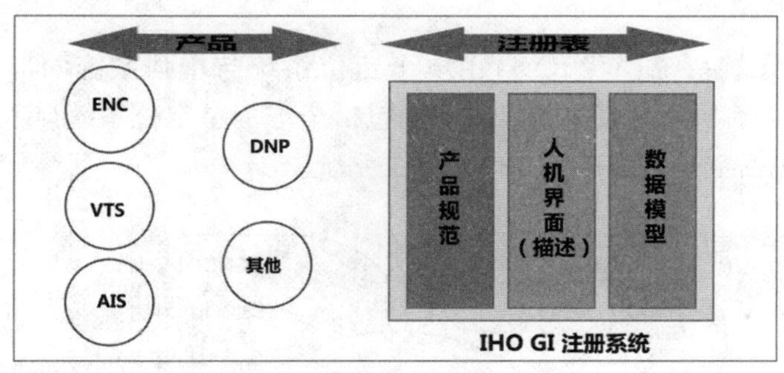

图 12-2-4　IHO GI 注册

(3)产品规范

S-100 规范了各种航海数据的生产和流程,以增强 e 航海应用性能与显示效果,表 12-2-3 列出了各个国际组织开发的 S-100 数据产品和服务,IHO 的产品编号从 S-101～S-199,IALA 编号从 S-201～S-299,IOC 编号从 S-301～S-399,其他组织产品编号从 S-401～S-499,北大西洋公约组织(NATO)地理空间海洋工作组(GMWG)正在开发用于军事层的产品,编号从 S-501～S-525。

表 12-2-3　各个国际组织开发的 S-100 数据产品和服务

<table>
<tr><td rowspan="3">IHO</td><td>S-101 电子海图</td><td>S-102 水深表面</td><td>S-103 水下航行</td><td>S-104 潮汐信息</td><td>S-111 表层流</td></tr>
<tr><td>S-112 动态水深</td><td>S-121 海事边界</td><td>S-122 保护区</td><td>S-123 无线电服务</td><td>S-124 航行通告</td></tr>
<tr><td>S-125 航行服务</td><td>S-126 物理环境</td><td>S-127 交通管理</td><td>S-128 产品目录</td><td>S-129 富余水深管理</td></tr>
<tr><td rowspan="2">IALA</td><td>S-201 航标信息</td><td>S-210 VTS 交换格式</td><td>S-230 AIS 应用专用电文</td><td colspan="2">S-240 DGNSS 台站年历</td></tr>
<tr><td colspan="2">S-245 eLoran ASF 数据</td><td>S-246 eLoran 台站年历</td><td colspan="2">S-247 差分 eLoran 参考站年历</td></tr>
<tr><td>IOC</td><td>S-301</td><td>S-302</td><td>……</td><td colspan="2">S-30X</td></tr>
<tr><td>其他</td><td colspan="2">S-401 内河电子海图(IEHG)</td><td colspan="2">S-411 冰况信息(JCOMM)</td><td>S-412 气象层(JCOMM)</td></tr>
<tr><td>NATO</td><td colspan="2">S-501</td><td colspan="2">……</td><td>S-50X</td></tr>
</table>

3. 海事资源名称

海事资源名称(Maritime Resource Name,简称 MRN)目的是建立各种海上资源全球唯一标识(如航标编号)。目前 S-201 草案未采用 MRN,在 S-101 和 S-201 中引入 MRN 有利于两者之间的统一协调,将来的相关产品规范中也应引入 MRN。工作组认为 MRN 是一个通用概念,并不仅限用于基于 S-100 的标准。IALA 期望能成为 MRN 注册发布和管理的主体。

（二）导航技术

全球无线电导航系统（WWRNS）由电子定位系统与增强系统两部分组成，现有的 WWRNS 如图 12-2-5 所示。其电子定位系统包括全球卫星定位系统（GNSS）与地面定位系统，增强系统包括空基增强系统与岸基增强系统。

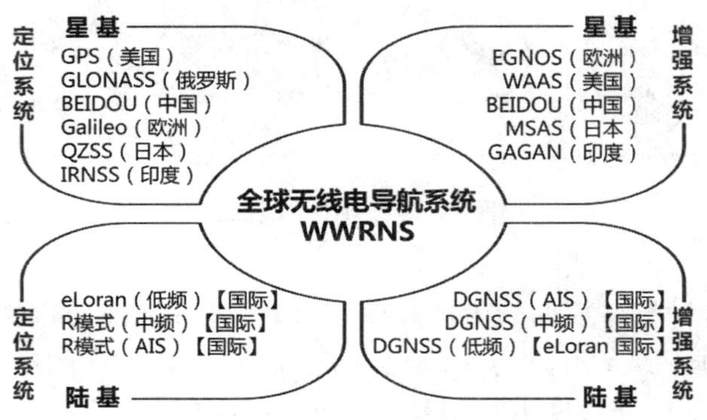

图 12-2-5　现有的全球无线电导航系统

1. 定位系统

（1）GNSS 系统能够为 e 航海提供不间断的定位、导航和授时（PNT）信息。能够满足 IMO 要求的 PNT 系统是 GPS、GLONASS、BDS 和 Galileo。1996 年 5 月 GPS 系统在 IMO 的 MSC 第 66 次会议上被 WWRNS 认可并开始提供全球 PNT 服务，同年 12 月份 MSC 第 67 次会议接纳了 GLONASS，2014 年 BDS 系统在 MSC 第 94 次会议上被正式列入，2016 年 MSC 第 96 次会议批准 Galileo 加入 WWRNS。IMO A. 915（22）决议给出了未来 GNSS 最低性能要求，如表 12-2-4 所示。

表 12-2-4　未来 GNSS 导航的最低性能要求

参数 / 水域	系统参数				服务参数			
	精度	完善性			可用性 每 30 天	连续性 3 h 以上	覆盖范围	更新间隔
	水平精度（m）	报警距离（m）	报警时间（s）	完善性风险（3 min）				
大洋	10	25	10	10^{-5}	99. 8%	-	全球	1
沿海	10	25	10	10^{-5}	99. 8%	-	全球	1
受限水域	10	25	10	10^{-5}	99. 8%	99. 97%	区域	1
港口	1	2. 5	10	10^{-5}	99. 8%	99. 97%	本地	1
内陆水域	10	25	10	10^{-5}	99. 8%	99. 97%	区域	1

注：1. 连续性与远洋导航或沿海导航无关；2. 船速超过 30 kn 时更新间隔应该有更严格的要求

2011 年 11 月 IMO 的 A. 1046(27)决议给出了 WWRNS 在大洋以及港口和沿海航行的船舶无线电导航系统的性能要求,如表 12-2-5 所示。

表 12-2-5 WWRNS 的性能要求

区域 \ 性能	位置精度(95%置信度)	完善性报警时间	可用性	连续性(15 min)	更新间隔
港口/沿海	≤10m	≤10 s	> 99. 8%	≥99. 97%	≤2s
大洋	100m	尽早	> 99. 8%	≥99. 8%	≤2s

(2)DGNSS 可以提高卫星定位的精度,星基差分信号直接由 DGNSS 接收机接收,RBN-DGNSS 陆基差分信号需要使用经过型式认可、符合 IEC 61108-4 测试和性能标准的 DGNSS 无线电信标接收器(283. 5~325 kHz 波段)接收。

(3)北斗地基增强(BDS-CORS)系统定位精度二维达到优于 3 cm,三维达到优于 4 cm。2015 年起中国开展北斗 CORS 系统建设,到 2017 年底共建成一个全海区数据检测中心,3 个海区数据处理中心和 71 座基准站,系统覆盖中国沿海和主要河流入海口水域,正在为各个应用领域提供高精度的空间位置信息服务。

(4)船端多系统无线电导航接收机(Mutli-System Shipborne Radionavigation Receiver,简称 MSR)可以接收处理来自一个或多个系统的信号,如图 12-2-6 所示。这些系统包括 GNSS 系统、地文导航系统和增强系统。

(5)R 模式,又称为测距模式(Ranging Mode),通过提供授时信号来扩展无线电示位标的定位精度。相关的技术研究一直在进行中,IALA 的 e-NAV 第 20 次会议对 R-模式噪声研究报告、中频 R-模式双通道接收机和天波报告进行了审核。

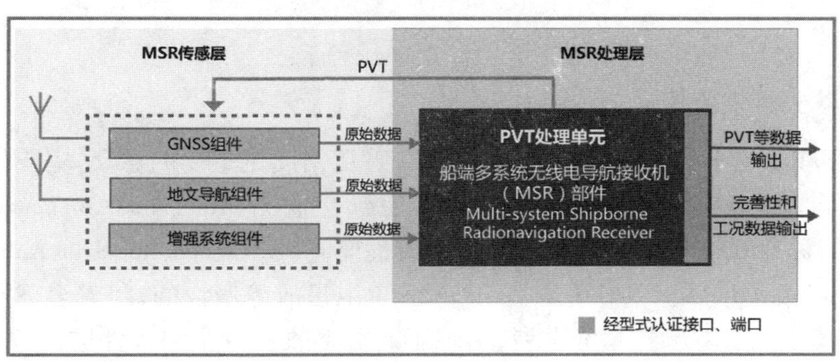

图 12-2-6 MSR 接收机

(6)eLoran(Enhanced Long Range Navigation)是在传统罗兰 C(Loran-C)系统基础上,结合最新罗兰数据通信技术、接收机技术、天线技术和发射机系统改造而成的。eLoran 具有更高的导航准确性、可用性、连续性和完善性,增加了一个可用于传输完善性报警、协调世界时(UTC)或差分 Loran 校正信号的数据信道。eLoran 系统能够承担 GNSS 备份和补充系统的功能,作为独立的精密时间和频率源,可以降低单一依赖 GNSS 的系统风险。

(7)RBN-DGNSS 系统,如图 12-2-7 所示,沿海无线电指向标—差分全球定位系统(Radio Beacon Differential Global Navigation Satellite System,简称 RBN-DGNSS)是一种高精度、全天候的海上导航定位系统。中国海事局从 1995 年起就开始在中国沿海建设 RBN-DGNSS 系统,2002 年 1 月该系统正式开通。目前,中国沿海 RBN-DGNSS 共有 22 个台站,台站作用距离为 300 km,定位精度优于 5 m,技术指标如表 12-2-6 所示。

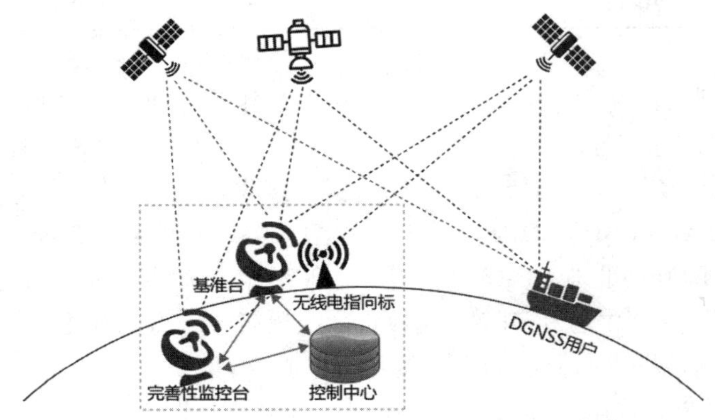

图 12-2-7 RBN-DGNSS 系统

表 12-2-6 中国 RBN-DGNSS 技术指标

工作频率	调制/发送	信号格式	坐标系	传输速率	基准站误差
283.5~325 kHz	MSK/GID	RTCM SC-104	WGS-84	200 bps	≤0.5 m

2. GNSS 完善性监控

GNSS 存在易受干扰的缺陷,系统完善性有着比精度更重要的意义,完善性监控在用户接收器内自动实现,包括常规接收机自主完善性监测(Receiver Autonomous Integrity Monitoring,简称 RAIM)和高级接收机自主完善性监测(Advanced Receiver Autonomous Integrity Monitoring-ARAIM),RAIM 是基于 GNSS 单卫星故障假设的,随着全球导航卫星系统空间卫星增多以及双频技术的发展,出现了高级接收机自主完善性监测,ARAIM 目前只用于航空领域。

3. 后备系统

(1)惯性导航(Inertial Navigation)是一种自控推算导航技术,通过测量加速度和陀螺仪数据并自动进行积分运算来跟踪运动对象的位置和姿态,简称惯导。惯导可以在给定时间段持续提供与电子定位有相似精度水平的位置,可以用作备份位置系统。其指标取决于所采用的惯性测量单元(Inertial Measurement Unit,简称 IMU),在沿岸水域导航级别的 IMU 可以在 3.5 min 内保持 10 m 的精度。

（2）电子罗盘（Electronic Pelorus，简称 ePelorus）：IALA 正在研究使用现有民用元器件构建低成本电子罗盘的可行性，以验证作为备份的有效性和可行性。

（3）雷达参考船位：开发一种算法检测雷达目标的导航特征如雷康标、无源雷达信标或陆地边缘等计算推测船位并在电子海图上显示船位，虽然精度不高，也可作为 PNT 完善性评估的一部分，作为 GNSS 服务中断或设备故障时的位置备份。

4. 综合 PNT 系统

综合 PNT 数据包括了 PVT（Position，Velocity，and Timing）数据和描述船舶目前运动姿态的参数。综合 PNT 系统首要目标是提供稳健性的 PNT 数据，包括与这些数据相关的完善性和工况数据。PNT 系统能够检测和补偿数据采集和处理过程中的相关干扰源和故障点，以满足 PNT 数据的特定性能要求，确保在标称条件下的有效性、合理性、时滞性和完善性；以及能够根据数据采集和处理过程中的互补性进行检测干扰源和故障点，并进行缓冲和补偿，以避免 PNT 数据的丢失或降级。2017 年 6 月 IMO 颁布了《船舶定位、导航和授时（PNT）数据处理导则》，对 PNT 数据采集、处理和使用给出了要求。

针对外海、沿海、港区、入坞、靠泊等不同航行环境的导航需求，需要引入可扩展性 PNT 输出的概念，即不同的航海应用要求不同的 PNT 输出，其应用级别和航海任务之间存在相互依赖关系，导则采用了 4 个等级定义各航海阶段和航海应用与 PNT 数据输出的数量、类型、准确性和完善性之间的需求关系，如图 12-2-8 所示。

第Ⅰ级别：PVT 数据输出。用于点船位和点运动的描述，只呈现点船位的运动，如单个 GNSS 接收器的天线位置，输出数据为位置、速度和时间。

第Ⅱ级别：平面 PNT 数据输出。用于二维船体位置和运动的描述，呈现船体的二维运动，包括水平姿态和运动，输出数据除 PVT 数据外，额外增加 HDG、ROT、CTW 和 STW。

第Ⅲ级别：扩展 PNT 数据输出，用于三维船体位置和运动的描述，呈现船体的三维运动，包括水平姿态、运动、水深与高度，输出数据除平面 PNT 数据外，额外增加了高度和水深数据。

第Ⅳ级别：完整 PNT 数据输出。用于监控船舶在三维空间中 6 个自由度的位置和运动，呈现船体的 6 自由度的运动，输出数据除扩展 PNT 数据外，额外增加了艏摇、横摇、纵摇、横荡、纵荡、垂荡等数据，以满足 PNT 数据的高级应用需求。

（三）通信技术

通信系统是 e 航海的重要组成部分，也是 e 航海发展的最大瓶颈。通信系统为船对船、船对岸之间进行有效沟通提供技术手段。

1. 现有通信系统和技术

现有的通信技术概况如下，其覆盖范围如表 12-2-7 所示。

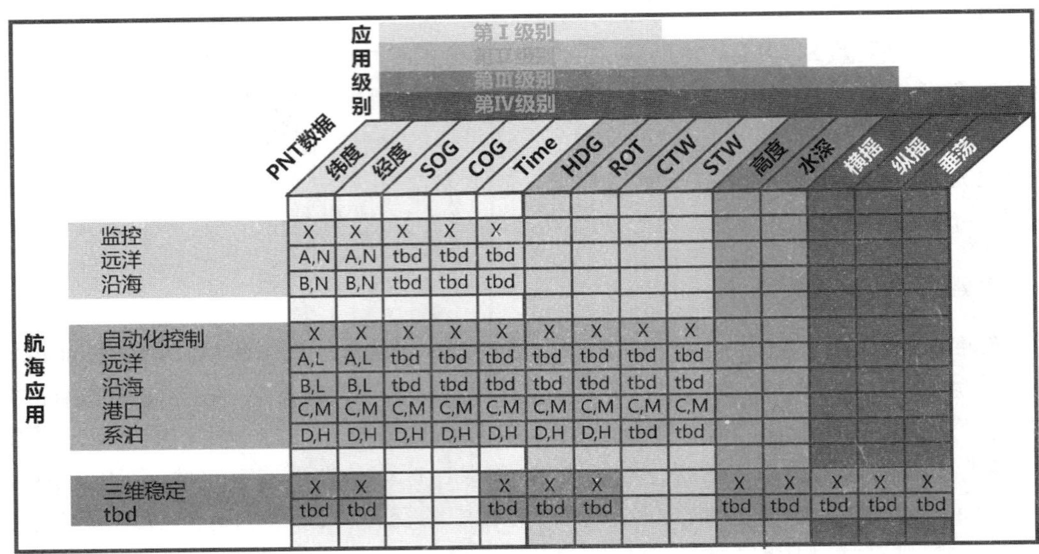

X -定制的PNT数据类型
A,B,C... -准确性
N,L,M... -完善性
tbd -未定义

图 12-2-8 航海应用与 PNT 输出级别

表 12-2-7 现有通信技术覆盖范围

e航海 区域定义	GMDSS 海区	有线 宽带	Wi-Fi	WiMAX	移动 通信	AIS	LRIT	INMA- RSAT	卫星 通信	MF/HF NAVTEX	NBDP
港内	A1	E	E	E	E	E	E	E	E	E	
进港航道	A1			E	E	E	E	E	E	E	
沿岸海域至 手机覆盖区域 (约 5 n mile)	A1				E	E	E	E	E	E	
沿岸海域至 VHF 覆盖区域 (约 25 n mile)	A1					E	E	E	E	E	
沿岸海域 (约 100 n mile)	A2						E	E	E	E	E
外海	A3						E	E	E	E	E
极地海域	A4								E	E	E

注:E=该区域有效覆盖

(1) GMDSS

GMDSS 能够实现船对岸、岸对船、船对船的日常、安全、紧急和遇险报警,以及搜救协调和现场通信、遇险示位等主要功能。主要包括由 INMARSAT 和 COSPAS/SARSAT 构成的卫星通信系统,以及中频(MF)、高频(HF)和甚高频(VHF)构成的地面无线电通信系统。

(2) AIS

AIS 是一种集网络技术、现代通信技术、计算机技术和电子信息显示技术为一体的数字助航系统和设备,使用 VHF 的 AIS1(161.975 MHz)和 AIS2(162.025 MHz)信道,以及 75 和 76 信道。AIS 应用还包括了 AtoN、AIS-SART、MOB-AIS、EPIRB-AIS 等。

(3) 商业卫星通信系统

如 INMARSAT、铱星(Iridium)、VSAT 可以提供数字语音、e-mail、短信息、电报、传真、位置报告、气象等信息服务。北斗系统创新融合了导航与通信能力,具有实时导航、快速定位、精确授时、位置报告和短报文通信服务五大功能,预计 2020 年底将全面完成北斗三代系统建设,实现全球覆盖。届时北斗系统将在区域短报文通信服务能力的基础上,实现全球短报文通信、国际搜救,以及覆盖中国和周边地区的星基增强和精密单点定位服务能力。

(4) 移动数据网络和近场无线通信

如 GSM、3G、4G、Wi-Fi、WiMax、Zigbee 和蓝牙等短距离通信设备,支持港口环境的数据传输。

2. 未来通信系统和技术

(1) 海上数字通信战略

海上数字通信战略是 IALA 海上无线电通信计划(Maritime Radio Communications Plan,简称 MRCP)的最新发展,已经确定四个核心战略阶段:需求(SC1)、技术(SC2)、适用性技术(SC3)、基础设施(SC4)。海上数字通信战略规划周期为 2017 年—2030 年,分为两个实施阶段,第一阶段根据当前数字通信技术,从 2018 年开始到 2025 年全面实施;第二阶段从 2026 年到 2030 年进行新技术适用性的评估,纳入评估的技术包括:NAVDAT、VDES、DSC、Digital VHF/HF、Wi-Fi、4G(WiMax /LTE)、5G、卫星通信及服务,如表 12-2-8 所示为纳入评估的未来海上数字通信概览。

表 12-2-8 纳入评估的未来海上数字通信概览

通信技术	数据速率	基础设施	覆盖范围	传输	用途
NAVDAT	12~18 kbps	NAVTEX	250~ 300 n mile	广播	海事
VDES VDE	307 kbps	VHF 链接	15~ 65 n mile/卫星扩展	广播/点对点	海事
VDES ASM	19.2 kbps	VHF 链接	15~ 65 n mile/卫星扩展	广播/点对点	海事
Wi-Fi	1 300 kbps	路由器/AP	50 m	点对点	商用

(续表)

通信技术	数据速率	基础设施	覆盖范围	传输	用途
数字 VHF	9.6~ 19.2 kbps	基站/接收机	15~65 n mile	点对点	海事
数字 HF	19.2 kbps	基站/接收机	全球	点对点	海事
4G(包括 LTE)	600 Mbps	4G 基站	3~6 n mile	点对点	商用
5G	1 200 Mbps	5G 基站	3~6 n mile	点对点	商用
INMARSAT-C	600 bps	卫星服务	全球	广播/点对点	海事
INMARSAT-GX	50 Mbps	卫星(Ka)	全球	广播/点对点	跨行业
铱星	最大 134 kbps	卫星(L)	全球	广播/点对点	跨行业

数字化甚高频及短波(Digital VHF/HF)将改变传统模拟语音通信模式,采用数字通信语音传输的同时,用户能够同时传输数据信息。数字化甚高频及短波将提高对频谱的利用,增加用户数量,并提高语音通话质量和数据交换速率。这些技术的差异不仅与覆盖范围和数据速率不同,而且与传输方式也不同。例如,有些是点对点,有些广播只是针对一组船舶或特定海域广播。

(2)VDES

IALA 在 2013 年提出了 VHF 数据交换概念(VHF Data Exchange System,简称 VDES)用于解决 AIS 数据链(VDL)负载的问题。如图 12-2-9 所示为 VDES 发展进程时间规划表。

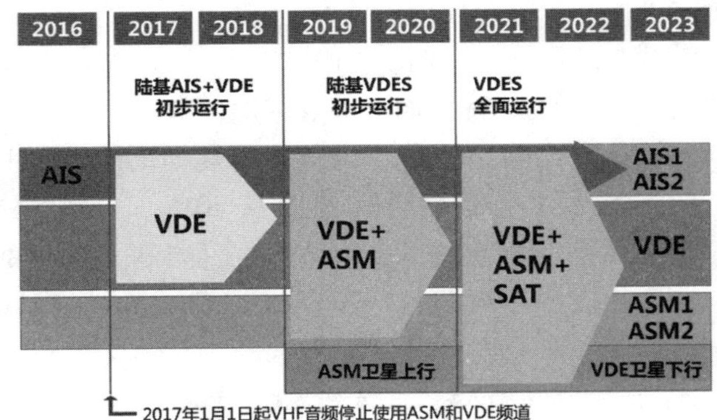

图 12-2-9　VDES 发展进程时间规划表

VDES 包括地面 VDES 和卫星 VDES 两部分,包括三项业务,分别是自动识别系统业务(AIS)、应用专用电文业务(ASM)和 VHF 数字交换业务(VDE)。VDES 用于实现更加广泛高效的海上数据交换,其技术标准遵循 ITU-R M.2092 标准。2017 年 11 月中国向国际电信联盟 WP 5B 工作组提交了 VDES、自主水上无线电设备(AMRD)、NAVDAT 等 5 个提案并获得采纳,并在 ENAV 第 21 次会议上介绍了中国 VDE-SAT 下行链路频率划分分析和 VDES 试验卫星进展报告，为后续研究打下了良好的基础。VDES 在海上 VHF 移动波段上提供更高效的全球范围内数据交换服务能力，VDES 能够满足船对船、船对岸间所有海上安全信息和相关业务信息的数据交换服务需求，VDES 通信功能与应用如表 12-2-9 所示。

表 12-2-9 VDES 通信功能与应用

VDES 功能	VHF 数据通信		AIS	
	ASM	VDE	航行安全	远距离
功能	海上安全信息； 海上安保信息； 与安全相关短消息； 通用信息	通用数据交换； 高速数据交换； VDE 卫星通信	航行安全； 海上定位设备	AIS 卫星探测； 搜救定位
应用	区域警告和建议； 气象和海道测量数据； 交通管理； 船岸数据交换； 信道管理	电文有效载荷； 卫星通信	船舶避碰； VTS 船舶跟踪； 搜救定位； VDL 控制（基站）	监测沿岸国家 AIS 基站覆盖范围以外的船舶
电文类型	IMO SN. 1/Circ. 289 应用专用电文； 特定区域应用专用电文； 基站		船舶识别； 船舶动态数据； 船舶静态数据； 航行相关数据； 航标助航； 基站	AIS 卫星探测
工作信道（推荐）	推荐信道 27 和 28（单工）	推荐信道 24、84、25、85、26、86	AIS1 和 AIS2（单工）	信道 75 和 76（单工）

VDES 系统和信道分配如图 12-2-10 所示。目前挪威、瑞典、英国、中国、新加坡、荷兰、日本等少数国家开展了 VDES 设备的研制工作。作为海事通信的领导者，瑞典 SAAB 公司与瑞典海事局开展了 VDES 相关技术研究，并按照发展规划完成 VDES 相关的原理样机的研制和地面系统测试。早在 2014 年底，就已经完成了 VDE 原理样机的研制，2015 年中，VDE 的外场测试就已经完成。中国 2015 年进行了实验室级别的 VHF 频段高速数据传输试验，2017 至 2018 年，分别在天津、大连、深圳、上海等多地开展了外场和示范工程验证测试工作。VDES 对 AIS 市场的替换将会是一个长期的过程，目前开发的 VDES 已经升级到第三代，可以满足船舶通信需要的相关产品研究也在积极推进中。由于各国对 VDE-SAT 技术标准和信道方案的分歧，导致最终版 VDES 技术标准和性能标准还没有出台，强制全部船舶安装运行尚未有时间表。

（3）NAVDAT

NAVDAT（Navigational Data）分为 MF 和 HF 两种，目前主要发展的为 MF 频段 NAV-

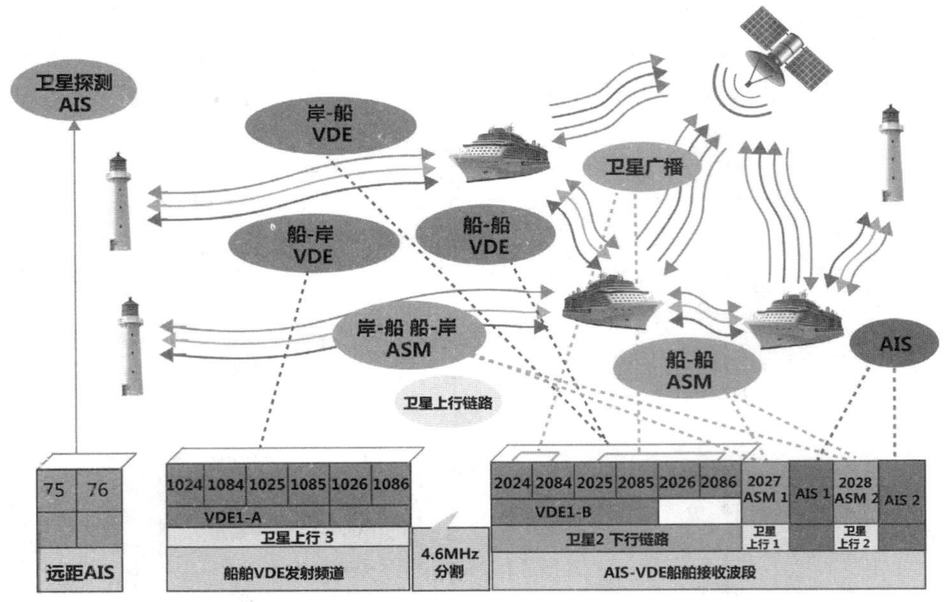

图 12-2-10 VDES 系统和信道分配

DAT。2012 年法国等在世界无线电大会上提出将 490~505 kHz 作为海上移动服务的专用频段，同年 ITU 颁布了 M. 2010 建议书《用于 500 kHz 频段广播水上安全和与海岸至船舶方向安全信息的导航数据数字系统的特性》。2015 年 IMO、ITU 联合专家工作组报告(NCSR 3/17)指出，NAVDAT 可以引入 SOLAS 公约，作为 NAVTEX 业务的补充或替代。NAVDAT 是由岸基向船舶提供海上安全及保安信息的数字广播系统，可以播发消息、文本、文件或图像，实现海图改正信息等航行相关安全信息的快速推送，并实现与船舶信息系统的无缝连接。MF 频段 NAVDAT 系统工作频点为 500 kHz，带宽为 5 kHz，是用于海上移动通信的中频无线电系统，提供广播、选择性播发和特定播发等三种不同的播发模式，此外，还可以提供对于任意种类的岸船间信息的加密广播服务。

(四)岸基与 IP 技术

1. 海事互联平台

海事互联平台(Maritime Connectivity Platform，简称 MCP)，曾称为海事云(Maritime Cloud)，是一个高效的信息交互系统，能够促进已授权的海事利益相关方进行有效、安全、可靠的电子信息无缝交换的通信框架。海事互联平台的架构如图 12-2-11 所示。MCP 不是包含所有船舶信息的“存储云”，也不是“云计算”，而是一个作为授权的不同利益相关方参与的动态信息交互开放门户，保证信息完善性、隐秘性和真实性。因为这个平台不进行任何的数据存储，只进行数据转发，2017 年 11 月 ENAV 第 21 次会议建议将海事云更名为海事互联平台。

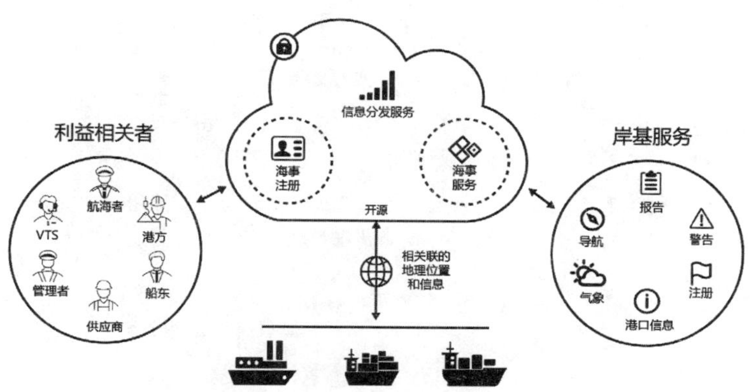

图 12-2-11 海事互联平台的架构

2. IALA-NET

IALA-NET 是 IALA 主导建设的 AIS 信息交换系统，是基于互联网、全球性、开放性的海事信息共享与交换服务，提供基于 Web 的准实时 AIS 数据交换服务和基于 Web 的 AIS 数据存储和统计功能，目前在中国、美国、丹麦设立了 3 个服务器。2009 年 IALA 发布了《IALA 关于海上数据共享"IALA-NET"的建议 E-142》，建议 IALA 会员国加入 IALA-NAT。根据设想，其内容和功能会扩展包含 e 航海数据。中国承担 IALA-NET 全球数据中心远东中心的建设任务，数据中心设置在天津海事局，2010 年 4 月中国海事局 AIS 管理维护中心成功与丹麦 IALA-NET 服务器实现互联。

3. 海事架构框架

海事架构框架(Maritime Architecture Framework，简称 MAF)考虑到未来的通信系统发展将基于 IP 技术的可能性，MCP 将面向服务架构(Service Oriented Architecture，简称 SOA)引入海事领域，如图 12-2-12 所示。提供面向服务的体系架构：身份管理用以确保身份识别和授权，服务注册表用于查找服务和信息，消息服务用于消息的群发或广播。目前 IALA 已经起草了《e 航海技术服务规范导则》，作为描述 e 航海技术服务的通用概念。

4. 通用岸基系统技术架构

IALA 成员国岸基系统应该具有通用的架构，并符合 e 航海的概念，通用岸基系统技术架构(Common Shore-based System Architecture，简称 CSSA)将重点考虑在岸基系统架构当中使用广泛的 IT 技术的相关概念和技术。IALA 指南 1113《通用岸基系统技术架构的设计和实施原则》和 1114《基于通用岸基系统技术架构(CSSA)的技术规范》阐述了 CSSA 的设计、实施原则和技术规范。CSSA 提供数据收集和传输服务、增值数据处理服务、用户交互服务和网关服务等基础功能。

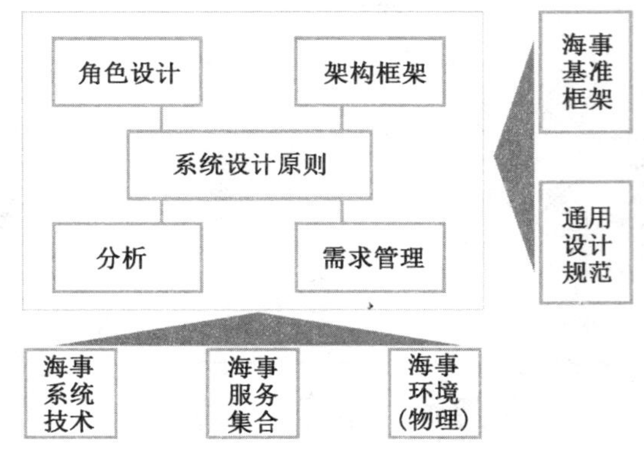

图 12-2-12 海事架构框架

在 e 航海环境下，所有岸基系统都应该是 e 航海兼容的系统或一些保留系统，这些不同岸基系统应该与 e 航海的船载系统和岸基系统之间可以进行互操作。岸基系统的拓扑图如图 12-2-13 所示。

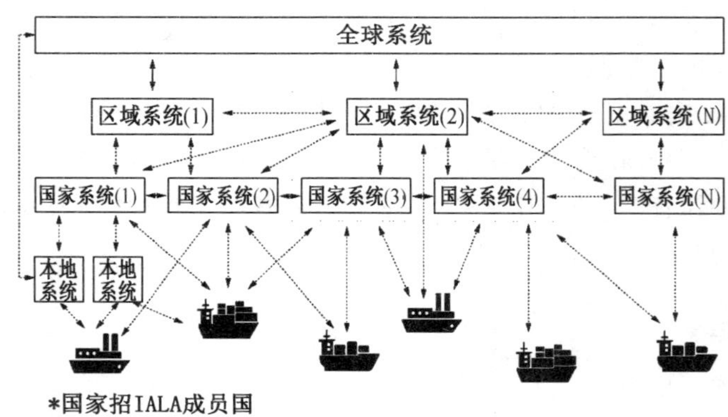

图 12-2-13 岸基系统的拓扑图

5. 船舶远程识别和跟踪系统

船舶远程识别和跟踪系统（Long Range Identification and Tracking，简称 LRIT）由 IMO 在 MSC 第 81 次会议上提出，并在 2009 年 6 月 30 日强制实施，是海上保安的重要措施。LRIT 能在全球范围内识别和跟踪船舶，相关信息可用于反恐、搜救和航运物流等领域。

三、e 航海试验平台

e 航海是一个用户需求驱动的动态发展、反复验证的系统工程，为了鼓励经验分享，IALA 官方网站建立了 e 航海试验平台（Test bed）申报、注册和展示页面，为试验平台提供展示空间,包括与e航海测试平台相关的类似测试平台,详情见IALA指南1107。

(一)国外测试平台

2010年开始,欧洲、美国、日本和韩国等国家和地区相继建立了e航海测试平台。

1. MONALISA工程

MONALISA(Motorways and Electronic Navigation by Intelligence at Sea)工程由瑞典海事局牵头,丹麦海事局、芬兰交通局、瑞典查尔莫斯理工大学、瑞典SAAB公司、瑞典SSPA AB公司以及丹麦Gate-House公司协同开发。

MONALISA 1.0工程项目执行期为2010年9月~2013年12月,建设包括动态积极航线计划(绿色航线)、船员证书核查系统、海道测量数据的质量保证、海事信息全球共享四个项目。MONALISA 2.0工程项目执行期为2013年9月~2015年12月,包括海上交通管理定义研究、海上交通管理实施和工具、提高大型客运船舶的安全、港口和沿海区域新技术应用安全性四个项目。工程重点利用瑞典海事局提出的海事云概念和技术,实现安全、高效、环保的海上交通管理系统。

2. EfficienSea工程

EfficienSea(Efficient,Safe and Sustainable Traffic at Sea)意为"高效、安全、可持续的海上交通"。工程由丹麦海事局牵头,汇聚来自波罗的海区域的国家的16家机构,工程提供船对船、船对岸、岸对岸之间的数据信息服务,所有的信息交换过程按照S-100标准模型进行构建。其研究目标是为参与该工程的组织机构实施e航海提供帮助和支持。EfficienSea工程是目前最为成功的e航海示范工程之一。EfficienSea 1.0主要实现航线交换、船舶航路水文气象和海上安全信息共享服务。EfficienSea 2.0使用海事云技术实现标准通信,有效提高了海事部门之间的信息交换,同时开发了一个工具箱来确保AIS数据质量、自动生成船舶排放报告和监控的系统,评估海上交通流量增加带来的影响和风险,有效地提高了船舶的营运效率。

3. ACCSEAS工程

ACCSEAS(Accessible for Shipping,Efficiency Advantage and Sustainability)是欧洲北海区域的一个项目,意为"航运畅通、效率优化和可持续发展"。项目合作伙伴包括来自瑞典、丹麦、德国、英国、荷兰、挪威等的11家机构,目的是提供高效、持续的航行保障系统。该项目由项目管理、宣传沟通、基准和优先级建立、e航海架构、PNT测试平台建立、e航海服务测试平台建立、北海区域e航海示范、未来北海区域e航海协调等8个相互关联的工作包构成,测试包括多源定位、航线交换、航行信息服务、单独富余水深建议服务、增强现实显示器(Head Up Display,简称HUD)、自动船舶报告(FAL)、船舶操纵协调(VOCT)、船舶动态预测、统一数据交换服务9个项目。

4. 海上协同避碰辅助系统

海上交通报警和避碰系统(Maritime Traffic Alert and Collision Avoidance System,简称MTCAS)是德国5家厂商和研究机构联合开发的一个e航海辅助系统,借鉴了机载避碰系统(Airborne Collision Avoidance System,简称ACAS)的技术,用于海上交通报警和避碰(TCAS),如图12-2-14所示为MTCAS系统发布的测试截图。

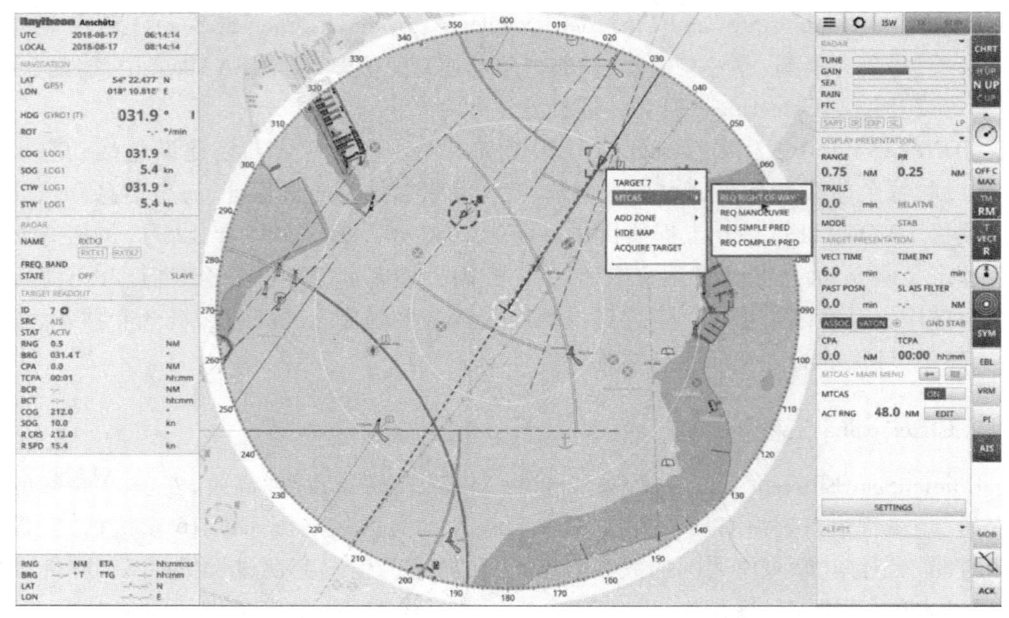

图12-2-14　MTCAS系统发布的测试截图(图片来自网络)

MTCAS系统建立了船舶动态模型,通过航线规划、VTS和稳健PNT等技术,改进船舶的态势感知,预判通航状况,实现了去中心化的自动协商避碰机制。系统具有三种不同级别的危险等级报警,类似飞机智能避碰系统,与TCAS系统不同,MTCAS不会自动干预船舶操纵,通过在紧迫局面发生之前提醒驾引人员采取避碰行动来协助避碰。2017年9月6日,项目组在德国Wilhelmshaven进行的首次示范,测试符合COLREG标准的海上协同避碰辅助系统。

5. MEH工程

马六甲海峡MEH(Maritime Electronic Highway)工程是由新加坡和马来西亚两国共同构建的跨区域e航海试验平台。MEH在技术层面上,通过将差分全球定位系统获取的船舶位置和船速等信息、船舶自动识别系统获取的船舶动态和静态信息、雷达获取的船舶附近水域其他船舶动态信息等叠加到ECDIS上,为航行在马六甲水域的船舶提供丰富的、与船舶航行安全相关的信息,以提高船舶航行的安全性。在非技术层面上,通过两国政府部门之间的协调机制和法律保障机制、资金保障机制等对e航海项目提供支持。

（二）国内示范工程

2018 年 6 月 4 日，交通运输部海事局在韩国签署加入全球 e 航海测试平台合作计划备忘录，参加该合作计划的国家有澳大利亚、丹麦、瑞典和韩国。中国已在长江口、珠江口、洋山港、天津港等水域开展 e 航海测试平台建设。

1. 天津港工程

2014 年，为满足吞吐量快速增长需要，天津港建设并开通了世界首条复式航道，采取大小船分道航行、双进双出的设计方案。天津港复式航道 e 航海工程建设内容是采集与船舶通航安全相关的水文气象信息、助航信息、船舶航行态势和海洋环境信息等，并实时向船舶发布所采集到的信息，为进出港船舶提供各种与航行安全相关的导航和助航和海上安全信息。主要建设内容有：(1)建设 e 航海岸基服务应用系统；(2)海上智能多功能浮标系统；(3)水域环境监测系统；(4)大沽灯塔通信及信息采集；(5)基于 S-100 的 MSP 产品规范开发；(6)新型智能船台开发；(7)智能移动 App 开发等。

2. 长江口工程

长江口 e 航海工程如图 12-2-15 所示，主要建设内容有五个，一是建设岸基系统设施，完善岸基数据采集系统，构建海上互联互通平台和 e 航海门户网站；二是建设长江口 e 航海综合信息服务平台；三是利用 BDS 短报文和专用 LTE 通信链路构建船岸通信网

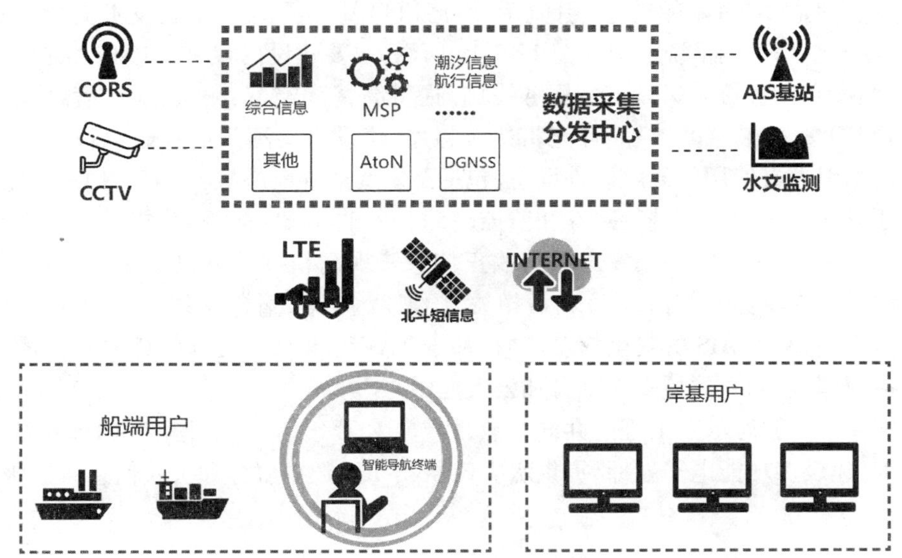

图 12-2-15　长江口 e 航海工程

络；四是研发船舶综合无线电通信系统和提供基于高精度定位的智能导航终端；五是建设航路信息服务和航标服务系统并提供 MSP 服务。主要实现目标为：(1)船舶智能导航

终端通过设置的实体或虚拟 AIS 航标(AtoN)精准标识航道边界;(2)船舶智能导航终端可以通过 LTE 通信链路获取 BDS-CORS 系统高精度差分数据以提高船舶定位精度;(3)能够通过 LTE 通信链路获取船舶推荐航路信息和水文气象信息;(4)岸基用户可以通过 AIS、LTE 和北斗短报文获取航道船舶交通状况;(5)支持各类用户注册和服务注册,实现数据共享。

3. 珠江口工程

珠江口 e 航海工程主要对航海保障数据中心、海上安全信息(MSI)综合播发、船舶航行数据共享、ASM 信息播发、智能导航和助航服务、移动互联网技术应用、大数据应用等方面进行研究、试验和论证。主要建设内容有:(1)以 S-100 标准为基础,建设 e 航海主题数据库、航行保障数据交换平台和航行保障信息综合管理系统,实现综合、智能的航海保障;(2)建设基于 SOA 架构的航行保障信息服务系统,以服务接口的方式向船舶、港航企业和岸基管理单位提供智能导航和助航服务和船舶动态监控;(3)建设示范工程门户网站,展示示范工程建设的目标、技术和成果等;(4)研制与本项目接口兼容的船载 ECS 导航和助航系统和移动终端导助航系统;(5)示范工程的系统功能应用测试和验证;(6)数据交换标准研究。

4. 洋山港工程

洋山港 e 航海工程建设目标是通过航海保障指挥调度监控管理平台,实现洋山港的港口作业管理、靠离泊船舶动态、引航调度、海事监管和导航和助航技术支持等信息共享,洋山港 e 航海工程系统框架如图 12-2-16 所示,主要建设内容有:(1)依托东海航海保障中心,建设和完善航海保障支持服务设施,提供高精度定位、测绘、水文信息;(2)优化航标配置,调整、安装 AIS 航标、补充雷达应答器、建设水文潮流信息显示牌;(3)开发和改造满足驾引人员使用的导航硬件设备,包括开发智能导航终端;(4)安装使用固态数字雷达以便对无 AIS 的小船进行跟踪和监控;(5)拓展北斗 CORS 系统、提供北斗 GPS 双模差分信息服务、通过 AIS 基站发送差分改正信息实现高精度导航;(6)基于 DGNSS 的高精度靠泊系统提供雾航靠泊;(7)利益相关方 CCTV 采集、整合和共享;(8)基于 VHF 的水上安全广播、基于 AIS 的安全信息广播、基于 NAVDAT 水上安全信息数字广播;(9)建设综合指挥调度中心、监控管理平台和云数据中心。

中国 4 个 e 航海示范工程的共同特点是使用 LTE 通信,基于北斗 CORS 系统与岸基差分技术,建设多功能电子航标、提供水文气象、S-100 数据服务和公共信息数据服务。

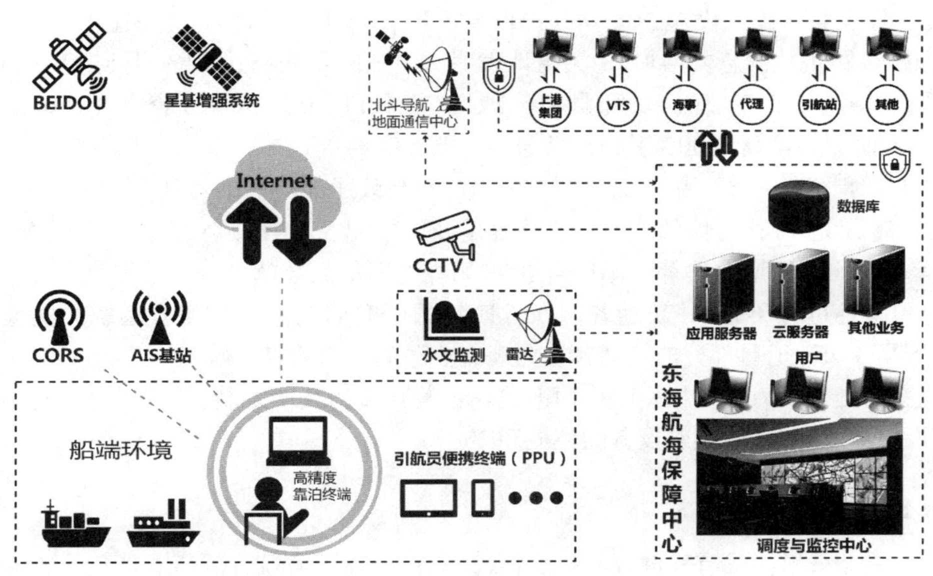

图 12-2-16 洋山港 e 航海工程系统框架

四、e 航海发展瓶颈

（一）制约因素

IMO 为各成员国及其相关国际组织指明了下一步 e 航海研究发展的方向，但 e 航海的发展仍然面临一些制约和不确定因素。现有船载系统的技术整合，岸基系统的安全、保安、应急反应、防污染和商业服务的统筹和协调，以及卫星全球数字宽带通信普及和发展都是制约 e 航海发展的瓶颈。

1. 角色协调与融合

顶层设计的原则是以始为终，以终为始，IMO 始终从战略的高度、全局的视野规划 e 航海未来的发展愿景。e 航海战略实施计划是以用户需求为驱动的持续动态发展计划，因此其架构并不是一蹴而就的，协调整合是 e 航海的核心理念，也是 e 航海的发展瓶颈，系统和设备的需求以及更多机构的加入也是动态变化的，如何协调 IALA、IHO、ITU、IEC、ISO、CIRM、IEC、EMSA 等其他国际组织的联络、分工和合作，以杜绝重复建设、信息孤岛以及各种各样的浪费现象，这里 IMO 应该扮演有格局的领导者角色。

2. 技术研发与整合

通信技术是制约 e 航海发展的关键因素。由于 AIS 的先天不足和技术局限，基于

AIS 技术的衍生设备或设施，如 AtoN、AIS-SART、MOB-AIS 等的应用快速增长，导致了 VHF 数据链路负载的急剧增加，相关统计表明 AIS 链路负载高达 64%，导致 69%的重要信息丢失，中国长江口、珠江口和渤海湾地区 AIS1 和 AIS2 信道的平均占有率已高达 30%，某些时刻甚至高达 50%。信道负载能力已经制约了 e 航海的进一步发展，也成为了 IMO 和 ITU 担忧的一个问题。为了适应 e 航海对高效通信的要求，VDES 的概念被引入。VDES 的实施是一个漫长的过程，需要为 VDES 分配 VHF 信道、起草技术标准、研发 VDES 设备、测试原型台站等。2019 年世界无线电通信大会就 VDES 系统卫星部分的频率划分可行性进行研究，并鼓励各国在近四年的研究周期内开展相应系统的实验性研究，特别是 VDES 卫星部分与相邻频段内现有业务的频率兼容性研究。

现有的处理能力和人机交互界面上也存在着众多的技术限制，特别是对现有不同时期、不同厂商、不同功能导航设备的集成和整合。

3. 公约与法规执行

IMO 希望 e 航海具有稳健性和扩展性，惠及在全球水域航行的所有船舶。现有的海事公约、法律框架对非 SOLAS 公约成员国的船舶并不具备约束力，因此可能导致非 SOLAS 公约船舶和机构无法融入 e 航海的发展计划。IMO 并不提供 e 航海操作和技术服务的规范或设备兼容性的直接定义，但是符合 IMO 相关的规范和满足设备性能标准，将会为非 SOLAS 公约成员国以及其船舶、设施的运行效率和航行安全带来益处。

《国际船舶安全营运和防止污染管理规则（ISM 规则）》赋予船长管理船舶的职责和权限，《中华人民共和国船员条例》条例第二十四条规定，船长在保障水上人命与财产安全、船舶保安、防止船舶污染水域等方面，具有独立的决定权，并负有最终责任。从法律条文上来说，船长对本船实施 e 航海战略或执行相关标准具有最终决定权。

4. 实施与建设

目前，e 航海实施战略并未涉及对船舶的强制配置需求，船东在系统和设备需求上出于成本考虑而可能降低标准；各国海道测量组织提供的电子海图还不够完善，有些水域并没有官方出版可以用于航行的电子海图，而且价格昂贵；各国在面对国家安全等问题导致的政治和财政及政策的限制，制约了 e 航海岸基设施的发展；市场和商业限制，如竞争、配置要求等也会制约相关设备的配置和性能；诸如此类的因素都制约着 e 航海战略的实施。

5. 现实与现状

在 2012 年 WRC 大会召开之前，服务于海事安全的 VHF 信道只有 59 个，其中 57 个信道供 VHF 无线电台使用，2 个信道专供 AIS 使用。无线电频谱资源缺乏也制约了 e 航海战略的实施，因此 2015 年 WRC 大会采纳了海事 VHF 扩频的提案，将 VHF 信道扩充至 84 个，并确定自 2017 年 1 月 1 日起，将 24、84、25、85、26 和 86 信道提供给 VDE 使用；自

2019年1月1日起，在27信道和28信道的基础上扩充出的2027和2028两个信道标记为ASM1和ASM2，用于VDES应用专用电文；AIS依旧使用原来的信道，用于解决AIS数据链路负荷加重带来的威胁，同时海员、机构和海事从业人员在培训上的不足，VTS操作员的技艺水平和工作流程以及各国海事服务的架构、监管程序都给e航海的发展带来阻力。

6. 发展理念与观念

e航海涉及面广，专业技术性强，具有很强的系统性、技术性，如何贯彻e航海协调发展的核心理念，并融合创新、活力、开放、互联、包容、共享等海事发展观念，如何赢得政府机构、社会团体以及其他组织的支持，进一步探讨是否包括商业信息的交换和信息安全，规范相关组织的职责界限，也是在e航海战略实施过程中面临的问题。

（二）国内困局

一直以来，海事应用系统和关键设备都由欧美、日韩垄断，如INS、VTS系统，中国一直缺少话语权，从技术上没有足够的实力取得国际标准的主导权和制定权，这与中国作为航海大国的身份极不相称。e航海岸基船舶管理系统包括核心设备和后台服务软件，几乎全部由国外引进，随着航运和海事业务的深层次应用发展，信息安全问题逐渐暴露出来，并引起了相关部门和专家的注意。

2017年6月，科技部、交通运输部印发《中国海事航海保障“十三五”发展规划》，指出重点发展智能船舶关键技术，其中包含以e航海船端技术架构为核心的航海信息智能处理与显示技术。e航海依托于航海电子产品，发达国家航海电子产业起步较早，发展较为成熟，中国航海电子产业与发达国家相比存在非常明显的差距，关键技术设备研究方面，中国存在研究理念落后、研究步伐滞后、研究内容浅显等问题。INS、S-101电子海图等关键技术和设备国外已经具有与e航海对设备要求接近或一致的概念产品和核心技术，中国尚在摸索阶段。

从发达国家参与国际e航海的情况来看，相关科研院所、产业界在其中发挥了重要的作用。因此利用实施e航海战略的机会，推动和引导国内相关单位开展研究工作，进行技术攻关和创新，同时积极整合社会资源参与中国e航海研究，形成以政府为主导，社会机构广泛参与的e航海研究格局，开发具有自主知识产权的e航海系统服务平台和关键设备，快速提升中国船舶通信导航设备生产能力，满足中国航海强国的需要，形势发展迫在眉睫。

附篇

海图与航海资料

第一部分 海图

海图是地图的一种，是为航海需要而专门绘制的一种地图。海图上详细地描绘有航海所需的各种资料，如岸形、岛屿、浅滩、沉船、水深、底质、碍航物和助航设施等。

海图是航海的重要工具之一。航行前制定航行计划、拟定计划航线，航行中进行航迹推算和定位等，航行结束后总结航行经验以及发生海事后分析事故原因、判断事故责任等，都离不开海图。正确地了解海图的投影、海图图式、海图分类和使用保管等是航海驾驶员的重要任务之一。

一、海图投影与海图分类

（一）海图投影

航用海图是采用墨卡托投影，即等角正圆柱投影原理所绘制的。如图 13-1-1 所示，用一个圆柱套在地球上，采用一定的数学法则将地面上的经线和纬线均投影到圆柱的侧面上，然后沿圆柱母线切开展平，就得到了圆柱投影图网，如果圆柱轴与地轴重合，则称正圆柱投影。

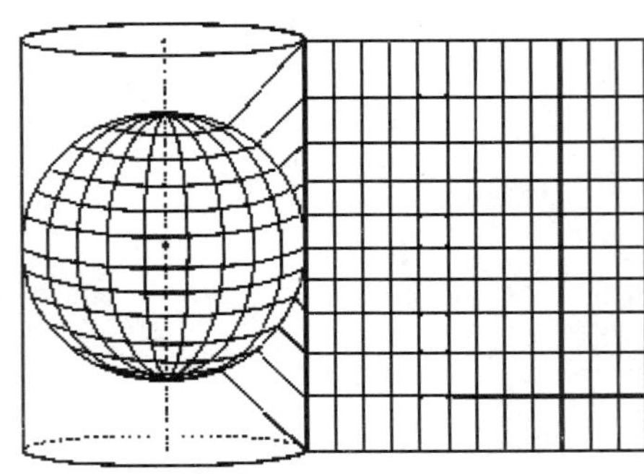

图 13-1-1　墨卡托投影

墨卡托投影海图具有以下特点：

(1)图上经线为南、北向相互平行的直线，其上有量取纬度或距离用的纬度图尺；纬线为东、西向相互平行的直线，其上有量取经度的经度图尺，且经线与纬线相互垂直。

(2)图上经度 1 分(1 赤道里)的长度相等，但纬度 1 分(1 n mile)的长度随纬度升高而逐渐变长，存在纬度渐长现象。

(3)恒向线在图上为直线。

(4)具有等角特性，在图上所量取的目标方位角与地面对应角相等。

(5)图上同纬度纬线的局部比例尺相等，不同纬度的局部比例尺随纬度的升高而增大。

除了墨卡托投影外，航海领域还采用高斯投影、平面图和心射投影来绘制大比例尺的泊位图，采用平面心射投影来绘制大圆海图，以方便地进行大圆航线设计。中国出版的一部分大比例尺海图采用高斯投影。采用高斯、平面、心射投影方法绘制的大比例尺海图、港泊图基本上不会变形。

(二) 比例尺

1. 比例尺及表示方法

海图是将实际的地球表面缩小后绘制而成的，缩小的程度用比例尺来表示。一般来说，比例尺是图上任意线段长度和地面上相应的实际长度的比值，即

$$\text{比例尺} = \frac{\text{图上任意线段长度}}{\text{地面对应的实际长度}} \tag{13-1-1}$$

比例尺的表示方法通常有两种：数字比例尺和直线比例尺。数字比例尺用分数或比例式表示。例如 1 : 300 000 或 1/300 000，它表示在图上基准点处，一个单位长度等于地面上 30 万个相同单位的长度。比例尺比值较大的地图叫大比例尺图；比值较小的叫小比例尺图。例如，1 : 50 000 和 1 : 200 000 比较，前者大，后者小。直线比例尺一般用比例图尺绘画在海图标题栏内，或图边适当的地方，如图 13-1-2 所示。

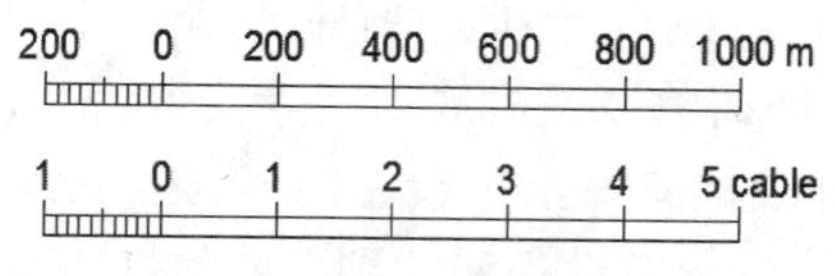

图 13-1-2 比例尺

海图比例尺不仅决定着海图的精度,还决定着图上所绘制的资料的详细程度和海图作业的精度。比例尺越大,图上所绘制的资料就越详细、准确,海图的可靠性程度就越高,同时,作图误差小,海图作业的精度也越高。因此,应尽可能选择较大比例尺的海图,以便能够获得更详细的航海资料和提高海图作业的精度。

2. 基准比例尺与局部比例尺

在制图时,必须将地球按照一定的比例缩小后投影到平面上,这个比例称为地图的基准比例尺或主比例尺,地图上除保持主比例尺的点或线以外其他部分上的比例尺称为局部比例尺。实际上,由于投影中必定存在着某种变形,地图仅能在某些点或线上保持着这个比例尺,而图幅上其余位置的比例尺都与基准比例尺不同,因而一幅地图上注明的比例尺实际上仅是该图的基准比例尺。

海图的基准比例尺通常是某纬线的局部比例尺,该纬线所在的纬度称为基准纬度。海图上只有基准纬度处的比例尺才等于基准比例尺,而图幅内其余位置的比例尺都大于或小于基准比例尺。

(三)海图分类

按照用途区分,海图可分为航用海图和参考图两类。

1. 航用海图

航用海图用于拟定航线、进行航迹推算和定位等海图作业。航用海图按比例尺的大小,一般可以分为以下 6 类。表 13-1-1 中列出了 IHO 推荐的相应精度要求和海图上 0.5 mm 铅笔点的等效尺寸。

表 13-1-1 海图分类与精度要求

图类	比例尺	精度要求(m)	0.5 mm 点等效尺寸(m)	用途
总图	<1 : 3 000 000	<300	<150	大洋航线
远洋航行图	1 : 1 000 000~1 : 2 900 000	100~ 290	50~ 145	航行参考
近海航行图	1 : 200 000~1 : 990 000	20~ 99	10~ 49.5	近海航行
沿岸航行图	1 : 100 000~1 : 190 000	10~19	5~9.5	沿岸航行
港湾图	1 : 20 000~1 : 90 000	2~ 9	1~ 4.5	航行或管理
泊位图	>1 : 20 000	<2	<1	系泊

(1)总图:供研究海区特点、制订计划、选择航线等使用,只显示与此有关的海岸线、海港、岛屿、主要航行标志和障碍物以及海底地貌等要素。

(2)远洋航行图:图上详细标有海上平台、井架等近海设施,图区内标示主要的山头及岛顶高程、主要雷达及无线电导航设备和特别重要的灯塔、灯桩、灯船及浮标等。

(3)近海航行图:图上详细标有雷达站及无线电导航设备、灯塔和射程较远的灯桩、主要灯船、雾号、有雷达反射器和雷达应答标的航标、进港的 1 号浮标及指示航行障碍物的浮标等。还会标有沿海较主要的航道、码头、防波堤、港外锚地和港口沿岸较显著的建筑物。

(4)沿岸航行图:详细标有除供港湾内用的助航标志以外的其他各种助航标志,港口附近的主要航道及其疏浚深度或扫海深度、港外锚地和较大港湾内的码头、防波提、海上平台等近海设施和沿海陆地地貌、烟囱、灯塔、教堂、无线电杆等具有航行方位意义的各种建筑物等。

(5)港湾图:供进出港湾,选择锚地,研究港湾地形,进行港湾建设等用。图上详细标有灯塔、灯标、浮标、立标、雷达站、无线电导航设备和雾号等要素。

(6)泊位图:用于系泊。

2. 参考图

参考图是为了某种航海的特殊需要而专门绘制的海图,如位置线图网、航路设计图、大圆海图、气候图、世界载重线区域图以及等磁差曲线图等。

(四)电子海图系统

电子海图是用数字形式描述海域地理信息和航海信息为主的海图。电子海图按照制作方式可分为矢量电子海图和光栅电子海图两种。电子海图与相应的软件、硬件结合在一起构成电子海图系统,才能实现海图信息的显示与读取、有关航海功能的操作等。用于航海的电子海图及电子海图系统均应满足有关的国际标准。更多内容参阅第七章电子海图显示与信息系统。

二、引航水域识图

在航用海图上除绘有经、纬线图网外,还须将重要的航行目标和主要地貌、地物以及海区内航行障碍物、助航设备、港湾设施和潮流海流要素等航海资料按其各自的地理坐标,用一定的符号和缩写将它们绘画到图网上去,再经过制版和印刷而成为海图,这种绘制海图的符号和缩写,叫做海图图式。中国出版的海图是根据国家技术监督局颁布的 GB 12319—1998《中国海图图式》绘制的。

（一）海图标题栏与图廓注记

1. 海图标题栏

海图标题栏一般刊印在海图内陆处或航行不到的海面上，特殊情况也可能印在图廓外适当的地方，如图 13-1-3 所示是海图标题栏，一般制图和用图的重要说明均印刷在此栏内。

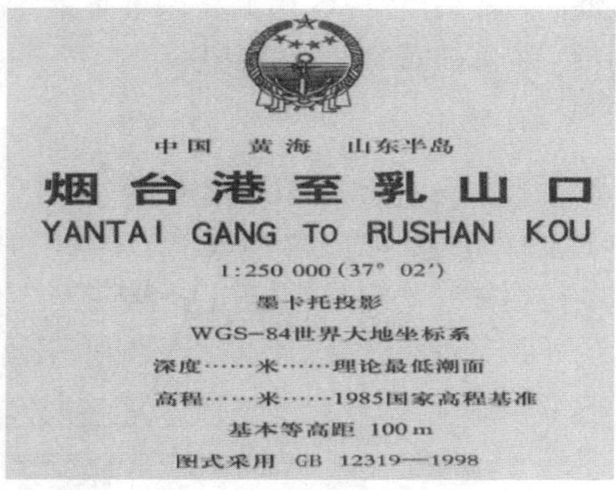

图 13-1-3　海图标题栏

标题栏的内容包括出版机关的徽志、图幅的地理位置、图名、比例尺与基准纬度、投影、深度和高程的基准面及计量单位、图式版别、基本等高距和坐标系等编图资料的说明等。海图标题栏通常还印有图区内禁航区、雷区、禁止抛锚区、航标、分道通航制和地磁资料等与航行安全有关的说明和重要注意事项或警告。有些海图标题栏还附有图区内重要目标的对景图、潮信表、潮流表和换算表等资料。

2. 图廓注记

中版海图在海图图廓四周注记有许多与出版和使用海图有关的资料，如：

（1）海图图号：印在海图图廓的四个角上，不论该图怎样放置，图号均可保持从该图的右下角读出。

（2）发行和出版情况：印在图廓外下边中间，给出新图的出版和发行单位、日期。其右边还印有该图新版、改版日期。

（3）小改正：印在图廓外左下角，用以登记自该图出版（新版或改版）以来改正过的所有小改正通告年份和通告号码，以备查考该图是否已及时改正至最新。

（4）图幅：印在图廓外右下角，在括号内给出海图内廓界限图幅尺寸，用以检查海图图纸是否有伸缩变形。

（5）对数图尺：在某些大比例尺的港湾图和航行图的外廓图框上，通常印有对数图尺，位于该图的右下方或左上方，以便用来速算航程、航速和航行时间之间的关系。

（6）阅图号：印在图廓外或图廓内适当的地方，表示相同或相近比例尺的邻接图图号。

（二）海图基准

1. 高程基准

海图上所标山头、岛屿和明礁等高程的起算面称为高程基准面。中国沿海海图高程基准面一般采用“1985 国家高程基准面”或当地平均海面，如图 13-1-4 所示。表 13-1-2 列出了个基准面的定义和描述。

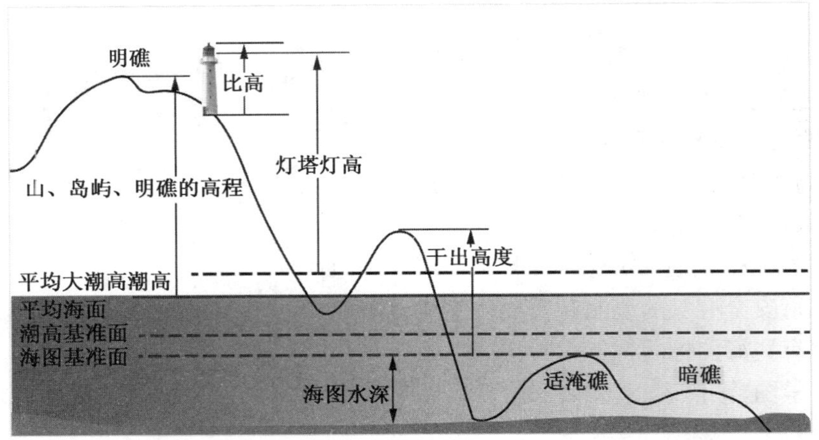

图 13-1-4 基准面

表 13-1-2 各基准面定义及描述

基准面	定义及描述	缩写
最高天文潮面（Highest Astronomical Tide）	在一般气象条件并综合各种天文条件下，可以预报出的最高潮面	HAT
平均高高潮面（Mean Higher High Water）	19 年周期的当地高高潮平均高度	MHHW
平均大潮高潮面（Mean High Water Springs）	大潮高潮的平均高度，也称大潮高潮面	MHWS
平均海面（Mean Sea Level）	指定验潮站 19 年间所有时段每小时海面高度的算术平均值	MSL
平均大潮低潮面（Mean Low Water Springs）	大潮低潮时的平均高度，也称大潮低潮面	MLWS
平均低低潮面（Mean Lower Low Water）	19 年周期的当地低低潮位的平均高度	MLLW
印度大潮低潮面（Indian Spring Low Water）	近似于大潮低低潮的平均潮位的一个基准面，又称为略低低潮面	ISLW
最低天文潮面（Lowest Astronomical Tide）	在一般气象条件并综合各种天文条件下，可以预报出的最低潮面	LAT
定义出自 IHO S-32 水道测量字典，第五版		

2. 深度基准

海图上标注的水深的起算水平面称为海图深度基准面,也是干出高度的起算面。它与区域有关,通常当地的潮汐应该不低于该基准面。因此也被称为最低天文潮面。海图基准面定得过高,可能产生负潮高现象,实际水深小于海图水深,对航海安全十分不利。海图基准面定得过低,自然可提高航海安全性,但也会给人以水深过浅的印象。中国沿海系统测量区域采用理论最低潮面(旧称理论深度基准面)作为起算水平面。

3. 坐标基准

WGS-84 坐标系是为 GPS 全球定位系统使用而建立的世界大地坐标系统,1997 年 IMO 以 A860(20)决议的形式将 WGS-84 坐标系确定为 GNSS 定位系统的坐标基准,通常使用 ITU 信号格式(RM. 823/1)发送的 DGNSS 差分修正信息也是采用 WGS-84 坐标系。

在卫星定位出现之前,各国海图数据通常采用地方或国家坐标系。IHO 在 GNSS 定位系统被广泛应用之后,通过 B1. 1 技术决议的形式建议所有出版海图的国家和地区都应使用 WGS-84 坐标系作为基准。但该项数据转换工作量巨大并且耗费大量时间,因此,在过渡期间,WGS-84 坐标系基准的海图和非 WGS-84 坐标系基准的海图还会并存,使用时应确认海图采用的坐标系统。

(三)重要海图图式

常见的重要海图图式包括高程、水深、底质、礁石和沉船等航行障碍物,以及灯塔、灯标、浮标、立标、雷达站、无线电导航设备及雾号等航标,海图图式如表 13-1-3 所示。

(四)海事版海图编号规则

1. 港口航道图和近海航行图采用 4 位图号

第一位为海区编号:1 为“北保”管辖水域,2 为“东保”管辖水域,3 为“南保”管辖水域。

第二位为制图比例尺分母的首位数:如 1∶300 000 为 3,1∶750 000 为 7。

第三位为 0。

第四位为同比例图由北往南连续编号。

2. 沿岸航行图采用 5 位图号

第一位为省市代号:1 为辽宁,2 为河北天津,3 为山东,4 为江苏上海,5 为浙江,6 为福建,7 为台湾,8 为广东,9 为广西,0 为海南。

第二位为省内地级市编号。

第三、四位为 0。

第五位为地级市所属图的序列号，如图幅覆盖两个地级市，以覆盖面积大的地级市作为编号依据。

表 13-1-3　海图图式

类　别	中版图式	说　明
等高线 及高程点	 345.3　250	实线表示精测等高线，虚线或无高程的等高线为山形线
建筑物 比高	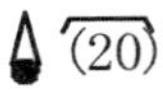 (20)	建筑物基部地面至顶端的高度
实际位置的水深	15_8　　6_4	实测水深，注记（整数）中心即为水深实测点
直体注 记水深	15_8　　6_4	表示深度不准或采自小比例尺图的水深
泥底	泥	表示泥底
沙/泥底	沙/泥	表示上层为沙，下层为泥
干出高度	$\underline{1}_4$　　$\underline{2}$	表示深度基准面以上的高度
明礁（屿）	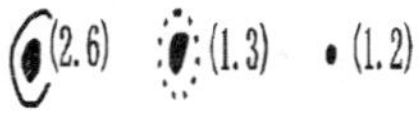 (2.6)　(1.3)　(1.2)	平均大潮高潮面时露出的孤立岩石
暗礁	+ (4_1)　　(4_8)	在深度基准面下，已知深度的危险暗礁
危险沉船		深度≤20 m 的沉船
非危险沉船		深度大于 20 m 的沉船
灯塔、灯桩		左图为灯塔，右图为灯桩
灯船		中版海图上，区分有人（左）和无人（右）看守
雷达指向标	 雷信	表示能连续发射信号的雷达信标
雷达应答标	 雷康(K) (3&10 cm)	具有莫尔斯信号（K），在 3 cm 和 10 cm 频带内应答
无线电信标	 环向	全向无线电信标
引航站		表示引航巡逻船或引航船会船（登船）位置
等明暗光	等明暗	颜色不变，明暗交替且时间相等的灯光
互光	互白红	有节奏地交替显示不同颜色的灯光

3. 港湾图也是采用 5 位图号

第一、二位与沿岸航行图编码规则一致。
第三位为地级市所辖港口的编号。
第四、五位为港口所属图的序列号。

（五）海图使用注意事项

1. 可信度评定

（1）测量比例尺、时间、单位（测量局）等资料来源信息一般在海图标题栏内或采用略图的形式给出，信息不充分时，用文字摘要加以说明。测量原图上的测深值通常以 5 mm 的间隔绘制，对应于 1∶12 500 的测量原图来说，测深线之间的实际间隔是 62.5 m。

（2）所使用海图的出版、新版或改版时间应该是近期的，所标注的日期应与最新的《航海图书总目录》中载明的现行版日期一致。

（3）测深的详尽程度。图上的测深线的间距、水深点的密集程度、水深的变化情况来判别，如水面有无空白，水深点排列是否有序，水深变化是否明显可辩等。

（4）根据岸线、岸形、地貌的标注方式加以判断。

2. 使用注意事项

（1）要尽可能选择最新版大比例尺海图。
（2）海图使用前，应根据航海通告和有关的无线电警告及时加以改正。
（3）海图空白处，表示未经测量，应视为航海危险区避开。
（4）海图作业应采用软质铅笔和松质橡皮，按有关规则要求进行。

（六）水运工程蓝图介绍

水运工程蓝图涉及的区域主要包括港池、泊位、航道、掉头圆、锚地、码头和岸边陆域等，其要素是指水工建筑物、水深、底质、水下障碍物和助航标志等。

1. 水运工程蓝图坐标系

坐标系从其表现形式上可以分为空间直角坐标系、空间大地坐标系、参心坐标系、极坐标系和曲面坐标系等。从维数上可分为二维坐标系、三维坐标系等。引航工作中应用的主要是空间直角坐标系，在中国境内及沿海 CGCS-2000 坐标系与海图使用的 WGS-84 坐标系统几乎一致。表 13-1-4 是中国水运工程测量主要使用的坐标系。

表 13-1-4　中国水运工程测量主要使用的坐标系

坐标系统 / 地球椭球	1954 年北京坐标系	1980 年西安坐标系	WGS-84 坐标系	2000 年国家大地坐标系
椭球名称	克拉索夫斯基	1980 大地坐标系	WGS-84	CGCS-2000
建成年代	50 年代	1982 年	1984 年	2008 年
椭球类型	参考椭球	参考椭球	总地球椭球	总地球椭球

2. 水运工程图要素

一幅完整的水运工程图主要包含以下几类要素：工程图的数学要素、工程图的地理要素和工程图的辅助要素等。

工程图的数学要素是建立工程图空间模型的数学基础，因而是工程图内容中非常重要的要素。包括工程图投影及与之有关的坐标网、基准面、比例尺及大地控制基础等。工程图的地理要素是工程图以图形表示出水域各要素的数量、性质、分布和联系，是海洋地理信息的某种程度的总和，主要包括海部要素和陆部要素。辅助要素是帮助工程图使用者读图和用图的要素，虽只是起辅助和补充作用，但也是很重要的。主要包括工程图图名、测量机关全称、测量日期等。引航工作要求的工程蓝图比例尺在 1：500 到 1：2 000 之间，如图 13-1-5 所示。

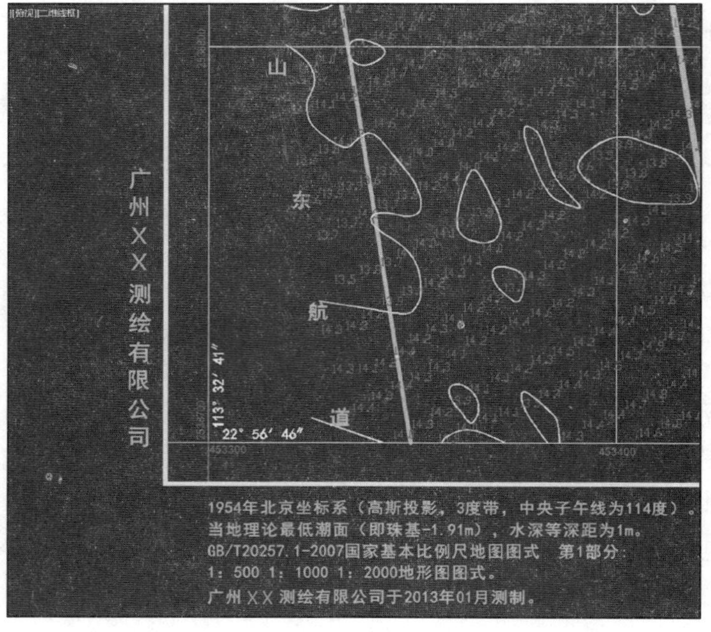

图 13-1-5　工程图要素

3. 蓝图读图

读取水运工程图应该注意坐标系和高程、深度基准可能并非使用 WGS-84 坐标系和海图基准,因此说并非所见即所得,不同坐标系和不同基准面的蓝图需要经过坐标转换和基准面换算,才能与我们使用的 WGS-84 坐标基准的纸质或电子海图相对应。

(1)坐标系:中国水文测量常用坐标系为北京 54、西安 80、CGCS-2000 和 WGS-84 坐标系,各坐标系之间的参考椭球体和几何参数是不同的,相应的点的坐标也不相同,因此在读图时要根据工程蓝图采用的是何种坐标系来读图。如非 WGS-84 和 CGCS-2000 坐标系,这时候就要根据各系统之间的转换参数来对工程蓝图水深数据进行转换到海图的 WGS-84 坐标系统。图 13-1-6 是坐标系未经转换的工程蓝图与海图覆盖对比,岸线不能重合,图 13-1-7 为已经转换为 WGS-84 坐标系的工程蓝图与海图覆盖对比,覆盖岸线完全吻合,蓝图原始比例尺和海图显示比例尺均为 1∶2 000。

图 13-1-6　未转换坐标系工程图与海图覆盖

根据资料,WGS-84 坐标系和北京 54 坐标系之间没有严格的转换关系,实际工作中各测图单位均采用了各自近似的转换关系。在中国北方海区 WGS-84 坐标与北京 54 坐标差值在 70~100 m 之间,在高斯-克吕格投影的平面海图中,点位的北京 54 坐标位于 WGS-84 坐标大约 300°方位,即方位相差 60 度。对于 1∶2 000 以下的大比例尺的工程蓝图,这种差值是不可忽略的,但对于小比例尺的海图(小于 1∶20 万),这种差值在海图上几乎可以忽略不计。表 13-1-5 列出了几个采样港口的偏差数据。

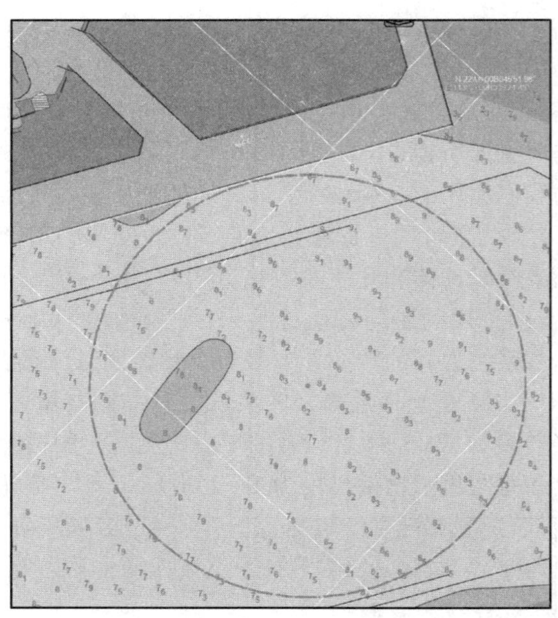

图 13-1-7 已转换坐标系工程图与海图覆盖

表 13-1-5 几个采样港口的偏差数据

港口	D_x(m)	D_y(m)	D_s(m)	D_t(°)	备注
大连	53.88	-53.01	76.78	314.62	数据来自杨绍海所著科技论文,有节选
天津	53.15	-46.93	71.43	317.16	
青岛	60.78	-69.63	94.44	312.53	
其中:D_x=X54-X84,D_y=Y54-Y84,D_s 为距离偏差,D_t 为方位偏差					

(2)各地高程基准:中国通用的高程基准是 1985 国家高程基准,各地采用不同基准的高度数据应该通过基准换算得出正确的高程,各地高程基准之间的关系如表 13-1-6 所示。

表 13-1-6 各地高程基准之间的关系

85 基准高程	黄海高程	吴淞高程	珠江高程	大沽高程	渤海高程
	-0.029 m	-1.717 m	+0.557 m	-1.163 m	+3.048 m
注:1985 国家高程基准=当地高程±修正值					

(3)各地深度基准:中国通用的深度基准主要采用理论最低潮面,同时还有珠江基面、吴淞零点、黄浦江最低水位等深度基准面也会经常在水运工程图里用到,因此在阅读图纸的过程中要明确所采用深度基准面,不同深度基准面下的水深值也不同。

第二部分 航海资料

一、潮汐与潮流

海水在天体引潮力的作用下产生的周期性的升降运动称为潮汐，其中海面上升的过程称为涨潮；海面下降的过程称为落潮。当海面上升到最高位置时，称为高潮；反之，海面下降到最低位置时称为低潮。海面由低潮上升到高潮的时间间隔称为涨潮时间；由高潮到低潮的时间间隔称为落潮时间。

伴随海水周期性的涨落现象，还同时产生周期性的水平方向的流动，称为潮流。在江河、港湾等地，由于受地形的影响，涨潮流和落潮流流向相反或接近相反，这样的潮流称为往复流。在一些开阔水域，在一个潮汐周期内，潮流流向随时间顺时针（或逆时针）变化 360°，流速也随时间而变化，无明显的转流现象，这种潮流称为回转流。

（一）潮汐

1. 潮汐的基本成因

产生潮汐的原动力是天体的引潮力，即天体的引力和地球天体相对运动所产生的惯性离心力的向量和。其中，主要是月球的引潮力，其次是太阳的引潮力，约为月球的引潮力的 46%，其他天体的引潮力很小，一般忽略不计。地球表面上的海水在月引潮力的作用下，形成了月潮椭圆体，又由于地球的自转，地球表面上某个固定地点的海面就会发生周期性的涨落运动，从而形成了潮汐。如图 13-2-1 所示，虚线椭圆为月潮椭圆体，指向月球的箭头为月引潮力，背向月球的箭头为地球的惯性离心力，箭头为其向量和。

2. 潮汐不等

（1）潮汐的周日不等

在同一个太阴日中所发生的两次高潮或两次低潮的潮高以及相邻的高低潮的时间间隔不相等的现象，称为潮汐周日不等。

（2）潮汐的半月不等

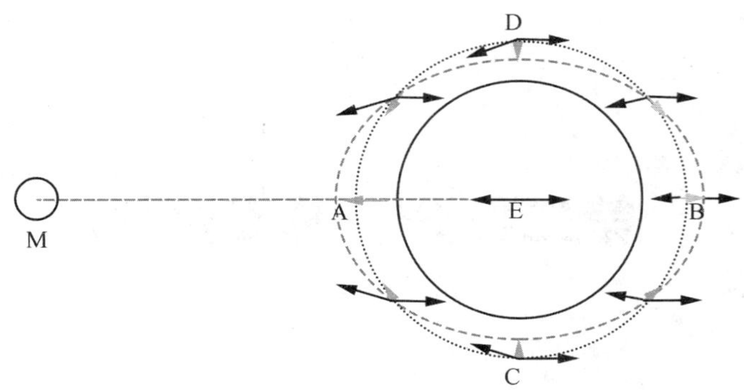

图 13-2-1　潮汐形成

太阳引潮力比月球引潮力小 2.17 倍，同样会产生太阳潮汐椭圆体。太阳两次上、下中天的时间间隔为一个视太阳日，约为 24 h，太阳潮的半日潮周期约为 12 h。同样，当太阳的赤纬不等于零时，也会发生潮汐周日不等现象。在新月或满月时，太阳和月亮的引潮力相互叠加，出现高潮最高、低潮最低的现象，称为大潮；上弦或下弦时，上述两天体的引潮力相互抵消，出现高潮最低、低潮最高的现象，称为小潮。

太阳潮的存在增加了潮汐现象的复杂性，由于月球、太阳和地球在空间周期性地改变着它们的相对位置，从而产生了潮汐半月不等现象。新月和满月时，引潮力相互叠加产生大潮，如图 13-2-2 所示。在上弦和下弦月时，引潮力部分抵消而产生小潮，如图 13-2-3 所示。

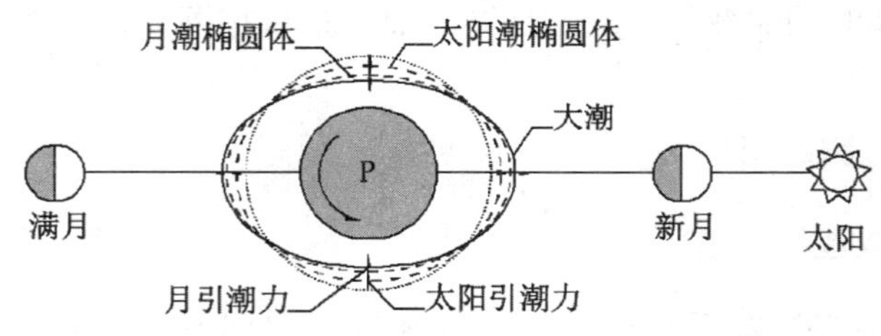

图 13-2-2　大潮

(3) 潮汐的视差不等

由于地球和月球、太阳的距离变化而产生的潮汐不等，称为潮汐视差不等，分别为月潮视差不等和日潮视差不等。

影响潮汐的因素是很多的。地球表面上的海水在进行涨落运动时，会受到地形的限制，海水本身又具有黏滞性和惯性，还受其他天体的影响等，因此，在潮汐的每天变化中，高潮不一定正好发生在月中天时刻，往往会延迟一段时间，这段时间称为高潮间隙。从月中天时刻至低潮的时间间隔称为低潮间隙。在潮汐的每月变化中，大潮也不发生在初一、十五，中国沿海大多发生在初三、十八左右，延迟的这段时间称为潮龄。

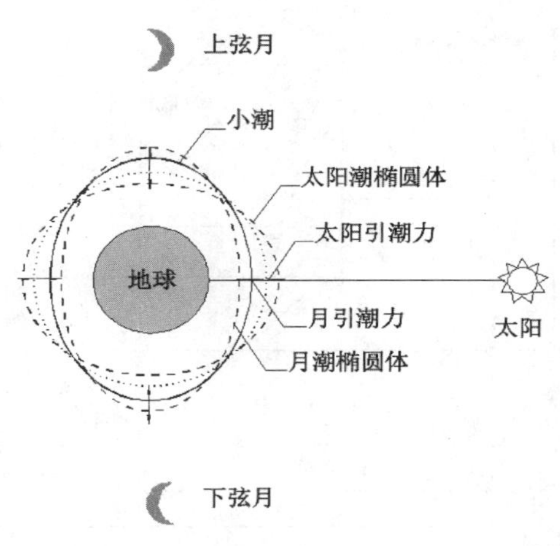

图 13-2-3 小潮

3. 潮汐类型

(1)正规半日潮

在一个太阴日内发生两次高潮和低潮。两次高潮和两次低潮的高度都相差不大,涨落潮时也很接近,如青岛。

(2)不正规半日潮混合潮

它基本上具有半日潮的特性,但在一个太阴日内相邻的高潮或低潮的潮位相差很大,涨潮时和落潮时也不等,如浙江镇海港。

(3)不正规日潮混合潮

在半个月中,日潮的天数不超过 7 天,其余天数为不正规半日潮,如鄂霍次克海的马都加和南海暹罗湾等。

(4)正规日潮

在半个月中有连续 1/2 以上天数是日潮,而在其余天数则为半日潮,如中国南海的北部湾、红岛、德顺港等。

4. 潮汐术语

为了便于掌握和实际运用潮汐计算方法,下面介绍一些潮汐术语,如图 13-2-4 所示。

平均海面(Mean Sea Level,简称 MSL):根据长期潮汐观测记录算得的某一时期内的海面平均高度。

海图深度基准面(Chart Datum,简称 CD):计算海图水深的起算面。

潮高基准面(Tidal datum,简称 TD):潮高的起算面,一般是海图深度基准面。

平潮(Slack):当高潮发生后,海面有一段时间呈现停止升降的现象,称为平潮。

停潮(Stand):低潮发生后,海面也有一段时间呈现停止升降的现象,称为停潮。

潮差(Tidal range):相邻高、低潮潮高之差。

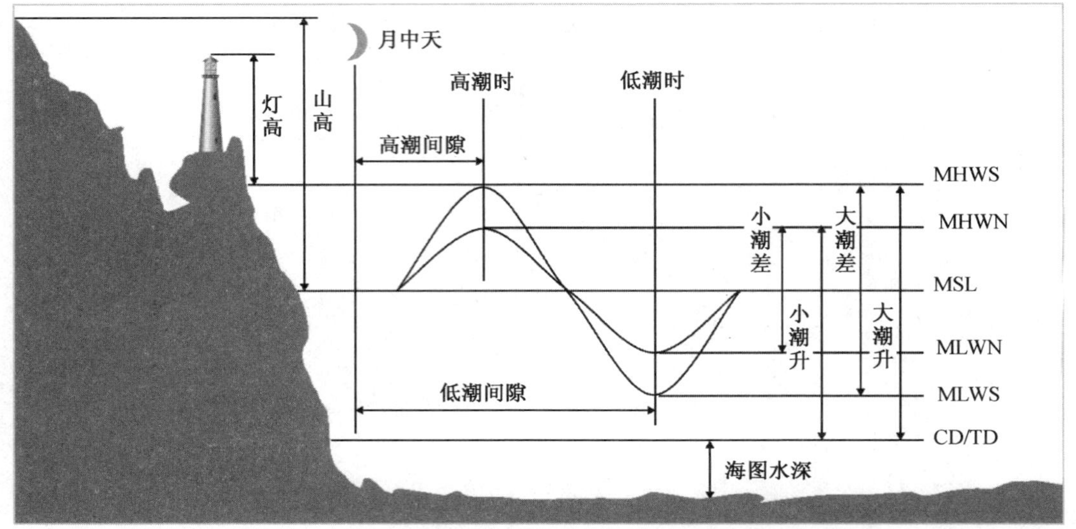

图 13-2-4 潮汐术语图解

回归潮(Tropic tide):当月球赤纬最大时(此时月球在北回归线或南回归线附近)的潮汐称为回归潮。此时,潮汐周日不等现象最显著。

分点潮(Equinoctial tide):当月球赤纬最小时的潮汐称为分点潮。此时潮汐周日不等现象最小。

高高潮(Higher high water,简称 HHW):在一个太阴日中发生的两次高潮中潮高较高的高潮。

低高潮(Lower high water,简称 LHW):在一个太阴日中发生的两次高潮中潮高较低的高潮。

高低潮(Higher low water,简称 HLW):在一个太阴日中发生的两次低潮中潮高较高的低潮。

低低潮(Lower low water,简称 LLW):在一个太阴日中发生的两次低潮中潮高较低的低潮。

平均高潮间隙(Mean high water interval,简称 MHWI):每天月中天时刻至高潮时的时间间隔的长期平均值称为平均高潮间隙。

平均低潮间隙(Mean low water interval,简称 MHLI):每天月中天时刻至低潮时的时间间隔的长期平均值称为平均低潮间隙。

(二)潮流

海水周期性垂直运动的同时产生的海水周期性的水平方向的流动。

1. 往复流

往复流是受地形的影响而产生的涨、落潮流向相反或基本相反的潮流。大多发生在海峡、江河、港湾和沿岸一带。在海图上的表示方法如图 13-2-5 所示。箭头的方向为流向，箭矢上的数字是指流速。如果只给出一个数字，则为大潮日的最大流速；如果给出两个数字，则分别为小潮日和大潮日的最大流速。

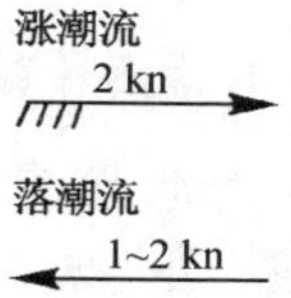

涨潮流
2 kn
落潮流
1~2 kn

图 13-2-5 往复流

2. 回转流

回转流是在一个潮汐周期内，潮流流向随时间顺时针（或逆时针）变化 360°，流速也随时间变化的潮流。在海图上的表示方法如图 13-2-6 所示，含义为：

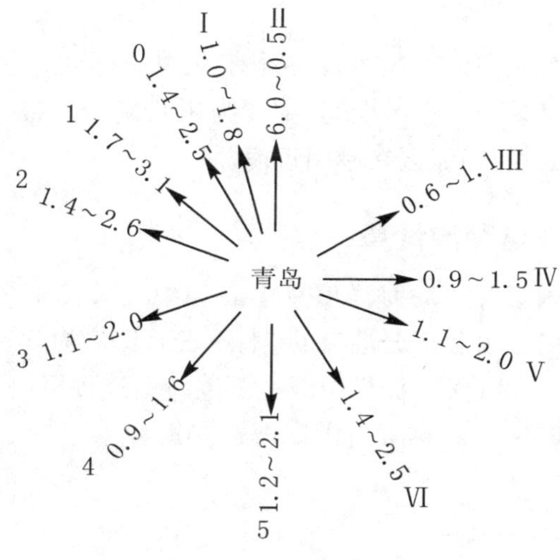

图 13-2-6 回转流

青岛：主港名称；

0：主港高潮时；

1，2，……：高潮前小时数；

Ⅰ，Ⅱ，……：高潮后小时数。

其中数字所对应的箭矢为该时的潮流情况，箭矢的方向即流向，箭矢顶部的数字表示流速，较大的数字是大潮流速，较小数字是小潮流速。

为保持航用海图清晰，一些海图常在标题栏或不影响船舶航行的位置以潮流表形式代替回转流图。

（三）海流

海流，又称为洋流，是海洋中大规模的海水以相对稳定的速度所作的定向流动。海流按成因可分为风海流、地转流、补偿流、潮流等；按温度属性可分为暖流、寒流或冷流、中性流；根据流向与海岸的相对关系，可分为沿岸流、向岸流和离岸流。

1. 渤海、黄海和东海的海流系统

渤海、黄海和东海统称东中国海。东中国海的海流系统由外海流和沿岸流两支流系组成。外海流系由黑潮主干及其分支(台湾暖流、对马暖流和黄海暖流)组成。黑潮高温、高盐,冬弱夏强。

中国沿岸的江河入海,把沿岸海水冲淡,这些被冲淡的海水沿岸边流动构成沿岸流系。沿岸流由北向南流动,冬季具有明显的寒流性质,冬强夏弱。中国沿海自北向南主要有辽南沿岸流、辽东沿岸流、渤海沿岸流、苏北沿岸流和闽浙沿岸流等。

2. 南海的海流系统

南海表层海流具有季风漂流的特性。冬季东北季风期间,盛行西南向的漂流,具有明显的左旋环流特点。夏季西南季风期间,主要为东北流,为右旋环流。冬季和夏季,南海西部的海流均比东部的强,强流区在越南近海。

(四)中版潮汐表与潮汐计算

中版潮汐表主要由国家海洋局海洋信息中心和中国人民解放军海军海道测量局负责出版,此外,中国海事局也出版部分港口的《潮汐表》,国家海洋局海洋信息中心还在中国海洋信息网站(www. coi. gov. cn)提供中国主要港口潮汐预报(月报),有条件的使用者可以通过网络获取相关的资料。本章对国家海洋局海洋信息中心出版的《潮汐表》进行介绍。

1. 主要内容

(1)主港潮汐预报表:各主港每日高、低潮潮时和潮高及中国部分港口的逐时潮高。

(2)潮流预报表:部分海峡、港湾、航道、渔场的潮流预报资料。

(3)差比数和潮信表:用于预报附港潮汐的差比数与概算潮汐的潮信资料。

(4)平均海面季节改正表。

2. 出版情况

共分六册,中国沿海和世界大洋区域各三册,各册范围如下:

第一册:中国黄海和渤海沿岸,从鸭绿江口至长江口。

第二册:中国东海沿岸,从长江口至台湾海峡。

第三册:中国南海沿岸及诸群岛,包括广东、广西和南海诸岛。

第四册:太平洋及毗邻水域,西起马六甲海峡,东到南、北美西岸;北起北令海,南到南极洲沿岸。

第五册:印度洋沿岸(含地中海)及欧洲水域。

第六册:大西洋沿岸及非洲东海岸。

3. 注意事项

（1）有寒潮、台风或其他天气急剧变化时，水位随之发生特殊变化，潮汐预报（主要是潮高）将与实际出入较大。在山东高角以北及渤海，主要应注意冬季寒潮引起的“减水”，寒潮常使实际水位低于预报很多，个别强烈的寒潮可使实际水位低于预报值 1 m 以上。夏、秋季节受到台风袭击的地区（尤其是闽、浙沿海）常常引起较大的“增水”，个别情况也有引起实际水位高于预报值相差 1 m 以上的现象。此外长江口附近春季经常有气旋出海而引起大风，也能引起水位的较大变化。

（2）地处江河口的预报点，如吴淞、燕尾、营口、温州、海门、马尾等，每当汛期洪水下泄时，水位急涨，实际水位都会高出预报很多。

（3）南海的日潮混合潮港，如海口、海安、北海等，因高潮及低潮常常有一段较长的平潮时间，预报的潮时有些会与实际相差 1 h 以上，但这对实际使用影响不大，所报时间的潮高仍与实际比较相符。

（4）潮流预报的站位分为两种情况，一是往复流性质的站位，将给出逐日的转流时间、最大流速时刻以及对应于最大流速时刻的流速；二是回转流性质的站位，将给出潮流回转一周（大约一个潮汐周期）过程中的两个极大值和两个极小值以及与其对应的时刻。

表中预报的只是海流中的潮流部分。在一般情况下，本表预报的潮流是海流中的主要成分，可以近似地视为实际海流，但是在特殊天气情况下，表层海流受风的影响很大，使潮流规律不甚明显，这时表中的预报与实际海流有较大的差别，使用时应注意。

4. 主港潮汐计算

（1）根据主港名称查找目录，找到该主港潮汐预报资料所在的页码。

（2）翻到相应页后，再根据日期查找该主港当日高、低潮潮时和潮高。

5. 附港潮汐计算

$$\text{附港高(低)潮潮时} = \text{主港高(低)潮潮时} + \text{高(低)潮潮时差} \tag{13-2-1}$$

$$\text{附港高(低)潮潮高} = [\text{主港高(低)潮潮高} - (\text{主港 MSL} + \text{主港季节改正数})] \times \text{潮差比} + (\text{附港 MSL} + \text{附港季节改正数}) \tag{13-2-2}$$

或

$$\text{附港高(低)潮} = \text{主港高(低)潮潮高} \times \text{潮差比} + \text{改正值} \tag{13-2-3}$$

6. 潮流推算

（1）往复流潮流推算（每日最大流速）

新月（朔）/满月（望）后连续 5 日内：当日最大流速 = 大潮日最大流速

上弦/下弦日起连续 5 日内:当日最大流速=小潮日最大流速

其他日:当日最大流速=平均最大流速

(2)回转流潮流推算

任意时间的流向和流速可在一个回转周期内的两次极大值和两次极小值的流向和流速其间内插求取。

(3)任意时间流速估算(半日潮)

转流后 1 h:平均流速 = 当日最大流速×1/3

转流后 1~2 h:平均流速 = 当日最大流速×2/3

转流后 2~3 h:平均流速 = 当日最大流速×3/3

转流后 3~4 h:平均流速 = 当日最大流速×3/3

转流后 4~5 h:平均流速 = 当日最大流速×2/3

转流后 5~6 h:平均流速 = 当日最大流速×1/3

7. 潮汐在航海上的应用

(1)最小安全潮高问题

在进出港航道、狭水道、岛礁区和某些沿岸水域,存在着一些浅水区。船舶航行到这些区域之前,首先要确定本船是否能够安全驶过。这由两个问题所决定(如图 13-2-7 所示)。一是船舶通过浅水区所要求的最小安全水深,即船舶的最大吃水和安全通过浅水留有的富余水深之和;二是当时浅滩上的实际水深。为了船舶安全驶过浅水区,当时的实际水深必须大于或等于最小安全水深,即:

$$实际水深 = 海图水深 + 潮高 + (CD - TD) \geqslant 吃水 + 富余水深 \quad (13\text{-}2\text{-}4)$$

这就要求潮高必须大于或等于最小安全值,该值便是最小安全潮高:

$$最小安全潮高 = 吃水 + 富余水深 - 海图水深 - (CD - TD) \quad (13\text{-}2\text{-}5)$$

(2)最大安全潮高问题

如图 13-2-7 所示,高架桥底部至平均大潮高潮面的距离为净空高度,它和大潮升之和为潮高基准面以上的可利用高度。而潮高基准面以上相对于船舶航行所要求的安全高度为当时潮高、水面以上船舶的最大高度以及为了保证船舶安全通过所要求的安全余量三者之和。由于可利用空间对于某个上空障碍物是固定的量,为了船舶的安全通过,潮高就不能大于某值,这就是所谓的最大安全潮高:

$$最大安全潮高 = 大潮升 + 净空高度 - 水面至大桅顶端高度 - 安全余量 \quad (13\text{-}2\text{-}6)$$

根据船舶本身情况和航道条件求得安全潮高后,便可根据《潮汐表》求得合适的通过浅滩或水面上空障碍物的时间,以便引导船舶安全通过。

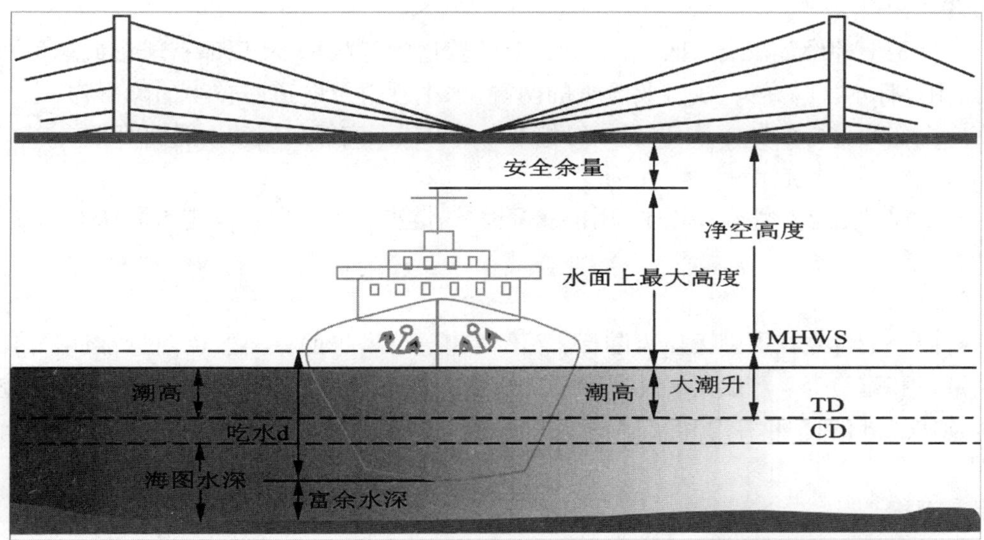

图 13-2-7　最小与最大安全潮高

二、航标

航标是助航标志的简称，它是以特定的标志、灯光、音响或无线电信号等，供船舶确定船位、航向，避离危险，使船舶沿着航道或预定航线安全航行的助航设施。

（一）航标分类

1. 航标按设立位置可分为

（1）固定航标

固定航标是指设置在岛屿、礁石、海岸等上面的航标，包括：

①灯塔

灯塔一般设置在显著的海岸、岬角、重要航道附近的陆地或岛屿上和港湾入口处。它是一种比较高大、坚固，并能发出特定灯光的塔形建筑物，由塔身、塔基和发光器三部分组成。塔身具有显著的形状和颜色特征，顶部装有光力较强、射程较远的发光器。

灯塔一般有专人看守，工作可靠，海图上位置准确，是一种重要的航标。有些灯塔还附设有音响信号、雾号和无线电信号等。

②灯桩

灯桩一般设置在航道附近的岛岸边，以及港口防波堤上。它是一种柱状或铁架结构的建筑物，其顶部也装有发光器，但灯光强度不及灯塔，通常无人看守。

③立标

立标是一种设置在浅水区、水中礁石上的普通的杆状标,其顶部有球形或三角形等标志,用以标示沙嘴尽头、浅滩及险礁的两端、水中礁石及航道中较小的障碍物;也有的设在岸上作为叠标或导标,用以引导船舶进出港口或测定船舶运动性能和罗经差。

(2)水上浮动航标

水上浮动航标是浮在水面上,用锚或沉锤、锚链牢固地系留在预定点海床上的航标,包括:

①灯船

灯船一般设立在周围无显著陆标,又不便建造灯塔等的重要航道附近,以引导船舶进出港口和避险等。灯船是一种在甲板高处设有发光器的特殊船舶,具有能经受风浪袭击和顶住强流的坚实结构和牢固的锚泊设备,灯光射程较远,可靠性好,有的还有人看守。

②浮标

浮标是一种锚泊在海港和沿海航道以及水下危险物附近,具有规定的形状、尺寸、颜色等的浮动标志。浮标通常装有发光器、音响设备、雷达信标和规定的顶标等,用以标示航道和指示沉船、暗礁、浅滩等危险物的位置。

浮标受海流和潮汐的影响,其实际位置以锚碇为中心在一定范围内移动,遇大风浪时可能移位或漂失,一般不能用来定位。

2. 航标按技术装置分类

(1)发光航标

灯塔、灯船、灯浮、灯桩等可统称为灯标,以所显示的特定的光色、节奏、周期作为标志识别的特征,并将其用缩写标注在海图上该灯标符号的旁边。

(2)不发光灯标

不发光灯标包括立标、浮标等。

(3)声响航标

声响航标是指附设有雾警设备的航标,其功能是在雾、雪及其他能见度不良天气时发出特定的声响供航海人员导航用。

(4)无线电航标

无线电航标是无线电助航设施的总称,包括无线电侧向台、全向无线电信标、定向无线电信标、旋转式无线电信标、雷达反射器、雷达指向标、雷达应答标、罗兰、DGPS信标和AIS信标等。

(二)国际海区水上助航标志制度

海区水上助航标志制度具有国际性质,直接影响着海上船舶的航行安全。过去百余年间,世界各地海区水上助航标制比较混乱,给航海人员带来很大不便,甚至造成航行事故。因此，在国际范围内统一航标有着十分重要的意义。2010 年新修订的国际浮标制度全名为国际航标协会航标制度(IALA Maritime Buoyage System and other Aids to Navigation)，也称之为国际航标协会航标制度(The IALA Aids to Navigation System)，由国际航标制度与其他航标两部分组成；2010 年修订中最重要的变化是将其他相关的助航标志(Aids to Navigation)纳入国际航标协会浮标制度(MBS)，这是先前浮标系统的补充，在有些文件中还保持原有名字即国际浮标制度。

1. 国际航标协会航标制度概述

(1)适用范围

国际航标协会航标制度适用于所有固定、漂浮和电子标志，用于指明可航水道的中央线和边侧界限、天然危险物和其他障碍物、陆标、导标以及与航海有重要关系的其他区域或特征，新危险物等。

(2)标志类型

国际航标协会航标制度包含六种类型的标志，它们可以组合使用，包括：侧面标志、方位标志、孤立危险物标志、安全水域标志、专用标志和提供辅助导航信息的其他标志。

(3)表示特征的方法

标志的含义基于下列的一种或者多种特征表示。

①夜间，灯光颜色和明暗节奏。

②日间，标志颜色、标志形状、顶标。

③实体电子或数字符号系统，用于实体航标特征补充。

④虚拟电子或数字符号系统。

(4)浮标制度区域

国际航标协会航标制度有两种国际性的浮标制度区域，即 A 区域和 B 区域，其侧面标志的颜色和灯光是不同的，其他标志是一样的。A 区域包括欧洲、非洲、大洋洲和亚洲的一些国家和地区，采用 A 系统；B 区域包括韩国、日本、菲律宾，南、北美洲的国家，采用 B 系统。

(5)浮标习惯走向

浮标习惯走向是船舶从海上驶近港口、河流、河口或其他水道时所采取的走向；或者是由浮标管理当局所确定的，原则上应是环绕大片陆地的顺时针方向。

2. A 区域标志说明

(1)侧面标志

侧面标志结合“浮标习惯走向”使用，通常用于界限明确的航道，设置在航道的两侧，用以标示航道两侧的界限或标示推荐航道、特定航道，包括左侧标、右侧标，如图 13-2-8 所示。此外，在航道的分岔处还可用一个经修改为指示分岔点的侧面标志来指明推荐的航道，即推荐航道左侧标和推荐航道右侧标，如图 13-2-9 所示。当船舶顺着航道航行时，应把左侧标置于本船的左侧、右侧标置于本船的右侧;反之则相反。

(a)

	左侧标	右侧标
颜色	红色	绿色
形状(浮标)	罐形、柱形或杆形	锥形、柱形或杆形
顶标(如有)	单个红色罐形	单个绿色锥形,锥顶向上
灯光颜色(如安装)	红色	绿色
灯光节奏	任选,除混合联闪(2+1)的灯光节奏外	任选,除混合联闪(2+1)的灯光节奏外

(b)

图 13-2-8 A 区侧面标志

侧面标志的设置规则:

①颜色必须符合对应 IALA MBS 区域的要求。

②形状必须为罐形或者锥形。如不以罐形或者锥形的标身为识别依据时,若可行应安装合适的顶标。

(a)

	左侧标	右侧标
颜色	红色,中间一条绿色宽横带	绿色,中间一条红色宽横带
形状(浮标)	罐形、柱形或杆形	锥形、柱形或杆形
顶标(如有)	单个红色罐形	单个绿色锥形,锥顶向上
灯光颜色(如安装)	红色	绿色
灯光节奏	混合联闪(2+1)	混合联闪(2+1)

(b)

图 13-2-9 A 区推荐航路侧面标志

③如果航道两侧的标志要编号或者命名时,应沿着“浮标习惯走向”进行编号或者命名。一般应遵循绿色为奇数,红色为偶数的编号规则,特别是在受限水域。

④如果可行,可以使用同步闪光(全部同步闪光)或顺序闪光(按时序逐一闪光)或者使用两者的组合。

(2)方位标志

方位标志分别设立在以被标志点为基准点的四个隅点方位所分割成的四个象限(北、东、南和西)中,取标志点的真方位西北-东北、东北-东南、东南-西南、西南-西北作为界限,以其所在象限的名称命名,即北方位标、东方位标、南方位标和西方位标,其同名侧为可航水域,危险物位于异名侧,如图 13-2-10 所示。双锥体顶标是每一种方位标日间的一个非常重要的特征,只要可行,应该尽可能使用足够大的标志,并将两个锥体明显分开。方位标志可用于:

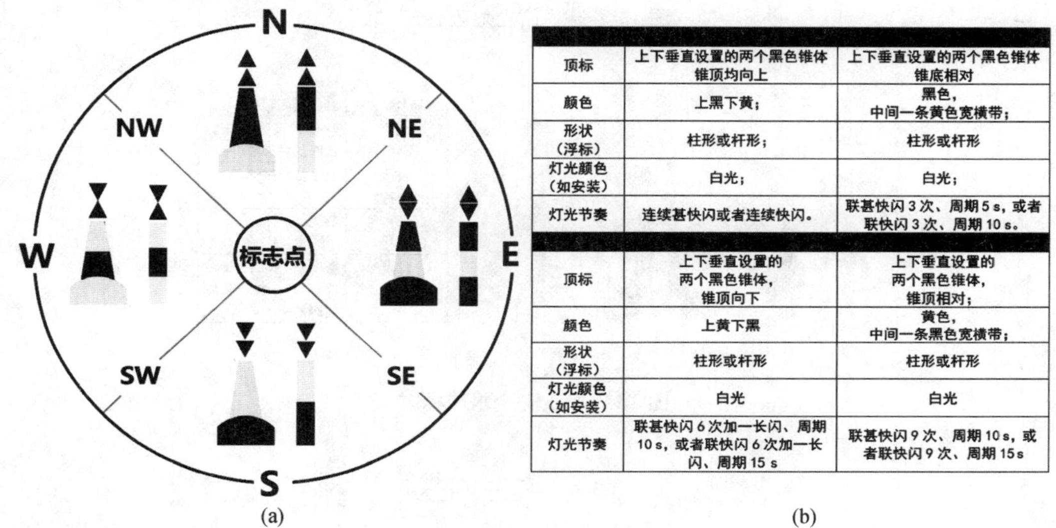

顶标	上下垂直设置的两个黑色锥体锥顶均向上	上下垂直设置的两个黑色锥体锥底相对
颜色	上黑下黄;	黑色,中间一条黄色宽横带;
形状(浮标)	柱形或杆形;	柱形或杆形
灯光颜色(如安装)	白光;	白光;
灯光节奏	连续甚快闪或者连续快闪。	联甚快闪 3 次、周期 5 s,或者联快闪 3 次、周期 10 s。
顶标	上下垂直设置的两个黑色锥体,锥顶向下	上下垂直设置的两个黑色锥体,锥顶相对;
颜色	上黄下黑	黄色,中间一条黑色宽横带;
形状(浮标)	柱形或杆形	柱形或杆形
灯光颜色(如安装)	白光	白光
灯光节奏	联甚快闪 6 次加一长闪、周期 10 s,或者联快闪 6 次加一长闪、周期 15 s	联甚快闪 9 次、周期 10 s,或者联快闪 9 次、周期 15 s

(a) (b)

图 13-2-10 方位标志

①指示某区域的最深水域在标志的同名一侧。

②指示通过危险物时的安全一侧。

③引起海员对于航道特征的注意,例如弯段、汇合处、分岔处或者浅滩的终端等。

④主管当局在水道或区域内建立方位标志之前应仔细考虑,设立太多具有类似白光特征的方位标志可能会导致混淆。

(3)孤立危险标志

孤立危险标志是设置或者系泊在孤立危险物之上或上方的标志,其周围均有可航水域,如图 13-2-11 所示。双球体标记是孤立危险标记日间的一个非常重要的特征,只要可行,应该尽可能使用足够大的标志,并将两个球体明显分开。

(4)安全水域标志

安全水域标志用于指示该标周围均为可航水域,这种标志可用作中线标志、航道中央标志或航道入口标志,或指示桥梁最好的通过点,如图 13-2-12 所示。

(5)专用标志

专用标志是用于指示特殊区域或特征的标记,如图 13-2-13 所示。专用标志主要不是为助航目的设置,而是指示航海资料中涉及的特定区域或者特征。例如:

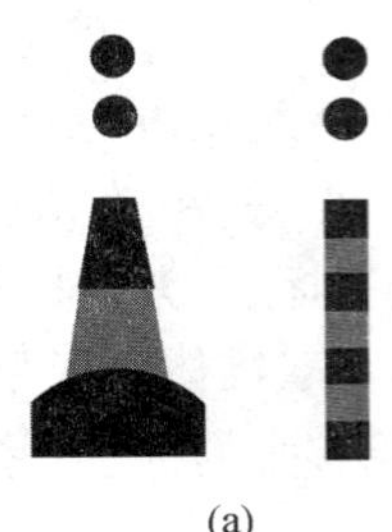

(a)

顶标	上下垂直设置的两个黑色球体
颜色	黑色，中间有一条或数条红色宽横带
形状（浮标）	任选，但不应与侧面标志相抵触，推荐使用柱形或者杆形
灯光颜色（如安装）	白光
节奏	联闪 2 次

(b)

图 13-2-11　孤立危险标志

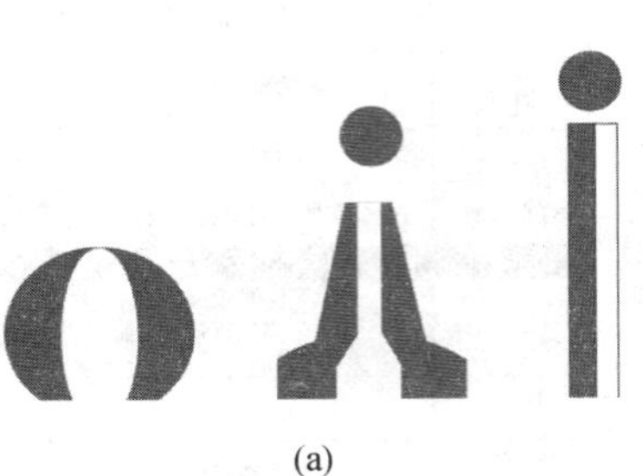

(a)

颜色	红白相间竖条
形状（浮标）	球形或者装有球形顶标的柱形或杆形
顶标（如有）	单个红色球体
灯光颜色（如安装）	白光
灯光节奏	等明暗、顿光、长闪周期 10 s 或者莫尔斯码灯光“A”

(b)

图 13-2-12　安全水域标志

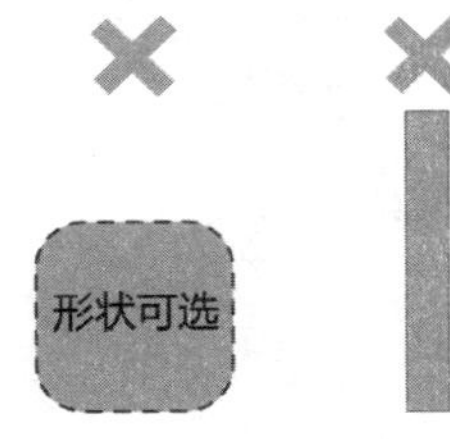

颜色	黄色
形状（浮标）	任选，但不得与侧面标志相抵触；
顶标（如有）	单个黄色“X”形；
灯光颜色（如安装）	黄光
灯光节奏	任选，除有特殊规定外。

图 13-2-13　专用标志

①海洋数据收集系统（ODAS）标志。

②分道通航标志，当使用常规航道标志可能引起混淆的地方。

③倾倒场地标志。

④军事演习区域标志。

⑤电缆或者管线标志。

⑥娱乐区域标志。

⑦锚地边界。

⑧构件，如海上可再生能源装置等。

⑨水产养殖。

（6）新危险物标志

新危险物标志是用来描述新发现的、尚未在航海资料中指明的危险物。新危险物包括天然出现的危险物，如沙洲或礁石，或者人为的危险物，如沉船，如图 13-2-14 所示。

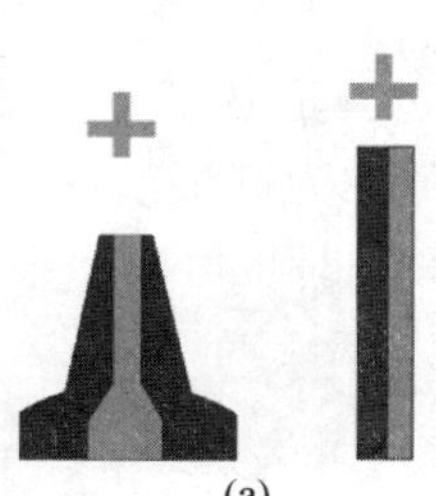

颜色	蓝黄等分相间竖条，至少 4 条，最多 8 条
形状（浮标）	柱形或杆形
顶标（如有）	单个 黄色“+”形
灯光颜色（如安装）	蓝、黄交替
灯光节奏	交替联闪，蓝、黄各闪 1 s，间隔 0.5 s

(a)　　(b)

图 13-2-14　新危险物标志

①新危险物标志应按本规则来标示，如果主管当局认为危险物特别危险，如可行，至少重复设置一种标志。

②用于该目的的任何灯标，都应显示相应的方位标志或者侧面标志的联甚快闪或联快闪的灯质。

③任何重复设置标志在各方面都应与配对的标志相同。

④新危险物标志可装设雷达应答器，发莫尔斯码“D”。

⑤可以使用电子航标，如 AtoN。

⑥可以使用实体或虚拟电子航标。

⑦当主管当局确信有关应急沉船示位标信息已经充分发布时，则重复标志可以撤除。

(7)其他标志

①导标(Leading lines/ranges)，如图 13-2-15 所示。一组两个或多个标志组成的导标。导标的结构可以是任何颜色或形状，应使用不与相邻结构混淆的独特标记。

②光弧灯标(Sector lights)，如图 13-2-16 所示。光弧灯标可以在不同的弧度内显示不同的灯光。

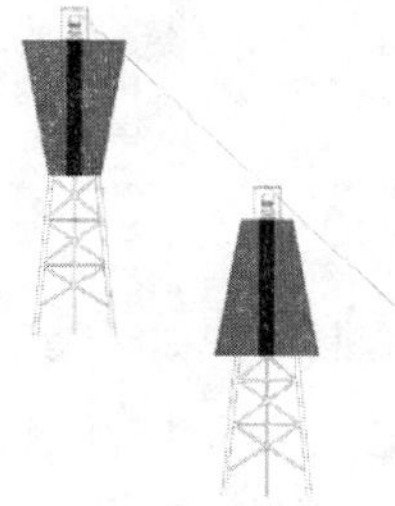
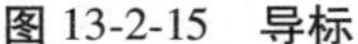

图 13-2-15　导标

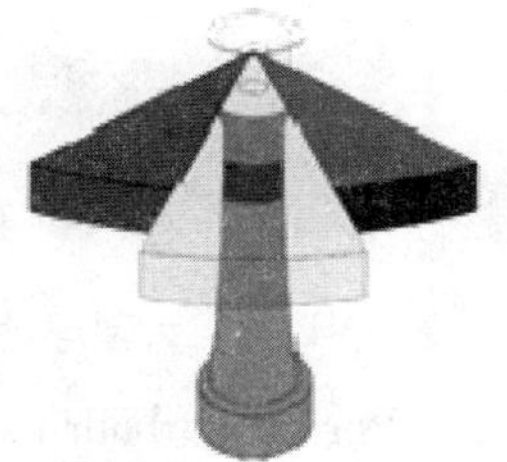

图 13-2-16　光弧灯标

光弧航标可用于提供航道指向信息，应予以避开的危险区域信息，也可用于指示转向点、航道交叉点、碍航物或其他相关物体，在某些情况下可以用作定向灯。

③灯塔(Lighthouses)是建立在指定地理位置用于一座塔，或者是一个大型建筑结构，在塔顶装有灯光设备，其灯光能为中、远距离的航船所察见，如图 13-2-17 所示，同时它可

以为其他电子航标提供平台，如 DGNSS，RACON 或 AIS，作为航行辅助工具，以协助海上航行。灯塔也可以用作光弧灯标。

④信标(Beacons)是固定的导航标记，可以通过其形状、颜色、图案、顶部标记、字符或其组合进行识别，如图 13-2-18 所示。装有灯光的称为灯桩或灯光信标；没有装灯的称为立标或灯塔；也可以用作导标或显著的雷达信标，同时也可以使用顶标。

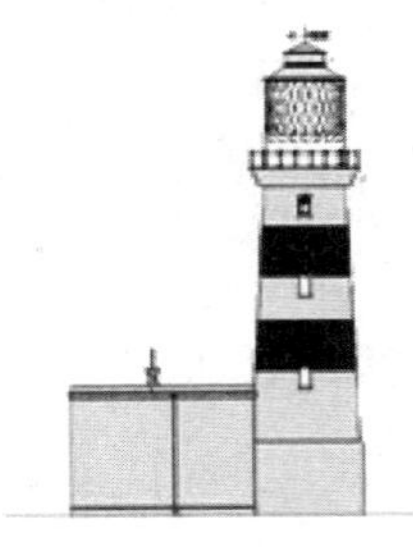

图 13-2-17　灯塔

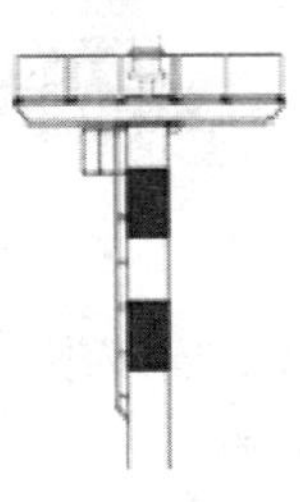

图 13-2-18　信标

⑤大型浮动航标(Major floating aids)，大型浮动航标包括灯船、船型灯标和大型助航浮筒，如图 13-2-19 所示。通常部署在重要位置，用于标记沿海交通密集区域的航道入口，也可以用作如 RACO 或 AIS 等辅助导航设备的支持平台。形状一般为带有灯架的船型或浮筒形状，颜色可选，主要为红色。

⑥辅助标记(Auxiliary marks)，前面没有提到的较小的标志，如图 13-2-20 所示。这些标记通常位于航道外，不指示要航道边线或需要避开的障碍物。还包括用于播送通航信息的标志。这类标志不得与其他航标冲突，并应在航海图书中予以说明。如果 MBS 中有更合适的标志，通常不应设置这类航标。

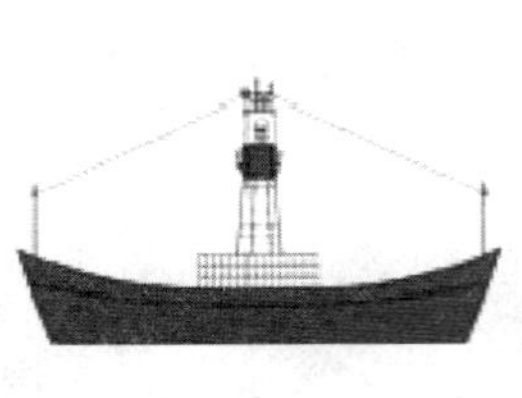

图 13-2-19　大型浮动航标

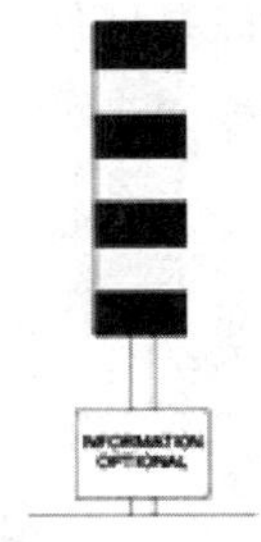

图 13-2-20　辅助标志

⑦港口标志(Port or harbour marks)是地方性的标志。海员应注意可能存在的任何当地由港章涵盖特殊标志，在首次过境之前，应该了解当地的标志设置。可能包括但不限于以下标记：防波堤、码头、桥梁和交通信号、休闲区和其他河流、水渠、运河、船闸以及主管当局规定的其他标志。

（三）中国海区水上助航标志

《中国海区水上助航标志》国家标准（GB4696—2016）是在国际航标协会浮标制度（A区域）的基础上，结合中国具体情况制定的。该标准适用于中国海区及其海港、通海河口的所有浮标和水中固定标志（不包括灯塔、扇形光灯标、导灯、灯船和大型助航浮标）。2017年1月1日起（GB4696—2016）标准代替（GB4696—1999），其主要技术变化如下：

增加了专用标志的种类及灯质要求。

增加了“应急沉船示位标”。

增加了使用同步闪光或顺序闪光的条件和要求。

增加了AIS航标的显示特征与其所标示的同类航标的特征一致的要求。

增加了水中固定标志代替浮标功能时的使用要求。

中国海区水上助航标志也包括方位标志、侧面标志、孤立危险标志、安全水域标志和专用标志五大类，其形状、颜色、顶标、光色和光质等与国际航标协会浮标制度中所规定的基本相同。基于此，这里只列出中国标准与国际标准不同之处。

（1）水中固定标志是指设标点的高程在当地平均大潮高潮面以下，标志的基础或标身的一部分被平均大潮高潮面淹没的水中立标、灯桩等助航标志。

（2）明确了两种AIS航标的定义：

①实体AIS航标（Real AIS AtoN）指设置在航标上的船舶自动识别系统（AIS）装置。

②虚拟AIS航标（Virtual AIS AtoN）指由AIS基站通过21号报文播发的虚拟航标信息。

（3）专用标志按用途划分，主要用于标示以下8类水域；

①锚地：船舶停泊及检疫锚地等。

②禁航区：军事演习区、禁航水域等。

③海上作业区：海洋资源探测、航道测量、水文测验、潜水、打捞、海洋开发、抛泥区、测速场和罗经校正场等。

④分道通航：分道通航区、分隔带等，当使用常规助航标志标示分道通航可能造成混淆时可使用。

⑤水中构筑物：海上风电场、电缆、管道、进水口和出水口等。

⑥娱乐区：体育训练区、海上娱乐场等。

⑦水产作业区：水产定置网作业区和养殖场等。

⑧横越区：船舶横越航道的区域等。

专用标志应在标体明显处设置标示其用途的标记，并应在水上从任何水平方向观测时都能看到。专用标志的具体规定如表13-2-1所示。

在特殊情况下，超出本标准所列专用标志的8种用途时，经航标管理机关批准，可另行确定灯质和标记。

表 13-2-1　专用标志的具体规定

用途种类	标记		灯质		
	颜色	图形	光色	闪光节奏	周期
锚地	黑		黄	莫尔斯信号“Q” — —•—	12 s
禁航区	黑	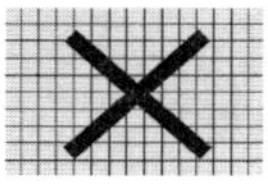		莫尔斯信号“P” •— —•	
海上作业区	红、白	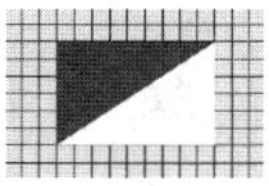		莫尔斯信号“O” — — —	
分道通航	黑	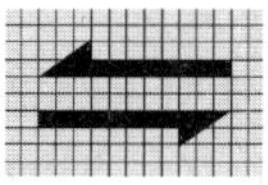		莫尔斯信号“K” —•—	
水中构筑物	黑	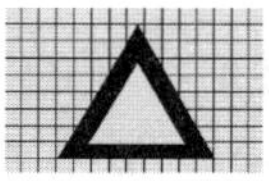		莫尔斯信号“C” —•—•	
娱乐区	红、白	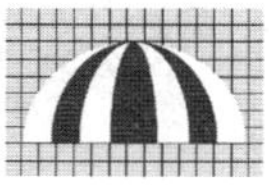		莫尔斯信号“Y” —•— —	
水产作业区	黑	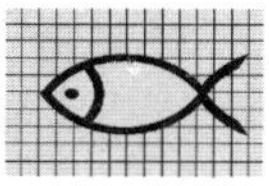		莫尔斯信号“F” ••—•	
横越区	黑、白	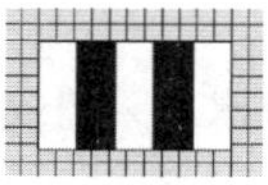		莫尔斯信号“Z” — — ••	
注：可用 15 s 作为备用周期					

水上助航标志配布示意图(白天)如图 13-2-21 所示。

水上助航标志配布示意图(夜间)如图 13-2-22 所示。

水上助航标志配布示意图(海图式样)如图 13-2-23 所示。

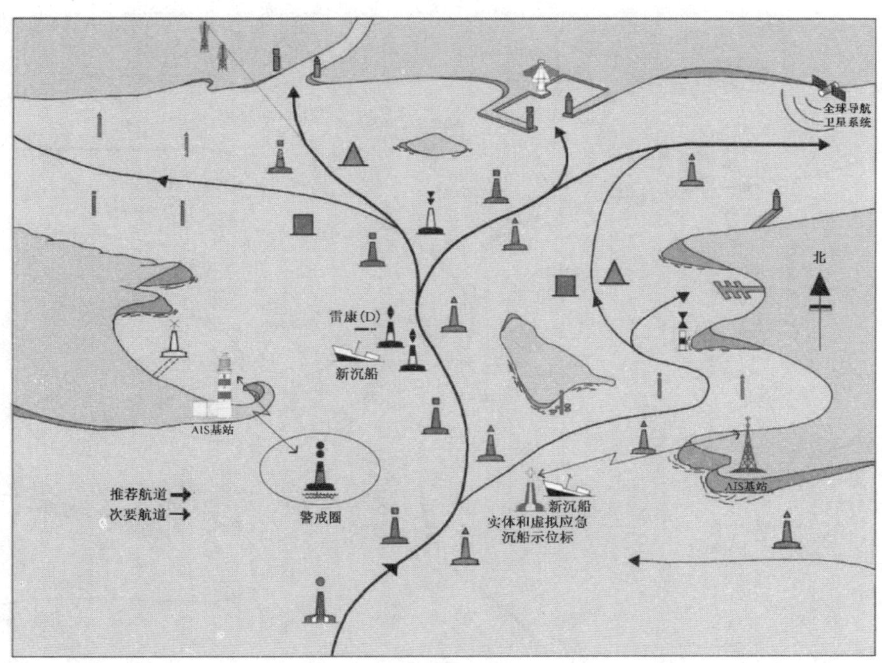

图 13-2-21　白天示意图

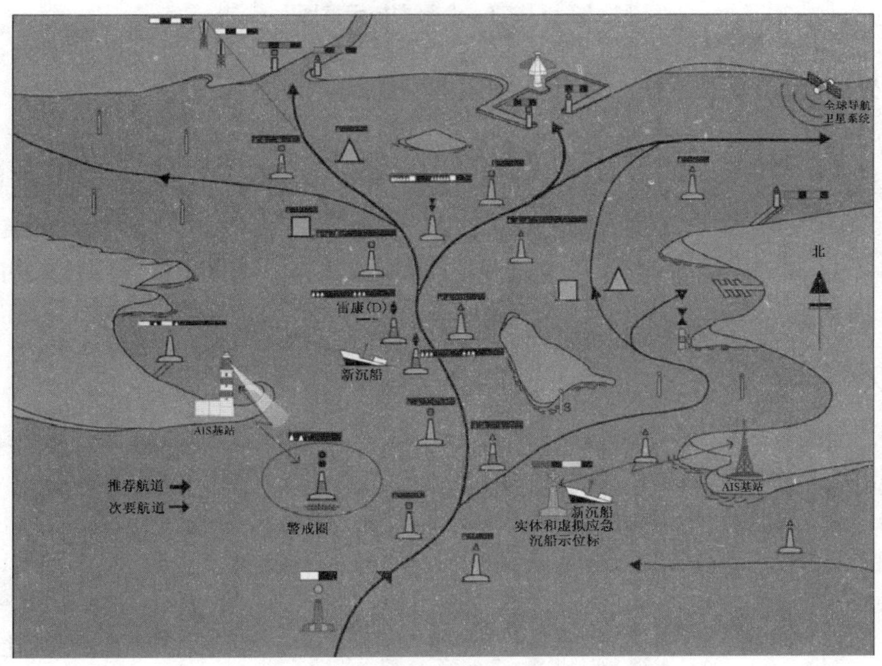

图 13-2-22　夜间示意图

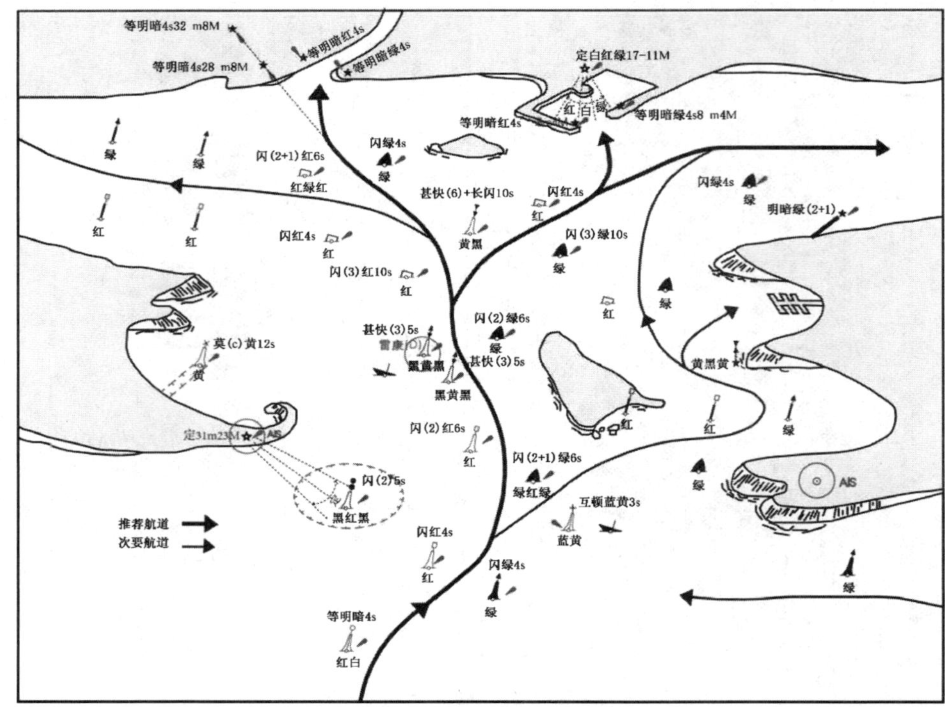

图 13-2-23　海图式样示意图

（四）中国海区可航行水域桥梁助航标志

《中国海区可航行水域桥梁助航标志》的全部技术内容均为强制性标志。适用于在中国海区及其港口、通海河口可航行水域的桥梁（包括跨越可航行水域的铁路、道路、管路和渡槽等固定建筑物）上所设置的助航标志。标准定义了可航行水域桥梁助航标志的种类、功能、形状、尺寸、颜色、灯质、编号、图例及设置原则。定义了为保障桥梁和船舶航行安全，具有示位、警告危险、指示交通等功能，设置于桥梁上的视觉、音响、无线电航标。

1. 视觉航标

视觉航标包括双向通航桥孔中央标志、通航桥孔左侧标志、通航桥孔右侧标志、单向通航桥孔标志、桥孔禁航标志、桥墩警示标志。标志与特征如表 13-2-2 所示。

（1）双向通航桥孔中央标志设置在双向通航桥孔的桥桁上或桥桁下面，标示桥孔下通航航道的中线。若无船舶会遇时，船舶可在中央航行；会遇时，将会遇船舶置于本船的左舷通过。

（2）通航桥孔左、右侧标志设置在通航桥孔桥桁上或桥桁下面，标示通航桥孔航道的左侧、右侧界限。顺航道走向行驶的船舶应将通航桥孔左侧标和右侧标置于该船的左舷和右舷通过。

表 13-2-2 桥梁视觉航标的标志与特征

视觉航标	标志	特征参数	
双向通航桥孔中央标志		日标标识	白色底纹正方形标牌标绘两平行上下绿色箭头
		夜间标识	定绿，两平行上下绿色箭头
通航桥孔左侧、右侧标志	航道走向	日标标识	左侧标红色实心正方形标牌 右侧标绿色尖端向上实心正三角形标牌
		夜间标识	左侧标定红实心正方形 右侧标定绿尖端向上实心正三角形
单向通航桥孔标志		日标标识	白色底纹正方形标牌标绘绿色向上箭头
		夜间标识	定绿尖端向上箭头
桥孔禁航标志		日标标识	黄色底纹正方形标牌标绘红色交叉
		夜间标识	定红交叉图形
桥墩警示标志		日标标识	黄色杆型，中间有一条或数条红色宽横带
		夜间标识	连续快闪或连续甚快闪黄光

(3)单向通航桥孔标志设置在单向通航桥孔通航侧的桥桁上或桥桁下面，标示该桥孔为单向通航桥孔。

(4)桥孔禁航标志设置在非通航桥孔或单向通航桥孔的禁航侧的桥桁上，表示禁止通航。

(5)桥墩警示标志设置在通航桥孔桥墩或桥墩的防撞设施上，标示桥墩或桥墩防撞设施。通航桥孔桥墩或桥墩的防撞设施设有泛光灯照明时，桥墩警示标志灯可以省略。

2. 音响航标

可以用一座或多座雾号向航行者警告接近桥梁，如果在同一桥梁上的不同位置安装雾号，则它们的信号特征应相互区别。

3. 无线电航标

无线电航标可用来标示通航桥孔的航道中线,设置在通航桥孔中央位置或附近。应考虑无线电航标的技术局限,注意其回波信号不遮蔽其他目标的回波。

4. 设置要求

(1)如果桥下有多于一个的航行通道,应该对每个通道都采用相同的系统。但是,跨度较小、且通航桥孔桥墩之间全部为通航水域的,可不设左右侧标志。

(2)通航水域附近的水中桥墩或桥墩防撞设施须设置桥墩警示标志。

(3)对于连续通航桥梁,桥上有连续泛光灯的不用设桥墩警示标志;否则,在设禁航标志的同时,还要设桥墩警示灯。

(4)标牌应采用显形光源,在夜间显示与日间标牌相同的图案,增强标牌夜间视觉效果。

(5)标牌颜色与桥梁建筑物颜色之间应有明显的反差,这种反差可以通过改变桥梁建筑物背景颜色来获得。

(6)视觉航标标牌的尺寸按《水运工程导标设计规范》(JTJ 237—1994)有关条款来计算。5 000 吨级及以上通航孔的标牌的显形距离应不小于 2 n mile,其他通航孔应不小于 1 n mile。

5. 海区可航行水域桥梁助航标志的编号

(1)为方便识别和管理,应对同一座桥梁上的桥梁助航标志进行连续编号。

(2)桥梁助航标志名称:桥梁名称+阿拉伯数字编号。

(3)顺航道走向,自左向右进行编号。迎船面的桥梁助航标志采用单数编号,另一侧的桥梁助航标志采用双数编号。

(五)中国内河助航标志制度简介

1993 年《内河助航标志》国家标准(GB 5863—1993)于 1994 年 9 月 1 日开始实施,并引用 GB 5864《内河助航标志的主要外形尺寸》,适用于中国江河、湖泊、水库通航水域所配备的内河助航标志。

1. 决定河流左岸、右岸的原则

按水流的方向确定河流的上下游,面向河流下游,左手一侧为左岸,右手一侧为右岸。对水流流向不明显或和河段流向不同的河流,按下列顺序确定上、下游:

(1)通往海口的一端为下游。

(2)通往主要干流的一端为下游。

(3)河流偏南或偏东的一端为下游。

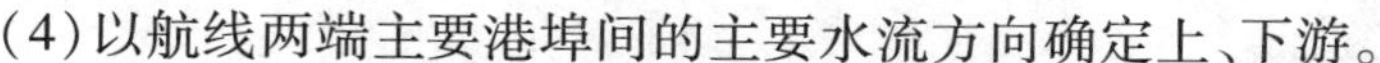

(4)以航线两端主要港埠间的主要水流方向确定上、下游。

2. 左、右岸航标颜色的确定

左岸为白色(黑色),右岸为红色;光色是:左岸为绿光(白色),右岸为红光。不必区分左、右岸的内河航标按背景的明暗确定,其颜色是:背景明亮处为红色(黑色);背景深暗处为白色。

3. 分类

分三大类十八种。

航行标志:过河标、沿岸标、导标、过渡导标、侧面标、首位导标、左右通航标、示位标、泛滥标、桥涵标。

信号标志:通行信号标、鸣笛标、界限标、水深信号标、横流标、节制闸标。

专用标志:管线标、专用标。

4. 配布类别

(1)一类航标配布:配布的航标夜间全部发光。白天船舶能从一座标志看到次一座标志;夜间船舶能从一盏标灯看到次一盏标灯。

(2)二类航标配布:发光航标和不发光航标分段配布。在昼夜通航的河段上配布发光航标,其标志配布与一类航标配布相同;在夜间不通航的河段上配布不发光的航标,其标志配布密度与三类航标配布相同。

(3)三类航标配布:航标配布的密度比较稀疏,不要求从一座标志看到次一座标志,对优良河段的沿岸航道可沿岸形航行不再配布沿岸标,但每一座标志所表示的功能与次一座标志的功能应相互连贯,指引船舶在白天航行。

(4)重点航标配布:只在航行困难的河段和个别地点配布航标。优良河段一般仅标示出碍航物。根据需要与条件配布发光航标或不发光航标。船舶需要借助于驾驶人员的经验利用航标和其他物标航行。

三、航海图书资料

引航通常应配备的航海图书资料有:航用海图(航行图、港湾图、泊位图)、水运工程蓝图、航标表、航海通告、进港指南和航路指南。

(一)中版航标表

1. 概况

(1)出版:中版航标表由中国人民解放军海军海道测量局,按海区分为三卷书号

G101~G103。

第一卷：黄、渤海区（鸭绿江口至连云港以北），书号为G101。

第二卷：东海西部海区（连云港至诏安湾），书号为G102。

第三卷：南海北部海区（诏安湾至东兴港），书号为G103。

（2）各卷主要内容：

第一部分：航标表。

第二部分：罗经校正表、测速标表。

第三部分：无线电信标。

其他：航标灯质图解、国标简图、本卷航标索引图、改正记录表等。

（3）改正资料：航海通告改正记录表位于封里，当根据某期航海通告对航标表进行改正后，应将改正日期填入该航海通告期号后面日期一栏的横线上。

（4）航标编号下注有“渔”字者，表示是渔用航标；无注字者是公用航标；附记栏中注有“海军管理”者，是军用航标。

2. 航标表详细情况

（1）编号：一般按地理位置由北向南、由东向西、由海进港的顺序，将军用、民用航标统一连续编排。航标与其编号固定对应。若在两个相邻航标编号之间插入新的航标，则用带小数的航标编号表示。

（2）名称：均以新版海图为准。凡射程在15 n mile以上的灯标，其名称用黑体字排印。名称下注“有”字样的是表明该标有人看守；无注明的，为无人看守。

（3）位置（经纬度）：均为概位。

（4）灯质：按光质、光色、周期列出，光质有定、闪、快闪、甚快闪、明暗、等明暗、莫尔斯、互光等共十三种。

（5）灯高：如无特别说明，是指平均大潮高潮面至灯光中心的高度，单位为米。

（6）射程：通常指在晴天黑夜条件下，按照观察者眼高在海面上5 m所能看到灯塔（桩）灯光最大的距离，以海里表示。

（7）构造：指示标建筑物结构、颜色，便于日间辨认，所列数字为以米为单位的灯塔（桩）自地面至塔（桩）顶的高度。

（8）附记：航标种类、灯光光弧界限、雷达反射器、雾警设备、无线电信标等。

3. 罗经校正标、测速标表

以名称、位置、构造、附记四项内容编表。

罗经校正标、测速标以场为单位，用前面相应注有L和C的偶数编排，奇数用作新插入的罗经校正场、测速场的编号。每个罗经校正场、测速场首页均有布标示意图。

4. 无线电信标表

给出无线电信标的编号、名称、位置、射程、周率、音周、工作种类、信号发射、工作时间等资料，表前有该海区无线电信标分布示意图。

5. 其他说明

(1)中国海区的灯船船身及灯架，均涂红色，甲板上的建筑物涂白色，船身两舷写白色船名，灯质视需要而定。有人看守的灯船漂离原位时，分别悬挂下列信号：日间在船首尾各悬挂黑球一个，或红旗一面，并悬挂国际信号旗 P 和 C，表明本船不在原位。夜间在船首尾各悬挂红灯一盏。当有人看守的灯船离开原位时，原发放的灯光及雾号即停止工作。

(2)中国沿海各灯塔附设的雾警设备有雾笛、雾角、雾钟、雾锣和雾哨等。

(3)中国沿海的无线电信标为环射式(全向)，利用环射式无线电信标测位的准确度与航海人员技术水平、测向仪的质量、船舶金属结构的变动情况、夜间效应和海岸效应等因素有关。无线电信标的射程系指无线电信标发射的无线电信标衰减到测向仪要求的最小场强所达到的距离。无线电测向仪自差校准台在船舶请求消除无线电自差时开放。

(二)中版航海图书目录

1. 航海图书目录

(1)概况

①出版：不定期出版物，由中国人民解放军海军海道测量局出版。汇集了海道测量局出版的中国海区海图以及各类航海图表。

②内容：

第一部分：中国海区海图。

第二部分：航海书表示意图。

第三部分：海道测量局航海图书供应站分布图和航海图书价格表。

第四部分：航海通告改正登记表，用以记录利用航海通告对每部分的改正情况。

(2)应用

①抽选总图：目录—中国沿海及附近—总图。

②抽选航用海图：目录—中国海区—海区索引图—分区索引图—航用海图。

③抽选航海图表：目录—海区—航海图表。

④检验本船航海图书是否适用：根据航海通告比对航海图书与航海图书目录差异。

⑤查取中版航海图书供应站地点。

(3)说明

①图号后缀“ * ”表示该图是诸分图或有附图。

②海图图号索引中的 F 表示海图图幅尺寸为全开图，1/2 表示对开图。

③索引图中由于比例尺原因难以表示出图幅范围用“○”表示。

2. 港口航道图目录

(1)概况

由中国海事局出版,每年出版一次。

(2)内容

收录中华人民共和国海事局已出版的港口航道图编号、名称、比例尺、范围、出版日期等信息和中国沿海港口的航海图书发行网点信息。该目录每年更新一版,自新版目录出版之日起,旧版目录自行废止。

(3)无线电指向标/差分全球定位系统(RBN-DGPS)台站及技术参数表

根据港口航道图编绘技术规定(JT/T 1256~2019)规定,中国沿海 RBN-DGPS 台站应该按照以下方法编绘。

①1∶10 万~1∶99 万的港口航道图上应标示 RBN-DGPS 台站及技术参数表。港口范围内最小比例尺图及 RBN-DGPS 台站所在图幅亦应标绘相应的 RBN-DGPS 台站及技术参数表。

②港口范围内存在小比例尺图,而且小比例尺图上有 RBN-DGPS 台站及技术参数表,当大比例尺图幅范围内没有 RBN-DGPS 台站时,无需标绘相应的 RBN-DGPS 台站及技术参数表。

③RBN-DGPS 台站及技术参数表在比例尺小于 1∶100 万(含)图中不表示。

④随着比例尺的缩小,图内 RBN-DGPS 台站所在地的地理名称无法在图中标注时,可在无线电指向标或差分全球定位系统的符号旁注记台站名称。

⑤RBN-DGPS 台站分布图

交通运输部海事局从 1995 开始分三期在中国沿海地区共建设 23 座 RBN-DGPS 台站,信号覆盖整个沿海水域和部分陆地。

(三)中版航路指南

1. 概况

由中国人民解放军海军海道测量局出版,共 20 余卷。内容涉及亚洲、太平洋和中国沿海。

第一卷 编号 A101,从鸭绿江口至长江口北角,包括渤海、黄海及沿海岛屿。

第二卷 编号 A102,从长江口北角至闽粤交界的诏安湾的东海海区。

第三卷 编号 A103,从闽粤交界的诏安湾至被北仑河口的南海海区。

2. 主要内容

海区概述:地理、沿海/海底地形、岛屿、海峡等。

气象概述:气候、气温、气压、风、热带气旋、雾等。

水文概述:潮汐、潮流、海流、海浪、冰情。

航路概述:碍航物、水道航法、禁航区。

港湾概述:港湾锚地。

航标概述:种类、浮标制度。

(四)中版港口指南

1. 概况

由中国人民解放军海军海道测量局不定期出版,出版周期为2~3年。

第一册编号C103,渤海、黄海海区港口。

第二册编号C104,东海海区港口(包括长江下游)。

第三册编号C105,南海海区港口(含珠江水系部分港口)。

2. 主要内容

总述:海区概况、灾难性天气、航标、引航、进出港检查、港口信号、海难救助、避风锚地、航路里程等。

港口:概况、水文气象、航行条件、航行与泊位限制、进出港航法、引航、锚地、禁航区、通信联络、港口设备、港口服务和机构等。

规章:海区相关航行规定和港口规章。

(五)航海通告

1. 概况

航海通告(Notice to mariners)是用以通报涉及航行安全改正航海图书的定期或不定期出版物。主要内容为:助航设备的变化情况,水中危险物和障碍物的发现、清除情况,水中建筑物的变化情况,各种界限、航行规章、航法以及保证航行安全的其他规定的变更情况,发布新版航海图书出版消息,刊登仍有效的无线电航海警告等。它是改正海图、航路指南和其他航海图书的依据。中版航海通告每周出版一期,一年52期。

2. 内容

Ⅰ索引:由“地理区域索引”和“关系海图索引”两部分组成,用以指明本期通告的内容所涉及到的有关海区和需要改正的有关航海图书。

Ⅱ航海通告:主要刊载了与航行安全有关的海区资料变化情况和新的航海图书资料出版的消息等内容。其编排顺序是先国内海区后国外海区,国内又以渤海、黄海、东海、南海为序。该部分一般先刊印永久性通告,后刊印临时性通告和预告。

Ⅲ无线电航行警告:内容覆盖国际划分的NAVAREA Ⅺ区的范围,由两部分组成,前一部分重申以前分布至今仍有效的航行警告的年份与号码，后一部分刊印当前一段时期内新的航海警告内容。

Ⅳ航标表改正：按照中国《航标表》的卷名、编号顺序编排，每个编号的改正资料按八栏单面印出，便于贴改。

Ⅴ航路指南及港口资料改正：刊印对中国《航路指南》及有关港口资料的改正。

Ⅵ其他：凡不能包括在上述Ⅱ、Ⅲ、Ⅳ、Ⅴ各项而又与航行安全有关的内容均在此栏刊出。但此栏并不一定每期都有。

3. 注意事项

(1)标题栏后用括号(临)、(预)、(参)等字样的分别表示该项目内容为临时性、预告性或参考性的，对这类通告仅需用铅笔标绘到有关海图和航海图书上即可，而凡后面未加注上述字样者，为永久性内容，应用红色墨水笔在有关海图和航海图书上进行改正。

(2)给出的位置以最新版的最大比例尺为准，用经纬度或方位、距离表示，如在位置数据后面附加以"概位"或"疑存"等字样，表示为概略位置或怀疑存在(危险物)。当用某物标作为方位、距离的起算点时，为便于寻找，其后亦注有经纬度，但均为概位。

(3)方位为真方位，但所记灯光光弧或导标方位线等，是自海上视灯塔、灯桩的方位。

(4)航海通告一般由通告号码与标题、通告本文、应改正的海图图号(该图号之后用小括号的数码表示该号海图应该改正本通告中的第几款内容，而中括号内的数码表示该号海图应该改正上次的通告号码)和资料来源四部分组成。

附录一 雷达显示器上导航相关图标标识和信息

表 1-1 本船图标标识

序号	图标标识名称及说明	显示图标标识
1-1.1 a	**本船——真实比例轮廓** 与本船图标标识同色的粗实线显示本船真实比例轮廓，指向艏向，艏向始于 CCRP。量程合适时可自动显示真实比例轮廓。 在陀螺罗经/THD 稳定模式且艏向缺失，或轮廓船宽小于 6 mm 时，不显示真实比例轮廓。雷达模式真实比例轮廓与本船最小化图标标识共同使用。 注：艏向丢失时雷达强制 H-up 显示方式，真实比例轮廓仍应显示	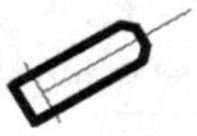
1-1.1 b	**本船——简化图标标识** 在海图模式下（有或没有雷达图像）本船可显示为简化图标标识。该标识为与本船图标标识同色的粗线条，外圈直径为 6 mm，内圈直径为 3 mm。简化图标标识可与最小化图标标识（1-1.1c）联合。在北向上显示方式有海图显示，没有雷达图像且艏向信息缺失时，应使用简化图标标识。 注：简化图标标识应符合最小量程要求	
1-1.1 c	**本船——最小化图标标识** 在雷达模式下本船显示为包含艏线（1-1.3）和正横线（1-1.4）的最小化图标标识。在适当条件下，最小化图标标识应与真实比例轮廓同时显示。 注：艏向丢失时雷达强制 H-up 显示方式，应使用最小化图标标识	
1-1.2	**雷达天线位置** 在雷达模式下，若显示本船真实比例轮廓，用户可选择以长度为 1 ~ 2 mm 与本船图标标识同色的细十字线表示雷达天线的实际安装位置	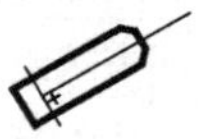
1-1.3	**艏线** 与本船图标标识同色的细实线，始于 CCRP，沿本船艏向延伸至方位刻度盘。艏线应永久指示（用户暂时消隐除外），且应与正横线（1-1.4）共同显示	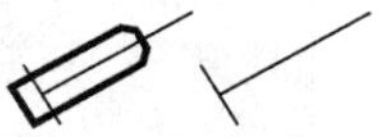

（续表）

序号	图标标识名称及说明	显示图标标识
1-1.4	**正横线** 与本船图标标识同色的细实线，垂直于艏线，穿过CCRP并在CCRP两侧分别延伸至少5 mm。正横线是本船最小化图标标识的一部分	
1-1.5	**艉线** 与本船图标标识同色的细点线，始于CCRP，沿艏线反向延伸至方位刻度盘。是用户可选扩展标识	
1-1.6 a	**速度矢量** 与本船图标标识同色的粗短划线，始于CCRP，沿COG或CTW延伸，长度为用户选择时间间隔内本船航程。是用户可选扩展标识	
1-1.6 b	**速度矢量——时间增量** 与本船图标标识同色的粗实线，中点在速度矢量线上，垂直于该矢量线，分别向两侧延伸不超过1.5 mm，以用户选择的时间增量内本船航程为间隔排列，是用户可选扩展标识	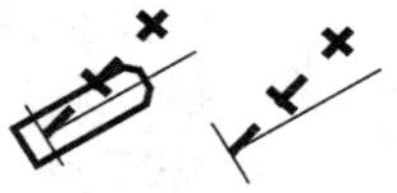
1-1.6 c	**速度矢量——稳定标识** 在速度矢量末端与本船图标标识同色的粗实线箭头，对地稳定标识为双箭头；对水稳定标识为单箭头。箭头在矢量两侧垂直于矢量分别扩展1～1.5 mm，是用户可选扩展标识	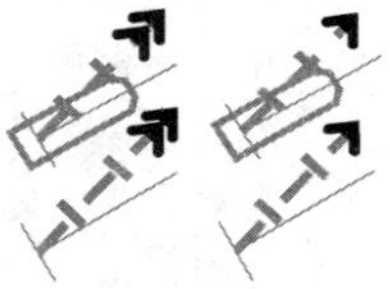
1-1.6 d	**航迹预测** 与本船图标标识同色的细长划曲线，始于CCRP，在速度矢量时间间隔内预测的本船对地航程。可取代速度矢量，是用户可选扩展标识	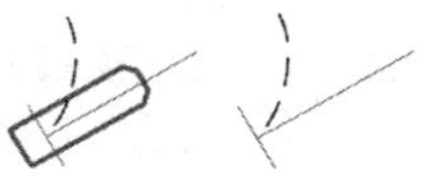
1-1.7 a	**过去航迹** 连接本船当前位置和过去位置的一条线，用户可选择显示主/副定位数据的过去航迹。主过去航迹为与本船图标标识同色的粗实线；副过去航迹为与本船图标标识同色的细实线	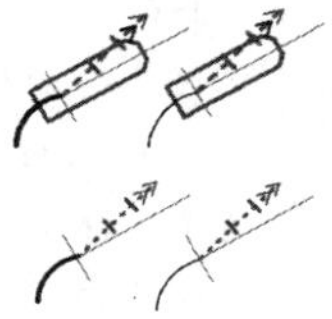
1-1.7 b	**过去航迹——时间增量** 中心在过去航迹线上，垂直于该航迹线，分别向两侧延伸1～1.5 mm，以用户选择的时间增量内本船航程为间隔排列。主尾迹的时间增量为实线，是用户可选扩展标识	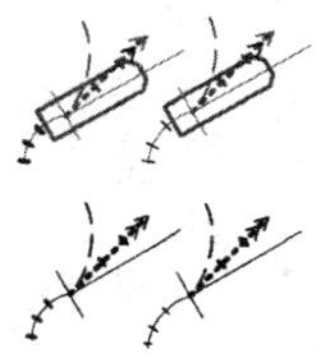

(续表)

序号	图标标识名称及说明	显示图标标识
1-1.7 c	**过去航迹——过去位置** 在过去航迹线上与本船图标标识同色的直径小于 1.5 mm 的实心圆点，以用户选择的时间增量内本船航程为间隔排列。用户可以选择以过去位置代替时间增量	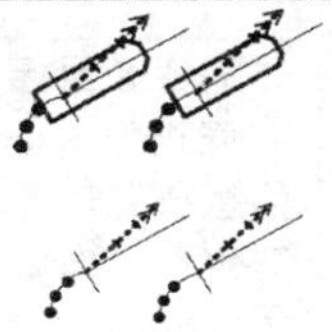

表 1-2 雷达和 AIS 图标标识

序号	图标标识名称及说明	显示图标标识
1-2.1 a	**捕获状态下的雷达目标** 标记捕获图标标识的雷达目标。捕获图标标识为与目标图标标识同色，以目标捕获位置为中心，直径为 5 mm 的细划线圆	
1-2.1 b	**捕获状态下的雷达目标——自动检测** 在捕获区域自动检测的标记捕获图标标识的雷达目标。捕获图标标识为直径 5 mm 的红色粗划线圆。捕获图标标识在用户确认前保持闪烁，确认后停止闪烁，但危险目标除外。 确认后的捕获图标标识显示为捕获状态下的雷达目标，与其他非危险目标图标标识颜色相同	
1-2.2 a	**雷达跟踪目标** 雷达跟踪目标显示为以目标跟踪位置为中心，直径为 3 mm 的粗实线圆。 由在捕获区域自动检测形成的雷达跟踪目标，在被确认之前为闪烁的红色圆（即使其移动到捕获区域外）。 确认后的非危险目标捕获图标标识停止闪烁，显示为捕获状态下的雷达目标，与其他非危险目标图标标识颜色相同。 雷达跟踪目标可用数字标识，其颜色与目标图标标识相同	 18
1-2.2 b	**雷达跟踪目标——可选择** 雷达跟踪目标可选择显示为直径不大于 2 mm 的实心圆	18
1-2.2 c	**雷达跟踪目标——危险目标** 判断为危险的雷达跟踪目标，显示为直径 5 mm 的红色圆，用户确认前一直保持闪烁，确认后停止闪烁	 18
1-2.3	**参考目标** 指定为参考目标的雷达跟踪目标在其图标标识旁用字母“R”标识。多个参考目标应标识“R1”“R2”“R3”等。参考目标的标识应使用与目标图标标识相同的颜色	 R_4 18

（续表）

序号	图标标识名称及说明	显示图标标识
1-2.4	**休眠 AIS 目标** 底边为 3 mm，高度为 4.5 mm，指向为艏向或 COG（艏向信息缺失时），与目标图标标识同色的粗实线构成的锐角等腰三角形，中心为目标报告位置。如果无法计算避碰数据，则用虚线。 当艏向和 COG 信息都缺失时，则三角形指向工作显示区域顶端	无艏向和 COG 报告
1-2.5 a	**激活 AIS 目标** 底边为 4 mm，高度为 6 mm，指向为艏向或 COG（艏向信息缺失时），与目标图标标识同色的粗实线构成的锐角等腰三角形，中心为目标报告位置。如果无法计算避碰数据，则用虚线。 当艏向和 COG 信息都缺失时，则三角形指向工作显示区域顶端。 激活 AIS 目标可用字母数字标识，颜色与目标图标标识相同	Sarah J 无艏向和 COG 报告 Sarah J　Sarah
1-2.5 b	**激活 AIS 目标——真实比例轮廓** 当本船显示真实比例轮廓时，用户可选择显示激活 AIS 目标真实比例轮廓。 激活 AIS 目标的真实比例轮廓应根据 AIS 报告目标天线位置偏移值、船舶长度及宽度等数据，显示为与 AIS 目标图标标识同色，环绕 AIS 三角的粗实线图标标识。 当目标艏向数据丢失或目标轮廓宽度小于 7.5 mm 时，其真实比例轮廓不显示	Sarah J
1-2.5 c	**激活 AIS 目标——危险目标** 当激活 AIS 目标判断为危险目标时，它可显示底边为 5 mm、高度为 7.5 mm 的红色粗实线三角形，在用户确认前保持闪烁，确认后停止闪烁。当目标危险解除后不再显示红色	Sarah J　Sarah J 无艏向和 COG 报告 Sarah J　Sarah
1-2.6	**关联目标——可选择** 用户可选择以激活 AIS 目标图标标识（1-2.5）或雷达跟踪目标图标标识（1-2.2）显示关联的目标。 由激活 AIS 目标图标标识表示关联目标显示为 AIS 目标等腰三角形图标标识外接一个圆。由雷达跟踪目标图标标识表示关联目标显示为一个更大直径（最大为 5 mm）的圆内接等腰三角形。该圆和内接三角形显示为与目标图标标识同色的粗实线。 关联目标可用字母数字标识编号，颜色与目标图标标识相同	AIS 目标表示关联目标 Sarah J　Sarah J 雷达跟踪目标 表示关联目标 18

（续表）

序号	图标标识名称及说明	显示图标标识
1-2.7 a	**艏线** 可选择以 AIS 目标图标标识显示激活 AIS 目标和关联目标艏线。 艏线使用与目标图标标识同色的实线，始于 AIS 三角图标标识的顶点并延长不超过 4 mm，当显示真实比例轮廓时，艏线应超出轮廓线船首至少 4 mm。 危险 AIS 目标艏线与其基础图标标识在用户确认前保持闪烁	 Sarah J　Sarah J
1-2.7 b	**艏线——转向指示** 可选择以 AIS 图标标识显示激活 AIS 目标和关联目标转向指示。 转向指示使用与目标图标标识同色，长度为 1 ~ 2 mm，垂直于艏线并指向转向方向的细实线。 危险 AIS 目标的转向指示与其基础图标标识在用户确认前保持闪烁，并在危险存在期间显示为红色	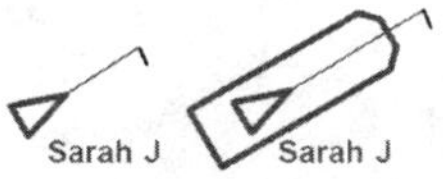 Sarah J　Sarah J
1-2.8 a	**速度矢量** 与目标图标标识同色粗短划线，始于目标跟踪/报告位置，延伸向 COG 或 CTW，长度为本船速度矢量的时间间隔内目标的航程。 危险目标的速度矢量与其基础图标标识在用户确认前保持闪烁，并在危险存在期间显示为红色	雷达跟踪目标速度矢量  18　18 AIS 报告目标速度矢量 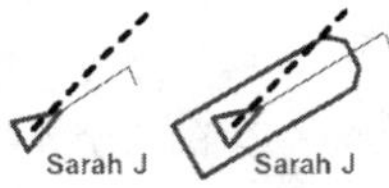 Sarah J　Sarah J 关联目标速度矢量  Sarah J　Sarah J　18

(续表)

序号	图标标识名称及说明	显示图标标识
1-2.8 b	**速度矢量——时间增量** 与目标图标标识同色的粗实线，中心在速度矢量线上，垂直于该矢量线，分别向两侧延伸不超过 1.5 mm，以本船速度矢量时间增量内目标航程为间隔排列。 危险目标的速度时间增量与其基础图标标识在用户确认前保持闪烁，并在危险存在期间显示为红色	雷达跟踪目标时间增量 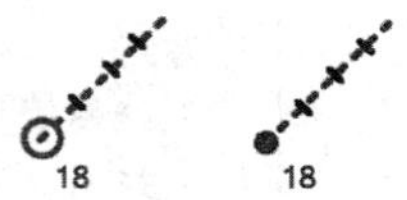 18 18 AIS 报告目标时间增量  Sarah J Sarah J 关联目标时间增量 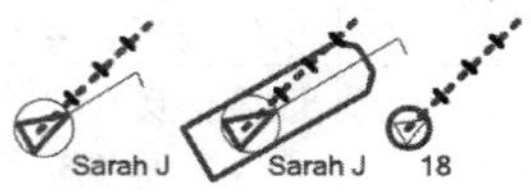 Sarah J Sarah J 18
1-2.8 c	**预测危险区（PADs）** 在目标真矢量路径上，用与目标图标标识同色的粗实线显示出目标预测的 CPA/TCPA 小于安全界限的地理区域轮廓，是用户可选扩展标识。PADs 的形状可随本船的机动状态、设置的安全界限等改变。 危险目标的 PADs 应在用户确认之前保持闪烁。 对于选定目标，其相关 PAD 可高亮显示以便于识别。 PADs 可用其他闭合区域表示，不限于椭圆	雷达目标 PADs（未按比例） 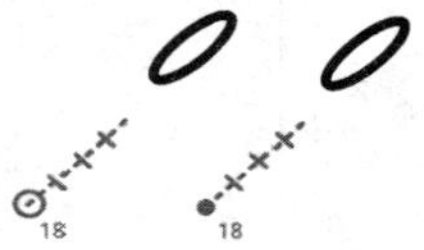 18 18 AIS 目标 PADs（未按比例） 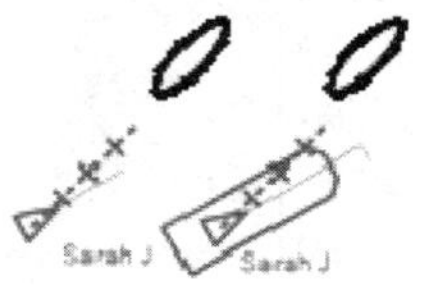 Sarah J Sarah J 关联目标 PADs（未按比例） 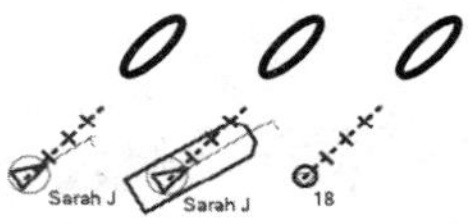 Sarah J Sarah J 18

（续表）

序号	图标标识名称及说明	显示图标标识
1-2.8 d	**路径预测** 与目标图标标识同色的细长划线，始于目标跟踪/报告位置，以目标矢量时间间隔预测的目标对地运动曲线矢量。可取代速度矢量，是用户可选扩展标识	AIS 目标路径预测 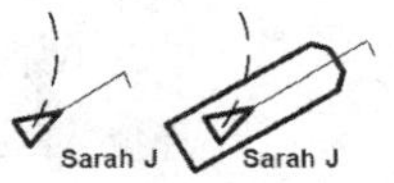 Sarah J　Sarah J 关联目标路径预测 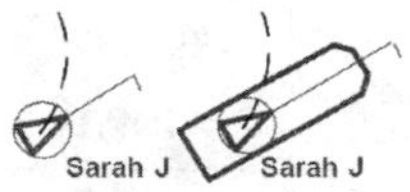 Sarah J　Sarah J
1-2.9	**目标过去位置** 过去位置显示为一串直径为 1 mm 的实心圆点，可用一条与目标图标标识同色的细短划线从当前目标跟踪/报告位置开始将其连接	雷达目标过去位置 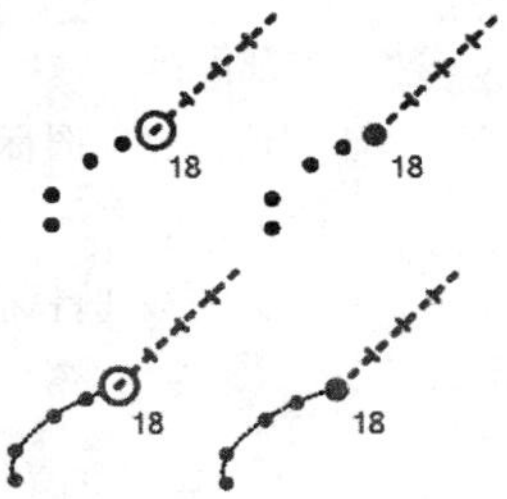 18　18 18　18 AIS 目标过去位置 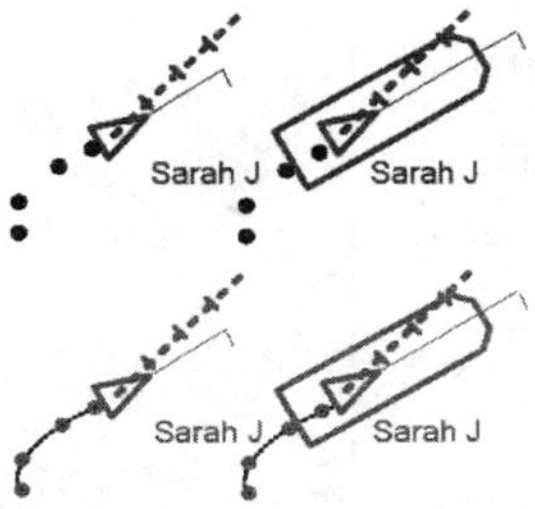 Sarah J　Sarah J Sarah J　Sarah J 关联目标过去位置 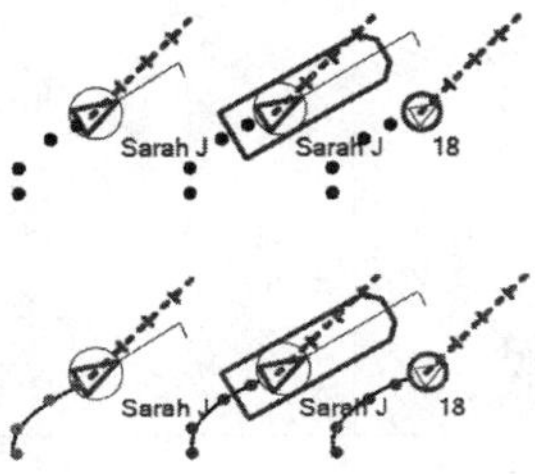 Sarah J　Sarah J　18 Sarah J　Sarah J　18

(续表)

序号	图标标识名称及说明	显示图标标识
1-2.10	AIS 航标 AIS 航标（ATON）显示为一个边长不超过 6 mm 的菱形，其中心“+”长度不超过 2 mm，代表航标报告位置。 虚拟 AIS ATON 应在该图标标识中添加字母“V”，且不超出菱形，也不与“+”相交。菱形、“+”和“V”用细实线显示。 AIS ATON“离位”指示为红色，“在位”指示与航标图标标识同色。 AIS ATON 的字母数字文本颜色与 AIS ATON 图标标识相同	真实 AIS 航标  虚拟 AIS 航标 
1-2.11	AIS 搜救应答器（SART） 用与 AIS ATON 图标标识同色的实线显示	
1-2.12	被选目标 被选目标图标标识显示为以用户选择目标图标标识为中心的正方形顶角方框，目标图标标识应清晰延伸出去。 标识被选目标的字母数字文本颜色与目标图标标识相同	被选雷达目标 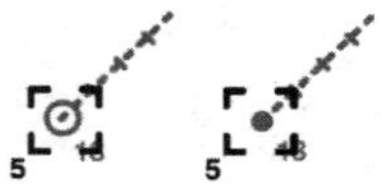 被选 AIS 目标 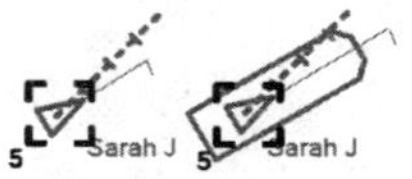 被选关联目标 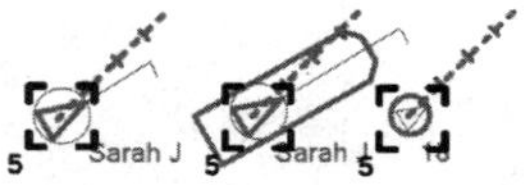 被选 AIS 航标  被选 AIS 搜救应答器

（续表）

序号	图标标识名称及说明	显示图标标识
1-2.13	**丢失目标** 丢失目标图标标识显示为以目标图标标识为中心的 2 ~ 3 mm 红色实线“×”，用户确认前一直保持闪烁，确认后丢失目标图标标识和其目标图标标识从显示区域删除	丢失雷达目标 
		丢失 AIS 目标 
		丢失关联目标 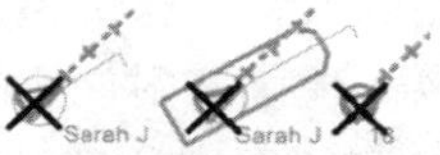
		丢失 AIS 航标 
		丢失 AIS 搜救应答器 
1-2.14	**雷达目标捕获区域** 用户可选择显示雷达目标捕获区域和/或 AIS 目标激活区域。目标捕获区域为一系列与目标图标标识同色的细实线界定的地理区域，用于雷达目标捕获和/或 AIS 目标激活。 此区域可用不会降低雷达图像和目标图标标识清晰度的边界线颜色透明填充	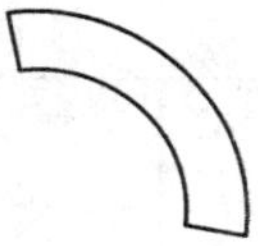

附录二 VHF 水上移动频段内发射频率表①

注 A 为便于理解频率表,请参考下列标注 a)至 zz)(WRC-15)。

注 B 频率表规定了水上 VHF 频段通信的信道编号情况,该频段使用 25 kHz 的信道间隔以及若干双工信道。信道编号以及双频信道向单频操作的转换须符合 ITU-R M.1084-5 建议案附件 4 的表 1 和表 3 的要求。频率表也描述了可以部署最新版 ITU-R M.1842 建议案中所定义数字技术的统一信道(WRC-15)。

信道编号	注释	发射频率(MHz)		船间通信	港口营运与船舶动态		公共通信
		船舶电台	海岸电台		单频	双频	
60	m)	156. 025	160. 625		x	x	x
01	m)	156. 050	160. 650		x	x	x
61	m)	156. 075	160. 675		x	x	x
02	m)	156. 100	160. 700		x	x	x
62	m)	156. 125	160. 725		x	x	x
03	m)	156. 150	160. 750		x	x	x
63	m)	156. 175	160. 775		x	x	x
04	m)	156. 200	160. 800		x	x	x
64	m)	156. 225	160. 825		x	x	x
05	m)	156. 250	160. 850		x	x	x
65	m)	156. 275	160. 875		x	x	x
06	f)	156. 300		x			
2006	r)	160. 900	160. 900				
66	m)	156. 325	160. 925		x	x	x
07	m)	156. 350	160. 950		x	x	x

① 摘自 ITU《无线电规则》(2016 版)。

（续表）

信道编号	注释	发射频率（MHz）		船间通信	港口营运与船舶动态		公共通信
		船舶电台	海岸电台		单频	双频	
67	h)	156.375	156.375	x	x		
08		156.400		x			
68		156.425	156.425		x		
09	i)	156.450	156.450	x	x		
69		156.475	156.475	x	x		
10	h),q)	156.500	156.500	x	x		
70	f),j)	156.525	156.525	用于遇险、安全及呼叫的数字选择性呼叫			
11	q)	156.550	156.550		x		
71		156.575	156.575		x		
12		156.600	156.600		x		
72	i)	156.625		x			
13	k)	156.650	156.650	x	x		
73	h),i)	156.675	156.675	x	x		
14		156.700	156.700		x		
74		156.725	156.725		x		
15	g)	156.750	156.750	x	x		
75	n),s)	156.775	156.775		x		
16	f)	156.800	156.800	遇险、安全及呼叫			
76	n),s)	156.825	156.825		x		
17	g)	156.850	156.850	x	x		
77		156.875		x			
18	m)	156.900	161.500		x	x	x
78	m)	156.925	161.525		x	x	x
1078		156.925	156.925		x		
2078	mm)		161.525		x		
19	m)	156.950	161.550		x	x	x
1019		156.950	156.950		x		
2019	mm)		161.550		x		
79	m)	156.975	161.575		x	x	x

（续表）

信道编号	注释	发射频率(MHz)		船间通信	港口营运与船舶动态		公共通信
		船舶电台	海岸电台		单频	双频	
1079		156.975	156.975		x		
2079	mm)		161.575		x		
20	m)	157.000	161.600		x	x	x
1020		157.000	157.000		x		
2020	mm)		161.600		x		
80	y),wa)	157.025	161.625		x	x	x
21	y),wa)	157.050	161.650		x	x	x
81	y),wa)	157.075	161.675		x	x	x
22	y),wa)	157.100	161.700		x	x	x
82	x),y),wa)	157.125	161.725		x	x	x
23	x),y),wa)	157.150	161.750		x	x	x
83	x),y),wa)	157.175	161.775		x	x	x
24	w),ww),x),xx)	157.200	161.800		x	x	x
1024	w),ww),x),xx)	157.200					
2024	w),ww),x),xx)	161.800	161.800	x(仅为数字)			
84	w),ww),x),xx)	157.225	161.825		x	x	x
1084	w),ww),x),xx)	157.225					
2084	w),ww),x),xx)	161.825	161.825	x(仅为数字)			
25	w),ww),x),xx)	157.250	161.850		x	x	x
1025	w),ww),x),xx)	157.250					
2025	w),ww),x),xx)	161.850	161.850	x(仅为数字)			
85	w),ww),x),xx)	157.275	161.875		x	x	x
1085	w),ww),x),xx)	157.275					
2085	w),ww),x),xx)	161.875	161.875	x(仅为数字)			
26	w),ww),x)	157.300	161.900		x	x	x
1026	w),ww),x)	157.300					
2026	w),ww),x)		161.900				
86	w),ww),x)	157.325	161.925		x	x	x
1086	w),ww),x)	157.325					

(续表)

信道编号	注释	发射频率(MHz)		船间通信	港口营运与船舶动态		公共通信
		船舶电台	海岸电台		单频	双频	
2086	w),ww),x)		161.925				
27	z),zx)	157.350	161.950			x	x
1027	z),zz)	157.350	157.350		x		
2027*	z)	161.950	161.950				
87	z),zz)	157.375	157.375		x		
28	z),zx)	157.400	162.000			x	x
1028	z),zz)	157.400	157.400		x		
2028*	z)	162.000	162.000				
88	z),zz)	157.425	157.425		x		
AIS1	f),l),p)	161.975	161.975				
AIS2	f),l),p)	162.025	162.025				

(1)一般性说明

a. 在无线电规则51.69、51.73、51.74、51.75、51.76、51.77及51.78条款规定的条件下,主管部门可以在船舶间、港口营运和船舶动态业务中指定的频率,用于轻便飞机和直升机与船舶或参与主要支援作业的海岸电台进行通信。然而,在使用公共通信信道时,须经过将要进行此操作的主管部门与受影响的主管部门事先商定。

b. 表中所提及的信道,除CH06、CH13、CH15、CH16、CH17、CH70、CH75及CH76以外,均可用于传输高速数据或传输传真,但是需要满足有关和可能受影响主管部门之间的特殊安排。

c. 表中所提及的信道,除CH06、CH13、CH15、CH16、CH17、CH70、CH75及CH76以外,均可用于直接印字电报和数据传输,但是需要满足有关和可能受影响主管部门之间的特殊安排。

d. 在符合5.226条款规定的条件下,该表中的频率也可用于内陆水道无线电通信。

e. 迫切需要减少本地信道拥挤的主管部门可以在不产生干扰的基础上对25 kHz信道应用12.5 kHz信道交织,前提是不会对现存25 kHz信道中的遇险安全频率产生影响,尤其是CH06、CH13、CH15、CH16、CH17和CH70;应满足与可能受影响的其他主管部门的协定。

(2)特殊说明

f. 频率156.300 MHz(CH06)、156.525 MHz(CH70)、156.800 MHz(CH16)、161.975 MHz(AIS1)及162.025 MHz(AIS2)也可被航空器用于搜救操作或者其他与安全

相关的通信。

g. 如果有效辐射功率不超过 1 W，CH15 和 CH17 也可用于船内通信，当这些信道在一个国家领海内使用时，需要遵守该国相关主管部门的国内规定。

h. 在欧洲海域及加拿大，若有需要，这些信道（CH10、CH67 和 CH73）可在第 51.69、51.73、51.74、51.75、51.76、51.77 及 51.78 条款规定的条件下，由相关主管部门用于本地的船舶、航空器与参与协调性搜救行动及防污染操作的陆地电台之间的通信。

i. 用于“一般性说明”a）款的目的时，三个最佳信道分别是 CH9（156.450 MHz）、CH72（156.625 MHz）及 CH73（156.675 MHz）。

j. CH70 专用于遇险、安全和呼叫的数字选择性呼叫技术。

k. CH13 是指定用于全球范围内航行安全的通信信道，主要用于船舶之间的航行安全通信。在满足相关国家主管部门规定的情况下，也可用于船舶动态业务和港口营运业务。

l. 这些信道（AIS1 和 AIS2）用于世界范围内公海上船舶自动识别系统，除非为此目的在某个区域指定了其他信道。

m. 这些信道可以以单频形式使用，但使用时须遵守与受影响的其他主管部门之间的协定。

· 这些信道的低端频率可以被船舶或者海岸电台用作单工发射信道。

· 这些信道的高端频率仅限于海岸电台发射。

· 如果主管部门许可且国内有法可依，则这些信道的高端频率也可以被船舶电台用作发射，但应采取一切措施，避免对 AIS1、AIS2、CH2027 和 CH2028② 造成有害干扰。

mm. 如果主管部门许可且国内有法可依，则这些信道的高端频率也可以被船舶电台用作发射，但应采取一切措施，避免对 AIS1、AIS2、CH2027 和 CH2028 造成有害干扰。

n. 除自动识别系统（AIS）以外，CH75 和 CH76 的使用必须严格限制在与导航相关的通信，且需预防其对 CH16 的有害干扰，例如限制输出功率为 1 W。

o.（SUP-WRC-12）。

p. 另外，AIS1 和 AIS2 频率可以被移动卫星业务以地面到太空方向使用，以接收船舶发出的 AIS 信息。

q. 当使用 CH10 和 CH11 时，需采取预防措施，以防止对 CH70 造成有害干扰。

r. 水上移动业务将这个频率预留给未来应用或系统（例如新的 AIS 应用、人员落水系统等）的实验性使用。如果主管部门授权使用，这些操作既不可以对固定和移动业务电台造成有害干扰，也不得要求他们提供保护。

s. CH75 和 CH76 也划分给了卫星移动业务（地对空），用于接收船舶发出的远程 AIS 广播电文。

---

② 自 2019 年 1 月 1 日起，信道 2027 将被标识为 ASM1，信道 2028 将被标识为 ASM2。

t.（SUP-WRC-15）。

u.（SUP-WRC-15）。

v.（SUP-WRC-15）。

w. 在 1 区和 3 区：

截至 2017 年 1 月 1 日，157.200~157.325 MHz 和 161.800~161.925 MHz 频段（对应于 CH24、CH84、CH25、CH85、CH26 和 CH86）可用于数字调制发射，但须遵守与受影响主管部门的协定。将这些信道或频段用于数字调制发射的电台时，既不得对根据《无线电规则》第 5 条操作的其他电台造成有害干扰，也不得寻求其保护。

自 2017 年 1 月 1 日起，为使用最新版 ITU-R M.2092 建议案所述的 VHF 数据交换系统（VDES），应采用 157.200~157.325 MHz 和 161.800~161.925 MHz 频段（对应于 CH24、CH84、CH25、CH85、CH26 和 CH86）。主管部门亦可依据其意愿将这些频段用于最新版 ITU-R M.1084 建议案所述的模拟调制，前提是不对使用数字调制发射的水上移动业务其他电台造成有害干扰或寻求其保护，且遵守与受影响主管部门的协定。

wa. 在 1 区和 3 区：

截至 2017 年 1 月 1 日，可将 157.025~157.175 MHz 和 161.625.161.775 MHz 频段（对应于 CH80、CH21、CH81、CH22、CH82、CH23 和 CH83）用于数字调制发射，但须遵守与受影响主管部门的协定。将这些信道或频段用于数字调制发射的电台，既不得对根据《无线电规则》第 5 条操作的电台造成有害干扰，也不得寻求其保护。

自 2017 年 1 月 1 日起，如使用最新版 ITU-R M.1842 建议案所述的使用多个 25 kHz 连续信道的数字系统，应采用 157.025~157.100 MHz 和 161.625~161.700 MHz 频段（对应于 CH80、CH21、CH81 和 CH22）。

自 2017 年 1 月 1 日起，如使用最新版 ITU-R M.1842 建议案所述的使用两个 25 kHz 连续信道的数字系统，应采用 157.150~157.175 MHz 和 161.750~161.75 MHz 频段（对应于 CH23 和 CH83）。自 2017 年 1 月 1 日起，如使用最新版 ITU-R M.1842 建议案所述的数字系统，应采用 157.125 MHz 和 161.725 MHz（对应于 CH82）。

主管部门亦可依据其意愿将 157.025~157.175 MHz 和 161.625~161.75 MHz 频段（对应于 CH80、CH21、CH81、CH22、CH82、CH23 和 CH83）用于最新版 ITU-R M.1084 建议案所述的模拟调制发射，但不得寻求使用数字调制发射的水上移动业务其他电台的保护，且遵守与受影响主管部门的协定。

ww. 在 2 区：依据最新版的 ITU-R M.1842 建议案，157.200~157.325 MHz 和 161.800~161.925 MHz 频段（对应 CH24、CH84、CH25、CH85、CH26 和 CH86）被指定用于数字调制发射。

在加拿大和巴巴多斯，自 2019 年 1 月 1 日起，经与受影响主管部门协商，157.200~157.325 MHz 和 161.800~161.875 MHz 频段（对应于 CH24、CH84、CH25 和 CH85）可被用于如最新版 ITU-R M.1084 建议案所述部分的数字调制发射。

x. 自 2017 年 1 月 1 日起，安哥拉等 15 个国家指定在 157.12~157.325 MHz 和

161.725~161.925 MHz（对应 CH82、CH23、CH83、CH24、CH84、CH25、CH85、CH26 和 CH86）两个频段进行数字调制发射。

自 2017 年 1 月 1 日起，中国指定在 157.150~157.325 MHz 和 161.750~161.925 MHz（对应于 CH23、CH83、CH24、CH84、CH25、CH85、CH26 和 CH86）两个频段进行数字调制发射。

xx. 自 2019 年 1 月 1 日起，为操作最新版 ITU-R M.2092 建议案所述的 VDES 的地面部分，可将 CH24、CH84、CH25 和 CH85 合并构建一个带宽为 100 kHz 的特殊双工信道。

y. 经与受影响主管部门协调，可将这些信道用作单工或双工信道。

z. 2019 年 1 月 1 日以前，可将这些信道用于未来可能应用的 AIS 的测试，前提是不得对现有的固定和移动业务电台产生有害干扰，亦不得寻求其保护。

自 2019 年 1 月 1 日起，这些信道被拆分为两个单工信道并分别标记为 ASM1 和 ASM2，即 CH2027 和 CH2028，用于最新版 ITU-R M.2092 建议案所述的 VDES 应用专用电文（ASM）。

zx. 在美国，这些信道将被用于以公众通信为目的的船舶电台和海岸电台之间的通信。

zz. 自 2019 年 1 月 1 日起，CH1027、CH1028、CH87 和 CH88 作为单频模拟信道，将被用于港口营运和船舶电台业务。

参考文献

[1] IMO. International Convention on Standards of Training, Certification and Watchkeeping for Seafarers, 1978, as Amended.

[2] IMO. SOLAS Chapter V, as Amended.

[3] 关政军，刘彤. 航海仪器. 大连：大连海事大学出版社，2009.

[4] 陈宇里. 航海仪器. 上海：上海浦江教育出版社，2012.

[5] 袁建平. 卫星导航原理与应用. 北京：中国宇航出版社，2003.

[6] 王惠南. GPS 导航原理与应用. 北京：科学出版社，2003.

[7] 袁安存. 全球定位系统(GPS)原理与应用. 大连：大连海事大学出版社，1999.

[8] 郭禹，张吉平，戴冉. 航海学. 大连：大连海事大学出版社，2014.

[9] IMO. Resolution MSC. 112(73)：Revised Performance Standards for Shipborne Global Positioning (GPS) Receiver Equipment, 2000.

[10] IMO. Resolution MSC. 379(93)：Performance Standards for Shipborne Beidou Satellite Navigation System (BDS) Receiver Equipment, 2014.

[11] 中交天津航道局有限公司/中交天津港航勘察设计研究院有限公司. JTS 131-2012 水运工程测量规范. 北京:人民交通出版社，2012.

[12] 中华人民共和国交通运输部航测标准化技术委员会. 中国海区可航行水域桥梁助航标志（GB24418—2009）. 北京：中国标准出版社，2010.

[13] 鄢天金. 磁罗经自差校正. 北京：人民交通出版社，1994.

[14] 陈允约. GPS 罗经测姿方法与展望. 全球定位系统，2013 年第 1 期.

[15] IMO. Resolution MSC. 334(90)：Amendments to Performance Standards for Devices to Measure and Indicate Speed and Distance, 2012.

[16] IEC. 61023：Maritime Navigation and Radiocommunication Equipment and Systems-Ma-

rine Speed and Distance Measuring Equipment (SDME)-Performance Requirements, Methods of Testing and Required Test Results, 2007.

[17] ICS. Bridge Procedures Guide, 5th Edition, 2016.

[18] IMO. Resolution MSC. 74(69): Amendments to A. 224(VII)-Performance Standards for Echo Sounding Equipment, 1998.

[19] ISO. 9875:2000: Ships and Marine Technology-Marine Echo-Sounding Equipment, 2000.

[20] IMO. Resolution MSC. 74(69): Recommendation on Performance Standards for an Universal Shipborne Automatic Identification System (AIS), 1998.

[21] IMO. Resolution A. 1106 (29): Revised Guidelines for the Onboard Operational Use of Shipborne Automatic Identification Systems (AIS), 2015.

[22] IMO. SN. 1/Circ. 243/Rev. 1: Amended Guidelines for the Presentation of Navigation-related Symbols, Terms and Abbreviations, 2014.

[23] ITU. R M. 1371-5: Technical Characteristics for an Automatic Identification System Using Time Division Multiple Access in the VHF Maritime Mobile Frequency Band, 2014.

[24] IALA. Guideline No. 1028: On The Automatic Identification (AIS) Volume 1, Part I Operational Issues Edition 1. 3, 2010.

[25] IMO. Model course 1. 34: Automatic Identification System (AIS), London, 2018.

[26] IALA. Guideline 1082: An Overview of AIS, 2016.

[27] IMO. International Safety Management Code, 2014 Edition.

[28] 刘彤. 航海仪器(下册:船舶导航雷达). 2 版. 大连:大连海事大学出版社, 2016.

[29] IMO. Resolution MSC. 192(79): Revised Recommendation on Performance Standards for Radar Equipment, 2004.

[30] IMO. SN/Circ. 243/Rev. 1: Amended Guidelines for the Presentation of Navigation-Related Symbols, Terms and Abbreviations, 2014.

[31] IEC. 62388: Maritime Navigation and Radiocommunication Equipment and Systems-Shipborne Radar-Performance Requirements, Methods of Testing and Required Test Results, Edition 2, 2013.

[32] IEC. 62288: Maritime navigation and Radiocommunication Equipment And Systems-Presentation of Navigation-related Information on Shipborne Navigational Displays-General Requirements, Methods of Testing and Required Test Results, Edition 2. 0, 2014.

[33] IMO. SN. 1/Circ. 271: Guidelines for the Installation of Shipborne Radar Equipment, 2008.

[34] IMO. Resolution A. 802(19): Performance Standards for Survival Craft Radar Tansponders for Use in Search and Rescue Operations, 1995.

[35] IMO. Resolution MSC. 247(83): Adoption of Amendments to Performance Standards for

Survival Craft Radar Transponders for Use in Search and Rescue Operations [Resolution A. 802(19)], 2007.

[36] IMO. SN/Circ. 197: Operation of Marine Radar for SART Detection, 1997.

[37] IMO. Resolution MSC. 164(78): Revised Performance Standards for Radar Reflectors, 2004.

[38] IALA. Recommendation R-101: On Marine Radar Beacons (RACONS) Edition 2, 2004.

[39] ITU. R M. 628-4 Recommendation: Technical Characteristics for Search and Rescue Radar Transponders, 2006.

[40] IEEE. Std 686™: IEEE Standard Radar Definitions, 2008.

[41] Alan Bole, Alan Wall, Andy Norris. Radar and ARPA Manual. England: Elsevier Butterworth-Heinemann Linacre House, Third Edition, 2014.

[42] Andy Norris. Integrated Bridge Systems Vol 1 Radar and AIS. England: Modern Colour Solutions, 2008.

[43] 郭禹. 航海学. 大连: 大连海事大学出版社, 2009.

[44] IEC. 61993-2: Maritime Navigation and Radio Communication Equipment and Systems -Automatic Identification Systems (AIS)-Part 2: Class A Shipborne Equipment of the Automatic Identification System (AIS)-Operational and Performance Requirements, Methods of Test and Required Test Results, Edition 2.0, 2012.

[45] IMO. Resolution MSC. 246(83): Performance Standards for Survival Craft AIS Search and Rescue Transmitters (AIS-SART) for Use in Search and Rescue Operations, 2007.

[46] IEC. 61097-14: Global Maritime Distress and Safety System (GMDSS)-Part 14: AIS Search and Rescue Transmitter (AIS-SART)-Operational and Performance Requirements, Methods of Testing and Required Test Results, Edition 1, 2010.

[47] 刘彤. 船舶导航系统与引航资源管理. 大连: 大连海事大学出版社, 2013.

[48] 周锋. 船舶驾驶自动化. 上海: 上海交通大学出版社, 2017.

[49] 胡江强, 王越等. 航海学—天文、地理、仪器篇(船长/大副). 大连: 大连海事大学出版社, 2018.

[50] IMO. Resolution MSC. 232(82): Revised Performance Standards for Electronic Chart Display and Information Systems (ECDIS), 2006.

[51] Endsley M. R., Debra G. Jones. Designing for Situation Awareness. Taylor & Francis, London, 2011.

[52] IMO. Model Course 1.27: Operational Use of Electronic Chart Display and Information System (ECDIS), London, 2012.

[53] UKHO. NP231: Admiralty Guide to the Practical Use of ENCs, United Kingdom Hydrographic Office, Taunton, 2012.

[54] Weintrit A. The Electronic Chart Display and Information System (ECDIS), An Operational Handbook. A Balkema Book, CRC Press, Taylor & Francis Group, Boca Raton-London-New York-Leiden, 2009.

[55] IMO. Resolution MSC. 252(83): Performance Standards for Integrated Navigation Systems (INS), 2007.

[56] IEC. 61924-2: Maritime Navigation and Radiocommunication Equipment and Systems-Integrated Navigation Systems-Part 2: Modular Structure for INS-Operational and Performance Requirements, Methods of Testing and Required Test Results, 2012.

[57] IMO. Resolution A. 893(21): Guidelines for Voyage Planning,1999.

[58] IMO. Model Course 1. 07: Radar Navigation at Operational Level, London, 2017.

[59] IMO. Model Course 1. 08: Radar Navigation at Management Level, London, 2018.

[60] IMO. Model Course 1. 32: Operational Use of Integrated Bridge Systems Including Integrated Navigation Systems, London, 2005.

[61] 陈放，张国强. GMDSS 通信设备与业务. 2 版. 大连：大连海事大学出版社，2015.

[62] 曹玉墀. 电子海图显示与信息系统（英文版）. 大连：大连海事大学出版社，2016.

[63] International Maritime Pilots Association. Guidelines on the Design and Use of Portable Pilot Units, 2009.

[64] 陆悦铭，翟久刚. 船舶自动识别系统(AIS)的局限性和设计中的不足. 北京，中国航海学会 2008 年度学术交流会优秀论文集，2009，1:52-6.

[65] American Pilots' Association. Portable Pilot Units-A Best Practices Summary, 2016.

[66] IALA. Guideline No. 1028: On the Automatic Identification (AIS) Volume 1, Part I Operational Issues, Edition 1. 3, 2004.

[67] National Marine Electronics Association. NMEA 0183 Standard for Interfacing Marine Electronic Devices, Version 3. 01, 2002.

[68] Lee A. Luft, Larry Anderson, Frank Cassidy. NMEA 2000 A Digital Interface for the 21st Century, 2002.

[69] 张胜钦. 引航员便携终端使用中应关注的问题. 中国引航论文集，2017.

[70] 张胜钦，姚泽炎. 引航员便携终端在河口港引航中的运用. 中国航海学会内河船舶驾驶委员会学术论文集，2016.

[71] IMO. Resolution A. 915(22): Revised Maritime Policy and Requirements for a Future Global Navigation Satellite System (GNSS), 2002.

[72] IMO. Resolution A. 1046(27): Worldwide Radio Navigation System, 2011.

[73] IMO. MSC. 1/Circ. 1575: Guidelines for Shipborne Position, Navigation and Timing (PNT) Data Processing, 2017.

[74] IHO. S-100: Universal Hydrographic Data Model, Edition 3. 0. 0, 2017.

[75] IMO. SN. 1/Circ. 289: Guidance on the Use of AIS Application Specific Messages,

2010.
[76] IALA. Vessel Traffic Services Manual, Edition 6, 2016.
[77] IMO. A. 857(20): Guidelines For Vessel Traffic Services, 1997.
[78] 中华人民共和国船舶交通管理系统安全监督管理规则. 中华人民共和国交通部令, 1997 年第 8 号.
[79] IALA. Navguide 2018. 8th Edition, 2018.
[80] IMO. MSC. 1/Circ. 1595: e-Navigation Strategy Implementation Plan-Update 1, 2018.
[81] 张铁军, 王玉林, 朱勇强. e 航海概论. 北京: 人民交通出版社股份有限公司, 2015.
[82] 薛一东. e-Navigation 战略下的船舶引航发展. 中国航海, 2017, 40(01): 93-96.
[83] IHO. Progress Report of S-100 and Relationship between S-100 and e-Navigation. [S. 1] No. 44 Circular, 2011.
[84] IALA. Guideline 1117: on VHF Data Exchange System (VDES) Overview, Edition 1.0, 2016.